新编21世纪研究生系列教材

U0794727

国际商务

前沿问题

INTERNATIONAL BUSINESS

FRONTIER ISSUES

冯德连　张如庆 等 著

中国人民大学出版社
·北京·

前　言
FOREWORD

党的十八大以来，中国积极推动对外开放，国际商务取得了一系列的显著成就。中共中央宣传部举行“中国这十年”系列主题新闻发布会，提及 2012 年中国的货物＋服务贸易总额是 4.4 万亿美元，在全球位居第二。到 2021 年，中国的货物＋服务贸易总额增长至 6.9 万亿美元，连续两年位居全球第一。同时，中国的双向投资稳居世界前列，2021 年中国吸引外资 1.15 万亿元人民币，比 2012 年增长了 62.9%。从 2017 年以来，中国吸引外资连续四年位居世界第二，对外投资流量稳居全球前三位，“一带一路”经济贸易合作高质量推进。中国在制度型开放方面加快推进，2020 年实施新的《中华人民共和国外商投资法》。自由贸易试验区、自由贸易港的开放建设开创了新局面，2013 年中国在上海设立了第一个自由贸易试验区，到 2022 年共设立了 21 个自由贸易试验区。自由贸易区提升战略实现了新的突破，中国对外签署的自由贸易协定由 2012 年的 10 个增长到 2023 年 5 月的 20 个。为了适应对外开放的需要，中国国际商务专业硕士人才培养得到迅速发展，学位授权点数量和招生人数快速增长。

当今世界正经历百年未有之大变局，新一轮科技革命和产业变革深入发展。同时，国际政治经济环境日趋复杂，不稳定性和不确定性明显增加，新冠疫情影响广泛深远，经济全球化遭遇逆流，国际经济政治格局复杂多变，世界进入动荡变革期，单边主义、保护主义、霸权主义对世界和平与发展构成威胁。中国国际商务面临着全球价值链分工受限、国际经济竞争日趋激烈、世界贸易组织发展受阻和区域经济一体化发展迅速、数字经济与贸易发展迅速、跨国公司全球化与本地化发展等一系列机遇与挑战。党的二十大报告指出：坚持高水平对外开放，加快构建以国内大循环为主体、国内国际双循环相互促进的新发展格局。在加快构建新发展格局的进程中，国际商务活动在国民经济活动中的地位越来越重要，国际商务学科建设的任务越来越艰巨。国际商务专业硕士、国际贸易学学术硕士、世界经济学术硕士等学科点大多把国际商务作为重要课程。当前，学术界在国际商务的概念、学科属性与特征、前沿问题的理解等方面缺乏一致的认识，可供选择的硕士研究生课程参考资料不多。基于此，我们撰写了《国际商务：前沿问题》。

国际商务是一门研究为满足国家或经济体、企业和个人的经济利益需求而进行的跨国（境）贸易、投资、技术转让等交易的学科，是一门基于经济学和管理学的交叉学科。国际商务活动的主要内容是国际经济和国际管理活动，这是国际商务活动的经济利益属性的内在要求。为了实现组织经济战略、利益最大化或效率最大化目标，国际商务组织必须以经济学和管理学为基础，综合运用相关学科知识。从国际商务的研究内容看，从宏观（国家）、中观（产业）层面研究，国际商务多具有经济学属性；从微观层面（企业）、个人层面研究，国际商务多具有管理学属性。

本书坚持马克思主义在国际商务研究领域的指导地位，努力构建中国特色国际商务学。本书的撰写以习近平新时代中国特色社会主义思想作为指导思想和行动指南，注重理论前沿性和高阶性，注重新颖性，强调吸收新理论、新方法和新数据。

全书从宏观到微观、从理论到实践，聚焦国际商务的国际产业理论维度、国际企业理论维度、国际企业战略与决策维度和国际企业职能管理维度，四个维度环环相扣。除绪论外，全书分为四个部分：一是国际产业理论，内容有规模经济与对外开放、国际直接投资与产业转移、全球价值链理论；二是国际企业理论，内容有跨国公司理论①、中小企业外向国际化理论；三是国际企业战略与决策，内容有国际企业战略管理、跨国公司战略联盟、国际企业商务决策；四是国际企业职能管理，内容有国际企业营销管理、国际企业人力资源管理、国际企业跨文化管理、国际企业跨国并购与整合。全书共 13 章，各章格式统一，注重经典与前沿，既加强经典理论和方法的介绍、解读与评论，又关注理论与实践的发展趋势。每章安排引言与概念界定，每章设置独立参考文献，正文中出现的引用均包含在参考文献中。

本书是安徽财经大学国际贸易学学术硕士点和国际商务专业硕士点的部分研究生导师集体撰写的著作，是安徽省 2022 年度新时代育人质量工程项目（省级研究生规划教材）的研究成果。冯德连、张如庆负责分工安排、组织校对和全书统稿。各章作者（以章次为序）如下：

冯德连：第一章绪论，第二章规模经济与对外开放，第六章中小企业外向国际化的理论流派与路径，第十一章国际企业人力资源激励与管理模式。

张如庆：第三章国际直接投资、产业转移理论流派与新一轮产业转移，第四章全球价值链的动力机制、治理与产业升级，第八章跨国公司战略联盟的动因、理论解释与运营。

高新：第五章跨国公司理论的四个维度。

---

① 关于国际企业、跨国公司和跨国企业，本书认为，跨国公司的概念更为严谨，符合联合国相关机构的三个条件；跨国企业比跨国公司范围略大，是经营国际业务，特别是在国外有直接投资的企业，有些小微跨国企业不具有跨国公司的三要素；国际企业的范围更广，是指从事进出口、国际投资或国际技术转让等国际业务的企业。故三者不可混用。

王忠诚：第七章国际企业战略的类型、选择与世界一流企业。

沙文兵：第九章国际企业商务决策分析。

徐磊：第十章国际企业营销的产品、渠道与网络营销。

陈浩：第十二章国际企业跨文化管理的策略与实践。

张廷海：第十三章国际企业跨国并购与整合创新。

在本书的撰写过程中，安徽财经大学 2022 级国际贸易学学术硕士研究生和国际商务专业硕士研究生参与了书稿校对工作。我们参考了许多专家学者的著作、教材、论文和研究报告，得到了中国人民大学出版社的支持与帮助，在此一并致谢。

冯德连

目 录

CONTENTS

第一章 绪 论 …… 1

第一节 引言与概念界定 …… 1

第二节 国际商务学研究内容 …… 7

第三节 国际商务学指导思想 …… 10

第四节 国际商务研究方法 …… 11

第二章 规模经济与对外开放 …… 15

第一节 引言与概念界定 …… 15

第二节 分工与规模经济的理论溯源 …… 18

第三节 外部规模经济、动态规模经济与国际贸易 …… 26

第四节 古诺均衡、规模经济与出口补贴 …… 29

第五节 双循环发展战略与对外开放 …… 33

第六节 中国制造业大企业大国综合优势 …… 42

第三章 国际直接投资、产业转移理论流派与新一轮产业转移 …… 60

第一节 引言与概念界定 …… 60

第二节 国际直接投资理论 …… 64

第三节 国际产业转移理论流派 …… 69

第四节 新一轮国际产业转移 …… 74

第四章 全球价值链的动力机制、治理与产业升级 …… 85

第一节 引言与概念界定 …… 85

第二节 全球价值链的动力机制 …… 94

第三节 全球价值链治理 …… 99

第四节 全球价值链下的产业升级 …… 104

第五章 跨国公司理论的四个维度 …… 114
第一节 引言与概念界定 …… 114
第二节 以国际贸易学说为基础的理论 …… 116
第三节 以产业组织学说为基础的理论 …… 123
第四节 以战略管理学说为基础的理论 …… 127
第五节 以可持续发展理念为基础的理论 …… 134

第六章 中小企业外向国际化的理论流派与路径 …… 147
第一节 引言与概念界定 …… 147
第二节 中小企业外向国际化渐进理论 …… 152
第三节 中小企业外向国际化快速理论 …… 158
第四节 中小企业外向国际化理论流派的比较 …… 165
第五节 中小企业外向国际化进入模式 …… 166
第六节 中小企业外向国际化成长路径 …… 169

第七章 国际企业战略的类型、选择与世界一流企业 …… 190
第一节 引言与概念界定 …… 190
第二节 国际企业战略的类型 …… 192
第三节 国际企业战略的选择 …… 198
第四节 世界一流企业的国际战略 …… 202

第八章 跨国公司战略联盟的动因、理论解释与运营 …… 220
第一节 引言与概念界定 …… 220
第二节 跨国公司战略联盟的动因与风险 …… 226
第三节 跨国公司战略联盟理论解释 …… 229
第四节 跨国公司战略联盟运营 …… 236

第九章 国际企业商务决策分析 …… 244
第一节 引言与概念界定 …… 244
第二节 商务决策的原则、步骤与基本方法 …… 252
第三节 确定型决策分析 …… 261
第四节 风险型决策分析 …… 265
第五节 不确定型决策分析 …… 267

第十章 国际企业营销的产品、渠道与网络营销 …… 271
第一节 引言与概念界定 …… 271
第二节 国际目标市场选择 …… 274
第三节 国际企业产品管理 …… 278
第四节 国际企业分销渠道管理 …… 282
第五节 国际网络营销 …… 288

第十一章　国际企业人力资源激励与管理模式 …… 299
第一节　引言与概念界定 …… 299
第二节　激励理论、薪酬设计与绩效考核 …… 301
第三节　国际企业人力资源管理模式 …… 306
第四节　国际企业外派人员管理 …… 311

第十二章　国际企业跨文化管理的策略与实践 …… 316
第一节　引言与概念界定 …… 316
第二节　文化与企业经营管理的关系 …… 319
第三节　国际企业跨文化管理的策略 …… 326
第四节　跨文化管理在国际企业中的实践 …… 331

第十三章　国际企业跨国并购与整合创新 …… 338
第一节　引言与概念界定 …… 338
第二节　跨国并购演进、战略目标与核心要素 …… 340
第三节　跨国并购战略兼容性与整合 …… 345
第四节　跨国并购创新与未来议题 …… 349

第一章

绪 论

第一节 引言与概念界定

一、引言

党的十八大以来，中国国际商务取得了历史性成就，国际商务规模扩大，结构优化。一是国际贸易规模扩大。货物贸易规模持续扩大，服务贸易加快发展，中国贸易大国地位日益巩固。2020 年中国货物和服务贸易总额达 5.3 万亿美元，首次超过美国成为全球第一大贸易国。2021 年货物和服务贸易总额达 6.9 万亿美元，继续保持世界第一。其中，货物贸易总额达 6.05 万亿美元，比 2012 年增长 56.5%，连续五年居世界第一；服务贸易总额达 8 212 亿美元，比 2012 年增长 70.1%，保持世界第二。二是贸易结构持续优化。资本、技术密集型产品出口快速增长，高附加值服务出口增势强劲。三是双向投资达到新水平。2021 年中国实际使用外资 1 735 亿美元，比 2012 年增长 53.1%，保持全球第二；对外直接投资额达 1 452 亿美元。[①] 同时，共建“一带一路”成效显著，“六廊六路多国多港”[②] 互联互通架构基本形成。自由贸易区建设扩围提效，中国已建立 21 个自由贸易区，与 26 个国家和地区签署了 19 个自由贸易协定。2022 年 1 月 1 日，《区域全面经济伙伴关系协定》(RCEP) 生效实施。当前和今后一个时期，中国发展仍然处于重要战略机遇期，但机遇和挑战都有新的发展变化。当今世界正经历百年未有之大变局，新一轮科技革命和产业变革深入发展。同时，国际政治经济环境日趋复杂，不稳定性和不确定性明显增加，新冠疫情影响广泛深远，世界经济陷入低迷期，经济全球化遭遇逆

---

① 国家统计局．新理念引领新发展 新时代开创新局面：党的十八大以来经济社会发展成就系列报告之一 [R]. 2022-09-13.

② “六廊六路多国多港”是共建“一带一路”的主体框架。其中，“六廊”是指新亚欧大陆桥、中蒙俄、中国—中亚—西亚、中国—中南半岛、中巴和孟中印缅等六大国际经济合作走廊。“六路”是指铁路、公路、航运、航空、管道和空间综合信息网络。“多国”是指一批先期合作国家。“多港”是指若干保障海上运输大通道安全畅通的合作港口。

流，全球能源供需版图深刻变革，国际经济政治格局复杂多变，世界进入动荡变革期，单边主义、保护主义、霸权主义对世界和平与发展构成威胁。中国国际商务面临着全球价值链分工受限、国际经济竞争日趋激烈、世界贸易组织发展受阻和区域经济一体化发展迅速、数字经济与贸易发展迅速、跨国公司全球化与本地化发展等一系列机遇与挑战。党的二十大报告指出：坚持高水平对外开放，加快构建以国内大循环为主体、国内国际双循环相互促进的新发展格局。“推进高水平对外开放。依托我国超大规模市场优势，以国内大循环吸引全球资源要素，增强国内国际两个市场两种资源联动效应，提升贸易投资合作质量和水平。稳步扩大规则、规制、管理、标准等制度型开放。推动货物贸易优化升级，创新服务贸易发展机制，发展数字贸易，加快建设贸易强国。合理缩减外资准入负面清单，依法保护外商投资权益，营造市场化、法治化、国际化一流营商环境。推动共建‘一带一路’高质量发展。优化区域开放布局，巩固东部沿海地区开放先导地位，提高中西部和东北地区开放水平。加快建设西部陆海新通道。加快建设海南自由贸易港，实施自由贸易试验区提升战略，扩大面向全球的高标准自由贸易区网络。有序推进人民币国际化。深度参与全球产业分工和合作，维护多元稳定的国际经济格局和经贸关系。”① 中国“十四五”规划指出：坚持实施更大范围、更宽领域、更深层次对外开放，依托我国超大规模市场优势，促进国际合作，实现互利共赢，推动共建“一带一路”行稳致远，推动构建人类命运共同体。立足国内大循环，协同推进强大国内市场和贸易强国建设，形成全球资源要素强大引力场，促进内需和外需、进口和出口、引进外资和对外投资协调发展，加快培育参与国际合作和竞争新优势。② 可以看出，国际商务活动在国民经济中的地位越来越重要。加快构建新发展新格局和实现高质量发展，迫切需要大批高层次、厚基础、复合型、外向型和创新型的国际商务专业人才。然而，中国国际商务人才队伍不能满足国际商务实践的需要，突出表现为高层次复合型人才供给短缺，跨国经营的国际化视野和适应力不足，以及应对国际市场复杂环境的创新能力匮乏。学术界对于国际商务概念的理解、学科属性与特征、研究方法缺乏一致的认识。本章主要分析国际商务的概念与特征，国际商务的研究内容，以及国际商务研究的指导思想与研究方法。

二、 国际商务的概念

第二次世界大战以后，国际分工与国际贸易发展迅速。20 世纪 50 年代美国哈佛商学院开设国际商务课程，之后国际商务、国际商务环境，以及根据国际管理职能划分的国际商务课程逐渐流行起来。中国重视国际商务课程是在改革开放以后，特别是在一些高校开办国际商务专业硕士（经济学门类）和国际商务本科专业（管理学门类）③ 之后。近年来，这一课程的地位迅速提高。中国国际商务课程随着国际商务本科专业和专业硕

---

① 习近平．高举中国特色社会主义伟大旗帜 为全面建设社会主义现代化国家而团结奋斗：在中国共产党第二十次全国代表大会上的报告［N］．人民日报，2022－10－26（1）.

② 中华人民共和国国民经济和社会发展第十四个五年规划和 2035 年远景目标纲要［R］．2022－03－12.

③ 2010 年国务院学位委员会批准在部分高校设立国际商务专业学位（专业代码 0254）；2004 年我国部分高校开设国际商务本科专业（专业代码 110211W），2012 年教育部颁布的《普通高等学校本科专业目录》把国际商务本科专业从目录外专业调整为基本专业（专业代码 120205）。

士点的发展而快速发展，但是学术界对国际商务（international business）概念的理解尚不一致。

（一）国际商务的主体和内容的争议

Rugman 和 Collinson（2012）认为，国际商务的主体是个人和组织，内容是跨国界的交易，如国际贸易、直接投资等。他们写道：国际商务为了满足个人和组织的需要研究跨越国境的交易，这些经济交易包括贸易（如进出口）和直接投资。①

Czinkota，Ronkainen 和 Moffett（2011）认为，国际商务的主体是个人、公司和组织，内容是跨国界的交易，如国际贸易、直接投资、技术贸易等。他们写道：国际商务是为了满足个人、公司和组织的目标而进行的跨国界的交易活动。这些交易表现为相互关联的不同形式，基本形式有进出口贸易和国际直接投资（独资企业和合资企业），还包括许可经营、特许经营和管理合同。②

韩玉军（2020）认为，国家、企业或个人是国际商务的主体。他写道：国际商务是一门研究为满足个人及组织的需求而进行的跨国界交易的学科。③ 其中的含义一是跨国界的活动；二是国家、企业或个人以经济利益为目的而进行的商业性经济活动，不包括非商业性的跨国经济活动（例如国家的对外经济援助）。关于国际商务的核心内容，韩玉军认为，从企业角度研究跨国商务活动才可称为国际商务。

（二）国际商务学科特性的争议

关于国际商务的学科特性，学术界有综合性、边缘学科、交叉学科、整合学科等观点。

一是国际商务学科具有综合性，强调与管理的密切关联（Hill and Hult，2017）。该学科要起到解释世界各国的差异的原因，分析国际贸易与投资中的经济和政治现象，研究国际商务的伦理、公司社会责任和可持续性问题，阐述全球货币制度的功能和形式，考察国际企业战略和组织结构，以及评估国际企业各项职能的特定作用。

二是国际商务学是综合性、跨专业的边缘学科（韩玉军，2020）。其涉及面很广，与其他学科（例如经济学、管理学、人类学、社会学、组织学及心理学等）有很多交叉。

三是国际商务是交叉学科（肖光恩和陈继勇，2011）。涉及经济学、管理学、地理学、信息科学、组织学、社会学、人类学和心理学等许多学科，是一门综合性极强的交叉学科。④

四是国际商务是一个整合学科，是国际知识乘以商务知识（王炜翰和王健，2019）。国际知识是各类相关规则，商务知识是战略与职能等知识。其基础学科成分包括管理学、法学、社会学、心理学、政治科学、国际关系、历史学、经济学、区域研究等。国际商务是关于跨越国界或在企业母国之外从事企业层次的商务（实践）活动，而国际商务研究可大致分为企业层次的研究和超企业层次的研究，即微观国际商务研究和宏观国际商

---

① Rugman A M，Collinson S. *International Business*（*6th Edition*）[M]. Edinburgh：Pearson Education，2012：7.

② Czinkota M R，Ronkainen I A，Moffett M H. *International Business*（*8th Edition*）[M]. New York：John Wiley & Sons，2011：5.

③ 韩玉军．国际商务 [M]. 3 版．北京：中国人民大学出版社，2020：1-23.

④ 肖光恩，陈继勇．国际商务概论 [M]. 武汉：武汉大学出版社，2011：7.

务研究。

（三）国际商务的定义

综合看来，国际商务是一门研究为满足国家或经济体、企业和个人的经济利益需求而进行的跨国（境）贸易、投资、技术转让等交易的学科，是一门基于经济学和管理学的交叉学科。国际商务的主体是企业、国家或经济体。

三、国际商务的特征

国际商务学的特征主要有四个方面：

（一）国际商务是跨国或跨境的商务活动

国际商务是跨越国境或关境的商务活动，或者说国际商务活动是发生在两个国家（经济体）或多个国家（经济体）之间的商务活动。跨越国境（关境）是前提，同时有商务活动发生。从事国际商务活动的主体有企业、国家或经济体、个人、团队、公共组织等。从宏观角度分析，国家或经济体是国际商务活动的常见主体和国际商务研究的重要对象；从微观角度分析，企业是国际商务活动的常见主体和国际商务研究的重要对象。而国际商务研究的重点是微观层次的国际商务。

（二）国际商务的目的是取得经济效益

从宏观角度看，一国从事国际商务的目的是国家经济利益最大化，如实现国家经济战略，实现规模经济和国际分工利益，获取静态比较优势或动态比较优势，促进经济结构优化和产业迈向全球价值链中高端，培育国家竞争优势，等等。例如，中国“十四五”规划指出：立足国内大循环，协同推进强大国内市场和贸易强国建设，形成全球资源要素强大引力场，促进内需和外需、进口和出口、引进外资和对外投资协调发展，加快培育参与国际合作和竞争新优势。① 从微观角度看，企业从事国际商务的目的是企业利益最大化，如实现企业国际化战略，利用国外资源和国际市场，提高市场占有率和资本利润率，等等。例如，奇瑞汽车股份有限公司始终坚持自主创新，逐步建立起完整的技术和产品研发体系，将产品出口到全球 80 多个国家和地区，打造了艾瑞泽、瑞虎、EXEED 星途等知名品牌。打造国际一流品牌是奇瑞的战略发展目标。在“无内不稳，无外不强”发展理念的推动下，奇瑞注重开拓国内、国际两个市场，坚定实施“走出去”战略，成为中国最早将整车、全散件组装、发动机以及整车制造技术和装备出口至国外的汽车企业。公司积极响应国家“一带一路”倡议，深入推进全球化布局，加快从产品“走出去”、技术和工厂“走进去”到品牌“走上去”的升级转变，通过实施产品战略、属地化战略和人才战略不断加速推进海外市场的深层次合作，努力将奇瑞打造成为具有全球影响力的国际品牌。在中共中央宣传部、国务院国有资产监督管理委员会、中华全国工商业联合会指导，中国外文出版发行事业局主办的“中国企业海外形象 20 强”评选中，奇瑞汽车已连续多年获得中国“最佳海外形象企业”荣誉称号。

国家对外无偿援助的目的不是取得经济利益，不属于国际商务的研究领域，而是法

---

① 中国政府网．中华人民共和国国民经济和社会发展第十四个五年规划和 2035 年远景目标纲要［R］. 2021-03-12.

学（国际事务、国际政治）学科的研究领域。根据《对外援助管理办法》，中国对外援助致力于帮助受援方减轻与消除贫困，改善受援方民生和生态环境，促进受援方经济发展和社会进步，增强受援方自主可持续发展能力，巩固和发展与受援方的友好合作关系，促进高质量共建“一带一路”，推动构建新型国际关系，推动构建人类命运共同体。2013年至2018年中国对外援助金额为2 702亿元人民币，其中对非洲国家的援助占比44.65%，包括无偿援助、无息贷款和优惠贷款。①

（三）国际商务学是经济学与管理学的交叉学科

作为本科专业，国际商务（专业代码120205）划归管理学门类工商管理类专业，强调管理学属性。国际商务本科专业立足经济全球化的时代背景，以管理学和经济学为基础，培养掌握现代管理理论与方法，具有全球化视野、扎实的国际商务理论功底和较强的国际商务实务能力，能够在各类工商企业、商业银行和政府相关部门从事国际商务理论研究与实务工作的国际化、应用型、复合型高级专门人才。作为工商管理类本科专业，国际商务主要以社会微观经济组织（工商企业）为研究对象，系统研究人类国际经济管理活动的基本原理、普遍规律、一般方法和技术，具有两个重要特点：一是应用性，注重理论联系实际，旨在培养和训练学生的国际管理技能和决策能力；二是综合性，注重管理学与经济学、哲学、社会学、心理学等理论和方法的综合应用。

作为专业硕士学位项目，国际商务（专业代码0254）划归经济学类，强调经济学属性。国际商务硕士专业学位教育以服务国家构建开放型经济新体制、全面深化改革开放为全局目标，培养具有社会责任感与职业道德，全球视野和创新意识，国际商务专业技能与素养，跨文化沟通能力，能够胜任国际化经营与管理工作的国际化、高层次、应用型、复合型专门人才。立足本区域，面向国内外，为从事传统货物或服务贸易企业，从事新型制造业、现代服务业、跨国直接投资和外包企业，以及政府管理部门、行业协会、贸易与投资促进机构、教育科研机构、国际组织等输送专业型人才。国际商务要求学生掌握经济学、管理学、法学、语言学等人文社会科学及相关自然科学、工程科学学科的基本原理与基础知识，善于将各学科的基本原理与国际商务的理论体系相联系。

我们认为，国际商务属于经济学与管理学的交叉学科。交叉学科是指不同学科之间相互交叉、融合、渗透而出现的新兴学科。学科交叉融合已经成为当前科学技术、经济、社会发展的重大特征，一些重要科学问题和关键核心技术的突破往往产生于学科交叉领域中。国际商务活动的主要内容是国际经济和国际管理活动，这是国际商务活动的经济利益属性的内在要求。为了实现组织的经济战略目标、利益最大化或效率最大化，国际商务组织必须以经济学和管理学为基础，综合运用相关学科知识。从国际商务的研究内容看，从宏观（国家）、中观（产业）层面研究，国际商务多具有经济学属性；从微观层面（企业）、个人层面研究，国际商务多具有管理学属性。

在国际商务课程具体教学过程中，不同学科背景的教师授课内容的侧重点不一样。一种观点认为，国际商务是企业战略及管理职能（如营销、财务、人力资源等）在国际维度的拓展，实际是把国际商务等同于国际管理（international management），此类观点

---

① 中华人民共和国国务院新闻办公室．新时代的中非合作［R］．中国政府网，2021-11-26.

的持有者多具有企业管理学科背景；另一种观点认为，国际商务是国际贸易、国际金融和国际投资的集合，这类观点的持有者多具有经济学科背景。我们认为，这两种观点都有所偏颇，经济学、管理学对于国际商务学科同等重要，教师不能以自己的学科背景为准看待国际商务交叉学科的性质。当然，国际商务课程的研究对象、研究内容和研究方法仍在持续探索之中。

（四）国际商务决策难度大

国际商务发生在一个随着四类不同的因素（全球化的动因、国际商务环境、国内商务环境和跨国企业管理）变化而变化的动态、一体化的系统之中，有其自身的特殊性。[①]从认识论角度看，国际商务决策的信息处理量和难度要大于国内商务。从商务人员的理性界限来说，大多数国内商务问题的分析难度会落在人的理性边界之内，而大多数国际商务问题的分析难度会落在理性边界之外。换句话说，商务人员的国内商务决策行为更多地表现为全面分析的“选美行为”，而他们的国际商务决策行为则更多地表现为解决问题的“找钥匙行为”。可以用图 1-1 进行分析（梁能，1999）。横轴表示商务活动决策分析难度指数（信息处理的复杂性和工作量），纵轴表示决策分析难度统计分布概率。两条曲线分别代表国内商务和国际商务活动决策难度的概率分布，图 1-1 中的粗线表示商务人员的理性边界。

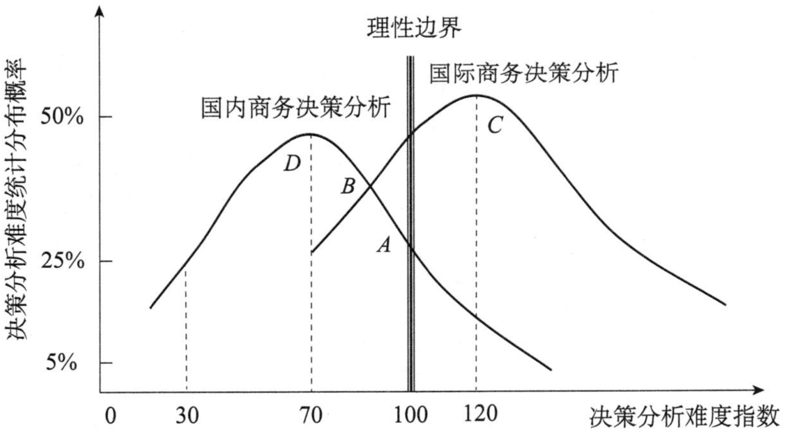

图 1-1　国内商务与国际商务决策的认识特点

如图 1-1 所示，虽然某些国内商务的决策会比国际商务的决策更难，例如，国内商务曲线上的 A 点和国际商务曲线上的 B 点，但是，总体来说，国际商务决策的平均难度要高于国内商务决策的平均难度，例如图 1-1 上的 C 点和 D 点。假定商务人员理性边界的最大值为 100，亦即商务人员所能分析的最难问题的难度指数为 100，则国内商务决策的难度指数大多小于 100（图中假定为 70），而国际商务决策的难度指数大多大于 100（图中假定为 120）。

从商务活动本身的复杂性和人们对国际、国内商务环境的认知能力来看，大多数国

① 约翰·怀尔德，肯尼斯·怀尔德．国际商务：全球化带来的挑战：6 版 [M]．张倩，等译．北京：中国人民大学出版社，2014：28-29.

内商务活动决策难度的分布会落在图 1 - 1 代表理性边界的粗线左侧，即决策分析难度指数小于100 的区域之内，表示大多数国内商务决策的信息处理难度是在商务人员的理性边界之内。在理性边界之内，商务人员会采取理性的比较分析方法，追求决策目标的最优化。与此形成对比的是，大多数国际商务活动的决策难度会落在粗线的右侧，即人的理性边界之外，其信息处理的工作量和难度超出商务人员的信息分析能力，商务人员无法以比较分析方法求得最优解。因此，在国际商务活动中，商务人员会更多地依靠建立在经验基础上的模糊估计，以搜索、寻找、尝试的"找钥匙"方式，来发现一个虽然不是最优，却能够解决问题的、足够好的解决方案。随着经济全球化发展和商务人员认识水平的不断提高，国际商务难度的分布曲线会逐渐左移，而国际商务人员的理性边界线会不断右移。等这种量变积累到一定程度，国际商务规律与国内商务规律就会渐趋统一。

第二节 国际商务学研究内容

一、 经典教材的内容体系

(一) 查尔斯·希尔 (Charles Hill) 和托马斯·霍特 (Tomas Hult) 著《国际商务》(第十一版)

全书分为七篇：第一篇引言和概论，内容有全球化的概念与推动力；第二篇国家差异，内容有政治、经济和法律体系中的国家差异，经济发展中的国家差异，文化差异，以及伦理、企业社会责任和可持续发展；第三篇全球贸易与投资环境，内容有国际贸易理论、政府政策与国际贸易、国际直接投资和区域经济一体化；第四篇全球货币制度，内容有外汇市场、国际货币体系和全球资本市场；第五篇国际企业的战略与组织结构，内容有国际企业的战略，国际企业的组织，以及进入战略和战略联盟；第六篇国际企业的职能，内容有出口、进口和对等贸易，全球生产与供应链管理，全球营销与研发，全球人力资源管理，国际企业的会计与财务；第七篇综合案例。可以看出，该书的逻辑思路是国际商务环境、国际商务理论、国际企业战略、国际企业职能、综合案例。

(二) 唐纳德·A. 鲍尔 (Donald A. Ball) 等著《国际商务》(第十二版)

全书分为三个部分：第一部分是国际商务的性质，内容有国际商务的快速变化，国际贸易和外国直接投资，国际贸易和投资理论，以及国际商务视角下的国际机构；第二部分是国际环境力量，分析国外和国内环境不可控的力量，内容有社会文化力量、自然资源和环境可持续性、经济与社会经济力量、政治力量、知识产权和其他法律力量、国际货币体系和金融力量、劳动力量；第三部分是组织环境，分析管理职能以及这些职能受不可抗力的影响，内容有国际竞争战略、组织设计和控制、评估和分析市场、进入模式、进出口实务、国际市场营销、全球运营和供应链管理、人力资源管理、国际会计和财务管理。可以看出，该书的逻辑思路是国际商务理论、国际商务环境、国际商务战略与组织、国际商务业务与职能。

(三) 韩玉军编著《国际商务》(第三版)

全书以环境一理论一战略与组织一运营作为分析的逻辑线索与框架，围绕国际企业运营理论基础、商务环境和企业资源能力，分析了国际企业的战略竞争与组织，并从国际企业运营的角度探讨了国际市场营销、供应链管理、国际人力资源管理以及国际财务管理问题，从不同的角度分析了国际企业如何获取可持续发展的竞争优势。全书分为四个部分：第一部分是国际商务环境，内容有国家的政治、经济、法律与社会差异，以及文化的差异；第二部分是国际商务的理论基础，内容有国际贸易理论、国际贸易政策及其理论、国际直接投资理论、国际收支、外汇与汇率，以及金融市场与国际货币体系；第三部分是国际企业的战略与组织，内容有跨国公司的战略和国际商务组织；第四部分是国际企业的运营，内容有国际市场营销、供应链管理、国际人力资源管理和国际财务管理。可以看出，该书的逻辑思路是国际商务环境、国际商务理论、国际企业战略与组织、国际企业运营或职能。

（四）王炜瀚、王健等编著《国际商务》（第三版）

全书分为五篇：第一篇国际商务导论，内容有全球化与国际商务，以及国际商务学科概论；第二篇国际商务环境，内容有国际商务的国别制度环境、国际贸易与投资制度环境、国际税务与金融制度环境；第三篇国际商务战略，内容有跨国公司组织与战略，以及全球知识管理；第四篇国际商务实施，内容有进出口、全球生产、全球营销、国际工程承包；第五篇国际商务支持，内容有全球人力资源管理、国际财务管理与国际会计、全球信息系统，以及国际商务的风险管理与保险。可以看出，该书的逻辑思路是国际商务环境、国际商务战略、国际商务实施、国际企业支撑或职能。

四本经典教材在国际商务理论、国际商务环境、国际商务业务和管理职能等方面的内容比较见表 1－1。

表 1－1　四本经典教材的内容比较

经典教材	国际商务理论	国际商务环境	国际商务业务和管理职能
查尔斯·希尔和托马斯·霍特著《国际商务》（第十一版）	国际贸易理论、国际贸易政策、国际直接投资理论、区域经济一体化理论	政治、经济、法律、文化、伦理、企业社会责任等国家差异，全球货币体系	商务业务：出口、进口和对等贸易。管理职能：国际企业战略与组织、全球生产与供应链、全球营销与研发、全球人力资源、国际企业会计与财务
唐纳德·A. 鲍尔等著《国际商务》（第十二版）	国际商务的性质、国际商务的快速变化、国际贸易和投资理论	社会文化、自然资源与环境、经济与社会、政治、法律、金融、劳动等国际环境力量	商务业务：评估和分析市场、进入模式、进出口实务。管理职能：国际竞争战略、组织设计和控制、国际市场营销、全球运营和供应链管理、人力资源管理、会计和财务管理
韩玉军编著《国际商务》（第三版）	国际商务的概念、国际贸易理论与政策、国际直接投资、相关国际金融理论	国家的政治、经济、法律与社会差异，以及文化差异	商务业务：没有阐述。管理职能：国际企业的战略与组织、国际市场营销、供应链管理、国际人力资源管理、国际财务管理

续表

经典教材	国际商务理论	国际商务环境	国际商务业务和管理职能
王炜瀚、王健等编著《国际商务》(第三版)	全球化与国际商务、国际商务学科概论	国别制度环境、国际贸易与投资制度环境、国际税务与金融制度环境	商务业务：进出口、全球生产、全球营销、国际工程承包。管理职能：国际商务战略、全球人力资源管理、国际财务管理与会计、全球信息系统、风险管理与保险

二、 国际商务的层次与维度

（一）国际商务的层次

国际商务的内容可以分为微观层次和宏观层次。微观层次的国际商务是企业（跨国公司、中小企业）层次的国际商务，宏观层次的国际商务是产业（企业集合）层次的国际商务、国家（地区）层次的国际商务。我们认为，国际商务的重点内容是企业层次的国际商务，研究宏观层次国际商务的落脚点是企业层次的国际商务。

（二）国际商务的维度

根据国际商务理论与实践，参考四本经典教材的内容体系，我们认为国际商务的内容有四个维度，见图 1－2。一是国际商务理论维度，内容有国际贸易理论、国际投资理论、国际产业理论、国际企业理论等；二是国际商务环境维度，内容有政治环境、经济环境、法律环境、文化环境、制度环境等；三是国际商务经营业务维度，内容有国际贸易、国际直接投资、国际工程承包等；四是国际企业管理职能维度，内容有战略管理、市场营销管理、人力资源管理、财务管理、跨文化管理等。

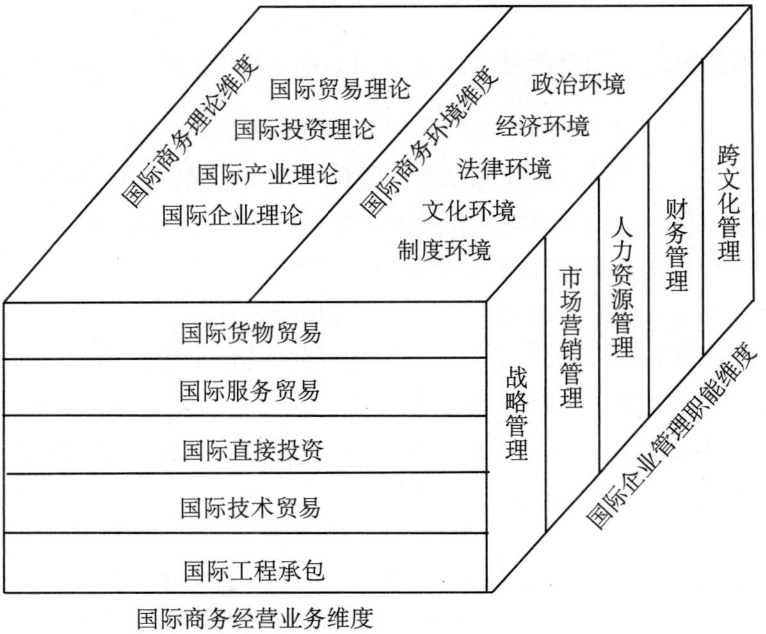

图 1－2 国际商务的四个维度

第三节　国际商务学指导思想

一、坚持马克思主义在国际商务研究领域的指导地位

国际商务学属于哲学社会科学范畴。哲学社会科学发展状况与其研究者坚持的世界观、方法论紧密相关。“人们必须有了正确的世界观、方法论，才能更好观察和解释自然界、人类社会、人类思维各种现象，揭示蕴含在其中的规律。马克思主义关于世界的物质性及其发展规律、人类社会及其发展规律、认识的本质及其发展规律等原理，为我们研究把握哲学社会科学各个学科各个领域提供了基本的世界观、方法论。”[①]“我们必须坚持解放思想、实事求是、与时俱进、求真务实，一切从实际出发，着眼解决新时代改革开放和社会主义现代化建设的实际问题，不断回答中国之问、世界之问、人民之问、时代之问，作出符合中国实际和时代要求的正确回答，得出符合客观规律的科学认识，形成与时俱进的理论成果，更好指导中国实践。”[②] 坚持辩证唯物主义和历史唯物主义，紧密结合新的时代条件和国际商务实践要求。按照立足中国、借鉴国外，挖掘历史、把握当代，关怀人类、面向未来的思路，着力构建中国特色国际商务学，在指导思想、学科体系、学术体系、话语体系等方面充分体现中国特色、中国风格、中国气派。近年来，学术界关于中国主动参与和推动经济全球化进程、发展更高层次的开放型经济、推进贸易强国建设、加快培育国际经济合作和竞争新优势、积极促进“一带一路”国际合作、推动建设开放型世界经济、促进产业迈向全球价值链中高端、培育世界级先进制造业集群、培育具有全球竞争力的世界一流企业等方面的研究成果，极大地丰富了中国国际商务学。

二、以习近平新时代中国特色社会主义思想为指导思想和行动指南

以习近平同志为主要代表的中国共产党人，坚持把马克思主义基本原理同中国具体实际相结合、同中华优秀传统文化相结合，坚持毛泽东思想、邓小平理论、“三个代表”重要思想、科学发展观，深刻总结并充分运用党成立以来的历史经验，从新的实际出发，创立了习近平新时代中国特色社会主义思想。习近平新时代中国特色社会主义思想是当代中国马克思主义、二十一世纪马克思主义，是中华文化和中国精神的时代精华，实现了马克思主义中国化新的飞跃。[③] 学习和研究国际商务学，必须把握好习近平新时代中国特色社会主义思想的世界观和方法论，坚持好、运用好贯穿其中的立场、观点和方法。习近平新时代中国特色社会主义思想是我们研究国际商务相关问题的指导思想和行动指南。

---

① 习近平．在哲学社会科学工作座谈会上的讲话［N］．人民日报，2016-05-19（2）．

② 习近平．高举中国特色社会主义伟大旗帜 为全面建设社会主义现代化国家而团结奋斗：在中国共产党第二十次全国代表大会上的报告［N］．人民日报，2022-10-26（1）．

③ 中共中央关于党的百年奋斗重大成就和历史经验的决议［R］．中国政府网，2021-11-16．

第四节 国际商务研究方法

一、 实证分析与规范分析

国际商务研究的目的是揭示有关国际商务变量的函数关系和因果关系。由此得出的理论或提出的假说是否正确，是否可以被称为科学的理论或假说，需要经受事实的检验。也就是说，一个理论或假说论及的有关因素（变量）之间的因果关系，不仅要能够反映或解释已经观察到的事实，还要能够对有关现象将来会出现的情况做出正确的预测，也就是经受将来发生的事件的检验。这些阐述客观事物的命题，称为实证命题。实证命题有正确与错误、科学与不科学的区分，检验的标准是能否由客观事实来证明。但是，一项科学研究的目的，除了描述、解释已经观察到的现象，并据以预测将来可能发生的情况以外，最终还在于在实证研究的基础上，为政府或企业实现某种目标提供行之有效的政策建议。这个环节涉及应该怎样行动的问题。凡陈述应该怎样的命题，称为规范命题。规范命题取决于研究人员的价值判断。在许多情况下，各人有不同的价值判断，即对于什么是好事，什么是坏事，各人有不同的判断标准。

二、 均衡分析与非均衡分析

经济学中的均衡是指经济中各种变量的作用恰好互相抵消、暂时处于一种平衡状态而没有进一步变动的倾向。均衡分析法分为局部均衡（partial equilibrium）与一般均衡（general equilibrium）。局部均衡分析是在假定其他条件不变的情况下来分析某一时间、某一市场的某种商品（或生产要素）供给与需求达到均衡时的价格决定，常用的分析工具有供给曲线、需求曲线等。一般均衡分析则在各种商品和生产要素的供给、需求、价格相互影响的条件下来分析所有商品和生产要素的供给和需求同时达到均衡时所有商品的价格决定，常用的分析工具有生产可能性曲线、社会无差异曲线、投入产出模型、可计算的一般均衡、埃奇沃斯盒状图（Edgeworth-box diagram）等。非均衡理论研究非均衡市场如何通过数量调节达到事后均衡，否定了瓦尔拉斯一般均衡分析理论关于完全竞争市场上价格调节有效性的假设，认为价格调节不可能使得各个市场同时结清。非均衡理论认为预期不确定性、信息不完备、搜集信息需要花费成本，不完全竞争是常态。在这种情况下，行为人的交易不可能完全是均衡交易，失业、通货膨胀不可避免。非均衡分析可用于研究经济周期、自愿失业、闲置、不完全竞争等现象。

三、 商务数学模型方法

商务数学模型是指用来描述与所研究的国际商务现象有关的国际商务变量之间依存关系的理论结构。一个国际商务数学模型用于论述某一国际商务问题的一个理论，传统的方法多采用文字来说明，但也可以使用描述变量的函数关系的一个或一组数学方程式来表示，在大多数场合，一个国际商务数学模型还可以采用几何图形的表现形式。国际贸易现象错综复杂，变化多端，任何理论结构或模型都必须运用科学的抽象法，舍弃一些影响较小的因素或变量，而只包括一个或若干个主要变量。因此，即使对于同一个问题也会建立起许多不同模型。不同模型的区别主要表现在变量的种类、变量的个数、对变量特点的假定等方面。常见的商务数学模型有一元和多元回归模型、数据包络分析、时间序列模型、随机前沿引力模型、主成分分析法、聚类分析、社会网络分析等。举例如下：

（一）面板数据回归模型

即基于面板数据的回归模型。面板数据（panel data）又称为时间序列截面数据或混合数据，它是将截面数据和时间序列数据融合在一起的一种新的数据类型。从横截面上看，面板数据由不同个体在不同时刻的截面观测值构成；从纵剖面上看，面板数据就变成了若干个时间序列数据。根据解释变量中是否包含响应变量的滞后项，面板数据模型可以分为静态面板模型和动态面板模型。

（二）门限回归模型

门限回归模型（threshold regressive model）又称为门槛回归模型。门限效应指当一个经济参数达到特定的数值后，引起另外一个经济参数发生突然转向其他发展形式的现象（结构突变），作为原因现象的临界值称为门限值。Bruce E. Hansen（1999）介绍了包含个体固定效应的静态平衡面板数据门限回归模型，Mehmet Caner 和 E. Hansen（2004）提出了两阶段估计方法构建内生性解释变量的面板门槛模型。面板平滑转换模型（panel smooth transition model）是 Gonzalez，Terasvirta 和 Dijk（2005）提出的一种面板门槛模型。该模型较好地解决了汉森（Hansen）的门限值前后跳跃性变化的问题，在模型中加入了一个连续的转换函数，更符合经济现实。除了平滑变换，该模型还具有有效捕捉不同截面间异质性的优势。

（三）时间序列模型

时间序列（time series）是指将同一统计指标的数值按其发生的时间先后顺序排列而成的数列。根据观察时间的不同，时间序列中的时间段是年份、季度、月份或其他任何时间形式。时间序列数据本质上反映的是某个或者某些随机变量随时间不断变化的趋势，而时间序列预测问题的核心就是从数据中挖掘出这种规律，并利用其对将来的数据做出估计。时间序列模型主要有自回归（auto regressive，AR）模型、移动平均（moving average，MA）模型、自回归移动平均（auto regressive moving average，ARMA）模型、差分自回归移动平均（auto regressive integrate moving average）模型等。

（四）双重差分模型

双重差分（differences-in-differences，DID）模型，是用于政策评估的因果分析法。利用政策的准自然实验将研究对象随机地分成处理组和对照组，其中受到政策影响的个体称为处理组，反之是对照组。在两期双重差分模型中，核心解释变量是 D×T。D 为组别虚拟变量：处理组为 1，对照组为 0；T 为期数虚拟变量，政策实施后为 1，实施前为 0。交互项 D×T 的系数就是政策效应。

（五）数据包络分析

数据包络分析（data envelopment analysis，DEA）是运筹学家 Charnes，Cooper 和 Rhodes（1978）提出的一种效率评价方法。该方法把单输入、单输出的工程效率概念推广到多输入、多输出同类决策单元的有效性评价。比较突出的应用领域是绩效分析、效率分析、资源的优化配置、技术进步以及对生产函数的刻画（马占新，2010）。

（六）社会网络分析

社会网络分析（social network analysis，SNA）方法，也称为结构分析法（structural analysis），主要用于分析社会网络的关系结构及其属性，如社会网络的中心性、凝聚子群、核心-边缘结构、结构对等性。社会网络分析软件有 UCINET、Net Miner、Pajek等，其中 UCINET 较为流行。

四、 案例研究法

案例研究法是一种经验主义的探究，研究现实生活背景中的暂时现象（Robert K. Yin，1984），它适合回答“怎么回事”和“为什么”的问题。根据研究目的可以将案例研究分为描述性、解释性、评价性和探索性的研究。描述性案例研究主要是以讲故事或画图的形式对人、事件或情景的概况做出准确的描述，教学案例主要是描述性的案例。解释性案例研究的目的在于对现象或研究的发现进行归纳并最终得出结论，侧重于理论检验，适合对相关性或因果性的问题进行考察。评价性案例侧重于就特定事例做出判断，要求研究者对案例提出自己的意见和看法。探索性案例侧重于提出假设，尝试寻找新理论或尝试用新的观点去评价现象。案例写作主要有两种风格（孙海法，刘运国和方琳，2004），一是分析性报告，研究者并不提出或尽量少地提出自己的观点，报告格式有研究介绍、文献综述、研究方法、研究结果和讨论。研究者必须提供足够的证据来增加结论的可信度，明确地定义案例的边界，还要特别留意对立的主张，从多个角度展现事物的正反面等等。二是反射性报告，研究者的声音能被清楚地听到，案例报告通常把案例编成故事。反射性报告呈现数据的方法有按事件顺序对事件进行描述，叙述一个关键事件，根据研究对象的观点对事件进行描述，以及叙述研究对象的日常生活经历。

五、 问卷调查法

问卷调查法偏重对事件发生的频率、程度的测量，或在某一时间截面构建变量间的量化关系。问卷是一组与研究目标有关的问题，或者说是一份为进行调查而编制的问题表格，又称调查表。问卷法的逻辑是调查的样本对总体的代表性。被调查者就某些有限定的问题做出回答，主要反映的是被调查者的看法。现有文献中占有一定地位的量表往往具有较高的信度和效度。在高水平期刊上发表的实证论文常常采用高质量的量表。如果现有文献的量表不能满足研究需要，研究人员往往需要自行设计问卷量表。

本章参考文献

[1] 韩玉军．国际商务［M］．3 版．北京：中国人民大学出版社，2020：1－46.

[2] 梁能．国际商务［M］．上海：上海人民出版社，1999：9－11.

[3] 马占新．数据包络分析方法在中国经济管理中的应用进展［J］．管理学报，2010（5）：785－789.

[4] 孙海法，刘运国，方琳．案例研究的方法论［J］．科研管理，2004（2）：

107 -112.

[5] 王炜瀚，王健．国际商务 [M]. 3 版．北京：机械工业出版社，2019：30 - 41.

[6] 唐纳德 • A. 鲍尔，J. 迈克尔 • 吉林格，等．国际商务：第 12 版 [M]. 邱月，译．北京：北京联合出版公司，2016：21.

[7] 约翰 • 怀尔德，肯尼斯 • 怀尔德．国际商务：全球化带来的挑战：6 版 [M]. 张倩，等译．北京：中国人民大学出版社，2014：28 - 29.

[8] Caner M，Hansen B E. Instrumental Variable Estimation of A Threshold Model [J]. *Econometric Theory*，2004 (5)：813 - 843.

[9] Charnes A，Cooper W W，Rhodes E. Measuring the Efficiency of Decision Making Units [J]. *European Journal of Operational Research*，1978 (6)：429 - 444.

[10] Gonzalez A，Terasvirta T，Dijk D V. Panel Smooth Transition Regression Models [R]. Working Paper 165，Stockholm School of Economics，2005.

[11] Hansen B E. Threshold Effects in Non-dynamic Panels：Estimation，Testing，and Inference [J]. *Journal of Econometrics*，1999 (2)：345 - 368.

[12] Hill C W L，Hult T M. *International Business*：*Competing in the Global Marketplace* (*11th Edition*) [M]. New York：McGraw-Hill Education，2017.

[13] Yin R K. *Case Study Research*：*Design and Methods* [M]. Newbury Park，California：Sage Publications，1984.

第二章

规模经济与对外开放

第一节　引言与概念界定

一、引言

传统国际贸易理论是在规模经济不变的假定下提出的。随着世界经济的发展和社会生产力水平的提高，规模报酬递增在经济生活中日益普遍。20 世纪 70 年代末，国际贸易理论在经历了 20 多年的沉寂之后，迎来了一次大的突破，以美国经济学家保罗·克鲁格曼（Paul R. Krugman，1979，1980）为代表的一批经济学家提出新贸易理论（new trade theory），认为规模经济是国际贸易的独立动因和利益来源。即使两国间要素禀赋、需求偏好完全相同，两国仍会发生国际贸易。不同类型的规模经济对国际贸易的影响是不同的。内部规模经济与不完全竞争的市场结构相对应，而外部规模经济与完全竞争的市场结构相对应。为了更好地理解规模经济在国际贸易中的决定作用，本章从外部规模经济入手，然后再引入不完全竞争市场结构。本章重点分析分工与规模经济理论的演变，规模经济、要素禀赋与国际贸易，外部规模经济与国际贸易，以及古诺模型、出口补贴与国际贸易。[①] 同时，本章研究中国双循环发展战略的对外开放路径、中国制造业大企业大国综合竞争优势等宏观层次的国际商务问题。

二、内部规模经济与外部规模经济的界定

规模经济有内部规模经济（internal scale economies）和外部规模经济（external scale economies）之分。

（一）内部规模经济

可以理解为厂商或公司水平的规模经济，可分为厂商规模经济和公司规模经济两个

---

① 本章主要参考：冯德连．国际经济学［M］．北京：中国人民大学出版社，2019：83－110；冯德连．规模经济与国际贸易［M］．北京：中国统计出版社，2003：1－131.

层次。

1. 厂商规模经济。单个厂商水平上的报酬递增，即单产品的厂商通过扩大自身生产规模使得劳动生产率提高和平均成本下降的情况。规模较大的厂商能够更好地克服技术设备的不可分性，使大型技术设备的生产能力得到更充分的利用；同时厂商的某些管理费用并不随厂商生产规模的扩大而同比例增加。

厂商成本函数：$C=aQ+b$

平均成本函数：$AC=a+b/Q$

式中，C 为总成本，AC 为平均成本，Q 为产量，a 为单位可变成本，b 为固定成本。可见，产量越大，平均成本越低，厂商面临一条向下倾斜的平均成本曲线。

假定存在厂商规模经济，大厂商拥有大于小厂商的低成本优势。厂商扩大产量必然排斥同行业其他厂商，导致该行业的不完全竞争。具有厂商规模经济的行业必然是不完全竞争行业。厂商规模经济利益主要来源于专业化分工收益和某些技术设备的不可分性。

2. 公司规模经济。就是通常所说的范围经济，即多产品的企业（公司）生产多种产品所产生的规模报酬递增。假定有两种产品，在成本相同的情况下单个企业联合生产两种产品的产量大于两个企业各自生产一种产品的产量之和，或者在产量相同的情况下单个企业联合生产两种产品的成本小于两个企业各自生产一种产品的成本之和。如果企业联合生产的产量小于两个独立企业所能达到的产量之和，或者企业联合生产的成本大于两个独立企业所能达到的成本之和，就是范围不经济。

范围经济的来源主要有三个方面：一是固定投入的共享或者技术设备的不可分性，例如，两个企业共享部分物质资本或人力资本，有些固定投入（如厂房、技术人员等）不能在两个企业之间完全分割。二是某些技术设备投入具有半公共品的特征，当为一种产品生产而购置时，技术设备可以部分地用于另一种产品的生产。三是统一管理或产品的相互关联性产生的成本优势，两种产品的生产经营共享管理经验和营销渠道。

（二）外部规模经济

又称为行业水平的外部经济、行业规模经济，是假定在厂商规模报酬不变的情况下，行业具有报酬递增性。[①] 报酬递增来自企业知识或信息的技术外溢和技术扩散。整个行业的生产规模越大，各企业间技术外溢和技术扩散就越多，各企业的长期平均成本会随着行业的技术进步而大幅度地降低。或者说，行业规模经济意味着，各个企业的短期平均及边际成本可能会由于其产出的增加而提高，但它们的长期平均成本会由于同行业其他企业产出的增加而降低。对厂商来说，它在长期内可以调整固定要素投入。当长期平均成本的下降作为行业发展的结果出现时，就是有外部规模经济；反之，则有外部规模不经济。

① 沈瑶．新贸易理论中的规模经济思想［J］．南开经济研究，1995（3）：39－45.

三、静态规模经济与动态规模经济的界定

（一）动态规模经济与知识的积累

最主要的动态规模经济源于知识的积累。[①] 当某个企业通过历史经验积累而提高其产品质量或更新生产技术时，其他企业可能对该项技术加以模仿而从中受益。随着某一产业整体知识的经验积累，这种知识外溢或扩散有助于该产业各个企业生产成本的降低。企业或产业发展过程中的学习效应是动态规模经济的源泉。学习指的是“干中学”(learning by doing)。[②] 这种现象广泛地出现在集成电路、机器人、光电子、大数据、通信设备、网络安全、新能源汽车等领域。

动态规模经济效应可以用学习曲线表达出来。学习曲线可以用公式表示为：

$$L = a + bQ^{-\beta}$$

式中，L 表示单位产出的劳动投入量，Q 表示累计产量，a 与 b 为正的常数。通常情况下，$0<\beta<1$，β 可以表示动态规模经济效应的大小。如果 $\beta=0$，则单位产出的劳动投入量为常数，Q 的增加不会引起 L 的减少，不存在动态规模经济效应。如果 $\beta=1$，则 $L=a+b/Q$，那么，当 Q 趋于无穷大时，L 趋于常数 a，这时，动态规模经济效应是充分的。

如果考虑两个时期，$t=1$，2。两时期产量分别为 Q_1，Q_2。第一期的成本为 $C_1(Q_1)$，第二期的成本则为 $C_2(Q_2, Q_1)$。学习效应是指 $\partial C_2/\partial Q_1<0$，即第一期产量越多，则第二期生产成本越低。

（二）动态规模经济与静态规模经济的区别

在钢铁、石化、汽车、制药、玻璃等静态规模经济行业中，生产成本取决于当前产量。而在集成电路、机器人等具有动态规模经济的行业中，生产成本则取决于累计产量或经验积累。

在静态规模经济不变的情况下，动态规模经济效应可能很大。如图 2－1 所示。

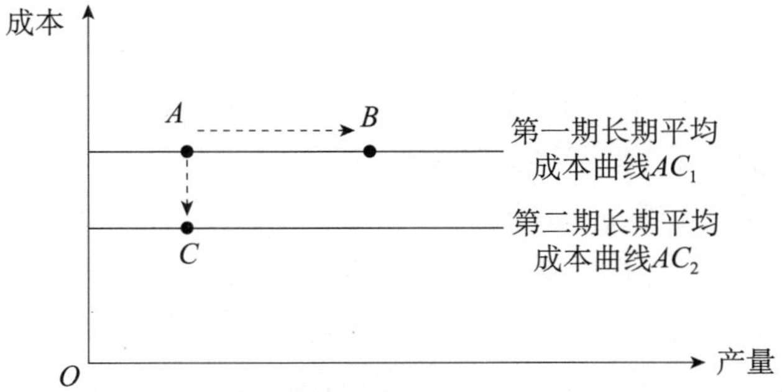

图 2－1　静态规模经济不变下的动态规模经济

图 2－1 中，AC_1 表示第一期静态规模经济不变的某一行业的长期平均成本曲线。如果存在动态规模经济，则随着行业的经验积累，长期平均成本曲线会向下移动，即从第

---

① 保罗·克鲁格曼，茅瑞斯·奥伯斯法尔德．国际经济学［M］．黄卫平，等译．北京：中国人民大学出版社，1998：142－143.

② 平新乔．微观经济学十八讲［M］．北京：北京大学出版社，2001：124－125.

一期长期成本曲线 AC_1 移动到第二期长期平均成本曲线 AC_2。生产沿着曲线由 A 点移到 B 点反映了静态规模经济不变，而由 A 点移到 C 点反映了经验积累产生的动态规模经济效应。

静态规模经济和动态规模经济有时会同时发生。也就是说，长期成本的下降可以是静态规模经济效应与动态规模经济效应同时起作用的结果。

在图 2-2 中，AC_1 表示第一期静态规模经济递增的某一行业长期平均成本曲线。如果存在动态规模经济，长期平均成本曲线会向下移动，从第一期长期平均成本曲线 AC_1 移动到第二期长期平均成本曲线 AC_2。生产沿着曲线由 A 点移到 B 点反映了静态规模经济递增，而由 A 点移到 C 点则是动态规模经济效应的结果。

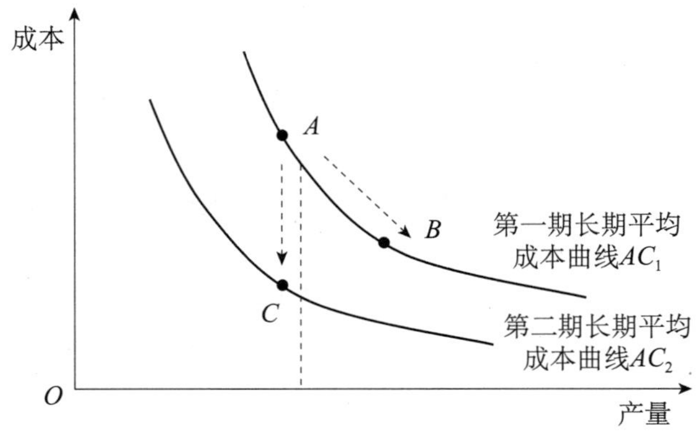

图 2-2　静态规模经济递增下的动态规模经济

第二节　分工与规模经济的理论溯源

设 A 是为了生产产品 X 而执行的任务集合，A_1，……，A_n 是第一阶段的分工。每一子任务 A_i，$i=1$，……，n 是靠不同种类的机器和初级要素完成的，可以称之为第一阶段半成品。为生产第一阶段半成品 A_i 所完成的任务集合，也须经过分工，被称为第二阶段分工。显然，这样的过程可以无限地延续下去。如果 m 阶段半成品是全部初级要素，则分工过程在 m 阶段停止（冯德连，2004）。① 分工程度增加的含义是，当阶段数目固定时，为生产某产品而完成的任务集合被更细致地划分；或者是阶段数目的增加。

Adam Smith（1776），Charles Babbage（1832），Alfred Marshall（1890，1919）和 Allyn Abbot Young（1928）把分工过程看作规模报酬递增的原因。在斯密（Smith）那里，分工的程度与报酬递增的程度是作为同义语使用的。斯密在《国富论》中写道："有了分工，同数劳动者就能完成比过去多得多的工作量，其原因有三：第一，劳动者的技巧因业专而日进；第二，由一种工作转到另一种工作，通常须损失不少时间，有了分工，就可以免除这种损失；第三，许多简化劳动和缩减劳动的机械的发明，使一个人能够做

---

① 冯德连．规模经济与国际贸易［M］．北京：中国统计出版社，2004：8.

许多人的工作。”[①] 因此，考察规模经济，需要把分工与规模经济联系起来。

一、 斯密： 劳动分工与市场范围

Young（1928）在《报酬递增与经济进步》一文中认为，斯密提出的“分工取决于市场范围”的原理是全部经济学文献中最具阐述力的成果之一。斯密用“大制造业”和“小制造业”的概念对制造业进行生产规模区分。他说：“那些大制造业，要供给大多数人的大量需要，所以，各工作部门都雇有许许多多的劳动者，要把许许多多劳动者集合在一个厂内，势不可能”；“劳动生产力最大的增进，以及运用劳动时所表现的更大的熟练、技巧和判断力，似乎都是分工的结果”。[②] 斯密看到了，“大制造业”与“小制造业”相比，劳动生产率极大提高。[③] 显然，分工的程度受生产规模的限制。

在“论分工受市场范围的限制”一章中，斯密指出，分工的程度受市场需求的制约。他论证了“分工受市场范围的限制”的命题，也就是“斯密定理”。他说：“分工起因于交换能力，分工的程度，因此总要受交换能力的限制，换言之，要受市场广狭的限制。市场要是过小，那就不能鼓励人们终生专务一业。因为在这种状态下，他们不能用自己消费不了的自己劳动生产物的剩余部分，随意换得自己需要的别人劳动生产物的剩余部分。”[④] 贸易增大了市场规模，并且允许每个贸易商（国家、地方、个人）进行专门化生产，从增加的劳动分工中获益。

在斯密看来，企业可以被看作一系列活动或职能的组合：购买并储存原材料、加工原材料使之变成半成品或产成品、储存和销售产品、回收货款等。企业的总成本是由单个职能的成本构成的。在这些成本中，有些职能的成本是递减的，但是有些职能的成本是递增的，因此最终产品的平均成本不再随产量增加而下降，企业的规模不能扩大。那么该企业可否放弃成本递减、报酬递增的职能，把它交给专业化的企业，以充分享受报酬递增的利益？这主要取决于在该时期，与这些职能有关的活动的数量是否足以维持一个专业化的商业机构。如果报酬递增职能不断扩大，就可以激励一个企业以及更多的企业专门提供该职能。

二、 穆勒： 大规模生产

约翰·穆勒（John Stuart Mill）在其代表作《政治经济学原理及其在社会哲学上的

---

① 亚当·斯密．国民财富的性质和原因的研究：上卷［M］．郭大力，王亚南，译．北京：商务印书馆，1972：8.

② 同①5.

③ 亚当·斯密为此提供了一个非常著名的例子，显示在制针生产过程中，劳动分工能够产生巨大的优势：既未受过职业训练，又不熟悉机器使用的工人，尽其所能，一天可能也生产不了一根针，肯定不用说生产 20 根针了。现在制针业是这样运作的，整个制针工作被当作一个特有行业，且这项工作被分割为若干个环节，其中大的环节也被视作一个特有行业。第一个人抽出铁丝，第二个人拉直，第三个人切截，第四个人削尖，第五个人碾出针头，制造针头需要两个或者三个独立的工序，穿孔又是一道独立的工序，擦亮又是一道工序，甚至把针放到纸上包起来也是一道独立的工序。这样，制针的诀窍是把它分为大约 18 个鲜明的工序。在有些工厂中，每个工序由不同的工人完成，而在有些工厂中，有时同一个人负责两道或者三道工序。斯密曾经看到一家小型制针厂只雇用 10 个工人，有些工人完成两个或者三个相连的独立工序。……如果竭尽全力，他们一天能够生产 12 磅针，或者最多一天生产 48 000 枚针。而如果这些工人各自独立工作，说不定一天连一枚针也制造不出来。见：①6.

④ 同①16.

若干应用》中讨论了斯密定理。他说：“分工受市场范围的限制。如果将别针制造分成10项不同的工作，一天能够制造出48 000枚，那么只有在消费者的数目大到每天需要48 000枚别针时，这才是可取的。如果只有24 000枚的需求，则分工只能按每天生产较小数量的规模进行。”① 该书“论大规模生产和小规模生产”一章研究大规模生产问题。他说：“在很多情况下，进行大规模生产，可以大大提高生产效率。如果为了最大限度地提高劳动效率，许多劳动者必须联合起来，即便只是为了简单合作而联合，那么企业的规模就必须足够大，以把许多劳动者聚在一起，资本就必须足够多，以供养这些劳动者。当工作的性质允许，市场的规模足够大时，更需要进行细致的分工。企业愈大，分工也就可以愈细。这是大型制造厂存在的主要原因之一。即使扩大生产规模不会导致进一步的分工，把生产扩大到一定的规模，使每个适宜从事专门工作的人工作饱满，也会有很好的经济效果。”②

穆勒的理论是在斯密的劳动分工理论的基础上论证大规模生产的成本节约。大规模生产的成本节约是规模经济的核心内容，可以说穆勒发展了斯密的分工与规模经济理论。穆勒认为，大规模生产可以降低成本。一是单位业务开支会下降。他说：“业务量翻一倍，也许需要增加会计或供销代理商的数目，但肯定无需加倍。业务量越大，完成全部业务活动所需的劳动量从比例上说就越小。”二是采用昂贵机器产生的利益。他说：“配备昂贵机器，一是需要大笔资本，二是除非打算让机器发挥全部生产能力，并有希望售出全部产品，否则是不会采用机器的。由于这两个原因，在适用昂贵机器的地方，大规模生产就不可避免了。”三是节约劳动。他说：“用大生产体制代替小生产体制所节省的很大一部分劳动，是资本家自己的劳动。如果100个拥有小资本的生产者分别进行同一业务，则每个业主也许要花全部精力来管理企业，至少没有时间或心思去干别的事。而一个拥有相当于他们资本总和的制造商，雇用10个或12个办事员，就可以管理他们的全部业务。”③

穆勒还认为，市场规模的扩大以及所引起的每个厂商生产规模的集中和扩大，从效率上来看是绝对的利益。但是从公平的角度来看，未必如此。市场规模的扩大可能产生两个矛盾的力量，一方面是市场规模的扩大产生的效率的提高，以及集中的增加使得规模经济得到更为充分的利用；另一方面是，这种使规模经济得以充分利用的集中的增加，由于加大了与非价格接受行为有关的扭曲的影响而降低了效率。

三、马克思：协作与社会分工

马克思（Karl Marx）在分析资本主义企业组织方式和运行方式变化时，研究了协作与社会分工问题。

（一）协作理论

马克思在《资本论》第十一章提出协作理论。他说：“人数较多的工人在同一时

---

① 约翰·穆勒．政治经济学原理及其在社会哲学上的若干应用：上卷［M］．赵荣潜，桑炳彦，朱泱，等译．北京：商务印书馆，1991：153.

② 同①155.

③ 同①157-159.

间、同一空间（或者说同一劳动场所），为了生产同种商品，在同一资本家的指挥下工作，这在历史上和概念上都是资本主义生产的起点。”“许多人在同一生产过程中，或在不同的但互相联系的生产过程中，有计划地一起协同劳动，这种劳动形式叫做协作。”①

马克思认为，协作劳动与分散的个体劳动相比具有不同的特点：

第一，协作是社会必要劳动时间形成的基础，为企业提供了平均性质的劳动。马克思写道：“对单个生产者来说，只有当他作为资本家进行生产，同时使用许多工人，从而一开始就推动社会平均劳动的时候，价值增殖规律才会完全实现。”②

第二，协作可以引起物质条件革命和节约生产资料。马克思写道：“即使劳动方式不变，同时使用人数较多的工人，也会在劳动过程的物质条件上引起革命。容纳许多人做工的厂房、储藏原料等的仓库、供许多人同时使用或交替使用的容器、工具、器具等，总之，一部分生产资料，现在是在劳动过程中共同消费的。一方面，商品的交换价值，从而生产资料的交换价值，丝毫不会因为它们的使用价值得到某种更有效的利用而有所增加。另一方面，共同使用的生产资料的规模会增大。……大量积聚的并且共同使用的生产资料的价值，一般地说，不会和这些生产资料的规模及其效果成比例地增加。”③

第三，协作可以提高个人生产力和创造集体力。马克思写道：“结合劳动的效果要么是单个人劳动根本不可能达到的，要么只能在长得多的时间内，或者只能在很小的规模上达到。这里的问题不仅是通过协作提高了个人生产力，而且是创造了一种生产力，这种生产力本身必然是集体力。”④

第四，协作可以促进竞争、振作精神和提高工作效率。马克思写道：“在大多数生产劳动中，单是社会接触就会引起竞争心和特有的精力振奋，从而提高每个人的个人工作效率。……这是因为人即使不像亚里士多德所说的那样，天生是政治动物，无论如何也天生是社会动物。”⑤

第五，协作可以提高劳动生产率和缩短制造总产品的劳动时间。马克思写道：“尽管许多人同时协同完成同一或同种工作，但是每个人的个人劳动，作为总劳动的一部分，仍可以代表劳动过程本身的不同阶段。由于协作，劳动对象可以更快地通过这些阶段。……劳动对象在比较短的时间内通过同样的空间。……许多互相补充的劳动者做同一或同种工作，是因为这种最简单的共同劳动的形式即使在最发达的协作形态中也起着重大作用。如果劳动过程是复杂的，只要有大量的人共同劳动，就可以把不同的操作分给不同的人，因而可以同时进行这些操作，这样，就可以缩短制造总产品所必要的劳动时间。”⑥

---

① 马克思．资本论：第1卷［M］．北京：人民出版社，2004：374，378.

② 同①376.

③ 同①376－377.

④ 同①378.

⑤ 同①379.

⑥ 同①379－380.

第六，协作可以优化劳动的空间范围。马克思写道："一方面，协作可以扩大劳动的空间范围，因此，某些劳动过程由于劳动对象空间上的联系就需要协作；例如排水、筑堤、灌溉、开凿运河、修筑道路、铺设铁路等等。另一方面，协作可以与生产规模相比相对地在空间上缩小生产领域。在劳动的作用范围扩大的同时劳动空间范围的这种缩小，会节约非生产费用（faux frais），这种缩小是由劳动者的集结、不同劳动过程的靠拢和生产资料的积聚造成的。"①

（二）企业内分工与社会分工

马克思、恩格斯在《共产党宣言》中说明了市场规模对工场手工业分工的巨大影响，这种影响将受制于生产技术的性质。"蒸汽和机器引起了工业生产的革命。现代大工业代替了工场手工业；工业中的百万富翁、一支一支产业大军的首领、现代资产者，代替了工业的中间等级。"②

马克思的社会分工理论主要体现在《资本论》关于"工场手工业内部的分工和社会内部的分工"的论述中。马克思把"工场内部的分工，叫作个别的分工"③，可以理解为企业内分工。而"各种使用价值或商品体的总和，表现了同样多种的、按照属、种、科、亚种、变种分类的有用劳动的总和，即表现了社会分工。"④ 社会分工是由原来不同而又互不依赖的生产领域之间的交换产生的。企业内分工与社会分工既有区别，又有联系。

企业内分工与社会分工的区别在于：

第一，两者的前提不同。马克思写道："一定量同时使用的工人，是工场手工业内部分工的物质前提，同样，人口数量和人口密度是社会内部分工的物质前提，……工场手工业分工以生产资料集中在一个资本家手中为前提；社会分工则以生产资料分散在许多互不依赖的商品生产者中间为前提。"⑤

第二，两者的媒介不同。马克思写道："社会内部的分工以不同劳动部门的产品的买卖为中介；工场手工业内部各局部劳动之间的联系，以不同的劳动力出卖给同一个资本家，而这个资本家把它们作为一个结合劳动力来使用为中介。"⑥

第三，计划性不同。马克思写道："在工场内部的分工中预先地、有计划地起作用的规则，在社会内部的分工中只是在事后作为一种内在的、无声的自然必然性起着作用，这种自然必然性只能在市场价格的晴雨表式的变动中觉察出来，并克服着商品生产者的无规则的任意行动。"⑦

第四，权威性不同。马克思写道："工场手工业分工的前提是资本家对于只是作为他所拥有的总机构的各个肢体的人们享有绝对的权威；社会分工则使独立的商品生产者互相对立，他们不承认任何别的权威，只承认竞争的权威，只承认他们互相利益的压力加

---

① 马克思．资本论：第1卷［M］．北京：人民出版社，2004：381－382.
② 马克思，恩格斯．共产党宣言［M］．北京：人民出版社，2018：28.
③ 同①407.
④ 同①55.
⑤ 同①408，412.
⑥ 同①411－412.
⑦ 同①412.

在他们身上的强制。”[①] 在资本主义生产方式的社会中，社会分工的无政府状态和工场手工业分工的专制是互相制约的。

企业内分工与社会分工互为因果，交互作用。马克思写道：“工场手工业的分工要求社会内部的分工已经达到一定的发展程度。相反地，工场手工业分工又会发生反作用，发展并增加社会分工。”“机器生产用相对少的工人人数所提供的原料、半成品、劳动工具等等的数量不断增加，与此相适应，对这些原料和半成品的加工也就分成无数的部门，因而社会生产部门的多样性也就增加。机器生产同工场手工业相比使社会分工获得无比广阔的发展，因为它使它所占领的行业的生产力得到无比巨大的增长。”[②]

马克思从垂直分工和水平分工来思考分工与市场规模的关系，导致了他关于企业内分工和社会分工之区分。垂直或企业内分工取决于规模报酬递增的技术，而社会分工或水平分工最基本的问题是最小经济规模问题。这两者之间的关系是交互作用、互为因果，导致产业和社会经济结构的自发演进。企业内分工与社会分工的相互作用蕴含着报酬递增的机制（贾根良，1998）。[③] 报酬递增的根源来自规模报酬递增的技术程度的企业内分工和以最小规模为核心的社会分工之间的交互作用。马克思比古典经济学家更清楚地认识到社会分工与企业内部分工之间的区别，论证了企业内部由分工而导致的协作与规模经济之间的关系。

四、 马歇尔： 规模经济种类

马歇尔（Alfred Marshall）的规模经济思想主要体现在他的宏伟巨著《经济学原理》中，代表性的观点有外部经济、马歇尔冲突等。

（一）外部经济

为了说明报酬递增倾向，马歇尔引入外部经济概念。他写道：“在较为仔细地研究了任何一种货物的生产规模之扩大所产生的经济之后，我们知道，这种经济分为两类：一类是有赖于工业的一般发展，一类是有赖于从事这工业的个别企业的资源及经营管理的效率；就是说，分为内部经济和外部经济两类……总的生产规模的扩大，当然增加这些经济中最重要的，是由于相关的工业部门的发达而产生的，这些部门互相帮助，也许集中在同一地方，但无论如何，它们都利用轮船、火车、电报、印刷机等所提供的近代交通便利。像这种来源所产生的各种经济，是任何生产部门都可获得的，而不是完全依靠它自己的发达：但是，这些经济必然是随着它自己的发达而迅速地和稳步地增大；如果它衰败的话，这些经济在某些方面——虽然不是在一切方面——必然是缩小的。”[④]

（二）马歇尔冲突

企业在自由竞争的驱使下生产规模扩大，市场占有率提高，产生规模经济效应；而企业生产规模的扩大和市场占有率的提高必然导致垄断，垄断必然扼杀企业活力和产生

---

① 马克思．资本论：第1卷［M］．北京：人民出版社，2004：412.

② 同①409，512.

③ 贾根良．报酬递增经济学：回顾与展望（一）［J］．南开经济研究，1998（6）：29－34.

④ 马歇尔．经济学原理：上卷［M］．朱志泰，译．北京：商务印书馆，1964：324－325，327.

垄断经济低效率。规模经济效应和自由竞争活力（垄断低效率）之间的矛盾现象被称为马歇尔冲突（Marshall's dilemma），成为现代产业组织理论的重要研究课题。在电信、银行、邮政、自来水、供电等规模经济行业，普遍存在马歇尔冲突。

维护市场竞争活力，抑制垄断低效率，实现有效竞争，只能依赖国家政策，如反垄断法、反不正当竞争法等。对于有效竞争的界定，需要结合产业的性质和产业成熟度，综合考虑市场结构和市场势力指标，以确保政府恰当地实施竞争政策来加以调节和监控（姜琪，2012）。①

五、杨格：分工的自我演进

Allyn A. Young（1928）根据斯密定理深刻阐述了报酬递增与经济进步的关系。他的观点体现在《报酬递增与经济进步》一文中。杨格（Young）认为，“劳动分工取决于市场规模，而市场规模又取决于劳动分工。经济进步的可能性就存在于上述条件中，人们除了获取新知识，取得进步外，也可以取得这种经济进步的可能性，不论他们所追求的是经济利益或非经济的利益。”可以把杨格的上述思想命名为“分工的自我演进”或“杨格定理”。杨格使斯密定理真正动态化。杨格定理可以概括为：第一，产业经营是相互联系的整体。试图从个别企业的成本和这个企业产品的价格中来研究报酬递增，对研究这个领域来说是徒劳无益的。“通过观察个别企业和个别产业的规模的变化效应，是弄不清楚报酬递增机制的，因为产业的不断分工和专业化是报酬递增得以实现的过程的一个基本组成部分。必须把产业经营看作是相互联系的整体。”第二，报酬递增取决于劳动分工的发展，现代形式的劳动分工的主要经济，是以迂回②或间接方式使用劳动所取得的经济。报酬递增的主要经济是生产的资本化或迂回方法的经济。这些经济又主要与现代形式的劳动分工的经济相等同。第三，劳动分工与市场规模相互决定。杨格认为，最重要的分工形式是生产迂回程度的增加和新行业的出现。产业间分工发展和迂回生产延长使得市场规模扩大，而扩大的市场规模会促进分工的进一步发展。市场规模与迂回生产、产业间分工存在相互作用、自我演进的报酬递增机制。③

六、阿瑟：路径依赖

路径依赖（path-dependence）的概念以 Paul A. David（1985）的界定为代表。在两个技术的竞争过程中，后来证明有一种技术方案比先前胜利的、已经采用的技术方案更优越，但人们不会放弃先前已经采用的技术路径，这种现象就是路径依赖。当前使用的计算机键盘字母排列（QWERTY 键盘）就是一个例子。QWERTY 键盘在 19 世纪 70 年代用于打字机，虽然后来出现了一些高效率的键盘，如 IDEAL 键盘、Dvorak 简化键盘，但是并不为市场接受，人们仍愿意继续使用 QWERTY 键盘，键盘市场一直被低效率产

---

① 姜琪．论竞争的本质与有效竞争的界定［J］．云南社会科学，2012（2）：50－54．

② 迂回生产指先制造生产资料（或称资本品），然后用这些生产资料去生产消费品。例如，先制造生产工具，再用生产工具生产产品。

③ 张红芳．报酬递增理论述评［J］．甘肃社会科学，2001（3）：76－77．

品锁定。其中的主要机制是技术相互关联性（technical inter-relatedness）[①]、规模经济和投资准不可逆性（quasi-irreversibility of investment）[②]。

W. Brian Arthur（1989，1994）将戴维（Paul A. David）的观点进一步发展，他提出：一些随机的历史小事件可能导致一种技术战胜另一种技术。阿瑟（Arthur）强调了路径依赖的自我加强机制，这一机制会导致如下四个特性：一是潜在的低效率，即使在个人选择完全理性的情况下总体结果也会存在潜在低效性，一种被采用的技术可能比另一种替代的技术更差；二是锁定，一旦达成一种解决方案就很难退出；三是难以预测性，即结果是不确定的，难以预测的，对供需状况的了解不足以预测最终市场份额；四是路径依赖性，小的事件和偶然情形的结果可能使技术方案一旦处于优势，就会随着采用的增加而改进，从而导致一个特定的路径。在收益递增的情况下，被采用的技术呈现出进化特征，具有类似于遗传学的创始人效应机制。

阿瑟的这一技术变迁的路径依赖思想，被 Douglass C. North（1990）借鉴到了制度变迁之中。诺斯（North）认为，制度变迁受四种形式的报酬递增制约：一是制度重新创立时的建设成本（set-up cost）；二是与现存的制度框架和网络外部性以及制度矩阵有关的学习效应（learning effect）；三是通过合约与其他组织和政治团体在互补活动中的协调效应（coordination effect）；四是以制度为基础增加的签约由于持久而减少了不确定性的适应性预期（adaptive expectation）。

诺斯的路径依赖的核心思想是：路径依赖指今天的选择受历史因素的影响。制度具有相对稳定性，这主要来自规则和习惯的相对稳定性，尤其是习惯并不会与规则同步变迁，由此会产生黏滞的稳定性，但这种稳定性丝毫没有否定制度变迁的可能性。

无论是阿瑟的技术路径依赖还是诺斯的制度路径依赖都强调了自行强化机制。这意味着一旦经济进入有效的路径，政治和经济制度的变迁就会进入良性循环的路径，经济就会走向连续增长的轨道；而一旦进入无效的路径，经济也会像乘数效应一样，迅速进入衰退和停滞路径；最可怕的是经济进入闭锁状态，要想摆脱困境十分不易。过去我们常常探讨为什么中国封建社会发展缓慢会延续上千年，中国封建社会进入了一个“超稳定”的怪圈，要想走出怪圈不得不进行暴力革命，但革命也未能解决社会的习惯和道德伦理规则（朱勇，2000）。

七、贝克尔和墨菲：贝克尔-墨菲模型

贝克尔（Gary S. Becker）和墨菲（Kevin M. Murphy）于 1992 年构建了劳动分工、协调成本以及知识之间关系的分析框架。[③] 他们认为，分工与专业化的生产可以提高工人

---

① 这里的技术相互关联性是指键盘“硬件”和“软件”（打字员对键盘排序的记忆）之间的系统兼容性。QWERTY 键盘的购买者会给受过兼容培训的打字员传递正向信息，这在一定程度上增加了后来的打字员选择学习 QWERTY 的可能性。

② 这里的投资准不可逆性是指打字员在 QWERTY 键盘上的培训和学习的投资不可逆性，以及不使用 QWERTY 键盘产生的软件“转换成本”（switching costs）。

③ Becker G S，Murphy K M. The Division of Labor，Coordination Costs，and Knowledge [J]. *The Quarterly Journal of Economics*，1992（4）：1137－1160.

的报酬。分工与专业化的程度不仅受到市场规模的限制，而且受到分工深化导致的分工协调成本以及知识进展的影响。主要观点有：第一，人均收益的提高取决于人力资本的增长和分工水平的提高。人均收益 y 是通用知识（人力资本）H 和分工水平 n（团队人数）的生产函数：

$$y=B(H，n)=AH^{\gamma}n^{\theta}，\gamma>0，\theta>0$$

式中，B 为分工产生的人均收益，A 为技术进步因子，γ 表示人力资本的产出效率，θ 为专业化技能学习边际生产率。该函数表明，随着人力资本的增长和分工水平的提高，人均收益 B 会随之提高。第二，分工协调成本制约分工演进。委托代理、敲竹杠、信息传递失真会产生分工协调成本 C，每一团队成员的净产出 y 为收益与协调成本之差。当 $B>C$ 时人均收益随分工的深化而不断增加，分工受到市场范围的限制；当 $B=C$ 时分工达到最优；当 $B<C$ 时分工则受到协调成本的制约。第三，知识增长可以提高分工与专业化的程度。第四，通用知识增长、技术进步及协调成本降低均会促进经济增长。范爱军和杨丽（2006）① 认为，模块化通过知识的独立化改变了分工格局，并影响到贝克尔-墨菲模型中的相关参数，从而对分工体系产生了一系列深入的影响，并对经济增长具有更深入的正效应。

第三节　外部规模经济、动态规模经济与国际贸易

一、外部规模经济与国际贸易

约翰·威廉姆森（John Williamson）认为，规模经济是推动贸易的额外因素（比较成本差异之外的因素），这个因素使两国都从贸易中获益，甚至当两国的技术和偏好都相同时也是如此。② 图 2-3 引入生产可能性曲线对外部规模经济下的国际贸易进行一般均衡分析。

封闭条件下，假定本国和外国的要素禀赋和技术水平完全相同，经济绝对规模相当，两国的生产可能性曲线为 TT'。TT' 是凸向原点的，说明生产 X 和 Y 产品时产生的规模经济效应超过了要素密集度效应。两国需求偏好相同，共同的无差异曲线为 C。两国在封闭经济状态下共同的生产点和消费点均为 A，经由 A 点的价格比率相等。很明显，封闭条件下两国不存在比较优势。但是，开放条件下仍然存在由专业化分工和贸易产生的潜在贸易利益。

（一）开放经济下两国消费点重合时的情形

在开放经济下如果本国基于某种原因增加 Y 产品的生产，哪怕开始只比外国增加少许，在规模经济作用下，Y 产品产量的增加就会获得成本优势，而成本优势促进 Y 产品产量进一步扩张，这种扩张反过来又加强了它的成本优势，呈现出一种不断加强（正反

---

① 范爱军，杨丽．模块化对分工演进的影响：基于贝克尔-墨菲模型的解释［J］．中国工业经济，2006（12）：67-73.

② 约翰·威廉逊．开放经济与世界经济［M］．厉伟，译．北京：北京大学出版社，1991：66-71.

馈）的专业化分工趋势，推动本国专业化生产 Y 产品，生产点为 T。反之，外国也会专业化生产 X 产品，生产点为 T'。假定人们对 X 产品的消费偏好和对 Y 产品的消费偏好相同，开放条件下的世界市场价格线（价格比率线）P_1 和封闭条件下两国国内价格线 P 斜率相同。两国各以自己产品产量的 50%进行国际贸易，贸易后两国的消费点相同，都是 TT' 线中间点（B 点），显著高于封闭条件下的两国消费点 A。两国的社会无差异曲线由封闭条件下的 C 上升到位置更高的 C_1，社会福利水平显著提升。可见，以外部规模经济为基础的贸易可以降低成本、提高生产率和扩大世界市场规模，参与国际分工的两国都可以从国际分工中获得贸易利益。

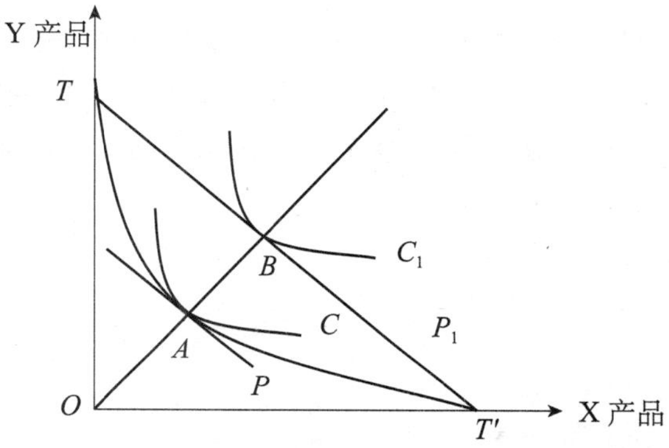

图 2-3　外部规模经济下的贸易利益分配均等情形

（二）贸易利益分配不均等时的情形

在图 2-3 的 B 点达成贸易均衡是一个特例，假定人们对 X 产品的消费偏好和对 Y 产品的消费偏好不同，两国的消费点和贸易利益均会发生变化。假定两国进行专业化生产，但均希望多消费 X 产品和少消费 Y 产品。对 X 产品更强烈的消费偏好会使 X 产品的相对价格（P_X/P_Y）上升（比封闭条件下的两国国内价格线 P 陡峭）。开放条件下的均衡状态如图 2-4 所示：本国社会无差异曲线 C_h 显著低于外国社会无差异曲线 C_f。本国社会无差异曲线 C_h 与世界市场价格线 P_1 相切于 B_h 点，外国社会无差异曲线 C_f 与世界市场价格线 P_1 相切于 B_f 点，本国和外国的新消费点分别为 B_h 和 B_f，本国消费点 B_h 显著低于

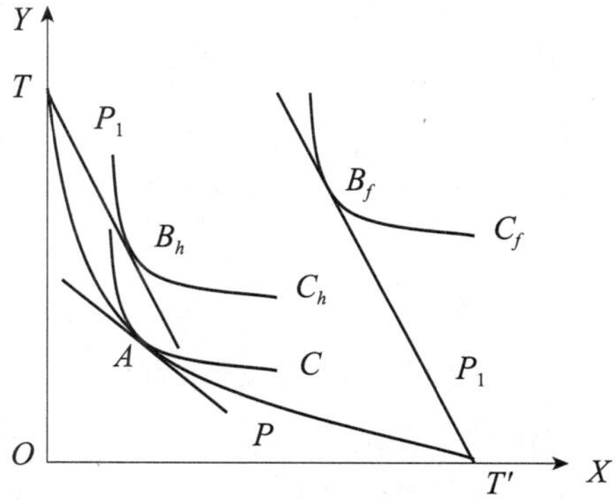

图 2-4　行业规模经济下的贸易利益分配不均等情形

外国消费点 B_f。可见，尽管两国原先的经济状况相同，但是贸易利益没有平均分配，本国获利较少。在极端情况下，对 X 产品强烈的需求偏好甚至可能使从 T 出发的新世界市场价格线上的消费点低于 A 点，本国不但不会获利，反而要惨遭损失。

二、 动态规模经济与国际贸易

动态规模经济通常发生在那些充满技术创新和技术进步的不完全竞争的高新科技产业中。在实践中，规模报酬递增的重要来源就是学习曲线（learning curve）效应和研究与开发（R&D）效应（夏申，1994）。动态规模经济强调，随着时间的推移，由于厂商经验积累或者整个产业累计产量不断增加，平均成本下降。在动态规模经济下，贸易模式是不确定的，对动态规模经济产业的政府扶持政策有时是必要的。动态规模经济可以用学习曲线表示。各个国家由于专业化分工、管理科学化程度、劳动力教育水平和劳动技能、生产装备与工艺、产品设计等的差异，产业的学习曲线是不同的。动态规模经济与国际贸易的关系如图 2－5 所示。

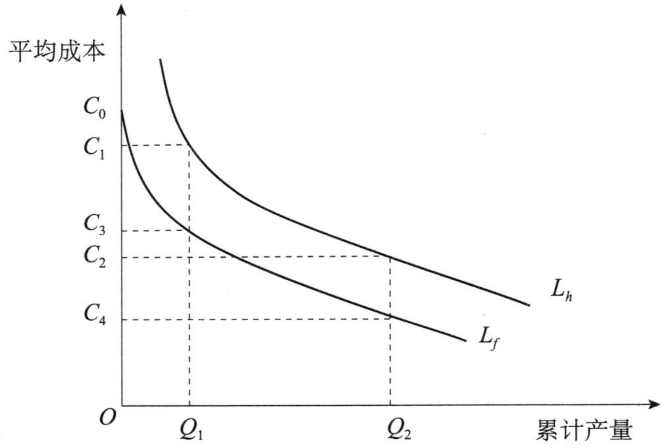

图 2－5 动态规模经济与国际贸易的关系

图 2－5 中，横轴表示具有动态规模经济效应的 X 产品的累计产量，纵轴表示平均成本。L_h 表示本国（H 国）学习曲线，L_f 表示外国（F 国）学习曲线，由于 X 产品具有动态规模经济效应，因此两国 X 产品的平均成本随着累计产量的增加而下降。

当本国累计产量为 Q_1 时，本国平均成本为 C_1，而当产出量达到 Q_2 时，本国平均成本则下降为 C_2。当外国累计产量为 Q_1 时，外国平均成本为 C_3，而当产出量达到 Q_2 时，外国平均成本则下降为 C_4。假如两国具有同等的累计产量，本国平均成本均高于外国，图中 Q_1 处，$C_1>C_3$；Q_2 处 $C_2>C_4$。可见，本国在开放条件下与外国累计产量相同时缺乏成本优势。

但是，如果本国累计产量高于外国累计产量达到一定的程度，本国就可能具有成本优势。例如，当本国累计产量为 Q_2 而外国累计产量为 Q_1 时，本国平均成本 C_2 小于外国平均成本 C_3，这时本国有成本优势。在动态规模经济的条件下，本国获得成本优势的条件是取得更大的累计产量。对于动态规模经济产业，政府有两个政策选项：一是发挥先发优势（first mover advantage），比其他国家更早地扶持产业成长，取得经验积累或累计产量。《中华人民共和国国民经济和社会发展第十四个五年规划和2035年远景目标纲要》指出：在类脑智能、量子信息、基因技术、未来网络、深海空天开发、氢能与储能等前沿科技和产业变革领域，组织实施未来产业孵化与加速计划，谋划布局一批未来产业。二是在不具备成本优势的情况下，一国采取一定的保护和扶持措施有利于提高累计产量而取得成本优势。中国拥有巨大的国内需求市场和大国规模经济优势，有必要对机器人、集成电路等动态规模经济产业加以扶持。例如，2021年12月21日，工业和信息化部等15个部门印发《"十四五"机器人产业发展规划》（工信部联规〔2021〕206号）提出：到2025年我国成为全球机器人技术创新策源地、高端制造集聚地和集成应用新高地，机器人产业营业收入年均增长超过20%，制造业机器人密度实现翻番。到2035年我国机器人产业综合实力达到国际领先水平。该文件明确了提高产业创新能力、夯实产业发展基础、增加高端产品供给、拓展应用深度广度、优化产业组织结构五项任务，以及机器人核心技术攻关行动、机器人关键基础提升行动、机器人创新产品发展行动、"机器人+"应用行动四大行动。再如，2020年7月27日，《国务院关于印发新时期促进集成电路产业和软件产业高质量发展若干政策的通知》（国发〔2020〕8号）指出：集成电路产业和软件产业是信息产业的核心，是引领新一轮科技革命和产业变革的关键力量。文件规定了财税、投融资、研究开发、进出口、知识产权、市场应用、国际合作等支持政策。

第四节 古诺均衡、规模经济与出口补贴

如果存在规模经济和不完全竞争，一国对本国企业出口补贴可能提高本国企业的国际市场占有率，可能使本国企业获得更多的超额利润。若新增的利润能够抵消出口补贴的成本，那么实行出口补贴就可提高本国福利（James A. Brander，Barbara J. Spencer，1983，1985）。下面以古诺（Augustin Cournot）均衡[①]为例说明规模经济与出口补贴的经济效应。

一、古诺均衡与反应曲线

古诺（1938）假定：存在双寡头（duopoly）垄断，开始时一个独占者垄断了市场，然后一个竞争者进入该市场。这两个竞争者在这样的假定下不断调整自己的产量，直至达到厂商均衡和市场均衡。

如果把该企业最佳产量的选择与对方企业的每一种可能产量之间的对应关系在坐标图上用一条曲线描绘出来，则这一曲线为该企业的反应曲线（reaction curve）。如图2-6所示。

假定整个世界市场对该种产品的需求由A企业（本国企业）和B企业（外国企业）

---

① 古诺均衡是由法国经济学家古诺1938年在《财富理论的数学原理研究》一书中首先提出的。模型的假设有：市场上只有两个厂商，且两个厂商的生产技术条件完全相同；厂商的行为模式是非合作型的，厂商的决策变量是产量，即决定生产或销售多少产品。在非合作的情况下，厂商对对方的产量并不了解（假设厂商同时做决策），但可以根据对对方的猜测来做出自己的各种选择。也就是说，针对对方每一种可能的产量，它都有一个最佳的产量选择。

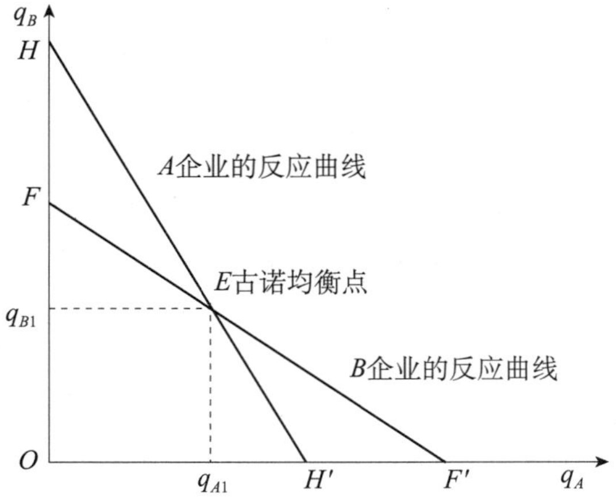

图 2-6　古诺均衡

垄断，则价格 P 可表示为产量 q_A 和 q_B 的函数。

$$P = P(q_A + q_B)$$

每个企业的成本函数和利润函数分别为：

$$C_A = C(q_A)$$

$$C_B = C(q_B)$$

$$\pi_A = q_A P(q_A + q_B) - C(q_A)$$

$$\pi_B = q_B P(q_A + q_B) - C(q_B)$$

由边际收益等于边际成本得出利润极大化条件：

$$\frac{\partial \pi_A}{\partial q_A} = 0 \quad \frac{\partial \pi_B}{\partial q_B} = 0$$

由上述两式，可以得出含 q_A 和 q_B 的方程，即反应函数。它表示在给定对方的产量水平时本企业利润极大化的产量。两条反应曲线相交，得出了古诺均衡的位置。

曲线具有负的斜率，因为一方产量的增加将降低对方的边际收益，导致边际收益为负，所以对方的最佳选择是减少产量。同时，一方产量的增加将降低对方的剩余需求，对方选择的最佳产量会减少。

图 2-6 中，OH 为外国 B 企业在完全竞争下的产量，0 为在外国 B 企业完全竞争产量 OH 下国内 A 企业的产量。而当外国 B 企业的产量为 0 时，OH' 为国内 A 企业在完全垄断下的产量。

A 企业的反应曲线比 B 企业的反应曲线要陡峭一些。一种解释是：H 点表示 A 企业认为对方产量为 OH 时，它就选择退出市场，q_A 为 0。那么，在什么情况下，A 企业才会选择退出呢？若 OH 对应的是完全竞争下的产量，即当市场需求为 OH，市场价格等于企业的边际成本时，整个行业的产量与完全竞争下的产量相同，这时，A 企业认为没有必要留在市场上，所以，它选择的产量为零。H' 点则表示在企业 B 不存在的情况下，即 q_B 为 0 时，企业 A 的最佳选择。这时，市场上只有 A 企业，所以，A 企业的产量 OH' 对应于完全垄断下的产量。同理，F' 点表示完全竞争下的产量，F 点表示完全垄断下的产量。根据各个端点下的经济含义，F 点必定在 H 点之下，而 H' 点则在 F' 点之左，

HH'比FF'更为陡峭。

在图 2-7 中，假定国际市场对某产品的需求由 A 企业和 B 企业垄断。市场需求曲线可以表示为：$P=P(Q)=10-Q$。每增加一单位产量的边际生产成本相等，$C_1=C_2=4$。每个企业的利润为：

$$\pi_A = q_A[10-(q_A+q_B)]-4q_A = 6q_A - q_Aq_B - q_A^2$$

$$\pi_B = q_B[10-(q_A+q_B)]-4q_B = 6q_B - q_Aq_B - q_B^2$$

利润最大化时，边际收益=边际成本，即：

$$\frac{\partial \pi_A}{\partial q_A} = 6 - q_B - 2q_A = 0$$

$$\frac{\partial \pi_B}{\partial q_B} = 6 - q_A - 2q_B = 0$$

均衡解：$q_A=q_B=2$。此时利润为 4。见图 2-7。

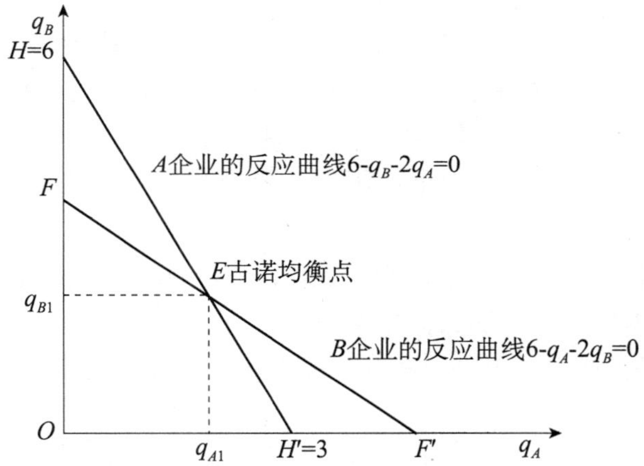

图 2-7　古诺均衡案例

二、 古诺均衡与出口补贴

Gene M. Grossman 和 J. David Richardson（1985）用技术性较弱的、更易于接受的形式对出口补贴作了表述。这一分析是建立在古诺模型的基础上的。假设有一家本国企业和一家外国企业。它们在第三国市场上展开销售竞争，也就是说，各寡头企业在国内市场之外的市场上展开竞争。如图 2-8，给定这一古诺模型，均衡点为 E 点。

假设本国 A 企业作出将均衡移至 E'点以扩大其市场份额和增加利润的决策威胁。那么，外国 B 企业是否会沿着反应函数 FF 把销售量从 q_{B1} 降至 q_{B2}？如果 B 企业这样做，那么 B 企业缩减销售量等于把市场份额让给了 A 企业。假定各国企业都知道对手的决策，B 企业不会因 A 企业发出的将均衡点由 E 移至 E'的决策威胁而减少自己的销售。B 企业知道，A 企业这一决策威胁不可信，因为 A 企业总会选择在 HH 线上生产以谋取利润最大化。如果 B 企业仅生产 q_{B2}单位产品，A 企业生产 q_{A3}单位的产品将比生产 q_{A2}单位获得的利润更大，因此，本国企业将在利润最大化的 q_{A3}产量上进行生产。

在这种情况下，本国政府对 A 企业进行出口补贴将会获益。如果本国政府提前宣

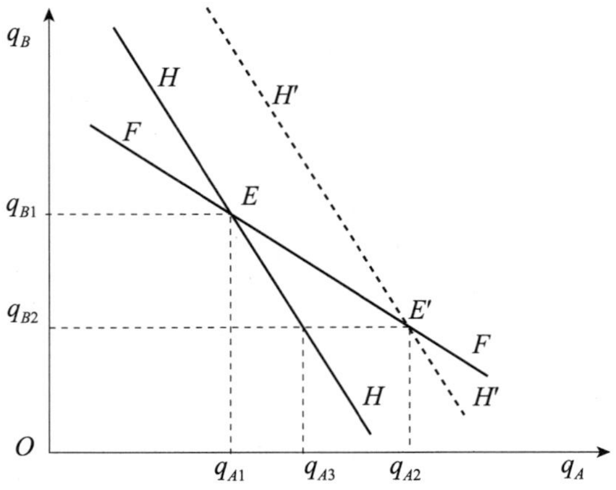

图 2－8　本国出口补贴在第三国市场上的古诺均衡

布出口补贴政策，那么，A 企业在 B 企业的每一销售水平下都会愿意扩大其销售。HH 线因出口补贴而向右移至 $H'H'$。由于 A 企业反应曲线的移动，A 企业出口销售扩张到 q_{A2} 的决策必然影响外国企业产量决策。B 企业需要把销售降到 q_{B2} 水平，以保证在反应函数 FF 上进行生产。本国出口补贴的结果是 A 企业把均衡点由 E 移到了 E' 点。在其他条件不变的情况下，如果本国生产者剩余的增加超出了补贴成本，出口补贴将改善本国福利。

在图 2－7 中，假设本国政府对 A 企业提供出口补贴，单位补贴金额 1.5；F 国政府没有对 B 企业提供出口补贴。那么，本国 A 企业的利润增加，本国福利得到改善。此时，本国实行出口补贴政策优于实行自由贸易政策。

每个企业的利润为：

$$\pi_A = q_A[10-(q_A+q_B)]-2.5q_A = 7.5q_A - q_Aq_B - q_A^2$$

$$\pi_B = q_B[10-(q_A+q_B)]-4q_B = 6q_B - q_Aq_B - q_B^2$$

利润最大化时，边际收益＝边际成本，即：

$$\frac{\partial \pi_A}{\partial q_A} = 7.5 - q_B - 2q_A = 0$$

$$\frac{\partial \pi_B}{\partial q_B} = 6 - q_A - 2q_B = 0$$

均衡解为：$q_A=3$，$q_B=1.5$。此时利润为：$\pi_A=9$，$\pi_B=2.25$。

本国出口补贴额＝1.5 单位补贴×3＝4.5 单位补贴。

本国出口补贴 1.5 单位，产量由 2 单位增加至 3 单位，利润由 4 单位增加至 9 单位。扣除 3 单位产量的 4.5 单位补贴后的本国净福利为 4.5 单位，高于出口补贴前的 4 单位。而外国产量由 2 单位减少至 1.5 单位，利润由 4 单位减少至 2.25 单位。

三、 出口补贴与贸易报复

古诺模型中，本国实施出口补贴能够提高产量和增加利润，而外国则产量下降和利润减少。这是以国外没有进行贸易报复为前提的。如果外国实施贸易保护，实施同等程度的出口补贴，则两国企业的产量均会减少。

在图 2-7 中，假设本国、外国政府对自己国家的出口商提供同等程度的出口补贴，单位补贴金额 1.5。那么，本国的利润减少，与没有出口补贴时相比福利下降。此时，本国实行出口补贴政策时的福利效应低于实行自由贸易政策时的福利效应。

每个企业的利润为：

$$\pi_A = q_A[10-(q_A+q_B)]-2.5q_A = 7.5q_A - q_Aq_B - q_A^2$$

$$\pi_B = q_B[10-(q_A+q_B)]-2.5q_B = 7.5q_B - q_Aq_B - q_B^2$$

利润最大化时，边际收益=边际成本，即：

$$\frac{\partial \pi_A}{\partial q_A} = 7.5 - q_B - 2q_A = 0$$

$$\frac{\partial \pi_B}{\partial q_B} = 7.5 - q_A - 2q_B = 0$$

均衡解：$q_A=2.5$，$q_B=2.5$。此时利润：$\pi_A=6.25$，$\pi_B=6.25$。

本国或外国出口补贴额=1.5 单位补贴×2.5=3.75 单位补贴。

本国出口补贴 1.5 单位，产量由 2 单位增加至 2.5 单位，利润由 4 单位增加至 6.25 单位。扣除 2.5 单位产量的 3.75 单位补贴后的本国净福利为 2.5 单位，低于两国都不进行出口补贴时的 4 单位。外国和本国一样，实行出口补贴政策时的福利效应低于实行自由贸易政策时的福利效应。

第五节 双循环发展战略与对外开放

2020 年以来，习近平总书记系列讲话提出和深刻阐述了双循环发展战略。中国“十四五”规划把双循环发展战略进一步落实，战略导向部分指出：构建新发展格局是应对新发展阶段机遇和挑战、贯彻新发展理念的战略选择。我们可以把形成以国内大循环为主体，国内国际双循环相互促进的新发展格局称为“双循环发展战略”。理解与贯彻双循环发展战略，必须把握对外开放特征与路径。关于中国对外开放的特征，江小涓（2019）认为，从国内外形势的变化出发，中国的开放特征将转向水平分工、中性开放和制度性开放。李晓（2021）认为，新一轮高水平对外开放应以规则、体制和制度安排的改革为中心。高柏（2021）强调，对等开放是中国在错综复杂的乱局中避免大国对抗的解决方案。关于中国对外开放的路径，黎峰（2021）认为，在持续增强国内生产配套能力和挖掘国内超大规模市场优势的基础上，通过以外促内、以内提外，推动内外协调并举。张辉等（2021）认为，依托规模化经济促进国际大循环高质量发展。何忠国（2021）认为，开放措施要从关税等边境措施向规则、规制、管理、标准等边境内措施延伸。王孝松（2021）认为，对外开放领域核心内容之一是形成更高水平的开放型经济新体制。从相关文献可以看出，研究双循环发展格局的文献多，而研究对外开放特征和路径的文献少，研究双循环发展战略的对外开放特征与路径的文献更少。同时，学术界关于双循环发展格局的对外开放特征与路径的研究观点不一致。本节在考察中国对外贸易发展战略演变的基础上，系统研究双循环发展的对外开放特征与路径。加快构建以国内大循环为主体、国内国际双循环相互促进的新发展格局，是党中央做出的战略抉择。新中国成立以来，中国对外贸易发展战略可以分为三个阶段，即内向型发展战略、外向型发展战略和双循环发展战略。中国双循环发展战略的对外开放特征是高水平对外开放和双循环有机统一的对外开放。高水平对外开放的特点有高层次开放、制度型开放、全面开放、公平开放和安全开放。双循环发展战略的对外开放路径有全球治理路径、制度型开放路径、产业国际化路径和企业国际化路径。[①]

一、 中国对外贸易发展战略的演变

外贸发展战略多以内销和外销奖励的平衡特征划分。世界银行（1987）根据有效保护率、配额和许可证、出口奖励、汇率定值等指标，把外贸发展战略分为坚定外向型、一般外向型、坚定内向型和一般内向型。[②] Chenery，Robinson 和 Syrquin（1986）按照世界银行的划分指标把外贸发展战略分为进口替代和出口导向两种基本类型。根据内需与外需关系的重要性，可以把新中国成立以来中国对外发展战略演变划分为三个阶段：

（一）1949—1977 年内向型发展战略阶段

1949—1977 年中国制定和实施了适应计划经济体制的内向型对外贸易政策。“一五”计划（1953—1957 年）期间，为了满足社会主义工业化的需要，中国从苏联和东欧进口先进技术和设备。例如，从苏联和东欧国家引进 156 项重点工矿业基本建设项目（156 项工程），包括有色金属、石油化工、煤炭、电力、电子、机械轻工、医药、兵器、航天、船舶等行业的大型企业。20 世纪 60 年代初期，中苏关系破裂，苏联终止了与中国合作的大多数项目，中国开始转向从其他国家进口先进技术与设备。1962—1966 年，中国从日本、法国、英国、联邦德国、瑞典、瑞士、荷兰、比利时、奥地利等国引进多项先进技术设备。20 世纪 70 年代初期，随着 1971 年中美关系缓和、1971 年中国恢复联合国合法席位和 1972 年中日建交，进口外部环境改善，中国计划大规模从西方发达国家引进先进技术与设备。1973 年国家计划委员会建议今后 3～5 年内引进 43 亿美元设备（“四三”方案）。之后，又陆续增加了一些项目，计划进口总额达到 51.4 亿美元。这一阶段，中国经济处于内向型发展战略阶段，实行高度集中的对外贸易体制，排斥市场经济和私营经济，更加强调独立自主和自力更生，立足于生产发展对外贸易。贸易规模小，1950 年对外贸易额为 11.4 亿美元，出口贸易额为 5.5 亿美元；到 1977 年对外贸易额增长到 148.0 亿美元，出口贸易额增长到 75.9 亿美元。出口贸易是为了换取国外先进的技术设备，满足国内工业投资需求，促进工业发展。

（二）1978—2019 年外向型发展战略阶段

1978—1992 年，是以沿海沿边地区开放为重点的探索开放阶段。1978 年 12 月党的十一届三中全会作出实行改革开放的伟大决策，对外贸易对经济发展的重要性日益得到重视。1979 年中国在广东和福建试办出口特区，1980 年中国设立深圳、珠海、汕头、厦门经济特区，先行探索中国对外开放。1984 年中国批准 14 个沿海开放城市，沿海城市对外开放加速。1992 年中国批准 14 个沿边开放城市，沿边城市对外开放加速，同年国

---

① 本节主要参考：冯德连．双循环发展战略的对外开放特征与路径［J］．学术界，2021（10）：87－93.

② 世界银行．1987 年世界发展报告［M］．北京：中国财政经济出版社，1987，78－85.

务院批复设立上海市浦东新区。1993—2000 年，对外开放加速向纵深推进和全方位开放格局基本形成。1993 年 11 月党的十四届三中全会决定建立社会主义市场经济体制，提出“发展开放型经济，使国内经济与国际经济实现互接互补”。2001—2019 年，对外开放步入历史新阶段。2001 年 12 月 11 日，中国成为世界贸易组织（WTO）成员，中国对外开放进入在法律框架下全方位、多层次、宽领域的双向开放。对外开放和市场经济体制释放了中国对外贸易发展的巨大潜力。这一阶段外向型发展战略的特征是出口导向、加工贸易和招商引资，对外贸易发展迅速。1978 年对外贸易额为 206.4 亿美元，出口贸易额为 97.5 亿美元；到 2019 年对外贸易额增长到 45 731.3 亿美元，出口贸易额增长到 24 990.3 亿美元。从 2009 年起中国就成为世界货物贸易第一出口国和第二进口国。但是，在中国对外经济贸易快速增长的同时，外向型发展战略暴露出对外贸易粗放增长、产业处于全球价值链中低端、核心技术受制于人等严重的问题。加上一些发达国家逆全球化盛行和新冠疫情的流行，这一战略难以为继。

（三）2020 年以来双循环发展战略形成阶段

双循环发展是中国近十年来对外经济发展战略的历史拓展。改革开放以来，外向型发展战略对中国经济发展发挥了巨大的作用，到 2006 年这一战略的弊端和风险日益显现，国内需求的重要性日益提升。中国 2006 年发布的“十一五”规划强调立足扩大国内需求推动发展，指出“把扩大国内需求特别是消费需求作为基本立足点，促使经济增长由主要依靠投资和出口拉动向消费与投资、内需与外需协调拉动转变”。2007 年美国次贷危机引发全球金融危机，世界市场需求下降，中国外向型发展的空间收窄，迫使中国进一步扩大内需。2011 年发布的“十二五”规划强调构建扩大内需长效机制，指出“促进经济增长向依靠消费、投资、出口协调拉动转变”。2016 年发布的“十三五”规划强调改善消费环境、创造消费需求和发挥消费的基础作用，指出“以消费环境改善释放消费潜力，以供给改善和创新更好满足、创造消费需求，不断增强消费拉动经济的基础作用”。2020 年 4 月以来，习近平关于双循环发展新格局的七次讲话精神标志着双循环发展战略正式形成。习近平首次提出构建双循环发展新格局讲话的时间和场合是 2020 年 4 月 10 日中央财经委员会第七次会议。之后习近平六次重要讲话的时间和场合分别是：2020 年 5 月 14 日中共中央政治局常委会会议，2020 年 5 月 23 日看望参加全国政协十三届三次会议的经济界委员并参加联组会，2020 年 7 月 21 日企业家座谈会，2020 年 7 月 30 日中共中央政治局会议，2020 年 8 月 24 日经济社会领域专家座谈会，2020 年 9 月 1 日中央全面深化改革委员会会议。

二、 双循环发展战略的对外开放特征

双循环发展战略的对外开放特征主要有两个方面：一是更高水平的对外开放，二是国内国际双循环有机统一的开放。在高水平对外开放的政策环境下，国内国际双循环相互依存、相互促进。

（一）高水平对外开放

对外开放是中国的基本国策，是中国坚定不移贯彻的新发展理念之一。习近平在多个场合提到“开放带来进步，封闭必然落后”。2021 年 3 月，《中华人民共和国国民经济

和社会发展第十四个五年规划和2035年远景目标纲要》指出："实行高水平对外开放，开拓合作共赢新局面。坚持实施更大范围、更宽领域、更深层次对外开放，依托我国超大规模市场优势，促进国际合作，实现互利共赢，推动共建'一带一路'行稳致远，推动构建人类命运共同体"。[①] 2021年7月9日，习近平总书记主持召开中央全面深化改革委员会第二十次会议，强调：要围绕实行高水平对外开放，充分运用国际国内两个市场、两种资源，对标高标准国际经贸规则，积极推动制度创新，以更大力度谋划和推进自由贸易试验区高质量发展。2022年10月16日，党的二十大报告指出："必须完整、准确、全面贯彻新发展理念，坚持社会主义市场经济改革方向，坚持高水平对外开放，加快构建以国内大循环为主体、国内国际双循环相互促进的新发展格局。"[②]

高水平开放是中国双循环发展战略的基本特征，主要特点是高层次开放、制度型开放、全面开放、公平开放和安全开放。

1. 高层次开放。党的十九大报告指出"发展更高层次的开放型经济"[③]。高层次开放的含义主要有：一是制度性话语权更高。提升中国在国际经济治理中的制度性话语权，构建广泛的利益共同体。二是贸易与投资自由化程度更高。实行高水平的贸易和投资自由化、便利化政策。习近平指出，"中国将采取一系列重大改革开放举措，加强制度性、结构性安排，促进更高水平对外开放。"[④] 搞保护主义和滥用贸易救济措施，损人不利己。三是产业迈向全球价值链中高端。积极推动全球价值链的协调和可持续发展，促进中国产业向全球价值链的研发端和品牌营销端延伸。

2. 制度型开放。制度型开放是商品和要素流动型开放的升级版，本质是边境开放，其核心作用是为商品和要素跨国流动开放门户，这有助于实现一般性生产要素的跨国流动，但难以对高端和创新性生产要素产生足够的吸引力和集聚力。制度型开放本质上属于境内开放，强调基本政策举措和规则体系与国际标准实现对接乃至引领新一轮高标准国际经贸规则制定，打造吸引、集聚和培育高端生产要素所必需的软环境（戴翔，2021）。与商品和要素流动型开放相比，制度型开放的本质是由边境开放逐步向边境后开放的拓展和延伸。拓展制度型开放，关键是要对标国际先进规则、规制、管理、标准，加快形成与国际通行经贸规则相衔接的制度体系和监管模式。从过去被动的规制跟随型开放转向主动的规则制定型开放，通过深度参与全球经济治理逐步提高中国在全球经济治理中的话语权。

3. 全面开放。全面开放的含义主要有：一是陆海内外联动，加强"一带"和"一路"的联动，即"丝绸之路经济带"和"21世纪海上丝绸之路"的联动。二是东西双向互济，东部深化开放和中西部加速开放的联动，东部沿海地区发挥对外开放的"领头雁"

---

① 中华人民共和国国民经济和社会发展第十四个五年规划和2035年远景目标纲要［N］. 人民日报，2021-03-13（1）.

② 习近平．高举中国特色社会主义伟大旗帜 为全面建设社会主义现代化国家而团结奋斗：在中国共产党第二十次全国代表大会上的报告［N］. 人民日报，2022-10-26（1）.

③ 习近平．决胜全面建成小康社会 夺取新时代中国特色社会主义伟大胜利：在中国共产党第十九次全国代表大会上的报告［N］. 人民日报，2017-10-28（1）.

④ 习近平．齐心开创共建"一带一路"美好未来：在第二届"一带一路"国际合作高峰论坛开幕式上的主旨演讲［N］. 人民日报，2019-04-27（3）.

作用，率先实现高水平开放和产业迈向全球价值链中高端，带动中西部、东北地区加快对外开放和承接国内外产业转移，产生雁阵效应。三是产业开放更加深入，缩减外资准入负面清单，巩固制造业放开措施。重点推动服务业有序开放，推进实施跨境服务贸易负面清单，更广泛地引入先进技术、管理经验和商业模式。

4. 公平开放。2013 年习近平在二十国集团领导人峰会上指出："我们要维护自由、开放、非歧视的多边贸易体制，不搞排他性贸易标准、规则、体系，避免造成全球市场分割和贸易体系分化。"① 公平开放的含义主要有：一是非歧视性，强调最惠国待遇和国民待遇。二是公平竞争，反对倾销和补贴。公平贸易原则是关贸总协定（GATT）和世界贸易组织的一个基本原则，各成员和出口经营者都不得采取倾销、补贴等不公正的手段进行国际贸易竞争或扭曲国际贸易市场竞争秩序。同时加强竞争政策的国际协调，遵循和实施礼让原则。强化反垄断执法程序的国际合作。三是互利共赢，加强开放合作。开放合作是增强国际经贸活力的重要动力，是推动世界经济稳定复苏的现实要求，是促进人类社会不断进步的时代要求。习近平指出："奉行互利共赢的开放战略，不断创造更全面、更深入、更多元的对外开放格局，是中国的战略选择"。"中国倡导的新机制新倡议，不是为了另起炉灶，更不是为了针对谁，而是对现有国际机制的有益补充和完善，目标是实现合作共赢、共同发展。"② 四是内外向国际化相互促进，强调贸易平衡。既重视出口贸易、国际直接投资、对外技术贸易，又重视进口贸易、利用外商直接投资、引进技术，转变更加重视出口贸易、利用外资和引进技术的现象和倾向。

5. 安全开放。经济安全是中国高水平对外开放的底线，必须严格守住。当前，国际政治经济环境日趋复杂，不稳定性和不确定性明显增加。一些发达国家贸易保护主义和逆全球化盛行，单边主义、保护主义、霸权主义对世界和平与发展构成威胁。同时，全球新冠疫情暴发以来，以高新技术产业为代表的供应链、产业链、价值链和创新链受到严重冲击，特别是 2020 年德尔塔变异毒株引发各国疫情的再次暴发和蔓延对全球价值链重构产生了重要影响。一些发达国家为了分散和转移国内压力与矛盾，对中国高新技术企业采取一系列干预和打压措施。中国必须站在国家战略安全的高度，充分识别、防范和化解对外开放引发的经济风险。"越开放越要重视安全，越要统筹好发展和安全，着力增强自身竞争能力、开放监管能力、风险防控能力，炼就金刚不坏之身。"③ 牢牢把握金融安全在经济安全中的重要地位，有效监管数字货币、互联网金融、人民币国际化等快速变化引发的风险，确保不发生系统性金融风险。

（二）国内国际双循环有机统一的开放

经济循环是国内循环和国际循环有机统一的系统。双循环发展战略的对外开放是以国内大循环为主体、国内国际双循环有机统一的高水平开放。

1. 以国内大循环为主体。国内需求对一国经济发展具有基础性作用。Michael E.

---

① 习近平．共同维护和发展开放型世界经济：在二十国集团领导人峰会第一阶段会议上关于世界经济形势的发言 [N]．人民日报，2013-09-06（2）.

② 习近平．中国发展新起点 全球增长新蓝图：在二十国集团工商峰会开幕式上的主旨演讲 [N]．人民日报，2016-09-04（3）.

③ 习近平．在经济社会领域专家座谈会上的讲话 [N]．人民日报，2020-08-25（2）.

Porter（1990）的国家竞争优势理论认为，国内需求市场是产业竞争优势的关键要素。国内市场最大的贡献在于，提供企业发展、持续投资与创新的动力，并在日趋复杂的产业环节中建立企业的竞争力。而对于国内市场规模大的经济体，国内需求对本国经济发展更加重要。Krugman（1980）提出本土市场效应，认为企业为了实现规模经济，倾向于在国内市场规模大的国家或地区组织生产和出口。根据 Walt Whitman Rostow（1960）的经济成长阶段论，经济发展有六个阶段，依次是传统社会、准备起飞、起飞、走向成熟、大众消费和追求生活质量阶段。对于大国来讲，在起飞阶段和走向成熟阶段，经济是投资主导型，强调了国际贸易对一国经济发展的重要性，出口导向作用更加明显；到了大众消费阶段，经济由投资主导型向消费主导型转变，国内需求作用更加明显。中国已经具备了国内经济循环主导的基础条件，可以依靠超大规模市场需求、多层级消费市场和国内统一大市场这三个特色优势，打造独具中国特色的内生市场动力，为双循环新格局的发展提供安全有效的保障（钱学锋和裴婷，2021）。中国具有规模广阔、需求多样的国内消费市场。2020 年中国有 14 亿多人口，人均 GDP 为 72 447 元，折合 11 103 美元。超大规模内需市场已经成为中国经济发展的显著比较优势和强大的发展韧劲所在，孕育着巨大的潜力与活力。

2. 国内循环与国际循环相互促进。中国虽然是大国经济规模，但是国内有效市场需求规模相对有限。2020 年全国居民年人均可支配收入为 32 189 元，月人均为 2 682 元；农村居民年人均可支配收入中位数只有 15 204 元，月人均只有 1 267 元。[①] 人均可支配收入不高决定着低收入阶层尚处于潜在的市场需求阶段，但是这里的潜在市场需求并不是凯恩斯理论的有效需求。因此，相对于国内有限的有效市场需求者，更大的国际市场是非常重要的，需要大力推动国内国际双循环实现真正互促式发展（沈国兵，2021）。双循环发展战略是高水平开放的国内国际双循环，前提是高水平开放，落脚点是推动国内的体制变革、经济结构优化和增长动力转型。对外开放通过扩大市场规模、促进技术进步和分工专业化获取开放的利益，中国对外开放取得的成就可以概括为：得自贸易的收益、得自技术进步的收益，以及得自制度完善的收益（张宇燕，2018）。以国内大循环为主体指的是以开放的国内大循环为主体，更是以高水平开放的国内大循环为主体，绝不是搞封闭经济。构建国内国际双循环相互促进的新发展格局，客观要求中国发挥巨大的内需潜力，实现国内市场与国际市场相互联通、国内资源与国际资源互接互补。需要继续开发本国的能源、资本、人才和技术，同时积极利用全世界的能源、资本、人才和技术，在积极推进自主创新、发挥国内全产业链优势的同时，积极布局全球产业链。

三、 健全双循环发展战略的对外开放路径

对外开放路径主要有全球治理路径、制度创新路径、产业国际化路径、企业国际化路径。

（一）全球治理路径

1. 积极参与 WTO 改革。维护 WTO 在全球经济治理中的重要地位，坚决反对单边主义和贸易保护主义。坚定维护非歧视性、互惠贸易、市场准入、透明度、发展中国家

---

① 国家统计局．中华人民共和国 2021 年国民经济和社会发展统计公报［N］．人民日报，2022-03-01（10）．

优惠等基本原则，坚定支持 WTO 的争端解决机制有效发挥作用。积极推动国有企业、产业补贴、电子商务的议题的谈判，积极引导经济全球化朝着更加开放、包容、普惠、平衡、共赢的方向发展（李波，陈卫东和杨国华，2021）。

2. 建设开放透明、互利共赢的区域自由贸易安排。到 2022 年 9 月，中国已经与 26 个国家和地区签署了 19 个自由贸易协定。当前正在加紧形成一个立足周边、辐射“一带一路”、面向全球的高标准自由贸易区网络。加速推进相关国家核准并尽快实施《区域全面经济伙伴关系协定》(RCEP)，积极推进中日韩自由贸易区协定、中国和海湾阿拉伯国家合作委员会，以及和以色列、挪威的自由贸易协定谈判。稳妥推进加入《全面与进步跨太平洋伙伴关系协定》(CPTPP) 谈判。

3. 高质量推进共建“一带一路”。自 2013 年习近平提出共建“一带一路”倡议以来，“一带一路”经贸合作不断取得新进展新成效，贸易畅通不断深化，投资合作持续提升，合作项目落地见效，机制平台建立健全。据 2021 年 8 月 23 日国务院新闻办公室新闻发布会，2013—2020 年，中国与沿线国家货物贸易额累计达 9.2 万亿美元；中国对沿线国家直接投资累计达 1 360 亿美元，沿线国家在华新设企业累计达 2.7 万家，实际投资累计约 600 亿美元；中国企业在沿线国家承包工程完成营业额累计近 6 400 亿美元。高质量推进共建“一带一路”需要继续坚持共商共建共享原则，构建互惠共生的产业转移机制与路径。推进基础设施互联互通，推进战略、规划、机制对接，加强政策、规则、标准联通，构筑互利共赢的产业链供应链合作体系，健全多元化投融资体系。

（二）制度创新路径

1. 加强自由贸易试验区建设。中国的自由贸易试验区建设始于 2013 年的上海自由贸易试验区。到 2021 年中国已经分 6 批建设了 21 个自由贸易试验区。自由贸易试验区是中国经济高水平开放、对接国际规则的试验田。自由贸易试验区是中国对外开放的高地，要发挥其高地引领作用，在贸易投资自由化、跨境服务贸易、数字经济、互联网经济、人才政策、税收政策等领域更高水平开放。同时，21 个自由贸易试验区要因地制宜、因时制宜，赋能技术创新、制度创新，赋能产业集聚、产业升级，走差异化改革创新之路。

2. 扩大制度型开放。以强大内需市场为依托，发展更高层次的开放型经济，形成有利于吸引全球资源要素、更有效参与国际竞争合作的制度创新。在竞争中性、规则中性、政策中性、产业中性、所有制中性等方面，出台一系列有利于国内制度型开放的新政策举措。注重制度对接，对标国际高标准经贸规则，形成与国际经济制度高度衔接的制度体系；注重制度创新；注重制度引领，积极为国际经贸规则调整和完善作出“中国贡献”。这样才能建立并完善以公开、规范为主要标志的开放型经济体系。

3. 提高营商环境竞争力。世界银行《2020 年全球营商环境报告》显示，中国营商环境总体得分 77.9 分，排名全球第 31 位，低于美国（84.0 分）、英国（83.5 分）、澳大利亚（81.2 分）、德国（79.7 分）等发达国家。对标国际先进水平、对接国际通行规则是中国提升营商环境竞争力的重要任务。要落实中国《中华人民共和国外商投资法》和《优化营商环境条例》，塑造市场化、法治化、国际化营商环境。以更低的关税水平、更短的负面清单、更便利的市场准入、更透明的市场规则、更有吸引力的营商环境，把庞大的中国国内市场和中国以外的全球市场更紧密地联系起来。

（三）产业国际化路径

1. 促进产业迈向全球价值链中高端。面向科技前沿、面向国家重大战略需求、面向经济主战场，提升自主创新能力，不断突破关键核心技术，持续提升全球价值链治理能力。通过研发补贴、进口税等措施促进战略性新兴产业成长，通过培育全球价值链核心企业国际竞争力获取国际产业垄断租金。加强协同创新和联合攻关，以知识增值为核心，促进企业、政府、大学、研究机构、中介机构等为了实现重大科技创新开展协调创新。

2. 增强产业链供应链自主可控能力。科学规划产业链，确保重点产业有序发展；有效提升价值链，提升重点产业核心竞争力；全力稳定供应链，提高产业配套发展能力；协同打造创新链，确保关键产业自主可控；着力筑造防护链，增强产业的风险抵抗力。实施产业链“强链补链”工程，强化国内经济大循环，构建国内国际产业链多环流体系。重点围绕5G、半导体制造、航空航天、生物医药等产业部署创新链，逐步提高上游研发设计环节的自给率。

3. 培育世界级先进制造业集群。世界级先进制造业集群是由核心企业、科研院所、高等学校、中介机构、政府支持机构等高度集聚形成的技术领先、协同度高、具有全球影响力的先进制造业网络和产业高地。世界级先进制造业集群具有规模经济效应、网络经济效应、强者越强的正反馈效应，具有旺盛的生命力。美国硅谷，英国剑桥工业园，印度班加罗尔高科技集群，中国中关村高科技产业集群、深圳通信设备产业集群、武汉光谷等世界级先进制造业集群的成功实践，为世界级先进制造业培育提供了先进经验。培育世界级先进制造业集群需要从产业集群国际化、区域创新网络、科技创新、营销创新等方面入手，促进产业集群工艺升级、产品升级、功能升级和价值链升级。

（四）企业国际化路径

市场规模扩大可以缓解消费者需求偏好多样化和企业规模经济效应的矛盾（Avinash Kamalakar Dixit and Joseph E. Stiglitz，1977）。市场空间越大，规模经济效应越大。大国庞大的国内市场有利于本国跨国公司成长。改革开放以来，中国超大规模的国内市场催生了一批世界级一流企业，石油、军工、船舶、航空工业等规模经济行业的大企业在国际市场上已经占有一席之地。在2002年《财富》世界500强榜单中，中国企业有11家，美国企业有132家。此后，中国上榜企业数量持续增加，超过德国、法国、英国与日本，到2019年中国上榜企业数量首次超过美国。但是，中国大企业的整体盈利能力偏低，非银行大企业盈利能力更低。据2021年《财富》世界500强统计，中国企业入榜（包括香港企业）135家，大于美国入榜企业数量（122家）。但是，与美国入榜企业相比，中国企业盈利指标偏低。135家中国（含香港）上榜企业平均利润约35亿美元，低于美国企业的平均利润（51亿美元）。中国（含香港）上榜企业平均销售收益率约为5.4%，净资产收益率约为8.7%，低于美国上榜企业的销售利润率（6.5%）和净资产收益率（11.8%）。中国企业国际化要关注以下几点：

1. 培育制造业跨国公司盈利能力。以国内超大规模市场为依托培育制造业跨国公司。从银行盈利能力显著大于制造业企业看，国内的财富分配向资本倾斜。据2021年《财富》世界500强统计，进入榜单的中国10家银行利润总额占全部中国上榜企业利润总额的41%。中国上榜的125家非银行企业平均利润为23亿美元，只有美国上榜的113家非银行企业平均利润（47亿美元）的49%。银行利润过高必然挤压制造业企业的利润率。如果虚拟经济企业更容易获利，就会抑制实体经济高质量发展。高房价、高利率是国内大循环的重要障碍。要从“以资为本”转向“以人为本”，促进制造业跨国公司发展。通过避免贸易冲突的战略性贸易政策扶持具有巨大规模经济的战略性新兴制造业，扩大本国企业的国际市场占有率，在产业垄断利润的国际分配中获得更大的份额。

2. 培育技术标准优势。在产业国际竞争中技术标准的引领者往往处于市场领导地位。微软的视窗标准和英特尔的芯片标准奠定了两家公司巨大的规模和利润。微软、英特尔等企业研发投入大，奠定了其技术标准优势。

欧盟2021年工业研发投资记分榜显示，2020—2021年度研发投入前十企业中，谷歌母公司Alphabet以224.7亿欧元位居第一，华为公司以174.6亿欧元排名第二，微软以168.8亿欧元位列第三。进入前十的还有三星（158.9亿欧元）、苹果（152亿欧元）、Meta（150亿欧元）、大众（138亿欧元）、罗氏（112亿欧元）、英特尔（110亿欧元）、强生（99亿欧元）。

华为技术有限公司主要生产和销售通信设备，5G国际技术标准优势已经成为其重要的国际市场优势。华为投资控股有限公司2021年年度报告显示，华为将持续加强研发投入，加强系统工程创新，推动基础理论、架构和软件的三个重构。系统驱动部件设计，架构设计为系统而生，积极寻求系统突破，实现一流的产品竞争力。华为的产品竞争力获得了行业认可，在2022世界移动通信大会上，华为承建的多个项目获得“最佳互联经济移动创新奖”“最佳互联人类移动创新奖”“最佳气候行动移动创新奖”“5G产业合作伙伴奖”等重量级奖项；华为位列Brand Finance“2022年全球品牌价值500强”第九。华为坚持每年将10%以上的销售收入投入研发，2021年研发费用支出为人民币1 427亿元，约占全年收入的22.4%。近十年华为累计投入的研发费用超过人民币8 450亿元。2021年，华为从事研发的人员约10.7万名，约占公司总人数的54.8%。华为是全球最大的专利权人之一。截至2021年底，华为在全球共持有有效授权专利4.5万余族（超过11万件），90%以上的专利为发明专利。华为在中国国家知识产权局和欧洲专利局2021年度专利授权量均排名第一，在美国专利及商标局2021年度专利授权量位居第五。华为持有的专利价值得到行业充分认可。在第三方专业机构发布的专利全景报告中，华为在5G、Wi-Fi6、H.266等多个主流标准领域居于行业领先地位。获得华为知识产权许可的企业已经从传统通信行业扩展到智能汽车、智能家居、物联网等新兴行业。

3. 培育核心能力优势。C. K. Prahalad和Gary Hamel（1990）把核心能力的含义界定为多种技术流整合和组织协调的积累性知识。可以把核心能力看作企业的无形资产和专用资产，具有价值性、独特性和延展性。要以核心能力为基础培育企业低成本、差异化或集中化的竞争优势，在专业化分工领域做强做优，做细分产业引领者，培育独角兽企业和专精特新企业。例如，福耀玻璃工业集团有限公司深耕汽车玻璃，在汽车玻璃核心能力培育方面具有突出优势。企业定位为全球汽车玻璃设计、开发、制造、供应及服务一体化的解决方案提供者，具备从原材料供应、浮法原片生产、工装模检具与生产设备工艺研发制造、产品同步设计开发，到汽车玻璃生产、汽车铝饰件、包边和玻璃总成等系统化的供应方案交付的核心能力。基于核心能力，福耀集团创造出差异化竞争优势和源源不断的现金流。

第六节　中国制造业大企业大国综合优势

自19世纪80年代起，发达国家的制造业先后进入跨国公司时代。发达国家的实践证明，培育制造业大企业是提升一国制造业在全球价值链中地位和国际市场占有率的重要措施，是实现一国制造业迈向中高端和迈向制造强国的关键。制造业大企业国际化是制造业企业由面向国内市场的企业成长为面向国际市场的跨国公司、逐渐提高跨国化指数的过程。企业国际化方式主要有货物出口、技术出口、对外绿地投资、跨国并购等。目前，制造业大企业国际化是中国制造业供给侧改革和产能输出的重要措施。中国制造业大企业逐渐认识到开展国际化经营的重要性，国际直接投资增长大幅提升。华为、格兰仕、美的、海信、万向等企业的国外销售额达50%以上，已在国外设立多家制造、研发、营销子公司或分公司。宁波均胜电子股份有限公司、联想控股股份有限公司、万向集团公司、浙江吉利控股集团有限公司、江苏长电科技股份有限公司等企业跨国化指数超过40%。[①] 国际直接投资增速大大超过出口增速。2021年中国货物贸易出口额为21.73万亿元，比2013年出口总值13.72万亿元增长58.38%；2021年对外非金融类直接投资额为1 136亿美元，比2013年902亿美元增长25.94%。[②] 建立中国制造业大企业国际化优势的理论框架是一个值得研究的重要问题。制造业大企业国际化是中国制造业供给侧改革的重要措施。基于出口贸易、国际直接投资、企业国际化网络、企业国际化过程、企业国际化影响因素等国际经济学理论，构建中国制造业大企业国际化的大国综合优势理论。这一理论有三个理论维度，即大国优势、后发与先发优势、竞争优势。[③]

一、 理论构建的基本原则

（一）符合制造业大企业基本特征

制造业是实体经济部门，根据市场需求对农产品和采掘品加工、再加工。把原材料、资本、劳动力、技术、信息、管理等制造资源，转化为符合人民生产和生活需要的劳动工具、生产资料、生活消费产品。根据国家标准《国民经济行业分类》（GB/T4754－2011），制造业门类包括13～43大类。制造业大企业有量和质的标准。量的标准各国不一。2011年6月18日，工业和信息化部、国家统计局、国家发展和改革委员会、财政部联合发布《中小企业划型标准规定》，工业中小企业标准根据企业从业人员数量和营业收入划分。工业中小微型企业是从业人员1 000人以下或营业收入4亿元以下的工业企业。据此可以推论，中国制造业大企业量的标准可以界定为从业人员1 000人以上或营业收

① 中国企业联合会，中国企业家协会．关于公布2021中国跨国公司100大及跨国指数的通知［EB/OL］．2021-09-14.

② 国家统计局：中华人民共和国2013、2021年国民经济和社会发展统计公报。

③ 本节主要参考：冯德连．中国制造业大企业国际化优势的理论构建［J］．经济问题，2018（2）：1-8，22.

入4亿元以上的企业。质的标准主要看企业在市场上的垄断程度，垄断程度越高，企业越大。可以得出结论，中国制造业大企业是指从业人员1 000人以上，或营业收入4亿元以上，在市场上有一定垄断力量的企业。

（二）发挥发展中大国优势

中国是制造业生产大国、消费大国，经济增长迅速。1980—2015年中国实际GDP年均增长9.70%，而同期世界经济年均增长2.78%，只有中国的1/4（万相昱和张涛，2017）。2016年，中国GDP达11.2万亿美元，占世界经济总量的15%，比2012年提高超过3个百分点，稳居世界第二位。2013—2016年中国对世界经济增长的平均贡献率超过30%。但是，中国仍然是发展中国家。2016年中国人均GDP只有8 866美元，在世界排名第69位，城乡和区域发展不平衡，城市化率只有57%，远远低于发达国家城市化率80%的水平。欧阳峣（2009）认为，中国具有大国综合优势，主要表现为大国优势与转型优势。一是中国是一个地区与行业经济发展水平差异大的“大国”，有些地区或行业部门具有劳动力成本优势和适用技术优势，有些地区或行业部门又具有资本富裕的优势和技术密集优势；二是中国正处于经济转型过程，有些地区或行业具有发展中国家的相对优势，有些地区或行业又具有发达国家的相对优势。在经济新常态下，挖掘中国作为发展中大国特征的制造业大企业国际化优势对于中国经济增长迈向中高速、经济结构迈向中高端具有重要价值。中国作为发展中大国的经济发展特征是：大国国内需求的规模性与稳定性、大国要素禀赋的异质性与适应性、大国产业部门的完整性与独立性、大国区域经济的差异性与互补性、大国经济结构的多元性与层次性、大国制度创新的实验性与渐进性（欧阳峣，2012）。

（三）顺应经济全球化和中国对外开放趋势

经济全球化是社会生产力发展的必然趋势和客观要求。信息科技的进步、国际分工的深化、贸易成本的下降、贸易与投资的便利化成为经济全球化的催化剂。无论一个国家或地区愿意或不愿意，都必须要面对经济全球化的机遇与挑战。闭关锁国必然导致过度集权，自高自大，国贫民穷，不得民心。但是，经济全球化不是一帆风顺的，全球化过程的波折是难免的。美国制造业回迁计划、英国脱欧等事件延缓了经济全球化进程，民粹主义思潮泛起，贸易保护主义升级，逆全球化日益明显，中国已成为逆全球化的最大受害者。据中国商务部统计，2010—2021年，全球发起的贸易救济案件3 366起，其中全球对中国发起的贸易救济案件1 126起，占33.45%。全球对中国发起的贸易救济案件中，反倾销759起，占比67.41%；反补贴159起，占比14.12%；保障措施204起，占比18.12%；特别保障措施4起，占比0.36%。排名前三的申诉国家或地区分别为美国（171起），印度（168起），欧盟（76起）。总体看来，当前的逆全球化行为并没有改变经济全球化趋势。未来的经济全球化与过去的经济全球化有一定的不同。未来的经济全球化主要由新兴发展中国家和地区（如中国、东盟等）为中心，倡导“人类命运共同体”意识，以“共商、共建、共享”为原则，协同共赢合作。而过去的经济全球化是以发达国家和地区（如美国、欧盟等）为中心，是全球利益分配不平衡的全球化。[①]“经济

① 陈红娜．培养开放的大国理念　推动全球化新发展［N］．中国经济时报，2017-01-24（8）．

全球化为世界经济增长提供了强劲动力，促进了商品和资本流动、科技和文明进步、各国人民交往。”[①] 新一代信息技术、高端装备、新材料、新能源、新能源汽车、生物、节能环保和数字创意等新产业革命，推动着新技术、新产品、新业态、新模式蓬勃发展，为每一个参与经济全球化的国家提供了发展机遇。目前，中国对外开放不断深化，旗帜鲜明反对保护主义，坚定不移推进全球自由贸易和投资，不断推进贸易和投资自由化、便利化。中国政府和企业必须借势推进制造业大企业国际化。

（四）后发优势与先发优势的统一

中国是发展中国家，可以借鉴发达国家和地区制造业跨国公司国际贸易与投资的经验，在模仿创新、合作创新的基础上少走弯路，逐步缩小与发达国家和地区的经济差距。但是，在信息经济条件下，一味跟在强者后面，是没有出路的，必须采取政策导向在航空航天、信息等产业做领头羊。大国可以利用经济总量大的优势和中国特色社会主义制度优势，调动国内资本、劳动力、技术等资源办大事、办要事，有能力在航空防务、石油化工、新能源、高端装备等领域重点突破。长三角、珠三角、京津冀等发达地区完全可以与发达国家在科技革命、产业创新等领域竞技博弈。

（五）比较优势与竞争优势的统一

经典的 H-O 定理认为，一个国家或地区在密集使用其相对丰富和廉价要素的产品生产方面具有比较优势，应当组织这些产品的专业化生产与出口，同时进口那些用本国稀缺要素生产的产品，以获得比较利益。比较优势重点强调本国的生产要素投入和成本优势。Michael Porter（1980）强调竞争优势的重要性，认为行业中五种力量（现有竞争者的竞争、潜在竞争者进入、替代品的威胁、供应商的讨价还价能力、购买者的讨价还价能力）决定行业的竞争规模和竞争程度，影响着现有企业的成本领先、差异化或集中化的竞争战略决策。竞争优势不仅强调成本优势，还强调差异化优势。中国制造业大企业正处于比较优势与竞争优势并存的状态，要发挥企业现有的比较优势，激发潜在的比较优势，实现动态比较优势转换，提高企业参与国际分工的层次与国际竞争力（衣长军，2008）。目前，中国外贸比较优势存在减弱现象，外贸竞争新优势有待确立。制造业大企业国际化是中国外贸转型的重要力量，需要推动国际化由要素驱动向创新驱动转变，推动国际化优势由以价格为核心的比较优势向以技术、品牌、质量、服务为核心的竞争优势转变。

（六）三个理论维度的统一

中国制造业大企业国际化优势理论可以界定为三个维度，一是基于中国国情维度的大国优势，主要有中国特色社会主义制度、大国国内市场、大国战略性产业、规模经济等方面的优势。二是基于学习理论和科技革命维度的后发和先发优势，主要有学习、内外向互动、先发等优势。三是基于一般市场理论维度的竞争优势，主要有垄断、比较、技术标准、边际产业、核心能力等优势。三个维度的优势相互依存、相互补充，共同构成中国制造业大企业国际化的理论基础。

---

① 习近平．共担时代责任 共促全球发展：在世界经济论坛 2017 年年会开幕式上的主旨演讲［N］．人民日报，2017－01－18（3）．

二、理论维度Ⅰ：大国优势

中国制造业大企业国际化的大国优势有中国特色社会主义制度优势、大国国内市场优势、大国战略性制造业优势、规模经济优势等。

（一）中国特色社会主义制度优势

国家层面的制度，如产业政策、竞争政策、创新创业政策等是一国制造业国际竞争力的重要影响因素。资本市场、生产标准、竞争规则等政策直接影响国家和企业的国际竞争力（鲁桐和薛军，2005）。习近平在庆祝中国共产党成立 95 周年大会上的讲话指出："中国特色社会主义制度是当代中国发展进步的根本制度保障，是具有鲜明中国特色、明显制度优势、强大自我完善能力的先进制度。"以公有制为主体、多种所有制经济共同发展，既搞活了国有经济、集体经济以及混合所有制经济中的国有成分和集体成分，又促进了个体经济、私营经济、外资经济等多种所有制经济的发展。中国市场经济是社会主义市场经济，在资源配置中市场的基础性作用和政府的宏观调控作用可以得到有效的整合和协调。改革开放以来，中国渐进改革了经济体制，从计划经济体制，到中共十二大的"计划经济为主，市场调节为辅"，中共十二届三中全会的"公有制基础上的有计划的商品经济"，中共十三大的"计划与市场内在统一的体制"，中共十三届四中全会的"适应有计划商品经济发展的计划经济与市场调节相结合的经济体制和运行机制"，再到中共十四大的"社会主义市场经济体制"。充满活力的社会主义市场经济体制，有力推动了中国经济持续快速发展、人民生活水平不断提高和综合国力大幅提升（顾保国，2016）。中国特色社会主义制度具有强大动员力量（辛向阳，2014），其重要优势就是能够集中力量办大事、办实事、办好事。这种制度是为广大人民群众谋福利的制度，因而能够得到广大人民群众的拥护，调动广大人民群众的积极性，摆脱利益集团的阻碍，形成发展合力。

（二）大国国内市场优势

Staffan Burenstam Linder（1961）的需求偏好相似理论认为，出口国国内需求是出口国际贸易的客观基础之一。一种产品在生产国现实的消费需求是其成为生产国潜在出口产品的充分条件。Krugman（1980）将上述观点放在新贸易理论分析模型中解释：假定规模报酬递增、交易成本为正，企业为了谋取规模经济收益，降低交易成本，更倾向于在消费需求旺盛的国家或地区组织生产，以此为生产基地向其他国家或地区出口。一个国家或地区特定产品的国内市场规模大小决定着其在该产品出口上的潜在优势大小，即国内市场效应理论（home market effect theory）。Krugman 和 Venables（1990）从消费需求角度解释了产业集聚的成因。Rolf Weder（1995）则提出"相对国内市场优势"猜想，即一个国家或地区在某种差异化产品的国内消费需求上相对地大于其他国家或地区，则该国家或地区就在该种产品出口上具有相对优势。Rolf Weder（2003）对美英两国 1970—1987 年间 26 种制造业出口产品的时间序列数据进行了回归分析与检验，证明了该猜想。Thomas J. Holmes 和 John J. Stevens（2005）用修改后的模型证明，大国往往在规模收益递增程度较高的产业出口中具有优势，而小国则在规模收益递增程度中等的产业出口中具有优势。同时，两国在规模收益递增程度较低或规模经济不变的产业上国际贸易量很少或不发生国际贸易。邱斌和尹威（2010）利用对 2001—2008 年中国制造业 28 个细分行业面板数据的实证研究发现，本土市场效应在一般贸易中显著存在。拥有较高劳动力成本和科研水平的行业，本土市场规模对其出口有更显著的影响。

大国国内市场效应主要表现为边界效应的下降和规模经济效应的上升。边界效应是后发大国产业发展战略选择的前提，规模经济效应是后发大国产业发展战略选择的基点（白旻，2009）。Carolyn L. Evans（2003）认为，边界效应是国家边界对国际贸易量的不利影响。假定地理距离、收入、可替代的贸易机会等相同，两个国家之间的贸易量远远低于一国内部两个地区之间的贸易量。John McCallum（1995）研究了美国各州和加拿大各省之间贸易量的影响因素，估计了两国之间贸易的边界效应，得出结论：加拿大各省之间的贸易量平均是各省与美国各州（相同规模和距离）贸易量的 22 倍，边界效应相当显著。Volker Nitsch（2000）估计了欧盟国家的边界效应，结论是欧洲一体化进程中边界效应非常显著。

基于大国的国内市场效应和产业的非均衡发展，后发大国可以在大国国内需求的基础上培育一批世界级大企业。例如，中国钢铁、有色金属、汽车、石油、电力等大企业国际化程度并不高，国家电网有限公司跨国化指数只有 3.86%，鞍钢集团有限公司跨国化指数只有 5.58%，国内市场需求能够支撑企业发展，见表 2-1。

表 2-1 “2021 中国 100 大跨国公司”中部分制造业大企业跨国化指数

排名	企业	海外资产（亿元）	海外收入（亿元）	海外员工（人）	跨国化指数①（%）
1	中国石油天然气集团有限公司	8 453.30	7 700.64	121 197	23.24
3	中国石油化工集团有限公司	5 143.72	5 207.60	34 222	18.58
8	国家电网有限公司	3 104.08	768.02	16 168	3.86
11	中国铝业集团有限公司	2 102.08	615.26	2 382	17.18
14	中国五矿集团有限公司	1 691.93	1 094.93	11 601	12.85
30	河钢集团有限公司	739.28	1 174.78	13 115	19.87
31	江苏沙钢集团有限公司	695.90	261.47	915	11.62
42	上海汽车集团股份有限公司	510.65	449.84	23 324	9.27
46	中国宝武钢铁集团有限公司	486.69	1 312.64	2 826	8.55
52	中国机械工业集团有限公司	399.82	235.44	13 201	9.69
53	首钢集团有限公司	397.94	238.47	4 702	8.04
54	中国南方电网有限责任公司	397.49	48.99	1 082	1.72
58	宁夏天元锰业集团有限公司	350.26	146.44	1 302	17.44
69	鞍钢集团有限公司	240.73	197.10	461	5.58
82	铜陵有色金属集团控股有限公司	178.59	154.29	2 384	12.37

资料来源：中国企业联合会，中国企业家协会．关于公布 2021 中国跨国公司 100 大及跨国指数的通知 [EB/OL]. 2021-09-14.

① 跨国化指数按照（海外营业收入÷营业收入总额＋海外资产÷资产总额＋海外员工÷员工总数）÷3×100%计算得出。

（三）大国战略性制造业优势

战略性新兴产业对国家经济社会发展具有重大引领功能，具有全局性、长远性、技术密集型、市场需求大的特征。“十三五”期间，中国支持新一代信息技术、新能源汽车、生物技术、绿色低碳、高端装备与材料、数字创意等领域的产业发展壮大。大力推进先进半导体、机器人、增材制造、智能系统、新一代航空装备、空间技术综合服务系统、智能交通、精准医疗、高效储能与分布式能源系统、智能材料、高效节能环保、虚拟现实与互动影视等新兴前沿领域创新和产业化，形成一批新增长点。加强前瞻布局，在空天海洋、信息网络、生命科学、核技术等领域，培育一批战略性产业。大力发展新型飞行器及航行器、新一代作业平台和空天一体化观测系统，着力构建量子通信和泛在安全物联网，加快发展合成生物和再生医学技术，加速开发新一代核电装备和小型核动力系统、民用核分析与成像，打造未来发展新优势。[①]“十四五”期间，中国聚焦新一代信息技术、生物技术、新能源、新材料、高端装备、新能源汽车、绿色环保以及航空航天、海洋装备等战略性新兴产业，加快关键核心技术创新应用，增强要素保障能力，培育壮大产业发展新动能。在类脑智能、量子信息、基因技术、未来网络、深海空天开发、氢能与储能等前沿科技和产业变革领域，组织实施未来产业孵化与加速计划，谋划布局一批未来产业。[②] 国家垄断地位和政府扶持相结合，可以培育出一批制造业国际化大企业。战略性产业多为国际化寡头垄断产业、国际化战略性新兴产业，是政府扶持的对象。许多产业是中国的大额逆差产业，如以石油及制品、铁矿砂为代表的矿采炼品，集成电路，以飞机、汽车为代表的交通工具，塑料，大中小型计算机等（徐强，2009）。利润转移理论认为，假定存在规模经济和不完全市场竞争，一国政府可以通过进口关税、进口配额、进口许可证等限制进口措施，以及出口补贴、研发补贴、技术创新补贴等促进出口措施，来提升本国企业的市场竞争地位，扩大本国企业的国际市场占有率，从而实现垄断利润由外国流向本国。以规模经济效应显著的半导体产业为例，在 20 世纪 80 年代，日本采取研发补贴、官产学联合等政策促进半导体产业发展，一举超过美国。Richard Baldwin 和 Paul R. Krugman（1986）对日本和美国动态随机存储器竞争的模拟研究显示：如果日本政府不采取保护与促进政策，日本半导体产业就不会存在。20 世纪 90 年代初期，美国通过企业联盟、政府补贴等措施支持半导体产业，夺回第一宝座。20 世纪 90 年代中期，美国重新规划微电子产业，确保了半导体产业的世界领先地位。韩国半导体产业于 1965 年起步，1983 年位居世界第三。韩国的成功同样得益于 20 世纪 80 年代以来韩国政府的研发支出、政产学研合作，以及韩国三大半导体制造商（三星、LG、现代）结盟。

战略性制造业大企业往往具有战略性资产优势。创造性资产（created assets）是 John H. Dunning（1993）在《跨国企业和全球经济》一书中提出的概念，也称为战略性资产（strategic assets）。创造性资产是自然资产的对称，是后天努力培育与创造出来的知识性资产，是在人力资源、所有权、制度和物质能力中的知识、技巧、学习和经验的

---

① 中华人民共和国国民经济和社会发展第十三个五年规划纲要［R］. 中国政府网 . 2016 - 03 - 17.

② 中华人民共和国国民经济和社会发展第十四个五年规划和 2035 年远景目标纲要［R］. 中国政府网 . 2021 - 03 - 13.

积累及组织能力，是企业竞争优势的来源。具有稀缺、专用、不易模仿和替代、在要素市场上难以自由交易等特征，包括技术、管理诀窍、营销知识、分销渠道、商誉和品牌、研发和创新能力等。获取战略性资产是企业跨国并购的目的之一。一项研究表明，中国接近50%的国际直接投资通过跨国并购来获取战略性资产。[①]

国际化寡头垄断产业的主要特征是：规模经济效应显著，产业成长性好，具有高新技术，在国家经济、安全中具有重要的战略地位。世界市场上只能容纳几家或十多家企业。国际化战略性垄断产业主要有航天与防务，石油，汽车，化学，电子与电气设备，食品、饮料与烟草，金属与非金属矿产品，医药等。

（四）规模经济优势

20世纪70年代末80年代初，国际贸易理论出现了一次重大的突破。Avinash Kamalakar Dixit和Joseph E. Stiglitz（1977）的D-S模型表明，在不完全竞争和规模经济假定下，存在消费者需求偏好多样化和企业规模经济效应的矛盾。市场空间越大，规模经济效应越大，且更大的市场空间有利于缓解需求偏好多样化和规模经济的矛盾。在克鲁格曼模型中，两国发生国际贸易后，两国生产产品的品种总数小于封闭下两个国家生产产品品种数之和，但大于任何一个国家封闭经济下生产产品的品种数。对于在市场竞争中胜出的企业来讲，产量增加，规模经济效应显现，边际成本下降，平均成本降低。胜出企业的产品产量增加和成本下降，迫使一部分高成本企业退出市场，形成选择效应（selection effect）；生存下来的企业扩大产出，形成规模效应（scale effect）。

大国庞大的国内贸易使企业易于实现内部规模经济，并催生外部规模经济，在内部规模经济和外部规模经济的共同作用下，巩固大国在国际分工中的地位；可以从内部规模经济和外部规模经济的层面降低产品成本，而且还能催生分工与专业化经济，提高生产率，降低产品成本，从而提升产品价格竞争力；可以为技术进步和创新提供试验的土壤，孕育产品的差异化优势，从非价格的角度提升产品国际竞争力（周怀峰，2007）。在国际市场上，在石化、汽车、军工、航空、家用电器、船舶、航天、铁路等规模经济行业，中国制造业大企业已经有一席之地，见表2-2。

表2-2 中国20家规模巨大的制造业企业《财富》世界500强的排名

行业	公司名称	营业收入（百万美元）	利润（百万美元）	排名
石化	中国石油天然气集团有限公司	283 957.6	4 575.2	4
石化	中国石油化工集团有限公司	283 727.6	6 205.2	5
石化	中国海洋石油集团有限公司	83 296.3	4 802.4	92
石化	中国中化集团有限公司	63 544.0	809.1	151
石化	陕西延长石油（集团）有限责任公司	47 529.1	160.7	234
汽车	上海汽车集团股份有限公司	107 555.2	2 961.0	60
汽车	中国第一汽车集团有限公司	101 075.8	2 866.5	66

① UNCTAD. World Investment Report 2006. FDI from Developing and Transition Economies: Implications for Development [R]. United Nations Publications, 2006.

续表

行业	公司名称	营业收入（百万美元）	利润（百万美元）	排名
汽车	东风汽车公司集团有限公司	86 856.3	1 115.5	85
汽车	北京汽车集团有限公司	72 147.3	339.8	124
汽车	广州汽车工业集团有限公司	57 723.9	576.2	176
汽车	浙江吉利控股集团有限公司	47 191.0	1 352.3	239
军工	中国兵器工业集团有限公司	71 017.5	1 510.9	127
军工	中国兵器装备集团有限公司	34 454.6	852.6	351
航空	中国航空工业集团有限公司	66 964.1	915.7	140
船舶	中国船舶集团有限公司	46 844.6	1 874.6	240
家用电器	美的集团股份有限公司	41 407.1	3 945.3	288
家用电器	珠海格力电器股份有限公司	24 709.7	3 213.8	488
航天	中国航天科技集团有限公司	38 741.9	2 735.1	307
航天	中国航天科工集团有限公司	37 697.0	1 955.0	320
铁路	中国中车集团有限公司	34 778.2	748.0	349

资料来源：2021 年《财富》世界 500 强。

三、理论维度Ⅱ：后发和先发优势

中国制造业大企业国际化的后发和先发优势有学习优势、内外向互动优势、先发优势等。

（一）学习优势

后进者将劣势转化为优势问题的明晰研究始于历史学家亚历山大·格申克龙（1962）。与发达国家相比，发展中国家工业起步晚，制造业发展滞后，制造业大企业属于后来者，经营管理经验不足。发展中国家往往以成功的发达国家企业作为追赶目标，快速跟随，尽快缩短差距；利用经济体制改革和外贸、外交措施，加快技术学习和技术模仿，实现国内资源和国外资源的整合优势；通过技术引进、消化吸收和干中学，根据本国市场需求进行技术创新，实现生产要素的优化配置（John A. Mathews and Dong-Sung Cho，1999）。知识是影响国际运营决策的重要因素（Jan Johanson and Jan-Erik Vahlne，1977）。市场知识指关于市场和在市场中运营的信息。知识一般可分为客观知识和经验知识。其中，经验知识是最重要的知识，因为它必须在经营实践中获得。Jan Johanson 和 Finn Wiedersheim-Paul（1977）的“企业国际化阶段论”强调了企业家的经验知识与企业国际化程度之间的互动与促进。他们认为，企业国际化是一个动态的学习过程和信息反馈过程。不断地学习与实践，以及学习与实践的良性互动，积累了企业国际化的经验知识。显然，企业国际化阶段论强调干中学经验知识的重要性，认为企业国际化的市场知识的获取主要是企业国际化实践的结果。当然从书本、媒体等途径获取的客观知识也具有一定的作用。

行为学习理论认为，学习是刺激与反应之间的联结。Jerayr Haleblian 和 Sydney Finkelstein（1999）用行为学习理论分析表明，企业收购经验与收购后的企业绩效有正向关系，他们认为，企业收购经验越多，收购后的企业绩效越好。在同行业收购中，这种正向关系更明显。Philippe Very 和 David M. Schweiger（2001）进一步把企业并购中的学习划分为两类，即收购目标学习和经验积累学习。鲁桐和李朝明（2003）强调模仿性学习在企业国际化中的重要作用。发展中国家的后发展型国际化企业，必须具备较好的学习和模仿技能，才能实现追赶发达国家先发企业的目标。这种学习必须与当地生产经营条件相结合，必须在模仿的基础上吸收与创新（鲁桐，2003）。刘晓粤和马海燕（2008）总结了后进企业国际化学习战略，如 OEM—ODM—OBM 战略、引进—模仿—创新战略、资源杠杆（resources leverage）战略等。谢泗薪（2006）总结出中国企业全球学习的两个战略路径：一是互动型学习战略，属于内向路径；二是本地化学习战略，属于外向路径。

制造业大企业的国外子公司正成为企业知识体系中的重要知识学习者和贡献者，公司专有技术的生产与维护由原来的单一母公司导向转变为整个公司网络集体导向（Birkinshaw，Hood，and Jonsson，1998）。网络学习与知识转移是跨国公司与快速变动的国际市场竞争环境保持同步的自然选择（Henrik Bresman1 et al.，1999）。

（二）内外向互动优势

企业国际化可以分为内向国际化和外向国际化两类。内向国际化形式主要有直接或间接进口贸易、购买国外知识产权、利用外商直接投资等。外向国际化形式主要有直接或间接出口贸易、对外技术转让、国际直接投资等。Lawrence S. Welch 和 Reijo K. Luostatinen（1993）认为，企业内向国际化过程会影响外向国际化，而外向国际化又会作用于内向国际化，内向国际化的成败影响外向国际化的绩效。吴先明等的一项实证研究表明，中国外向国际化对于落后企业的技术追赶效果具有显著提升作用，而内向国际化对于后发企业的技术追赶绩效具有一定的积极作用，内向国际化到外向国际化的过程是落后企业成长的持续性过程（吴先明和黄春桃，2016）。

国际化是一个双向过程，通过内外向互动可以积累网络资源和社会资本。中国制造业大企业可以通过四种模型走向国际化，即内向—网络—外向关联模型、内向—学习—外向模型、内向—技术溢出—外向关联模型和内向—竞争力提升—外向关联模型（朱玉杰和赵兰洋，2006）。改革开放以来，中国制造业企业国际化的实践表明，内向国际化在先，外向国际化在后，内向国际化是外向国际化的前提、准备和基础，同时企业外向国际化对内向国际化的深度、广度和绩效具有一定的影响。

（三）先发优势

先发优势是建立在信息经济、动态规模经济、正反馈经济等潜在比较优势之上的，先到先得的经济优势。先发优势一旦形成，由于信息经济下强者越强的正反馈机制作用，企业往往会一直保持领先优势，后发者追赶难度加大。形成先发优势，需要依靠知识积累、人力资本投资和技术进步等，创新创造是核心。[①] 一项对中国航天国际化的研究表明，技术创新是发挥先发优势的引领力量，是企业做优、做强、做大的内生动力。市场需求和政策工具具有一定的作用，市场需求是外生动力，政策工具是释放动力的调节器

① 陈庆修．优化创新环境　培育先发优势［N］．经济参考报，2016－01－18（8）．

和助推器，是优质发展的引导力（赵春潮和王新哲，2016）。[①] 目前，中国高铁技术、核电科技、航空航天、卫星通信等产业具有先发优势，已经拥有较强的国际竞争力，成为“中国智造”名片。目前，中国正在新型飞行器及航行器、新一代作业平台和空天一体化观测系统、量子通信和泛在安全物联网、合成生物和再生医学技术、新一代核电装备和小型核动力系统、民用核分析与成像等领域，前瞻布局，打造未来发展竞争新优势。

四、理论维度Ⅲ：竞争优势

中国制造业大企业国际化的竞争优势有垄断优势、技术标准优势、比较优势、边际产业优势、核心能力优势等。

（一）垄断优势

Stephen Herbert Hymer（1960）在《国内企业的国际化经营：对外直接投资的研究》一文中提出了国际直接投资的垄断优势论，论述了企业的垄断优势和市场的不完全性是企业国际直接投资的决定性因素。他的导师 Charles P. Kindleberger（1969）提出了跨国公司的竞争优势主要来自商品市场和要素市场的不完全竞争性、规模经济差异、政府的管制等。海默（Hymer）通过研究发现，当时美国的国际直接投资主要集中在产业集中度十分明显的汽车、石油、电子、化工等制造业，这些行业的企业国际直接投资的主要原因是具有垄断优势，能够抵消跨国经营的额外成本。垄断优势主要有差异产品和核心资产（Richard E. Caves，1971，1982）、知识资本、创造性资产（Dunning，1993）、行业的寡占特点（Frederick T. Knickerbocker，1973）、规模经济等。

（二）技术标准优势

21 世纪以来，技术标准逐渐成为制造业国际竞争的主要游戏规则，产业标准的制定权逐渐成为制造业大企业的争夺对象。主导国际标准的企业在产业国际竞争中往往居于市场领袖地位。主导视窗标准的微软和主导芯片标准的英特尔共同构筑的温特制（wintelism）平台，通过快速的标准更新不断甩开对手，赚取了大量的标准领先利润，同时引导信息产业升级。掌握技术标准和引导产业升级的企业则成为行业的领袖企业（黄卫平和朱文晖，2004）。

技术标准竞争从本质上看是技术轨道竞争，竞争的目标是产业主导技术轨道。领先企业通过知识产权和技术标准，可以控制全球产业链、攫取超额利润。例如，浏览器国际标准竞争中，微软公司与网景技术不相上下，其采用与操作系统捆绑销售的战略击败了网景，奠定了在浏览器市场的标准垄断地位。企业之间标准战略竞争的案例还有数字录影带（飞利浦和索尼）、调制解调器（3Com 与罗克韦尔、朗讯）、录像带（三菱和索尼）等行业。

华为投资控股有限公司是一家民营企业，是全球领先的信息与通信技术（ICT）基础设施和智能终端提供商。2021 年《财富》世界 500 强中，华为排在第 44 位，营业收入为 1 291.84 亿美元。技术标准优势已经成为华为公司重要的国际市场优势。华为在网络功能虚拟化（NFV）标准方面领跑世界，是信息与通信技术融合标准生态环境的推动者；

---

① 赵春潮，王新哲．发挥“三大动力”优势推进航天国际化发展［J］．中国航天，2016（12）：21－25.

引领 Flex-OTN 标准，是 100GE/400GE 以太网标准的主要贡献者；推动更易互联互通、适当增强的 IP/Internet 领域安全原则。

（三）比较优势

Adam Smith（1776）在《国富论》一书中提出了绝对优势原理，主张国际分工与自由贸易。David Ricardo（1817）在《政治经济学及赋税原理》一书中，在斯密绝对优势学说的基础上论证了比较优势学说，认为劳动生产率差异是两国开展国际分工和国际贸易的基础，按照“两优取重、两劣取轻”的原则进行分工和贸易，对两个国家都有利，比较优势的决定因素是劳动生产率差异或技术差异。李嘉图（Ricardo）之后，John Stuart Mill（1848）提出了相互需求论，Alfred Marshall（1890）提出了一般均衡理论，埃奇沃思采用埃奇沃思盒式图分析国际贸易理论。他们的研究对国际贸易理论的发展作出了一定的贡献，但并没有超出李嘉图的思想。1933 年，国际贸易理论出现的重大发展是 Eli F. Heckscher（1919）和 Bertil Ohlin（1933）提出了要素禀赋论，认为要素禀赋差异是国际贸易的决定因素。一国应出口具有比较优势的产品，即出口密集使用该国数量相对丰裕而价格相对低廉的生产要素生产的产品。中国的比较优势效应主要是劳动密集型产业和部分资本密集型产业的低成本效应。

（四）边际产业优势

Kiyoshi Kojima（1977）运用比较优势原理，提出边际产业扩张理论来解释日本式国际直接投资问题。该理论的主要思想是：一国的国际直接投资的产业顺序，从本国（投资国）已经处于或即将处于比较劣势的产业（边际产业）依次进行，而这些边际产业则是外国（东道国）正处于比较优势或即将处于比较优势的产业。小岛清（Kojima）把国际直接投资的动机划分为三种类型，即资源导向型（resource oriented）、市场导向型（market oriented）和生产要素导向型（factor oriented）。John A. Cantwell（1991）和 Paz Estrella E. Tolentino（1993）考察了发展中国家的技术变迁和技术积累，提出了技术变迁产业升级理论，或称为技术创新产业升级理论。他们认为，随着发展中国家技术变迁和积累，其技术能力积累和提升到一定阶段，可以向周边国家直接投资，尤其向其他发展中国家直接投资，积累到一定程度时再向发达国家直接投资。

边际制造业是中国在改革开放以后，在市场机制的引导下成长起来的产业，主要集中在纺织服装、食品、家电、微机组装等领域，多为竞争激烈的产业、接近完全竞争的产业。这些制造业是中国传统比较优势产业，是出口贸易的主力军。

改革开放以来，丰裕且廉价的劳动力是中国要素禀赋的特征，也是中国参与国际竞争的低成本优势的基础。依靠这一优势，中国劳动密集型产品生产与出口增长迅速。然而，随着中国资本积聚和科技进步，劳动力要素丰裕度降低。随着劳动力成本的上升，劳动密集型制造业的比较优势下降，成为边际制造业。

边际制造业是迫切需要对外转移的产业，处于产品生命周期的标准化阶段。况且中国经济发展正处于国际直接投资的快速增长时期，是边际制造业大企业国际直接投资的战略机遇期。

（五）核心能力优势

C. K. Prahalad 和 Gary Hamel（1990）界定了核心能力的含义。他们认为，核心能力是组织的积累性知识，特别是不同生产技能协调和多种技术流有机结合的积累性学识。两人在《竞争大未来》一书中扩展了核心能力的应用。他们认为，组织的群体学习和团队学习是核心能力的特征，特别是不同生产技能协调和不同技术流整合的学习。他们提出，核心能力判断的准则是扩展性、贡献价值性和难以模仿性。Kesler，Kolstad 和 Clarke（1993）认为，核心能力是组织的符号与标志，即组织是谁，组织擅长什么。可见，企业核心能力是一种无形资产，一是通过整合企业内部各种技能和技术来提升企业持续竞争优势的积累性知识，二是这类积累性知识的运作水平。

制造业大企业的国际化成长路径在于，实施以核心能力为基石的关联多元化，在价值链的某一环节横向一体化，打造以核心能力为特征的进入壁垒和技术垄断。中国中车股份有限公司整合了中国北车、南车的战略性资产，成长为轨道交通装备领域的全球领先者，以高速动车组牵引控制系统、制动系统、永磁电传动系统、大功率 IGBT 等为代表的一系列核心技术取得实质性突破，高速动车组、城市轨道车辆、大功率机车、铁路货车等核心产品达到世界先进水平。

五、 理论框架

（一）理论框架的图示

中国制造业大企业国际化优势的理论构建可以定义为大国综合优势，如图 2－9。

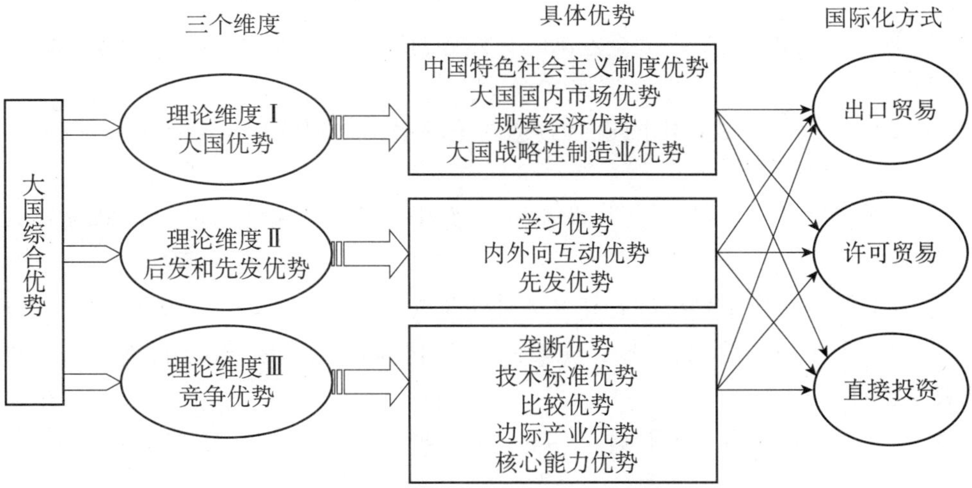

图 2－9 中国制造业大企业国际化优势的理论框架

（二）理论框架的政策含义

围绕综合竞争优势的三个维度，培育中国制造业大企业国际化的大国优势、后发和先发优势、竞争优势。

1. 培育大国优势。发挥中国特色社会主义制度优势，加大国有制造业大企业的兼并重组和混合所有制改革力度，谋求寡头垄断产业的国际市场占有率。对于规模经济和战略性新兴产业，要充分利用国际市场降低企业成本和发挥行业规模经济效应，利用中国国内市场需求庞大的特点，做大企业规模和产业规模。在飞机、汽车、油气、军工、集成电路（芯片）等具有规模经济性、自然垄断性的产业，培育国际垄断性、战略性产业的国际化大企业，谋取战略产业发展的主导权。

2. 培育后发和先发优势。优化对外贸易与投资体制，完善对外开放战略，学习发达国家和地区的先进技术和管理经验。充分利用中国经济发展的后发优势，在借鉴、模仿和集成中提升中国制造业大企业国际化能力。健全出口与进口、对外技术转让和技术引进、对外投资和利用外资之间的互动机制，发挥内向国际化对外向国际化的促进作用。在某些重要的主导产业和战略性产业，集中优势资源，重点培育大企业国际竞争力，引领产业国际发展方向。

3. 培育竞争优势。充分发挥边际比较优势产业的国际化优势，把更多技术含量低的低端制造业输入其他低收入经济体。培育大企业为龙头，重构先进制造业与服务业价值链，培育低成本、差异化或目标集聚优势，打造制造业大企业国际化竞争新优势。

本章参考文献

[1] 白旻．边界效应、规模效应与后发大国的产业发展战略［J］．世界经济研究，2009（8）：3－8.

[2] 戴翔．要素分工、制度型开放和出口贸易高质量发展［J］．天津社会科学，2021（3）：93－98.

[3] 冯德连．双循环发展战略的对外开放特征与路径［J］．学术界，2021（10）：87－93.

[4] 冯德连．中国制造业大企业国际化优势的理论构建［J］．经济问题，2018（2）：1－8，22.

[5] 高柏．对等开放：中国迈向发达国家的必由之路［J］．文化纵横，2021（1）：65－82.

[6] 顾保国．我国社会主义基本经济制度具有强大生命力［J］．红旗文稿，2016（23）：20－22.

[7] 何忠国．坚定不移推进更高水平对外开放［J］．红旗文稿，2021（8）：45－47.

[8] 黄卫平，朱文晖．温特制：美国新经济与全球产业重组的微观基础［J］．美国研究，2004（2）：7－23.

[9] 江小涓．新中国对外开放70年：赋能增长与改革［J］．管理世界，2019（12）：1－16，103.

[10] 黎峰．国内国际双循环：理论框架与中国实践［J］．财经研究，2021（4）：4－18.

[11] 李波，陈卫东，杨国华．客观认识WTO当前困境以战略思维推进WTO改革［J］．行政管理改革，2021（7）：19－29.

[12] 李晓．"双循环"需要更高水平的对外开放［J］．南开学报（哲学社会科学版），2021（1）：13－17.

[13] 刘晓粤，马海燕．后进企业国际化学习战略研究述评［J］．武汉理工大学学报，2008（4）：164－168.

[14] 鲁桐，李朝明．温州民营企业国际化［J］．世界经济，2003（5）：55－63.

[15] 鲁桐，薛军．论制造业企业的跨国经营战略以日本丰田公司为例 [J]．太平洋学报，2005 (4)：48-57.

[16] 鲁桐．中国企业跨国经营战略 [M]．北京：经济管理出版社，2003：60.

[17] 欧阳峣，生延超，易先忠．大国经济发展的典型化特征 [J]．经济理论与经济管理，2012 (5)：27-35.

[18] 欧阳峣．"大国综合优势"的提出及研究思路 [J]．经济学动态，2009 (6)：20-23.

[19] 钱学锋，裴婷．国内国际双循环新发展格局：理论逻辑与内生动力 [J]．重庆大学学报（社会科学版），2021 (1)：14-26.

[20] 邱斌，尹威．中国制造业出口是否存在本土市场效应 [J]．世界经济，2010 (7)：44-63.

[21] 沈国兵．疫情全球蔓延下推动国内国际双循环促进经贸发展的困境及纾解举措 [J]．重庆大学学报（社会科学版），2021 (1)：1-13.

[22] 万相昱，张涛．中国的经济增长为世界经济作出了重要贡献 [J]．红旗文稿，2017 (13)：20-22.

[23] 王孝松．"两个大局"下的更高水平对外开放 [J]．人民论坛，2021 (2)：31-33.

[24] 吴先明，黄春桃．从内向国际化到外向国际化：后发企业技术追赶的可持续性 [J]．当代经济管理，2016 (2)：11-18.

[25] 夏申．论规模经济条件下的国际贸易 [J]．世界经济，1994 (7)：25-34.

[26] 谢泗薪．从跨国公司新理论界面研究中国企业全球学习的战略思维 [J]．科学管理研究，2006 (1)：79-63.

[27] 辛向阳．中国特色社会主义自信源于制度优越性 [N]．中国社会科学报，2014-04-23.

[28] 徐强．中国战略产业国际化发展问题研究 [J]．国际贸易，2009 (1)：24-27.

[29] 衣长军．发展中大国综合优势理论与我国企业对外直接投资战略研究 [J]．未来与发展，2008 (5)：52-59.

[30] 张辉，吴唱唱，姜峰．国内国际双循环相互促进研究：中国规模化经济视角 [J]．政治经济学评论，2021 (2)：62-81.

[31] 张宇燕．中国对外开放的理念、进程与逻辑 [J]．中国社会科学，2018 (11)：30-41.

[32] 赵春潮，王新哲．发挥"三大动力"优势推进航天国际化发展 [J]．中国航天，2016 (12)：21-25.

[33] 周怀峰．大国国内贸易需求提升产品国际竞争力的机理分析 [J]．财贸研究，2007 (4)：34-38.

[34] 朱勇．现代增长理论与政策选择 [M]．北京：中国经济出版社，2000：96-98.

[35] 朱玉杰，赵兰洋．内向与外向：企业国际化的联系机制及其启示 [J]．国际经

济合作，2006（7）：24－26.

[36] 阿林·杨格. 报酬递增与经济进步 [J]. 贾根良，译. 经济社会体制比较，1996（2）：52－57.

[37] Arthur W B. Competing Technologies, Increasing Returns, and Lock-in by Historical Events [J]. *Economic Journal*, 1989: 116－131.

[38] Arthur W B. *Increasing Returns and Path Dependence in the Economy* [M]. Ann Arbor: University of Michigan Press, 1994: 1－224.

[39] Babbage C. *On the Economy of Machinery and Manufactures* [M]. Cambridge: Cambridge University Press, 1932.

[40] Baldwin R, Krugman P R. Market Access and International Competition: A Simulation Study of 16K Random Access Memories [R]. *NBER Working Papers*, 1986.

[41] Birkinshaw J, Hood N, Jonsson S. Building Firm-specific Advantages in Multinational Corporations: The Role of Subsidiary Initiative [J]. *Strategic Management Journal*, 1998（2）：221－241.

[42] Bresman H, Birkinshaw J, Nobel R. Knowledge Transfer in International Acquisitions [J]. *Journal of International Business Studies*, 1999: 439－462.

[43] Cantwell J. The International Agglomeration of R&D [A]. In: M. C. Casson (eds). *Global Research Strategy and International Competitiveness* [C]. Oxford: Basil Blackwell, 1991: 216－232.

[44] Caves R E. International Corporations: The Industrial Economics of Foreign Investment [J]. *Economica*, 1971（149）：1－27.

[45] Caves R E. *Multinational Enterprises and Economics Analysis* [M]. Cambridge: Cambridge University Press, 1982.

[46] Chenery H, Robinson S, Syrquin M. *Industrialization and Growth: A Comparative Study* [M]. New York: Oxford University Press, 1986: 311－347.

[47] David P A. Clio and the Economics of QWERTY [J]. *American Economic Review*, 1985: 332－337.

[48] Dixit A K, Stiglitz J E. Monopolistic Competition and Optimum Product Diversity [J]. *American Economic Review*, 1977: 297－308.

[49] Dunning J H. *Multinational Enterprises and the Global Economy* [M]. Boston: Addison Wesley, 1993.

[50] Eaton J, Grossman G M. Optimal Trade and Industrial Policy under Oligopoly [J]. *Quarterly Journal of Economics*, 1986（2）：383－406.

[51] Edgeworth F Y. *Papers Relating to Political Economy* [M]. London: Macmillan and Co., 1925.

[52] Evans C L. The Economic Significance of National Border Effects [J]. *The American Economic Review*, 2003（4）：1291－1312.

[53] Gerschenkron A. *Economic Backwardness in Historical Perspective* [M]. Cambridge, Massachusetts: Belknap Press of Harvard University Press, 1962.

[54] Grossman G M, Richardson J D. Strategic Trade Policy: A Survey of Issues and Early Analysis [R]. International Finance Section, Dept. of Economics, Princeton University, 1985.

[55] Haleblian J, Finkeltein S. The Influence of Organizational Acquisition Experience on Acquisition Performance: A Behavioral Perspective [J]. *Administrative Science Quarterly*, 1999 (1): 29 - 56.

[56] Heckscher E F. The Effect of Foreign Trade on the Distribution of National Income [J]. *Ekonomisk Tidskrift*, 1919: 497 - 512.

[57] Hamel G, Prahalad C K. *Competing for the Future* [M]. Boston: Harvard Business Press, 1994.

[58] Holmes T J, Stevens J J. Does Home Market Size Matter for the Pattern of Trade? [J] *Journal of International Economics*, 2005: 489 - 505.

[59] Hymer S H. The International Operations of National Firms: A Study of Direct Foreign Investment [D]. PhD Dissertation. Cambridge, Massachusetts: The MIT Press, 1960.

[60] James A, Brander J A, Spencer B J. International R&D Rivalry and Industrial Strategy [J]. *Review of Economic Studies*, 1983 (50): 707 - 722.

[61] James A, Brander J A, Spencer B J. Export Subsidies and International Market Share Rivalry [J]. *Journal of International Economics*, 1985 (18): 83 - 100.

[62] Johanson J, Vahlne J E. The Internationalization Process of the Firm: A Model of Knowledge Development and Increasing Foreign Market Commitments [J]. *Journal of International Business Studies*, 1977 (1): 23 - 32.

[63] Johanson J, Wiedersheim-paul F. The Internationalization of the Firm-four Swedish Cases [J]. *Journal of Management Studies*, 1975 (3): 305 - 323.

[64] Kesler M, Kolstad D, Clarke W E. Third Generation R&D: The Key to Leveraging Core Competence [J]. *The Columbia Journal of World Business*, 1993 (3): 34 - 44.

[65] Kindleberger C P. *American Business Abroad* [M]. New Haven: Yale University Press, 1969.

[66] Knickerbocker F T. *Oligopolistic Reaction and Multinational Enterprise* [M]. Cambridge, Massachusetts: Harvard University Press, 1973.

[67] Kojima K. *Theory of Foreign Direct Investment* [M]. Tokyo: Diamond, 1977.

[68] Krugman P R, Venables A J. Integration and the Competitiveness of Peripheral Industry [R]. In: Bliss C, Macedo J B D. (eds). *Unity with Diversity in the European Community* [C]. Cambridge: Cambridge University Press, 1990: 56 - 75.

[69] Krugman P R. Scale Economies, Product Differentiation, and the Pattern of

Trade [J]. *The American Economic Review*, 1980 (5): 950 - 959.

[70] Krugman P R. Increasing Returns, Monopolistic Competition, and International Trade [J]. *Journal of International Economics*, 1979 (4): 469 - 479.

[71] Linder S B. *An Essay in Trade and Transformation* [M]. Stockholm: Almqvist & Wiksells, 1961.

[72] MarshallA. *Industry and Trade* [M]. London: Palgrave Macmillan, 1919.

[73] Marshall A. *Principles of Economics* [M]. New York: Prometheus Books, 1890.

[74] Mathews J A, Cho D-S. Combinative Capabilities and Organizational Learning in Latecomer Firms: The Case of the Korean Semiconductor Industry [J]. *Journal of World Business*, 1999 (2): 139 - 156.

[75] McCallum J. National Borders Matter Canada-U. S. Regional Trade Patterns [J]. *American Economic Review*, 1995 (3): 615 - 623.

[76] Mill J S. *Principles of Political Economy* [M]. London: Longmans, Green and Co. , 1848.

[77] Nitsch V. National Borders and International Trade Evidence from the European Union [J]. *Canadian Journal of Economics*, 2000 (33): 1091 - 1105.

[78] North D C. *Institutions, Institutional Change, and Economic Performance* [M]. Cambridge: Cambridge University Press, 1990.

[79] Ohlin B. *Interregional and International Trade* [M]. Cambridge, Massachusetts: Harvard University Press, 1933.

[80] Porter M E. *The Competitive Advantage of Nations* [M]. New York: Free Press, 1990. .

[81] Porter M E. *Competitive Strategy: Techniques for Analyzing Industries and Competitors* [M]. New York: Free Press, 1980.

[82] Prahalad C K, Hamel G. The Core Competence of the Corporation [J]. *Harvard Business Review*, 1990 (3): 79 - 91.

[83] Ricardo D. *On the Principles of Political Economy and Taxation* [M]. Cambridge: Cambridge University Press, 1817.

[84] Rostow W W. *The Stages of Economic Growth* [M]. Cambridge: Cambridge University Press. 1960: 4 - 16.

[85] Smith A. *An Inquiry Into the Nature and Causes of the Wealth of Nations* [M]. London: George Routledge and Sons, 1976.

[86] Tolentino P E E. *Technological Innovation and Third World Multinationals* [M]. London: Routledge, 1993.

[87] Very P, Schweiger D M. The Acquisition Process as a Learning Process: Evidence from a Study of Critical Problems and Solutions in Domestic and Cross-border Deals [J]. *Journal of World Business*, 2001 (1): 11 - 31.

[88] Weder R. Comparative Home-market Advantage, an Empirical Analysis of

British and American Exports [J]. *Review of World Economics*, 2003 (2): 220 - 247.

[89] Weder R. Linking Absolute and Comparative Advantage to Intra-industry Trade Theory [J]. *Review of International Economics*, 1995 (3): 342 - 354.

[90] Welch L S, Luostarinen R K. Inward-outward Connections in Internationalization [J]. *Journal of International Marketing*, 1993 (1): 44 - 56.

[91] Young A A. Increasing Returns and Economics Progress [J]. *The Economic Journal*, 1928 (152): 527 - 542.

第三章

国际直接投资、产业转移理论流派与新一轮产业转移

第一节　引言与概念界定

一、引言

第二次世界大战后，随着国际生产资本流动成为国际资本流动的主要形式，第一次大规模的国际产业转移出现了，主要表现为20世纪五六十年代美国向日本的产业转移及美国、日本的劳动密集型产业向亚洲“四小龙”（中国台湾、中国香港、新加坡、韩国）的转移。随后，国际生产资本流动和国际产业转移不断加速发展，并出现一些新的特征，这客观上要求有相应的理论对这种新现象进行深入诠释，于是各种国际直接投资理论与国际产业转移理论不断涌现和发展。

当然，国际产业转移的出现和发展与国际资本流动的发展是一致的（黎金钊，2009），历史上国际产业转移也主要是通过资本的国际流动和国际投资来实现的，这就导致一些解释国际直接投资现象的理论也能用来分析国际产业转移问题，反之亦然。因此，有时很难界定哪些理论属于国际直接投资理论，哪些理论属于国际产业转移理论。本章主要根据学者们提出理论的意图及其理论重点解释的对象做简单区分。

在直接投资理论方面，Stephen H. Hymer（1960）率先提出垄断优势理论，被认为是这一研究领域的开拓者。Peter J. Buckley 和 Mark Casson（1976）从中间产品市场不完全、交易费用节约的视角对跨国公司直接投资的原因进行探索，提出了内部化理论。John H. Dunning（1981）提出的国际生产折衷理论是目前最为完善的国际直接投资分析框架，该理论认为企业从事国际直接投资应当同时具备所有权优势、内部化优势和区位优势，三者缺一不可。随着发展中国家国际直接投资的兴起，研究发展中国家企业国际直接投资现象的成果也逐渐丰富和完善起来。代表性的研究成果有小规模技术理论（Louis T. Wells，1977）、投资发展周期理论（Dunning，1981）、技术地方化理论（Sanjaya Lall，1983）、技术创新产业升级理论（John Cantwell and Paz Tolentino Estrella，

1990）等。

在国际产业转移理论方面，传统的国际产业转移理论侧重研究全产业和产品的产业转移，主要有雁阵模式理论（Akamatsu Kaname，1962）、产品生命周期理论（Raymond Vernon，1966）、边际产业转移理论（Kiyoshi Kojima，1978）和劳动密集型产业转移理论（William Arthur Lewis，1978）等。这些理论虽然观点不一，但都立足于产业间和产业内分工的产业转移。随着国际分工由产业间向产业内再到产品内的不同工序纵深推进，国际产业转移的对象由原来典型的边际产业和标准化阶段的产品转向了产品的各工序（刘友金，胡黎明和赵瑞霞，2011），国际产业转移发生了新变化。因此，当前的研究主要从全球视角，以产业链为纽带，来分析各种工序在全球的转移及各国在国际分工中的地位等问题。国内学者赵张耀和汪斌（2005）基于工序型产业转移的发展，提出了网络型国际产业转移模式。张少军和刘志彪（2009）立足于产品内分工，构建了一个全球价值链模式产业转移的理论分析框架。

二、国际直接投资的界定

国际直接投资（foreign direct investment，FDI），又译外国直接投资、外商直接投资、对外直接投资等。国际货币基金组织（IMF）对国际直接投资的定义在学术界颇具影响力，具有一定的权威性，其定义为：国际直接投资是指一个国家（或地区）的居民或实体（国际直接投资者或母公司）与在另一国（或地区）的企业（国外直接投资企业、分支企业或国外分支机构）建有长期关系，具有长期利益，并对之进行控制的投资。联合国贸易与发展会议（UNCTAD）在每年发布的《世界投资报告》中也有类似的定义。对资本输出国（即母国）来说，国际直接投资就是对外直接投资；对资本输入国（即东道国）来说，则是外商直接投资。因角度和资金流向不同等原因，表述常常不一样。

程惠芳（2002）指出，国际直接投资是一国的投资者跨国境投入资本或其他生产要素，以获取或控制企业经营管理权为核心，获得利润或稀缺生产要素为目的的对外投资活动。毛蕴诗（2005）认为，国际直接投资是一国的投资者（自然人或法人）在所在国（母国）之外进行的，以获取持续利润或稀缺生产要素为目的，通过参与企业管理并取得某种程度控制权的资本投资，并伴随着经营能力、技术知识等资源组合的跨国界转移。

国际直接投资分为股权参与式直接投资和非股权参与式直接投资。国际货币基金组织认为，国际直接投资者通过非股权方式达到对其他商业实体有效控制的效果，就是非股权参与式的国际直接投资，它是指国际直接投资者没有在东道国企业中持有股份，而是通过与东道国企业签订有关技术、管理、销售、工程承包等方面的合约，取得对该东道国企业的某种管理控制权的情况，如许可证合同（licensing contract）、管理合同（management contract）、销售协议（sales agreement）、交钥匙工程（turn-key contract）、技术援助或技术咨询合约（technical assistance or technical consulting agreement）等。

各经济组织和各国对国际直接投资的量化标准不尽相同。经济合作与发展组织（OECD）规定，在股份有限企业中外国投资者拥有10%或以上的股份或投票权，在非股份制企业中拥有相当于10%的所有权或等价控制权，即能够影响或参与企业管理的，就属于国际直接投资。在股权参与式直接投资中，国际货币基金组织规定以25%作为拥有控制权的最低限度。美国商务部1956年规定，如果某外国公司完全由美国公司控制，或其50%以上的股份由一群无组织的美国人所拥有，或其25%以上的股份由一群有组织的美国人所拥有，或10%以上的股份由一个美国人或美国法人所拥有，则美国人对该公司的投资属于国际直接投资。日本规定拥有外国企业股票10%以上即属于国际直接投资，英国、德国的规定是20%，加拿大规定这一比例不低于50%。实际上，随着全球经济一体化的发展，企业之间相互参股的现象越来越普遍，企业的股权分布日益分散；因此，投资者即便拥有不高的股权比例，也完全可以对一个企业的经营管理拥有控制权。

中国规定的外商直接投资是指外国企业和经济组织或个人（包括华侨、港澳台胞以及中国在境外注册的企业）按中国有关政策、法规，用现汇、实物、技术等在中国境内开办外商独资企业、与中国境内的企业或经济组织共同开办中外合资经营企业、合作经营企业或合作开发资源的投资（包括外商投资收益的再投资），以及经政府有关部门批准的项目投资总额内企业从境外借入的资金。具体的数量规定是外资所占股本份额通常不低于25%。

综上所述，我们认为，不论是股权参与式投资还是非股权参与式投资，也不论投资者拥有多高的股权比例，只要投资者对所投资企业取得一定程度的经营管理控制权，能够对目标企业的经营管理权产生一定的影响，这种投资即国际直接投资。

三、国际产业转移的界定

国际产业转移在第二次世界大战前就受到了学者的关注，并在战后成为学术界研究的热点。产业转移是中国学者对产业从某些国家（地区）转移到另一些国家（地区）这种经济现象的统一称谓，而国外学者在研究过程中并未对此形成统一词汇。Robert J. Newman（1983）使用了industry migration这一短语，Terutomo Ozawa（1992）用transplant abroad、transfer of industrial activities、industrial transfer、industrial relocation等词汇对此加以描述。Paul Krugman和Anthony J. Venables（1996）将其描述为spread of industry，译成“产业扩散”。Diego Puga和Anthony J. Venables（1996）用spread of industry、industry expands、dispersion of industry和industrial location等词汇来描述这一现象。这些叫法都突出了产业向其他地区的动态移动和扩散这一特征。

中国学者在研究中逐渐形成了自己对产业转移的理解和界定。卢根鑫（1994）认为，国际产业转移是指某些产业在国际投资和资本的国际流动的推动下，由一个国家或地区向另一个国家或地区转移的过程。刘辉煌等（1999）认为，国际产业转移是产业在国家之间的移动，它主要是通过国际资本流动和国际投资来实现的，是发达国家调整产业结构、实现全球战略的重要手段，同时也是发展中国家调整产业结构、实现产业高级化和技术进步的重要途径。陈刚和陈红儿（2001）将其界定为：在市场经济条件下，发达区域（国家）的产业顺应竞争优势的变化，通过跨区域（国家）直接投资，把部分产业的生产转移到发展中区域（国家）进行，从而使产业表现为在空间上移动。陈建军（2002）定义产业转移为市场经济条件下企业的一种自发行为，当资源供给或产品需求条件发生变化后，某些产业发生空间迁移（国家或地区间）的经济行为和过程。魏后凯（2003）

把产业转移的实质界定为企业在空间上的扩展或者调整过程，包括成长产业和衰退产业的空间迁移。张为付（2005）指出，国际产业转移过程其实是以跨国公司为主体，以国际直接投资为主要方式，以投资国比较优势生产要素在全球范围内整合利用其他国家比较优势生产要素的过程。王全春（2008）认为，国际产业转移是产业在不同国家或地区之间的移动，核心内在机制是利益，其主要表现形式是资本流动，引进与利用外资是承接产业转移的主要方式。马子红（2009）认为，国际产业转移是资源供给或产品需求条件发生变化后，某些产业从一个国家转移到另一个国家的经济行为和过程，是一个具有时间和空间维度的动态过程，是投资、贸易等导致的综合要素流动过程。

上述定义都是从整个产业转移的角度出发的，描述的均是完整价值链转移的现象，故无法反映当代国际产业转移客体的演变，即产品内分工的背景下工序型国际产业转移在当代发展的现象。国内已有部分学者对工序型国际产业转移现象进行了研究，如贝毅和曲连刚（1998）认为，知识经济在三个方面影响国际产业转移：推进了国际产业地区分布的梯度转移、推进了产业层次的梯度转移、形成了“大脑-手脚”的梯度转移模式。李海舰和聂辉华（2002）认为，国际产业转移出现了两种趋势，即脑袋产业的转移和躯体产业的转移。陈凤英（2001）指出，当代产业转移呈现出一些产业整体转移的同时，同一产业也呈现出上中下游分离的特征，即母公司控制核心技术，国外分公司进行中下游生产。赵张耀和汪斌（2005）基于工序型产业转移的发展，提出了网络型国际产业转移模式的概念。

张少军和刘志彪（2009）认为，从广义上说，产业转移是指某一产业、某一产品或某一产品特定工序在空间布局上的变迁。他们指出，随着国际分工从行业间深化到行业内不同产品，再从行业内不同产品深化到同一产品不同工序，国际产业转移也相应地从产业的空间变迁转向产品的空间变迁，再从产品空间变迁转向同一产品不同工序的空间变迁。他们提出全球价值链模式产业转移的概念，并推演出其三重含义：全球价值链组织国家之间的产业转移，建立了全球分工和生产网络；在这个全球分工网络里，形成企业竞争优势的基点更加动态化、虚拟化和系统化，而介于市场和层级之间的全球价值链也使得产业组织的形态发生了根本变化；处于全球价值链高端的发达国家及其跨国公司，作为国际产业转移的组织者和治理者，利用自身的市场势力，对发展中国家进行纵向压榨，获得了大部分的分工和贸易利得。

张云（2011）从全球价值链层面对国际产业转移的内涵作如下界定：现阶段，所谓国际产业转移是指在经济全球化的背景下，包括跨国公司在内的国际产业转移主体出于获取更高的利润空间，提高自身国际竞争力与争夺更高的市场占有率的目的，以产品（产业）价值链上各个生产环节（或工序）的可拆分性与拆分的经济性为基础，基于不同工序在不同国家或地区进行生产的经济性考虑，通过构建全球一体化生产网络组织，将作为国际产业转移客体的某些产品（或产业）的生产环节（或工序）从一个国家（或区域）转移到另一个国家（或区域）的行为和过程，从而实现其在全球范围内的资源优化整合与合理有效配置，由产品价值链与跨国公司全球一体化生产网络共同构成的全球价值链是新时期国际产业转移的重要联系纽带。

王建平和刘彬（2013）指出，当前在推行国际产业转移的过程中，发达国家牢牢掌握产品的高附加值环节，如设计、研发、营销等环节，放弃生产制造等低附加值环节，将其中的一部分生产环节转移到发展中国家，于是同一产品的不同生产环节分布于不同国家或地区的情况屡见不鲜。张倩肖和李佳霖（2021）认为，广义的产业转移指的是，在一定时期内，国家或区域之间因比较优势的此消彼长而造成产业区位在空间上的整体重构；狭义的产业转移更强调企业在核算成本收益的基础上将部分生产功能从原产地脱离和转移的行为。

可见，国际产业转移很早就引起学界的关注，但在对其概念的界定上，迄今尚无统一的定义。我们认为，国际产业转移在宏观上表现为某一产业、某一产品或产品某种特定工序在全球范围内有规律的空间迁移现象，它是众多微观主体即跨国企业根据国家（或地区）的要素禀赋或产品供需条件的变化，通过国际直接投资等方式转移生产经营活动，以整合利用其他国家的优势生产要素，达到追逐更高利润和实现提高自身国际竞争力的战略目标的整体表现。

第二节 国际直接投资理论

一、国际直接投资主流理论

对国际直接投资的研究始于 20 世纪 60 年代。1960 年，美国学者斯蒂芬·海默（Stephen H. Hymer）在博士论文《国内企业的国际化经营：对外直接投资的研究》中，率先提出以垄断优势来解释美国企业国际直接投资行为的理论，对传统理论提出了挑战。后经其导师查尔斯·P. 金德尔伯格（Charles P. Kindleberger）的发展，创立了垄断优势理论，又称海默-金德尔伯格理论。海默指出国内和国际市场是不完全的，这就导致了跨国企业在国内能够获得垄断优势，并通过国际直接投资来利用自身的垄断优势。海默认为，至少存在四种类型的市场不完全性：由产品的物异性、商标、特殊的市场技能或价格联盟等原因造成的产品市场不完全；由专利、技术诀窍、获得资本难易程度等造成的要素市场不完全；由规模经济和外部经济造成的市场不完全；由政府的干预，包括关税、利率和汇率等政策原因造成的管理能力不完全。国内和国际市场的这些不完全性，给跨国企业带来相应的垄断优势，大致有：技术优势，包括生产秘密、知识、信息、诀窍、无形资产、市场技能等，这些是垄断优势的核心内容；规模经济和低成本优势，如集中化的研发、建立大型销售网络等带来的规模经济；资本和货币优势；组织管理优势，如优越的组织和管理技能、高水平的管理人员及高效运行的机构等；易于得到廉价的劳动力、特殊原材料等带来的优势。正因为存在这些垄断优势，跨国公司才能克服海外投资的重重阻碍，确保海外投资有利可图。该理论被认为是研究国际直接投资的开山之作。

英国学者巴克利（Buckley）和卡森（Casson）在 1976 年出版的《跨国公司的未来》中系统提出了内部化理论。他们根据美国学者罗纳德·科斯（Ronald H. Coase）的市场交易机制与企业内部交易机制的关系来阐述第二次世界大战后国际直接投资及跨国公司的发展动因，强调市场的不完全性和交易成本的存在如何使企业将垄断优势保留在企业内部，促使企业进行内部化，并通过建立内部市场在内部使用资源而取得优势。该理论认为，中间产品市场上的不完全竞争是导致企业内部化的根本原因。这里的中间产品指的是专利技术、商标、商誉、管理技能和市场信息等知识产品。由于中间产品市场的不完全，企业在进行知识产品外部交易时，存在泄密的风险和定价的困难，企业为克服这些障碍需要付出高昂的交易费用。因此，企业在国际直接投资中不得不以内部交易机制取代外部市场，实行内部化。企业的内部化交易大概具有四个方面的优势：当买卖双方因交易对象的特殊性而发生信息不对称、交易成本过高而难以成交时，双方中的一方可通过兼并另一方或新建子公司使交易内部化，以避免过高的交易成本；当市场出现双边垄断僵局、公司经营不确定性增加时，企业可通过相互参股或兼并，从而建立较稳定的长期供需关系；跨国公司可以通过内部化来避免政府在关税、税收、利润汇回、汇率政策方面的人为干预；通过内部化将各个相互依赖的经营活动置于统一的控制之下，充分施展差别定价、转移定价等手段来提高公司的资本运营效率。内部化理论与其他国际投资理论相比具有较强的适用性，既可以解释发达国家的国际投资行为，也可以解释发展中国家的国际投资行为，故有人称之为“一般理论”，即“通论”。

1977 年，英国著名经济学家约翰·邓宁（John H. Dunning）发表了其著名论文《贸易、经济活动的区位和跨国企业：折衷理论探索》，提出了国际生产折衷理论，1981 年，他又对该理论进一步发展。邓宁认为，早期的对外投资理论是建立在对不同时期和不同国家国际直接投资的实证分析基础上的，它们都对各自国家特定时期的跨国公司行为具有较有力的解释，但都不具有普遍意义，不能成为国际直接投资的一般理论。他认为一个企业要从事国际直接投资，必须同时具有三方面优势：所有权优势，主要是指一国企业拥有的或能够得到的，而他国企业没有或难以得到的生产要素禀赋（自然资源、资金技术、劳动力）、产品的生产工艺、专利、商标、管理技能等方面的特定优势；内部化优势，指企业在通过对外投资将其资产或所有权内部化过程中所拥有的特定优势；区位优势，指企业在对外投资区位选择上拥有的特定优势，包括直接区位优势和间接区位优势。邓宁的国际生产折衷理论的提出，标志着国际投资理论进入一个相对成熟和稳定的阶段，至今尚无一种理论可以取代它成为国际直接投资的一般理论。但该理论亦存在重大缺陷，比如其对不同时期的变化缺乏动态的分析；它的分析对象仅是发达国家的国际直接投资，难以对发展中国家的对外投资行为提供科学的解释。

由于国际直接投资的主体是跨国公司，所以国际直接投资理论也被称为跨国公司理论（许罗丹和谭卫红，2004）。因此，这部分内容在本书第五章中将会得到更为详细的阐述，并在那里补充一些其他的理论。

二、发展中国家国际直接投资理论

（一）小规模技术理论

传统国际直接投资理论将垄断优势作为企业国际直接投资的必要条件，但发展中国家在不具备垄断优势的条件下仍能进行国际直接投资。美国哈佛大学教授路易斯·威尔斯（Louis T. Wells）于 1977 年发表了《发展中国家企业的国际化》一文，提出小规模技术理论（small-scale technology theory）来解释这种现象，并在 1983 年出版的《第三世界跨国公司》著作中进一步详细地论述了该理论，这是研究发展中国家国际直接投资问题的开创性成果。

威尔斯认为，传统国际直接投资理论的最大缺陷是把竞争优势绝对化。发展中国家跨国企业的竞争优势是相对的，主要来自低生产成本。这种低生产成本是与其母国的市场特征紧密相关的。发展中国家市场与发达国家市场存在着巨大的差别，一个突出特点是其大多数制成品市场需求有限、规模很小。如果发展中国家企业直接从发达国家引进制造技术，相对于国内狭小的市场，引进的技术能力往往不能充分利用，存在着资源的闲置与浪费。而作为直接投资母国的发展中国家的企业，其恰恰具有一种反映母国市场规模特点的特殊技术优势，而母国市场规模与发展中国家东道国市场规模是相似的，确保了这种特殊技术在发展中国家东道国的投资过程中的实用性并具有比较优势。

威尔斯主要从三个方面分析了发展中国家跨国企业的相对竞争优势。一是拥有为小市场需求提供服务的小规模生产技术。低收入国家制成品市场的一个普遍特征是需求量有限，大规模生产技术无法从这种小市场需求中获得规模效益，而这个市场空白正好被发展中国家的跨国企业所利用，它们因此开发了满足小市场需求的生产技术而获得竞争优势。二是发展中国家在民族产品的海外生产上颇具优势。发展中国家对外投资的另一特征表现在具有鲜明的民族文化特点上，这些海外投资主要是为了服务于海外某一种团体的需要而建立的。一个突出的例子是华人社团在食品加工、餐饮、新闻出版等方面的需求，带动了一部分东亚、东南亚国家和地区的海外投资。而这些民族产品的生产往往利用母国的当地资源，在生产成本上占有优势。三是低价产品营销战略。与发达国家跨国公司的产品相比，物美价廉是发展中国家产品最大的特点，这一特点自然成为发展中国家跨国企业提高市场占有率的有力武器。这种营销策略与发达国家跨国公司“巨额广告费用＋名牌产品效应”的策略明显不同。

威尔斯的小规模技术理论的贡献在于：它推翻了只能依赖垄断技术和规模经济优势进行国际直接投资的传统观点，论证了将发展中国家的生产技术与自身的市场特征结合起来形成竞争优势，以满足小规模、多样化市场需求的可能性与合理性。小规模技术理论为那些生产技术不够先进、生产规模较小的企业提供了国际直接投资的理论支持，即发展中国家的企业只要满足国外市场的特色化需求，也可以参与国际竞争。

（二）技术地方化理论

1983 年，英国经济学家拉奥（Sanjaya Lall）在对印度跨国公司的竞争优势和投资动机进行深入研究之后，提出了关于第三世界跨国公司的另一种理论，即技术地方化理论。在拉奥看来，虽然第三世界跨国公司的技术特征表现为规模小、使用标准技术和劳动密集型，但这种技术的形成包含着企业内在的创新活动。正是这些创新活动使发展中国家的跨国企业形成自己的特有优势。

拉奥认为是以下几个条件使发展中国家企业能够形成和发展自己的特有优势：

第一，在发展中国家，技术知识的当地化是在不同于发达国家的环境下进行的。这种新的环境往往与一国的要素价格及其质量相联系。

第二，发展中国家企业生产的产品适合于发展中国家自身的经济条件和需求。换句话说，只要这些企业对进口的技术和产品进行一定的改造，使它们的产品能够更好地满足当地或邻国的市场需要，这种创新活动就会形成竞争优势。

第三，发展中国家跨国公司的竞争优势不仅来自其生产过程和产品与当地的供给及需求条件紧密结合，而且来自在新的创新活动中所产生的技术在小规模生产条件下具有更高的经济效益。

第四，在产品特征上，发展中国家跨国公司能够开发出与名牌产品不同的消费品，特别是当国内市场较大，消费者的品位和购买力有很大差别时，来自发展中国家的产品仍有一定的竞争能力。上述几种优势还会由于民族的或语言的联系而得到加强。

拉奥的技术地方化理论对分析发展中国家跨国公司的意义在于：它不仅分析了发展中国家企业的国际竞争优势是什么，而且还强调了为形成竞争优势所特有的企业创新活动。在拉奥看来，企业的技术吸收过程是一种不可逆转的创新活动，这种创新往往受当地的生产供给、需求条件和企业特有的学习活动的直接影响。与威尔斯相比，拉奥更强调企业技术引进的再生过程，即欠发达国家对外国技术的引进、消化和吸收不是一种被动的模仿和复制，而是对技术的消化、吸收和创新。正是这种创新活动给企业带来新的竞争优势。虽然拉奥的技术地方化理论对企业技术创新活动的描述是粗线条的，但它把对发展中国家跨国公司研究的注意力引向微观层次，以证明落后国家企业以比较优势参与国际生产和经营活动的可能性。

（三）技术创新产业升级理论

在对发展中国家国际直接投资问题进行系统考察的基础上，1990 年，英国里丁大学的坎特韦尔（John A. Cantwell）和托兰惕诺（Paz Estrella Tolentino）共同提出了发展中国家国际直接投资的技术创新产业升级理论，试图从动态化与阶段化的角度分析发展中国家国际直接投资的新趋势。

坎特韦尔和托兰惕诺主要是从技术累积论出发来解释发展中国家国际直接投资活动的，从而把这一过程动态化和阶段化。他们提出了两个基本命题：

第一，发展中国家产业结构的升级，说明了发展中国家企业技术能力的稳定提高，这种技术能力的提高是一个不断积累的结果。

第二，发展中国家企业技术能力的提高是与其国际直接投资的增长直接相关的。现有的技术能力水平是影响其国际生产活动的决定因素，同时也影响发展中国家跨国公司对外投资的形式和增长速度。

在上述两个命题的基础上，该理论的基本结论是：发展中国家国际直接投资的产业分布和地理分布是随着时间的推移而逐渐变化的，并且是可以预测的。

坎特韦尔等学者还分析了发展中国家跨国公司国际直接投资的产业特征和地理特征。根据他们的研究，发展中国家跨国公司的国际直接投资受其国内产业结构和内生技术创新能力的影响。在产业分布上，首先是以自然资源开发为主的纵向一体化生产活动，然后是进口替代和出口导向为主的横向一体化生产活动。从海外经营的地理扩展看，发展中国家跨国公司在很大程度上受心理距离的影响，其国际直接投资遵循以下的发展顺序：首先是在周边国家进行直接投资，充分利用种族联系；随着海外投资经验的积累，种族因素的重要性下降，逐步从周边国家向其他发展中国家扩展；最后，在经验积累的基础上，随着工业化程度的提高，产业结构发生了明显变化，开始从事高科技领域的生产和开发活动。同时，为获取更先进复杂的制造业技术，发展中国家跨国公司开始向发达国家投资。

综上所述，国际直接投资技术创新产业升级理论是以技术积累为内在动力，以地域扩展为基础的。随着技术积累固有能量的扩展，国际直接投资逐步从资源依赖型向技术依赖型发展，而且对外投资的产业也逐步升级，其构成与地区分布的变化密切相关。该理论由于比较全面地解释了 20 世纪 80 年代以后的发展中国家，特别是新兴工业化国家和地区的国际直接投资现象，因而受到了西方经济理论界的高度评价。

（四）投资发展周期理论

Dunning（1981）在对国际生产折衷理论（eclectic theory of international production）进行完善和补充的基础上，从动态的角度进一步提出了投资发展周期理论（investment development cycle theory）。该理论认为：一个国家的投资发展路径及该国在国际直接投资中所处的位置与本国的经济发展水平密切相关。处于不同经济发展水平上的国家，除了本国的经济结构、市场规模和政府政策存在差异之外，其企业在所有权、区位优势和内部化（ownership，location and internalization，OLI）方面也明显不同，三个优势的动态组合及其消长变化决定了一国的国际直接投资地位，因此处于不同经济发展阶段的国家，其国际直接投资发展路径也不尽相同。运用 67 个国家 1967—1978 年的数据，通过定量归纳和分类比较，Dunning（1981）发现在选取的样本国家中，随着经济发展水平的变化，其净国际直接投资也发生了周期性与阶段性的动态变化。

投资发展周期理论将一个国家的经济发展水平分为五个阶段：第一阶段由人均 GNP 低于 400 美元的 25 个最贫穷的发展中国家组成。除印度外，本组国家的经济比较落后，几乎没有所有权和内部化优势，也不能利用区位优势，外资流入很少，国际直接投资处于空白状态，净国际直接投资为负且规模很小。第二阶段由人均 GNP 处于 400～1 500 美元之间的 25 个国家组成。随着国内经济发展水平的提高，国内市场规模的扩大，投资环境的逐步改善，这个阶段的国家的区位优势凸显，外资流入迅速增加，但由于这些国家企业的所有权和内部化优势仍然十分有限，国际直接投资刚起步且处于较低水平，即净国际直接投资为负值但绝对值在变大。第三阶段由人均 GNP 在 2 000～4 750 美元之间的国家（非全部）组成，处于这一阶段的国家，经济实力大幅提高，国内部分企业开始拥有所有权和内部化优势，国际直接投资迅速增长，这一阶段外资流入量和流出量都达到较大规模，其净国际直接投资虽仍为负值但绝对值在变小，大多数新兴工业化国家处于这一阶段。第四阶段由人均 GNP 介于 2 600～5 600 美元之间的国家（仅有 6 个国家）组成，主要是发达国家，由于它们拥有强大的所有权和内部化优势，并从全球战略的高度利用东道国的区位优势，其国际直接投资达到了相当大的规模。这个阶段国家的净国际直接投资为正且在增大。第五阶段的净国际直接投资虽然为正，但绝对值已开始下降，最终围绕零值上下波动。这个阶段国际直接投资受经济发展阶段的影响程度减弱，主要通过跨国公司的内部交易进行，且更多取决于发达国家之间的交叉投资。

投资发展周期理论提出以后，经过邓宁本人及后继学者（Dunning and Narula，1996；Buckley and Castro，1998）的不断完善和推进，成为解释国际直接投资活动变化的主要理论之一。投资发展周期理论从企业优势的微观基础出发进行宏观分析，对国际直接投资的动因做出了新解释，说明了直接投资与经济发展水平的总体趋势及趋向，在宏观上构建了一国国际直接投资的演进模型。投资发展周期理论将一国吸引外资和对外投资能力与其经济发展水平结合起来，动态地描述了对外投资与经济发展的辩证关系，世界上发达国家和发展中国家国际投资地位的变化大体上符合这一发展趋势。因此，实践中企业和政府通常根据投资发展路径和阶段特征来判断本国所处的投资发展阶段。

第三节 国际产业转移理论流派

一、雁阵模式理论

雁阵模式（flying geese paradigm）理论最早于 1935 年由日本经济学家赤松要（Akamatsu Kaname）提出，用来比喻日本国内产业的成长与转移过程，认为这一过程一般包括国内市场的产生、进口、国内生产、出口等四个阶段。赤松要研究发现，日本的产业大体上经历了进口—当地生产—开拓出口—出口增长四个阶段，同时还呈现出周期循环的特征。当某一产业随着自身的进口不断增加并且国内生产和出口逐渐形成时，就如三只展翅飞翔的大雁。依据这一理论，在一国范围内，雁阵产业发展形态首先会在低附加值的消费品产业中出现，然后才在生产资料产业中出现，继而使整个制造业的结构呈现出雁阵变化的态势。赤松要最初的雁阵模式如图 3－1。[①]

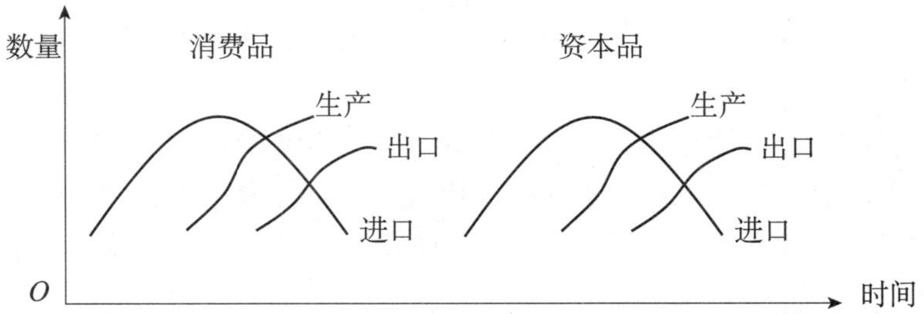

图 3－1 赤松要最初的雁阵模式

在赤松要提出雁阵模式后，许多学者纷纷对该模式进一步研究、扩展、修订和完善。经过赤松要的学生小岛清（Kojima）、小泽辉智（Terutomo Ozawa）以及山泽逸平（Ippei Yamazawa）的拓展和完善，雁阵模式被赋予了新的含义，用于解释日本对东亚其他经济体的国际直接投资、贸易以及产业转移等现象，至此雁阵模式实现了从国内版到国际版的升级（Chi Hung Kwan，2002）。由图 3－2 可见，在山泽逸平的分析框架下，国内版雁阵模式描述了特定国家由纺织—化学—钢铁—汽车—电子产业的升级过程，国际版雁阵模式展示了特定产业（如纺织）由日本—亚洲新兴工业化经济体（ANIEs）—东南亚国家联盟（ASEAN）—中国—越南或印度的国际转移过程。在对东亚的研究文献中

① Akamatsu K. A Theory of Unbalanced Growth in the World Economy [J]. *Weltwirtschaftliches Archiv*, 1961 (2): 196－217.

通常所说的雁阵模式，正是国际意义上的雁阵模式。扩展的雁阵模式如图 3－2 所示。[①]

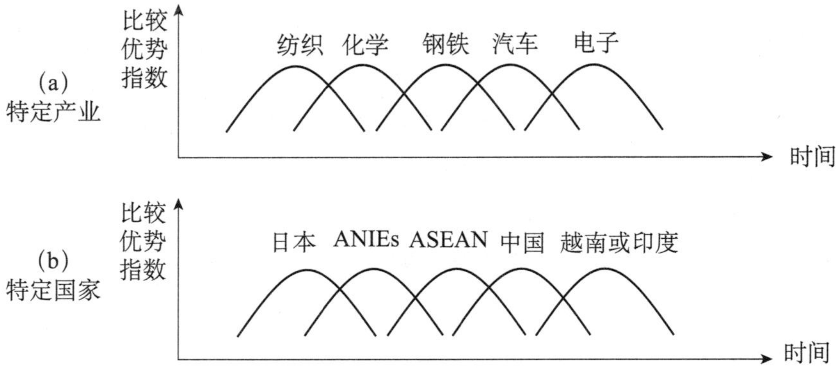

图 3－2 扩展的雁阵模式

雁阵模式后来被西方经济学家作为后发工业化国家以及新兴工业化地区产业发展的一般化路径，并用之说明后发国家以承接发达国家产业转移的方式实现自身工业化后，再将这一产业进一步转移到其他欠发达国家的梯度转移过程。实践中的雁阵模式具有三个特点：一是空间上的转移承接，即产业由经济发达地区向不发达地区的转移和扩散；二是时间上的先后承接，即转移的产业都是先在经济发达地区发展，然后再根据要素禀赋的比较优势或规模经济转移到欠发达地区；三是产业链和生产技术的动态位移，即某个产业中的核心技术或核心子产业不转移，而是将非核心的部分向经济欠发达地区逐渐转移。

雁阵模式理论作为后进国家的追赶战略，产生过重要的历史作用和影响，特别是在 20 世纪 70—80 年代对日本经济的振兴和发展，对亚洲"四小龙"的崛起和东盟国家的经济起飞都有关键性的指导作用。然而该理论存在一定缺陷，它所倡导的产业分工结构实质上属于典型的垂直型分工，处于雁阵低梯级的国家在国际分工中始终处于不利地位。发展中国家将只能跟在发达国家后面调整产业结构，而不可能赶上发达国家。

二、 产品生命周期理论

产品生命周期理论是美国哈佛大学教授雷蒙德·弗农（Raymond Vernon）于 1966 年在其《产品周期中的国际投资与国际贸易》一文中首次提出的，该理论间接地阐述了产业在国家间的梯度转移。所谓产品生命周期，就是说每一种产品都有自己产生、发展和衰亡的过程。弗农认为产品生命周期包括新产品阶段、成熟阶段和标准化阶段。新产品阶段是产品开发阶段与投产的最初阶段，在这一阶段，生产成本投入最多的是研发和技术熟练的劳动，产品的技术密集度比较高。由于技术、资金等方面的优势，发达国家一般处于产品或产业创新的前列，并往往由其开始某一产品或产业的生命周期循环。在这一阶段，次发达国家或发展中国家由于技术、资金等因素的限制只能购买发达国家的

① Kwan C H. The Rise of China and Asia's Flying-geese Pattern of Economic Development：An Empirical Analysis Based on US Import Statistics [R]. Discussion Papers 02-E-009，Research Institute of Economy，Trade and Industry (RIETI)，2002.

产品，而没有能力进入该新兴领域。成熟阶段是产品及其生产技术逐渐成熟的阶段，这一阶段国外对产品的需求越来越大，次发达国家的厂商开始模仿或引进该技术进行生产，产品开始由技术密集型向资本密集型转化。标准化阶段是产品及其生产技术的定型化阶段，在这一阶段研发费用占生产成本的比重逐步降低，资本尤其是非熟练劳动成为产品成本的主要部分，生产地点也逐步向低成本的不发达国家和地区转移。之后随着技术的不断创新，该产品的技术逐步标准化直至落后，附加值也逐渐降低，当其利润降低到某一程度时，发达国家便会从这一领域退出并再次推出新的产品，从而又开始新一轮产品生命周期。弗农还从市场需求的诱因和生产成本方面对产品（产业）生产在国家或地区之间转移的原因进行了分析。实际上，由于产业存在的基础是产品，因而形成了产品生命周期。虽然弗农并没有使用产业转移这个概念，但从企业生产场所由发达国家到不发达国家的转移过程来看，这种产品生命周期的实质就是产业在不同国家之间的梯度转移。

弗农的产品生命周期理论对国际产业转移理论的突出贡献在于：该理论从技术层面分析了产业产生、成熟和衰退的完整过程，揭示了发达国家和发展中国家在产业转移和产业发展中的本质区别。虽然该理论并未进一步对国际产业转移的条件及相关影响因素做更深入的探讨，但由于其对产业跨国转移规律性的提炼，仍然在国际产业转移理论中具有重要的影响。

三、边际产业转移扩张理论

20 世纪 70 年代，日本学者小岛清（Kiyoshi Kojima，1978）对赤松要提出的雁阵模式进行了相应拓展，并基于比较优势原理提出了边际产业转移扩张理论（theory of marginal industry expansion）。在这一理论中，小岛清将日本已经处于或者即将处于比较劣势地位的产业称为边际产业，认为产业的国际转移有助于回避一国的产业劣势从而扩张其边际产业，进而显现出这些产业与承接地的相关产业相比的潜在比较优势。边际产业转移扩张理论认为，投资国应该从具有比较劣势的产业开始依次进行国际直接投资，而接受该投资的国家则应该接纳这种相对先进的技术，由此发挥出该产业潜在的比较优势。图 3-3 是对边际产业转移扩张理论的说明。①

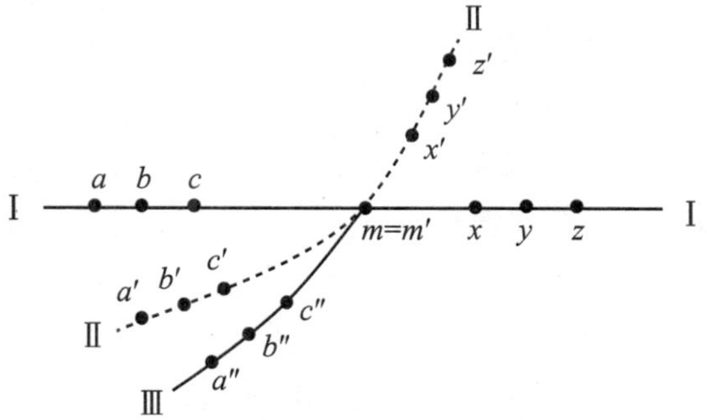

图 3-3　边际产业转移扩张理论模型

---

① 小岛清．对外贸易论［M］．天津：南开大学出版社，1987：444.

图 3－3 中Ⅰ－Ⅰ线是日本企业的商品成本线，并假设 $a\cdots\cdots z$ 均可用 100 日元生产出来。Ⅱ－Ⅱ线是东道国的商品成本线，$a'\cdots\cdots z'$成本由低到高，a'为 0.5 美元，m'为 1 美元，z'为 5 美元，Ⅰ－Ⅰ线与Ⅱ－Ⅱ线相交于 m 点，此交点表示按外汇汇率（100 日元＝1 美元）计算，两国 m 商品的成本相等。当美元汇率上涨时，Ⅱ－Ⅱ线会整个向左上方移动，下跌时则向右下方移动。m 点左侧的 a、b、c 产业是日本的比较劣势产业，即边际产业，而 m 点右侧的 x、y、z 产业是日本的比较优势产业。因此，按照比较优势的原理，日本进口 a'、b'、c'商品，出口 x、y、z 商品。若允许资本自由流动，日本拟从边际产业 a、b、c 依次国际直接投资，投资的结果是东道国这些产业的生产效率得到改善，其生产成本进一步降至 a''、b''、c''（如Ⅲ线所示）。这种直接投资实现了双方贸易的互补和扩大，称为顺贸易导向的日本式国际直接投资。反之，从 z、y、x 等最具有比较优势的产业开始，逆比较优势方向进行国际直接投资，这就是逆贸易导向的美国式国际直接投资。这种投资的结果是成本虽然会低于 z'、y'、x'，但是高于本国的 z、y、x，最终用国外的生产替代了本国的出口贸易。

小岛清建议，一国应对具有比较优势的产业实行专业化，出口该产业的产品；同时收缩比较劣势产业，并通过国际直接投资将其转移到国外，再由东道国将产品出口到母国。由于当时在日本的劳动密集型产业中，大企业还保持比较强的比较优势，而中小企业则处于比较劣势，因此在日本式国际直接投资中，小岛清认为中小企业的国际直接投资应走在前面。小岛清理论是对第二次世界大战后一段时期日本国际直接投资经验的概括与总结，日本制造业国际直接投资是按劳动密集型产业、基础产业和加工组装型产业的顺序发展的。所以，日本制造业国际直接投资发展的过程，实际上是日本产业结构调整和在有利于日本的条件下发展国际分工的过程。因此，小岛清的边际产业转移扩张论比较接近带有国际产业转移性质的对外投资的现实。然而，小岛清只将海外投资看作是对外投资的一种形式，没有觉察到这是国际经济关系发展的一个新的历史阶段。他认为边际产业转移扩张仅仅是投资国中小企业的行为，事实上随着国际产业转移实践的发展，大型的跨国公司已经成为产业转移的重要主体。

四、 劳动密集型产业转移理论

Lewis（1978）在《国际经济秩序的演变》一书中，从发展经济学角度分析了 20 世纪 60 年代发达国家将某些劳动密集型产业的产品生产转移到发展中国家的现象，提出了劳动密集型产业转移论。这种劳动密集型产业转移的一个重要原因是第二次世界大战后发达国家人口的增长跟不上工业的增长速度，并进一步导致非熟练劳动力的不足，从而引起劳动力成本上升，其劳动密集型产业的比较优势逐步丧失。于是，发达国家将某些劳动密集型产业的产品生产转移到发展中国家进行，发达国家需要的劳动密集型产品则从发展中国家进口，同时加快国内产业结构调整，从而引起战后国际经济秩序的调整。刘易斯（Lewis）认为国际产业转移初次出现在 19 世纪后期，发生在处于国际分工体系不同地位的工业发达国家与第三世界之间。当时国际产业转移的对象主要是制成品与初级产品，参与者则是宗主国和殖民地，工业发达国家对橡胶、铜、石油、稀土等工业原材料的大量需求是源自市场需求的产业转移动因。

从经济学角度出发，刘易斯把劳动密集型产业作为产业转移的主体，并且把产业转移与比较优势的变化相联系，实际上这是建立在赫克歇尔-俄林的要素禀赋理论基础之上的。由于当时国际产业转移主要发生在劳动密集型产业，因而影响转移的因素主要是上述两类不同国家在非熟练劳动力丰裕程度方面的差别。

尽管刘易斯很早就注意到产业转移的经济现象，并提出自己的劳动密集型产业转移论，但由于历史和时代的局限，他并没有建立起关于国际产业转移的完整系统和理论，对劳动密集型产业转移的解释也较为简单。

五、中心外围理论

阿根廷发展经济学家 Raúl Prebisch（1950）[①] 从发展中国家的视角来研究产业转移现象。他分析了发达国家和发展中国家之间的经济关系，并提出了著名的“中心-外围理论”。他将世界经济分成了两个部分，一部分是作为大工业中心、生产工业制成品的发达国家，另一部分是为大工业中心生产粮食、原料及初级产品的外围发展中国家。普雷维什（Prebisch）认为，原材料和初级产品的需求弹性低而工业制成品的需求弹性高，导致发展中国家贸易条件的不断恶化和巨额贸易逆差，发展中国家为实现贸易平衡被迫实行进口替代战略，试图通过国内工业化替代大量进口工业品；为加速工业化进程，发展中国家向跨国公司打开了大门，为发达国家产业的移入创造了条件，从而中心国家不断利用产品生产的技术优势以及与外围国家的技术梯度差距，把已经落后的技术和产品生产不断向外围国家转移。他认为，发展中国家出于发展压力而被迫实行的用国内工业化替代大量进口工业品的进口替代战略，是产业转移发生的根源，因此他的观点也被称为移入需求论。

普雷维什借鉴了汉密尔顿（Alexander Hamilton）、李斯特（Friedrich List）等的贸易保护主义理论，突出了国家行为对国际产业转移的影响，强调了发展中国家被迫性的产业移入需求，部分地反映了当时发达国家和发展中国家之间产业转移的现实。他还论及产业转移中跨国公司的角色，并较早注意到产业转移对发展中国家的消极影响。但是普雷维什没有认识到产业转移是区域间经济关系发展变化的必然产物，且忽视了产业转移能促进区域经济发展的积极影响。

六、盈利空间界限论

David M. Smith（1971）分析了由企业收入空间和成本空间共同决定的企业盈利空间的变化而导致企业区位空间迁移的现象。史密斯（Smith）通过空间费用曲线与空间收入曲线来分析企业利润最大化目标下的最佳区位（见图 3－4）。[②] 其中，空间收入曲线（space revenue curve）用价格曲线（P）或总收入曲线（TR）表示，而空间成本曲线

---

① Prebisch R. The Economic Development of Latin America and Its Principal Problems [R]. *United Nations Publication*, Sales N. 50. Ⅱ. G. 2, Economic Commission for Latin America, United Nations Department of Economic Affairs, Lake Success, New York: 1950.

② Smith D M. *Industrial Location: An Economic Geographical Analysis* [M]. New York: John Wiley & Sons, 1971.

（space cost curve）用平均成本曲线（AC）或总成本曲线（TC）表示。

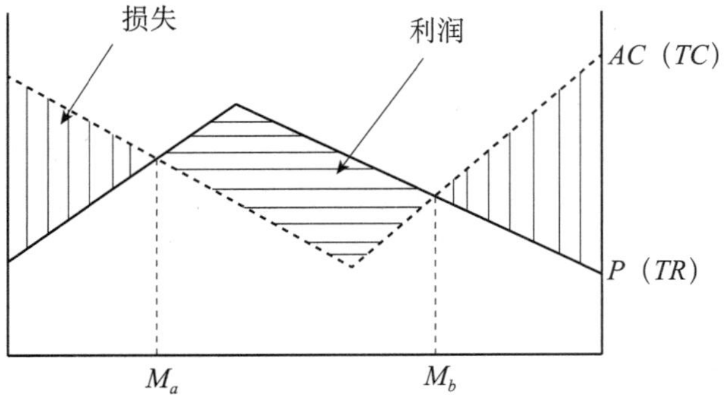

图 3-4　盈利空间界限的区位

从图 3-4 可以看出，总收入与总成本的空间变化确定了企业利润的可能性边界（即图 3-4 中的 M_a 和 M_b），位于利润的可能性边界 M_a 和 M_b 之间的区域即企业的盈利空间，而位于 M_a 左侧和 M_b 右侧的区域则为企业的亏损区域。基于此，David M. Smith（1971）认为，任何追求利润最大化的企业都有寻求最大盈利空间的动力，当原区位的盈利空间在绝对缩小或相对缩小时，该企业进行区位迁移的可能性也随之增大。当产业内部大多数企业都发生迁移时，产业转移便随之发生了。

七、 重合产业论

许多中国学者也对国际产业转移现象进行了深入研究，并在传统理论的基础上，提出了一些有价值的理论和观点。如卢根鑫（1997）认为，重合产业是指发达国家和欠发达国家在一定时期内存在的技术构成相似的同类产品生产部门，它们使用相似的机器设备或生产线，运用相似的技术工艺，需要相似比例的生产资料和劳动力，生产相似的商品。产业贸易和产业投资越是发展，这种重合产业就会不断出现、发育、成长、持续演变。

当产业深化不能够抵消他国相对较低的成本优势时，发达国家重合产业就只有一个调整方向，即产业转移。这是因为产业转移不仅能够摆脱重合产业绝对成本较高的劣势，而且能够实现重合产业的再次价值增值。产业转移的基本形式是产业贸易和产业投资。通过产业贸易，发达国家可以将重合产业所采用的资本品、中间品、无形资产等销售给发展中国家，让后者扩大重合产业生产，以保证将这些产品出口至发达国家，满足后者的需要。通过产业投资，发达国家可以将重合产业所采用的大部分生产要素转移到发展中国家，在发展中国家生产发达国家所需要的全部或大部分这类产业的产品，即部分或全部返销发达国家。不论采取上述哪种转移方式，最终都表现为世界范围内的产业调整以及产业在地区分布方面的变化。

第四节　新一轮国际产业转移

一、 国际产业转移的发展历程

第二次世界大战以来，在全球范围内共发生了四次国际产业转移。第一次发生在 20

世纪50—60年代，主要是从美国向日本和西欧国家的转移。美国在确立了全球经济和产业技术领先地位后，主动对国内产业结构实施重大调整：在国内集中力量发展汽车、化工等资本密集型重化工业，把以钢铁、纺织、日化和普通工业机械为代表的低技术密集型制造业通过直接投资向正处于经济恢复期的日本和西欧国家转移。由于日本经济整体相对落后、劳动力成本相对较低，但又有良好的工业基础和极具竞争力的生产绩效，在承接了美国移出的轻纺工业后，它很快成为全球劳动密集型产品的主要供应者，成为继英美之后的第三个“世界工厂”，“日本制造”开始畅销全球。

第二次国际产业转移浪潮发生在20世纪60—70年代。科技革命推动发达国家加快产业升级的步伐，美、德、日等国集中力量发展钢铁、化工和汽车等资本密集型产业以及电子、航空航天和生物医疗等技术密集型产业，而把劳动密集型产业尤其是轻纺工业大量向外转移。亚洲新兴工业化国家和地区积极把握这一轮产业转移的机遇，韩国、新加坡、中国香港和中国台湾亚洲“四小龙”成为主要承接方，大力发展出口导向的轻纺工业，其工业化取得了突出的业绩，启动了真正意义上外围国家的现代经济增长。20世纪70年代两次石油危机和期间世界性经济危机的爆发，促使发达国家努力发展微电子、新能源、新材料等高附加值、低能耗的技术密集和知识密集型行业，将“重、厚、长、大”型的钢铁、造船和化工等重化工业以及汽车、家电等部分资本密集型产业进一步向外转移。与此同时，韩国一方面集中力量抓住机会发展钢铁、造船、石化、汽车等重化工业，另一方面还将纺织等劳动密集型产业转移到东盟其他国家。东盟国家沿着亚洲“四小龙”的发展路径，接过亚洲“四小龙”转移出的劳动密集型产业，将进口替代的轻纺工业纳入出口导向式的发展轨道，创造了良好的出口业绩和经济发展局面。

第三次国际产业转移发生于20世纪80年代中后期，其主要移出国与承接国仍然呈现出多层次格局，美、日、欧等国家将以信息和网络技术为核心的技术与知识密集型产业向包括亚洲“四小龙”在内的新兴国家和地区转移，新兴国家和地区将部分资本密集型产业与劳动密集型产业移入中国和其他国家。这一过程促成了新的国际分工体系的形成，并且使中国成为新的国际制造业中心，使得“中国制造”享誉全球。

第四次国际产业转移起始于21世纪10年代至今。一方面，经过改革开放30多年的高速发展，中国沿海地区的发展开始受到土地、劳动力等因素的制约，劳动密集型低端产业开始向成本和政策更具优势的东南亚国家转移。另一方面，受到发达经济体推出的再工业化战略、工业互联网战略、工业4.0战略等制造业振兴战略的影响，中国部分较高端的产业开始向美国、日本、欧洲等发达经济体转移。中国产业出现了两端移出的“双线路转移”现象，全球制造业呈现多中心发展态势。

二、新一轮国际产业转移的特征

2008年国际金融危机后，新一轮国际产业转移的序幕拉开，全球产业转移进入了一个新的历史时期。在这一时期，新的科技革命和产业变革的发展与国际金融危机、逆全球化、世界贸易保护主义抬头等形成了历史性交汇，这一轮产业转移表现出不同于以往国际产业转移的新特征。

第一，国际产业转移的主体更加多元化。随着全球产品内分工的深入发展，国际产业转移已不再局限于发达国家和发展中国家之间，发达国家之间、发展中国家之间的产业转移也正在兴起，尤其是东亚各国在国际产业转移中变得更加活跃，往往身兼产业承接方与产业转出方的双重角色，成为现代国际产业转移过程中一个颇具特色的现象（Andrea Ginzburg and Annamaria Simonazzi，2005）。实施国际产业转移的公司不仅包括发达国家的跨国公司，而且包括新兴工业化国家和发展中国家的跨国公司、民族企业。经过数十年高速发展，部分发展中经济体的经济实力和科技创新能力显著增强，民族企业的资本实力和跨国经营能力也明显提升，它们一方面将落后产业转移到其他发展中经济体，另一方面将技术成熟、具有竞争优势的生产线扩张至次发达甚至发达国家，以整合全球资源、占领国际市场，并更高效地融入全球经济体系。发展中经济体和它们的民族企业已成为国际产业转移的重要主体之一。

第二，国际产业转移的客体更加片段化和服务化。原先在不同国家与地区之间进行转移的是某一衰退产业（产品）或成熟产业（产品），是一条完整价值链的整体梯度转移。当前跨国公司的产业转移是基于全球价值链进行的，是在某一产业或者产品生产过程中，要素密集使用程度存在明显差异的环节与工序的转移，是增值环节的梯度转移。在价值链分解的基础上，产品生产过程的各环节如研发、制造、营销、品牌服务等出现了全球的垂直分离，各环节可以由分布于全球各地的企业协作完成，形成了产业链的片段化（Sven W. Arndt and Henryk Kierzowski，2001）。每一个企业只能根据自己的核心能力和优势资源，从事价值链上的某一环节或某一工序，产业转移的对象不再是整个产品生产过程。跨国公司会按照各国要素特点和优势，根据自身的竞争战略在全球范围内转移其某个或某些生产环节。另外，随着世界经济向服务经济转型和产品内分工的不断深化，生产过程产生了革命性变化：一方面，产品内分工促使产品生产环节、生产过程和生产要素的分离和优化组合，这样在整个产品的价值实现过程中制造环节和生产性服务环节作为独立的环节被分离出来（Prema-chandra Athukorala，2005）；另一方面，由于分工的不断细化，生产过程中的工序环节越分越多，衍生出了新的生产性服务环节。当代国际产业转移已突破了以制造业为客体的单一性转移，它以产品价值链为纽带，在实现生产环节转移的同时，伴随着大量服务环节的转移（Alan Macpterson，2008）。承接生产性服务业转移成为许多国家的重要竞争战略，服务业逐步成为国际产业转移的重点产业。

第三，国际产业转移的路径呈现双向趋势。以往国际产业转移的转出地一般是高度发达的工业化国家和地区，转出的产业主要是低端的劳动密集型产业，表现为边际产业从工业化国家向新兴发展中国家的单向、梯次转移。前三次产业转移主要是由发达工业化国家向新兴发展中国家的单向产能转移，而此次产业转移，发展中的中国成为了主要转出地，并出现明显的双向转移现象。一方面，产业低端链条继续向成本更低的越南、印度尼西亚、菲律宾等发展中国家转移；另一方面，受金融危机冲击，欧美国家再次认识到制造业对推动技术进步和拉动就业的重要作用，因此在产业发展战略上纷纷从去工业化转向再工业化；受此影响，越来越多的发达国家企业选择将海外生产基地搬回本土，产业高端链条开始回流。

第四，国际产业转移的方式更加多样化。以往的产业转移，由于主要是在产业间和产业内分工的背景下进行，其主要方式是通过国际直接投资来进行产品的跨区域复制，获取区域资源优势或突破区域行政壁垒占领区域市场。随着产品内分工的出现和深化，生产工序的可分离性越来越强，这促使了国际产业转移进程加快，其深度、广度不断提高，并突破了较单一的直接投资和股权安排方式，外包、战略联盟及其他非股权方式发展迅速，使国际产业转移的方式趋于多样化。日益多元化的转移方式为国际产业转移向纵深方向发展注入了新的活力。

第五，国际产业转移由个体转移走向集群式转移。以往的产业转移，往往转移的是产品较完整的生产过程，通常能够由一个企业完成，企业之间的依赖性不强，所以在进行产业转移的区位选择时，企业主要考虑区域禀赋和规模经济，可以单独行动，不存在明显的集群现象。然而，在全球价值链模式下，企业转移的是价值链的某个环节，各环节以最终产品为纽带，具有很强的协作依赖性和相互配套要求，单一环节的单独转移往往难以生存。因此，一方面，企业迁移和产业转移不再是零散式、单独地进行，而是倾向于整体性、集群式展开，从而促使企业抱团迁移、价值链跨区域重组和产业集群式转移。另一方面，企业的抱团流动形成了产业集群，而集群的自我强化功能和正向外部效益扩大所产生的强大向心力，能够吸引更多企业转移到该地，从而加快这种产业转移。Alessia Sammarra 和 Fiorenza Belussi（2006）的研究也得出了在产业转移过程中企业倾向于与它们的配套企业一起转移的结论。近年来，产业联系紧密、互动互补能力强的企业进行组团式整体迁移的特征日益突出，以产业链整体迁移和集群转移的方式进行国际产业转移的趋势愈加明显（傅强和魏琪，2013）。

三、 新一轮国际产业转移的动因

（一）宏观动因

分工的国际化是国际产业转移的前提条件（徐春华和吴易风，2015），产业转移发生的根本原因是分工深化（I. Mariotti，2002），每一次国际产业转移浪潮都是全球产业分工模式演进的结果（刘友金和周健，2021）。20 世纪 80 年代，特别是进入新世纪以来，全球经济环境发生了重大变化，最为显著的特征是随着科学技术的进步，信息技术飞速发展，生产标准化快速推进和物流进一步便捷。多边贸易和区域贸易自由化、投资自由化的持续推进，降低了跨境生产经营活动的交易成本。技术进步和制度变迁都促使产品生产在全球不断解构和片段化，国际分工逐渐深入到价值片段和生产工序层面。这加快了按生产片段价值高低分工形式的出现，带来了垂直专业化、模块化和外包的盛行，使广大发展中国家能够从全球价值链低端环节参与到这次产业转移的进程中。新一轮产业转移的本质是各国或地区用自身的成本优势承接价值链的不同环节，产业链上的链主企业或核心企业则通过全球采购将零部件发包到全球最有生产成本优势的地区进行生产。

生产要素国际流动性不足以及市场竞争的不充分，以及由此形成的特定行业在不同国家或地区间的成本、技术、资源和市场梯度客观上推动了国际产业转移。不同国家的资源禀赋、经济结构、发展水平和政策趋向构成了产业转移和承接的宏观场景和条件。一方面，发达国家由于技术的持续创新、产业结构高级化和人均国内生产总值的提高，要素禀赋结构发生了改变。此时，就需要通过外包劳动密集型的生产环节，保留和专注核心和关键的环节，将竞争力建立在动态比较优势的基础上。另一方面，越来越多的发展中国家开始遵循自身比较优势，通过承接国际产业转移和采取鼓励出口加工的经济政策，主动加入国际分工体系，这种出口导向战略对全球价值链模式的国际产业转移产生了积极的驱动作用（张少军和刘志彪，2009）。

此外，国际和地区形势变化，以及突发性国际事件对国际产业转移也会产生外溢性影响。如在特朗普政府任期内，美国采取的一系列贸易保护主义单边政策令全球价值链趋于动荡，这一影响在亚太地区直观地表现为西方国家在华投资外流，以及部分制造业企业出于政策避险的目的而加速向东南亚产业转移（史本叶和王晓娟，2021）。

（二）微观动因

国际产业转移的实质是企业为了应对新形势而进行区位再调整的过程（Pieter Pellenbarg，Leonardus van Wissen，and Jouke van Dijk，2002），是跨国公司根据各国体现于不同工序上的要素禀赋差异、为寻求全球竞争优势而进行的国际一体化生产布局（Ronald W. Jones，2005），是企业基于自身发展需要和为适应客观环境变化而作出的战略决策。作为国际产业转移的主导力量与实践者，跨国公司对全球化生产的组织和管理是实现国际产业转移的重要方式。跨国公司通过直接投资等方式实施产业转移的动机可分为利润最大化动机和非利润最大化动机。相对于整体的最优规模，每个生产环节的最佳生产规模不同（张少军和刘志彪，2009），每个生产环节需要投入的要素及其比例也有差异。为进一步提升获利水平，跨国公司根据要素禀赋差异和专业化形成的生产环节规模经济差异，并综合考虑市场需求等因素整合利用全球资源，将生产链中的各个环节放在附加值最高或价值增值潜力最大的地区以取得最佳竞争优势和最大利润，从而形成了产品的不同生产环节在空间上分布于不同国家的全球生产布局。将不同环节分布到不同的区位生产以发挥特定环节的专业化优势，形成规模经济，是新一轮国际产业转移的重要推动力量。

跨国公司向海外转移传统产能既可以延长衰退产业的生命周期以获取高于原产地的收益，又能释放出沉淀生产要素用于支持自身新兴业务发展。但随着国际产业转移不断向纵深发展，产业转移中以追求全球竞争中企业战略地位为核心的非利润最大化动机逐渐增强（杨丹辉，2006）。在很多情况下，跨国公司海外发展的决策更多是基于战略层面的考虑，综合来看，跨国公司参与产业转移的目的不仅限于技术和产能的迭代升级，还包括规模扩张、分散风险、在全球范围内发挥竞争优势以及与竞争对手争夺海外市场地位等，并由此带动了国际产业转移方式的多元化发展。

四、 新一轮国际产业转移的模式

新一轮国际产业转移不再是国家之间为最终产品交换而进行的产业整体转移，而是以全球价值链为纽带为国家之间的中间产品交换所进行的工序转移。在全球生产网络中，参与产品生产的国家，依其在价值链中所占地位分为研发、销售和核心部件生产国，一般技术密集型工序生产国以及劳动密集型工序生产国，分别为发达国家、新兴工业化国家和发展中国家，构成金字塔式的技术梯度。按转出国与转入国的技术、要素与经济发展水平梯度关系，国际产业转移具体可分为顺梯度工序型、水平工序型、逆梯度工序型三种模式。

（一）顺梯度工序型转移

顺梯度工序型转移就是发达国家将自身失去成本优势的工序向更低阶梯的新兴工业化国家和发展中国家进行转移。与传统的顺梯度型产业间、产品间转移相似，新一轮顺梯度工序型国际产业转移仍发生于要素禀赋差异较大的国家间，主要在发达国家和新兴工业化国家及发展中国家间展开；从国际分工的角度而言，这种产业转移仍未彻底打破传统的国家间垂直型国际分工的旧格局。但同时，当前的产业转移模式已是一种更高层次的顺梯度型国际产业转移模式，是对传统顺梯度型国际产业转移模式的深化和发展。首先，转移的客体更加深化，已深入至工序层面。由基于产业或产品的顺梯度型向基于产品价值链的各工序间顺梯度型国际转移和协作生产转变；由基于产业或产品的要素密集差异向基于各生产工序的要素密集差异转变。其次，当前顺梯度工序型国际产业转移需要产业转移承载主体跨国公司内（间）更为紧密的组织和协调。由于转移深入至生产工序内部，跨国公司内（间）的这种组织和协调，已不仅仅建立在贸易一体化基础上，而是建立在投资一体化、生产一体化基础上（赵张耀和汪斌，2005）。

以全球价值链为纽带的顺梯度工序型转移，为发展中国家融入国际生产体系、全方位参与国际分工和国际竞争提供了新的机会和条件。但是，在这种产业转移过程中，发展中国家大多承担的是劳动密集型、生产工艺简单的低附加值工序，面临被发达国家技术封锁和全球价值链低端锁定的发展困境。因此，在承接发达国家产业转移的过程中，发展中国家需要沿着全球产业价值链从低附加价值环节向高附加价值环节提升，也就是说要从劳动密集的价值环节向两个方向提升，一是向资本与技术密集的价值环节提升，二是向信息与管理密集的价值环节提升。

（二）水平工序型转移

水平工序型国际产业转移主要发生于要素禀赋相近的发达国家间，这与传统的水平型国际产业转移相同，但水平工序型国际产业转移自有其特殊性，表现在以下几方面：

第一，从产业转移的客体而言，水平工序型国际产业转移已突破完整型产业转移的传统模式，产业转移已深入至工序层面，主要在研发及核心部件制造领域展开。与规模经济、专业化分工等后天获得性优势差异引起的传统水平型国际产业转移现象不同，水平工序型国际产业转移是基于各国在人力资本、创新优势等高级生产要素方面的差异（赵张耀和汪斌，2005）。

第二，从转移的方式而言，传统的水平型国际产业转移是一种单向的、分化式及集聚式转移；而水平工序型国际产业转移则是一种双向的、融合式及相互渗透式转移。从产业转移后各国间的联系而言，水平工序型国际产业转移已突破了传统水平型产业转移过程中各国在行业间或产品间分化式发展的模式；与各国通过水平型行业间或产品间转移实现在不同行业或产品上独特的竞争优势不同（张谷，1996），水平工序型产业转移中，各国往往是优势互补及联动式发展的，通过转移实现在高级工序间的合作，从而形成合力，共同开拓国际市场及建立全球竞争优势。

第三，就转移形成的分工形式而言，水平工序型国际产业转移形成的国际分工新格局，是建立在头脑产业和躯体产业再分离基础上的一种新型知识型分工，国际分工已由脑体产业间的分工深入至头脑产业的再分工及知识密集型躯体产业的再分工（李海舰和聂辉华，2002）。

（三）逆梯度工序型转移

逆梯度工序型国际产业转移，是指工序从后起国向先进国家的转移。根据后起国所属跨国公司在转移中所处地位的不同，逆梯度工序型国际产业转移可分为两种类型，即被动式逆梯度工序型和主动式逆梯度工序型国际产业转移。

被动式逆梯度工序型国际产业转移主要指劣势工序的回归，在产业转移中起主导作用的是发达国家的跨国公司，转移主要发生于这些跨国公司在后起国关税和非关税壁垒等措施限制下已经转移至后起国但在后起国仍缺乏竞争优势的一些工序。这种国际产业转移表现为伴随着经济全球化过程中各国关税和非关税壁垒的降低及工序型国际分工的发展，为应对全球一体化生产的挑战，跨国公司将这些工序进行新一轮的转移和重新布局。发达国家跨国公司从全球一体化生产的角度出发，根据各国体现于局部工序要素禀赋的优势，将部分工序由后起国转移至先进国，先进国则以中间产品的贸易代替原先的直接投资。这是一种对国家干预型产业转移的修正（赵张耀和汪斌，2005）。如受到发达经济体推出的"再工业化"战略、工业互联网战略、工业 4.0 战略等制造业振兴战略影响，越来越多的发达国家跨国公司选择将海外生产基地搬回本土，产业高端链条开始回流，就是被动式逆梯度工序型国际产业转移。

主动式逆梯度工序型国际产业转移主要由后起国跨国公司主导。后起国的跨国公司基于某种优势，能够克服困难和劣势将工序向先进国家转移（殷琪和薛伟贤，2017），这是以吸收先进技术和获得新的比较优势为目的向更高阶梯国家进行的工序转移。但是拥有普通资源，例如廉价的劳动力和自然资源，是不足以使后起国跨国公司进行逆向投资的，所以这些跨国公司必然拥有独特的竞争优势，如自主研发能力、掌握客户需求的能力、创新管理能力以及控制成本和价格竞争力等因素，使它们有能力去先进国家从事跨国经营活动。主动式逆梯度工序型国际产业转移成为后起国及其跨国公司主动与国际接轨并借用他国生产要素进行资源优化配置的途径。

根据所转移工序的性质，后起国主动式逆梯度工序型国际产业转移又可分为两类：一类是劣势工序主动寻求优势型转移。在国际生产一体化的今天，顺应经济全球化的发展，为获取全球竞争优势，后起国对已经具备国际竞争优势的整体性产业进行工序分拆的同时，将部分工序，主要是研发环节转移至先行国，表现为后起国跨国公司突破国别限制，转变在一国范围内进行齐全型发展的传统模式；通过全球一体化生产体系的构建，充分利用全球不同区域体现于不同工序上的优势，特别是利用发达国家在研发上的优势，以获取全球竞争优势。另一类是主动式工序拓展及升级。后起国利用自身体现于局部工序上要素禀赋的优势，通过工序型国际产业转移实现对国际价值链的局部切入；在实现局部工序突破的基础上，进行工序拓展及升级，表现为后起国所属企业通过对全球一体化生产体系局部工序的切入，并利用自身在局部工序上的优势，通过对发达国家更高工序环节的直接投资，或通过对发达国家一些企业的整体收购、兼并以及战略联盟等手段，在达到工序拓展及升级的同时，进一步巩固自身原有的在局部工序上的优势，从而走上国际化经营之路（赵张耀和汪斌，2005）。

本章参考文献

[1] 贝毅，曲连刚．知识经济与全球经济一体化：兼论知识经济条件下国际产业转移的新特点 [J]. 世界经济与政治，1998 (8)：28 - 30.

[2] 陈凤英．21 世纪初期世界产业结构调整趋势（上） [J]. 中国党政干部论坛，2001 (5)：38 - 39.

[3] 陈刚，陈红儿．区际产业转移理论探微 [J]. 贵州社会科学，2001 (4)：2 - 4.

[4] 陈建军．中国现阶段产业区域转移的实证研究：结合浙江 105 家企业的问卷调查报告的分析 [J]. 管理世界，2002 (6)：64 - 74.

[5] 陈建南．发展中国家对外直接投资理论述评 [J]. 经济学动态，2001 (2)：65 -67.

[6] 程惠芳．经济全球化与国际直接投资发展路径探讨 [J]. 浙江工业大学学报，2002 (3)：3 - 9.

[7] 杜江，夏誉芸．我国制造业空间集聚和产业转移的趋势与特征 [J]. 财经理论研究，2020 (5)：55 - 65.

[8] 傅强，魏琪．全球价值链视角下新一轮国际产业转移的动因、特征与启示 [J]. 经济问题探索，2013 (10)：138 - 143.

[9] 胡俊文．“雁行模式”理论与日本产业结构优化升级：对“雁行模式”走向衰落的再思考 [J]. 亚太经济，2003 (4)：23 - 26.

[10] 李海舰，聂辉华．全球化时代的企业运营：从脑体合一走向脑体分离 [J]. 中国工业经济，2002 (12)：5 - 14.

[11] 黎金钊．国际产业转移：一个马克思主义的解释 [J]. 社会主义研究，2009 (5)：16 - 19.

[12] 刘辉煌，杨胜刚，张亚斌，等．国际产业转移的新趋向与中国产业结构的调整 [J]. 求索，1999 (1)：4 - 9.

[13] 刘友金，胡黎明，赵瑞霞．基于产品内分工的国际产业转移新趋势研究动态 [J]. 经济学动态，2011 (3)：101 - 105.

[14] 刘友金，周健．变局中开新局：新一轮国际产业转移与中国制造业的未来 [J]. 湖南科技大学学报（社会科学版），2021 (2)：63 - 70.

[15] 卢根鑫．试论国际产业转移的经济动因及其效应 [J]. 上海社会科学院学术季刊，1994 (4)：33 - 42.

[16] 卢根鑫．国际产业转移论 [M]. 上海：上海人民出版社，1997：71 - 94.

[17] 马子红．中国区际产业转移与地方政府的政策选择 [M]. 北京：人民出版社，2009：58 - 66.

[18] 毛蕴诗．跨国公司在华投资策略 [M]. 北京：中国财政经济出版社，2005，2 -3.

[19] 潘悦．国际产业转移的四次浪潮及其影响 [J]. 现代国际关系，2006 (4)：23 -27.

［20］史本叶，王晓娟．中美贸易摩擦的传导机制和扩散效应：基于全球价值链关联效应的研究［J］．世界经济研究，2021（3）：14－29.

［21］汪斌，赵张耀．国际产业转移理论述评［J］．浙江社会科学，2003（6）：45－49.

［22］王建平，刘彬．国际产业转移的模式与效应分析［J］．管理现代化，2013（3）：24－26.

［23］王全春．产业转移与中部地区产业结构研究［M］．北京：人民出版社，2008：214－269.

［24］魏后凯．产业转移的发展趋势及其对竞争力的影响［J］．福建论坛（经济社会版），2003（4）：11－15.

［25］许罗丹，谭卫红．对外直接投资理论综述［J］．世界经济，2004（3）：65－69.

［26］徐春华，吴易风．国际产业转移理论：马克思经济学与西方经济学的比较［J］．经济学动态，2015（6）：67－77.

［27］余海丰，冯忠铨．二战后国际直接投资理论的发展演变［J］．国际经贸探索，2001（2）：12－15.

［28］杨丹辉．国际产业转移的动因与趋势［J］．河北经贸大学学报，2006（3）：40－46.

［29］殷琪，薛伟贤．中国在“一带一路”生产网络中产业转移模式研究［J］．经济问题探索，2017（3）：123－129.

［30］岳圣淞．第五次国际产业转移中的中国与东南亚：比较优势与政策选择［J］．东南亚研究，2021（4）：124－155.

［31］张谷．经济开放与产业转型［M］．西安：陕西人民出版社，1996：187－203.

［32］张倩肖，李佳霖．新时期优化产业转移演化路径与构建双循环新发展格局：基于共建“一带一路”背景下产业共生视角的分析［J］．西北大学学报（哲学社会科学版），2021（1）：124－136.

［33］张为付．国际产业资本转移的基础、规律及趋势［J］．国际贸易问题，2005（3）：88－93.

［34］张云．基于全球价值链的国际产业转移研究［D］．武汉：武汉理工大学，2011.

［35］张少军，刘志彪．全球价值链模式的产业转移：动力、影响与对中国产业升级和区域协调发展的启示［J］．中国工业经济，2009（11）：5－15.

［36］赵张耀，汪斌．网络型国际产业转移模式的研究［J］．中国工业经济，2005（10）：12－19.

［37］阿瑟·刘易斯．国际经济秩序的演变［M］．乔依德，译．北京：商务印书馆，1984：79－82.

［38］Akamatsu K. Historical Pattern of Economic Growth in Developing Countries［J］. *Developing Economies*，1962（1）：3－25.

［39］Arndt S W，Kierzkowski H.（eds）. *Fragmentation：New Production Pat-*

terns in the World Economy [M]. New York: Oxford University Press, 2001.

[40] Athukorala P. Product Fragmentation and Trade Patterns in East Asia [J]. *Asian Economic Papers*, 2005 (3): 1 - 27.

[41] Buckley P J, Casson M. *The Future of the Multinational Enterprises* [M]. London: Palgrave Macmillan, 1976.

[42] Buckley P J, Castro F B. The Investment Development Path: The Case of Portugal [J]. *Transnational Corporations*, 1998 (1): 1 - 15.

[43] Cantwell J, Tolentino P E. Technological Accumulation and Third World Multinationals [R]. University of Reading, Discussion Papers in International Investment and Business Studies, 1990, No. 139.

[44] Dunning J. H. *International Production and the Multinational Enterprise* [M]. London: Allen & Unwin, 1981.

[45] Dunning J H. Explaining the International Direct Investment Position of Countries: Towards a Dynamic or Developmental Approach [J]. *Weltwirtschaftliches Archiv*, 1981 (117): 30 - 64.

[46] Dunning J H, Narula R. The Investment Development Path Revisited: Some Emerging Issues [A]. In: Dunning J H, Narula R. (eds). *Foreign Direct Investment and Government* [C]. London: Routledge, 1996: 1 - 41.

[47] Ginzburg A, Simonazzi A. Patterns of Industrialization and the Flying Geese Model: The Case of Electronics in East Asia [J]. *Journal of Asian Economics*, 2005 (6): 1051 - 1078.

[48] Hymer S H. The International Operations of National Firms: A Study of Direct Foreign Investment [D]. PhD Dissertation. Cambridge, Massachusetts: The MIT Press, 1960.

[49] Jones R W. Immigration vs. Outsourcing: Effects on Labor Markets [J]. *International Review of Economics and Finance*, 2005 (14): 105 - 114.

[50] Krugman P R, Venables A J. Integration, Specialization and Adjustment [J]. *European Economic Review*, 1996: 959 - 967.

[51] Kojima K. *Direct Foreign Investment: A Japanese Model of Multinational Business Operations* [M]. London: Croom Helm, 1978.

[52] Lall S. *The New Multinationals* [M]. New York: John Wiley & Sons, 1983.

[53] Lewis W A. The Evolution of the International Economic Order [R]. Princeton: Princeton University Press, 1978.

[54] Macpterson A. Producer Service Linkages and Industrial Innovation: Results of a Twelve-year Tracking Study of New York State Manufacturers [J]. *Growth and Change*, 2008 (1): 1 - 23.

[55] Mariotti I, Cucculelli M, Mazzoni R. Methodological Problems in Firm Migration Research: The Case of Italy [J]. *Risorse E Competitivatà*, 2002.

[56] Newman R J. Industry Migration and Growth in the South [J]. *The Review of Economics and Statistics*, 1983 (1): 76-86.

[57] Ozawa T. Foreign Direct Investment and Economic Development [J]. *Transnational Corporations*, 1992 (1): 27-54.

[58] Pellenbarg P, Wissen L V, Dijk J V. Firm Migration [A]. In: Philip McCann P. (eds). *Industrial Location Economics* [C]. Chapter 4, Cheltenham: Edward Elgar Publishing, 2002.

[59] Puga D, Venables A J. The Spread of Industry: Spatial Agglomeration in Economic Development [J]. *Journal of the Japanese and International Economies*, 1996 (4): 440-464.

[60] Sammarra A, Belussi F. Evolution and Relocation in Fashion-led Italian Districts: Evidence from Two Case-studies [J]. *Entrepreneurship & Regional Development*, 2006 (6): 543-562.

[61] Smith D M. *Industrial Location: An Economic Geographical Analysis* [M]. New York: John Wiley & Sons, 1971.

[62] Vernon R. International Investment and International Trade in the Product Cycle [J]. *Quarterly Journal of Economics*, 1966 (2): 190-207.

[63] Wells L T. The Internationalization of Firms from Developing Countries [A]. In: Tamir Agmon T, Kindleberger C P. (eds). *Multinationals from Small Countries* [C]. Cambridge, Massachusetts: The MIT Press, 1977.

[64] Wells L T. *Third World Multinationals: The Rise of Foreign Direct Investment from Developing Countries* [M]. Cambridge, Massachusetts: The MIT Press, 1983.

第四章

全球价值链的动力机制、治理与产业升级

第一节　引言与概念界定

一、引言

全球价值链的兴起，已成为世界经济发展的重要特征，极大地改变了全球生产格局和贸易本质，并为世界各国经济增长和国际竞争力的提高等开辟了新的路径。该领域的研究者们力图通过对全球价值链的研究来理解全球产业是如何组织的，并为制定推动经济发展的新政策和新方案提供指引。

全球价值链理论根源于20世纪80年代国际商业研究者提出和发展起来的价值链理论。Michael E. Porter（1985）在分析公司行为和竞争优势时，提出了公司价值链理论；Bruce Kogut（1985）的价值增值链理论更能反映价值链的垂直分离与全球空间再配置之间的关系，因而对全球价值链理论的形成至关重要。Gray Gereffi 和 Miguel Korzeniewicz（1994）将价值链分析法与产业组织研究结合起来，提出了全球商品链的理论框架。为消除商品一词的局限性，突出链条上企业相对价值创造和价值获取的重要性，21世纪初杰里菲（Gereffi）及该领域研究者用全球价值链代替全球商品链这一术语，逐步建立起了全球价值链的概念及理论分析框架。全球价值链的理论分析框架如图4-1所示。①

治理、升级和租金来源是全球价值链理论的三个关键概念（Raphael Kaplinsky and Mike Morris，2002），其中全球价值链的治理问题被大多数学者认为是该理论的核心问题（马海燕，2007），是研究升级和租金来源的关键。在全球价值链的众多价值环节中，并不是每一个环节都能创造等量价值，主要的附加值集中在那些能免于竞争的环节上，而租金则是理解这种价值分配的关键概念（Kaplinsky and Morris，2002）。全球价值链的动力机制决定了全球价值链的链主，进而影响治理结构、租金分配以及产业的升级路

---

① 熊英，马海燕，刘义胜．全球价值链、租金来源与解释局限：全球价值链理论新近发展的研究综述［J］．管理评论，2010（12）：120-125.

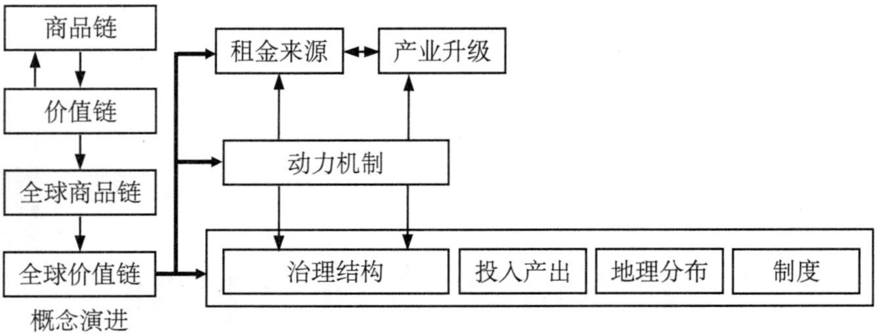

图 4-1 全球价值链的理论分析框架

径，是研究治理、升级和租金的基础（熊英，马海燕和刘义胜，2010）。

当前跨国生产经营活动如何开展，利益如何分配，发展中国家如何参与经济全球化并在其中实现产业升级，全球价值链理论为这些问题提供了有效的分析工具和方法。系统地认识并应用全球价值链理论也可以使企业更加清楚地了解价值链中核心治理者对价值链内在关系的影响及利益分配的重构，并为研究企业在价值链中的定位和价值获取的现状、搜寻价值链中的战略环节以及朝着潜力环节跃迁提供现实的理论分析框架。

随着研究的发展，目前全球价值链理论已从描述性的、启发式的概念转化为分析性的研究工具。全球价值链的理论研究主要集中在价值链中经济租的产生与分配、全球价值链的动力机制、全球价值链的治理和全球价值链的升级等方面。

二、 全球价值链的概念演化

（一）价值链

哈佛商学院的迈克尔·波特教授于 1985 年在其所著的《竞争优势》一书中首次提出了价值链（value chain）的概念。他认为，公司的价值创造过程主要通过基本活动（含生产、营销、运输和售后服务等）和支持性活动（含原材料供应、技术、人力资源和财务等）两部分来完成，这些互不相同但又相互关联的生产经营活动构成了公司价值创造的行为链条，这一链条就被称为价值链。他还突破企业的界限，将视角扩展到不同企业之间的经济交往，提出了价值体系（value system）的概念，这是全球价值链概念的基础。波特认为，不仅公司内部存在价值链，一个公司的价值链与其他经济单位的价值链也是相连的，任何公司的价值链都存在于一个由许多价值链组成的价值体系中，并且该体系中各价值行为之间的联系对公司竞争优势的大小有着至关重要的影响。波特的价值链理论揭示了企业与企业的竞争不只是某个环节的竞争，更是整个价值链的竞争，是整个价值链的综合竞争力决定了企业的竞争力。引用波特的话说：“消费者心目中的价值由一连串企业内部物质与技术上的具体活动与利润所构成，当你和其他企业竞争时，其实是内部多项活动在进行竞争，而不是某一活动的竞争。”

在价值链条的片段化和空间重组方面，Paul Krugman（1995）曾经探讨过企业将内部各个价值环节在不同地理空间进行配置的能力问题。此后，Sven W. Arndt 和 Henryk Kierzkowski（2001）使用“片段化”来描述生产过程的分割现象，他们认为这种生产过程在全球的分离是一种全新的现象。这就使得同一价值链条生产过程的各个环节通过跨界生产网络被组织起来，这一跨界网络可以在一个企业内部完成，垂直一体化在跨国公司内部；也可以由许多企业分工合作完成，通过贸易等方式垂直分离出去。对此，Robert C. Feenstra（1998）就清晰地将贸易一体化和生产的垂直分离在全球经济中有机地联系了起来。

（二）价值增值链

Kogut（1985）用价值增值链（value-added chain）来分析国际战略优势。他认为：价值链基本上就是技术与原料和劳动融合在一起形成各种投入环节的过程，然后通过组装把这些环节结合起来形成最终商品，最后通过市场交易、消费等完成价值循环过程。在这一价值不断增值的链条上，单个企业或仅仅参与了某一环节，或将整个价值增值过程都纳入企业等级制的体系中。科格特（Kogut）认为，国际商业战略的设定形式实际上是国家的比较优势和企业的竞争能力之间相互作用的结果。当国家的比较优势决定了整个价值链条各个环节在国家或地区之间如何空间配置的时候，企业的竞争能力就决定了企业应该在价值链条上的哪个环节和技术层面上倾其所有，以确保其竞争优势。与波特强调单个企业竞争优势的价值链观点相比，这一观点更能反映价值链的垂直分离和全球空间再配置之间的关系，因而对全球价值链理论的形成至关重要。

（三）全球商品链

20 世纪 90 年代以后，美国杜克大学的 Gereffi 和 Korzeniewicz（1994）在对美国零售业价值链研究的基础上，将价值链分析法与产业组织研究结合起来，提出全球商品链（global commodity chain，GCC）分析法。在经济全球化的背景下，商品的生产过程被分解为不同阶段，围绕某种商品的生产形成一种跨国生产体系，把分布在世界各地不同规模的企业、机构组织放在一个一体化的生产网络中，从而形成了全球商品链。杰里菲等认为全球商品链应该包括以下内容：通过一系列国际网络将围绕某一商品或产品而发生关系的诸多家庭作坊、企业和政府等紧密地联系到世界经济体系中；这些网络关系一般具有社会结构性、特殊适配性和地方集聚性等特性；任意商品链的具体加工流程或部件一般表现为通过网络关系连接在一起的节点或一些节点的集合；商品链中任何一个节点的集合都包括投入（原材料和半成品等）、组织、劳动力供应、运输、市场营销和最终消费等内容。他们还研究了发达国家的主导企业如何形成和控制商品链的问题。

（四）全球价值链

Krugman（1995）等的研究实际上把企业间价值链和区域、国家间价值链融为一体。其本质上体现了全球价值链的内涵，但他们没有使用全球价值链这一概念。在整个 20 世纪 90 年代，杰里菲等的理论也没有摆脱商品链这一概念的局限。到 2001 年杰里菲和该领域的其他研究者同意使用全球价值链（global value chain，GVC）代替全球商品链这一术语。杰里菲等学者于 2001 年在 *IDS Bulletin* 杂志上推出了一期关于全球价值链的特刊《价值链的价值》，从价值链的角度分析了全球化过程，认为应把商品和服务贸易看成治理体系，而理解价值链的运作对发展中国家的企业和政策制定者具有非常重要的意义，因为价值链的形成过程也是企业不断参与价值链并获得必要技术能力和服务支持的过程。这份特刊在全球价值链研究中起到了里程碑式的作用。在特刊中，许多学者从全球价值链的治理、演变和升级等多个角度对全球价值链进行了系统的探讨和分析，并由此建立了全球价值链的基本概念及其基本的理论框架。

Timothy Sturgeon（2001）从组织规模（organizational scale）、地理分布（geographic scale）和生产性主体（productive actor）三个维度来界定全球价值链。从组织规模看，全球价值链包括参与了某种产品或服务的生产性活动的全部主体；从地理分布来看，全球价值链必须具有全球性；从参与的主体看，有一体化企业、零售商、领导厂商、交钥匙供应商和零部件供应商。

在2002—2003年度工业发展报告《通过创新和学习来参与竞争》（Competing Through Innovation and Learning）中，联合国工业发展组织（UNIDO，2002）将全球价值链定义为：在全球范围内为实现商品或服务价值而连接生产、销售、回收处理等过程的全球性跨企业网络组织，涉及从原料采集和运输、半成品和成品的生产和分销，到最终消费和回收处理的过程。它包括所有参与者和生产销售等活动的组织及其价值利润分配，分布于全球的处于价值链上的企业进行着设计、产品开发、生产制造、营销、交货、消费、售后服务、最后循环利用等各种增值活动。

英国萨塞克斯大学发展研究学院是对全球价值链问题进行较为广泛研究的机构之一，它将全球价值链定义为产品在全球范围内，从概念设计到使用到报废的全生命周期中所有创造价值的活动，包括对产品的设计、生产、营销、分销以及对最终用户的支持与服务等。组成价值链的各种活动可以包括在一个企业内部，也可以分散于各个企业之间；可以集聚于某个特定的地理范围之内，也可以散布于全球各地。

可见，斯特金（Sturgeon）和萨塞克斯大学发展研究学院的研究倾向于把全球价值链理解为全球性的一系列价值创造活动或过程的集合，比联合国工业发展组织的全球性跨企业网络组织的定义更具有“链”的特征。全球价值链和全球生产网络两个概念既有区别又有联系。价值链主要描述了某种商品或服务从生产到交货、消费和服务的一系列过程，而生产网络强调的是一群相关企业之间关系的本质和程度（Sturgeon，2001）。全球价值链主要从纵向维度来研究全球经济组织，而全球生产网络则更倾向从纵、横两个维度来研究经济组织。产品越复杂，其生产工序越多，纵向维度越长；产业越巨大，专业化分工越有可能获得规模经济，其横向维度也会越发达，因而也更有可能形成规模宏大、结构复杂的生产网络。全球生产网络可以被认为是全球价值链发展的高级形式，而全球价值链既可以看作是生产网络的初级形式，也可以理解为是对全球生产网络的抽象和简化（吴建新和刘德学，2007）。

我们比较赞同联合国工业发展组织关于全球价值链的表述。从增值活动先后连接的角度看，全球价值链具有链的特征，但全球性又增加了空间的概念，包含了网的内容。因此，我们认为全球价值链是在链的基础上形成的全球性跨企业网络组织。

三、全球价值链的环节

任何一个具体的产业，其价值活动均可粗略地划分为技术与资本密集环节（如研发设计、高级原材料生产、复杂零部件生产等）、劳动密集环节（简单零部件生产、成品组装等）和信息与管理密集环节（如市场营销、管理运营、品牌运作、专业服务、金融服务、物流管理等，大致可以划分为总部经济活动和生产性服务活动两大类）。不同的产业链条环节的技术含量有差异，创造的附加价值也因此各不相同。组装环节创造的附加值最低，由组装环节向上游和下游延伸，附加值渐次提升，从而形成了一条U形价值曲线，中国台湾企业家施振荣先生在分析信息技术产业价值链时将这条曲线称为微笑曲线（smiling curve）。

Ram Mudambi（2008）在研究微笑曲线时发现，由于在国际贸易中各国存在不同的比较优势，位于全球价值链上游和下游的具有高附加值的企业经营活动往往位于发达国家，而居于全球价值链中游的具有低附加值的生产制造环节则大多位于新兴经济体和发展中国家。这种情况导致各国在参与全球价值链分工时获取的收益存在明显差异。

如果一个产业的价值链在一国之内展开，由于资本与劳动力的可流动性，产业价值链不同环节的资本回报率和工资水平会趋同，平均劳动生产率的差异主要反映的是人力资本构成的差异。因此，其价值曲线是一条很平缓的U形曲线。相比之下，全球价值链的价值曲线则是一条深凹的U形曲线，原因在于劳动力跨境流动存在诸多巨大的障碍，造成不同国家之间劳动工资水平的巨大差异，而资本等其他生产要素的流动性要大得多，导致资本回报的相对平均化。这样，发达国家与发展中国家在全球价值链上形成不同环节的分工，通常劳动密集型的价值环节布局在发展中国家，这些环节的劳动生产率较低，附加价值也较低，而劳动生产率较高的技术与资本密集环节和信息与管理密集环节则分布在发达国家，从而形成了一条深凹的U形曲线。全球价值链与国内价值链比较见图4-2。

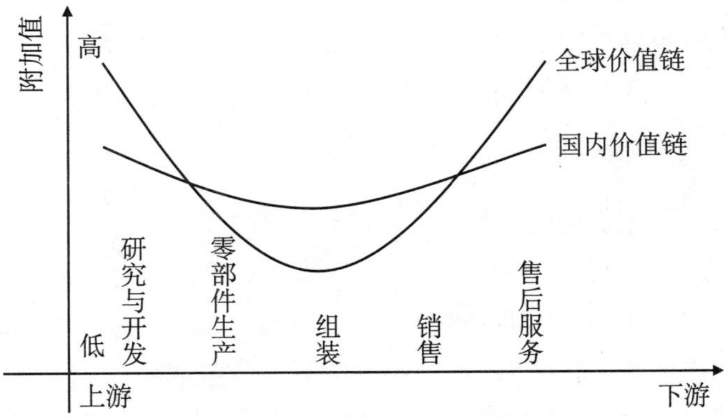

图4-2　全球价值链与国内价值链

四、全球价值链的衡量

（一）价值链长度

Thibault Fally和Russell Hillberry（2013）利用投入产出技术构建了衡量产品价值链长度的统计指标，以各生产阶段贡献的增加值为权重，计算了产品在生产过程中所需经历的生产阶段数目。根据他们的定义，全球价值链长度指数是一种计算一国某部门产品在生产过程中所经历的生产阶段数目的指标，m国产品i的全球价值链长度指数可以表示为：

$$N_{im}=1+\sum_{jn}\mu_{jnim}N_{jn}$$

式中，N_{im}表示m国产品i的全球价值链长度，N_{jn}表示n国产品j的全球价值链长度，即在各自生产过程中所经历的生产阶段的数目，μ_{jnim}表示为生产m国1单位价值的产品i所需要投入的n国产品j的价值，该指数值可以看作产品i生产过程中经历的生产阶段数目的加权平均值，其中的权数就是各生产阶段贡献的增加值。对于每个国家每个部门都有这样一个方程，因此可以构建线性方程组，得到唯一解。从全球价值链长度指数的定义可以看出，如果在最终产品的生产过程中只有一个生产阶段，则该指数值取1；如果在最终产品的生产过程中需要投入本部门或者是国内外其他部门的中间投入品，则该指数的值会大于1；该值的大小取决于中间投入品在最终产品生产过程中的重要程度以及生产这些中间投入品的过程中需要经历的生产阶段数目。而全球价值链长度指数的值越大，表明该部门参与全球价值链的分工越精细。

经过简单的矩阵代数推导，可以得到全球价值链长度指数的具体公式

$$N=\mu(l-A)^{-1}$$

式中，N代表各国各部门产品全球价值链长度的列向量，μ代表单位列向量，l代表单位矩阵，A为世界投入产出系数矩阵，$(l-A)^{-1}$表示世界列昂惕夫逆矩阵。由此公式，采用世界投入产出表，可以计算得出世界各国各部门产品的全球价值链长度指数。

（二）价值链上游度

Pol Antràs 等（2012）构建了上游度指数，该指标能够反映各国不同产业在价值链中的上下游关系，以及产出的中间品在价值链中的迂回程度。他们提出，可将一个行业在价值链上的位置定量描述为该行业与最终产品间的加权平均距离，即：

$$U_i=1\times\frac{F_i}{Y_i}+2\times\frac{\sum_{j=1}^{N}\hat{\mu}_{ij}F_j}{Y_i}+3\times\frac{\sum_{j=1}^{N}\sum_{k=1}^{N}\hat{\mu}_{ik}\hat{\mu}_{kj}F_j}{Y_i}+4\times\frac{\sum_{j=1}^{N}\sum_{k=1}^{N}\sum_{i=1}^{N}\hat{\mu}_{il}\hat{\mu}_{ik}\hat{\mu}_{kj}F_j}{Y_i}+\cdots$$

式中，$\hat{\mu}_{ij}$表示生产1单位价值的j所需用到的i行业的产出（上方标记表示对开放经济和存货的调整），F_i表示i行业产出中被用于最终消费的部分，F_j表示j行业产出中被用于最终消费的部分，Y_i则表示i行业的总产出。等号右侧的每一项都对应着与最终消费距离不等的价值链生产环节。其中1，2，3…这一系列指数表示距离（进行了加1的处理，从而消除0值的情况）。每一项中乘号后方的部分表示行业i的产出中被用在对应位置上的比例，表示权重。各项加总后得到U_i，表示行业i的产出与最终消费之间的加权平均距离，即上游度的概念。上游度较高时，表明该行业更接近价值链上的中间投入品端，反之，则更接近最终产品端。

（三）价值链参与度与地位指数

全球价值链地位指数（GVC-position）因界定简单、内涵清晰、指向明确等优点为国内学者所常用，该指数由 Robert Koopman 等（2010）在界定前向参与度和后向参与度的基础上构建而得。根据他们的研究，一国某产业的全球价值链地位指数（即该产业在全球价值链中所处的地位）可按如下思路构建：如果一国某产业主要为其他国家提供中间产品，则可推断该国该产业处于国际分工的相对有利地位；如果该国某产业

主要从其他国家进口相应的中间产品，则可推断该国该产业处于国际分工的相对不利地位。

库普曼（Koopman）等构建了全球价值链前向参与度和后向参与度指数。其中，r 国 i 部门的前向参与度指数测度公式可记为 IV_{ir}/E_{ir}，其相应的后向参与度指数可记为 FV_{ir}/E_{ir}。在此基础上，可构建 r 国 i 部门的全球价值链地位指数：

$$GVC\_Position_{ir}=\ln\left(1+\frac{IV_{ir}}{E_{ir}}\right)-\ln\left(1-\frac{FV_{ir}}{E_{ir}}\right)$$

式中，E_{ir} 表示 r 国 i 部门的总出口贸易额；IV_{ir} 表示总出口贸易额中包含的国内中间产品增加值，是 r 国 i 部门的总出口中经某个国家加工后又出口给其他国家的中间产品国内增加值；FV_{ir} 则表示 r 国 i 产业出口最终产品中包含的国外增加值，即 r 国 i 产业出口最终产品中包含的国外进口中间产品价值。

五、全球价值链的经济租

（一）经济租的概念

租金是理解全球价值链上各价值环节价值分配的关键概念。一般的教科书把租金解释为：支付给资源所有者的款项中超过那些资源在任何可替代的用途中所得到的款项的部分，即超过机会成本的收入。从企业的角度来看，这种经济租金就是企业的超额利润（罗眠，曾涛和周思伟，2005）。超额利润总被认为是与完全竞争的市场结构不相容的，是市场达到充分竞争均衡后应该消除的非正常的收入。然而，随着经济全球化进程的推进，处于全球价值链中的企业获得的收入，已经不再是或者主要不是古典经济学所说的正常要素回报，或者相对于风险承担而得到的正常企业家回报了，获利的源泉是基于进入壁垒或者垄断条件而产生的经济租。

在全球价值链理论中，经济租指的是价值链的参加者因为控制了特定的资源，能够通过利用和创造竞争者的进入壁垒使自身免于竞争而获得的超额利润（Kaplinsky，2004）。全球价值链上经济租的分类和含义是复杂的，根据与价值链的关系被广义地分为三大类（见表 4－1）：基于链内单个行动者构建的租金；基于链内行动者群构建的租金；外生于全球价值链的租金（Kaplinsky and Morris，2002）。

表 4－1　全球价值链上经济租的分类与含义

租金分类			含义
基于链内单个行动者构建的租金	垄断租金		凭借市场垄断地位获得
	李嘉图租金		企业拥有独特资源要素
	熊彼特租金	技术租金	拥有稀有技术
		人力资源租金	比竞争者拥有技能更好的人力资源
		组织机构租金	拥有较高级的内部组织形式
		营销设计租金	拥有更好的营销能力和（或）有价值的商标品牌
基于链内行动者群构建的租金		关系租金	链内企业间高质量交易与合作关系
		网络租金	网络成员核心资源共享形成的交易增值效应

续表

租金分类		含义
外生于全球价值链的租金	自然资源租金	获得稀有自然资源
	政策租金	在高效率政府环境下获得优惠或有利的政策待遇
	基础设施租金	获得高质量的基础设施投入
	金融租金	获得比竞争者条件更优越的金融支持

资料来源：Kaplinsky R，Morris M. Governance Matters in Value Chains [R]. *Developing Alternatives*，2003 (1)：11－18.

（二）基于链内单个行动者构建的租金

价值链的主体是企业，企业层面的租金在整个全球价值链租金体系中处于核心位置，且是内生性的。Teece，Pisano 和 Shuen（1997）认为存在三种类型的租金：一是基于受到保护的市场力量而产生的垄断租金（monopolistic rents），二是凭借企业独特资源而产生的李嘉图租金（Ricardian rents），三是依靠企业动态能力的熊彼特租金（Schumpeterian rents）。

在不完全竞争的市场结构条件下，垄断企业能够通过压低产量和提高产品价格获得收益。对于垄断企业而言，这种收益是其凭借垄断地位获得的，不需要付出额外的努力，因此被称为垄断租金。李嘉图租金的创造是企业拥有独特资源要素的结果。而决定企业存在以及市场行为的因素，除竞争这一既定的制度因素外，还有企业拥有的其他企业或者竞争对手没有的知识和生产要素，这些资源的异质性决定着企业不同的市场状态。在不完全市场条件下，单个企业是一个异质性资源的结合体，这种异质性使单个企业的要素价值被激发出来，并使企业整体价值获得市场溢价的过程被称为租金的搜寻和选择，其获得的企业整体的市场溢价就是企业的经济租金，即李嘉图租金。熊彼特租金也被称为创业租金（entrepreneurial rents），来自不确定环境下由于企业预见和风险偏好产生的创新，是企业对现有资源能力更有效率生产经营的结果。熊彼特租金有四种类型，即技术租金、人力资源租金、组织租金、营销和设计租金（Gereffi and Korzeniewicz，1994；Kaplinsky，2004）。

刘林青，谭力文和施冠群（2008）认为，企业持续的租金创造和获得是一个从熊彼特租金到李嘉图租金再到垄断租金依次循环往复的动态过程。企业经济租金最终需要通过企业在市场竞争中获得市场力量来实现，对企业来说垄断租金的取得是最关键和最直接的。市场力量主要通过进入壁垒和合作两种途径来实现，从根本上来讲是企业拥有异质性资源能力（即李嘉图租金）的结果。进入壁垒主要有规模经济、品牌忠诚度和产品差异化等，它们都是企业对某种特有资源创造和使用的结果。拥有独特资源的企业无疑会形成特定市场定位而获得市场力量。但是从时间维度上看，企业资源的独特性是短暂的，竞争对手会通过创新和模仿来打破现有格局。为了继续获得租金，企业必须主动进行“创造性破坏”。创造性破坏打破了原有的市场均衡，使得企业能够获得新的知识甄别能力、资源筛选能力、讨价还价能力等核心能力，从而获得新的独特资源禀赋和知识能力，创造出新的盈利机会，创造出李嘉图租金。而李嘉图租金又被企业转化为在市场上能击败竞争对手的市场力量，最终获得企业垄断租金。因此，在企业经济租金从企业内部创造到在企业外部市场上实现的整个动态循环过程中，熊彼特租金是这个过程的“发动机”，是企业持续获得经济租金的根本源泉，通过不断的创新为企业源源不断地输送李嘉图租金；垄断租金是这个过程的落脚点，是企业的真正目标所在。

全球价值链的形成过程是按照两个维度展开的（Feenstra，1998）：一是产品生产的垂直解构，是全球价值链分工在环节和功能上不断深化的过程，是产品生产按资源要素禀赋在全球重新布局的过程，从根本上说这是由创新的梯度转移推动的。创新能力强的企业会在这个过程中占据战略性环节而掌握主导权，即获得熊彼特租金至关重要；二是贸易的整合，是全球价值链在全球范围形成统一市场的过程，从根本上说这是由市场推动的，拥有市场力量的企业会在这个整合过程中掌握主导权，即获得垄断租金是关键。

（三）基于链内行动者群构建的租金

全球价值链带来组织活动在地理、组织之间的分离，因而形成了一个由众多企业参与且相互关联的复杂生产网络。企业间关系的有效形式对竞争优势的形成与持久保持至关重要，企业可以通过有效管理企业间关系赢得竞争优势。概括而言，基于链内企业群构建的租金主要有关系租金（relational rents）和网络租金（network rents）。

关系租金源于企业间有效关系的建立，参与伙伴通过共同专属性投资创造出超额利润。全球价值链作为商品生产和供应网络，本质上需要链内相当程度的协调。链内企业间建立关联不仅仅局限于交易，还包括技术合作、共同采购、信息共享等，企业关系也不仅仅是竞争，而且更多需要合作。因此，全球价值链中的伙伴关系可以创造关系租金和竞争优势，具体来说可以通过关系专有资产投资、知识共享管理、资源和能力互补以及有效治理这四种渠道来实现，它们或者能降低交易成本，或者通过资产、知识和能力的协同性组合来创造租金（Jeffrey H. Dyer and Harbir Singh，1998）。

网络租金是在网络组织制度条件下，所有网络组织成员创造的总利润超过他们单干利润总和的正的剩余；它不仅表现为交易费用的节约，更重要的是反映了网络成员核心资源共享形成的交易增值效应。归纳起来，网络的租金创造效应主要体现为网络资源的互补效应、知识学习与创新的外部效应、外部规模效应和市场控制势力放大效应等（卢福财和胡平波，2006）。全球价值链研究中观察到的产业集群现象是网络租金的最好体现。产业集群是全球价值链在全球布局的重要形式之一，本质是一个地理区域中的一种网络形式，是集群要素彼此的共通性和互补性相联结。

网络作为一种战略性资源可以为其中的企业带来关系租金、网络租金，那么这些租金如何在网络成员之间进行分配？网络中租金的分配与企业在网络中的位置和力量密切相关。核心领导企业掌握战略控制权，是全球价值链形成与演化的驱动者，拥有对全球价值链的协调和管理力量（即领导力量），而供应者则处于被领导的地位。以汽车产业为例，在金字塔顶端的核心企业（如通用汽车、本田汽车等）根据自己的垂直分工战略构建其供应链体系，并获得高额的经济租金；第一层供应商数量少，并与核心企业建立长期的战略合作伙伴关系，参与核心企业的技术开发，拥有中等领导力量；处于金字塔底端大量的、高度可替代的、缺乏技术核心能力的小规模供应商，面临高度竞争且利润微薄。全球价值链中领导力量的不对称性实际上反映了交易双方在关系租金分配上的不对称性。领导力量越强，企业分配到的关系租金份额就越大。

（四）外生于全球价值链的租金

全球价值链的形成是企业和产业范围超越国家边界的结果，因此，国家经济、社会和政策因素自然会被纳入全球价值链研究的分析框架。经济因素是指重要投入要素的可得性，例如劳动力成本、有效基础设施以及金融等其他资源的可得性；社会因素决定可用的劳动力及其技能水平；政策因素包括税收和劳工规制、补贴、教育和创新政策等能够促进或阻碍产业增长和发展的因素。这些因素会形成外生于价值链的租金，如要素租金、政策租金、金融租金和基础设施租金等。这些租金在微观层面会影响全球价值链中企业的寻租行为，在宏观层面则会对全球价值链的地理布局、人口就业和国家收入分配等产生影响。

（五）全球价值链各环节的租金分配

价值链不同环节创造的附加值是不同的，获得经济租的多少也不一样。靠近U形曲线中间的环节，如零部件、加工制造、装配等环节在价值链中创造出较低的附加值，因而获得较低的经济租。靠近U形曲线两端的环节，如研发、设计、市场营销、品牌等在价值链中创造出较高的附加值，因而获得更多的经济租。

随着经济全球化进程中要素收益率的降低，进入壁垒已成为租金产生的重要因素。进入壁垒较高的环节能产生较高的租金，而在竞争激烈的低进入壁垒环节，收益是不可能持续的。要保持较高收益，要么是该行业进入壁垒很高，行业外企业很难进入该行业与之竞争；要么是进入壁垒在不断发生变化，即企业的创新和生产能力在动态发展，不断从事新的经济活动，从而在该领域形成新的进入壁垒。

随着技术水平的不断提高，生产环节的进入壁垒不断降低，导致越来越多的国家参与经济全球化进程中的生产（组装）过程，这一环节的租金日益耗散。因此，能产生较高租金的领域越来越脱离具体生产过程而转向无形的过程，如研发和营销等领域，因为这些活动通常是技术和知识密集型的，会形成较高的进入壁垒、较长时间的知识产权保护。在知识经济时代，全球价值链上经济租的产生源泉正由有形活动转变为无形活动，一些无形活动，如物流控制、广告、产品设计、品牌推广等，在全球价值链上发挥了越来越重要的作用。因此，不难理解为什么大多数处于全球价值链生产环节上的发展中国家，其地位远不如发达国家。

第二节　全球价值链的动力机制

在经济全球化的背景下，价值链各个增值环节在地理空间上越来越分离，形成了全球离散布局的地理特征。在价值链的各个增值环节中是哪些环节决定着或驱动着整个链条的运行呢？价值链运行的动力机制是什么？这是全球价值链理论研究的核心内容之一。全球价值链的动力研究，基本延续了Gereffi和Korzeniewicz（1994）在全球商品链研究中给出的全球商品链运行的生产者驱动型（producer-driven）和采购者驱动型（buyer-driven）两种模式，认为全球价值链的驱动力基本来自生产者和采购者两方面。换句话说，就是全球价值链各个环节在空间上的分离、重组和正常运行等是在生产者或采购者的推动下完成的。

一、 生产者和采购者二元驱动模式

Jeffrey Henderson（1998）指出，生产者驱动型价值链是由生产者投资来推动市场需求，形成全球生产供应链的垂直分工体系。投资者可以是拥有技术优势、谋求市场扩张的跨国公司，也可以是力图推动地方经济发展、建立自主工业体系的本国政府。一般资本和技术密集型产业的价值链，如汽车、飞机制造等，大多属于生产者驱动型价值链。在这类全球价值链中，大型跨国制造企业（如波音、通用汽车等）发挥着主导作用。领导厂商拥有关键的技术和雄厚的资本，并以此构筑很高的进入壁垒，巩固自身领导者地位。领导者把资本和技术密集型生产环节留在国内，将相对劳动密集型环节外包给供应商，一般通过垂直一体化方式控制供应商。生产者驱动型全球价值链如图 4－3 所示。①

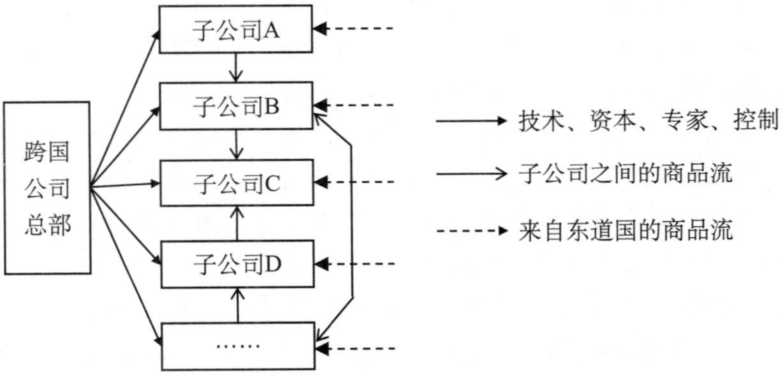

图 4－3　生产者驱动型全球价值链

亨德森（Henderson）同时对采购者驱动模式进行了以下界定：拥有强大品牌优势和国内销售渠道的经济体通过全球采购和原始设备制造（OEM）等生产方式组织起来的跨国商品流通网络，能够形成强大的市场需求，拉动那些奉行出口导向战略的发展中国家工业化。传统的劳动密集型产业，如服装、鞋类、农产品等大多属于这种价值链，发展中国家企业大多参与这种类型的价值链。采购者驱动型全球价值链的典型例子是沃尔玛、耐克等，它们通过专业化的市场调研、品牌推广、产品设计和市场营销等环节维护自身的领导者地位，对供应商的控制也很少通过垂直一体化的方式。

Gereffi（1999a）通过采购者驱动型价值链阐述了亚洲服装产业供应商与欧美领导厂商之间的关系，并证明亚洲供应商加入这种价值链可以实现产业升级。杰里菲对这种在地理上分割化、在功能上又存在一定程度一体化的全球经济现象的解释引起了学界共鸣。Catherine S. Dolan 和 John Humphrey（2000）及 Hubert Schmitz 和 Peter Knorringa（2000）进一步研究了采购者驱动型价值链中领导厂商能在多大程度上控制供应商，领导厂商驱动价值链的动态演进对供应商升级有多大的作用。J. Bair（2008）证实了采购者驱

① Henderson J. Danger and Opportunity in the Asia-Pacific [A]. In: Thompson G (eds). *Economic Dynamism in the Asia-Pacific* [C]. London: Routledge, 1998: 356－384.

动型领导厂商通过把市场势力嵌入供应商的组织关系中以驱动价值链的演进。采购者驱动型全球价值链如图 4－4 所示。[①]

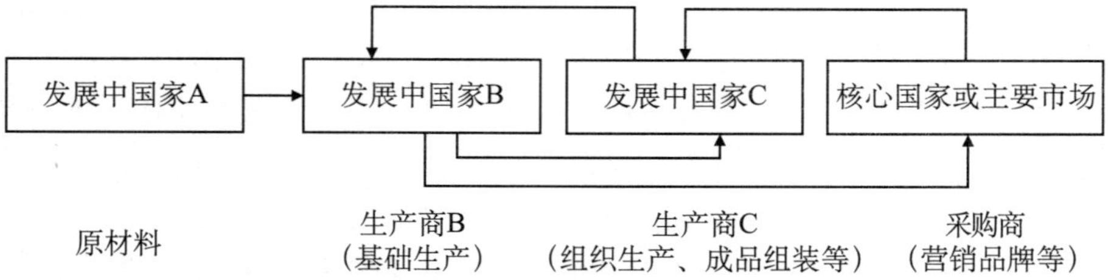

图 4－4　采购者驱动型全球价值链

采购者驱动型价值链存在三方面的不平衡性：一是高等要素在价值链环节间的配置极不平衡。海外采购者作为全球价值链的主导企业，采取领导型治理模式，对研发设计、市场信息、品牌渠道等高等要素实施了严格控制；发展中国家制造商往往只拥有自然资源、劳动力等基本要素，其作为被治理者，仅拥有有形生产能力，普遍缺乏无形竞争能力。二是附加值在价值链环节间的分布极不平衡。价值链的驱动力主要来自商业资本而非产业资本，附加值主要由控制了设计、品牌及流通环节的海外采购商创造，中游制造环节产生的附加值极为有限。三是分工利益在价值链环节间的分配极不平衡。处于商业流通领域的海外采购者，凭借对市场的绝对控制获得了价值链中的主要分工利益，而处于从属地位的生产商只能接受不公平的利益分配格局。

既然全球价值链从驱动力上主要分为生产者驱动和采购者驱动，那么这两种全球价值链又有什么区别呢？不同的价值链条应该有着不同的市场竞争规则。从价值流向上看，采购者驱动型全球价值链中大部分价值增值并不是如同生产者驱动型全球价值链中那样流向了生产领域，而是流向了市场销售和品牌化等流通领域（Henderson，1998）。生产者驱动型全球价值链核心环节对下面环节的控制一般都会通过国际直接投资的形式完成；采购者驱动型全球价值链中生产环节则大多由位于发达国家的大型零售商、品牌商和代理商等通过外包网络关系分包给发展中国家的合约商。以产业资本为原动力的生产者驱动型全球价值链更加强调技术的研发、生产工艺的不断改进、产品的不断更新，强调通过产业的垂直一体化来强化规模经济效应，并注重加强基础设施等硬件的建设和完善等；而以商业资本为原动力的采购者驱动型全球价值链则强调市场营销，强调通过拓展销售渠道获得范围经济效应，并注重加强信息等软环境的建设等。

二、 混合驱动模式

部分学者对生产者驱动型和采购者驱动型这一划分提出了疑问和挑战。Michael Clancy（1998）和 Jeffrey Henderson 等（2002）认为这样分类在概念上过于抽象和狭窄，在实际中很难有确切的对应。Peter Gibbon（2001）发现，在棉花、谷物等价值链中，国

① Henderson J. Danger and Opportunity in the Asia-Pacific ［A］. In：Thompson G.（eds）. *Economic Dynamism in the Asia-Pacific* ［C］. London：Routledge，1998：356－384.

际贸易中间商才是真正的驱动者，他们既不是生产者也不是最终购买者。Niels Fold（2002）提出了一种双极驱动结构，比如在巧克力的价值链中，可可豆的贸易商与终端巧克力品牌商共同驱动价值链。Sean O. Riain（2004）又发现技术密集型产业价值链是技术驱动型。

二元动力机制基本按产业部门来划分。而在现实世界，同一产业部门内两种动力机制是有可能并存的，甚至同一产业部门内部不同价值环节的动力机制有可能完全不同。这种二元区分标准在后续研究中暴露出来的问题越来越多，越来越难以解释现实中的诸多现象。对此，杰里菲本人后来也认为，采购者驱动和生产者驱动的二分法并不能很好地与实际经济情况相吻合（Gereffi，2001a，2001b）。如在服装产业中，GAP是典型的没有自身生产体系的采购者驱动型全球价值链中的品牌商，然而李维斯却是有着自己垂直一体化生产体系的生产者驱动型全球价值链中的品牌商；在汽车产业中，福特在不断朝着采购者驱动型全球价值链转化，但是丰田等其他主要汽车厂商仍然坚持采用生产者驱动型全球价值链；在半导体领域，英特尔采用的是典型的生产者驱动模式，而ARM则是采用硅谷分包体系方式的采购者驱动模式（Kaplinsky and Morris，2002）。

可见，在实际经济活动中，除了采购者驱动和生产者驱动的产业链条外，实际上还有许多处于两者之间的产业链条，即同时具备采购者驱动和生产者驱动的特征。例如信息技术（IT）行业公认的核心竞争力来源于CPU和操作系统等典型的生产环节，不过戴尔等企业在流通环节的出色表现，也说明了该行业中存在采购者驱动的特征。IT行业从驱动力方面就可以看作一个兼备生产者驱动和采购者驱动特征的中间类型。尽管在IT产业内部同时出现了两种驱动模式，但是二元动力机制给出的基本市场竞争原则仍然适用，只是按市场进入门槛或按部门划分动力机制的区分方法出现了问题。那么，如何解释在同一产业内部同时出现了两种驱动力模式？从理论上来说，应该从价值增值的具体环节划分动力机制，而不应该按照部门划分。

中国学者张辉（2006）分析了采购者驱动型全球价值链和生产者驱动型全球价值链的价值在链上形成与分布的特点。他指出，在采购者驱动型全球价值链中，主要价值增值份额都偏向于流通环节，从生产环节向流通环节转换的过程中，价值增值率是边际递增的；而在生产者驱动型全球价值链中，主要价值增值份额都偏向于生产环节，从生产环节向流通环节转换的过程中价值增值率是边际递减的。在此基础上，他从理论上归纳出兼具生产者驱动和采购者驱动的新的全球价值链动力模式，并称之为混合驱动型全球价值链模式。在混合驱动型全球价值链中，价值增值在生产环节和流通环节都有偏重，在生产环节向流通环节转变的过程中，先表现为价值的边际价值增值率递减，然后又表现为价值的边际价值增值率递增。

三、采购者、生产者和混合驱动模式的比较

张辉（2004）在杰里菲的基础上从动力根源、核心能力、环节分离形式、进入门槛、产业分类、典型产业部门、制造企业、产业联系、产业结构和辅助支撑体系等方面对生产者和采购者驱动型全球价值链进行了比较研究（如表4-2所示）。

表 4-2 生产者、采购者和混合驱动型全球价值链比较

	生产者驱动型全球价值链	采购者驱动型全球价值链	混合驱动型全球价值链
动力根源	产业资本	商业资本	二者兼有
核心能力	研发、生产能力	设计、市场营销	二者兼有
环节分离形式	国际直接投资	外包网络	二者兼有
进入门槛	规模经济	范围经济	二者兼有
产业分类	耐用消费品、中间商品、资本商品等	非耐用消费品	二者兼有
典型产业部门	汽车、计算机、航空器等	服装、鞋、玩具等	二者兼有
制造企业的业主	跨国企业，主要位于发达国家	地方企业，主要位于发展中国家	二者兼有
主要产业联系	以投资为主线	以贸易为主线	二者兼有
主导产业结构	垂直一体化	水平一体化	二者兼有
辅助支撑体系	重硬环境轻软环境	重软环境轻硬环境	二者兼有
典型案例	波音、丰田等	沃尔玛、耐克等	英特尔、戴尔等

资料来源：张辉．全球价值链动力机制与产业发展策略［J］．中国工业经济，2006（1）：40-48.

四、全球价值链动力机制演变及其原因

（一）全球价值链动力机制演变趋势

经济全球化的任何新变化、新动向都会影响动力机制的内部运作规则。从许多产业目前的发展情况看，全球价值链动力机制有一种向采购者驱动转化的趋势。这种趋势在以往以生产者驱动为典型特征的汽车、计算机等产业研究中（Gereffi，1999b）可以得到说明。在汽车行业，以售后服务全球化和服务贸易全球化为核心内容的汽车服务业正迅速发展，汽车行业的竞争也逐步向相关服务环节延伸。而计算机行业的核心竞争力也逐渐由生产环节向品牌和销售的环节转移。从 20 世纪个人电脑供应链变化的特点看，它经历了从生产者驱动向采购者驱动的转变（孙启俊，2009）。

（二）全球价值链动力机制演变的原因

1. 全球分工体系的变革。早期全球分工体系基本都是建立在有形资产的基础上。随着制造环节持续转移，发达国家的全球竞争优势越来越体现在无形资产方面，而有形资产方面的优势越来越体现在发展中国家。经济全球化带来的这一巨大变化，对全球价值链的动力机制产生了巨大影响。与之相对应，生产者驱动的价值链越来越被采购者驱动的价值链所取代，也就是说品牌、销售渠道、链条管理能力等无形资产在全球价值链中的作用正处于不断上升的过程中。

2. 获得和维护生产者驱动的核心能力面临更大挑战。造成全球价值链动力机制向采购者驱动演变的原因还在于价值链领导者越来越难获得和维持生产者驱动所需的核心竞争力，市场、品牌等采购者驱动型全球价值链领导者具备核心能力的重要性不断提高，这两者共同作用促成了采购者驱动力量的加强（蒙丹，2011）。对生产者驱动型全球价值链的领导者来说，最关键的竞争优势就是其强大的研发能力和对核心知识、技术的垄断，但是现在这种能力正在面临越来越大的挑战。一方面，逐渐走向成熟的产品市场对领导

厂商的研发能力要求越来越高。另一方面，在知识经济时代，知识与创新的离散化程度提高使生产者驱动型全球价值链的领导者维持其研发与创新的垄断地位的能力逐渐削弱。

3. 市场需求的重要性不断提升。生产技术的提高与垂直专业化国际分工生产方式的采用极大地提高了厂商的生产能力，使厂商能够组织起全球大量的廉价劳动力，以更快的速度、更低的成本、更大的规模生产出质高价廉的产品。而需求的增加速度却是有限的，需求增加相对供给增加变得更加困难。随着消费者需求层次的不断提高，人们对产品品质的要求也在不断提高，品牌效应的作用越发明显。正是因为市场需求重要性的不断提升，那些控制着产品销售渠道，掌握着大量市场需求资源的大采购商的地位变得越来越重要。他们不但管理着产品的销售环节，而且因为更直接地接触市场和了解需求变化，是连接供应商和消费者的重要桥梁。这些采购商可以通过对产品设计、生产制造、物流配送、订单处理等价值链环节的逆向控制成为整条价值链的领导者。

第三节　全球价值链治理

一、价值链治理的概念

随着国际分工的进一步细化，价值链也变得更加复杂，内部环节不断增加。这时要想通过提高价值链中的单个环节的效率从而提升整个价值链的收益变得有限，因此需要系统性地协调价值链中各个环节的活动，从而使整个价值链具有竞争力。这种系统性协调就是价值链的治理。价值链治理（value chain governance）一词由 Gereffi（1994）提出，他将其界定为“决定人财物资源如何在价值链内分配和流动的权威与权利关系”。当全球价值链上一些企业根据其他主体设定的参数（标准、规则）进行生产工作时，治理问题就产生了。这些参数包括生产什么、如何生产、何时生产、生产多少以及价格等五类基本参数。Humphrey 和 Schmitz（2000）将价值链治理定义为：通过价值链中公司之间的关系安排和制度机制，实现价值链内不同经济活动和不同环节间的非市场化协调。作为一种制度安排，治理在全球价值链上居于核心地位。因为价值链上各环节公司之间的各种活动、劳动分工以及价值分配，都处于价值链治理之下。治理能保证价值链上企业间的交互式作用不是随机的，而是具有某种组织性（汪斌和侯茂章，2007）。

二、全球价值链治理模式

全球价值链治理模式的研究，始于对企业间关系的研究，一般都遵循从单个产业或产业集群到理论框架的归纳模式（吴建新和刘德学，2007）；在理论上根源于交易成本经济学、企业网络和企业技术、学习能力三个学说（Gary Gereffi，John Humphrey，and Timothy Sturgeon，2003）。全球价值链治理模式有多种划分方法。

（一）四分法

Humphrey Schmitz（2002）根据主导公司对价值链控制的程度，将全球价值链的治理模式分成四种类型：

1. 网络型（networks）。具有互补能力的企业对价值链的重要环节进行分工，各方共同定义产品。网络意味着企业之间是一种平等合作关系，在全球价值链中分享各自的核心能力。

2. 准层级型（quasi-hierarchy）。一家企业对其他企业实施高度控制，常常规定产品的各种特征以及要遵循的流程。准层级意味着以下两类企业间的关系：一类是法律上虽然独立但要从属于其他企业的企业；另一类是在全球价值链中制定其他参与者必须遵守的规则的主导企业。

3. 层级型（hierarchy）。主导企业对全球价值链上的某些运行环节采取直接的股权控制，跨国公司及其分支机构之间的关系就属于这一类。

4. 市场型关系（market-type relationship）。处于价值链上的企业不存在任何的隶属、控制等关系，纯粹是一种贸易关系。

其中，前三种是较为典型的形式。

（二）五分法

在 Walter W. Powell（1990）、Sturgeon（2001）等生产网络理论及 Humphrey 和 Schmitz（2002）分类的基础上，Gereffi，Humphrey 和 Sturgeon（2003）结合价值链理论、交易成本经济学、技术能力与企业学习等理论，提出了一个比较严谨、完整的分析框架。他们认为，决定价值链治理模式的三个主要因素是交易复杂性、信息标准化和供应商能力。(1) 交易复杂性是指维持一项特定交易所需信息和知识传递的复杂性，尤其是与产品和流程规格有关的信息与知识；(2) 信息标准化是指该信息与知识能够进行标准化处理的程度，以实现有效传输且不需要交易双方就特定交易再进行投资；(3) 供应商能力是指供应商与交易要求相关的实际和潜在能力。

杰里菲等人按照上述三个要素的高低组合情况归纳出五种典型的全球价值链治理模式（见表 4-3），按照链中主体外部协调和权力不对称程度从低到高依次排列为：市场型、模块型、关系型、领导型和层级型。

表 4-3　全球价值链治理模式与决定因素

治理类型	交易复杂性	交易标准化能力	供应商能力	外部协调和权力不对称的程度
市场型	低	高	高	低
模块型	高	高	高	↑
关系型	高	低	高	↕
领导型	高	高	低	↓
层级型	高	低	低	高

资料来源：Gereffi G，Humphrey J，Sturgeon T. The Governance of Global Value Chains：An Analytic Framework [R]. Paper Presented at the Bellagio Conference on Global Value Chains，2003.

1. 市场型（market-type）。当交易易于进行规范化处理时，产品规格相对简单，供应商有能力制造所需产品，采购商无需投入，在资产专用性较低的情况下就会产生市场型治理。在市场交易中，买家对卖家设定的规格和价格作出回应，因信息交换的复杂性相对较低，交易比较简单，双方只要通过价格和契约就可以很好地控制交易的不确定性，所以交易治理并不需要外部协调。

2. 模块型（modular）。当规格规范化的能力扩展到复杂产品时，双方交流的信息量比市场型大、较复杂，这时模块型价值链就出现了。该类价值链产生的条件包括产品结构模块化，技术标准通过减少组件差异和统一组件、产品和流程规格来简化互动，以及供应商具有提供完整产品和模块的能力，尽力规范信息以降低资产专用性。由于规范化处理，复杂信息的交换几乎不需要非市场协调就能进行，所以具有公平市场关系的诸多优点。例如，有一定的交易灵活性，更换新的交易对象的成本仍然很低，更换合作伙伴较容易。

3. 关系型（relational）。当产品规格无法规范化处理时，交易十分复杂，在供应商能力强的情况下关系型价值链治理就会出现。因为隐性知识必须在买卖双方之间进行交换，能力强的供应商促使主导企业有很强的动机实施外包以实现能力互补。随之出现的相互依赖可以通过信誉、社会和空间邻近、家庭和族群联系等类似因素来进行规范，也可以通过机制性安排让破坏合约的一方付出代价。复杂的隐性信息交换往往需要频繁的面对面互动来完成，而且需要通过高水平的非市场化协调来管理，所以更换交易对象的成本很高，更换合作伙伴较困难。

4. 领导型（captive）。当规范化的能力和产品规格的复杂性均较强时，在供应商能力弱的情况下价值链治理将倾向于领导型。因为供应商能力较弱，且又面对复杂的产品和规格要求，主导企业不得不大量干预和控制生产。主导企业需要锁定供应商，以免自身付出努力得到的好处被其他竞争对手获得；由于被锁定，供应商更换合作伙伴的代价很高。因此，交易依赖关系就发展成为从属与领导关系。从属企业往往被限制在较窄的业务范围中，如主要进行简单的组装，在设计、物流、零部件采购、加工技术升级等支撑业务上都依赖于领导企业。在这种治理中，领导厂商通过高度控制供应商来实现治理，同时通过提供各种支持使供应商放弃不具备吸引力的其他选项，愿意保持合作关系。

5. 层级型（hierarchy）。当产品规格无法标准化处理、产品复杂且没有能力强的供应商时，主导企业不得不自行研发和制造产品。这种治理模式通常是因为价值链各环节之间需要交流隐性知识，需要有效地管理投入和产出的复杂网络，以及需要控制资源，尤其是知识产权。

三、 全球价值链治理中的权力运作

在 Gereffi，Humphrey 和 Sturgeon（2003）的全球价值链治理模式分类中，对于领导型全球价值链，领导企业直接对供应商使用权力，这和垂直一体化企业（或该分类的层级型价值链治理模式）中总部的最高管理层对海外子公司或分支机构直接的行政控制比较类似。这种直接控制表明非市场的外部协调程度较高，领导企业（或最高管理层）作为主导方，权力关系非常不平衡。在关系型全球价值链中，企业间权力关系相对平衡，因为双方在价值链中都贡献重要的能力。关系型价值链也需要大量的非市场协调，但是这种协调发生在相对平等的合作伙伴之间，通过密切的对话得以实现。这与领导型全球价值链和层级型内部的不平等控制关系以及信息的单向流动完全不同。模块型全球价值链和市场型类似，供应商和客户的变更都相对容易，因为双方都拥有多个合作伙伴，所以权力不平衡程度相对较低。全球价值链治理类型与权力分配关系如图 4－5 所示。①

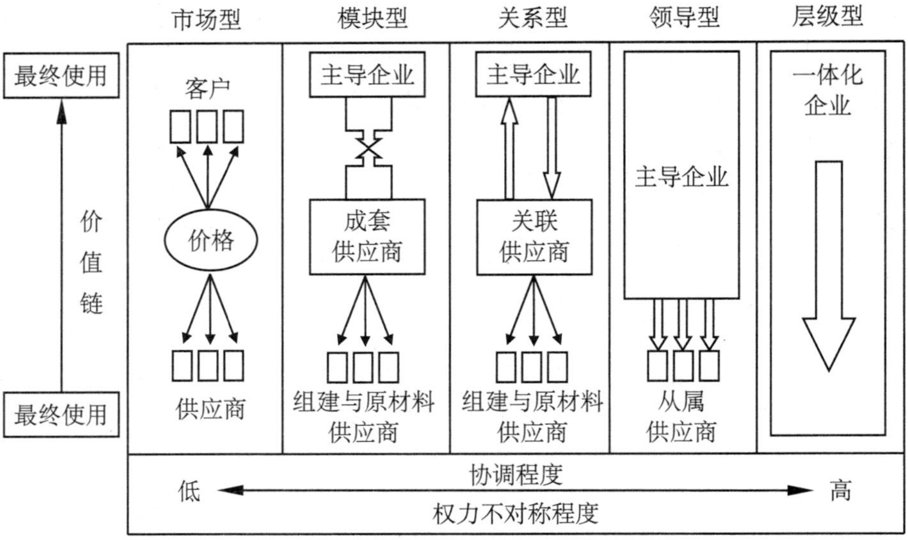

图 4－5 全球价值链治理类型与权力分配关系

五种类型的全球价值链治理沿着外部协调程度和权力不对称程度依次排列。细箭头代表基于价格的交易，箭头越粗代表通过非市场协调进行控制和规范的程度越高，信息流越多。这里包括在领导型全球价值链或层级型企业内部权力较大的采购商（或管理者）向权力较小的供应商（或下属）发出指令，也包括关系型全球价值链中相对平等的合作伙伴通过社会约束来规范行为。在模块型全球价值链中，企业间的联系从密集的信息流缩小到标准化传输，让每个合作伙伴都在其企业边界内处理隐性信息。或者可以与全球价值链治理的其他类型相结合，在链条的局部采用领导型或市场型方式。如图 4－5 中关系型供应商和模块型供应商与向它们提供原材料和零部件的企业之间的关系是市场型的，当然也可以是其他形式。

四、 全球价值链治理中战略环节识别

全球价值链理论的一个基本思路就是一个价值链中有众多的价值环节，并不是每一个环节都创造等量价值。实际上只有某些特定的价值环节才能创造更高的附加值，某些辅助或支撑环节并不创造价值（这并不能说明它们不重要）。这些高附加值的价值环节一般就是全球价值链上的战略环节。战略环节有可能与产品直接相关，如可口可乐公司的饮料配方，也有可能是位于价值链的辅助性增值活动环节，如 IBM 在计算机行业的竞争优势就来源于其覆盖全球的强大的组织体系及其组织管理能力。谁抓住了这些战略环节，谁就抓住了整个价值链，也就控制了该行业，即由谁来治理这条价值链。由此可见，要保持全球产业竞争优势，关键是掌握该产业全球价值链上的战略环节（张辉，2004）。因

① Gereffi G，Humphrey J，Sturgeon T. The Governance of Global Value Chains：An Analytic Framework [R]. Paper Presented at the Bellagio Conference on Global Value Chains，2003.

此，识别战略环节是治理研究的重要内容之一。Andreas Stamm（2004）分析了全球价值链战略环节的识别指标，见表 4-4。

表 4-4　全球价值链战略环节的识别指标

指标	优点和缺点
价值链中销售份额	不是一个有力的指标，因为该指标无法规避原料部分的重复买卖活动，因此缺乏有效影响力。
价值链中增值份额	因为其反映了价值链的具体环节部分，所以是一个比较好的指标。
价值链中利润份额	虽然是一个反映价值链中能力水平的好指标，不过高利润份额可能来自对稀缺资源的垄断，并且对下游环节也没有什么影响力。
价值链中利润率	不是一个很好的指标，因为价值链中一些小型利基型参与者可能会有很高的利润率，但是它们对整个价值链并没有多大影响力。
价值链中购买份额	是一个很好的指标，特别是在购买渠道多元化而非依赖领导企业的时候，该指标更加有效。
掌握价值链中核心技术或独特能力	在生产者驱动型全球价值链中是一个很好的指标，例如，汽车产业。
拥有价值链中市场标识（品牌）	在品牌标识重要的市场中，该指标会凸显其优势。

资料来源：Stamm A. Value Chains for Development Policy: Challenges for Trade Policy and the Promotion of Economic Development [R]. *IDS Bulletin*, 2004.

如何在离散性、错乱复杂地分布于全球各地的价值高低不同的诸多环节中鉴别出价值链的战略环节呢？为了解决这一问题，可以借鉴表 4-4 中给出的指标分析体系。全球价值链强调的是增值份额、利润份额、购买份额、核心技术或独特竞争能力和市场品牌五个方面内容，而且这五个指标还各有其适用范围。弱化市场销售比重和利润率等传统分析指标，并采用一些动态指标，以此判断战略环节的变化，更突出了产业的动态改善过程和发展的治理理念。通过指标体系发现价值链的战略环节实际上为产业发展或升级指明了方向，这对于企业适时调整战略和选择嵌入全球价值链的切入点也尤为重要。如汽车、电信等行业的战略环节明显地向产品使用和维护等下游环节转移，下游环节的增值呈现上升趋势。那么，企业通过降低生产成本、经营主导产品、开发差异性产品来维持竞争优势的传统战略就显示出局限性；在这种情形下，企业应积极开拓下游环节的增值业务，如多元化的客户服务、提供产品本地化方面的服务等，使其逐渐融入全球价值链。

五、全球价值链治理模式的动态变化

全球价值链的治理模式是不是一成不变的呢？Sturgeon（2002）分析了美国电子产业的全球价值链，随着领导型电子企业发展合同制造的规模逐步扩大，供应商（或合同制造商）的能力不断增强，再加上全球标准化进程的加快和信息技术的推广，领导型电子企业与供应商之间的关系不断发生变化，由最初的完全一体化生产（即层级型治理模式）向模块型转变。随着供应商的业务从产品组装扩展到生产过程设计、零部件采购和存货管理、测试程序开发、最终产品组装、全球物流与营销，以及售后服务等，以及供应商能力增强和信息技术的广泛应用，供应商与采购商之间传递的信息越来越复杂和非标准化，这使得它们之间的关系越来越紧密，价值链的治理模式有向关系型发展的趋势。

Gereffi，Humphrey 和 Sturgeon（2003）通过对自行车产业、服装产业、鲜蔬产业和电子产业等四个产业的全球价值链治理模式的分析发现，全球价值链的治理模式并不是一成不变的，也并不与特定产业类型严格对应，它是动态变化的。治理模式取决于价值链上的参与者如何相互作用，以及技术如何被应用到设计、生产和价值链治理本身。价值链的治理模式也不是单一的，就算在某一特定时间和地点的特定产业，链上不同环节的治理模式也是不同的。全球价值链的动态性与交易复杂性、交易标准化能力和供应商能力三个关键因素的变化相关，只要决定全球价值链治理模式的三个因素发生变化，全球价值链就会动态变化。他们还对三个因素如何发生变化以及全球价值链治理模式的变化轨迹做了简单分析。

表 4－5 列举了一些全球价值链动态变化的可能轨迹。

表 4－5　全球价值链治理模式与决定因素

治理类型	交易复杂性	交易标准化能力	供应商能力
市场型	低	高	高
模块型	① 高 ②	高 ④	高
关系型	高	③ 低	⑤ 高 ⑥
领导型	高	高	低
层级型	高	低	低

资料来源：加里·杰里菲，等．全球价值链和国际发展：理论框架、研究发现和政策分析［M］．曹文，李可，译．上海：上海人民出版社，2018：96.

从表 4－5 可见：第一，交易复杂性发生变化，是由于主导企业希望从其供应商那里获得更加复杂的产品和服务；日益复杂的交易会降低供应商应对新需求的能力，因为原有的能力可能无法满足新的要求，这反映为表 4－5 中的趋势线①。相反地，信息复杂性下降可能增强交易规范化的能力，这表现为趋势线②。第二，在产业内部，规范化和创新之间一直存在某种联动关系，新的技术可以更好地进行交易规范化，也可能导致交易去规范化，这就是表中的趋势线③和④。第三，供应商能力随着时间推移发生变化，如果供应商学习，能力就会提高，这体现为表中的趋势线⑤；但如果采购商在现有的价值链中引入新的供应商，或有新的技术投入使用，或主导企业提高了对现有供应商的要求，那么相对来说，供应商的能力就会下降，这体现为表中的趋势线⑥。

第四节　全球价值链下的产业升级

一、全球价值链下产业升级的含义

全球价值链理论对产业升级的讨论始于 20 世纪 90 年代后半期。虽然产业升级的重要性毋庸置疑，但产业升级的内涵及分类至今仍然很难完全统一。在内涵上，有的学者从较为宏观的层面来把握，而有的学者则侧重于从中观或微观层面来进行界定。Gereffi（1999b）认为，产业升级是一个过程，是一个企业或经济体迈向更具获利能力的资本和技术密集型经济领域的过程。Kaplinsky（2000）认为，升级就是制造更好的产品、更有效地制造产品或者是从事需要更多技能的活动。Teresa Shuk-Ching Poon（2004）则认为，产业升级就是制造商成功地从生产劳动密集型低价值产品向生产更高价值的资本或技术密集型产品这样一种经济角色转移的过程。升级过程包括各个价值环节内在属性和外在组合两个方面的变动，这两方面连接在同一链条之中或不同链条之间。黄永明和聂鸣（2006）指出，升级是指向能带来较高收入的经济活动过程的转移。陈柳钦（2009）认为，从全球价值链的角度来研究产业升级，它指的是价值链之中或尚未嵌入的企业通过嵌入价值链获取技术进步和市场联系，从而提高竞争力，进入到附加值更高的活动中。可见，无论从什么层面看，其共同之处就是：产业升级是产业由低技术水平、低附加价值状态向高技术水平、高附加价值状态演变的过程。由于一个国家或地区在全球价值链中所处的功能环节直接决定了其在该产业获得的附加价值，因此要想改变在价值链中的被动局面，发展中国家的产业必须进行升级。

二、 全球价值链下产业升级的层次与模式

Gereffi（1999a）按所需资源配置范围的大小把升级分成四个层次：企业内部升级、企业之间升级、当地或国家内部升级和国际性区域升级（见表 4-6）。

表 4-6 Gereffi（1999a）四个升级层次

升级层面	实践形式
企业内部升级	从便宜到昂贵物品、从简单到复杂产品、从小额订单到大额订单。
企业之间升级	从标准化产品的大量生产到差异化商品的柔性生产。
当地或国家内部升级	从简单进口部件装配到原始设备制造（OEM）和原始设计制造（ODM）一体化生产，在当地和国家的层面上强化前向和后向的联系。
国际性区域升级	从双边的、非对等的、区域间的贸易流动，到充分发育的区域之间产业分工，整合商品链各个阶段（包括初级原材料供应、生产、分销和消费）。

资料来源：Gereffi G. International Trade and Industrial Upgrading in the Apparel Commodity Chain [J]. *Journal of International Economics*, 1999（1）：37-70.

Humphrey 和 Schmitz（2000）则以企业为中心把升级分为三种模式：流程升级（process upgrading）、产品升级（product upgrading）、功能升级（functional upgrading）。2002 年他们又提出第四种升级模式，称为链条升级（chain upgrading）。流程升级是指通过整合生产系统或引入技术含量更高的加工工艺，把投入更为高效率地转化为产出，从而保持和强化竞争优势。产品升级是指通过更快地引进、推出新产品或改进已有产品达到超越竞争对手的目的，具体体现为从低附加值的低层次简单产品转向同一产业中高附加值的更为复杂、精细的产品。功能升级是指通过重新组合价值链中的环节来获取竞争优势的一种升级方式，如从低附加值的生产环节转向高附加值的设计或营销等环节。链条升级是指凭借在一条价值链上获得的知识跨越到另一条价值更高的价值链。各升级模式的实践形式见表 4-7。

表 4-7 Humphrey 和 Schmitz（2000，2002）四种升级模式

升级模式	实践形式
流程升级	通过创新生产系统或引进先进技术，提高价值链中加工流程的效率。
产品升级	通过引进新产品或改进已有产品超越竞争对手，移向更先进的生产线（增加单位价值）。
功能升级	重新组合价值链中的环节，以提高经济活动的附加值。获得新的功能或放弃已有的功能，增加经济活动的技术含量。例如从生产环节向设计环节和营销等利润丰厚的环节跨越，改变企业自身在价值链中所处的位置。
链条升级	从一条价值链跨越到一条新的、价值更高的相关产业的价值链，企业把在一个产业获得的能力应用到另一个新的产业，或转向一个新的全球价值链。

资料来源：Humphrey J，Schmitz H. Governance and Upgrading：Linking Industrial Cluster and Global Value Chain Research [R]. IDS Working Paper 120，Brighton：IDS，2000.

三、 全球价值链下产业升级的路径

Gereffi（1999a）认为四种产业升级层次内部是有一定规律可循的。四种层次的升级难度也是逐步递增的。随着产业升级的不断深化，参与价值链中实体经济活动的环节会变得越来越少，但是价值链内某一个或几个环节中的价值增值却可能在增加，因此它们会沿着价值链向设计、营销、品牌等上下游环节移动以实现更大的价值增值。研究者普遍认为产业升级一般都依循从工艺流程升级到产品升级再到产业功能升级最后到价值链升级这一规律。但应强调指出，产业升级轨迹并不是完全依照这一规律不可改变的，例如，当技术出现突破性创新时，升级轨迹可能突破常规方式。全球价值链升级路径如图 4-6。①

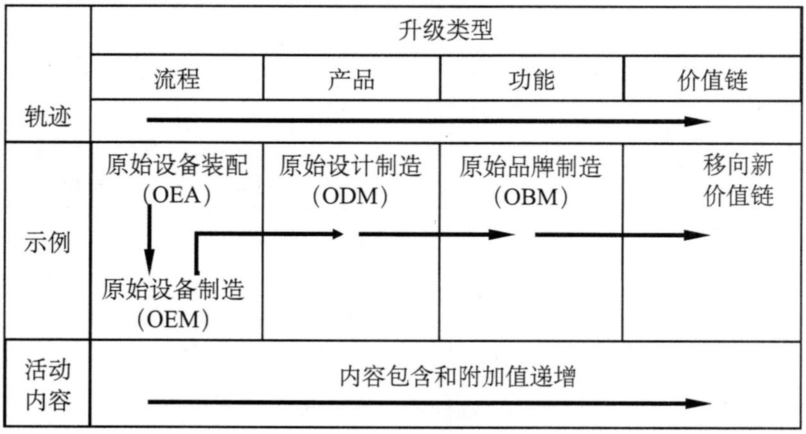

图 4-6 全球价值链升级路径

四、 全球价值链治理与产业升级

不同价值链治理模式下，发展中国家产业集群嵌入全球价值链的升级方式、路径及

① Kaplinsky R，Morris M. A Handbook for Value Chain Research [R]. Paper for IDRC，2002.

局限性各异。Humphrey 和 Schmitz（2000）认为，嵌入准层级型价值链为工艺和产品升级提供了有利条件，但阻碍了功能升级；在市场关系型价值链上，工艺和产品升级较慢，但功能升级的空间更大；网络型价值链升级条件最佳，但由于要求较高的竞争力，对于发展中国家的生产商来说最不可能。

在驱动型全球价值链治理框架内，Gereffi（1999a），Gray Gereffi 和 Olga Memedovic（2003）通过对服装产业全球价值链的研究发现，为美国采购商生产的东亚国家供应商处于一个从 OEM 到 ODM，甚至到 OBM 的升级轨迹。虽然升级主要由采购商的需要驱动，但他们认为：进入采购者驱动型全球价值链的发展中国家以及新兴工业化国家的制造商在生产方面有较好的升级前景，而且随后会进入设计、营销和建立自有品牌的阶段。这也意味着进入采购者驱动型全球价值链不但可以实现流程和产品升级，而且可以实现功能升级。杰里菲把这种效果归功于干中学和组织演替（organizational succession）。干中学是在与采购商的互动中，制造商在接受采购商指导、帮助和监管中实现了知识水平和生产能力的提升；而组织演替则是指制造商从满足低端市场购买者需求的生产转向满足高端采购商不断提出的更高要求的过程，国外采购商的这种演替使制造商能力得到升级。

大多数学者赞同进入这种采购者驱动型全球价值链有助于流程和产品升级的观点，因为当地制造商从全球采购者那里学到了大量的提升生产流程、提高生产连续性和产品质量，以及提高对客户订单反应速度的知识。Michael Hobday（1995）和 Schmitz（1995）通过实证分析分别证明了采购者支持东亚和巴西相关产业出口制造商的重要性。然而，关于进入采购者驱动型全球价值链是否有助于功能升级的问题则存在很多争议。Hobday（1995）对从 OEM 到 ODM 再到 OBM 的转换进行了最为全面的分析，结果发现从 OEM 转向 ODM 的证据比从 ODM 转向 OBM 的证据更多。对全球鞋业价值链的研究表明，中国、印度和巴西的制造商在发展它们的设计和营销能力时遇到了壁垒（Schmitz and Knorringa，2000）。在采购者驱动型全球价值链中，功能升级受到了不同程度的阻碍。这些阻碍主要有两类：首先是采购者势力，全球价值链的力量源泉在于越来越多的非生产性活动，尤其是品牌、营销、产品开发和公司间关系的协调活动。全球价值链中的主导企业集中投资于这些被视为核心能力的活动，它们不会把核心环节传授给供应商，甚至还限制供应商在这些环节的升级。因此，供应商就很难有机会与主导企业分享这些核心能力。其次是资源要求，即对于发展中国家的制造商而言，在国外市场拓展自有品牌产品的投资要求较高，而且还需要承担较大的风险。Jennifer Bair 和 Gary Gereffi（2001）对墨西哥牛仔裤产业的研究就发现墨西哥制造商要在美国市场上拓展一个自有新品牌的必要投资要求很高，而且风险也很高。

五、 中国学者全球价值链下产业升级研究

中国学者对于产业升级问题研究的切入点大多建立在后发工业国发展落后这一基本事实上，认为嵌入全球价值链并向上攀升是产业升级的重要途径之一。梁军（2007）认为，全球价值链为发展中国家介入新兴产业、全方位参与国际分工和国际竞争提供了新的机会和条件。发展中国家应针对不同类型的全球价值链采取不同的升级策略，从比较

优势向竞争优势转变，实施产业组织的模块化构造和企业的模块化经营，最终实现价值增值环节的攀升，从而实现其产业升级。

（一）全球价值链动力机制与中国产业升级

江心英等（2009）从全球价值链类型的角度研究了 OEM 企业的升级路径，他们认为：隶属于生产者驱动型全球价值链的 OEM 企业应积极与业内领导型企业建立合作关系，提高自己的供货效率，不断地进行技术创新，同时在发展初期还要实施成本控制和低价营销策略；而隶属于采购者驱动型全球价值链的 OEM 企业应适时地由制造商转变为中间商，沿着 OEM—ODM—OBM 的路径逐步升级，拓宽市场渠道，积极打造自主品牌等。熊宇（2011）认为，发展中国家加入生产者驱动型全球价值链不会带来产业升级。生产者驱动型全球价值链中的核心要素是市场导向、难以被复制的技术能力，领导厂商不会把投入巨大成本研发的核心技术透露给供应商。领导厂商外包给供应商的都是非核心、已成熟的和容易被模仿的技术。供应商获得这些技术之后，虽然能提高自己的生产能力，但是仍然无法获得市场势力。翁春颖和韩明华（2015）从全球价值链驱动模式入手，对全球价值链下的知识转移进行了分析，认为不同价值链驱动模式下中国本土制造业通过嵌入全球价值链获取来自领先企业的知识存在差异，从而决定了其技术进步与升级路径的不同。

（二）全球价值链治理与中国产业升级

文婷和曾刚（2005）分析了价值链治理对地方产业网络升级的影响，他们指出：价值链治理者（全球领先公司）对地方产业网络升级的推动或阻挡，决定于地方产业网络的升级行为是否侵犯了其核心竞争力，而不是决定于地方产业网络升级的类型。陈菲琼和王丹霞（2007）的研究表明，企业升级与价值链的治理模式息息相关，并且企业升级的路径与价值链治理模式的动态更替结合在一起，企业在动态变化的价值链上实现逐步升级，而企业的升级又进一步促进价值链治理模式的变化，二者形成了相互促进的动态循环过程。

（三）利用全球价值链促进中国产业升级的途径

余东华和田双（2019）研究发现：嵌入全球价值链总体上能够推动中国制造业转型升级；由于低端锁定及吸收门槛效应的存在，嵌入全球价值链并未产生显著的技术创新效应，从而对制造业转型升级产生了间接的消极影响；嵌入全球价值链的地位与制造业转型升级程度之间存在 U 形关系，低端嵌入不利于制造业转型升级，迈过拐点后的中高端嵌入能够明显推动制造业转型升级。刘仕国等（2015）提出利用全球价值链促进中国产业升级的途径：对外开放，融入全球产业大循环，成为全球价值链的一部分；利用全球价值链升级直接促进产业升级；利用全球价值链上频繁的国际中间品贸易和国际直接投资促进产业创新；整合国内价值链，支持国内企业抱团加入特定的全球价值链，增强在其中的话语权；促进区域市场融合，充分发挥区域价值链在产业发展中的作用。郑江淮和郑玉（2020）在全球价值链分工框架下，基于中国的实践，提出新兴经济大国中间产品创新驱动全球价值链攀升的机制与路径，即利用低成本的比较优势获取发达经济体中低端中间产品外包，通过国内生产体系的规模经济与范围经济，引致国内中间产品的创新，实现进口替代，进而引发技能偏向型技术进步以及来自发达经济体的知识溢出与研发合作。刘志彪和张杰（2009）指出，对于中国的产业升级问题，最重要的是在战略层面上充分重视从被“俘获”与“压榨”的全球价值链中突围，加快构建以本土市场需求为基础的国家价值链的网络体系和治理结构，实现国家价值链与全球价值链的协调。

（四）全球价值链与中国制造业、高新技术产业或劳动密集型产业升级

黄光灿、王钰和马莉莉（2019）指出，中国制造业在向全球价值链高端节点转移的过程中，需转变从垂直分工到水平分工的思路，构建以技术进步为主导的全产业链发展模式，打造制造业价值生态体系，在多个价值环节与全球伙伴进行水平合作，增加中国国内间接附加值率，提升制造业国际竞争力以实现产业升级。任家华和王成璋（2005）提出，企业主动嵌入全球化生产体系并在全球价值链中升级是中国高新技术产业发展的战略路径。黄永明、何伟和聂鸣（2006）应用基于全球价值链的升级分析框架，系统分析了嵌入全球价值链的中国纺织服装企业面临的升级障碍和升级路径选择问题，提出了基于技术能力、市场扩张能力以及技术和市场相组合的三种企业升级路径。陈仲常、马红旗和绍玲（2012）分析了规模经济效应、生产效益、政府支持、金融环境等影响中国高技术产业全球价值链升级的因素。冯德连（2017）分析了全球价值链下中国劳动密集型产业集群升级的机制，提出四元动力机制和三元主体协同机制。

本章参考文献

［1］陈菲琼，王丹霞．全球价值链的动态性与企业升级［J］．科研管理，2007（5）：52－59.

［2］陈柳钦．有关全球价值链理论的研究综述［J］．重庆工商大学学报（社会科学版），2009（6）：55－65.

［3］陈仲常，马红旗，绍玲．影响我国高技术产业全球价值链升级的因素［J］．上海财经大学学报，2012（2）：56－64.

［4］冯德连．全球价值链下中国劳动密集型产业集群升级机制与策略［J］．江淮论坛，2017（2）：57－63.

［5］黄光灿，王珏，马莉莉．全球价值链视角下中国制造业升级研究：基于全产业链构建［J］．广东社会科学，2019（1）：54－64.

［6］黄永明，聂鸣．全球价值链治理与产业集群升级国外文献研究综述［J］．北京工商大学学报（社会科学版），2006（2）：6－10.

［7］黄永明，何伟，聂鸣．全球价值链视角下中国纺织服装企业的升级路径选择［J］．中国工业经济，2006（5）：56－63.

［8］江心英，李献宾，顾大福，等．全球价值链类型与OEM企业成长路径［J］．中国软科学，2009（11）：34－41.

［9］梁军．全球价值链框架下发展中国家产业升级研究［J］．天津社会科学，2007（4）：86－92.

［10］刘林青，谭力文，施冠群．租金、力量和绩效：全球价值链背景下对竞争优势的思考［J］．中国工业经济，2008（1）：50－58.

［11］刘仕国，吴海英，马涛，等．利用全球价值链促进产业升级［J］．国际经济评

论，2015（1）：64－84.

［12］刘志彪，张杰．从融入全球价值链到构建国家价值链：中国产业升级的战略思考［J］．学术月刊，2009（9）：59－68.

［13］卢福财，胡平波．网络租金及其形成机理分析［J］．中国工业经济，2006（6）：84－90.

［14］罗珉，曾涛，周思伟．企业商业模式创新：基于租金理论的解释［J］．中国工业经济，2005（7）：73－81.

［15］任家华，王成璋．嵌入全球价值链：中国高新技术产业的升级路径［J］．科学学与科学技术管理，2005（6）：97－101.

［16］孙启俊．跨国公司全球生产网络的形态研究：基于产业层面的分析［D］．天津：南开大学，2009.

［17］蒙丹．全球价值链驱动机制演变趋势及启示［J］．发展研究，2011（2）：9－12.

［18］汪斌，侯茂章．经济全球化条件下的全球价值链理论研究［J］．国际贸易问题，2007（3）：92－97.

［19］文婷，曾刚．全球价值链治理与地方产业网络升级研究：以上海浦东集成电路产业网络为例［J］．中国工业经济，2005（7）：20－27.

［20］翁春颖，韩明华．全球价值链驱动、知识转移与我国制造业升级［J］．管理学报，2015（4）：517－521.

［21］吴建新，刘德学．全球价值链治理研究综述［J］．国际经贸探索，2007（8）：9－14.

［22］熊英，马海燕，刘义胜．全球价值链、租金来源与解释局限：全球价值链理论新近发展的研究综述［J］．管理评论，2010（12）：120－125.

［23］余东华，田双．嵌入全球价值链对中国制造业转型升级的影响机理［J］．改革，2019（3）：50－60.

［24］张辉．全球价值链理论与我国产业发展研究［J］．中国工业经济，2004（5）：38－46.

［25］张辉．全球价值链动力机制与产业发展策略［J］．中国工业经济，2006（1）：40－48.

［26］郑江淮，郑玉．新兴经济大国中间产品创新驱动全球价值链攀升：基于中国经验的解释［J］．中国工业经济，2020（5）：61－79.

［27］加里·杰里菲，等．全球价值链和国际发展：理论框架、研究发现和政策分析［M］．曹文，李可，译．上海：上海人民出版社，2018：84－111.

［28］迈克尔·波特．竞争优势［M］．陈小悦，译．北京：华夏出版社，1997：37－65.

［29］Antràs P，Chor D，Fally T，et al. Measuring the Upstreamness of Production and Trade Flows［J］．*The American Economic Review：Papers & Proceedings*，2012（3）：412－416.

[30] Arndt S W, Kierzkowski H. (eds). *Fragmentation: New Production Patterns in the World Economy* [M]. New York: Oxford University Press, 2001.

[31] Bair J. Anglicizing Global Economic Organization: Embedded Networks and Global Chains Compared [J]. *Economy and Society*, 2008 (3): 39-61.

[32] Bair J, Gereffi G. Local Clusters in Global Chains: The Causes and Consequences of Export Dynamism in Torreon's Blue Jeans Industry [J]. *World Development*, 2001 (11): 1885-1903.

[33] Clancy M. Commodity Chains, Services and Development: Theory and Preliminary Evidence from the Tourism Industry [J]. *Review of International Political Economy*, 1998 (1): 122-148.

[34] Dolan C S, Humphrey J. Governance and Trade in Fresh Vegetables: The Impact of UK Supermarkets on the African Horticulture Industry [J]. *Journal of Development Studies*, 2000 (2): 147-176.

[35] Dyer J H, Singh H. The Relational View: Cooperative Strategy and Sources of Inter-organizational Competitive Advantage [J]. *Academy of Management Journal*, 1998 (4): 660-679.

[36] Fally T. Hillberry R. Quantifying Upstreamness in East Asia: Insights from a Coasian Model of Production Staging [R]. UC Berkeley ARE Working Paper, 2013.

[37] Feenstra R C. Integration of Trade and Disintegration of Production in the Global Economy [J]. *Journal of Economic Perspectives*, 1998 (4): 31-50.

[38] Fold N. Lead Firms and Competition in 'Bi-polar' Commodity Chains: Grinders and Branders in the Global Cocoa-chocolate Industry [J]. *Journal of Agrarian Change*, 2002 (2): 228-247.

[39] Gereffi G. International Trade and Industrial Upgrading in the Apparel Commodity Chain [J]. *Journal of International Economics*, 1999a (1): 37-70.

[40] Gereffi G. A Commodity Chains Framework for Analyzing Global Industries [R]. Working Paper for IDS, 1999b.

[41] Gereffi G. Beyond the Producer-driven/Buyer-driven Dichotomy: The Evolution of Global Value Chains in the Internet Era [J]. *IDS Bulletin*, 2001a (3): 30-40.

[42] Gereffi G. Shifting Governance Structures in Global Commodity Chains, with Special Reference to the Internet [J]. *American Behavior Scientist*, 2001b (10): 1616-1637.

[43] Gereffi G, Humphrey J, Sturgeon T. The Governance of Global Value Chains: An Analytic Framework [R]. Paper Presented at the Bellagio Conference on Global Value Chains, 2003.

[44] Gereffi G, Korzeniewicz M. *Commodity Chains and Global Capitalism* [M]. Westport: Praeger, 1994.

[45] Gereffi G, Kaplinsky R. The Value of Value Chains [J]. *IDS Bulletin*, 2001 (3): 1-8.

[46] Gereffi G, Memodovic O. The Global Apparel Value Chain: What Prospects for Upgrading by Developing Countries? UNIDO, Sectoral Studies Series, Vienna, 2003.

[47] Gibbon P. Upgrading Primary Production: A Global Commodity Chain Approach [J]. *World Development*, 2001 (2): 345 - 363.

[48] Henderson J. Danger and Opportunity in the Asia-Pacific [A]. In: Thompson G. (eds). *Economic Dynamism in the Asia-Pacific* [M]. London: Routledge, 1998: 356 - 384.

[49] Henderson J, Dicken P, Hess M, et al. Global Production Networks and the Analysis of Economic Development [J]. *Review of International Political Economy*, 2002 (3): 436 - 464.

[50] Hobday M. *Innovation in East Asia: the Challenge to Japan* [M]. Cheltenham: Edward Elgar Publishing, 1995.

[51] Humphrey J, Schmitz H. Governance in Global Value Chains [J]. *IDS Bulletin*, 2001 (3): 19 - 29.

[52] Humphrey J, Schmitz H. Developing Country Firms in the World Economy: Governance and Upgrading in Global Value Chains [R]. INEF Report, University of Duisburg, 2002: 25 - 27.

[53] Humphrey J, Schmitz H. Governance and Upgrading: Linking Industrial Cluster and Global Value Chain Research [R]. IDS Working Paper 120, Brighton: IDS, 2000.

[54] Humphrey J, Schmitz H. How Does Insertion in Global Value Chains Affect Upgrading in Industrial Clusters? [J]. *Regional Studies*, 2002 (9): 1017 - 1027.

[55] Kaplinsky R, Morris M. A Handbook for Value Chain Research [R]. Paper for IDRC, 2002.

[56] Kaplinsky R, Morris M. Governance Matters in Value Chains [R]. Developing Alternatives, 2003 (1): 11 - 18.

[57] Kaplinsky R. Spreading the Gains from Globalization: What Can be Learned from Value Chain Analysis [J]. *Journal of Development Studies*, 2000 (2): 117 -146.

[58] Kaplinsky R. Sustaining Income Growth in a Globalizing World: The Search for the Nth Rent [R]. Centre for Research in Innovation Management, University of Brighton, 2004.

[59] Kogut B. Designing Global Strategies: Comparative and Competitive Value-added Chains [J]. *Sloan Management Review*, 1985 (4): 15 - 28.

[60] Koopman R, Powers W, Wang Z, et al. Give Credit to Where Credit is Due: Tracing Value Added in Global Production [R]. NBER Working Paper No. 16426, 2010.

[61] Krugman P R. Growing World Trade: Causes and Consequences [J]. *Brookings Papers on Economic Activity*, 1995 (1): 327 - 377.

[62] Mudambi R. Location, Control and Innovation in Knowledge-intensive Industries [J]. *Journal of Economic Geography*, 2008: 699 - 725.

[63] Poon T S-C. Beyond the Global Production Networks: A Case of Further Upgrading of Taiwan's Information Technology Industry [J]. *Technology and Globalisation*, 2004 (1): 130 - 144.

[64] Porter M E. *Competitive Advantage: Creating and Sustaining Superior Performance* [M]. New York: Free Press, 1985.

[65] Powell W W. Neither Market nor Hierarchy: Network Forms of Organization [J]. *Research in Organizational Behavior*, 1990: 295 - 336.

[66] Riain S O. The Politics of Mobility in Technology-driven Commodity Chains: Developmental Coalitions in the Irish Software Industry [J]. *International Journal of Urban and Regional Research*, 2004 (3): 642 - 663.

[67] Sturgeon T. How Do We Define Value Chains and Production Networks? [J]. *IDS Bulletin*, 2001 (3): 9 - 18.

[68] Sturgeon T, Lee J - R. Industry Co-evolution and the Rise of a Shared Supply-base for Electronics Manufacturing [R]. Paper Presented at Nelson and Winter Conference, Aalgborg, June, 2001.

[69] Schmitz H. Small Shoemakers and Fordist Giants: Tale of a Supercluster [J]. *World Development*, 1995 (1): 9 - 28.

[70] Schmitz H, Knorringa P. Learning from Global Buyers [J]. *Journal of Development Studies*, 2000 (2): 177 - 205.

[71] Teece D J, Pisano B, Shuen A. Dynamic Capabilities and Strategic Management [J]. *Strategic Management Journal*, 1997 (7): 509 - 533.

[72] UNIDO. Competing through Innovation and Learning——the Focus of UNIDO' s Industrial Development 2002/2003 [R]. UNIDO publication identification number 414, Vienna, 2002.

第五章

跨国公司理论的四个维度

第一节 引言与概念界定

一、引言

20 世纪下半叶以来，以母国为基地从事跨国界经营活动的公司或企业逐渐成为经济全球化的核心组织者，并利用其自身战略以及国际直接投资行为，通过生产、流通、分配以及消费各领域的布局，将世界经济紧密联系起来，进而形成不断扩大的经营规模、交织复杂的网络结构以及一体化的全球价值链体系。跨国界意味着上述公司或企业具有多国性特点，决定了人们在政治经济、企业管理以及法律约束等方面对其定义并不统一，早期主要包括多国企业（multinational enterprise）、全球公司（global corporation）、国际公司（international corporation）以及跨国公司（transnational corporation）等说法。但回归到以母国为基地从事跨国界经营活动这一核心特点，跨国公司已成为目前被普遍认可的称谓[①]，本章也遵循这一做法，将相关主体统一为跨国公司。

18 世纪中期，英国主导的工业革命推动了个别大型企业的跨国行为，这类企业被视为跨国公司的雏形，但是受制于时代背景，企业数量不多，其对全球经济的推动作用也不明显，因此未引起人们重视并将其作为典型的经济现象加以研究。直到第二次世界大战后，雨后春笋般涌现的跨国公司逐步成为现代企业组织的高级形式，其跨越国界的生产经营形式超越了传统意义上“一般企业”的内涵，对世界经济以及国际格局产生了重要影响，21 世纪甚至被称为跨国公司时代。不可否认的是，随着技术变革以及数据获取和分析方法不断深入微观层面，关于跨国公司这一独特企业群体的实践和理论层面的研究对经济学和管理学理论的创新发展具有重要的时代意义。在世界百年未有之大变局下，

---

① 自 1974 年联合国经济及社会理事会设立跨国公司委员会和跨国公司中心以来，跨国公司逐渐成为最为广泛接受的说法。转引自：联合国跨国公司中心．再论世界发展中的跨国公司［M］．南开大学经济研究所美国经济研究室，对外经济联络部国际经济合作研究所，译．北京：商务印书馆，1982：217－226.

跨国公司和世界经济的紧密联动效应更应成为中国企业（特别是高新技术领域的跨国公司）突破西方发达国家的规锁[①]、助力中国引领新一轮经济全球化的重要手段。

二、概念界定

（一）跨国公司的界定

随着跨国公司对世界经济的重要性不断显现，其内涵界定引起了国际组织、国内外学者的广泛关注。出于权威性考虑，本章重点关注联合国的相关界定。联合国跨国公司中心在《三论世界发展中的跨国公司》[②] 中指出“两个及以上经济体拥有实体”“一个及以上的决策中心”“所有权或其他方式的联系体系”是跨国公司的三个必备要素[③]。联合国贸易和发展会议将跨国公司定义为由母公司及国外分支机构构成的联合或非联合的企业。[④]

不难发现，虽然跨国公司的界定尚未达成统一，但以母国为基地从事跨国界经营活动是不同版本定义的共同之处。结合众多定义，本章对跨国公司内涵界定如下：在母国总部管理控制下，在其他多个经济体建立分支机构从事全球性贸易投资和生产经营活动的经济和法律实体，其中经济实体指的是跨国界的经济组织，法律实体则强调总部和分支机构所属经济体之间的法律遵循关系。

（二）跨国公司理论的界定

跨国公司理论可以理解为，围绕跨国公司这一特殊的微观主体，对其组织运营、贸易投资等行为和规律的理论体系归纳。跨国公司面对的是跨国界甚至是全球性的经营环境。由于正式制度环境（包括政治和经济体制、法律体系）和非正式制度环境（比如文化和商业伦理等）是差异化且动态化发展的，与此相适应，跨国公司理论是多元的，其划分依据也各有侧重，比如根据学科属性分为经济学（国际贸易、产业组织）和管理学（战略管理和组织行为）两类理论；根据时间和解释范畴分为传统理论和新兴理论两类。总体而言，虽然上述理论不断创新发展，但尚未有研究对上述理论进行系统整理。

---

① 规锁（confinement）一词由张宇燕等在分析美国对外战略意图时提出，是美国介于接触与遏制之间的一种对华战略。接触政策的核心是接纳中国成为国际社会的“正式成员”，并让中国逐步成为分担美国国际责任的利益攸关方；规锁政策的核心是要规范中国行为，锁定中国经济增长空间和水平，从而把中国的发展方向和增长极限控制在无力威胁或挑战美国世界主导权的范围以内。与冷战时期美国对苏联的遏制政策相比，规锁政策不是通过孤立或隔绝等途径等待目标国因内耗与低效而停滞以致崩溃，而是致力于运用综合手段塑造目标国的发展路径、锁定目标国的发展空间。参见：张宇燕，冯维江．从“接触”到“规锁”：美国对华战略意图及中美博弈的四种前景［J］．清华金融评论，2018（7）：24－25.

② 联合国跨国公司中心．三论世界发展中的跨国公司［M］．南开大学国际经济研究所，译．北京：商务印书馆，1992：170－171.

③ 三个要素的具体表述如下：第一，在两个或更多的国家里拥有实体，而不管这些实体的法定形式和活动领域如何；第二，它是在一个由一个或更多的决策中心进行决策、协调政策和确定共同战略的体系中进行业务的；第三，在这一体系中，各个实体通过所有权或其他方式联系在一起，以致它们中的一个或更多的实体能够对其他实体施加重大影响，特别是在同其他实体分享知识、资源和分担责任方面。

④ 联合国贸易和发展会议．2002年世界投资报告：跨国公司与出口竞争力［M］．北京：中国财经出版社，2003：1－10.

目前，跨国公司行为及其对世界经济发展格局的影响越来越重要。特别是在全球化处于深度融合且逆流频现的新时代背景下，跨国公司不再是简单的微观主体，其国际化行为往往是牵一发而动全身，微观行为对国家层面的影响具有“涟漪效应”。新一轮技术和工业革命成为全球化持续推进的重要因素，数字、低碳等新兴技术成为跨国公司布局的重要领域。与此同时，美国主导的对华经贸规锁、疫情大流行和俄乌事件引致全球产业链供应链正推动“中国＋1”模式向“去中国化”模式转变等全球化逆流频现。外部环境正处于频繁变化的动荡期，跨国公司的国际化行为也将随之变化，已有跨国公司理论的研究焦点正从存在机制向发展机制转变，企业社会责任、可持续发展等视角、跨国公司的优势获取以及新优势重塑成为理论研究和管理实践创新发展的新的焦点领域。鉴于此，本章将以国际贸易学说、产业组织学说、战略管理学说、可持续发展理念等四个维度为基础，对跨国公司理论进行系统梳理。

第二节　以国际贸易学说为基础的理论

一、比较优势理论

（一）比较优势理论的提出

Adam Smith（1776）① 基于地域分工理论指出，各国遵循其在劳动力等要素资源配置和利用中的有效性，选择具有绝对优势的部门进行专业化生产和国际贸易。该理论将绝对优势视为国际分工和贸易的基础，因此被称为绝对优势理论（absolute advantage theory）。该理论基于 2 国、2 种商品、1 种要素（劳动力）的自由贸易（无关税和运输成本）分析框架（即“2×2×1”框架），假设劳动力只能在一国内部门间流动、劳动力投入量决定产品价值和价格，并认为一国只有在某种产品具有绝对优势时才能进行专业化分工和国际贸易。

不难发现，上述分析框架和假设具有较大的局限性，其结论只是解释国际分工和贸易规律的一种特殊情况，不具备一般性。因此，斯密的绝对优势理论受到了严峻挑战。David Ricardo（1817）在 1815 年英国颁布的《谷物法》及其带来的工业品竞争力下降和贸易报复等影响的基础上，提出了比较优势理论（comparative advantage theory），该理论为国际贸易理论的后续发展奠定了基础。

（二）比较优势理论的主要内容

Ricardo（1817）的比较优势理论的假设条件与绝对优势理论完全相同，但是更强调生产成本和价格优势的比较或相对性，进而强调每个特定国家遵循“两优取重、两劣取轻”的比较原则进行国家分工和贸易模式。李嘉图指出一国在某种商品生产上具有的比较优势才是其参与国际分工和贸易并获得贸易利得的基础，即每个国家专业化生产并出口具有比较优势的产品，进口具有比较劣势的产品，进而通过资源优化配置获得贸易福利。

---

① 亚当·斯密．国民财富的性质和原因的研究［M］．郭大力，王亚南，译．北京：商务印书馆，1972：1-57.

（三）比较优势理论的评价

斯密的绝对优势理论和李嘉图的比较优势理论被统称为古典贸易理论，但是后者比前者更具一般性，强调劳动力要素相对生产率差异决定产品生产相对成本的逻辑，奠定了现代国际贸易理论的基础，为英国《谷物法》的废除提供了理论依据，推动了自由贸易政策的发展。但是，该理论仍然没有改变绝对优势理论中产品国际贸易的相对价格或交换比价先验给定这一局限性。

二、 要素禀赋理论

（一）要素禀赋理论的提出

Bertil Ohlin（1933）[①] 基于其导师赫克歇尔提出的自然禀赋相关思想，从生产要素禀赋的角度对比较优势理论中比较优势来源和价格差异形成进行了阐释。因此，该要素禀赋模型被理论界称为赫克歇尔-俄林模型（H-O 模型或 H-O 定理），奠定了要素禀赋理论的研究基础。自此，国际分工和贸易理论进入了新古典贸易理论阶段。

（二）要素禀赋理论的主要内容

要素禀赋理论（factor endowment theory）将古典贸易理论“2×2×1”框架扩展为“2×2×2”框架，纳入劳动力和资本两种要素，旨在区分不同产品使用两种要素的比较结构（劳动密集型或资本密集型产品），进而引出要素禀赋和要素密集度的核心概念。此外，要素禀赋理论的假设还包括两国的生产技术和消费者偏好相同、规模报酬不变、不完全专业化生产、完全竞争和充分就业的产品和要素市场、生产要素只能在国内自由流动、无贸易成本和壁垒限制等。基于此，H-O 模型认为各国生产要素禀赋的差异决定要素价格以及要素投入结构，进而决定产品价格，即要素禀赋差异是国际分工和贸易的根本原因。具体而言，各国（不完全）专业化生产和出口密集使用该国相对充裕和便宜要素的产品，进口密集使用相对稀缺要素的产品。

除了 H-O 模型，要素禀赋理论还包括三大定理：要素价格均等化定理（factor price equalization theorem，简称 FPE 或 HOS 定理），该定理强调贸易自由化会使两国生产要素的价格趋同；斯托尔珀-萨缪尔森定理（Stolper-Samuelson theorem，简称 S-S 定理）指出在不完全专业化生产（即多元化生产）的情况下，某产品的相对价格上升会使其密集使用的生产要素实际回报率上升，反之则下降；罗伯津斯基定理（Rybczynski theorem）指出一国某种要素供给量上升，会导致密集使用该种要素生产的产品产量上升，反之下降。

（三）要素禀赋理论的评价

要素禀赋理论的“2×2×2”框架相较于比较优势理论更具一般性，将单一要素的劳动价值论拓展为多要素价值论，同时，从要素禀赋角度对比较优势的来源进行了探讨。在此基础上，后续研究对该理论进行了广泛讨论和有益拓展。值得强调的是，Ricardo（1817）提出的比较优势是指相对要素生产率优势，要素禀赋理论则研究相对要素价格优势。但是，要素禀赋理论仍存在一些局限性：一是规模效益不变、完全竞争等假设与现

---

① 伯特尔·俄林．区际贸易与国际贸易［M］．逯宇铎，等译．北京：华夏出版社，2017：1-100.

实不符，无法解释一些悖论，比如著名的“列昂惕夫悖论”（Leontief paradox，又称“列昂惕夫之谜”）①、与发展中国家密切相关的比较优势陷阱（comparative advantage trap）；二是相对于比较优势理论的假设框架，关于各国生产率相同的假设实质上是一种倒退；三是无法解释第二次世界大战后规模不断壮大的产业内贸易②，以克鲁格曼模型（Krugman model）为代表的新贸易理论对此进行了拓展，具体见第二章。

（四）跨越比较优势陷阱：中国实践与优势重塑方向

萨缪尔森曾指出“如果理论能参加选美竞赛的话，由于具有无比优美的逻辑结构，比较优势理论肯定会名列前茅”，理论界将比较优势理论誉为国际贸易理论的基石并在此基础上不断拓展，李嘉图式的比较优势实际上是相对要素生产率优势，要素禀赋理论实际上是相对要素价格优势，产业内贸易理论可以理解为相对规模优势引致的相对（产品）价格比较优势，还有研究将比较优势从供给侧层面拓展到需求侧层面，进而提出了相对效用价格比比较优势（曾铮和张亚斌，2008；吴杨伟和王胜，2018）。

不过，上述研究大多存在生产要素单一、多要素解释困难等局限性，容易得出一些发展悖论（樊纲，2020），比较优势陷阱就是其一，即对于欠发达经济体而言，完全依赖自己的劳动力比较优势，发展劳动密集型产业和出口贸易，虽获利但劳动力供需不平衡，结构性矛盾加剧，反而容易落入比较优势陷阱。改革开放以来，中国逐渐摒弃了重工业优先发展的赶超战略（邓宏图，徐宝亮和邹洋，2018），转而发挥劳动力资源丰裕的比较优势，依托出口导向型发展模式融入国际经济大循环，实现了四十余年的高速增长，从而成为经济赶超最成功的国家之一（Justin Yifu Lin and Xiaobing Wang，2020）。那么，作为最大的发展中国家和贸易国家之一，中国是否陷入或者跨越比较优势陷阱了呢？这一问题引起了国内外学者的广泛关注。

比较优势是否具有流动性是判断一国是否陷入比较优势陷阱的方法之一，Jeroen Hinloopen 和 Charles van Marrewijk（2004）、耿伟（2006）、Przemyslaw Kowalski 和 Novella Bottini（2011）等沿用该方法进行分析，一致地发现中国的比较优势具有固化性的特征，即存在比较优势陷阱。但是该方法并未区分产品类型，因此取而代之的方法是判断比较优势是否转向了技术含量更高的产品。比如，魏浩、王露西和李翀（2011）将贸易产品划分为初级产品、资源性产品、低技术制成品、中等技术制成品和高技术制成品等五种类别，基于显示性比较优势（RCA）指数分析了 1999—2009 年中国比较优势的变化发现，中国的比较优势产品主要是低技术制成品，但中等技术制成品的比较优势日益凸显，进而说明中国并未陷入比较优势陷阱。陆文聪和许为（2015）则基于三个关键指标认为中国已经跨越了比较优势陷阱，具体依据是，中国的比较优势呈现出很强的流

① 美国著名经济学家 Wassily Leontief（1951）利用美国 1947 年的数据对要素禀赋理论进行了检验。由于美国是世界上资本最丰裕的国家，美国按照要素禀赋理论应该生产并出口资本密集型产品并进口劳动密集型产品。然而，列昂惕夫的检验结果却与资源禀赋论的经验分析完全相反，即美国进口资本密集型产品并出口劳动密集型产品。

② 产业内贸易是指一个国家出口一个行业的产品、同时进口这个行业的产品。贸易实践表明，第二次世界大战后产业内贸易迅猛发展，而产业内贸易规模较大的行业，大都具有规模经济和不完全竞争的特点。与之相对的是产业间贸易。产业间贸易是发达国家与发展中国家传统贸易的主要形式：发达国家出口工业制成品，而发展中国家出口初级产品（农产品与矿产品）。

动性，且明显大于其他国家；具有中等程度比较优势的产品比重明显增加，贸易结构呈现多样化趋势；比较优势已实现从低技术复杂度产品向中等技术复杂度产品的转换。

但是生产要素单一、多要素解释困难等局限性并未得到有效解决，因此，刘培林和刘孟德（2020）指出比较优势所比较的是要素禀赋结构，该结构实际上刻画了一个经济体的预算约束和要素相对价格（Justin Yifu Lin and Xiaobing Wang，2017）。同时，刘培林和刘孟德（2020）认为要素禀赋结构的比较应有两方面含义，一个是同一时间点上各国之间的横向比较，另一个是同一个国家在不同时间点上的纵向比较。换言之，要素结构和动态概念拓展了比较优势的内涵（吴杨伟和王胜，2018）。基于此，可以更好评估中国贸易发展质量。

改革开放后的前三十年，中国要素禀赋结构明显失衡，几种主要生产要素占全球的比重畸高或畸低，其中劳动力富裕、资本和技术较为匮乏，这决定了当时中国的比较优势和外循环的发展模式（江小涓和孟丽君，2021）。随着经济持续增长和其他方面条件的变化，中国要素禀赋结构持续改变，人口红利不断消失，资本充裕度和技术水平不断提升，进而导致外循环的地位由升到降，内循环地位持续提升。与此同时，中国逐渐建成全世界门类最为齐全、产业链最为完整和规模最为庞大的制造业体系。但随着近年来中国生育率下降、劳动力人口减少、老龄化加剧、国内工资和人工成本不断提高，制造业的比较优势正逐渐消失，加之百年未有之大变局，产业外流的压力越来越大，挖掘和重塑新的比较优势和国际竞争力尤为迫切。

制造业是国家竞争力的基石。习近平总书记在《国家中长期经济社会发展战略若干重大问题》中指出"实体经济是基础，各种制造业不能丢，作为14亿人口的大国，粮食和实体产业要以自己为主，这一条绝对不能丢"。面对外部环境的变化，中国制造业需要升级要素禀赋，积极培育内生比较优势（苏杭，郑磊和牟逸飞，2017），强化国内经济循环体系并打造双循环格局，加快比较优势的动态演化。比如，通过数字技术、信息技术等新型生产要素，降低生产和交易成本，进而挖掘潜在比较优势（周沂，贺灿飞和杨汝岱，2022）；充分利用中国自由贸易试验区（港）的试验优势、新要素禀赋优势和制度优势叠加效应，加快对外贸易的动能转换与国际竞争新优势的形成（裴长洪和刘斌，2019）。

三、产品生命周期理论

（一）产品生命周期理论的提出

不难发现，上述贸易理论更多从静态视角探究国际分工和贸易形成的原因、模式以及利得，忽视了对动态发展的关注。Raymond Vernon（1966）① 提出了产品生命周期②（product life cycle）的概念，考虑了产品在国际市场上竞争地位变化的原因以及趋势特点③，进而指

① Vernon R. International Investment and International Trade in the Product Cycle [J]. *Quarterly Journal of Economics*, 1966 (2): 190-207.

② 这里所说的产品生命不是指其使用价值磨损殆尽的过程，而是产品在市场上的营销生命。

③ 趋势特点可以归纳为三步，分别是产品向市场推出、产品逐渐扩大销路以致充斥市场、产品由盛至衰并最终被新一代产品所替代甚至退出市场。

出美国企业的国际投资和国际贸易行为与其密切相关，解释了第二次世界大战后美国企业国际投资的动机以及区位选择的依据。Vernon（1966）的产品生命周期模型是产品生命周期理论的重要组成部分。[①]

（二）产品生命周期理论的主要内容

Vernon（1966）基于收入决定需求、企业交流成本与市场间距离正相关、技术市场的不完全竞争以及技术创新的非连续过程等假设，将产品的生命周期分为新产品（或创新）、成熟产品、标准化产品三个阶段，进而分析不同阶段产品的生产、贸易、投资的区位与模式选择。在第一个阶段，技术上的垄断优势是关键因素，此阶段新产品生产主体主要是发达经济体的企业，更多考虑的是产品的创新设计，而不是市场竞争和成本，新产品主要用于创新经济体国内市场，少部分出口到其他发达经济体。在第二个阶段，产品技术和生产在某些环节逐步形成标准并被国内外其他生产者模仿，此阶段价格竞争以及生产成本控制成为企业获取市场份额的焦点，创新企业的技术和市场垄断优势不断被削弱。在第三个阶段，相关产品完全标准化，技术和市场的垄断优势不复存在，国际市场竞争中的决定性因素变成了成本-价格综合考量，向发展中经济体国际投资的模式成为主导，创新经济体成为国际直接投资国和进口国。

（三）产品生命周期理论的评价

以弗农（Vernon）为代表的产品生命周期理论考虑了技术差距引致的新产品创新研发的技术和市场垄断优势，仍属于比较优势范畴，但将以往贸易理论的静态分析拓展到了动态分析。同时，将产品生命周期的各阶段与国际贸易和投资的选择相结合，为第二次世界大战后跨国公司（特别是制造业跨国公司）的成长发展、跨国经营模式的选择提供了合理解释。但是该理论仍存在一些局限性：一是以弗农为代表的产品生命周期理论虽然能够解释当时美国企业国际贸易和投资的现象，但无法解释价值链中技术环节外包、其他发达经济体间以及发展中经济体对外投资迅速发展等现象；二是将国际投资和国际贸易简单替代，且并未说明两者之间实现转换的依据；三是仅考察美国企业的资本-技术密集型产品的生命周期，并简单认为技术优势消失就会导致国际直接投资，与现实不符。

四、 重叠需求理论

（一）重叠需求理论的提出

第二章中以克鲁格曼模型为代表的新贸易理论介绍了产业内贸易产生的原因，对以往关注产业间贸易现象的贸易理论进行了创新拓展。但上述理论仅关注国际贸易的生产和供给因素，忽视了需求侧因素的影响。基于此，Staffan Linder（1961）提出了重叠需求理论（overlapping demand theory）[②]，从需求层面对产业内贸易提出了解释。

（二）重叠需求理论的主要内容

Linder（1961）指出一国内收入水平决定消费者需求（比如高收入消费者偏好奢侈品、低收入消费者偏好必需品），一国内和国家间的需求呈现出需求结构不同和需求重叠

---

① 产品生命周期理论由最初的产品生命周期模型和修正的产品生命周期模型组成。

② 该理论又称需求相似理论（demand similarity theory）或偏好相似理论（preference similarity theory）。

的特点。林德（Linder）第一次从需求侧探讨了国际贸易的成因，即从需求结构相似性角度分析了发达经济体间的产业内贸易现象。其主要结论是，产品的国内需求是国际贸易的基础，国家间收入水平和偏好越接近，其重叠需求越明显，国际贸易流量越大。

（三）重叠需求理论的评价

重叠需求理论开辟了研究国际贸易模式的新视角，从需求侧对第二次世界大战后发达经济体间的产业内贸易进行了解释，是对新贸易理论的有益补充。但该理论的局限性仍然很明显：一是需求侧因素复杂繁多，收入和偏好很重要，但其是否具有一般性值得商榷；二是未能将需求侧因素和供给侧因素有效结合；三是重叠需求仍未摆脱代表性假设，忽视了微观机制；四是无法解释发达经济体与欠发达经济体间的产业内贸易现象。

五、 异质性企业贸易理论

（一）异质性企业贸易理论的提出

自 20 世纪 90 年代以来，随着企业微观数据可获得性大大提升，企业层面的经验研究得到空前发展。企业异质性的存在得到广泛证实，对以往基于企业同质的经典贸易理论提出了挑战，从而开启了学术界对企业层面贸易理论（也被称为新新贸易理论）的探讨。企业层面贸易理论相关研究将企业生产率、企业间差异化的成本加成、多产品种类生产、市场规模、组织与管理层级、信息不对称、融资约束等视为企业层面的异质性维度和来源，其中，异质性企业贸易模型（Marc J. Melitz，2003）和企业内生边界模型（Pol Antràs，2003）最具代表性。这里，我们重点介绍梅利兹（Melitz）的异质性企业贸易模型。

（二）异质性企业贸易理论的主要内容

20 世纪 90 年代以来，企业和工厂层面微观数据的可获得性大大提升，一系列经验事实①证明了企业异质性是普遍存在的。基于此，梅利兹将企业异质性刻画为生产率差异，并将其引入新贸易理论的垄断竞争框架。研究发现，生产率差异对企业国际贸易模式的选择以及资源配置效果（福利）至关重要，即存在自我选择和再分配效应。具体而言，生产率最高的企业才能出口，生产率居中的企业只能从事国内贸易，生产率最低的企业会被淘汰；随着低生产率的企业退出市场，资源会流向市场上留存的生产率更高的企业，从而实现资源优化配置。

（三）异质性企业贸易理论的评价

梅利兹以企业异质性为基础，将国际贸易理论研究引入了微观层面，用企业退出机制弥补了克鲁格曼模型的不足。以企业和出口的实证文献为出发点，相关理论研究刻画了以生产率与出口关系为重点的企业异质性贸易模型，这些新的理论模型反过来又提出新的可验证假设，并成为未来微观经济研究的催化剂。不过，值得注意的是，异质性企业贸易理论的可创新方面也比较明显：第一，尽管生产率和规模被认为是企业异质性的主要维度，也是企业出口的决定性因素，但是其他企业层面的异质性维度和来源，如企业间差异化的成本加成、多产品种类生产、组织与管理层级、劳动力工资、融资约束、

---

① 钱学锋．企业层面的贸易理论与经验分析［M］．北京：北京大学出版社，2020：77.

异质性区位等，也渐渐为众多文献所揭示。第二，出口企业生产率动态变化的事实，更是对企业异质性贸易理论中关于特定生产率水平的企业生产和出口决策的设定提出了挑战。第三，异质性企业贸易理论主要关注企业生产和供给层面的理论拓展，关于消费者异质性以及“企业-消费者”的双向异质性拓展将是必然趋势。第四，对于中国而言，生产率决定贸易模式的结论与现实不完全契合，生产率悖论是近年来争论的焦点。

（四）理解中国贸易发展：生产率悖论

根据异质性企业贸易理论，只有生产率高的企业才出口（出口企业），生产率较低的企业只供应国内市场（内销企业），生产率最低的企业最终被市场淘汰，由此可以得到“平均而言，出口企业的生产率要高于内销企业”的推论。但在对中国制造业企业样本的检验中，仅有少量文献支持了这一推论，更多的研究发现了与该推论截然相反的结论，即“平均而言，中国出口企业的生产率要低于内销企业”。最先发现这一现象并称其为生产率悖论（productivity paradox）（也称为生产率之谜）的是李春顶和尹翔硕（2009）。之后，掀起了对中国出口企业是否存在生产率悖论的检验热潮（李春顶，2010；钱学锋等，2011；范剑勇和冯猛，2013；霍伟东和王明彬，2015；汤二子，2017）。如表 5－1 所示，不同的研究利用不同的方法对生产率悖论进行了验证，并得出中国贸易发展过程中生产率悖论比较普遍的结论。

表 5－1　中国生产率悖论的存在性验证

文献	生产率指标	验证结果
李春顶（2010）	劳动生产率	大约 55%的行业存在悖论
李春顶（2010）	近似全要素生产率	大约 67%的行业存在悖论
霍伟东和王明彬（2015）	基于 OP 方法[a] 得到的生产率	大约 40%的行业存在悖论
范剑勇和冯猛（2013）	基于 LP 方法[b] 得到的生产率	不存在悖论
汤二子（2017）	投入成本生产率	大约 97%的行业存在悖论

a. OP 方法：又称为 Olley-Pakes 法，是 G. Steven Olley 和 Ariel Pakes（1996）提出的测度生产率的方法。参见：Olley G S，Pakes A. The Dynamics of Productivity in the Telecommunications Equipment Industry [J]. *Econometrica*，1996（6）：1263－1297.

b. LP 方法：又称为 Levinsohn-Petrin 方法，是 James Levinsohn 和 Amil Petrin（2003）提出的测度生产率的方法。参见：Levinsohn J，Petrin A. Estimating Production Functions Using Inputs to Control for Unobservables [J]. *The Review of Economic Studies*，2003（2）：317－341.

如果中国出口企业确实存在生产率悖论，那么就需要理解其原因，这对深入理解中国出口贸易模式甚至贸易利益具有非常重要的作用。目前，相关文献从加工贸易企业、国际直接投资企业、国内市场分割、要素禀赋差异、出口强度差异、融资约束、企业技术和制度的路径依赖、贸易中间商等角度解释了中国出口生产率悖论，如表 5－2 所示。

表 5－2　生产率悖论的解释

解释视角	文献	主要观点
加工贸易企业	戴觅，余淼杰和 Maitra（2014）；刘晴和徐蕾（2013）	中国出口企业生产率悖论的重要原因是低生产率的加工贸易企业大量存在。

续表

解释视角	文献	主要观点
国际直接投资企业	李春顶（2015）；余壮雄（2015）	国际直接投资企业的存在导致出口产品进入其他国家的成本相对较低，使得中国出口企业比内销企业生产率低。
国内市场分割	赵玉奇和柯善咨（2016）	中国国内严重的市场分割导致企业在国内销售成本较高（甚至高于出口成本），进而导致效率低的企业更可能转向国际市场。
要素禀赋差异	李春顶（2015）	国内市场比国际市场竞争更激烈，使得出口企业生产率更低。
出口强度差异	李春顶（2010）；戴觅，余淼杰和 Maitra（2014）；范剑勇和冯猛（2013）	出口强度是指出口企业的出口占企业总产出的比重。相关研究表明，只有出口强度高的企业才存在生产率悖论现象。
融资约束	文东伟和冼国明（2014）	考虑到国内较强的融资约束，生产率较低的企业（即使是外资企业）能相对容易地进入出口市场。
企业技术和制度的路径依赖	聂文星和朱丽霞（2013）	出口导向政策使企业增强了出口的自增强效应和对出口的依赖，低生产率企业大量进入出口市场拉低了生产率水平。
贸易中间商	钱学锋（2015）	中间商的大量存在降低了出口市场的进入成本，使得低生产率企业更容易进入，进而拉低出口企业的生产率。

第三节　以产业组织学说为基础的理论

一、垄断优势理论

（一）垄断优势理论的提出

基于要素禀赋论可以得出，国家间利率差异是国际资本流动的根本原因。但是上述结论无法解释第二次世界大战后国际直接投资的发展趋势和流向（比如，美国利率高，但是其资本流出也较多）。因此，Stephen Herbert Hymer（1960）将产业组织理论运用于跨国公司和投资领域，首先提出垄断优势论（monopolistic advantages theory）或特定优势论（specific advantages theory），但并未得到广泛关注，在其导师金德尔伯格系统阐述后，该理论才引起重视①，并被视为国际直接投资理论领域的“零公里”界碑。

（二）垄断优势理论的主要内容

在国际市场竞争中，跨国公司是垄断者或寡占者，具有普遍的垄断地位。因此，在技术、资本、管理经验等方面具有垄断优势的跨国公司，可以通过水平或垂直一体化经营以及技术管控形成企业特定优势，进而形成跨国公司国际化经营的垄断优势，进一步

① 西方学者常常将金德尔伯格与海默并列为垄断优势理论的创建者，将他们的理论分析称为“海默-金德尔伯格传统”（H-K tradition）。

获得垄断利润。因此，Hymer（1960）基于美国跨国公司国际投资的数据研究发现，在不完全竞争的市场中，跨国公司的垄断优势形成可以保证国际投资活动获得垄断利润，进而推动跨国公司国际直接投资。

（三）垄断优势理论评价

海默的垄断优势理论突破了古典经济学关于完全竞争市场的假设，从不完全竞争市场下跨国公司垄断势力的形成入手，对基于要素禀赋论形成的传统国际资本流动理论进行了创新发展。该理论后续在产业组织理论的研究中得到了广泛运用和发展，其中，代表性的观点有核心资产论（core asset theory）、风险分散论（risk diversification hypothesis）、寡占反应论（oligopolistic reaction theory）等。但是，随着全球化不断深入，现实中具有某种优势的垄断企业并不一定会选择国际直接投资。同时，该理论并不能解释发展中经济体跨国公司国际直接投资规模不断扩大的现象。此外，对于一些新业态新模式引致的新现象，垄断优势理论逐渐失去解释力。

二、 内部化理论

（一）内部化理论的提出

除了上述局限性，海默的垄断优势理论只关注到跨国公司国际直接投资这一种跨国经营方式，忽视了以许可证交易的形式出售技术这一普遍现象。基于此，Peter J. Buckley 和 Mark Casson（1976）基于交易成本以及相关理论的考量，将不完全竞争市场（垄断优势）和资源配置效率降低联系起来，从跨国公司内部化程度影响其资源配置效率进而影响跨国经营方式的视角，提出了内部化理论（internalization theory）。目前，内部化理论已得到广泛发展且流派众多，这里重点关注巴克利（Buckley）和卡森（Casson）的内部化理论。

（二）内部化理论的主要内容

巴克利和卡森的内部化理论认为在不完全竞争市场中，由于市场失灵（效率不高）、中间品交易成本上升，要想实现利润最大化，跨国公司需要将原有通过外部市场交易的业务在其内部（各子公司或分支机构）整合，即以跨国公司内部交易代替外部市场交易，才能降低交易成本并维持原有垄断优势。该理论将跨国公司市场内部化动机与中间品（特别是知识产品）结合起来，强调内部化实现的条件取决于内部化成本与内部化收益的权衡①，只有收益大于成本，市场内部化才是可行的。

（三）内部化理论的评价

内部化理论将微观经济理论与交易成本理论相结合，基于中间品市场及其资源配置效率等视角，强调跨国公司可以通过内部组织体系和信息传递网络形成动态的特定优势，拓展了垄断优势理论静态的、最终产品视角。同时，该理论解释了跨国公司在国际贸易、

---

① 市场内部化的收益主要来自消除外部市场不完全带来的经济效益，具体包括消除中间产品市场不确定性带来的收益、协调相互依赖的跨国公司各项业务活动带来的经济效益、差别定价机制带来的经济效益、利用转移价格规避政府行政干预带来的经济利益等。内部化成本是指企业为克服外部市场交易障碍而必须额外增加的成本，主要包括内部管理成本的增加、资源配置效率下降的成本、国家风险成本（也称为政治风险成本）。

国际直接投资以及契约性协议三种跨国经营方式选择的依据，比垄断优势理论中国际贸易与投资简单替代的关系更合理。但是，该理论还存在以下局限性：一是交易成本节约在一定程度上限制了跨国公司内部组织协调及其引致的资源配置优化的解释力；二是该理论重点关注内部化，忽视了外部因素的影响，不能有效解释跨国公司国际直接投资时的区域选择问题；三是该理论可以较好解释国际直接投资的一体化程度，但是对出口或资源开放导向的投资模式缺乏解释。

三、 国际生产折衷理论

（一）国际生产折衷理论的提出

John Dunning（1973）在分析英国加入欧洲经济共同体得到的经济效应时，提出了折衷思想的雏形，他认为跨国公司在选择是生产还是国际贸易这两种国际化形式时，需要从所有权禀赋和区位禀赋两个方面综合考虑。1976 年，邓宁正式提出国际生产折衷理论（international production compromise theory）相关概念、整体的分析框架等①，此后对该理论进行了系统阐述（Dunning，1977，1981）。该理论与内部化理论一样，强调跨国公司协调自身活动对其跨国经营方式的影响，但是更重视内部和外部因素引致相关优势的结合，主要包括所有权（ownership）优势、内部化（internalization）优势和区位（location）优势三个方面（如表 5－3 所示），因此，被称为“OIL 理论”或所有权优势的综合理论。

表 5－3 跨国公司“三优势模式”与国际经营方式的选择

参与方式	所有权优势	内部化优势	区位优势
国际直接投资	有	有	有
对外贸易	有	有	无
对外技术转让	有	无	无

（二）国际生产折衷理论的基本内容

国际生产折衷理论将跨国公司拥有的资产分为两类：第一类是与特定区位有关的资产，包括要素禀赋、政策法规以及市场便利等，在区域内对所有规模与国籍的跨国公司都适用；第二类是指跨国公司自身创造或购买的资产（比如知识、组织和人力资源技巧）。在此基础上，跨国公司可以获得东道国企业不具备的特定优势（即所有权优势），比如核心技术、营销渠道等有形优势以及品牌、商标等无形优势。同时，跨国公司还可以利用特有的组织结构实现内部化优势，通过东道国禀赋条件打造区位优势。

考虑到跨国公司国际直接投资的动态性，20 世纪 80 年代初期，邓宁将“三优势模式”与跨国公司国际直接投资和一国经济发展阶段的关系结合起来，提出了著名的投资发展阶段理论，如表 5－4 所示，分为四个阶段。

① 1976 年，邓宁在斯德哥尔摩召开的“经济活动的国际分配”诺贝尔奖研讨会上提出相关内容。

表 5-4　国际直接投资与经济发展阶段

经济发展阶段	外国直接投资	对外直接投资
第一阶段	外国企业所有权优势和内部化优势充足，国内区位优势少量	本国企业不具备所有权优势，本国企业内部化优势和外国区位优势不适宜
第二阶段	外国企业所有权优势和内部化优势充足，国内区位优势增加	本国企业所有权优势和内部化优势少量，外国区位优势增加
第三阶段	外国企业所有权优势和内部化优势下降，国内区位优势下降	本国企业所有权优势和内部化优势增加，外国区位优势增加
第四阶段	外国企业所有权优势和内部化优势下降，国内区位优势下降	本国企业所有权优势和外国区位优势增加，本国企业内部化优势充足

资料来源：Dunning J H，McQueen M. The Eclectic Theory of International Production：A Case Study of the International Hotel Industry ［J］. *Managerial and Decision Economics*，1981（4）：197-210.

20 世纪 80 年代中后期，邓宁进一步修正和发展了自己的投资发展阶段理论，将其拓展为五个阶段，如图 5-1 所示。①

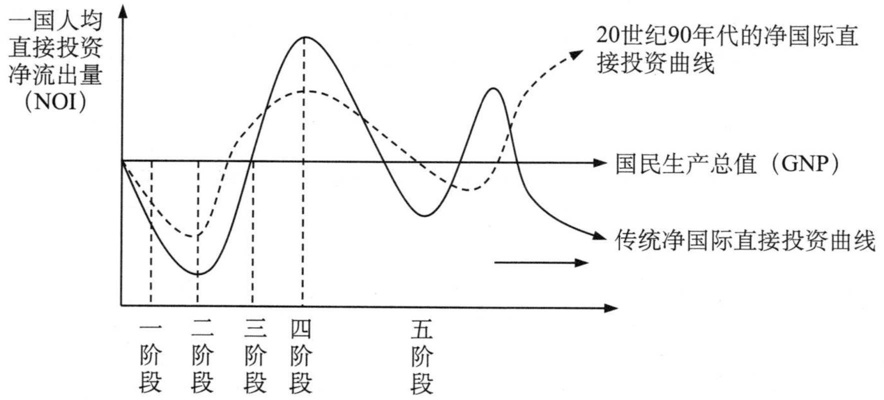

图 5-1　国际直接投资发展阶段

（三）国际生产折衷理论的评价

国际生产折衷理论是一个综合性的理论框架，其三优势模式与其他国际直接投资理论具有高度兼容性，不仅能够解释跨国公司各类跨国经营方式（比如直接投资、跨国并购等）和国际化布局，还能从动态视角解释发展中经济体（特别是亚洲"四小龙"等新兴经济体）国际直接投资与经济发展阶段的关系。该理论的产生和完善意味着国际直接投资理论的主流学派最终形成，但仍存在以下局限性：一是该理论将内部化理论综合概括为内部化优势，并将其与其他两种优势并列，这一做法一方面撇去了内部化理论的精髓，另一方面，很难将内部化优势与跨国公司的综合所有权优势区分开；二是区位优势的形成因素并不明确，同时该优势与综合所有权优势也很难区分开。

① 赵春明．跨国公司与国际直接投资［M］．北京：机械工业出版社，2020：69.

第四节 以战略管理学说为基础的理论

一、 基于资源利用的理论

（一）企业成长理论

1. 企业成长理论的提出。跨国公司是现代企业的高级形式，其战略计划（比如扩张计划）和运营活动（比如扩张行为）仍遵循一般企业的做法，即企业管理层的管理经验决定了企业扩张计划的完成情况（扩张行为与扩张计划是否一致），当扩张计划执行后，管理服务对计划执行以及计划调整起到重要作用。基于此，Edith T. Penrose（1959）从大规模生产规律、企业行为和成长、组织结构和管理等方面对企业成长理念进行了阐述，并提出了企业成长理论（firm growing theory）。具体而言，彭罗斯（Penrose）将企业视为管理各类资源的集合体，现有资源的有效利用是其成长的决定性因素。

2. 企业成长理论的基本内容。传统经济和贸易理论通常将企业视为“黑匣子”（比如内部资源和能力），企业成长理论的基本思想则是将企业这个黑匣子视为企业获得经济效益、明确发展方向的关键基础，即该理论以经济基础论来分析企业的资源配置，将企业资源和能力当作企业成长的基础以及获得持续性竞争优势的主要来源。具体而言，企业作为各类资源的集合体，其成长（或扩张）取决于内部资源和外部计划，其中内部资源的配置能力更为关键。[①] 当企业拥有有价值的生产性内部资源时，彭罗斯认为管理性资源就显得尤为重要，并将该资源的配置能力视为企业扩张方向和程度的决定性因素。

3. 企业成长理论的评价。企业成长理论将经济理论（资源配置）与企业管理相结合，对企业黑匣子进行了剖析，进而通过构建“企业资源－企业能力－企业成长”理论分析框架探究了企业成长（或扩张）的内生动力来源。该理论的资源基础观这一内核为后续跨国公司运营（特别是国际化扩张）提供了一个新的方向，奠定了理论基础。但是，该理论还存在以下不足之处：一是将跨国公司母公司和海外子公司割裂开来，对企业本质的创新性关注重点是国内层面的企业成长（或扩张），并未实质性进入跨国公司的国际化战略领域，对跨国公司母公司与海外子公司之间、各海外子公司之间的关联性关注不够。二是彭罗斯主观性选择石油产业作为案例研究对象，该行业属于能源行业，具有特殊性，且缺少动态分析。

（二）资源基础理论

1. 资源基础理论的提出。如上所述，企业成长理论的提出为后续研究提供了资源基础观这一坚定基础。Birger Wernerfelt（1984）“企业的资源基础理论”的提出被视为资源基础理论研究的开端。随后很多企业战略管理学者将资源基础观与跨国公司理论融合并探讨跨国公司国际化运营、组织管理等问题，进而形成了资源基础理论（resource

---

① 在内部资源和外部机会对企业扩张的影响上，企业成长理论更强调内部资源的决定性影响。虽然外部存在的市场-产品机会对于扩张是必需的，但内部资源才对企业的扩张方向和程度起决定性作用，因为，企业内部资源的特性和多少决定了企业是否能够抓住扩张的机会，尤其是内部未使用的管理性资源库对于扩张计划是有帮助的。

based view，RBV），该理论目前已成为战略管理理论的主流学派。但是，由于各类企业拥有的资源并不完全相同，将各类资源区分并加以研究成为学者们的主要做法，基于此，资源基础理论大致可以分为三个流派：一是将企业视为资源的独特集合体，比如Wernerfelt（1984）；二是将企业视为能力的独特集合体，比如 Coimbatore K. Prahalad 和 Gary Hamel（1990）；三是将企业视为知识的独特集合体，比如 John Christopher Spender（1996）。接下来，将以斯彭德（Spender）的知识的独特集合体对资源基础理论进行介绍。

2. 资源基础理论的基本内容。企业拥有的各类有价值的、可利用的资源，除了可以分为有形和无形资源，还可以分为一般性资源和特殊异质性资源，前者对于不同企业差别不大，后者更强调特殊性、不可模仿性和战略性，是企业竞争优势的来源，更是竞争优势持续的关键所在。当然，需要注意的是，能够产生竞争优势的战略性资源必须满足有价值、稀缺性、难以转移以及不可仿制四个条件。基于此，斯彭德认为企业是创造和转移知识的有效机制的组织，进而选取知识这类资源，对跨国公司的发展、国际化运营等问题进行了分析。他指出，跨国公司的成长是一个不断获取、转移和整合知识的演进过程，在此过程中新的专有知识的创造是竞争优势来源的基础；在国际化运营过程中，跨国公司内部的知识转移是其对外投资成功与否的关键环节，特殊异质性资源的利用是跨国并购过程中新优势开发的基础，向战略伙伴学习（获取知识）是跨国公司选择战略联盟的主要动机。

3. 资源基础理论的评价。以斯彭德为代表的资源基础理论进一步扩展了垄断优势理论和企业成长理论的研究视角。垄断优势理论强调跨国公司国际化运营时对自身垄断优势的利用和重塑，重点关注对跨国公司垄断优势的形成和利用、第一次海外布局时的方式选择等问题，分析逻辑过于静态化且对子公司关注不够，同时将资源整合视为总体结构作为垄断优势的来源，忽视了资源的差异性。企业成长理论则奠定了资源基础观的重要性，但是并未关注资源的差异及其对跨国公司国际化模式的异质性作用。资源基础理论在上述方面进行了有益补充。但是该理论还存在两个主要的不足之处：一是重内部轻外部使得跨国公司在国际化运营过程中可能难以应对国际市场环境的变化；二是没有对特殊异质性资源进行明确界定，对跨国公司国际化运营的指导性不强。

（三）竞争优势理论

1. 竞争优势理论的提出。从竞争优势理论演进过程来看，该理论主要从外生论向内生论发展，前者的基础是市场结构理论，后者的代表则是资源基础理论。同时，笔者认为资源基础理论重点关注的是跨国公司内部资源的整合和利用，市场结构理论则可视为与外部资源相关的理论。如无特殊说明，本章竞争优势理论仅涉及外生论部分。波特的《竞争战略》（1980）、《竞争优势》（1985）以及《国家竞争优势》（1990）从国家、产业以及企业层面系统阐述了国家竞争优势理论（theory of competitive advantage of nation）。[①] 以往教材大多重点介绍国家竞争优势理论，本书则重点关注其中的竞争优势理

① 该理论既有国家获取整体优势的因素分析，也有产业参与国际竞争的阶段分析，以及企业层面的创新机制分析。

论，并从跨国公司战略管理视角进行介绍。

2. 竞争优势理论的基本内容。市场结构（structure）、市场行为（conduct）、市场绩效（performance）构成的“S-C-P”范式是现代产业组织理论的主要范式，该范式主要基于特定产业的市场结构、行为以及绩效等问题，制定相关产业组织政策。但是，该范式并不局限于产业层面，还关注到了特定产业内的企业间绩效差异，并指出该差异来源于市场结构和市场行为。也就是说，企业绩效（竞争优势）取决于外生的市场结构和市场行为。Porter（1985）认为竞争是企业成败的核心所在，而竞争优势（包括但不限于所有权优势、垄断优势）来源于一个企业难以被模仿的特色资产或能力，包括技术和资本优势、管理经验、价值链网络以及信息获取能力等，从而进一步凭借竞争优势在特定行业里获得有利的竞争地位。

3. 竞争优势理论的评价。竞争优势理论的贡献有以下几点：一是将企业所处的外部市场结构和市场行为视为其竞争优势的来源，第一次清晰阐释了竞争优势的内涵；二是界定了企业与市场（行业）、政府之间的关系，明确了产业政策制定和国家层面竞争优势形成的微观基础。局限性则主要在于，该理论是竞争优势外生论，重点关注外部市场力量对企业竞争优势的作用，对其自身因素引致的内生力量有所忽视，不能充分解释跨国公司特别是超级明星企业的典型事实。同时，不难发现，无论是竞争优势外生论还是内生论，都将内部力量和外部力量完全独立，片面地、主观地从一个特定的角度来分析跨国公司运营问题，这种做法相对于“理论指导实践”的目标而言，不科学、不可取、不合时宜，不利于跨国公司特别是中国跨国公司在全球网络化条件下、在全球动态竞争环境中塑造强劲的竞争优势。

4. 跨国公司的动态竞争优势：基于资源熵视角。跨国公司作为一类更具复杂系统性的企业组织，如何通过内部资源和外部资源协同整合实现国际竞争优势，是其国际化运营过程中必须解决的问题。但是，现有企业战略管理理论大多将内部资源和外部资源割裂开来，进行跨国公司国际化运营相关问题的分析。如果将跨国公司视为资源的集合体，其国际化运营进程中价值创造过程及其能量大小与竞争优势相关，创造的价值（能量）越大说明跨国公司竞争优势越大，因此，我们可以用熵的理论分析框架对跨国公司竞争优势问题加以解释。由于跨国公司内部资源的规模和结构变化、内外部资源整合情况将最终决定其创造价值的能量（特别是有用能量）大小，参考熵的定义可以将资源整合引致的价值创造定义为“资源熵”，分为正熵和负熵。

资源熵与跨国公司竞争优势的直接关系如图 5-2 所示。就内部资源而言，如果内部某些资源匮乏且无法及时得到补充，意味着内部资源配置不合理或管理混乱，此时内部资源无序度的增加会产生正熵。随着资源熵的增加，其创造的价值（有用能量）降低。就外部资源而言，跨国公司内外部资源整合交换的过程会产生负熵流，在一定程度上会抑制内部正熵流的产生，实质上，这个抑制的过程就是一个协调的过程。具体而言，从外部获取内部缺乏的、能够创造价值的资源，会扩大跨国公司的资源量，从而产生负熵流。同时，外部资源引入会对原有内部资源产生资源优化配置的作用，从而实现跨国公司内部系统的有序化改进，达到价值创造的效果。

从内部资源与外部资源互动的角度出发，可以构建出如图 5-2 所示的动态环境下跨

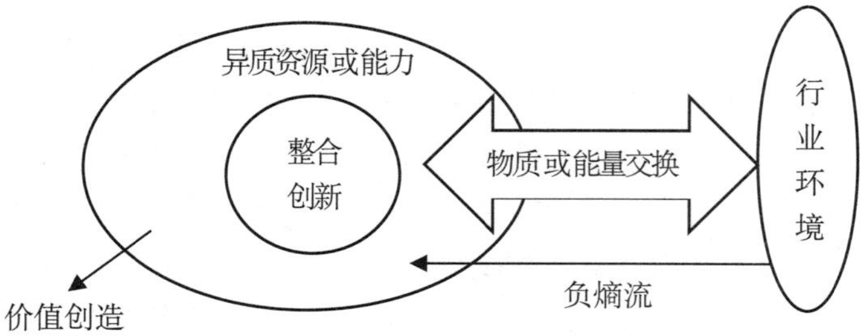

图 5-2　资源熵与跨国公司的竞争优势

国公司获取优势的模型。跨国公司外部资源可以理解为其面临的母国、东道国和全球行业环境以及在该环境中各类要素资源的流动，比如全球化背景下知识和资源日益分散化的布局，使得跨国公司很难凭一己之力在激烈的市场环境中保持长时间的竞争优势。只有将内部和外部资源充分结合，打造“资源＝传统资源＋网络资源”这一资源新框架，构建内部母公司与子公司之间、各子公司之间以及全球范围内整个行业资源有效协同的新机制，才能培养持续的竞争优势。在此逻辑下，薛求知（2007）提出了动态环境下资源基础的跨国公司竞争优势模式，具体如图 5-3 所示。[①]

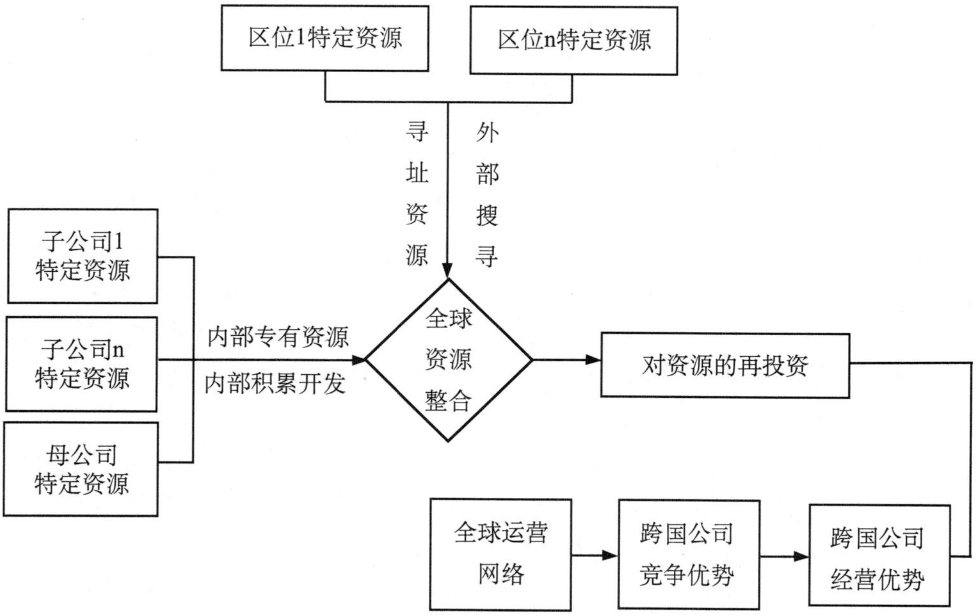

图 5-3　动态环境下资源基础的跨国公司竞争优势模式

面对百年未有之大变局，跨国公司国际化运营的外部环境不断变化，不确定性和风险性也显著上升。只有在自身资源和能力、外部资源持续优化更新两方面有效协调的前提下，跨国公司才能从外部环境中获得负熵流，进而保持竞争优势或重塑新优势。否则，一旦外部环境突变，原有优势将受到重大影响。比如，在中美大国博弈、疫情大流行、

① 薛求知．当代跨国公司新理论［M］．上海：复旦大学出版社，2007：132-136.

俄乌事件等多重不利影响叠加下，高科技领域的中国企业会受到“科技封锁”“断链风险”的影响，国际竞争力面临严峻挑战。

二、 基于全球学习的理论

（一）行动者网络理论

1. 行动者网络理论的提出。随着经济全球化程度不断提高，跨国公司主导的全球价值链分工和贸易体系导致全球生产网络逐步形成并不断扩张。与此同时，全球生产网络内部的竞争与合作模式发生了巨大的变化，跨国公司更加重视产业链供应链的稳定性，倾向于用更具韧性的组团模式取代传统的企业间个体竞争模式。跨国公司网络观充分反映了新时代微观组织的深刻变化，因此，也越来越受到关注。具体而言，跨国公司网络大致可以分为内部和外部网络观、战略连接和本地嵌入观（叶庆祥，2008），实质上，全球生产网络仍然是基于各类内外部要素资源的整合利用，只不过更关注要素资源利用的结果，即跨国公司所处的全球生产网络的形成及其在网络中地位的变化。值得注意的是，跨国公司网络观相关的理论可以追溯至 Bruno Latour（1987）的行动者网络理论，该理论是基于社会学知识和分析方法形成的，在后续经济学、管理学跨学科研究中得到广泛运用。

2. 行动者网络理论的基本内容。社会中存在很多异质性事物，这些事物可以被视为“社会的联结点”，会对行动者的社会网络产生影响。基于此，行动者网络理论遵循“联结的社会学”（sociology of associations）理念，围绕行动者、网络和转译这三个核心对行动者网络的建立进行了阐述。具体而言，该理论中行动者是指能够通过差别制造来改变事物状态的主体，包括人、技术甚至观念等；转译是指特定行动者用自己的语言或者思想对其他行动者感兴趣的问题进行转换理解的过程，转译是不同行动者进行联系进而形成网络关系的基础；网络是对不同行动者联结方式的表述。Latour（1987）认为行动者网络是一种动态认识世界的工具，该网络不断进行再定义和转型。其中，每一个行动者代表该网络中的一个节点，其联系度代表着行动者的网络密度以及向外延伸的可能性和范围。

3. 行动者网络理论的评价。行动者网络理论对网络中行动主体间的关系以及网络形成进行了探讨，强调网络中对象和机构的多样化关系。该理论摒弃了“传统-现代”二元论做法（崔凤茹和刘桂镗，2016），拓宽了空间和距离的固有关系，强调影响、权力、连接三方面构建的空间领域和关系范畴，有助于在全球生产网络的研究中纳入更多支撑和影响经济活动的重要技术元素，在更大社会范围内对企业行为及其空间效果进行思考，这是对以往经济地理学中企业间经济联系方式的有益创新。但是，该理论对必然形成生产网络的先决条件和权力关系关注不够，同时对经济发展分析的贡献有限。

（二）网络嵌入理论

1. 网络嵌入理论的提出。全球生产网络对于跨国公司的国际化行为越来越重要。跨国公司只有拥有正确的网络观，并利用全球资源和网络提高国际竞争优势，才能更好地分享全球化的成果。由于传统的跨国公司理论较少关注网络化，企业战略管理相关的理论比较侧重于竞争和竞争优势，对企业间各种联合形式有所忽视，进而对跨国公司国际化行为引致全球生产网络快速发展的解释力不强。基于此，Mark Granovertter（1985）以网络嵌入性为基础，对经济行动的性质、产品的定价、市场、企业和企业集群以及经济制度做出了解释。Peter Dicken 和 Nigel Thrift（1992）进一步将网络嵌入性纳入企业及其生产活动的地理空间相关实证分析中，推动网络和嵌入的概念成为全球生产网络研究框架的重要基石。

2. 网络嵌入理论的基本内容。网络嵌入理论将经济活动嵌入社会关系网络中予以研究，该理论强调网络嵌入机制是信任，但是信任又取决于现有网络关系，这种关系并不是必然的、绝对的，而是弱关系。[①] 与之对应，强关系具有互动频率高、涉及情感程度深以及直接互惠程度高等特点。两个行动者的社会网络重合度越高，则关系越强，反之关系越弱。也就是说，该理论认为当代社会的经济行为并不是直接嵌入或零嵌入社会网络中，而是弱嵌入。在此基础上，该理论对价格和工资、经济绩效提高、企业和企业集群行为等进行了解释。比如，经济行为嵌入性不足会导致市场交易成本过高，在权衡管理成本和交易成本后，企业会对其社会网络关系进行调整，直到管理成本低于交易成本时，才会倾向于保持相对固定的社会关系。

3. 网络嵌入理论的评价。网络嵌入理论将网络结构分析应用于经济行动研究，奠定了以结构嵌入性为基础的新经济社会学研究。这种结构嵌入分析能够充分展现经济社会学的独特解释力，嵌入社会网络的经济行动不仅能实现个体追求利益的经济效果，也能实现集体合作的社会效果，即抑制单个个体的机会主义行为，使合作者都获得利益，从而让合作关系保持下去，这种洞察力与解释力是经济学和管理学所缺乏的。网络嵌入理论的局限性则主要体现在结构嵌入性分析的两个难点。其一是清楚区分市场交易关系与社会关系。社会网络是作为总体存在的，行动者只是动用其中某个部分服务于经济行动。对于行动者来说，动用什么关系、怎样运用关系以达到目标是相对清楚的。但对于经济社会学分析者来说，从经济行动切入时，行动者之间的关系属于市场交易关系还是非市场交易关系却不容易区分清楚，当两种关系存在一定重合时，嵌入性实际上无法得到论证。其二是掌握行动过程的细节，不能只是概述什么行动和哪些关系有关，而是要仔细分析哪一项交易通过哪一个或几个关系路径来实施，其行动又达到了什么效果。

（三）知识转移理论

1. 知识转移理论的提出。现实中跨国公司可以通过技术国际转移获得并累积大量跨境应用的知识，基于此，David J. Teece（1977）提炼出知识转移思想。知识转移是指企业被其他社会网络成员的经验影响的过程（Linda Argote and Paul Ingram，2000）。新的知识，尤其是企业的外部知识，更有助于为企业带来改变和绩效的提高（李辉，2019）。跨国公司作为国际市场上知识的整合者，其组织内部对知识转移和利用的效率比外部市场机制更高（Anil K. Gupta and Vijay Govindarajan，2000）。目前，与知识转移相关的

---

① 弱关系是一种社会关系而非经济关系，经济行动者在从事某种经济行动时，也参与社会行动，处于某种社会关系中。同时，弱关系是一种互动频次较低的社会关系，往往不涉及太深的个人亲密感情，具有弱关系的行动者也不会要求对方提供直接的、即时的、物质的回报。

研究已取得大量成果，但尚未形成统一的体系。鉴于此，这里借助跨国公司国际行为相关研究的系统梳理，对知识转移理论进行初步归纳。

2. 知识转移理论的基本内容。对于跨国公司而言，从海外市场获取知识资源是其全球化决策的重要组成部分（Tomoko Iwasa and Hiroyuki Odagiri，2004），特别是，从海外市场获取的知识呈现出高质量、多元化等特点，有助于其提高知识的专业化程度，进而突破现有技术和制度的局限（Stephen Redding，2002）。因此，相比于对现有资源的优化配置，从具有战略优势的海外市场获取、转移和整合创新相关的知识（Gautam Ahuja and Riitta Katila，2001），可以使跨国公司的创新产出最大化。需要注意的是，知识只有基于网络关系才能转移，进而对跨国公司的竞争优势产生影响。如果关系网络成员间知识资源转移和应用存在壁垒（文化差异、法律体制等）、转移过程存在持续的时滞性，那么转移成本会大于收益，相关知识资源就更具独特性，从而保证相关跨国公司在关系网络中获得持续的竞争优势。

3. 知识转移理论的评价。知识（特别是高水平知识）可以被视为一种重要的战略性资源，有助于跨国公司获取和提升创新能力。同时因为知识本质上具有网络属性（能够共享和传播的才能称为知识），它对跨国公司内外部关系网络的形成和发展以及竞争优势的形成和保持具有重要作用。因此，知识转移理论可以被视为是资源基础观的扩展及其与社会网络的融合（李辉，2019）。但是，知识资源的价值性、易逝性以及对其管理的困难性，表明从其他企业获取这些知识资源是一个相对复杂的过程。因此，相对而言，知识学习（获得）、知识转移以及影响结果很难形成一个放之四海而皆准、能够指引跨国公司国际化经营过程的完整理论体系。

4. 解释中国企业境外并购的知识转移理论。《2018 年中国企业境外并购报告》将中国企业境外并购发展历程分为三个阶段，并指出目前正处于第三个阶段，具体而言，这三个阶段分别是：实现自然资源的获取、通过吸纳知识技术和管理经验等以求更具优势地参与国际竞争、竞争力提升和国际市场新机遇探索。不难发现，中国企业境外并购过程中，知识资源的获取、转移和利用起到了关键作用。

跳板理论（springboard theory）是针对新兴经济体企业的国际扩张战略意图逐渐发展成熟，与中国情境相契合的国际商务理论。该理论认为新兴经济体企业倾向于借助跨国并购这一跳板，实现关键资源的获取以及知识技术的双向溢出，以推动探索式创新与利用式创新，继而在国际竞争中弹射到更高的位置。跳板理论强调包括中国在内的新兴经济体跨国并购企业通过获取知识等重要战略资源，促进探索性创新与利用性创新以提升全球竞争优势。张红霞和杨蕙馨（2020）分析了跳板理论视角下企业国际化螺旋式上升的过程，如图 5-4 所示。

企业利用国际扩张这一跳板获取国外关键能力，并将其与本土能力相融合，进而实现全球竞争中的地位升级。在此过程中，跨国企业不仅要利用自身有限的成本优势、速度优势和大规模生产优势参与国际竞争，更重要的是需要将其新收购的战略资产转移回国内市场价值链系统。因此，企业在国际化的过程中尝试整合开发性战略与探索性战略，以增强全球竞争优势。

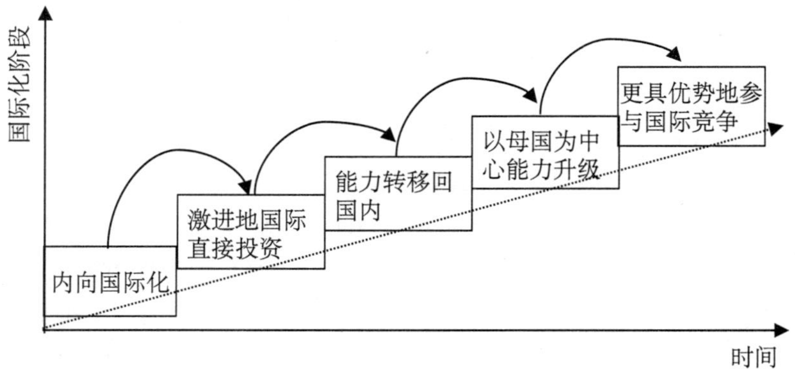

图 5－4　跳板理论视角下企业国际化螺旋式上升的过程

第五节　以可持续发展理念为基础的理论

一、企业绿色管理理论

（一）环境经济学视角

1. 环境经济学视角相关理论的提出。传统跨国公司理论或企业管理理论遵循理性人假设，企业是否进行绿色管理取决于决策者基于目前或预期的成本、风险与收益之间的权衡（Madhu Khanna，2001）。以往理论（比如新古典经济学）更多将绿色管理视为一种负担，会给企业带来额外的成本（比如生产运营成本），虽然可以通过内部化手段进行控制，但生产率和竞争力下降及其引致的未来投资不确定性提升，短期内难以改变（Wayne B. Gray and Ronald J. Shadbegian，1995）。但是，Michael E. Porter 和 Claas van der Linde（1995）认为以往的理论大多采用的是静态分析方法，企业绿色管理并非一味地增加企业运营成本，还具有长期效应，比如有利于相关企业发现新的投资机遇、培育新的竞争优势，通过内部和外部资源优化实现成本和收益的双赢。这一论点又被称为波特假说（Porter hypothesis）。因此，在环境管制不断收紧的背景下，企业绿色管理的重心已经从成本控制向经济效益提升转变。

2. 环境经济学视角相关理论的基本内容。如图 5－5 所示，企业实施绿色管理后能够在商品和资本市场两个方面获得经济绩效。①

就商品市场而言，消费者对产品的偏好正从传统属性（例如质量和价格等）向健康或环保层面转变，产品的绿色属性被消费者赋予了越来越高的优先级以及较高的意愿支付价格，这正成为企业实行绿色管理的重要驱动力。同时，企业通过绿色产品的投资和研发打造产品差异化优势，有助于市场布局、经济收益提升（Pratima Bansal and Kendall Roth，2000）。就资本市场而言，企业绿色管理行为可以带来正面市场评价，有助于品牌价值提升。Stefan Ambec 和 Paul Lanoie（2008）指出企业绿色管理以产品差异化抢占市场优势，通过原材料、能源、资本、劳动力等使用成本降低、污染控制技术优势获

---

① 薛求知，李茜．企业绿色管理的动机和理论解释［J］．上海管理科学，2013（1）：1－7.

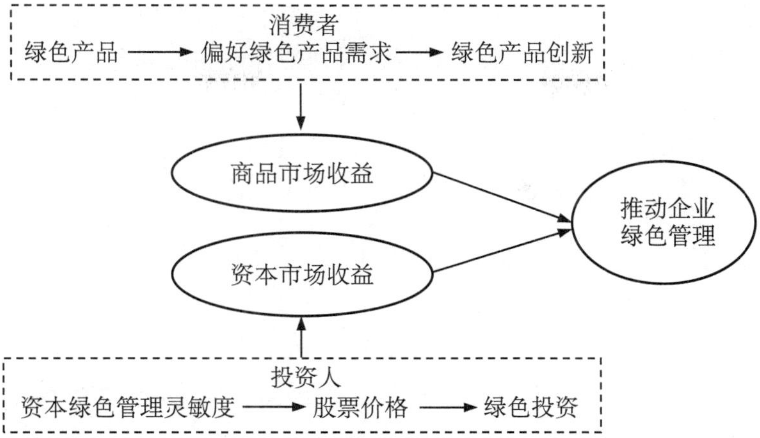

图 5-5 企业绿色管理的经济动机

取收益。此外，国内学者焦俊和李恒（2008）还发现实施绿色管理可以通过企业生态效率提升来实现财务绩效优化、规避违反环境规制引致的系列风险（比如环保诉讼处罚以及强制退市等风险）。

3. 环境经济学视角相关理论的评价。环境经济学视角相关理论对传统经济学理性人假设进行了有益补充。同时，在环境规制成为全球趋势的背景下，环境经济学视角相关研究具有重要的现实意义。但是，环境经济学视角相关理论仍存在以下局限性：一是企业实施绿色管理与企业绩效之间的经验研究已不断展开，但是尚未得出较为一致的结论；二是相关研究将企业抽象为单纯的理性决策者，进而对产业层面的问题进行研究，忽视了企业内部资源对其绿色管理行为的影响；三是目前仍以经验研究为主，对理论机制的探讨有所不足。

（二）制度理论与合法性视角

1. 制度理论与合法性视角相关理论的提出。与理性人假设不一定适用于企业绿色管理决策一样，企业外部压力、社会期望等非效率因素也可能影响企业经营决策行为（Paul J. DiMaggio，1998）。基于此，根植于组织社会学的制度理论重点关注政府管制、市场要求以及社会期望等制度因素对企业组织管理、组织结构以及运营绩效的影响。特别是，前文提到的企业实施绿色管理的行为动机主要是应对政策制度、文化环境等赋予的合法性加压（Andrew A. King，Michael Lenox，and Ann Terlaak，2005）。基于此，Deveraux Jennings 和 Paul A. Zandbergen（1995）首次将制度理论引入企业生态可持续发展领域，对如何建立可持续发展制度及其如何在企业间发展与传播进行了探讨，并为后续研究提供了理论基础。

2. 制度理论与合法性视角相关理论的基本内容。基于企业选择绿色投资和管理可以应对制度规则并获得合法性地位的逻辑，Jennings 和 Zandbergen（1995）从规制、规范和认知（或文化）三个方面的制度因素入手构建制度理论，进而分析外部的制度因素对企业绿色管理决策的影响。基于 Jennings 和 Zandbergen（1995）的基本思想，杨东宁和周长辉（2004）[①] 将原有制度理论中的三维度因素视为外部合法性，进一步将企业内部利益相关者

① 杨东宁，周长辉．企业环境绩效与经济绩效的动态关系模型［J］．中国工业经济，2004（4）：43-50.

对组织管理意愿、要求及接受程度等定义为内部合法性，将两者作为绿色管理的驱动力对企业运营问题进行研究。李茜（2013）对绿色管理的外部和内部合法性驱动进行了梳理，如图 5－6 所示。[①] 基于战略管理视角解释企业绿色管理决策的研究，推动了从企业外部因素转向企业内部展开研究的热潮。同时，受外部压力影响的企业管理者认知判断能力以及反应情况也得到了关注（Parthiban David，Matt Bloom，and Amy J. Hillman，2007）。

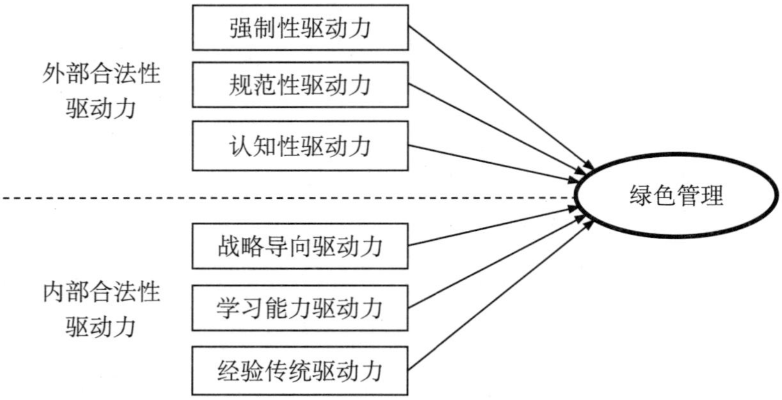

图 5－6　绿色管理的合法性驱动

对于跨国公司而言，在制度理论与合法性的基础上结合跨国公司传统理论（比如优势论），可以在最终产品和中间产品两方面获得绿色优势（如图 5－7 所示）。[②] 最终产品优势指的是绿色产品[③]（包括绿色属性、绿色品牌等）带来的企业特定优势，该优势的主要来源是消费者绿色观念的形成以及相关市场机制和获取经济利益途径的形成。中间产品优势主要包括两个方面，一是生产过程中绿色技术研发创新、绿色技术应用引致的治污成本下降，二是绿色管理与企业组织管理全方位融合（比如绿色营销、绿色物流、绿色供应链等）。同时，中间产品优势也为最终产品优势的形成奠定了基础。

3. 制度理论与合法性视角相关理论的评价。制度理论与合法性视角相关理论的主要贡献在于对企业内外部合法性的关注，进而围绕企业应对各种利益相关者的压力对绿色管理决策的驱动作用展开研究。同时，在世界百年未有之大变局下，在制度理论与合法性视角下对跨国公司的相关研究具有重要的现实意义。但是，相关研究还存在以下不足之处：一是基于内部和外部合法性视角的研究框架较松散、系统性不够，同时各影响因素之间的关系以及概念界定未能说明清楚；二是未能对各种类型的制度进行剥离，比如正式制度和非正式制度对企业绿色管理行为的影响机制和效果是不一样的。

4. 中国环境规制对国际直接投资规模的影响。世界各国政府日益关注环境恶化问题并加大了对环境污染的规制力度，要求企业开发和使用绿色技术，生产更环保的产品。但企业会将生产转移到环境规制要求较低的地方，这种现象被称为污染避难所假说

① 李茜．跨国公司绿色管理对本土企业溢出效应的渠道研究［D］．上海：复旦大学，2013．

② 李茜．跨国公司与中国企业的绿色管理：全球产业关联对本土企业绿色管理的影响机制研究［M］．北京：企业管理出版社，2015：27．

③ 绿色产品指生产过程及其本身是节约能源、低污染、低毒、可回收的一类产品。

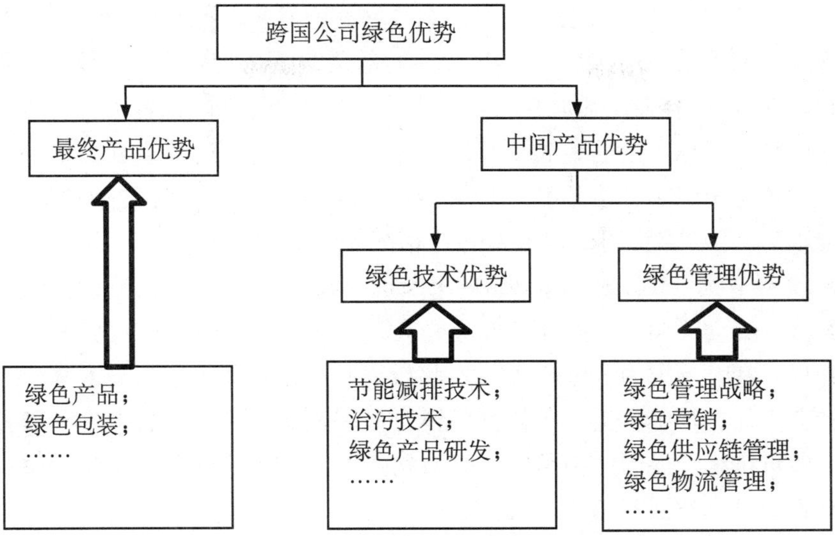

图 5-7　跨国公司绿色优势

(pollution heaven hypothesis，也被称为污染天堂假说)。这不仅会抵消环境政策作用，还会恶化整体环境。例如，发展中国家可能会操纵环境政策来吸引更多国际直接投资，这也导致了整体污染水平的上升。

1978 年改革开放以来，中国政府不断吸引外资，产生了环境污染问题，包括资源过度开发和工业污染物排放。考虑到中国经济的可持续发展，中国政府于 1987 年开始制定并实施一系列环境政策。比如，《中华人民共和国大气污染防治法》于 1987 年颁布，并于 1988 年实施；1995 年《中华人民共和国大气污染防治法》被重新修订，包括关于空气污染和二氧化硫排放监管的部分；1998 年《国务院关于酸雨控制区和二氧化硫污染控制区有关问题的答复》相关文件通过并正式实施。2016 年 11 月—2017 年 4 月，中国实际利用外资的规模连续下降，相关原因得到广泛关注，日益严格的环境保护政策就是焦点之一。Xiqian Cai 等（2016）基于中国数据，围绕环境规制对国际直接投资的影响进行研究发现，环境规制的强度与国际直接投资规模负相关，具体而言，环境规制强度每上升 1 单位会使中国国际直接投资流量减少 8 个百分点。刘金焕和万广华（2021）利用 2000—2013 年数据研究表明，环境规制对企业的国际直接投资决策和数量均具有显著的负向影响，并且对污染行业企业的负向影响更大、更明显。①

二、 企业社会责任理论

(一) 企业社会责任的内涵②

1924 年奥利弗·谢尔顿（Oliver Sheldon）首先提出企业社会责任（corporate social

① 刘金焕，万广华．环境规制是否抑制了外商直接投资的流入？[J]．经济与管理研究，2021（11）：20-34．该文认为，环境规制通过生产成本效应抑制了国际直接投资的流入，通过创新激励效应促进了国际直接投资的流入，并且生产成本效应明显大于创新激励效应。

② 此部分内容主要引自：龙云安．跨国公司新战略：社会责任研究［M］．成都：西南财经大学出版社，2014：31-39，86-102.

responsibility)，并指出企业社会责任高于企业利益，但并未给出具体定义。1970 年 9 月 13 日，米尔顿·弗里德曼（Milton Friedman）的文章《企业的社会责任是增加利润》发表于《纽约时报》，内容强调增加利润是企业唯一的社会责任。而社会责任理论认为，生存才是企业的第一目标，追逐利润是第二目标，而生存就必须融入社会以及通过改变企业在社会中的角色来保护社会福利。1976 年，经济合作与发展组织（OECD）在《跨国公司行为准则》[①] 中要求跨国公司加强利益相关者的保护权利。1997 年，美国管理咨询专家约翰·埃尔金顿（John Elkington）出版的《利器：21 世纪商业的三底线》一书强调了企业经济、社会（如社区服务、善待员工等）和环境（如对生产过程中产生的排放、废弃物的处理）利益追求的“三底线”[②]，此后企业社会责任迅速流行起来。不少国际组织对企业社会责任进行了定义，比如世界银行强调企业对利益相关者生活质量的改善并将其视为企业可持续发展的一种承诺；欧盟则强调企业基于资源基础将社会和环境责任纳入其运营管理以及与利益相关者的互动。

目前企业社会责任的关注度不断提升，虽然相关概念界定尚未统一，但是其基本内涵和外延是一致的。简单而言，企业社会责任可以理解为企业追逐经济利益时还应关注外部责任，这些责任主要包括环境责任、社会责任以及利益相关者责任等方面。

（二）企业社会责任的主要理论

1. 利益相关者理论（stakeholder theory）。企业与谁的利益有关系以及在管理该关系时应承担怎样的社会责任和义务，是利益相关者理论研究的重点。该理论认为企业的利益相关者主要包括消费者、供应商、竞争者、股东、债权人、雇员以及政府等。从发展进程来看，利益相关者理论大致经历了三个阶段，不同阶段关注的重点问题有所区别，依次是对“影响企业生存”“参与战略管理”到“参与所有权分配”三个问题的关注。

20 世纪 90 年代开始，围绕利益相关者与企业关系的特征，从多个角度制定利益相关者分类的标准成为研究重点。其中，Ronald K. Mitchell，Bradley R. Agle 和 Donna J. Wood（1997）提出了通过评分法来界定利益相关者，共涉及 27 种具有代表性的利益相关者。如图 5－8 所示，他们从影响力、合法性以及紧迫性三个维度对利益相关者关系进行区分。具体而言，影响力指的是企业是否拥有影响其决策地位、能力的手段；合法性指的是企业是否被赋予法律意义上或者特定的索取权；紧迫性指的是能否立即引起企业高层的关注。

2. 社会责任金字塔理论（pyramid theory of corporate social responsibility），又称为层次理论（hierarchy theory）。Archie B. Carroll（1978）基于一种社会责任分析模型提出该理论。该理论认为企业的社会责任可以分为基本的社会责任和高层次社会责任，其中前者指的是产品或劳务供给获得的经济利润层面的责任；后者强调消费者和社会发展相关的责任，比如消费者权益保护、环境保护、促进社会进步等。后续的研究将该理论

---

① 这是迄今为止唯一由政府签署并承诺执行的多边、综合性跨国公司行为准则。2000 年该准则重新修订，更加强调了签署国政府在促进和执行准则方面的责任。

② “三底线”深层内涵是为谋求可持续发展，企业必须兼顾所有利益相关者的利益，将利润、社会责任和环境保护同时作为其生存和发展的基本底线，如果超出这三条底线，企业就会丧失可持续发展的基础。

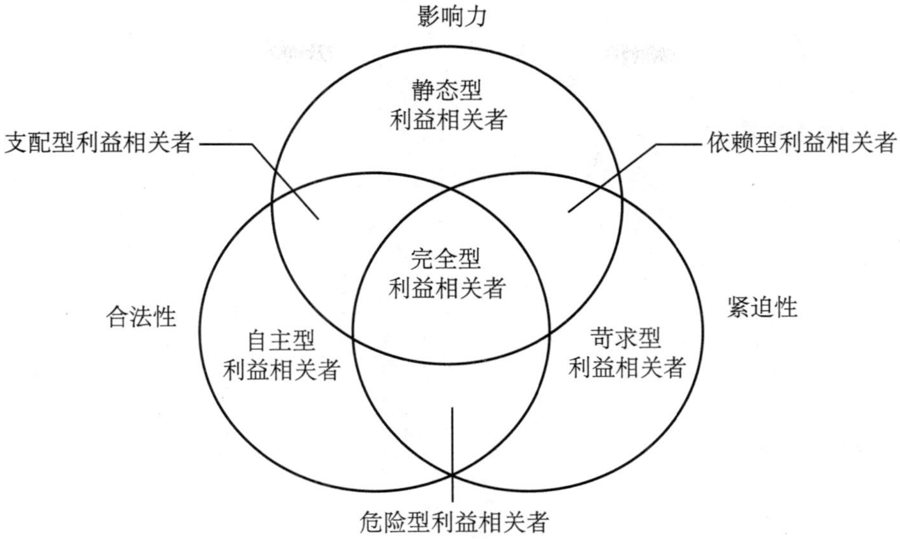

图 5－8　利益相关者分类

涉及的责任进行了进一步细分。

如图 5－9 所示，龙云安（2014）将企业应该承担的社会责任分为经济责任、法律责任、伦理责任以及慈善责任四个层次。具体而言，经济责任指的是企业生产发展的经济保障，将其定位于金字塔底层，说明企业盈利是最基本的前提，否则企业将无法实现经济组织存在的意义；法律责任指的是企业作为社会公民的法律责任，强调的是有关法律规定对企业的约束；伦理责任主要强调企业营业过程中合乎伦理规范的经济行为对利益相关者的影响，比如高质量产品和服务满足社会需求；最高层的慈善责任，强调企业整合市场和社会资源获取利益后将其中一部分利益让渡于社会（比如扶弱助贫、支援受灾民众等），从而提升其在社会中的形象。

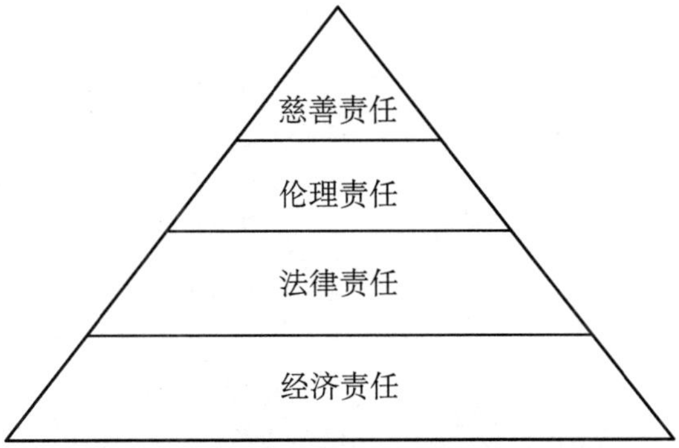

图 5－9　企业社会责任金字塔分析模型

3. 跨国公司社会力理论。传统跨国公司理论将企业视为经济公民，主要关注跨国公司的形成、国际化方式和运营、垄断优势和竞争优势的变化等方面，属于经济力理论（economic power theory）范畴。相关理论没有关注社会责任或将其作为成本因素，无法解释跨国公司社会责任行为以及战略目标的变化。20 世纪 90 年代以来，社会责任的价值取向及其带来的社会伦理形象得到跨国公司的广泛关注。在此背景下，社会力理论

(social power theory) 应运而生。该理论将企业新的使命纳入多元目标体系，重点关注企业战略与社会和环境协同共生的能力、获得社会尊重和赞誉的能力等，进而利用道德哲学的基本方法对跨国公司新的经营战略与行为的动力来源、运行机制等问题进行理论研究。需要注意的是，跨国公司社会力理论的基本前提是人类文明进步，该前提并没有排除经济力的存在，而是实现了更紧密的融合，不仅符合跨国公司理论演进的逻辑，也满足跨国公司从容面对日益复杂的外部环境的客观要求。图 5-10 体现了社会力理论的分析框架（龙云安，2014)。

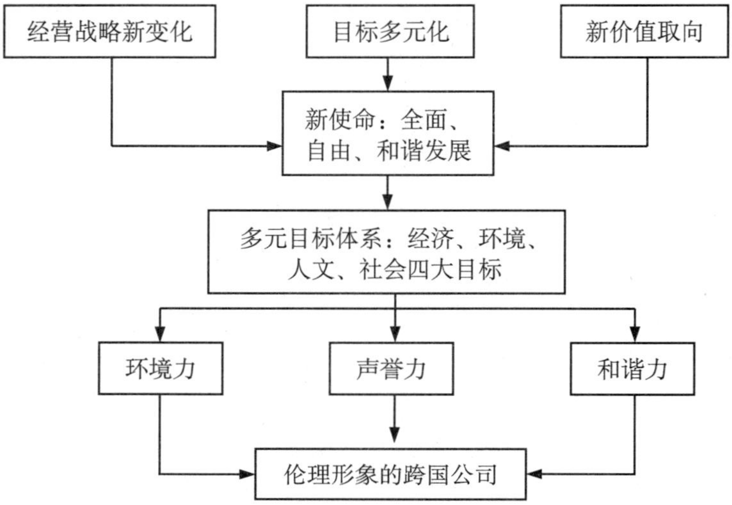

图 5-10 社会力理论分析框架

跨国公司社会力理论框架明确了跨国公司运营的新机制，即在新使命兼容多重目标的导向下，跨国公司逐渐形成环境力、声誉力、和谐力三种力量并将其有机结合形成跨国公司社会力，进一步构建运营机制的特定动力系统（见图 5-11[①]），最终推动跨国公司战略目标的实现。

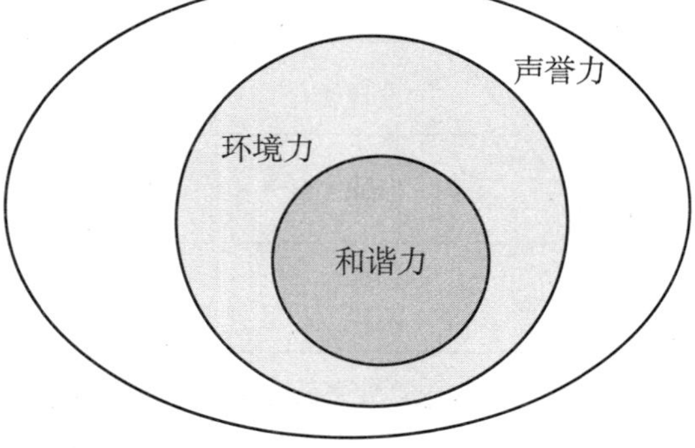

图 5-11 社会力系统

如果用 F 和 A 分别表示社会力和跨国公司目标，由于社会力变动会影响跨国公司目

① 龙云安．跨国公司新战略：社会责任研究［M］．成都：西南财经大学出版社，2014：98.

标的实现程度，因此可以将 $A=f(F)$ 刻画为跨国公司实现的目标是社会力的函数。同理，和谐力、环境力以及声誉力的合力 F 与跨国公司目标之间的关系则可以刻画为一条斜率为正的直线函数。如图 5-12[①] 所示，跨国公司的社会力越大，其实现的目标就会越大，反之亦然。因此，可以理解为，社会力与企业实现的目标呈高度正相关。

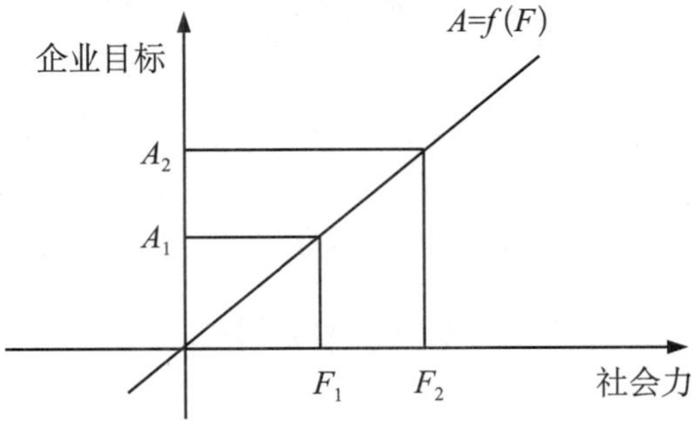

图 5-12　社会力与企业目标的关系

（三）中国企业社会责任的制度创新

鼓励公司履行社会责任是习近平法治思想的重要组成部分，也是《中华人民共和国公司法》的核心原则之一。在 2020 年冬季达沃斯世界经济论坛召开之际，论坛创始人克劳斯·施瓦布（Klaus Schwab）教授发布的《2020 达沃斯宣言》倡导公司社会责任，呼吁公司在未来决策时应有更长远的考虑，履行道德、人权和环境义务，善待员工和供应商，并在经营活动中维护社区、社会、自然环境、生物圈及子孙后代的利益。公司绩效的衡量既要考虑回报股东的情况，也要考虑其实现环境、社会和治理（ESG）[②] 的情况。高管薪酬既取决于其创造的利润，也取决于其实现利益相关者福祉的情况。施瓦布教授的观点既反映了《中华人民共和国公司法》导入公司社会责任的制度设计和实践探索，也代表着西方市场经济国家公司法学界在公司社会责任和利益相关者理论方面的前沿学术观点，更会引领和推动公司社会责任的全球化进程。[③]

习近平总书记多次强调企业界和企业家群体的社会责任，“企业既有经济责任、法律责任，也有社会责任、道德责任。任何企业存在于社会之中，都是社会的企业。社会是企业家施展才华的舞台。只有真诚回报社会、切实履行社会责任的企业家，才能真正得到社会认可，才是符合时代要求的企业家。”[④] 2020 年 11 月 12 日习近平总书记在江苏调研时高度评价了近代著名实业家张謇：“张謇意识到落后必然挨打、实业才能救国，积极引进先进技术和经营理念，提倡实干兴邦，起而行之，兴办了一系列实业、教育、医疗、社会公益事业，帮助群众，造福乡梓，是我国民族企业家的楷模。”[⑤]

---

① 龙云安．跨国公司新战略：社会责任研究［M］．成都：西南财经大学出版社，2014：96.

② ESG 是英文 Environmental（环境）、Social（社会）和 Governance（治理）的缩写，是指将环境、社会与治理因素纳入投资决策与企业经营。在投资领域，ESG 是一种关注企业环境、社会、治理绩效而非财务绩效的投资理念和企业评价标准；在经营领域，ESG 是将环境、社会、治理要素纳入企业经营管理体系的经营实践。

③ 刘俊海．论公司社会责任的制度创新［J］．比较法研究，2021（4）：17-37.

④ 习近平．在企业家座谈会上的讲话［N］．人民日报，2020-07-22（2）.

⑤ 习近平在江苏考察时强调 贯彻新发展理念构建新发展格局 推动经济社会高质量发展可持续发展［N］．人民日报，2020-11-15（1）.

鼓励企业承担社会责任既是核心价值，也是社会共识。党的十六届六中全会强调“着眼于增强公民、企业、各种组织的社会责任”。党的十七大报告重申“引导人们自觉履行法定义务、社会责任、家庭责任”。党的十八届三中全会指出要“以规范经营决策、资产保值增值、公平参与竞争、提高企业效率、增强企业活力、承担社会责任为重点，进一步深化国有企业改革”。党的十九大报告指出“强化社会责任意识、规则意识、奉献意识”。党的十九届四中全会强调“完善文化企业履行社会责任制度，健全引导新型文化业态健康发展机制”。2020 年 12 月 7 日中共中央印发的《法治社会建设实施纲要（2020—2025 年）》重申，“引导社会主体履行法定义务承担社会责任”“完善企业社会责任法律制度，增强企业社会责任意识，促进企业诚实守信、合法经营”。

本章参考文献

［1］崔凤茹，刘桂镗．后危机时代跨国公司全球生产网络研究：以西门子和华为公司为例［M］．北京：社会科学文献出版社，2016：5－66.

［2］戴觅，余淼杰，Madhura Maitra．中国出口企业生产率之谜：加工贸易的作用［J］．经济学（季刊），2014（2）：675－698.

［3］邓宏图，徐宝亮，邹洋．中国工业化的经济逻辑：从重工业优先到比较优势战略［J］．经济研究，2018（11）：17－31.

［4］樊纲．“发展悖论”与发展经济学的“特征性问题”［J］．管理世界，2020（4）：34－39.

［5］范剑勇，冯猛．中国制造业出口企业生产率悖论之谜：基于出口密度差别上的检验［J］．管理世界，2013（8）：16－29.

［6］耿伟．内生比较优势演化：基于中国制造业的经验研究［J］．财经研究，2006（10）：60－70.

［7］霍伟东，王明彬．中国出口企业“生产率悖论”的比较检验与修正［J］．财经科学，2015（9）：120－131.

［8］江小涓，孟丽君．内循环为主、外循环赋能与更高水平双循环：国际经验与中国实践［J］．管理世界，2021（1）：1－19.

［9］焦俊，李垣．企业绿色价值链及其持续竞争优势的形成［J］．科技进步与对策，2008（11）：100－104.

［10］李春顶，尹翔硕．我国出口企业的“生产率悖论”及其解释［J］．财贸经济，2009（11）：84－90，111，137.

［11］李春顶．中国出口企业是否存在“生产率悖论”：基于中国制造业企业数据的检验［J］．世界经济，2010（7）：64－81.

［12］李春顶．中国企业“出口-生产率悖论”研究综述［J］．世界经济，2015（5）：148－175.

［13］李辉．中国跨国公司海外经营战略要素研究：基于社会资本理论的视角［M］．北京：知识产权出版社，2019：24－97.

［14］李茜．跨国公司与中国企业的绿色管理：全球产业关联对本土企业绿色管理的

影响机制研究［M］. 北京：企业管理出版社，2015：1－42.

［15］联合国跨国公司中心．再论世界发展中的跨国公司［M］. 南开大学经济研究所美国经济研究室，对外经济联络部国际经济合作研究所，译．北京：商务印书馆，1982：3－15.

［16］刘培林，刘孟德．发展的机制：以比较优势战略释放后发优势——与樊纲教授商榷［J］. 管理世界，2020（5）：67－73，10.

［17］刘晴，徐蕾．对加工贸易福利效应和转型升级的反思：基于异质性企业贸易理论的视角［J］. 经济研究，2013（9）：137－148.

［18］龙云安．跨国公司新战略：社会责任研究［M］. 成都：西南财经大学出版社，2014：1－39，86－102.

［19］陆文聪，许为．中国落入"比较优势陷阱"了吗？［J］. 数量经济技术经济研究，2015（5）：20－36.

［20］聂文星，朱丽霞．企业生产率对出口贸易的影响：演化视角下"生产率悖论"分析［J］. 国际贸易问题，2013（12）：24－35.

［21］裴长洪，刘斌．中国对外贸易的动能转换与国际竞争新优势的形成［J］. 经济研究，2019（5）：4－15.

［22］钱学锋，王菊蓉，黄云湖，等．出口与中国工业企业的生产率：自我选择效应还是出口学习效应？［J］. 数量经济技术经济研究，2011（2）：37－51.

［23］钱学锋．悖论远非结论［J］. 世界经济，2015（5）：187－188.

［24］钱学锋．企业层面的贸易理论与经验分析［M］. 北京：北京大学出版社，2020：77，107－142.

［25］苏杭，郑磊，牟逸飞．要素禀赋与中国制造业产业升级：基于 WIOD 和中国工业企业数据库的分析［J］. 管理世界，2017（4）：70－79.

［26］汤二子．中国企业"出口-生产率悖论"：理论裂变与检验重塑［J］. 管理世界，2017（2）：30－42，187.

［27］魏浩，王露西，李翀．中国制成品出口比较优势及贸易结构研究［J］. 经济学（季刊），2011（4）：1281－1310.

［28］文东伟，冼国明．企业异质性、融资约束与中国制造业企业的出口［J］. 金融研究，2014（4）：98－113.

［29］吴杨伟，王胜．再论比较优势与竞争优势［J］. 经济学家，2018（11）：40－47.

［30］薛求知．当代跨国公司新理论［M］. 上海：复旦大学出版社，2007：132－136.

［31］叶庆祥．跨国公司本地嵌入理论、实证与政策选择［M］. 杭州：浙江大学出版社，2008：39－53.

［32］余壮雄，闫苗苗，杨扬．企业的"国外关系"与出口-内销定位［J］. 世界经济，2015（7）：27－52.

［33］张红霞，杨蕙馨．跳板理论视角下跨国并购对双元创新的影响机制与未来展望［J］. 经济与管理研究，2020（9）：98－111.

［34］赵春明，郑飞虎，齐玮．跨国公司与国际直接投资［M］．北京：机械工业出版社，2020：62－72.

［35］赵玉奇，柯善咨．市场分割、出口企业的生产率准入门槛与“中国制造”［J］．世界经济，2016（9）：74－98.

［36］曾铮，张亚斌．相对效用价格比：基于不完全竞争市场的比较优势模型［J］．产业经济研究，2008（4）：52－59，71.

［37］周沂，贺灿飞，杨汝岱．区域潜在比较优势与出口升级［J］．经济研究，2022（2）：125－141.

［38］伯特尔·俄林．区际贸易与国际贸易［M］．晏智杰，逯宇铎，译．北京：华夏出版社，2017：1－100.

［39］迈克尔·波特．国家竞争优势［M］．李明轩，邱如美，译．北京：中信出版社，2007：18－34.

［40］迈克尔·波特．竞争优势［M］．陈丽芳，译．北京：中信出版社，2014：7－58.

［41］大卫·李嘉图．政治经济学及赋税原理［M］．郭大力，王亚南，译．北京：商务印书馆，2021：5－121.

［42］Ahuja G，Katila R. Technological Acquisitions and the Innovation Performance of Acquiring Firms：A Longitudinal Study［J］. *Strategic Management Journal*，2001（22）：197－220.

［43］Ambec S，Lanoie P. Does It Pay to Be Green? A Systematic Overview［J］. *Academy of Management Perspectives*，2008（4）：45－62.

［44］Antràs P. Firms，Contracts，and Trade Structure［J］. *Quarterly Journal of Economics*，2003（4）：1375－1418.

［45］Argote L，Beckman S L，Epple D. The Persistence and Transfer of Learning in Industrial Setting［J］. *Management Science*，1990（36）：140－154.

［46］Argote L，Ingram P. Knowledge Transfer：A Basis for Competitive Advantage in Firms［J］. *Organizational Behavior and Human Decision Processes*，2000（1）：150－169.

［47］Bansal P，Roth K. Why Companies Go Green：A Model of Ecological Responsiveness［J］. *Academy of Management Journal*，2000（4）：717－736.

［48］Buckley P J，Casson M. *The Future of the Multinational Enterprise*［M］. London：Palgrave Macmillan，1976：24－38.

［49］Cai X Q，Lu Y，Wu M Q，et al. Does Environmental Regulation Drive Away Inbound Foreign Direct Investment? Evidence from a Quasi-natural Experiment in China［J］. *Journal of Development Economics*，2016（123）：73－85.

［50］Carroll A B. Setting Operational Goals for Corporate Social Responsibility［J］. *Long Range Planning*，1978（2）：35－38.

［51］David P，Bloom M，Hillman A. Investor Activism，Managerial Responsiveness，and Corporate Social Performance［J］. *Strategic Management Journal*，2007

(1): 91 -100.

[52] Dicen P, Thrift N. The Organization of Production and the Production of Organization: Why Business Enterprises Matter in the Study of Geographical Industrialization [J]. *Transactions of the Institute of British Geographers*, 1992 (17): 279 - 291.

[53] DiMaggio P J. The New Institutionalisms: Avenues of Collaboration [J]. *Journal of Institutional and Theoretical Economic*, 1998 (4): 696 - 709.

[54] Dunning J H, McQueen M. The Eclectic Theory of International Production: A Case Study of the International Hotel Industry [J]. *Managerial and Decision Economics*, 1981 (4): 197 - 210.

[55] Dunning J H. The Determinants of International Production [J]. *Oxford Economic Papers*, 1973 (3): 289 - 336.

[56] Dunning J H. Trade, Location of Economic Activity and the MNE: A Search for an Eclectic Approach [A]. In: Ohlin B, Hesselborn P-O, Wijkman P M. (eds). The International Allocation of Economic Activity [C]. London: Palgrave Macmillan, 1977: 395 -418.

[57] Granovertter M. Economic Action and Social Structure: The Problem of Embeddedness [J]. *American Journal of Sociology*, 1985 (3): 481 - 510.

[58] Gray W B, Shadbegian R J. Pollution Abatement Costs, Regulation, and Plant-level Productivity [R]. NBER Working Paper No. 4994, 1995: 1 - 30.

[59] Gupta A K, Govindarajan V. Knowledge Flows within Multinational Corporations [J]. *Strategic Management Journal*, 2000 (4): 73 - 96.

[60] Hinloopen J, Marrewijk C V. Dynamics of Chinese Comparative Advantage [R]. Tinbergen Institute Discussion Paper, No. 0342, 2004: 1 - 70.

[61] Hymer S H. *The International Operations of National Firms: A Study of Direct Foreign Investment* [M]. Cambridge, Massachusetts: The MIT Press, 1960.

[62] Iwasa T, Odagri H. Oversea R&D, Knowledge Sourcing and Patenting: An Empirical Study of Japanese R&D Investment in the US [J]. *Research Policy*, 2004 (5): 807 - 828.

[63] Jennings P D, Zandbergen P A. Ecologically Sustainable Organizations: An Institutional Approach [J]. *Academy of Management Review*, 1995 (4): 1015 - 1052.

[64] Khanna M. Non-mandatory Approaches to Environmental Protection [J]. *Journal of Economic Surveys*, 2001 (3): 291 - 324.

[65] Kindleberger C P. US Foreign Economic Policy, 1776—1976 [J]. *Foreign Affairs*, 1976 (55): 395 - 417.

[66] King A A, Lenox M J, Terlaak A. The Strategic Use of Decentralized Institutions: Exploring Certification with the ISO 14001 Management Standard [J]. *The Academy of Management Journal*, 2005 (4): 1091 - 1106.

[67] Kowalski P, Bottini N. Comparative Advantage and Export Specialization Mob-

ility, Globalization, Comparative Advantage and The Changing Dynamics of Trade [R]. OECD Publishing, 2011.

[68] Latour B. *Science in Action: How to Follow Scientists and Engineers through Society* [M]. Milton Keynes: Open University Press, 1987: 1-30.

[69] Leontief W W. Domestic Production and Foreign Trade; the American Capital Position Re-examined [J]. *Proceedings of the American Philosophical Society*, 1953 (4): 332-349.

[70] Leontief W W. Melitz M J. The Impact of Trade on Intra-industry Reallocations and Aggregate Industry Productivity [J]. *Econometrica*, 2003 (6): 1695-1725.

[71] Lin J Y, Wang Y. Seventy Years of Economic Development: A Review from the Angle of New Structural Economics [J]. *China & World Economy*, 2020 (4): 26-50.

[72] Lin J Y, Wang Y. The Facilitating State and Economic Development: The Role of the State in New Structural Economics [J]. *Man and the Economy*, 2017 (2): 1-19.

[73] Linder S B. *An Essay in Trade and Transformation* [M]. Stockholm: Almqvist & Wiksells, 1961: 3-27.

[74] Mitchell R, Agle B, Wood D. Toward a Theory of Stakeholder Identification and Salience: Defining the Principle of Who and What Really Counts [J]. *Academy of Management Review*, 1997 (22): 853-886.

[75] Penrose E T. *The Theory of the Growth of the Firm* [M]. New York: Sharpe, 1959.

[76] Porter M E, Linde C. Toward a New Conception of the Environment: Competitiveness Relationship [J]. *The Journal of Economic Perspectives*, 1995 (4): 97-118.

[77] Prahalad C K, Hamel G. The Core Competence of the Corporation [J]. *Harvard Business Review*, 1990 (3): 79-91.

[78] Redding S. Specialization Dynamics [J]. *Journal of International Economics*, 2002 (2): 299-334.

[79] Spender J C. Making Knowledge the Basis of a Dynamic Theory of the Firm [J]. *Strategic Management*, 1996 (2): 45-62.

[80] Teece D. Time-cost Tradeoffs: Elasticity Estimates and Determinants for International Technology Transfer Projects [J]. *Management Science*, 1977 (8): 830-837.

[81] Vernon R. International Investment and International Trade in the Product Cycle [J]. *Quarterly Journal of Economics*, 1966 (2): 190-207.

[82] Vernon R. The Product Cycle Hypothesis in the New International Environment [J]. *Oxford Bulletin of Economics and Statistics*, 1979 (4): 255-267.

[83] Wernerfelt B. A Resource-based View of the Firm [J]. *Strategy Management Journal*, 1984 (2): 171-180.

第六章

中小企业外向国际化的理论流派与路径

第一节　引言与概念界定

一、引言

中小企业国际化是一个双向过程，包括外向国际化（outward internationalization）和内向国际化（inward internationalization）两个方面。外向国际化模式主要指直接或间接出口贸易、对外技术转让、国外各种合同安排、国外合资合营、海外子公司或分公司；内向国际化模式主要指直接或间接进口贸易、引进技术专利、“三来一补”、国内合资合营、成为外国公司的子公司或分公司（鲁桐，2001）。从世界范围看，对中小企业外向国际化的研究始于20世纪70年代中期。一批北欧学者如瑞典的Jan Johanson和Jan-Erik Vahlne（1977）以企业行为理论为基础，提出了企业国际化阶段理论；Warren J. Bilkey和George Tesar（1977）提出了出口行为理论。丹麦学者Torben Pedersen和Bent Petersen（1988）提出了企业国际化道路的四要素模型：市场知识（market knowledge）、资源基础（resource base）、市场规模（market volume）和全球竞争（global competition）。芬兰学者Lawrence S. Welch和Reijo K. Luostatinen（1993）研究了企业国际化中的内外向联系。Benjamin M. Oviatt和Patricia Phillips McDougall（1994）提出了中小企业跨越式国际化理论。一些国外学者用网络模型、学习理论、追赶理论、动态能力等理论解释中小企业国际化过程。在中国，对中小企业国际化问题进行研究是近几年的事情。1999年，梁能在《国际商务》一书中分析了企业国际化过程。鲁桐（2000，2001）、张其仔（2002）、蔡宁（2002）、尹柳营（2003）、赵优珍（2003，2004）、许晖（2003）、樊增强（2004）、冯德连（2006）等学者也从不同角度探讨了企业国际化问题。随着经济全球化的加快，中小企业外向国际化在国际经济中所起的作用愈加重要。中国中小企业必须加快国际化进程，才能在激烈的国际市场竞争中占有一席之地。本章主要分析中小企业外向国际化理论流派与成长路径。①

---

① 本章主要参考：冯德连，等．中小企业外向国际化理论与实践［M］．北京：经济科学出版社，2010：1-342.

二、概念界定

（一）中小企业的界定

世界各国经济发展的实践证明，中小企业在促进市场竞争、增加就业机会、方便群众生活、推进技术进步与创新、推动国民经济发展和保持社会稳定等方面发挥着重要作用。近年来，扶持和发展中小企业日益成为各国政府和学术界关注的理论与实践问题。

从理论上讲，中小企业指规模较小，或处于创业阶段或成长阶段的企业。一般而言，世界各国对中小企业的界定有定量和定性两种方法。[①] 定量方法包括从雇员人数、资产额以及营业额三方面进行界定，这也是各国界定中小企业的普遍做法。定性标准又称为质量界定标准或地位界定标准，核心特点包括独立所有、自主经营和较小的市场份额，定性标准多为欧美国家所采用，且采用定性标准的国家也同时全部兼用定量标准。

中国对中小企业的界定采用的是定量标准。工业和信息化部、国家统计局、发展改革委、财政部研究制定了《关于印发中小企业划型标准规定的通知》（工信部联企业〔2011〕300号）。文件规定，中小企业划分为中型、小型、微型三种类型，具体标准根据企业从业人员、营业收入、资产总额等指标，并结合行业特点制定。适用的行业包括：农林牧渔业，工业（包括采矿业，制造业，电力、热力、燃气及水生产和供应业），建筑业，批发业，零售业，交通运输业（不含铁路运输业），仓储业，邮政业，住宿业，餐饮业，信息传输业（包括电信、互联网和相关服务），软件和信息技术服务业，房地产开发经营，物业管理，租赁和商务服务业，其他未列明行业。以工业为例，从业人员 1 000 人以下或营业收入 4 亿元以下的为中小微型企业。其中，从业人员 300 人及以上，且营业收入 2 000 万元及以上的为中型企业；从业人员 20 人及以上，且营业收入 300 万元及以上的为小型企业；从业人员 20 人以下或营业收入 300 万元以下的为微型企业。

（二）企业外向国际化的界定

对企业的国际化，经济学文献上也有不同的理解。主要有五种观点：

观点 1：企业国际化是企业由国内市场向国际市场发展的渐进演变过程。Jan Johanson 和 Finn Wiedersheim-Paul（1975）、Johanson 和 Vahlne（1977）等学者的企业国际化阶段理论认为，企业国际化应该被视为一个发展过程，这一发展过程表现为企业对外国市场逐渐提高承诺的连续形式。

观点 2：企业国际化是企业有意识地追逐国际市场的行为体现。美国麻省理工学院理查德·罗宾逊（Richard D. Robinson）在其著作《企业国际化导论》中提出：国际化的过程就是在产品及生产要素流动性逐渐增大的过程中，企业对市场国际化而不是对某一特定的国家市场所做出的反应。

观点 3：企业国际化是指企业的跨国经营活动。Stephen Young 等（1989）在《国际

---

① 宋亚非．我国中小企业跨国经营的动因及优势分析［J］．哈尔滨商业大学学报（社会科学版），2007（1）：9-12.

市场进入与发展》一书中，认为企业国际化是指企业进行跨国经营的所有方式。这些活动包括产品出口、许可证贸易、特许经营、交钥匙工程、管理合同、直接投资等。

观点 4：企业国际化是指企业走向世界的过程。梁能（1999）在《国际商务》一书中认为：企业走向世界的过程可以从两方面来讨论：其一是企业经营的国际化，即企业产销活动的范围怎样从一国扩大到世界市场的问题；其二是企业自身的国际化，即一个原先土生土长的地方性企业，如何向跨国企业演变发展的问题。梁能还提出了“企业走向世界的两条道路”的观点。他认为，企业走向世界可以分为“外向型”和“内向型”两类，或者说，走向世界的“外向道路”和“内向道路”。

观点 5：企业国际化有外向国际化和内向国际化之分。芬兰学者 Welch 和 Luostatinen（1993）发表的题为《国际化中的内外向联系》一文，认为“企业内向国际化过程会影响其外向国际化的发展，企业内向国际化的效果将决定其外向国际化的结果”。Reijo K. Luostarinen（1994）认为，内向国际化业务通常发生在外向国际化业务之前，例如设备和原材料的进口在生产之前就已发生。H. Korhonen（1999）认为，企业内外向国际化的联系有单边联系、双边联系和多边联系三种类型，且与企业国际化时间和程度有相关关系，见图 6-1。[①]

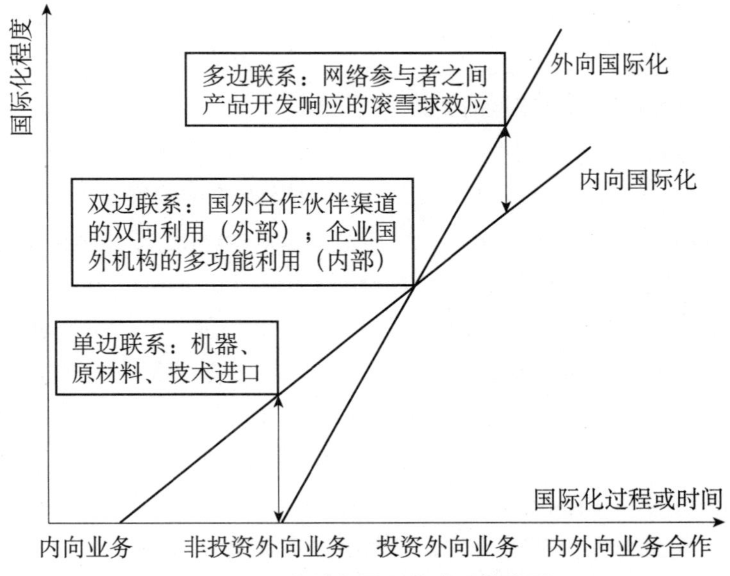

图 6-1　内外向国际化联系的类型

鲁桐（2003）认为，从发展方向上看，企业国际化可以区分为内向国际化和外向国际化两个方面，企业外向国际化是其内向国际化充分发展的结果。从动态的角度看，内向国际化和外向国际化贯穿于企业国际化的整个过程，两者相互促进、相互影响。鲁桐对中国制造业国际化发展的两个方面进行了具体的划分，见表 6-1。

① Korhonen H. *Inward-outward Internationalization of Small and Medium Enterprises* [D]. PhD dissertation A-147，Acta Universitatis oeconomicae Helsingiensis，1999.

表 6-1 中国制造业的国际化发展模式

国际化模式	方式	功能
内向国际化	引进国外先进设备	提高生产技术水平
	进口零部件和元器件	提高产品档次和质量
	加工装备	改进生产流程
	技术合作	跟踪国际技术发展方向
	合资企业	提高管理水平，利用外商的资金、技术、市场和信息
外向国际化	贴牌生产	提升产品质量，改善工艺流程
	直接出口（海外出口子公司、海外专卖店）	建立销售渠道，树立品牌形象
	建立海外办事处	收集海外市场信息，把握行业发展趋势
	海外技术合作、建立海外研发中心	技术领先

资料来源：鲁桐．中国企业跨国经营战略［M］．北京：经济管理出版社，2003：60.

本章的观点是中小企业国际化有外向国际化和内向国际化之分。中小企业外向国际化是中小企业积极参与国际分工，由国内企业发展为跨国公司的过程。其方式主要有直接或间接出口贸易、对外技术转让、国外各种合同安排、国外合资合营、海外子公司或分公司等。

（三）中小企业外向国际化程度的衡量

Robert M. Grant（1987）认为，跨国化（multinationality）指标用公司的海外生产比率，即海外运营子公司的销售收入占公司总销售额的比例衡量。Hitt，Hoskisson 和 Kim（1997）把国际多元化（international diversification）定义为企业跨越国界进入不同市场和区域的扩张程度。国际化程度（degree of internationalization，DOI）可以分为国际化深度（depth of internationalization）和国际化广度（breadth of internationalization）：国际化深度是指国际市场进入深度，可以用国外销售额占总销售额比例、国外资产占总资产比例、国外雇员占雇员总人数比例、国外机构数占总机构数的比例等指标衡量；国际化广度是企业国外市场的广泛程度，可以用企业国际化经营所涉及的国家数、东道国与母国市场的心理距离（psychic distance）等指标衡量。① Hitt，Uhlenbruck 和 Shimizu（2006）在研究人力资本、关系资本对专业服务企业国际化的作用时，每年每家律师事务所的国际化程度采用国外办事处数量和每个办事处的律师人数表示。国际化程度的衡量指标有多种类型。

1. 国际化程度的单项指标。Christoph Dörrenbächer（2000）把国际化程度单项指标归纳为三类，即结构指标（structural indicators）、绩效指标（performance indicators）和态度指标（attitudinal indicators），见表 6-2。

① 杨忠，张骁．企业国际化程度与绩效关系研究［J］．经济研究，2009（2）：32-42.

表 6-2　Christoph Dörrenbächer（2000）的国际化程度单项指标分类

结构指标	与国外活动相关的指标	企业活动的国家数；国外分支机构数或比例；非资本参与国外活动（如战略联盟、特许经营）数量或比例；国外资产额或比例；国外产业增加值或比例；国外采购数量或比例；国外雇员数量或比例
	与治理结构相关的指标	外国人拥有股票数量或比例；董事会成员中非公民数量或比例
绩效指标	国外销售	需求方面：国外销售量＝本国出口量＋国外分支机构收入－国外分支机构出口到母国的收入
		供给方面：国外分支机构的销售量
	国外营业收入	国外分支机构营业收入
态度指标	软指标	母国、东道国、区域或全球导向的管理风格：组织复杂性、权力与决策、信息流、招聘与雇员安置、评价与控制
	硬指标	高管的国际经验：高管在国外工作的累计时间

资料来源：Christoph Dörrenbächer. Measuring Corporate Internationalisation: A Review of Measurement Concepts and Their Use [J]. *Intereconomics*, 2000 (2): 119-126.

关于企业区域多元化程度，Christoph Dörrenbächer（2000）从三方面衡量：

一是区域集中性。用基尼（Gini）指数计算一个企业设定指标的地理分布与世界该种产业特定指标地理分布的差异。

二是网络拓展性。Grazia Ietto-Gillies（1998）采用网络范围指数（network spread index）计算一个企业设有分支机构的国家数在具有直接投资的国家数（不包括母国）中的比例。

三是地理与文化距离。Daniel Sullivan（1994，1996）采用心理离散度（psychic dispersion）指标。他把世界按照认知模式划分为十个区域，企业经营涉及的区域越多，心理离散度就越大。

2. 复合指标的国际化指数。复合指标更适合衡量企业国际化程度。因为单一指标只能反映企业国际化现象的一部分，且不同指标之间可能存在冲突。例如，国外厂商的技术革新可能引起国外资产的增加，但技术革新带来的劳动节约效果可能导致国外雇员的减少。常见的复合指标的国际化指数有三个：

（1）跨国化指数（transnationality index）。UNCTAD 在 1995 年《世界投资报告》中提出，取三个指标（国外销售额占总销售额的比重、国外资产占总资产的比重和国外雇员占雇员总人数的比重）的平均值。

（2）跨国经营活动范围指数（transnational activity spread index）。Ietto-Gillies（1998）提出，取三个指标（国外销售额占总销售额的比重、国外资产占总资产的比重和国外雇员占雇员总人数的比重）的平均值，乘以设有分支机构的国家数在具有直接投资的国家数（不包括母国）中的比例。

（3）沙利文（Sullivan）国际化程度指数（degree of internationalization scale）。由 Sullivan（1994，1996）提出，由五个指标组成，即国外销售额占总销售额的比重、国外资产占总资产的比重、国外分支机构比重、高管国际经验和国际经营的心理离散程度。

3. 多维度图形。主要有两种：

(1) Lawrence S. Welch 和 Reijo K. Luostarinen（1988）的六要素模型。该模型从企业向国际市场提供的产品、国外生产经营方法、目标市场的选择、组织结构、融资方法和人员素质六个方面考察企业的跨国经营，见图 6-2。

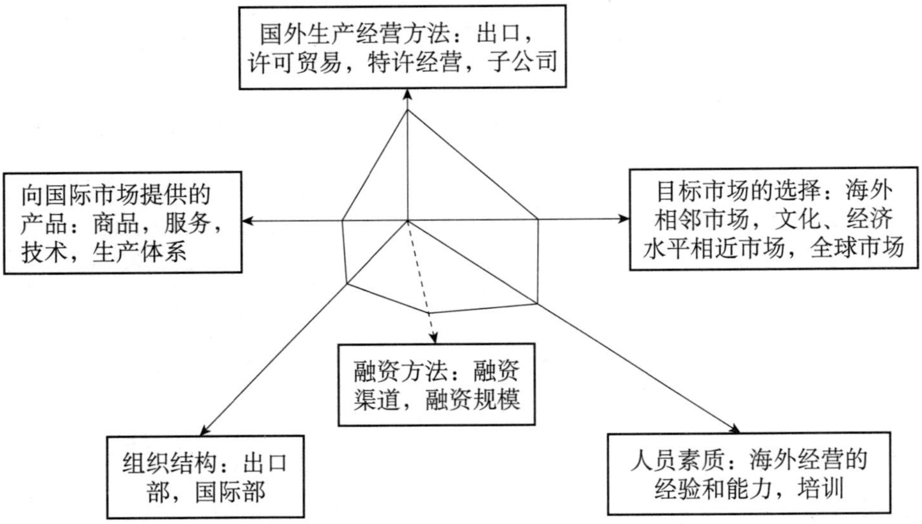

图 6-2 Welch 和 Luostarinen（1988）的六要素模型

(2) 鲁桐（2000）的国际化蛛网模型。鲁桐（2000）认为，企业国际化在六个侧面得到充分的反映，每一个侧面由若干个因素决定，见图 6-3。

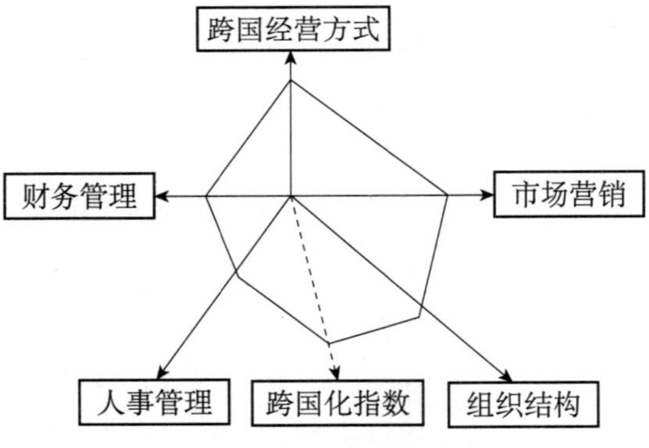

图 6-3 鲁桐的国际化蛛网模型

第二节 中小企业外向国际化渐进理论

中小企业外向国际化渐进理论描述的是中小企业由于自身资源（资金、人才、知识、技术等）的限制，其外向国际化是一个由国内到国外、国际化程度由低到高的逐步发展的过程。[①] 传统的渐进理论较多，这里仅介绍五种具有代表性的理论。

① 冯德连，邵海燕．我国中小企业外向国际化发展的探讨［J］．商业经济与管理，2006（4）：17-21.

一、乌普萨拉国际化模型

20 世纪 70 年代，瑞典乌普萨拉大学的 Johanson 和 Wiedersheim-Paul（1975）、Johanson 和 Vahlne（1977）以企业行为理论为基础，提出了解释企业的市场选择和企业进入国外市场方式的乌普萨拉国际化模型，通常也被称为企业国际化过程模型（process model of internationalization）。

Johanson 和 Wiedersheim-Paul（1975）把企业国际化过程划分为四个阶段。阶段一：没有规律的出口活动；阶段二：通过代理商出口；阶段三：设立国外销售处；阶段四：国际生产或制造。由于企业的资源投入、市场经验和信息的逐渐增加，企业国际化程度由低向高依次进行。

乌普萨拉国际化模型中最重要的概念是心理距离。心理距离这一概念最早由 W. Beckerman（1956）在其论文《欧洲内部贸易的距离和形式》中使用。北欧学者认为企业面临不同的外国市场时，选择外国市场的次序遵循心理距离由近及远的原则。李（Lee）与斯威夫特（Swift）认为心理距离等同于文化距离。Dong-Jin Lee（1998）将文化距离定义为国际营销者主观感知的母国与东道国之间的社会文化距离（sociocultural distance），取决于东道国和母国在语言、商业惯例、法律和政治制度，以及市场基础设施上的差异。Jonathan S. Swift（1999）认为心理距离是国家、组织、个人层面一系列相关文化因素组合的结果，是文化距离加上不信任和社会距离，国家层面的因素与文化亲和力（cultural affinity）有关，其中感知与理解起着决定作用。心理亲密度（psychic closeness）是通过文化亲和力、信任和经验实现的。汪旭晖（2005）认为心理距离是指对文化及商业环境等差异的感知与理解而形成的母国市场与外国市场之间的距离。

乌普萨拉国际化模型的主要结构是将国际化变量区分为静态方面和动态方面。静态方面包括国外市场投入和国外市场知识。动态方面包括资源投入的决策和当前的经营活动。静态方面与动态方面相互影响，是一个循环的过程，见图 6-4。

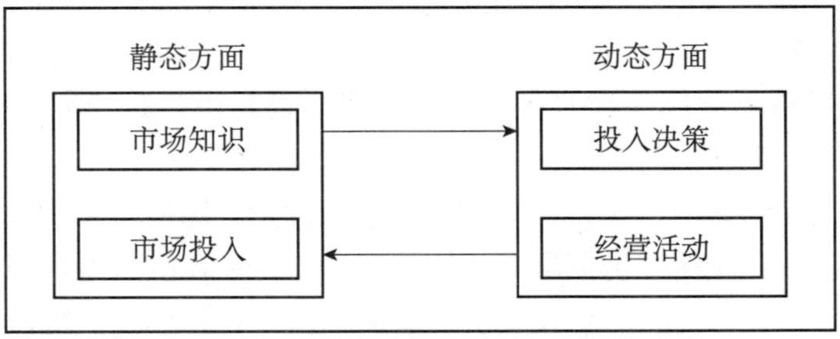

图 6-4　乌普萨拉国际化模型的基本机制

下面对静态方面和动态方面的内容分别予以介绍：

（一）静态方面

包括在既定的时间内，企业所拥有的国外市场知识和国外市场投入。这两个方面有密切的联系，为了获得一个国外市场的知识，企业可以向其投入更多的资源，从而获得更多的知识。

1. 市场知识。市场知识指关于市场和在这些市场中运营的信息。Johanson 和 Vahlne

(1977) 认为知识是影响国际运营决策的重要因素。知识一般可被分为客观知识和经验知识，而经验知识是最重要的知识，因为它并不像客观知识那么容易获得，且经验知识必须在经营实践中获得。

2. 市场投入。市场投入能影响企业感知市场机会和风险。市场投入有两方面的含义，包括资源投入的数量和投入的程度。

（二）动态方面

1. 投入决策。投入决策依赖于决策可选项的提出和它们是怎样被选择的。决策者对每个可能增加的投入的经济效应和风险性进行仔细辨析。经济效应是指市场运营规模的增加，风险性则是与市场不确定性相联系的。总之，可以认为增加的投入是渐进的，除非企业有很多资源、市场条件是稳定同质的，或者企业拥有其他类似条件市场的许多经验。

2. 经营活动。产品越复杂，当前经营活动的总投入也就越大。当前经营活动也是经验知识的主要源泉。在国际化过程中将经验整合到企业时，区分企业经验和市场经验很重要，营销活动的进展需要这两类经验相结合。

乌普萨拉国际化模型通过运用静态和动态两个方面的相互作用，可以解释企业开展国际经营活动的两种模式。第一，该模型能解释企业在特定国外市场开展国际经营活动的顺序，如刚开始没有出口活动，然后通过独立的代理商出口，再通过自己的销售机构出售，最后在国外市场生产制造。第二，该模型也能解释企业选择进入国外市场的次序是根据心理距离接近程度来排列的。

二、 出口行为理论

乌普萨拉国际化模型以后，许多学者沿着这一思想，对企业的出口和直接投资活动进行考察，提出了出口行为理论（export behavior theories）。

1. Bilkey 和 Tesar（1977）的国际化六阶段理论。缺乏出口意愿阶段：厂商对出口活动毫无意愿；愿意出口但不积极阶段：厂商被动参与承接国外订单；积极出口阶段：厂商对出口进行较完整的可行性分析；尝试出口阶段：厂商尝试性地将出口经验发展至相似的国家；出口累积阶段：成为富有经验的出口商；出口扩张阶段：努力开拓全球市场。

2. S. Tamer Cavusgil（1980）的国际化五阶段理论。国内营销阶段：产品国内生产与销售；前出口阶段：企业寻求信息并评估潜在出口市场，出现不规则的出口活动；试验性卷入阶段：获得出口经验，企业主要从事间接出口；积极投入阶段：以直接出口方式向其他国家出口更多的商品；国际战略阶段：以全球市场为目标制定企业战略规划。

3. George S. Vozikis 和 Timothy S. Mescon（1985）的国际化三阶段理论。对出口活动不积极，但有被动接受的订单；探索出口的可行性，针对一个或几个市场出口；在一些市场成为有经验的出口商和探索新市场的出口商。

出口行为理论对国际化阶段的划分有不同的理解，但都认为，企业的跨国经营是渐进发展的。出口行为理论强调企业的国际化是一个连续的发展过程。这一点与北欧学派的企业国际化阶段理论有共同之处。

三、站点模型

站点模型是由 Yip，Biscarri 和 Monti（2000）提出的。他们在文章中回顾了三个现有的模型：乌普萨拉国际化模型、Franklin R. Root（1987）模型和 Myron M. Miller（1993）模型，认为这三个模型都不太适合大多数企业的国际化成长方式，因此他们提出了自己的模型，即站点模型（stage model）。站点模型包括六个步骤，见图 6－5。①

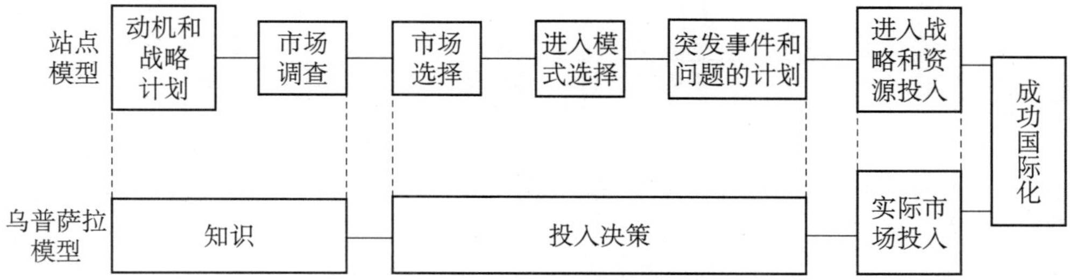

图 6－5　站点模型和乌普萨拉国际化模型的比较

这里对六个步骤分别予以介绍：

第一步，动机和战略计划。企业需要有到国外市场进行发展的动机，以及追随客户或充分利用规模经济的战略计划。

第二步，市场调查。当有动机进行国际化时，企业需要收集选择正确目标市场的信息。伊普（Yip）等强调了知识在这个阶段的重要性。

第三步，市场选择。收集和整理信息后，企业必须选择充分符合国家特征、企业的竞争力、协同效果的发生和国外市场需求特征的市场。

第四步，进入模式选择。强调对每种情况的完整分析，考虑企业的控制要求、资源状况和风险偏好来选择进入模式。

第五步，突发事件和问题的计划。企业也需要为潜在的问题做好准备工作。制订一个系统的、有规律的计划，绝大部分可能出现的状况或问题是可以被事先发现的，从而进行有效预防或及时解决。

第六步，进入战略和资源投入。资源投入是国际化过程成功的基础。

根据伊普等学者的研究，企业的国际化过程不仅受到有规律的站点模型的影响，也受到企业最初竞争优势（可在国外市场运用）和在国际运营中获得的竞争优势的影响。他们提出了国际化站点模型，见图 6－6。

四、国际化扩张的三阶段模型

该模型由 Contractor，Kundu 和 Hsn（2003）提出，他们认为随着国际化程度的加深，企业绩效会呈现第一阶段下降，第二阶段上升，第三阶段再下降的三阶段关系，与曲线形状“S”相似，因此称为“S”曲线（S-shaped curve），见图 6－7。

---

① Yip G S, Biscarri J G, Monti J A. The Role of the Internationalization Process in the Performance of Newly Internationalizing Firm [J]. *Journal of International Marketing*, 2000 (3): 10－35.

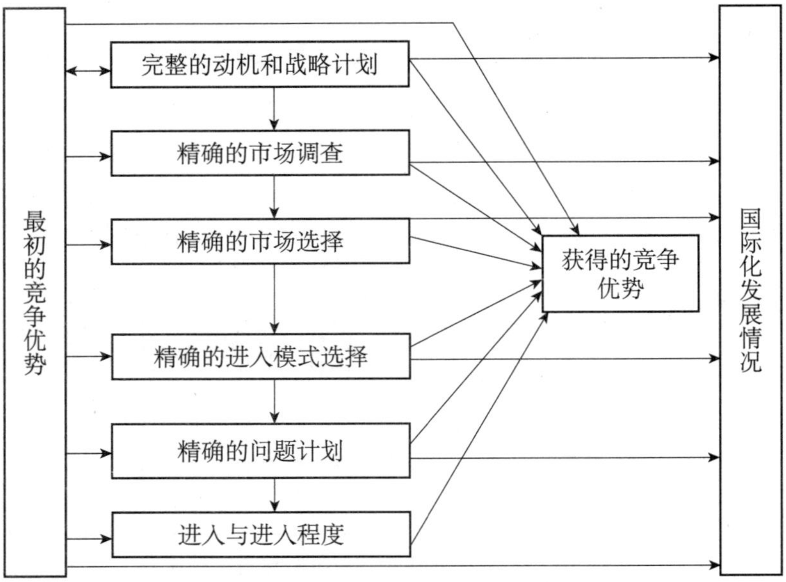

图 6-6 国际化站点模型

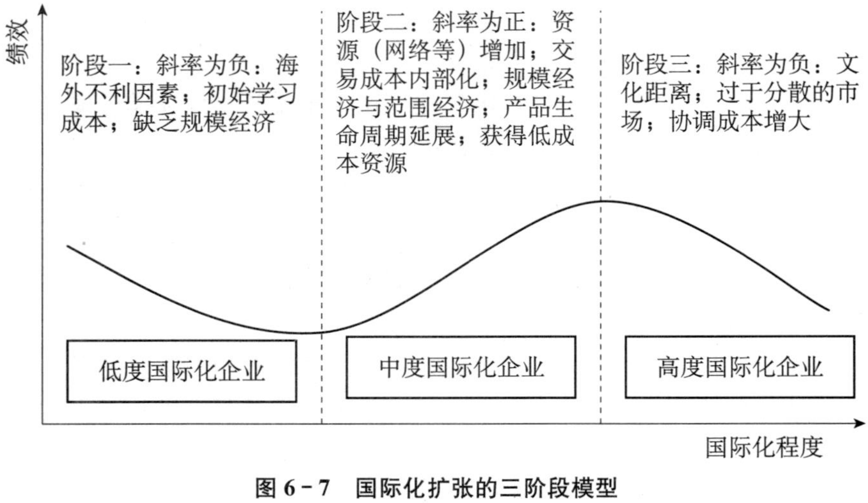

图 6-7 国际化扩张的三阶段模型

关于国际化程度与企业绩效的关系，学术界尚没有一致的结论。一些研究与 S 曲线的观点并不一致，见表 6-3。

表 6-3 中小企业国际化程度与企业绩效之间的关系

文献	样本	国际化程度衡量指标	企业绩效指标	国际化程度与企业绩效的关系
Jane W. Lu 和 Paul W. Beamish（2001）	1986—1997 年 164 家日本中小型制造业企业	国外子公司所在的国家数量	总资产收益率、销售利润率	U 形曲线关系
Gongming Qian（2002）	1989—1993 年 71 家美国中小型制造业企业	国外销售额占总销售额的比率	销售利润率	倒 U 形曲线关系

续表

文献	样本	国际化程度衡量指标	企业绩效指标	国际化程度与企业绩效的关系
Chiao，Yang 和 Yu（2006）	1996 年 1 419 家中国台湾中小企业	出口销售额占总销售额的比率	销售利润率	倒 U 形曲线关系
Nejat Capar 和 Masaaki Kotabe（2003）	1997—1999 年 81 家德国服务业企业	出口销售额占总销售额的比率	销售利润率	U 形曲线关系

资料来源：黄嫚丽，蓝海林．特定优势视角的我国企业国际化程度与企业绩效的关系研究［M］．北京：经济科学出版社，2006：54－57.

五、混合国际化模型

混合国际化模型（hybrid model of experiential learning and planning）由 Lei Li，Dan Li 和 Tevfik Dalgic（2004）提出。他们认为，中小企业需要符合其自身特点的模型，并列出三个原因。首先，中小企业通常在收集国外市场的信息和知识时受到资源的限制，因而不能经历一个系统的计划过程；其次，中小企业在国际化时不如大企业有经验；再次，许多中小企业从开始就处于全球环境中，必须对国际市场机会做出快速反应。

该模型认为，乌普萨拉国际化模型是一种经验学习模型，经验学习强调国外市场知识和经验的逐渐积累，是企业国际化扩张或成长的促进因素；站点模型是一种系统计划观点的模型，它假定企业的行为是理性的，通过坚持一个系统计划次序，开展企业的国际化活动。经验学习模型忽视了计划阶段和企业的特定动机；系统计划的观点过于理性，它要求在进入市场之前必须计划。实际上，中小企业的国际化过程是无系统、多极化和无次序的，因而，该模型综合了经验学习模型和系统计划模型，提出了中小企业混合国际化模型。在该模型中，中小企业的国际化过程包括三个主要阶段，即先前条件、计划和执行，见图 6－8。[①]

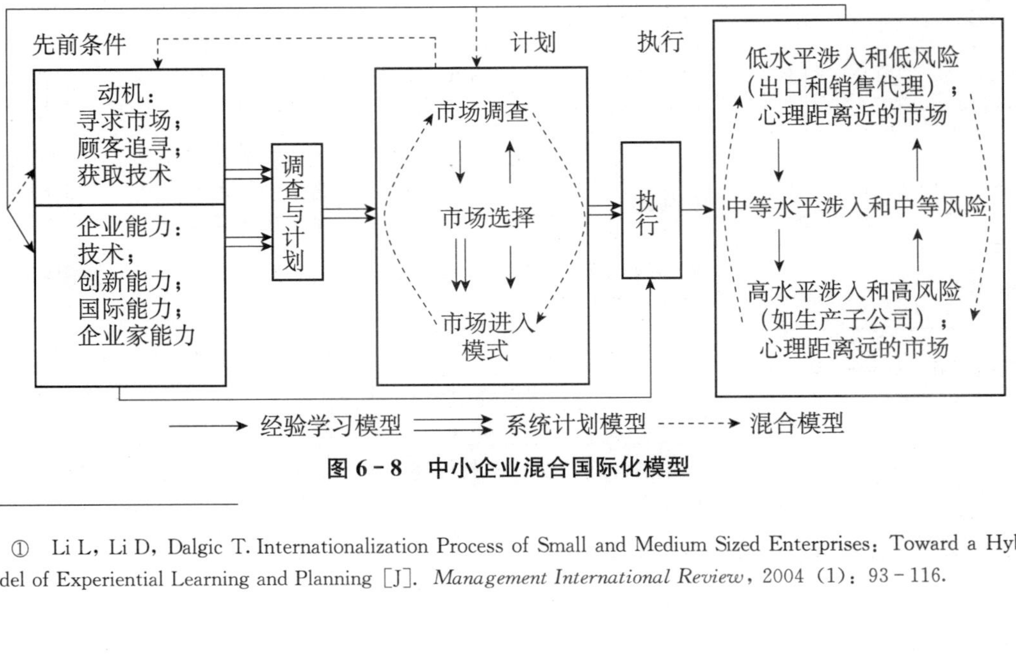

图 6－8　中小企业混合国际化模型

---

① Li L，Li D，Dalgic T. Internationalization Process of Small and Medium Sized Enterprises：Toward a Hybrid Model of Experiential Learning and Planning [J]. *Management International Review*，2004（1）：93－116.

第三节 中小企业外向国际化快速理论

中小企业国际化渐进理论解释了部分中小企业的国际化成长现象，这类中小企业一般为传统类型的中小企业，即国际化成长是由国内到国外，国际化程度逐渐加深的中小企业。而近十年来，国际上出现了许多中小企业从成立初期或成立后不久（一般以三年为限）就开展国际化活动的现象。传统的外向国际化渐进理论很难解释此类现象，因而出现了许多解释此类新现象的国际化快速理论。这里选取了四种具有代表性的理论或观点。

一、 天生国际化理论

天生国际化（born global）是渐进国际化的对称，是成立不久就进行国际化的企业。天生国际化及类似的概念见表 6－4。

表 6－4 天生国际化及类似的概念一览表

作者	背景	观点
Gunnar Hedlund 和 Adne Kverneland（1985）	蛙跳（leapfrogging）：跳过传统国际化模型的某些阶段	针对越来越多的同质性出口市场，国际化是企业战略的一部分
Stephen Young（1987）	对蛙跳进一步理论分析	蛙跳仅适合高科技企业
Joseph Ganitsky（1989）	天生出口商（innate exporters）：以色列的 18 家出口商是天生国际化企业	天生国际化企业高度适应面向国外市场的国际化战略，但缺乏资源和经验
Jolly，Alahuta 和 Jeannet（1992）	高科技起步企业（high technology start-ups）：4 个高科技起步企业的案例研究	企业创始时就实施全球利基市场（niche markets）战略，创始人有国际经验
S. Tamer Cavusgil（1994）	天生国际化企业	小而美，逐渐国际化模式消亡
McDougall，Shane 和 Oviatt（1994）	国际新创企业（international new ventures，INV）：24 个案例	企业成立时就实施定位于国际市场的战略，国际化阶段模型失效
Oviatt 和 McDougall（1994）	12 个案例，企业具有主动的国际化战略	国际新创企业是从成立开始就在多国的资源和销售中寻求明显竞争优势的商业组织
Jim Bell（1995）	大多数计算机软件小企业在成立时就不得不国际化	心理距离失效，不支持国际化阶段模型
Bloodgood，Sapienza 和 Almeida（1996）	高潜力（high potential）成长企业	国际化依赖于创始人的国际经验，美国的小企业有可能成为天生国际化企业
Gary A. Knight 和 S. Tamer Cavusgil（1996）	天生国际化企业：文献综述，出口额占 25%以上、成立 3～6 年的企业	天生国际化产生的因素有：利基市场数量增多；生产和通信技术的变化；全球网络增多

续表

作者	背景	观点
Tage Koed Madsen 和 Per Servais（1997）	天生国际化企业：文献综述，一些丹麦企业案例	考虑到创始人的经验和市场国际化，古典的阶段模型依然有效
Marian V. Jones（1999）	国际企业家（international entrepreneurs）：基于英国高科技企业的问卷调查，企业成立时有丰富的国际网络	企业国际化天生开始于网络，有不同的国际化道路

资料来源：Rasmussen E S，Madsen T K. The Born Global Concept，Paper for the 28th EIBA Conference，2002.

天生国际化理论有多种，这里仅介绍五种。

（一）国际新创投资理论

Oviatt 和 McDougall（1994）关注新成立并国际化的企业，定义了国际新创企业。他们提出了四个要素来支持国际新创企业的存在和发展。

1. 内部化交易。有些交易依靠市场价格来调节，效率较低，交易成本高。把这些交易转化为企业内部的交易时，就会降低交易成本，提高效率。

2. 可替代的管理结构。国际新创企业通常都缺乏足够的资源，企业家必须寻求可替代的管理结构来克服这个困难。于是，企业家选择控制很多重要的资源，而不是拥有它们（例如，许可证、特许经营等）。网络结构成为国际新创企业的一种有效利用资源的选择。

3. 外国特定区域的优势。国际新创企业把一些可以移动的资源跨越国界，与不可移动或很难移动的资源或机会结合。个人的知识和经历是企业获得竞争优势的途径之一，知识形成后的转移性使得企业拥有区位优势，由此形成的知识密集型企业的国际化速度往往更快。

4. 独特的资源。利用知识产权直接形成保护（例如专利，著作权，交易秘密等），这些知识的外溢就会减缓。最好的方法是把那些有潜在商业价值的知识，作为技术诀窍保护起来。

Oviatt 和 McDougall（1994）根据企业价值链的协调程度和涉及国家的数量，把国际新创企业分为四类，即出口/进口起步者（export/import start-up）、跨国贸易者（multinational trader）、地理集中性起步者（geographically focused start-up）和全球起步者（global start-up）。前两者是国际市场新创者，最重要的竞争优势是知识和物流，利用国家之间生产与价格的不平衡创造市场。地理集中性起步企业为一部分有专业化需求的消费者服务，竞争优势来源于众多价值链的协调。全球起步企业是全新的国际企业，通过全球化行动获得世界资源和市场，见图 6-9。

（二）Lampa 和 Nilsson（2004）的 BG 出现模型

该模型由克里斯蒂安斯塔德大学的 Petra Lampa 和 Lisa Nilsson（2004）在总结前人研究成果的基础上提出。他们总结了在国际化领域比较有名的几个研究，调查和理清促进天生国际化企业（BG）产生的各种重要因素，提出了包含各种重要因素的“BG 出现模型”，见图 6-10。

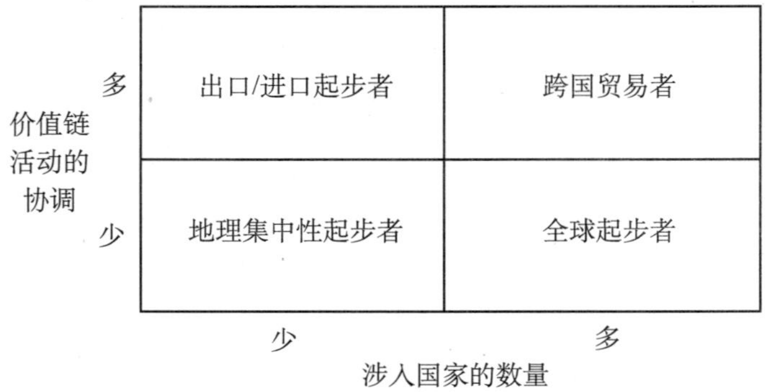

图 6-9　国际新创企业的类型

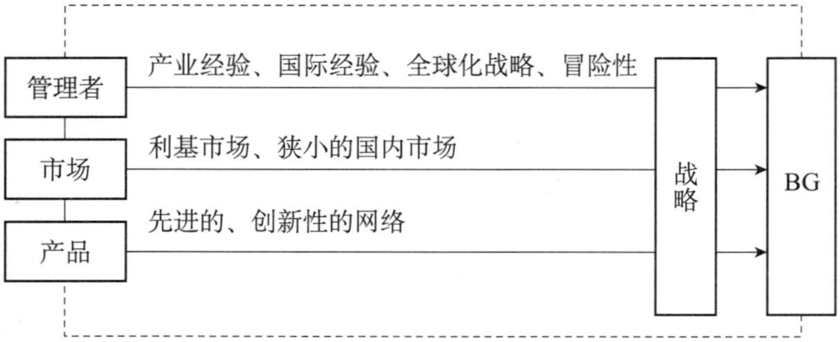

图 6-10　Lampa 和 Nilsson（2004）的 BG 出现模型

BG 出现模型认为，网络方式论的部分内容能解释 BG 的出现，网络方式论的基础是网络关系。没有网络关系，就不存在 BG 的贸易，所以模型中将网络作为背景。网络通常由独立的合作者之间相互联系的纽带组成，它使得单个企业可以具有大规模，而不需要政府和一些组织机构来管理。BG 最显著的特征就是快速的国际化，如果 BG 不是网络的一部分，则很难达到这一点。另外，以网络作为模型的背景的另一个原因是，网络从头至尾一直是国际化过程的一部分。

管理者、市场和产品是影响企业国际化过程的三个主要因素，将这三大因素进行独立分析，以清晰地显示每个因素的哪些具体特征导致了 BG 的出现，并将这三个因素放在模型的左边，以表明对 BG 的分析必须从这三个因素入手。

模型认为出口前活动理论的部分内容能解释 BG 现象，该理论强调了决策制定者的重要性，这也是解释 BG 现象的重要因素。为了能创建 BG，管理者必须同时具备产业经验和国际经验。全球化战略非常重要，因为如果没有全球化战略，管理者就没有国际化和创建 BG 的欲望。因此，全球化战略是管理者的一个特征。出口前活动理论也强调了管理者的冒险性，许多 BG 领域的研究者都运用这个概念描述 BG 出现的原因。

BG 经常出现在有显著特征的市场。出口前活动理论和 BG 领域的许多研究者都强调了国内市场规模是解释企业为什么快速国际化的因素。狭小的国内市场促使企业在其他国家寻找贸易机会。另外，BG 经常存在于利基市场，因而，国内市场可能没有足够的需求，导致企业必须到别处寻找贸易机会。所以，狭小的国内市场和利基市场是模型中的市场特征。

最后，产品的特征也影响企业的国际化过程。产品必须是先进的、创新性的，才能使企业成为 BG。先进产品和创新性产品经常存在于高科技和知识密集部门，这些产品的生命周期通常比较短，因而要求快速国际化。

管理者、市场和产品的特征影响企业的发展或成长战略，从模型中可知，企业拥有的以上特征越多，就越有可能制定出促使其成为 BG 的战略，也就越有可能成为 BG。

（三）3D-PLC 模型

该模型由 Erkko Autio，Heikki Lummaa 和 Pia Arenius（2002）提出，分析程度（depth）、距离（distance）和差异性（diversity），配置（positioning）、杠杆（leveraging）和巩固（consolidation）等要素的整合对中小企业天生国际化的影响，用来描述天生国际化中小企业的国际化和网络化过程。该模型用来对天生国际化中小企业的国际化行为进行评估和分类，测度国际化的深度、距离和多样化，描述这些企业在某一时间点的国际化状态。3D-PLC 模型从价值网络的视角提供了发展和评估天生国际化中小企业的国际化战略和联盟战略的方法。该模型还描述了价值网络中的中小企业、客户和联盟伙伴在中小企业国际化过程中的影响力。

（四）Mai Thi Thanh Thai 和 Li Choy Chong（2008）的四要素模型

该模型中的四要素包括：（1）厂商资源与能力：规模、国际市场知识、产品、技术、企业家精神、社会网络；（2）创业者特点：创业者年龄、教育水平、创业经验、产业和技术经验、国际经验、私人网络与商业网络、创业偏好和国际化视野；（3）产业结构与属性：购买者偏好、市场条件、产业压力；（4）社会经济基础：信息与通信、科技、生产方法、运输、物流、贸易与投资壁垒、金融市场、投资。

（五）Dib，Rocha 和 Silva（2010）的三要素模型

该模型中的三要素包括：（1）厂商因素：独特的无形资产、创新、专业化或集中战略、顾客导向、产品差异化、技术优势、信息技术的应用；（2）网络因素：伙伴关系、商业网络、私人网络、嵌入产业集群；（3）企业家因素：国际导向、国外经验、国外教育经历、风险精神、技术诀窍。

二、 网络方式论

网络方式论是由 Jan Johanson 和 Lars-Gunnar Mattsson（1985，1987）提出的。他们认为产业系统由众多从事生产、销售、服务等活动的企业组成，这个产业系统也被称为“企业间的关系网络”。为了获得外部资源，企业需要与其他企业建立各种联系。

网络方式论认为，企业在国际生产和市场的网络关系中有一定的位置，表明它与其他企业的关系。企业的国际化是企业在国际市场网络中建立、发展网络关系的过程。

企业和市场的国际化特征都影响企业的国际化过程。该理论根据企业和市场的国际化程度将国际化的企业分为四种类型：早行动企业、孤独国际化企业、晚行动企业和全球企业。见表 6－5。

表 6－5 国际化的企业分类

国际化的网络模型		市场（产品）的国际化程度	
		低	高
企业的国际化程度	低	早行动企业	晚行动企业
	高	孤独国际化企业	全球企业

资料来源：Hood N，Vahlne J-E. *Strategies in Global Competition* [M]. London：Croom Helm Ltd，1988.

早行动企业及其生产网络中的其他企业与国外企业的联系非常少，企业对国外市场了解很少。早行动企业的战略是先从邻近市场开始。企业可先通过代理商出口，利用代理商在国外市场中的投资，来减少自身的投资和风险。早行动企业通过在国外市场生产进行渗入，平衡内部资源和外部需求。当企业进一步国际化时，就会发展成为孤独国际化企业。

孤独国际化企业高度国际化，但市场环境却没有达到高度国际化。企业有处理国外市场关系的经验，拥有处理不同环境事务的知识和方法，而且能在更广的范围内进行资源调整。孤独国际化企业已经拥有许多国家的市场知识，在进入国际市场时比早行动企业面临更少的问题。

晚行动企业的供应商、客户和竞争者都是国际化企业，但该企业却属于国内企业。企业与国外网络有许多间接的联系，因而它可能被客户或供应商拉至国外市场或通过完成供给而进入国外市场。晚行动企业比其竞争对手拥有更少的市场知识，很难在紧密结构化的网络中建立新位置。

全球企业及其市场环境都高度国际化。任何进一步的国际化只意味着延伸和渗入，并不意味着在质上的任何改变。然而，网络的国际化整合可能导致根本的国际化变化。对全球企业来说，在一个市场运营获得的经验和能力可以在其他市场上运用。全球企业在国际化网络中的许多联系能使其获得外部资源。

Madsen 和 Servais（1997）认为晚行动企业和全球企业与天生国际化企业相似，因而认为网络方式论可以解释中小企业快速国际化现象。

三、 基于企业家精神的国际化理论

把企业家精神和企业国际化的研究结合起来，就形成了国际企业家精神（international entrepreneurship）。Knight 和 Cavusgil（1996）认为正是因为特殊企业家精神的存在，企业在成立之初就会进行国际化。该理论的主要内容有：

（一）国际企业家精神

Patricia Phillips McDougall 和 Benjamin M. Oviatt（2000）把国际企业家精神定义为：为了在组织中创造价值而跨越国界的创新、主动设计和风险寻求行为的结合。Patricia Phillips McDougall，Benjamin M. Oviatt 和 Rodney C. Shrader（2003）进一步指出，为了提供未来的产品和服务而跨越国界的机会识别、评价、开发和利用，需要国际企业家精神。Paul Westhead，Mike Wright 和 Deniz Ucbasaran（2001）把影响国际企业家精神的基础资源分为一般人力资源、应对突发事件的财务资源、企业家的管理能力及企业家资历与知识积累。Fredric Kropp，Noel J. Lindsay 和 Aviv Shoham（2008）从企业家的角度考察天生国际化企业，通过对南非企业中539个样本的数据分析，得出结论：企业家创业定位中的冒险精神和创新意识维度，以及企业家的年龄对国际新创企业的新市场进入决策有积极的影响。冒险精神和主动设计是创业定位中的重要维度。

（二）企业家的全球视野

Oviatt 和 McDougall（1995）认为天生国际化企业成功最重要的因素是天生国际化企业的创立者打破了单一国内市场或单一文化对他们商业思维的束缚。企业创立者必须向其他人灌输全球视野的思维。企业的国际化，必须先是思维的国际化。

（三）企业家类型

Svante Andersson（2000）把企业家分为三种类型。技术企业家是推出新产品、改进产品质量、改进生产工艺、获得原料或半成品新来源的企业家；结构企业家是采用新的产业组织、重构企业和产业的企业家；营销企业家是开拓新市场、开发营销渠道、选择进入模式的企业家。

（四）企业家的国外经历和国际经验

McDougall，Shane 和 Oviatt（1994）强调高管更加关心在多个国家市场中联合各种资源，并基于以往经历而发展的能力。企业领导人可以避开国内路径依赖，建立从一开始就协调多国资源、业务和不同地理位置的客户的企业。Oviatt 和 McDougall（1995）调查发现，天生国际化企业的创立者或者管理者，都具备海外经历或者国际经营经验。Shaker A. Zahra 和 Gerard George（2002）把影响中小企业国际化的因素分为外部环境因素、内部组织因素和企业战略因素。在组织因素中，管理团队特点，如国外工作经验、国外教育经历、成长背景、全球化视野、对国外市场的熟悉程度和市场营销经验等在很大程度上影响了企业战略选择。

（五）企业家网络

企业家网络有个人网络和社会网络之分。个人网络是建立在相互认同、全面信任基础上的，网络节点是由与企业家日常活动直接关系的人组成的，包括家庭成员、朋友等。而社会网络是在某一市场或产业中，为某种目的而形成的较为松散的关系同盟，是代理商、供应商、消费者、竞争者、中介、政府等构建起的社会性网络。Oviatt 和 McDougall（1994）认为天生全球化企业的国际创业是建立在企业国际社会网络基础之上的，企业社会资本为企业国际创业提供了保障。Nicole E. Coviello 和 Hugh J. Munro（1995）对新西兰软件企业国际创业活动的实证研究发现，这些企业往往通过网络关系来捕捉和利用国外市场机会。

四、 组织学习视角的国际化理论

组织学习视角的国际化理论是 Bengtsson（2004）提出的。该理论运用组织学习理论发展知识获取的观点，来解释快速国际化企业的国际化成长过程，这实际上是对乌普萨拉国际化模型的一种扩展。

乌普萨拉国际化模型认为，国外市场知识主要是经验学习的产物，而组织学习理论从行为论的角度重新分析了企业的知识获取过程。该模型采用了 George P. Huber（1991）对知识获取过程的五种划分：先天学习（congenital learning）、经验学习（experiential learning)、模仿学习（vicarious learning)、嫁接（grafting）和寻找（searching)。

先天学习发生在企业的创建者有先前的相关知识或从类似的商业活动中获得相关知识的时候。企业的创建者也可能在企业筹建到企业实际成立这段时间间隔中获得一些额外的商业知识。许多研究者认为，创建者和创建过程对企业的性质和接下来的发展有极大的影响。这里的先天学习指企业的创建者或其他与企业创建有关的关键人物获得的先前的国外市场知识。

经验学习是在企业成立后，通过直接的市场操作获得的。休伯（Huber）对经验学习的类型进行了区分，有足够的证据证明，经验学习并不必然要求是有意的，本质上属于意外发现的过程也包括在内。实质上，经验学习是乌普萨拉国际化模型的核心。

模仿学习指的是企业企图学习其他企业的战略、实践和技术时获得的知识，即获得间接经验。企业可能有意地收集情报、做特别研究或无意间偶然获得其他企业的国际化战略或实践的有意义的信息。然后，该企业决定直接模仿或以一种修正的方式模仿这些战略或实践。

嫁接指的是企业通过新成员获取知识，这可以通过招募对特定国外市场具有专业知识的新员工，或与其他企业的合作来实现，如在国外市场建立合资企业、合并拥有特定国外市场知识的企业。

寻找同模仿学习一样都指从他处学习。然而，模仿学习主要指模仿其他企业的国际化战略或实践。寻找指的是对国际化知识的获取，并不必然要求是针对特定企业的，可以是有目标地集中搜寻，也可以是无目的关注。

先天学习和嫁接是在企业成立之初或成立过程中进行的，经验学习是在企业的商业活动中进行的。这三种形式的学习，全部或部分地以直接个人经验为基础。相反，模仿学习、寻找则是以间接经验，即其他企业的经验为基础，这也就是 Edith Penrose (1959）所说的客观知识。因此，企业可以通过模仿学习、寻找获得国外市场的客观知识，通过先天学习、经验学习和嫁接获得国外市场的经验知识，见表 6-6。

表 6-6 国外市场知识类型和相应的学习过程

知识类型	相应的学习过程
国外市场客观知识	模仿学习
	寻找
国外市场经验知识	先天学习
	经验学习
	嫁接

资料来源：Bengtsson L. Explaining Born Globals: An Organizational Learning Perspective on the Internationalisation Process [J]. *International Journal of Globalisation and Small Business*, 2004 (1): 28-41.

和经验学习不同，先天学习和嫁接获得的经验知识是在企业创建之前或在其他企业就已经获得，最后输入该企业的。先天学习和嫁接提高了企业的国际化倾向，影响了企业国际化的速度、投入和方向。因此，通过从创建者、其他知识丰富的关键员工和其他国际化企业获得国外市场知识的企业，会以比传统的乌普萨拉国际化模型预测的更快的速度国际化，且在国际化早期投入更多的资源。另外，先天学习和嫁接会关注远距离的和战略性的市场，使得企业国际化模式与心理距离接近原则不一致（冯德连，2006）。模仿学习、寻找使企业获得的国外市场客观知识，会影响企业的国际化进程，刺激、鼓励、推动企业的国际化，因而提高了企业国际化的倾向、速度、投入，并影响其方向。

第四节　中小企业外向国际化理论流派的比较

一、两类理论流派的基本观点

前面介绍了中小企业外向国际化渐进理论和快速理论。这两类理论都是解释中小企业外向国际化成长的理论，但也存在一些差异。前一类理论认为中小企业外向国际化成长应该是由国内到国外，国际化程度由低到高的过程，后一类理论则认为部分中小企业可以在成立初期或成立后不久（一般以三年为限）就开展国际化活动（冯德连，2006）。

外向国际化渐进理论认为，中小企业受自身资源的限制，包括资金、人才、技术和知识等的限制，往往都是先在国内发展，待企业经营状况稳定后，再考虑开展国际化经营活动，且进行跨国经营活动时，也是根据心理距离接近原则选择国外市场的。该类理论是以中小企业资源匮乏为基础的，中小企业缺乏资金、国际化人才、先进的技术及国际市场的知识和经验，因而它们的外向国际化成长必须是渐进的过程，这样才能控制风险，使企业得以生存和发展。

外向国际化快速理论则认为，随着经济全球化和科技的发展，企业间的网络关系日益复杂，联系也日益便捷，信息知识的获得也变得相对简单，特别是更多复合型人才的出现，使企业在成立初就拥有较多的国外市场知识，导致其在成立初期或成立后不久（一般以三年为限）就有能力开展国际化经营活动，实现外向国际化成长。该类理论以外部环境的变化和科技的发展为基础，认为企业间的网络关系、科技的进步、高级复合型人才的大量出现等因素可以消除中小企业的资源限制，使其在初始就可获得国际市场的知识和经验，因而实现快速国际化成长。

二、两类理论流派的区别

两类理论流派在以下五方面存在区别：

（一）理论前提不同

渐进理论认为中小企业资源有限，为了控制风险，外向国际化成长必须是渐进的；而快速理论认为中小企业虽然资源有限，但企业间的网络关系、科技的进步、高级复合型人才的大量出现等因素可以消除中小企业的资源限制，使中小企业实现快速国际化成长。

（二）企业利用的资源不同

渐进理论强调中小企业利用自身的资源，而快速理论则强调中小企业可以利用外部的资源。

（三）国际化战略不同

渐进理论强调中小企业的国际化成长要有计划性，而快速理论则不强调计划性。

（四）理论依据不同

渐进理论强调心理距离接近原则，而快速理论则不考虑心理距离远近的问题。

（五）理论结论不同

渐进理论认为中小企业的国际化成长过程应该是渐进的，而快速理论则认为中小企业的国际化成长可以是快速的。

五个差异见表 6 - 7。

表 6 - 7　渐进理论与快速理论的比较

	渐进理论	快速理论
理论前提	中小企业资源有限，要控制风险	一些因素可以消除中小企业的资源限制
资源利用	利用自身的资源	利用外部资源
国际化战略	强调计划性	无计划性
理论依据	强调心理距离接近原则	不考虑心理距离远近
理论结论	国际化成长是渐进的	国际化成长可以是快速的

第五节　中小企业外向国际化进入模式

中小企业外向国际化进入模式就是中小企业国际市场进入方式（market entry mode，MEM）。Leif Melin（1992）认为，企业国际化是一个战略过程，国际化进入模式是企业和国外企业的交易方式，Franklin R. Root（1987）认为进入模式是企业的产品、技术、管理技能和其他资源跨国界转移方式的制度安排。

一、 中小企业外向国际化进入模式的分类

（一）两分法

Benjamin Gomes-Casseres（1990）、Yigang Pan 和 David K. Tse（2000）描述了国际市场进入模式的层级模型（hierarchical model），把国际化进入模式分为两类，见图 6 - 11。

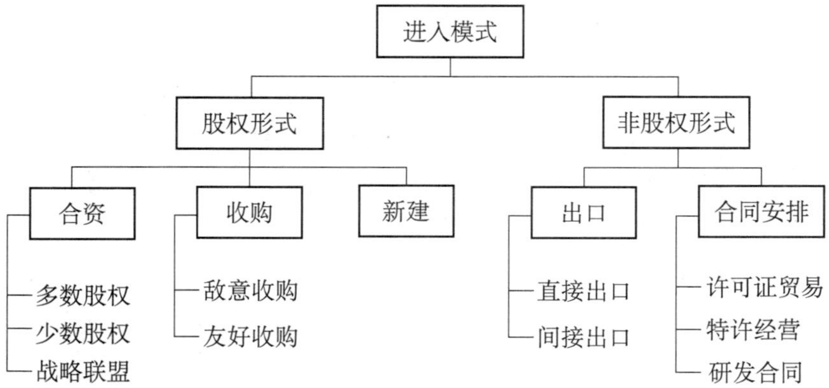

图 6 - 11　国际市场进入模式的层级模型

（二）三分法

John H. Dunning（1977）在《贸易、经济活动的区位和跨国企业：折衷理论探索》一文中提出，企业将经营业务向海外转移是所有权特定优势、区位特定优势以及内部化特定优势共同作用的结果，他把企业进入国际市场的方式分为出口、技术转让和国际直接投资三种类型。

鲁桐（2003）把国际市场进入方式分为三种，即贸易式进入、契约式进入（非股权安排）和投资式进入（股权安排）。

综合各种划分方法，可以将企业国际市场进入方式分为间接出口、直接出口、许可证贸易、合资、收购或新建等方式。

二、中小企业外向国际化进入模式的选择

（一）进入方式的比较

Sam C. Okoroafo（1990）认为，国际市场进入模式在风险、收益、控制水平、一体化程度等方面是不同的，见表 6-8。

表 6-8　Okoroafo（1990）对国际市场进入模式的比较

	出口	合同安排	合资	收购	新建
风险	低	低	中	高	高
收益	低	低	中	高	高
控制水平	中	低	中	高	高
一体化程度	微不足道	微不足道	低	中	高

资料来源：Okoroafo S C. An Assessment of Critical Factors Affecting Modes of Entry Substitution Patterns in Foreign Product Markets [J]. *Journal of Global Marketing*, 1990 (3): 87-104.

Kent D. Miller（1998）的研究表明，国际市场进入模式的所有权与控制程度越高，风险也越大，如图 6-12 所示，进入模式的演进趋势从低控制程度、低风险走向高控制程度、高风险。

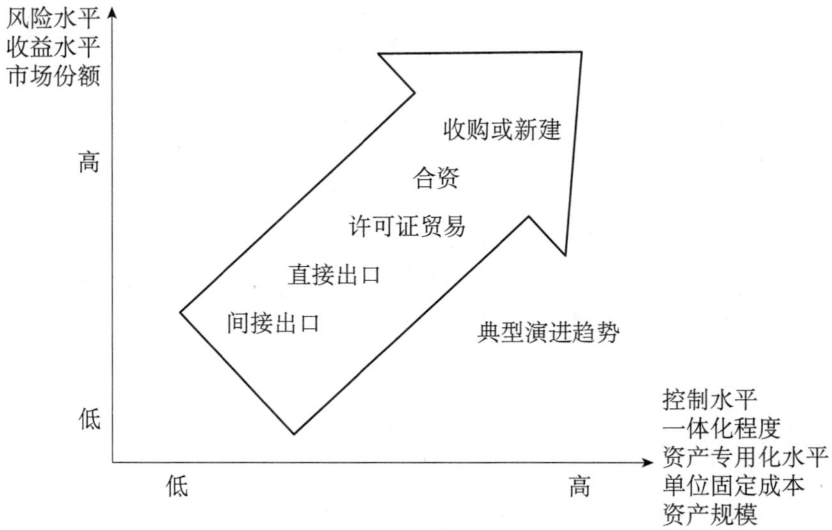

图 6-12　国际市场进入模式的差异

企业国际市场进入方式在母公司控制程度、风险水平、市场份额、资产规模、单位可变成本、经营灵活性等方面有差异（王林生，1994）。单位可变成本往往与单位固定成本成反比，经营灵活性与资产专用性有关。

（二）进入模式的选择方法

1. 决策过程模型（decision making process model，DMP）。该模型由 Root（1987）提出，Stephen Young 等（1989）、V. Kumar 和 Velavan Subramaniam（1997）、Pan 和 Tse（2000）、Adam J. Koch（2001）、Theo Eicher 和 Jong Woo Kang（2005）、Svend Hollensen（2004）等学者进行了进一步研究。该模型认为，进入模式的决策是多阶段的过程，需要考虑进入的目标市场，影响进入模式和决策过程的因素，目前的环境以及与此相关的利润、风险和成本，最终选择合适的进入方式。

国际化决策贯穿国际化全过程。Otto Andersen（1993）把国际化过程分为乌普萨拉国际化模型和创新相关的国际化模型，前者强调学习理论，后者描绘了步步为营地发展。

Root（1987）总结了影响进入决策的企业内部因素和外部因素。其中，企业内部因素包括企业规模或资源、管理风险偏好、市场份额目标、利用进入模式的经验、国际经验、产品差异性、产品生命周期等；外部因素包括目标国市场因素、目标国环境因素、母国市场因素、母国环境因素、市场增长率、进入模式的产业可行性、产业组织结构等。大量文献围绕相关进入决策的影响因素进行了丰富的研究。例如：企业规模（John H. Dunning，1979；Marco Mutinelli and Lucia Piscitello，1998；Koch，2001）、企业国际化经验（Sanjeev Agarwal and Sridhar N. Ramaswami，1992；Hollensen，2004）、企业经营年限（Agarwal and Ramaswami，1992）、管理层风险偏好（Koch，2001）、资产专用性（Brouthers and Nakos，2004）、东道国市场环境（Fahri Karakeya and Michael J. Stahl，1989），等等。对于小企业而言，决策者通常是企业所有者；而对于大中型企业而言，决策者通常是高层管理团队（Stan D. Reid，1981）。对于小企业而言，企业家的个人属性，如教育背景、国籍、国际化经验会影响企业家国际化活动的态度、动机、期望与偏向性。决策过程模型如图 6－13 所示。

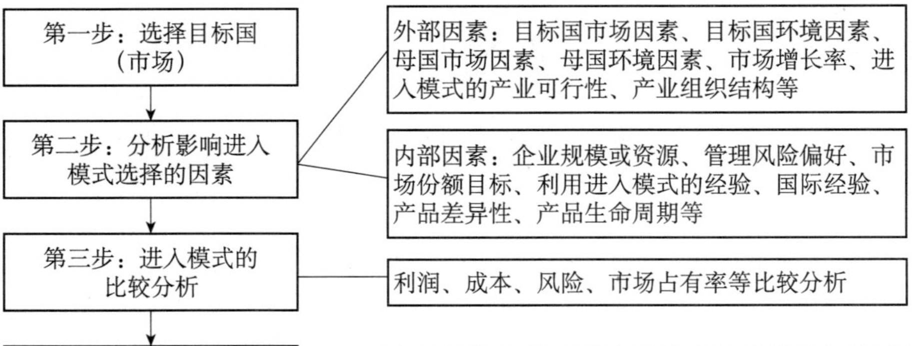

图 6－13　进入模式的决策过程模型

2. 希尔施（Hirsch）模型。Seev Hirsch（1976）研究了出口、国际直接投资和技术许可证三种国际市场进入方式。模型假设企业利润最大化。设：S 为企业无形资产特有优势所生产最终产品的销售收入，C_a 为母国总成本，C_b 为东道国总成本，M 为出口营销成本（marketing cost），D 表示直接投资方式进入东道国市场的附加成本（例如环境差异成本），K 为企业转让无形资产的耗散费用，t 表示时间，r 为贴现率。

不同国际市场进入模式的企业净现值（net present value，NPV）分别为：

$$NPV_E = \sum \frac{S_t - C_{at} - M_t}{(1+r)^t}$$

$$NPV_{FDI} = \sum \frac{S_t - C_{bt} - D_t}{(1+r)^t}$$

$$NPV_L = \sum \frac{S_t - C_{bt} - K_t}{(1+r)^t}$$

那么，如果：

$NPV_E > \max(NPV_{FDI}, NPV_L)$，则企业将选择出口模式；

$NPV_{FDI} > \max(NPV_E, NPV_L)$，则企业会选择国际直接投资模式；

$NPV_L > \max(NPV_E, NPV_{FDI})$，则企业会选择技术许可证模式。

从成本角度分析，企业国际市场进入模式选择见表 6-9。

表 6-9　希尔施模型中国际市场进入模式的选择

选择结果	选择条件	理由
出口模式	$C_a + M < C_b + D$ $C_a + M < C_b + K$	出口成本小于国际直接投资成本；出口成本小于技术许可证贸易成本
国际直接投资模式	$C_b + D < C_a + M$ $C_b + D < C_b + K$	国际直接投资成本小于出口成本；国际直接投资成本小于技术许可证贸易成本
技术许可证模式	$C_b + K < C_a + M$ $C_b + K < C_b + D$	技术许可证成本小于出口成本；技术许可证成本小于国际直接投资成本

资料来源：Hirsch S. An International Trade and Investment Theory of the Firm [J]. *Oxford Economic Papers*, 1976 (2): 258-270.

第六节　中小企业外向国际化成长路径

我们已经介绍了具有代表性的几种外向国际化渐进理论和快速理论，这两类理论分别解释了中小企业国际化成长的两种路径：逐步国际化成长路径和天生国际化成长路径。本节先对国际化成长路径进行分类、比较，再分析影响中小企业外向国际化成长路径的因素，包括企业外部影响因素和企业内部影响因素，最后通过两个案例分析证实影响因素的正确性。

一、中小企业外向国际化成长路径类型

（一）Bell 等（2003）的分类

国际化成长路径可分为三类：即传统国际化路径、天生国际化路径和再生国际化路径。

1. 国际化动力方面。传统国际化企业往往是被动适应国际化的，是被不利的国内市场、客户主动提供的订单或询盘、产品或工艺改进的需要推向国际化的。天生国际化企业成立时就寻求全球利基市场，一般来说是主动设计的。再生国际化企业从国内导向到国际导向的突然变化的原因有新注入人力资源和（或）资金、进入国外市场的新网络、获得新的产品或市场知识，或一些关键事件。

2. 国际化目标方面。传统国际化企业的主要目标是为了企业的生存而增加销售量、获取更大的市场份额，或延长产品生命周期。天生国际化企业寻求获得首发优势，或者取得全球利基市场或分割市场的迅速渗透。一般看来，技术创新的加速导致产品生命周期缩短和商业机会的窗口缩小，而天生国际化企业试图保护和开发知识产权和锁定用户。再生国际化企业的目标是，借助于特别的关键事件开发新的网络和资源。

3. 国际化的形式和速度方面。传统国际化企业倾向首先集中于国内市场，然后逐渐扩张，转向心理距离近的市场或者欠发达的市场。其国际化行为通常每次涉及一个市场和集中在少数关键市场，企业不断调整现有的供给以适应每个新市场的需要。在天生国际化企业中，国内扩张和国际化成长往往是同时的，甚至国际化行为在国内市场经营活动之前发生。厂商可能受全球产业趋势的影响同时进入许多先导市场，从事全球产品的开发，而不过度受心理距离的影响。然而，正如 Subhash C. Jain（1996）指出的，知识产权保护（特别是专利保护）对扩张形式有一定的限制。对于再生国际化企业，国内市场导向可能被迅速国际化或专门国际化所替代。

4. 网络与渠道方面。在天生国际化和再生国际化企业中，出口或国内经营的客户追随现象更为明显，供应商和其他渠道合作者的网络更为重要。在渠道选择方面，传统国际化企业倾向于采用代理商、经销商等惯常的方法。天生国际化和再生国际化企业更可能与客户的渠道一体化，例如采用客户的经销商网络或增值分销商，后者的网络由有需求的合作者提供；更可能达成许可证协议，或建立与客户、供应商的联盟。

5. 战略方面。传统国际化可能是被动适应的、机会主义的，而天生国际化通常是有组织的，企业战略更有计划性。

三种国际化路径的比较见表 6－10。

表 6－10　Bell 等（2003）的三种国际化路径的比较

	传统国际化路径	天生国际化路径	再生国际化路径
速度	逐渐的、缓慢的国际化；每次集中于单一的市场；现有产品的调整	迅速、瞬间国际化；同时开发许多市场；全球产品开发	迟到地或迅速地国际化；同时开发几个市场
动力	被动适应的；不利的国内市场；被动接受的询盘、订单；新产品成本	主动设计的；全球利基市场；主动出击的	被动适应的；对收购、兼并等关键事件的响应
目标	企业的生存或成长；增加销售量；获得市场份额；延长产品生命周期	竞争优势；首发优势；锁定客户；全球利基市场或分割市场；保护与开发知识产权	从关键事件中开发新的网络与资源

续表

	传统国际化路径	天生国际化路径	再生国际化路径
扩张模式	逐渐增加；首先国内扩张；集中于心理距离近的市场；低科技或欠发达的市场；有限的网络	同时增加的；国内扩张与出口增长几乎同时的；集中于先导市场；客户追随；丰富的网络	国内市场导向之后的迅速国际化；集中于母公司的网络和国外市场；丰富的客户追随
分销或进入模式	代理商、经销商、批发商；直销	网络；代理商或经销商；与客户渠道的一体化；许可贸易、合资企业、海外生产	网络；母公司、合作者或客户的渠道
国际战略	机会主义；对新机会的持续被动适应	计划性；全球网络的扩张	对关键事件的响应，此后的计划性；新网络的扩展
融资	自力更生	通过迅速成长自筹资金；风险投资；首次公开募股（IPO）	在管理层收购（MBO）之后母公司的再次资金注入

资料来源：Bell J，McNaughton R，Young S，et al. Toward an Integrative Model of Small Firm Internationalisation [J]. *Journal of International Entrepreneurship*，2003（4）：339－362.

Bell 等（2003）提出了小企业国际化的一体化模型，见图 6－14。在实践中，企业国

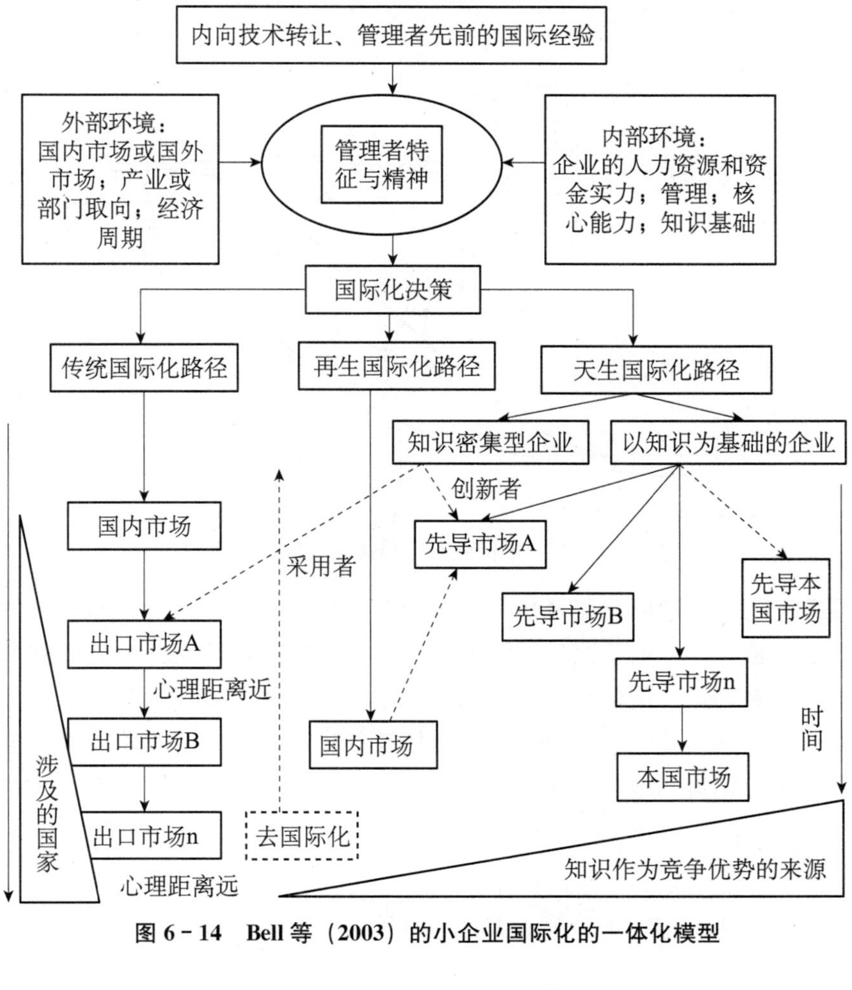

图 6－14　Bell 等（2003）的小企业国际化的一体化模型

际化轨迹是高度个性化的、具体的和唯一的。假定企业的知识基础是影响国际化速度和模式的竞争优势的来源，那么，有丰富知识基础的企业可能更快地国际化。企业国际化的三种路径均包括在模型中，传统国际化企业是逐渐国际化的，在启动国际经营活动之前就打造国内市场，通常按照心理距离接近的原则进入国际市场。传统国际化企业对以知识为基础的要素供给的需求不高。天生国际化企业可能被归类为知识密集型（knowledge-intensive）企业或以知识为基础（knowledge-based）的企业。这两类企业拥有嵌入在产品和工艺中的技术知识的高附加值。以知识为基础的企业出现的原因是新技术的发现，如信息与通信技术、生物技术等，其国际化速度取决于企业是技术创新者还是技术采用者。前者的国际化速度可能更快。知识基础被看作核心能力和竞争优势的源泉。而知识密集型企业利用知识开发新产品、提高劳动生产率、增进服务供给，例如计算机辅助设计、计算机辅助制造、服装产业的高科技织物等。再生国际化制造企业往往从传统产业中产生，但是知识密集度的增加是由于产品和（或）工艺技术的改进，或由于从关键事件中得到的新产品或新市场知识。再生国际化一词也被应用于借助互联网进行国际化并改变传统商业模式的企业。因此，产品创新、市场创新、新信息技术的采用是企业国际化的驱动器。

（二）Toivo Äijö 等（2005）的分类

他们把国际化路径分为三类：天生国际化、合作国际化和渐进国际化。国际化阶段和路径的整合模型见图 6－15。[①]

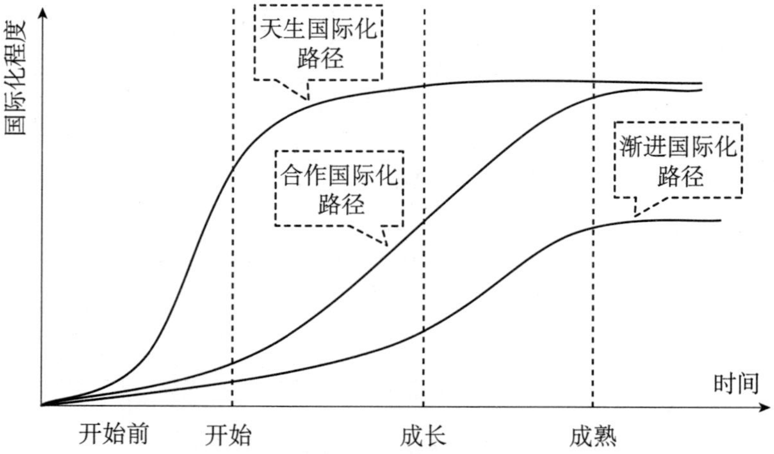

图 6－15 国际化阶段和路径的整合模型

这一模型把每一条国际化路径划分为四个阶段，分别是开始前阶段、开始阶段、成长阶段、成熟阶段。开始前阶段是国际业务发生之前的时期，而开始阶段则是企业国际化的早期阶段。在渐进国际化路径中开始阶段是企业对国际市场的被动适应，而在天生国际化路径中该阶段则是企业寻求国际市场增长的主动设计。成长阶段表现为企业国际经营的扩张和国外销售的增长。在成熟阶段，企业已建立国际管理制度，从这一阶段开

---

① Äijö T，Kuivalainen O，Saarenketo S，et al. Internationalization Handbook for the Software Business [R]. Centre of Expertise for Software Product Business Technopolis Ventures，Espoo，2005.

始企业需要进一步改进产品和策略。国际化路径与国际化阶段的关系见表 6-11。

表 6-11　国际化路径与国际化阶段的关系

国际化路径	开始前阶段	开始阶段	成长阶段	成熟阶段
渐进国际化路径	构思技术诀窍的开发；没有先前的国际经验，干中学	定制的产品；被动适应的国际化，随机性多于计划性；周边市场	缓慢地成长；对新市场的步步为营；从计划转向产品交易	建立与发展国际网络；可能转变为再生国际化企业
合作国际化路径	构思合作发展，引导其他企业；社会网络	客户追随（可能是原始设备制造或贴牌）；系统产品	生产或蛙跳至天生国际化路径；或陷入渐进的缓慢的增长	继续合作，或解除合作
天生国际化路径	创新，核心技术的开发；国际化管理经验；增长导向	成套产品，利基市场；主动设计，国际网络的系统建立	快速增长；外部市场资源；为增长提供资金；国际网络的增加	有效管理；国际网络的维持；扩大产品范围，持续创新

资料来源：Äijö T，Kuivalainen O，Saarenketo S，et al. Internationalization Handbook for the Software Business [R]. Centre of Expertise for Software Product Business Technopolis Ventures，Espoo，2005.

（三）引入生产可能性曲线的分类

从理论上讲，中小企业外向国际化路径有无数种形式，但可以机械地划分为三类：两种极端形式和一种中间形式。两种极端形式是渐进国际化成长路径和天生国际化成长路径。介于两种极端形式之间的是混合国际化成长路径，如 Bell 等（2003）的再生国际化路径、Äijö 等（2005）的合作国际化路径。可以借助生产可能性曲线图形分析国际化路径的划分，见图 6-16。

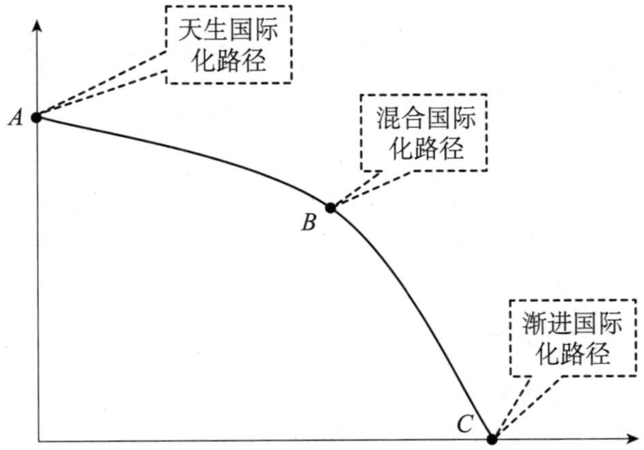

图 6-16　国际化路径的生产可能性曲线模型

在图 6-16 中，*ABC* 曲线上任意点都是企业国际化路径的具体形式，*A* 点为天生国际化路径，*C* 点是渐进国际化路径，介于 *A* 点和 *C* 点之间的任意点（*A*、*C* 点除外）是混合国际化路径。在混合国际化路径的无数点中，越接近 *A* 点，其国际化路径的特征就越接近天生国际化路径；而越接近 *C* 点，其国际化路径的特征就越接近渐进国际化路径。我们重点分析两种极端的外向国际化成长路径，然后对采取这两种路径的企业的特征进行比较。

1. 渐进国际化成长路径。又称为传统国际化路径、逐步国际化路径，指的是中小企业先在国内充分发展，在国内市场站稳脚跟后，再经过出口（间接或直接出口）、国际直接投资（建立销售子机构、研发机构、生产机构等）走向国际市场而成长。

传统的国际化渐进理论解释的就是中小企业渐进国际化成长路径。乌普萨拉国际化模型是其中的经典理论，以后的许多国际化成长理论都是以该模型为基础发展起来的。该理论认为企业国外经营的最大障碍是缺乏相关的知识和经验，中小企业受自身资源的限制，不能获得丰富的国外市场知识，且没有国际化经营活动的经验，因而必须先在国内充分发展，待企业有能力进行跨国经营时再进行国际化。北欧学派坚信企业国际化必须遵循以下两个原则：一是当企业面对不同国外市场时，它们首先选择市场条件、文化背景与母国相同的国家，即企业的国外经营具有文化上的认同性；二是在某一特定市场的经营活动中，企业往往走出口代理到直接投资的渐进道路。

站点模型是由 Yip，Biscarri 和 Monti（2000）提出的，他们认为乌普萨拉国际化模型不够系统化，为了能在国际市场成功，新国际化企业必须系统化。而且企业在国际化前必须拥有可在国外市场运用的竞争优势，也必须有准备战略计划过程的动机和投入。同时也要求企业在走向国际市场之前，已在国内市场充分发展，选择进入的国外市场在心理距离上与母国较为接近，且掌握了较多目标国家市场的知识，这样企业国际化成功的可能性才比较大。因而，站点模型也表明企业的国际化成长是一个渐进过程。

混合国际化模型是对先前模型的综合和扩展，是专门适合中小企业的国际化模型，它包括了经验学习和系统计划的观点，说明企业一般要有国际化的动机和一定的竞争力，然后进行市场调查，以便对国外目标市场和市场进入模式进行选择，待准备工作完成，再执行企业所做的计划。为了控制风险，企业一般是由最初低水平的投入，进入心理距离接近的市场，再到中等水平投入、心理距离较远的市场，最后发展到高水平投入、心理距离远的市场。但这只是一般的企业国际化成长路径，该理论也允许企业在国际化成长过程中存在返回和非连续的阶段。尽管如此，该模型的基本含义是企业国际化成长是一个渐进的过程。

2. 天生国际化路径，指的是中小企业在成立初期或成立后不久（一般以三年为限）就开展国际化经营活动，且国外市场销售额至少占总销售额 25%的方式。

国际化领域的研究者对中小企业天生国际化现象做了大量的研究，他们对天生国际化企业时间和出口销售比率的界定也存在诸多不一致，如 Michael W. Rennie（1993）认为天生国际化企业是在成立后两年内开始出口，出口销售比率至少为 76%的企业；Knight 和 Cavusgil（1996）、Madsen，Rasmussen 和 Servais（2000）认为天生国际化企业是在 1976 年后成立，在成立后三年内开始出口且出口销售率至少为 25%的企业；Oystein Moen 和 Per Servais（2002）认为天生国际化企业是在 1980 年之后成立，出口销售率至少为 25%的企业。我们认为天生国际化企业是在 1980 年之后成立，成立后三年内开始出口，且出口销售率至少为 25%的企业。

网络方式论中的晚行动企业和全球企业的特征与天生国际化企业相似。它们的市场（产品）国际化程度很高，企业与国外市场或网络有许多间接或直接的联系，拥有较多的国外市场知识，因而较容易实现天生国际化成长。组织学习视角的国际化理论运用组织学习理论发展了乌普萨拉国际化模型中知识获取的观点，该理论认为国外市场知识有客观知识和经验知识之分，通过模仿学习、寻找企业可以获得国外市场的客观知识，通过经验学习、先天学习和嫁接企业可以获得国外市场经验知识，摒弃了传统国际化模型中认为市场知识只能通过经验学习获得的观点。多种方式的学习提高了企业的国际化倾向、速度、投入并影响其方向，使企业天生国际化成长成为可能。天生国际化企业出现模型将网络作为背景，认为网络关系是天生国际化企业存在的基础。若企业的管理者拥有产业经验、国际经验、全球化战略、冒险性；企业的国内市场狭小或集中于利基市场；企业的产品是先进的或创新性的，则企业成为天生国际化企业的可能性就非常大。因为若管理者拥有这些特征，则说明他们对国外市场知识了解甚多且有国际化的动机。国内市场狭小或集中于利基市场的战略，往往促使企业天生国际化；产品是先进的或创新性的，企业才会容易进入国外市场。

3. 两种路径企业的特征比较。

Oystein Moen（2002）将研究的样本企业分为四组：旧的当地企业、旧的全球化企业、新的当地企业、新的全球化企业，着重研究这四组企业在竞争优势、国际化导向、出口战略和环境状态方面的差异。其中，竞争优势包括市场、价格和技术优势；国际化导向包括国际化承诺、国际化视野、国际化主动设计、国际化客户导向、国际化反应、国际市场竞争力和先进通信技术的应用；出口战略包括分销商有效性、集中利基市场、以市场为基础的差异化、产品和产品服务质量和人员推销；环境状态包括国内市场和出口市场。在对法国和挪威企业所做的调查中，结果显示各组在这四个方面都有显著差异。

Alex Rialp-Criado，Josep Rialp-Criado 和 Gary A. Knight（2002）回顾了国际化领域内的相关文献，列出了天生国际化企业最显著的十个特征，而这十个特征通常被认为是天生国际化企业成功的关键要素。这十个特征是：成立时管理上的全球化视野，丰富的国际化经验，管理承诺，个人和商业网络的强化，市场知识与市场承诺，独特的无形资产，差异化、技术产品领先、技术创新、质量领先的价值创造，集中于利基市场的主动设计的国际化策略，强烈的客户导向和亲密的客户关系，以及对外部条件和环境变化的适应性。

Sami Saarenketo（2002）的研究强调了企业天生国际化时管理特征的重要作用，研究结果表明在国际化时天生国际化企业的竞争优势往往体现在质量、技术创新推动的价值增值、产品设计、适应性、根据客户需要定制产品等方面。其管理者通常是主动设计的风险承担者，比传统企业管理者更具冒险性，另外，天生国际化企业的管理者通常有在国际市场运营的先前经验，且他们能更好地运用或管理知识。

Patricia P. McDougall，Benjamin M. Oviatt 和 Rodney C. Shrader（2003）的研究观察了天生国际化企业和新国际化企业的差异，结果显示天生国际化企业和新国际化企业在企业家团队经验、战略、产业特征上都有显著不同。具体差异的指标有国际经验、产业经验、进攻性、产品创新、质量、服务、市场营销、销售渠道和国际一体化。

Dib，Rocha 和 Silva（2010）对巴西软件企业国际化的研究表明，天生国际化企业往往有较好的研发承诺、较强的创新精神、更多的定制产品（客户导向），企业家往往拥有更多的技术知识。

由于每位学者的研究方向和目的不一致，因而得到的结论也有差异。通过比较天生国际化企业和传统企业的特征，可以得出影响企业选择国际化成长路径的自身因素。国际化领域的研究者对此做了大量的理论分析和实证研究，研究成果丰富。表 6－12 总结了一些最为突出的特征差异。

表 6－12　传统企业与天生国际化企业的特征比较

比较指标	传统企业	天生国际化企业
国际化起始时间	在国内充分发展后再国际化，一般会超过三年	成立初或成立后不久（一般以三年为期）
国际化速度	渐进的、缓慢的国际化，每次进入单个市场	快速进入全球利基市场，迅速国际化，一次进入多个市场
国际化扩张模式	先是在国内市场扩张，然后根据心理距离接近原则来选择国外市场，扩张过程是逐步的	国外和国内市场同时扩张（或只关注国外市场），且国外市场的选择并不一定按照心理距离
国际化动机	被动适应的，不利的国内市场条件，初始一般是被动出口	主动设计的，全球利基市场，积极出口
国际竞争力	刚开始国际竞争力较弱	初始就具有很强的国际竞争力
企业管理者	拥有较少的国外市场知识，初始没有国际化战略，注重企业利润	拥有先前国际经验或产业经验，全球化倾向较高，具有冒险性，注重市场扩张
与国外的联系	与国外联系较少，企业的产品不具有很强的客户导向性	与国外市场有很强的网络关系，企业的产品有很强的客户导向性
国际化战略	偶然的机会主义行为，出口是被动适应的反应性行为	有条理、有组织、有计划的国际化扩张
国际化目标	企业生存，增加销售量	竞争优势，先发优势

资料来源：冯德连，等．中小企业外向国际化理论与实践［M］．北京：经济科学出版社，2010：54.

二、 中小企业选择外向国际化成长路径的影响因素

目前，中国大多数中小企业选择渐进国际化成长路径。因为中小企业受到其自身资源的限制，不易获得国外市场的信息，再加上管理者对国外市场不甚了解，所以不得不选择渐进国际化成长路径。然而自 20 世纪 80 年代以来，信息环境已发生了巨大的变化，中小企业可以更快、更便捷、更低成本地获得国外市场信息，特别是进入 90 年代，互联网在国际商务中广泛应用，这个特点就更加明显了。同时越来越多的人才有到国外受教育或工作的经验，导致复合型人才大量出现，这些复合型人才的国际经验和国际知识加速了企业了解国际市场的过程，使企业能够实现快速的国际化成长，而不用按部就班地选择渐进国际化成长路径。因而，在现今经济环境下，一方面存在大量选择渐进国际化成长路径的中小企业，另一方面出现越来越多的选择天生国际化成长路径的中小企业。同样是规模较小、资源有限的中小企业，为什么会选择这两种不同的成长路径？这个问题值得我们深思。中小企业选择国际化成长路径受多种因素的影响，大体上可以分为两大类，一类是企业外部影响因素，另一类是企业内部影响因素。

（一）企业外部影响因素

许多中小企业的自身条件相似，但处在不同的经济环境或不同的历史时期，选择的

国际化成长路径也不一样。例如发展中国家的大部分中小企业仍选择渐进国际化的成长路径，而欧美发达国家则出现大量天生国际化成长的中小企业。究其原因，是企业选择国际化成长路径受到诸多外部因素的影响，包括国家政策的支持、市场环境、科技的发展、企业间网络关系等等。

1. 国家政策的支持。不同国家对中小企业的支持政策不同，而且，同一个国家在不同时期对中小企业的支持政策也会不同，因而可能导致条件类似的中小企业选择不同的国际化成长路径。一国政府一段时间内对中小企业国际化的扶持政策越多、越完善、越能落到实处，则中小企业选择天生国际化成长路径的可能性就越大。由于中小企业在经济发展中的重要性，现在各国政府都制定了扶持中小企业发展的政策法规或措施，也包括对中小企业国际化的支持。欧美国家制定的政策、法规或措施比较完善、规范，能真正落实，且涉及的范围比较广。它们的中小企业在国际化过程中能真正享受的优惠比较多，而且政府部门会给中小企业提供各种帮助和国外市场的信息，所以企业的国际化倾向就会比较高、国际化速度比较快。而其他一些发展中国家虽然也制定了扶持中小企业发展的政策、法规、措施，但大多数扶持力度不够，落实不到位，所以中小企业从中享受到的优惠并不多，因而国际化倾向相对较低，速度也相对较慢。所以，选择天生国际化成长路径的中小企业大多数存在于欧美一些发达国家中，发展中国家较少。

2. 市场环境。20 世纪 80 年代之前，中小企业几乎选择的都是渐近国际化成长路径。而在 20 世纪 80 年代之后，出现了越来越多的天生国际化成长的中小企业。市场环境的变化起到了很大的作用。首先，市场环境变化的一个显著特征是全球市场的同质化。市场的同质化使企业产品很容易进入全球市场。许多人认为世界在变小，国家间的差异也在逐渐消失。不同国家的文化和人们的生活习惯变得很相似，在一些特定产业这种趋势尤其明显。另一个导致市场不断同质化的要素是出现了更多的复合型人才。在过去的 20 年里，许多人通过旅游、工作或学习获得国际经验，也把本国文化传播到国外。其次是全球利基市场的出现。随着市场的全球化和来自大跨国公司的世界性竞争，许多中小企业不得不专业化经营以获得相对较小的全球利基市场（Knight and Cavusigil，1996）。因而外向国际化是中小企业生存及发展的重要途径。再次，当今世界，经济全球化和区域性贸易集团并存，区域性贸易集团导致了集团内部企业间的合作，使区域内企业得到更开放和广大的市场，企业更易开展国际化经营活动。

3. 科技的发展。科技的发展包括生产、运输、通信三个领域的技术进步。生产领域的技术进步使中小企业也可以小规模和经济地生产一些比较复杂的产品，并在世界范围内销售。运输领域的技术进步，使企业可以较低成本将产品销售至世界各地。通信领域的技术进步，即电子邮件、互联网和传真等通信工具在企业日常运营中的广泛运用，使企业可以用快速而廉价的联系方式与各种合作者交流，例如分销商和顾客，成功实行国际化经营。而且企业的业务联系也可以大规模地进行，这意味着企业在同一平台上可以在许多国家进行日常业务。Oystein Moen（2002）对挪威和法国中小企业实证研究的结果表明，新的全球企业大量运用现代化的信息技术。总之，这三个领域的技术进步使中小企业开展国际化经营活动的成本和启动成本都变低了，使企业较容易开展国际化经营活动，加快了中小企业国际化成长的速度。因而，在科技比较发达的国家或地区，中小企业实行天生国际化成长的可能性就比较大，即较容易出现天生国际化成长企业，而在科技相对落后的国家或地区，中小企业选择天生国际化成长路径的可能性小一些，大部分中小企业依然选择渐进国际化成长路径。

4. 企业间网络关系。在经济全球化的知识经济时代，企业组织形式朝两极发展：一方面是大型企业不断联合兼并，成为行业的领头羊；另一方面，中小企业迅速崛起，其组织形式趋于小型化、个性化、微型化，成为整个经济的基础和支柱。全球性大企业和中小企业是当今全球竞争中最有效率的两种企业组织形式。行业领头羊式大型企业与其联结的中小企业形成的企业集群、战略联盟或虚拟组织正是企业网络。根据交易成本理论的观点，企业在市场交易成本过大时，就会进行内部化；反之，企业内交易成本过大时，就会进行外部化。企业网络介于内部化和外部化之间，在市场交易的同时，降低交易成本，容易产生“蚂蚁雄兵”的效果，网络关系成为集群内中小企业的特有竞争优势。例如中小企业集群正是由于网络关系的存在，才得以迅速发展。中小企业集群一般有两种类型，一种是建立在专业化分工基础上的合作式中小企业集群，各个企业生产成品的某个零部件，企业间不存在竞争，是互补式的分工协作；另一种是建立在规模经济基础上的中小企业集群，每个企业都生产相同或类似的产品，企业间是竞争性的合作关系。在前一种情况下，集群内的某些企业国际化，会把其他企业也拉至国际市场。而在后一种情况下，集群内某些企业国际化，其他企业会感受到竞争压力，因而也不得不实行国际化战略。所以处在集群内的中小企业，由于拥有企业间的网络关系，比独立的企业更易获得国外市场信息或更易感受到国际化的压力，因而国际化的速度也就比较快，往往选择天生国际化成长路径；而一些独立的中小企业与其他企业和国外市场联系较少，导致国际化成长速度较慢，倾向选择渐进国际化成长路径。

5. 国内市场规模或需求规模。许多欧洲研究者认为，天生国际化企业经常出现在国内市场规模狭小的国家。狭小的国内市场缺乏需求，导致欧洲企业为了寻求机会在成立之初就面向国际市场。这种观点失之偏颇，因为欧洲研究者调查的国家大多是瑞典、芬兰、意大利、挪威等小型国家，因此得出这样的结论。而在美国、澳大利亚、中国这些具有较大市场规模的国家也出现了大量的天生国际化企业，所以无论市场规模大小，天生国际化企业都有可能存在，但大国和小国中小企业选择天生国际化成长路径的原因可能是不一样的。例如 Reijo Luostarien 和 Mika Gabrielsson（2006）认为，大国的企业快速国际化是因为全球市场的拉动，小型开放经济国家企业快速国际化则是因为国内市场狭小和害怕来自大国的天生国际化企业的竞争。但国内市场规模的大小并不意味着需求规模的大小，例如，中国的市场规模很大（指市场地理空间很大），但对圣诞礼物这类西方物品的市场需求却很小。因而国内专门生产圣诞礼物的中小企业为了生存和发展，不得不选择天生国际化的成长路径。可以这样认为，大国对某些产品的需求规模可能很小，国内生产这类产品的中小企业为了生存和发展，不得不采取天生国际化成长方式。而另一方面，一些小国对某些产品的需求规模却很大，生产这类产品的中小企业在国内也可以很好地发展，因而可以先在国内发展然后国际化，即选择渐进国际化的成长路径。因此，国内需求规模，而不是国内市场规模，影响中小企业选择国际化成长路径。在国内需求规模小时，生产这类产品的中小企业容易选择天生国际化成长路径；而在国内需求规模较大时，生产这类产品的中小企业倾向于选择渐进国际化成长路径。

6. 复合型人才的大量出现。近 20 年来，通过在国外工作或学习而获得国际化经验的人才大量涌现。跨国家、跨语言、跨文化的流动创造了大量潜在的企业创建者和雇员，这些潜在的创建者或雇员拥有与国外相关主体交流、理解国外文化并在国外工作的能力。这些创建者创建的中小企业或拥有这些雇员的中小企业对国外市场了解甚多，国际化倾向高、速度快且能在初始就进入心理距离较远的国外市场。例如中国台湾地区高科技产业的中小企业主在创业之前大多具有国外求学或工作的经验，当他们回到台湾进行创业时，欧美等国对他们而言，心理距离反而较东南亚地区小（廖永凯和薛求知，2004），因而这些企业在成立初期就进入一般意义上心理距离较远的欧美国家，实现天生国际化成长。简而言之，拥有复合型人才的中小企业较没有复合型人才的中小企业更易实现天生国际化成长。

（二）企业内部影响因素

在相同或相似的环境下，例如在同一时期的同一国家或地区，一些中小企业选择天生国际化成长路径，而另一些则选择渐进国际化成长路径。究其原因，是企业内部因素影响国际化成长路径选择。企业内部影响因素包括管理者特征、产品特征、企业的战略、公司经营年限等。

1. 管理者特征。管理者指的是中小企业的创建者或对中小企业的决策有决定权的关键人物。管理者特征，如全球化倾向、企业家精神、管理体制、冒险倾向、国际经验、产业经验、个人关系网络、国家敏感度等都对中小企业选择国际化成长路径有很重要的影响。

全球化倾向。管理者的全球化倾向能影响企业国际化成长路径的选择，全球化倾向高的管理者会关注所有的贸易国际化机会并纵观多国市场。只有当管理者的全球化倾向较高时，他们才会无视国家界限的存在，偏好发现机遇并抓住这些机遇，不论它们存在于何处。如果管理者的全球化倾向较低，企业就没有欲望成为天生国际化企业。因而，全球化倾向高的管理者较全球化倾向低的管理者更容易选择天生国际化成长路径。

企业家精神。企业家的意愿是推动企业，特别是中小企业国际化发展的决定性因素（Oviatt and McDougall，1994）。Francisco J. Acedo 和 Juan Florin（2006）从企业家精神、认知心理学的视角切入，整合企业家层面与企业层面的因素，提供了一个企业家风险认知视角的企业家感知模型。他们以西班牙新创企业为样本实证研究证明，企业家风险认知在解释新创企业国际扩张中居于核心位置。当企业家感知到海外活动的风险较低时，企业就会提升对国际市场的承诺和推进国际化经营，而风险认知会受到企业家认知特征和企业特征的影响。

管理体制。Shaker A. Zahra，Donald O. Neubaum 和 Lucia Naldi（2007）提出股权结构和管理体制对中小企业国际化发展的重要作用。他们将风险资本家和高管团队持股作为所有制结构的代表变量，用独立董事作为管理体制的代表变量。通过多元统计分析和建立回归模型证明：股权结构和管理体制都能增加中小企业以知识为核心的资源，进而促进中小企业的国际化发展。同时，管理体制对于这种促进作用的影响是积极的。

冒险倾向。个体国际化经营风险偏好和公司实力都直接并且通过个体对风险的感知间接地影响国际化程度。Acedo 和 Florin（2006）通过设计问卷调查的形式，以 222 家不同行业的西班牙中小企业为样本，实证分析了这种影响程度的显著性。结论是：如果企业家在外向国际化的过程中感知到较小的风险，那么企业的国际化程度就会较高。这种对于风险的感知又被个体国际化能力和公司实力所制约。因此，可以说个体对风险的感知在企业的国际化发展中起到了核心作用。管理者的冒险倾向高时才会选择天生国际化成长路径，因为他们在企业成立初或成立后不久（一般以三年为限）就开展国际业务是风险性很高的。如果管理者畏惧风险，他们可能就会留在国内市场先发展，选择渐进国际化成长路径。

国际经验。国际经验被定义为对在国外市场的运营、风险和收益的理解和真实感觉。管理者的国际经验一般来自在国外求学、旅游、工作、生活的经历或从事国际商务的经历。如果管理者拥有较丰富的国际经验，他们就敢于在企业成立初期或成立后不久就开展国际化经营活动。管理者的先前国际经验很可能与国际化有关并促进国际化（Dave Crick and Marian V. Jones，2000）。因而，拥有先前国际经验的管理者较没有先前国际经验的管理者更容易选择天生国际化成长路径。

产业经验。产业经验与企业快速国际化密切相关。如果管理者拥有他们所在产业的先前经验，他们对国际市场的感觉可能更灵敏，通过先前的产业经验获得的一些商务联系也有利于企业参与国际商务。总之，拥有先前产业经验的管理者更倾向开展国际化经营活动。拥有这种管理者的中小企业，其国际化速度往往比较快。

个人关系网络。管理者的个人关系网络对中小企业初始的国外市场和国际化成长方式的选择尤其重要。企业首先会选择管理者拥有个人关系网络的国外市场，无论这个国外市场与本国心理距离是否接近，且管理者拥有的个人关系网络越多、越紧密，企业的国际化速度越快。而如果管理者没有国外市场的个人关系网络，则该企业很难快速进入国外市场，通常只能选择渐进国际化成长路径。

国际敏感度。这指的是管理者拥有很强的国际市场导向性，反映在他们紧跟国外客户需求并试图通过满足这些需求而创造价值方面。这类管理者利用对市场和竞争者的敏感度来着重发展和维持与客户的关系。根据 Gary A. Knight（1997）的研究，国际敏感度是天生国际化企业发展的显著前提，渐进国际化企业管理者的国际敏感度则比较低。因而可以这样认为，管理者的国际敏感度对国际化成长路径的选择有显著影响。国际敏感度高则企业很容易进入国际市场，从而加快企业国际化速度，反之亦然。所以国际敏感度高的管理者较国际敏感度低的管理者更易于选择天生国际化成长路径。

2. 产品特征。产品是企业的核心，产品特征决定着产品的竞争力，产品的竞争力又决定着企业的竞争力。能够进入国际市场的产品都有一定的国际竞争力，但一般认为天生国际化企业的产品竞争力比渐进国际化企业强，因为前者进入国际市场的速度比后者快得多。产品竞争力具有差别的主要原因是产品特征的差异，所以产品特征也影响中小企业国际化成长路径的选择。

产品的硬件、软件比例。大多数产品包括硬件部分和软件部分。硬件部分比例越高，卖方和买方之间所需要的信息流越少，因而，卖方参与国际贸易的机会就越大（Wiedersheim-Paul，Olson，and Welch，1978）。而且，硬件贸易与软件贸易相比更简单，对交易者信用的要求更低。硬件比例越高的产品，越容易国际化，且国际化速度越快，即越容易导致企业选择天生国际化成长路径。相反，硬件比例低的产品的国际化速度较慢，容易导致企业选择渐进国际化成长路径。

国内外需求偏好程度。瑞典经济学家 Staffan Linder（1961）提出的需求偏好相似论认为，国际贸易是国内贸易的延伸，一国应该出口那些拥有巨大国内市场的制成品。一国在满足这样一个市场需求的过程中，可以从具有相似偏好和收入水平的国家获得出口该类产品所必需的经验和效率，因而生产这类产品的企业往往先在国内市场经营，待国内市场饱和后才向外延伸到国外市场。且根据需求偏好相似论，这类企业首先选择的是相邻国家市场，而后是全球市场。可见生产国内外需求偏好相似产品的企业往往会选择渐进国际化成长路径。而生产国内外需求偏好差异产品的企业往往会选择天生国际化成长路径，即生产国内需求较小而国外需求却很大的产品的企业不得不快速进入国际市场以求生存和发展。

3. 企业的战略。企业管理者和产品特征影响企业的战略，而企业的战略才最终影响中小企业国际化成长路径的选择。只要管理者拥有容易导致企业选择天生国际化成长路径的一个或若干个特征，产品特征符合容易促使企业选择天生国际化成长路径的一个或若干个特征，企业就会制定天生国际化的成长战略，就会选择天生国际化成长路径；反之，企业则倾向于选择渐进国际化成长路径。

彭星闾和周晖（2001）认为，成功企业的可持续发展取决于企业创新力与控制力的统一。关于创新，熊彼特的观点是生产函数的改变，创新力驱动企业获得与其他竞争企业更多的差异性。而控制力不管是对有效创新的控制，还是对内部管理或营运的控制，其最终目的是获得比竞争对手更大的成本优势。当企业获得比其竞争对手更大的差异性和成本优势时，企业的竞争能力就比较强，成长能力也较强。

中小企业要实现可持续成长，就要遵循创新力和控制力相统一的原则，这一原则应体现在中小企业的成长战略体系中，但在该战略体系中，市场战略处于核心地位，其他各项职能战略都服从和服务于市场战略。由于企业的成长战略过于复杂，因而这里集中分析中小企业的市场战略对企业国际化成长路径选择的影响。

市场战略是指企业依据对市场环境及发展趋势的分析，为创造和保持对目标市场有利的市场条件所做的有关市场长期开发方向、开发重点和发展途径的总体谋划。简言之，就是企业为占领目标市场所制定的重大决策。一般根据企业在特定目标市场上的不同竞争地位来划分市场战略的类型，有市场领先者、市场挑战者、市场追随者和市场补缺者四种战略类型。

市场领先者为了保持且稳固其地位，通常会较早进入国外市场，获得先行优势；市场补缺者既要求及时抓住机遇寻求发展又要求尽快进入国际市场，因而这两类战略会引导企业选择天生国际化成长路径。而市场挑战者和市场追随者是在领先者或其他竞争对手已进入国外市场后采取应对战略，因而这两类企业的国际化成长速度相对较慢，且它们比较注重利润，所以一般选择先在国内充分发展，然后再国际化，即选择渐进国际化成长路径。

4. 公司经营年限。一般来说，公司经营年限越长，其所拥有的物质与智力资本越充足，对于市场的驾驭能力也越强，这样的公司进行外向国际化发展时成功的可能性也越大。中国许多大型跨国企业（如海尔、联想）的发展之路莫不印证了这一点。

然而对于中小企业来说，国际化经营虽然有许多潜在的收益，但这种冒险的做法也是一种挑战。国内外市场的差异常常使中小企业在国内市场积累起来的经验无法直接应用到国际市场，因此在外向国际化时必须从固有的经营模式和战略思维中解放出来，重新学习国外市场经营操作习惯。而这样的思想解放对于企业来说是一个不小的难题，因为作为一个组织的企业在创立自己的经营模式时会产生路径依赖效应（path dependence effect）（Lynne G. Zucker，1977）。一旦固定的经营模式被确立，公司在进行下一步运营时会理所当然地继续遵照这一模式。因此以固定模式为表象的组织化惯性（organizational inertia）也是中小企业外向国际化的一个制约因素。

组织化惯性通常是公司经营年限的函数，公司从建立到第一次外向国际化活动的时间越长，这种组织化惯性越大（Michael T. Hannan and John Freeman，1984），即两者是正相关的关系。从组织化惯性的角度来看，中小企业只要准备就绪就应该开始实施国际化发展的战略步骤，而不要做多余的等待，这样其受到组织化惯性的威胁就小，在国际市场的学习速度也越快，公司的利润率就会越高，发展也越快。

本章参考文献

[1] 蔡宁，杨旭．论企业集群和中小企业国际化发展 [J]．中国软科学，2002（5）：55－58，36.

[2] 樊增强．“走出去”与“国际化”：中国中小企业的必然选择 [J]．当代经济研究，2004（3）：40－46.

[3] 冯德连，等．中小企业外向国际化理论与实践 [M]．北京：经济科学出版社，2010：1－342.

[4] 冯德连，邵海燕．我国中小企业外向国际化发展的探讨 [J]．商业经济与管理，2006（4）：17－21.

[5] 梁能．国际商务 [M]．上海：上海人民出版社，1999.

[6] 廖勇凯，薛求知．台湾地区中小企业海外投资国际化进程研究 [J]．国际贸易问题，2004（12）：86－90.

[7] 鲁桐．中国企业国际化实证研究：以工业企业为例 [D]．北京：中国社会科学院研究生院，2001.

[8] 鲁桐．企业国际化阶段、测量方法及案例研究 [J]．世界经济，2000（3）：9－18.

[9] 鲁桐．中国企业跨国经营战略 [M]．北京：经济管理出版社，2003：60，221－257.

[10] 彭星闾，周晖．企业成长机制初探：创新力与控制力的统一 [J]．财贸研究，2001（2）：1－4.

[11] 汪旭晖．国际零售商海外市场选择机理：基于市场邻近模型与心理距离视角的解释 [J]．中国工业经济，2005（7）：119－126.

[12] 王林生．跨国经营理论与实务 [M]. 北京：对外贸易教育出版社，1994：157-158.

[13] 许晖，姚力瑞．我国企业国际化经营的风险测度 [J]. 经济管理，2006 (1)：28-31.

[14] 尹柳营，樊友乐．中小企业的国际化策略 [J]. 科技进步与对策，2003 (4)：14-16.

[15] 张其仔，李俊．中小企业的国际化经营战略 [J]. 经济管理，2002 (3)：22-24.

[16] 赵优珍．中小企业国际化理论与实践研究 [D]. 上海：复旦大学，2003.

[17] 赵优珍．中小企业国际化：企业家精神视角的分析与启示 [J]. 国际商务．对外经济贸易大学学报，2004 (6)：59-63.

[18] 理查德·罗宾逊．企业国际化导论 [M]. 马春光，王昕，陆亚东，译．北京：对外贸易教育出版社，1989：1.

[19] Acedo F J, Florin J. An Entrepreneurial Cognition Perspective on the Internationalization of SMEs [J]. *Journal of International Entrepreneurship*, 2006 (1): 49-67.

[20] Agarwal S, Ramaswami S N. Choice of Foreign Market Entry Mode: Impact of Ownership, Location and Internationalization Factors [J]. *Journal of International Business Studies*, 1992 (1): 1-27.

[21] Äijö T, Kuivalainen O, Saarenketo S, et al. Internationalization Handbook for the Software Business [R]. Centre of Expertise for Software Product Business Technopolis Ventures, Espoo, 2005.

[22] Andersen O. On the Internationalization Process of Firms: A Critical Analysis [J]. *Journal of International Business Studies*, 1993 (2): 209-231.

[23] Andersson S. The Internationalization of the Firm from an Entrepreneurial Perspective [J]. *International Studies of Management and Organization*, 2000 (1): 63-82.

[24] Autio E, Lummaa H, Arenius P. Emergent "Born Globals": Crafting Early and Rapid Internationalization Strategies in Technology-based New Firms [R]. Working Paper, Submission to the 22nd Annual International Conference of the Strategic Management Society, Paris, France, 2002.

[25] Beckerman W. Distance and the Pattern of Intra-European Trade [J]. *The Review of Economics and Statistics*, 1956 (1): 31-40.

[26] Bell J, McNaughton R, Young S, et al. Toward an Integrative Model of Small Firm Internationalisation [J]. *Journal of International Entrepreneurship*, 2003 (4): 339-362.

[27] Bell J. The Internationalization of Small Computer Software Firms: A Further Challenge to "Stage" Theories [J]. *European Journal of Marketing*, 1995 (8): 60-75.

[28] Bengtsson L. Explaining Born Globals: An Organizational Learning Perspective on the Internationalisation Process [J]. *International Journal of Globalisation and Small Business*, 2004 (1): 28－41.

[29] Bilkey W J, Tesar G. The Export Behavior of Smaller-sized Wisconsin Manufacturing Firms [J]. *Journal of International Business Studies*, 1977 (1): 93－98.

[30] Bloodgood J M, Sapienza H J, Almeida J G. The Internationalisation of New High-potential US Ventures: Antecedents and Outcomes [J]. *Entrepreneurship Theory and Practice*, 1996 (4): 61－76.

[31] Brouthers K D, Nakos G E. SME Entry Mode Choice and Performance: A Transaction Cost Perspective [J]. *Entrepreneurship: Theory and Practice*, 2004 (3): 229－247.

[32] Capar N, Kotabe M. The Relationship between International Diversification and Performance in Service Firms [J]. *Journal of International Business Studies*, 2003 (4): 345－355.

[33] Cavusgil S T. A Quiet Revolution in Australian Exporters [J]. *Marketing News*, 1994 (11): 18.

[34] Cavusgil S T. On the Internationalization Process of Firms [J]. *European Research*, 1980 (6): 273－281.

[35] Chiao Y-C, Yang K-P, Yu C-M J. Performance, Internationalization, and Firm-specific Advantages of SMEs in a Newly-industrialized Economy [J]. *Small Business Economics*, 2006 (5): 475－492.

[36] Christoph Dörrenbächer. Measuring Corporate Internationalisation: A Review of Measurement Concepts and Their Use [J]. *Intereconomics*, 2000 (2): 119－126.

[37] Contractor F J, Kundu S K, Hsu C-C. A Three-stage Theory of International Expansion: The Link between Multinationality and Performance in the Service Sector [J]. *Journal of International Business Studies*, 2003 (1): 5－18.

[38] Coviello N E, Munro H J. Growing the Entrepreneurial Firm: Networking for International Market Development [J]. *European Journal of Marketing*, 1995 (7): 49－61.

[39] Crick D, Jones M V. Small High-technology Firms and International High-technology Markets [J]. *Journal of International Marketing*, 2000 (2): 63－85.

[40] Dib L A, da Rocha A, da Silva J F. The Internationalization Process of Brazilian Software Firms and the Born Global Phenomenon: Examining Firm, Network, and Entrepreneur Variables [J]. *Journal of International Entrepreneurship*, 2010 (3): 233－253.

[41] Dunning J H. Trade, Location of Economic Activity and the MNE: A Search for an Eclectic Approach [A]. In: Ohlin B, Hesselborn P-O, Wijkman P M. (eds). *The International Allocation of Economic Activity* [C]. London: Palgrave Macmil-

lan. 1977: 395 -418.

[42] Dunning J H. Explaining Changing Pattern of International Production: International Production: In Defense of Eclectic Theory [J]. *Oxford Bulletin of Economics and Statistics*, 1979 (4): 269 - 295.

[43] Eicher T, Kang J W. Trade, Foreign Direct Investment or Acquisition: Optimal Entry Modes for Multinationals [J]. *Journal of Development Economics*, 2005 (1): 207 - 228.

[44] Ganitsky J. Strategies for Innate and Adoptive Exporters: Lessons from Israel's Case [J]. *International Marketing Review*, 1989 (5), 50 - 65.

[45] Gomes-Casseres B. Firm Ownership Preferences and Host Government Restrictions: An Integrated Approach [J]. *Journal of International Business Studies*, 1990: 1 - 22.

[46] Grant R M. Multinationality and Performance among British Manufacturing Companies [J]. *Journal of International Business Studies*, 1987 (3): 79 - 89.

[47] Hannan M T, Freeman J. Structural Inertia and Organizational Change [J]. *American Sociological Review*, 1984 (2): 149 - 164.

[48] Hedlund G, Kverneland A. Are Strategies for Foreign Markets Changing? The Case of Swedish Investment in Japan [J]. *International Studies of Management & Organization*, 1985 (2), 41 - 59.

[49] Hirsch S. An International Trade and Investment Theory of the Firm [J]. *Oxford Economic Papers*, New York: Oxford University Press, 1976 (2): 258 - 270.

[50] Hitt M A, Uhlenbruck K, Shimizu K. The Importance of Resources in the Internationalization of Professional Service Firms: The Good, the Bad, and the Ugly [J]. *Academy of Management Journal*, 2006: 1137 - 1157.

[51] Hitt M A, Hoskisson R E, Kim H. International Diversification: Effects on Innovation and Firm Performance in Product-diversified Firms [J]. *The Academy of Management Journal*, 1997 (4): 767 - 798.

[52] Hollensen S. *Global Marketing: A Decision-oriented Approach* [M]. Upper Saddle River, New Jersey: Prentice Hall, 2004.

[53] Huber G P. Organizational Learning: The Contributing Processes and the Literatures [J]. *Organization Science*, 1991 (1): 88 - 115.

[54] Ietto-Gillies G. Different Conceptual Frameworks for the Assessment of the Degree of Internationalization: An Empirical Analysis of Various Indices for the Top 100 Transnational Corporations [J]. *Transnational Corporations*, 1998 (1): 17 - 39.

[55] Jain S C. Problems in International Protection of Intellectual Property Right [J]. *Journal of International Marketing*, 1996 (1): 9 - 32.

[56] Johanson J, Mattsson L-G. Marketing Investment and Market Investments in Industrial Networks [J]. *International Journal of Research in Marketing*, 1985 (3):

185 - 195.

[57] Johanson J, Mattsson L-G. Interorganizational Relations in Industrial Systems: A Network Approach Compared with the Transaction-cost Approach [J]. *International Studies of Management and Organization*, 1987 (1): 34 - 48.

[58] Johanson J, Vahlne J E. The Internationalization Process of the Firm: A Model of Knowledge Development and Increasing Foreign Market Commitments [J]. *Journal of International Business Studies*, 1977 (1): 23 - 32.

[59] Johanson J, Vahlne J E. The Mechanism of Internationalization [J]. *International Marketing Review*, 1990 (4): 11 - 24.

[60] Johanson J, Wiedersheim-Paul F. The Internationalization of the Firm-four Swedish Cases [J]. *Journal of Management Studies*, 1975 (3): 305 - 323.

[61] Jolly V K, Alahuta M, Jeannet J-P. Challenging the Incumbents: How High Technology Start-ups Compete Globally [J]. *Journal of Strategic Change*, 1992: 71 -82.

[62] Jones M V. The Internationalization of Small High-technology Firms [J]. *Journal of International Marketing*, 1999 (4): 15 - 41.

[63] Karakaya F T, Stahl M J. Barriers to Entry and Market Entry Decisions in Consumer and Industrial Goods Markets [J]. *Journal of Marketing*, 1989: 80 - 91.

[64] Knight G A, Cavusigil S T. The Born Global Firm: A Challenge to Traditional Internationalization Theory [A]. in Madsen T K. (eds). Advances in International Marketing [C]. Amsterdam: JAI Press, 1996: 11 - 26.

[65] Knight G A. Emerging Paradigm for International Marketing: The Born Global Firm. [D]. Michigan State University, 1997.

[66] Koch A J. Factors Influencing Market and Entry Mode Selection: Developing the MEMS Model [J]. *Marketing Intelligence & Planning*, 2001 (5): 351 - 361.

[67] Kropp F, Lindsay N J, Shoham A. Entrepreneurial Orientation and International Entrepreneurial Business Venture Startup [J]. *International Journal of Entrepreneurial Behaviour & Research*, 2008 (2): 102 - 117.

[68] Kumar V, Subramanian V. A Contingency Framework for the Mode of Entry Decision [J]. *Journal of World Business*, 1997 (1): 53 - 72.

[69] Lampa P, Nilsson L. A New Phenomenon in the Field of Internationalisation [R]. Kristianstad University, Bachelor Dissertation, 2004.

[70] Lee D J. The Effect of Cultural Distance on the Relational Exchange Between Exporters: The Case of Australian Exports [J]. *Journal of Global Marketing*, 1998 (4): 7 - 22.

[71] Li L, Li D, Dalgic T. Internationalization Process of Small and Medium Sized Enterprises: Toward a Hybrid Model of Experiential Learning and Planning [J]. *Management International Review*, 2004 (1): 93 - 116.

[72] Linder S B. *An Essay in Trade and Transformation* [M]. Stockholm: Almqvist & Wiksells, 1961.

[73] Lu J W, Beamish P W. The Internationalization and Performance of SMEs [J]. *Strategic Management Journal*, 2001 (6-7): 565-586.

[74] Luostarinen R K, Gabrielsson M. Globalization and Marketing Strategies of Born Globals in SMOPECs [J]. *Thunderbird International Business Review*, 2006 (6): 773-801.

[75] Luostarinen R K. International of Finnish Firms and Their Response to Global Challenge [R]. United Nations University, WIDER Working Papers, 1994.

[76] Madsen T K, Servais P. The Internationalization of Born Globals: An Evolutionary Process? [J]. *International Business Review*, 1997 (6): 561-583.

[77] Madsen T K, Rasmussen E S, Servais P. Differences and Similarities between Born Globals and Other Types of Exporters [A]. In Yaprak A, Tutek J. (eds). Globalization, the Multinational Firm, and Emerging Economies. Advances in International Marketing [C]. 2000: 247-265.

[78] Madsen T K, Servais P. The Internationalization of Born Globals: An Evolutionary Process? [J]. *International Business Review*, 1997 (6): 561-583.

[79] McDougall P P, Oviatt B M, Shrader R C. A Comparison of International and Domestic New Ventures [J]. *Journal of International Entrepreneurship*, 2003 (1): 59-82.

[80] McDougall P P, Oviatt B M. International Entrepreneurship: The Intersection of Two Research Paths [J]. *Academy of Management Journal*, 2000 (5): 902-909.

[81] McDougall P P, Shane S, Oviatt B M. Explaining the Formation of International New Ventures: The Limits of Theories from International Business Research [J]. *Journal of Business Venturing*, 1994 (6): 469-487.

[82] Melin L. Internationalization as a Strategy Process [J]. *Strategic Management Journal*, 1992 (13): 99-118.

[83] Miller K D. Economic Exposure and Integrated Risk Management [J]. *Strategic Management Journal*, 1998 (5): 497-514.

[84] Miller M M. Executive Insights: The 10-step Road Map to Success in Foreign Markets [J]. *Journal of International Marketing*, 1993 (2): 89-106.

[85] Moen O, Servais P. Born Global or Gradual Global? Examining the Export Behavior of Small and Medium-sized Enterprises [J]. *Journal of International Marketing*, 2002 (3): 49-72.

[86] Moen O. The Born Globals: A New Generation of Small European Exporters [J]. *International Marketing Review*, 2002 (2): 156-175.

[87] Mutinelli M, Piscitello L. The Entry Mode Choice of MNEs: An Evolutionary Approach [J]. *Research Policy*, 1998 (5): 491-506.

［88］ Oviatt B M, McDougall P P. Global Start-ups: Entrepreneurs on a Worldwide Stage ［J］. *Academy of Management Perspectives*, 1995 (2): 30 - 43.

［89］ Oviatt B M, McDougall P P. Toward a Theory of International New Ventures ［J］. *Journal of International Business Studies*, 1994 (1): 45 - 64.

［90］ Pan Y, Tse D K. The Hierarchical Model of Market Entry Modes ［J］. *Journal of International Business Studies*, 2000 (4): 535 - 554.

［91］ Pedersen T, Petersen B. Explaining Gradually Increasing Resource Commitment to a Foreign Market ［J］. *International Business Review*, 1998 (5): 483 - 501.

［92］ Penrose E T. *The Theory of the Growth of the Firm* ［M］. New York: Sharpe, 1959.

［93］ Qian G. Multinationality, Product Diversification, and Profitability of Emerging US Small and Medium-sized Enterprises ［J］. *Journal of Business Venturing*, 2002 (6): 611 - 633.

［94］ Reid S D. The Decision-maker and Export Entry and Expansion ［J］. *Journal of International Business Studies*, 1981: 101 - 112.

［95］ Rennie M W. Global Competitiveness: Born Global ［J］. *McKinsey Quarterly*, 1993: 45 - 52.

［96］ Rialp-Criado A, Rialp-Criado J, Knight G J. The Phenomenon of International New Ventures, Global Start-ups, and Born-globals: What Do We Know after a Decade (1993—2002) of Exhaustive Scientific Inquiry? ［R］. Working Paper, Universitat Autònoma de Barcelona, 2002.

［97］ Root F R. *Entry Strategies for International Markets* ［M］. Lexington, Massachusetts: D. C. Health and Company, 1987.

［98］ Saarenketo S. Born-globals: Internationalization of Small and Medium-sized Knowledge-intensive Firms ［D］. Ph. D thesis, Lappeenranta University of Technology, 2002.

［99］ Sullivan D. Measuring the Degree of Internationalization of a Firm ［J］. *Journal of International Business Studies*, 1994 (2): 325 - 342

［100］ Sullivan D. Measuring the Degree of Internationalization, a Reply ［J］. *Journal of International Business Studies*, 1996 (1): 179 - 192.

［101］ Swift J S. Cultural Closeness as a Facet of Cultural Affinity: A Contribution to the Theory of Psychic Distance ［J］. *International Marketing Review*, 1999 (3): 182 - 201.

［102］ Thai M T T, Chong L C. Born-global: The Case of Four Vietnamese SMEs ［J］. *Journal of International Entrepreneurship*, 2008 (2): 72 - 100.

［103］ Vozikis G S, Mescon T S. Small Exporters and Stages of Development: An Empirical Study ［J］. *American Journal of Small Business*, 1985 (1): 49 - 64.

［104］ Welch L S, Luostarinen R K. Internationalization: Evolution of a Concept ［J］. *Journal of General Management*, 1998 (2): 34 - 55.

[105] Welch L S, Luostarinen R K. Inward-outward Connections in Internationalization [J]. *Journal of International Marketing*, 1993 (1): 44 - 56.

[106] Westhead P, Wright M, Ucbasarand D. Internationalization of New and Small Firms: A Resource-based View [J]. *Journal of Business Venturing*, 2001 (4): 333 - 358.

[107] Wiedersheim-Paul F, Olson H C, Welch L S. Pre-export Activity: The First Step in Internationalization [J]. *Journal of International Business Studies*, 1978 (1): 47 - 58.

[108] Yip G S, Biscarri J G, Monti J A. The Role of the Internationalization Process in the Performance of Newly Internationalizing Firm [J]. *Journal of International Marketing*, 2000 (3): 10 - 35.

[109] Young S, Hamill J, Wheeler C, et al. *International Market Entry and Development: Strategies and Management* [M]. Hemel Hempstead: Harvester Wheatsheaf, 1989.

[110] Young S. Business Strategy and the Internationalization Process: Recent Approaches [J]. *Managerial and Decision Economics*, 1987 (1): 31 - 40.

[111] Zahra S, Neubaum D, Naldi L. The Effect of Ownership and Governance on SMEs' International Knowledge-based Resources [J]. *Journal Small Business Economics*, 2007 (3): 309 - 327.

[112] Zahra S, George G. International Entrepreneurship: The Current Status of the Field and Future Research Agenda, Strategic Entrepreneurship: Creating a New Mindset [A]. In: Hitt M A, Ireland R D, Camp S M, Sexton D L. (eds). *Strategic Entrepreneurship*, *Creating a New Mindset* [M]. Oxford: Blackwell Publisher, 2002.

[113] Zucker L G. The Role of Institutionalization in Cultural Persistence [J]. *American Journal of Sociology*, 1977 (5): 726 - 743.

第七章

国际企业战略的类型、选择与世界一流企业

第一节　引言与概念界定

一、引言

近年来，随着新兴经济体企业在全球化背景下迅速发展，学者们更加关注其国际化战略研究。国际企业战略研究的内容主要包括企业在不同国家之间的活动、在各国市场中制定和执行的战略与治理。相对于国内市场而言，活跃在国际市场中的企业面临更为复杂的挑战与机遇，包括制度诱因、文化诱因等方面的挑战，以及更多的国际市场资源、更加多样化的用户偏好等机遇。国际企业战略的研究核心是企业在国内和国际两个不同市场中的商业活动。

企业国际化战略的研究起源于20世纪中后期，伴随发达国家的大型企业向海外市场扩张的行为产生。随着企业国际化战略研究的发展，出现了渐进国际化、垄断优势理论、资源基础观、制度理论、交易成本理论、内部化理论等。在企业国际化战略的研究过程中，国际维度作为研究的关键方面，实际上改变了许多国际企业活动的性质。基于此，不能仅仅将国际维度作为研究的背景来看待。Varinder M. Sharma 和 M. Krishna Erramilli（2004）根据跨国企业进入国外市场的分支机构建立模式、对外投入程度、股权结构等因素对国际市场进入模式进行分类，总结进入模式的特点，发现主要涉及投资风险水平、回报率、资源承诺水平、成本等方面，得出企业国际化战略的重要组成之一是国际市场进入战略的结论。汪涛等（2018）的研究发现，一家企业竞争力的来源、决定企业绩效和战略成效的关键是其拥有何种资源要素。首先，企业对于资源的掌控能力影响着企业的定价权和产品替代威胁；其次，对资源独有的掌控能力可以使企业在竞争中处于优势地位，同时使其他企业面临资源壁垒而处于竞争劣势。东道国制度环境是国际企业进入该国市场首先面临的最为重要的政治环境。基于制度理论的国际企业战略研究发现，东道国的政治因素、经济发展程度、文化因素会显著影响国际企业在当地的发展状

况，同时该理论认为，国际企业由于面临母国-东道国制度距离，在当地易产生外来者劣势，导致其在东道国的合理性缺失。为了避免上述劣势，国际企业需要做的是根据不同的制度情景，选择相应的战略安排，以便获取东道国市场的合理性。史丹和余菁（2021）基于全球化转向这一背景，研究了跨国公司在全球化及全球价值链变化形势下的潜在战略选择，随后通过分析跨国公司在中国情景下的战略行动，总结得出目前呈现出的分化态势。在这种全球价值链重构的不确定形势下，跨国公司全球战略失败的风险趋于上升。在上述新形势下，跨国公司有以下三种战略选择：第一，主动适应全球化转向这一态势，有计划地调整资源配置重心，从不确定性相对较高的领域转向相对较低的领域；第二，积极适应全球化收缩态势，对战略布局重新进行微调，将企业资源向相对安全可靠的区域集中；第三，积极寻找不同类型和性质的资源进行重组，同步全球化转向，并将塑造新的竞争优势作为企业的新目标，进而获得主导未来全球价值链变化的潜在能力。

二、 概念界定

（一）企业国际化战略

国际化企业的战略制定和战略调整一直是国际商务领域学者关注的研究话题。一方面，传统国际企业在其国际化进程中面临着新的挑战。例如经过改革开放四十多年的发展，中国涌现出一批势头强劲的企业，这对在中国进行直接投资的外商企业而言是一种很直接的挑战，并且中国当前的商业环境也与改革开放之初大不相同，这就要求在中国市场进行投资的外资企业不断地自我提升和调整相关的战略。另一方面，从新兴市场企业角度来考察，国际商务领域的学者更感兴趣的是新兴市场企业的国际化战略研究。Cui Lin 和 Preet S. Aulakh（2018）认为新兴市场企业的全球化过程要围绕资源这一关键要素来制定和调整战略目标；Peter Williamson 和 Feng Wan（2018）认为，跨国公司在中国市场的战略具有独特性，并且由于近年来中国市场的本土企业竞争力不断上升、中国市场的整体技术水平也处在世界先进水平，因此，中国市场并不是典型的新兴经济体市场。上述两位学者对新兴经济体市场中中国市场的研究能够帮助外资企业更好地理解中国情景，从而应对潜在的风险和挑战。国内外学者的研究表明，中国在经历全面深化改革和加快完善社会主义市场经济体制改革的同时，中国本土企业正在不断成长，竞争力也在不断上升。这导致中国对发达国家企业的依赖程度降低，并且大幅削弱了海外投资者特别是跨国公司在中国境内对资源和权力的掌控能力。这就要求在中国情景下的跨国公司及时调整海外战略以应对动态变化的竞争关系和尚未发掘的潜在市场。

20 世纪末，随着信息技术的发展和竞争程度的加大，研究者们的目光开始转向全球一体化和地域适应性的战略研究。跨国企业要想取得先发制人的地位，必须采取一些更为明智的举措，例如通过取得大规模投资、通过全球市场获得规模经济、通过管理相互依赖性实现不同活动之间的协同效应等方式来获得企业的优势地位。Coimbatore Krishnao Prahalad 和 Gary Hamel（1990）则认为国际企业要占有更多的全球市场份额，应抛除生产单一标准化产品这一理念，而采取多样性的产品组合。上述两位作者认为企业能够在全球竞争中取得优势的核心在于建设强大的全球分销系统和对跨市场与产品的交叉补贴措施。Coimbatore Krishnao Prahalad 和 Yves L. Doz（1987）则通过引入适合企业全球化组织架构和具有全球整合与当地响应的多焦点公司（multi-focal corporation），论证了全球化和当地化两个不同的维度是可以结合的。Christopher A. Bartlett 和 Sumantra Ghoshal（1987，1989）两位学者将外部环境作为跨国公司演进的一种选择机制，确定了跨国战略、多国战略、全球战略和国际战略四种全球战略类型，并由此提出一体化-响应性（integration-responsiveness，IR）框架。

（二）世界一流企业

在美国《商业词典》中，世界一流企业被定义为能够成为其他企业的标准和标杆的企业。企业应当重视的是不断创造、创新自己的产品并且服务好客户的能力，世界一流企业则应以满足消费者需求为己任来实现价值最大化。李泊溪（2012）认为，世界一流企业具有优秀的全球资源配置能力、卓越的技术创新力、卓越的全球市场竞争力、优秀的企业文化、不断追求产品和服务创新、强烈的社会责任感等特征。张文魁（2012）认为世界一流企业的显著特征有多种要素，其中企业对社会的贡献、公司治理机制、管理水平是衡量一个企业是否具有进入世界一流企业行列潜质的关键。潘石和董经纬（2013）认为从全球范围看，世界一流企业是那些在核心素质、价值创造和运营绩效等方面位于其所在领域一流水平的企业，而不单纯是规模大、利润高的企业。黄群慧、余菁和王涛（2017）将世界一流企业成长过程划分为创业、增长、转型和超越四个不同的阶段，并给出了世界一流企业的管理特征，其中包括优秀的公司治理结构、对组织文化的依赖、及时调整业务结构、严密的集团管控、重视品牌形象和社会声誉、强烈的企业家精神、全球资源配置和管理能力、应对复杂环境的发展战略、能够把握重大事项的管理创新。杨莲娜和冯德连（2020）认为企业规模大、企业效益好、国际化程度高和企业创新能力强是世界一流企业的重要特征。其中，若以成为世界一流企业为追求目标，企业规模大是前提；企业效益好是综合实力的重要体现，也是能够具有持续发展能力的核心内容；国际化程度高意味着能够充分利用全球资源并参与全球价值链分工，进一步提升国际影响力；企业创新能力强能够提升品牌价值。崔新健和欧阳慧敏（2020）则认为世界一流企业一定具有全球竞争力，而那些具有全球竞争力的企业并不一定是世界一流企业，并且世界一流企业一定是在某个特定行业或领域中处于引领地位的标杆企业。陈秋（2021）认为，世界一流企业普遍具有盈利能力和创新能力强、销售额长期稳定、资产规模大等特征，所提供的产品和服务具有核心竞争力强、国际化程度高等特质，并指出经营业绩能否在全球市场占据领先地位是企业能否成为世界一流企业的重要评判标准。

第二节　国际企业战略的类型

一、成本压力与地区调适压力

企业从事跨国业务、制定跨国发展战略和企业在本土的发展战略有着非常大的区别。实行全球化战略的企业需要向全世界的市场推销标准化的产品与服务，并在市场竞争中取得优势的国家集中进行生产经营活动，由此产生经验曲线和规模经济效益，以获得更高的利润。考虑到不同于国内市场的经济环境、文化冲突、消费习惯、政府要求等因素的影响（Ivar Kolstad and Arne Wiig，2012），企业从事跨国业务本身是一种风险偏好较大的投资行为，因此也会面临来自东道国各方面的压力（张建红和周朝鸿，2010）。跨国企业往往面临着两种竞争压力：降低成本的压力和地区调适的压力。[①] 竞争压力的存在使企业往往不能采取和本国市场相统一和配套的处理措施，影响企业充分提升产品品质以及在企业内部转移能力和技术，影响企业管理者的决策，从而导致亏损。降低成本的压力和地区调适的压力对企业提出了与企业收入和效益相冲突的挑战。

企业进行跨国业务扩张必须对成本进行降低和控制，使其单位成本最小化（钱学锋，2008），打开市场的同时获得高产品竞争力。然而不同地区的生产要素成本不尽相同，企业还需要考虑各方面与成本有关的变动（如工人工资、水电费、地租等），这无疑压力巨大。同时，对不同地区做出相应调适的压力则要求国际企业针对不同的国家制定差异化的产品生产与营销策略，以满足不同层次国家的形形色色的消费者兴趣爱好、产品分销渠道，以及企业响应政府政策所产生的多样化需求。国际企业面对地区调适压力的根本原因是国外市场和国内市场不同，国内的产品并不一定符合国外的消费习惯，有时甚至大大相反。

（一）降低成本的压力

本国市场造成的成本压力是企业必须面对的，钱学锋（2008）发现贸易成本的下降会显著增加出口。在跨国业务的发展中，国际企业已经明显意识到要在不同地区推广同一产品的难度极大。企业在满足不同地区差异化产品需求的同时会涉及大量的重复性劳动，改进产品和相关推广路径的结果将是生产成本的提高。因此，部分国际企业往往会选择与自身企业经营环境相似的东道国进行国际直接投资，从而做到生产一种标准化的产品，实现规模经济和区位经济以求降低成本。国际企业在进行国际直接投资之前，必须对某地区的生产销售状况有基本的了解，能够对该地区的生产成本有较详细的估算。同时产品本身也是至关重要的，如果产品在满足本国消费者的同时也可以满足跨国业务所在地区消费者的需求和偏好，就能减少企业对产品本身的投入。外包也是跨国公司降低生产成本的方法之一，众多发达国家的跨国公司在其他国家设立分公司，将产品的生产外包给发展中国家，并在这些有着较全工业产业门类基础的发展中国家设立配套的生产基地以满足产品的组装。发展中国家相对于发达国家往往具有较廉价的劳动力，同时政府方面也采用招商引资的方式带动本国经济发展，这些都将给跨国业务带来非常可观的盈利。

（二）地区调适的压力

地区调适压力的来源包括历史文化的差异、分销渠道的差异、东道国政府的要求（王永钦，杜巨澜和王凯，2014），以及经济联盟的地区效应。对地区调适的压力作出反应要求国际企业在进行国际直接投资前必须充分了解区位因素的影响（杨娇辉，王伟和谭娜，2016），针对不同的国家制定差异化的产品和营销策略，优化企业的成本结构以适应这些压力，最终成功适应跨国市场的业务发展。

---

① 查尔斯·希尔，托马斯·霍特．国际商务：11 版［M］．郭羽诞，等译．北京：中国人民大学出版社，2019：357.

1. 历史文化的差异。历史文化差异是至关重要的，文化距离的存在会显著影响对外贸易的进行（田晖和蒋辰春，2012），同时也可能直接影响国际企业的生产和发展。汤谷良和夏怡斐（2009）发现母公司的文化控制是影响合资企业发展的重要原因。国际企业应该着重提高其跨文化适应能力，注重文化因素在跨市场消费中的重要意义。文化作为一种软实力，虽不像资金、区位、成本等因素直观，但是文化冲突往往又是各种冲突的根源。文化差异在一定程度上决定了消费者的偏好差异，消费者兴趣和偏好的巨大差异存在于不同的国家和文化中（Bedassa Tadesse and Roger White，2010），这必将影响产品在国际市场的推广，企业在对产品进行技术改进的同时，还必须改进产品的营销手段以迎合不同市场消费者的兴趣和偏好，这大大提高了差异化的成本。文化的重要性还体现在跨国并购方面，文化距离的存在会直接影响上市企业跨国并购的绩效。王艳和阚铄（2014）发现企业文化强度和文化融合问题会显著影响企业的并购绩效。企业进行跨国并购，收购企业的同时还收购企业的员工，重要的是当地员工和收购者的文化冲突问题，被收购方员工可能因为各种文化冲突和管理问题使生产陷入停滞，这对跨国并购的一方是非常致命的，因此在充分考虑被收购公司的区位因素之外，还必须充分考虑实现跨国并购之后的一系列问题，尤其是文化冲突问题。因此在众多跨国案例中收购者都保留了对被收购方高管等的任用，同时还保留了企业文化和员工的传统习惯。

2. 分销渠道的差异。跨国公司的营销策略需要根据不同国家分销渠道的差异做出调整，这就需要向各国的子公司授予营销职能的权限。在渠道创新上，企业应加快数字化分销渠道建设，积极适应全球化的市场营销环境。例如，在美国，以亚马逊为首的电商平台在市场销售中占据主流，企业在推广产品时要考虑平台方面的运营和管理。同时，美国本身是一个文化多元交融的国家，有一定的种族问题，且各州法律也不尽相同。因此企业需要根据不同地区、不同文化甚至不同人种进行不同分销渠道的拓展。分销渠道的差异要求企业调整自身的分销和销售策略，以满足不同国家、不同地区的消费者需求。在进入市场销售产品之前，企业必须对自身产品进行合理的评估，有明确的目标用户且对其足够熟悉，同时详细了解不同地区的经济、政策、法律和文化，制定合理的分销渠道，降低贸易成本（钱学锋，2008）。

3. 东道国政府的要求。东道国政府在经济和政治方面提出的要求可能使国际企业不得不做出一定程度的地区调适。张建红和周朝鸿（2010）认为东道国政府的制度是影响企业"走出去"的重要因素，Mike W. Peng 等（2009）认为东道国的制度能够直接影响企业在跨国业务中的战略和决策。东道国政府可能出于政治目的对不同国家的不同产品进行反倾销调查，也可能出于保护主义的目的，对某产品突然施加较重的关税，或对跨国公司在东道国的业务提出一定的要求。杨全发和韩樱（2006）发现东道国可能出于保护自身利益的角度限制国际直接投资。出于政治目的的例子是中美贸易战，以美国为首的西方国家用经济手段达到政治目的，对中国的部分企业和产品进行限制，这对跨国业务的打击是较大的，因为投资者害怕可能出现的较大风险。因此跨国公司进行国际直接投资时也会充分考虑东道国的特性，了解区位特性，这形成了一定的制度偏好（杨娇辉，王伟和谭娜，2016），比如中国对外直接投资更关心政府效率高和监管质量好的国家，并倾向于避开法律严格的东道国（王永钦，杜巨澜和王凯，2014）。保护主义、经济民族主义，以及地方性管制（如要求产品中一定比例的制造本地化）带来的地区调适压力将迫使国际企业的生产制造本地化。经济民族主义是一定程度上的保护主义，不区分发达国家和发展中国家，其抵制外国企业并购的行为将带来一定的地区调适压力，本身是一种逆全球化的浪潮，张建红和周朝鸿（2010）发现东道国的保护主义对企业的海外收购有负面影响。因此，国际企业应当注意与东道国保护主义相关的问题（杨全发和韩樱，2006），否则可能造成跨国业务的停滞并带来经济损失。

4. 经济联盟的地区效应。相较于国际直接投资在不同区位的制度偏好问题，在地区调适压力方面，还需要注意的是经济联盟这种区域经济体的存在。目前有一种倾向，即把两个及以上的国家视为一个地区，地区调适压力就来自同一地区一致的要求。比较明显的例子就是欧盟、中东、亚太经济圈。一定范围的区域经济组织在一定程度上拥有较相近的文化渊源。欧盟是扎堆的西方经济社会思维，中东各国信奉伊斯兰教，亚太经济圈则更多是偏儒家的文化思维。汇率制度和汇率波动也会影响国际企业的地区调适压力，欧盟的汇率制度使其成员国共同使用欧元，但是英国脱欧使英国的汇率制度发生变化，而这将影响国际投资和跨国业务的发展。程显宏、毕鹏和王蒙（2022）研究发现区域邻国汇率波动显著抑制国际直接投资的出口效应。比起为每个国家提供不同的产品，为一个地区提供标准化产品有助于企业实现更大的规模经济，从而降低成本。因此，需要注意的是，同一经济体内部发生跨国业务，其地区调适压力可能相对较小，但是，如果是在不同经济体之间发生的跨国业务，则必须考虑不同国家的地区调适压力。

二、国际战略的类型

区域调适的压力可以反映出企业实现学习效应、规模经济和区位经济相关效益的难度。要想利用生产标准化的全球产品在全球实现销售，或者是利用低成本地区服务全球市场的方法来节省成本都是不现实的。因为使供应的产品满足区域条件的需要阻碍了这一战略的实施。那么，降低成本的压力和区域调适压力的差异是如何影响企业战略选择的？全球标准化战略、本地化战略、跨国战略和国际战略是国际范围内企业竞争的四大基本战略。成本的降低和区域调适压力将影响四种基本战略的选择。图 7－1[①] 则说明了在什么情况下选择四种基本战略最合适。

（一）全球标准化战略

强调企业通过学习效应、规模经济和区位经济来提高盈利能力和降低成本能力的战略是全球标准化战略（global standardization strategy）。换句话说，这是相对其他战略成本较低的一种战略。实施该战略的企业，会考虑将生产、研发和营销等活动集中在若干有利地区。国际企业是在两个及以上国家从事商业活动的企业（崔新健和欧阳慧敏，2022），它往往不根据区域情况改变其产品和销售战略，因为这会增加成本；相反，国际企业喜欢将标准化的产品销售到世界各地，基于规模经济和经验曲线来获取更大的效益。国际企业也经常充分发挥自己的成本优势，在世界市场上使用激进式的定价策略。这一

① 查尔斯·希尔，托马斯·霍特. 国际商务：11 版 [M]. 郭羽诞，等译. 北京：中国人民大学出版社，2019：362.

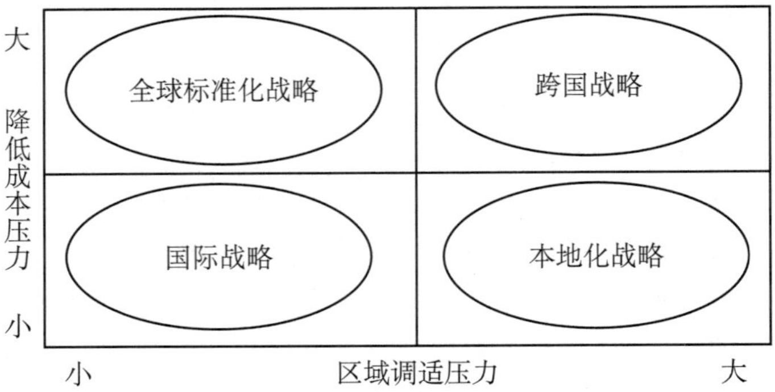

图 7-1 四种基本战略

策略在降低成本压力大、区域调适压力小的情况下最有效。这种场景在许多工业产品行业中越来越常见，它们的产品通常是为满足普遍需求而设计的。

（二）本地化战略

本地化战略（localization strategy）强调通过改变企业的产品或服务来增加企业的利润，且该战略有利于促进企业创新利用本土资源（叶玉，2019），因此，企业会为全球不同国家的消费者提供契合其兴趣和喜好的产品。当来自全球不同国家的消费者群体存在较大的兴趣和喜好差异，但降低成本的压力不大时，本地化战略就显得尤为合适。一方面，企业可以根据当地的需求改变供应的产品，从而提高产品在当地市场的价值。另一方面，由于功能的重复和生产的减少，定制化服务对企业降低成本的能力有所限制。但是，这种战略在某种程度上来说是有意义的。一旦区域定制服务的价值增加有助于制定更高的价格，企业就可以抵消高昂的成本；换句话说，如果它能带来区域需求的持续增长，那么企业就能在当地市场上获取一定的规模经济，进而降低成本。同时，企业依旧要重视成本控制，在追求本地化的过程中仍然需要高效。只要可能，企业应利用全球影响力来获得一定的规模经济。例如，许多汽车公司不得不依据不同市场的需求来改变一些产品，如生产欧洲和日本市场消费者需求较大的小型节能汽车，生产美国市场消费者需求较大的大型卡车。国际企业试图在不同的车型中使用统一的零部件和平台，厂商也在最好的位置制造出零部件和平台。制造商的规模庞大，因此可以在巨大的全球产出中获取规模经济。这些企业可以通过此类产品设计，本地化供应产品，同时也获取相应的学习效应、规模经济和区位经济。

（三）跨国战略

当一个企业降低成本压力较大，且区域调适压力较小时，应当采用全球标准化战略。相反，当降低成本压力较小，且区域调适压力较大时，应当采用本地化战略。但当企业同时面临巨大的降低成本压力和区域调适压力时，又应当采取何种战略呢？要达到一个相对良好的状态，管理者要如何平衡全球范围内激烈的企业竞争和多变的市场需求呢？相关研究表明，解决的办法就是采取跨国战略（transnational strategy）。现代跨国公司的概念出现于 19 世纪末的工业革命之后（Charles Cadestin et al.，2018），它们是一股不容忽视的经济力量（Gary Gereffi，2018）。现如今，竞争如此激烈，企业要想在全球市场中生存，就必须应对成本节约和区域调适的压力；必须实现区位经济和东道国消费者体验效应，转移企业核心竞争力，重视区域调适压力。在现代跨国公司中，核心竞争力不单单局限于母公司，任何一个子公司都可以作为核心竞争力的来源。因此，采用国际战略的企业，其技术和产品的供应流动方式更加多元化，它既可以是从母公司向外国子公司的流动，也可以是从外国子公司向母公司的流动，还可以是不同国家子公司之间的流动。换言之，跨国公司必须显示出子公司对技术的使用。无论如何，企业采取跨国战略是为了获得低成本优势、技术扩张优势和产品差异化优势。企业通过学习效应、规模经济和区位经济取得较低成本，实现区域市场的地域差异化，进而实现产品差异化。在全球运营网络中，企业的技术扩张可通过子公司之间的技术流动实现。这个理论听起来很吸引人，但实际上采用这个战略并不容易。原因是通过产品差异化来满足不同市场的需求，将会增加成本，这有悖于降低成本的目标。

（四）国际战略

在某些情况下，跨国公司发现自己具有低成本压力和低区域调适压力的优势。这些跨国公司大多采用国际战略（international strategy），首先在国内市场生产产品，然后在世界各地销售，根据其他地区的情况进行一些调整，让产品满足国际普遍需求。与实施全球标准化战略的企业不同的是，实施国际战略的跨国公司无需面对强大的竞争对手，甚至无需承担降低成本的压力。例如，施乐公司在 20 世纪 60 年代将复印机市场化之后发现，复印机制造技术受到专利保护，因此其多年来由于缺乏竞争对手，成为垄断企业。该公司的产品满足消费者的一般需求，在许多发达国家受到了很高的评价。施乐公司可以在不同的国家销售相同的基础产品，并要求相对较高的价格，是因为它没有直接的竞争对手，也就没有成本最小化的压力。其他实施国际战略的企业也遵循着此类发展模式，不断向国外市场发展扩张。它们倾向于将产品研发集中在本国。然而，它们经常在有业务的相关国家设立生产和销售部门。职能重复会导致管理费用和成本的增加，但是如果企业降低成本的压力较小，成本增加的问题就显得不重要。虽然本地化产品和营销策略可以同时采用，但通常情况下此类情况不多，在大多数国际企业中，总部对市场营销和产品策略始终保持着相当严格的控制。

国际企业管理的相关理论是当今学术热点，有学者梳理了具有中国特色的管理学理论（何佳讯，葛佳烨和张凡，2021），也有学者探索了国际企业管理的特色问题（崔新健和欧阳慧敏，2020）。通过全球标准化战略、本地化战略、跨国战略和国际战略这四种基本战略之一来界定跨国公司的特征，每一项战略实施的恰当与否取决于降低成本压力和区域调适压力。全球标准化战略是一种低成本战略。面临较大的降低成本压力的企业，应采取全球标准化战略，从生产、分销和营销的规模经济中获益。通过向全世界提供标准化产品，企业可以利用经验和激进的定价方法。在降低成本压力大而区域调适压力小的地方，这种战略是最有效的。当面对更大的区域调适压力和更小的成本降低压力时，组织应该采取本地化战略。在本地化层面改变供应改善了企业的整体成本结构，因此这同样是成功的战略。当降低成本的压力较大，区域调适压力也较大时，应采取跨国战略。然而，有效运用跨国战略非常困难。降低成本的压力和地区调适压力对企业提出了相反的要求，因为供应本地化产品会导致成本的增加。有效实施跨国战略的组织有能力整合全球公司职能。宝贵的核心竞争力往往是东道国竞争对手所不具备的，这是追求国际化战略的企业的优势所在。它们在区域调适和降低成本方面面临的压力较小。在国际战略运用方面，麦当劳和微软等公司就非常成功。

第三节 国际企业战略的选择

国际企业战略的运行包括国际企业战略的选择与实施两个方面。

一、 国际企业战略的选择

不同规模、国家、类别的跨国公司，其经营策略也各有不同，所以，无法判断哪种战略最优。在此基础上，跨国公司必须根据不同的环境条件，选择最适合自己的企业战略。战略导向有四种：经济规则导向的战略选择，政治规则导向的战略选择，质量规则导向的战略选择，以及行政协调导向的战略选择。

（一）经济规则导向的战略选择

国际经济规则是国际经济领域的法律。宗芳宇、路江涌和武常岐（2012）通过对经济规则导向的战略选择下双边投资协议的研究认为可以推动向签署国的公司进行投资；双边投资协议可以弥补东道国制度缺失，有利于促进公司向体制环境不佳的国家进行投资；另外，双边投资协议还可以弥补本国体制上的不平衡，有利于促进外资进入签约国。张亚斌（2016）以经济规律为基础，建立了一种较为系统化的投资简便化度量体系，采用均值-主成分方法，对“一带一路”沿线亚欧非地区 50 个国家的投资简便化程度进行了实证研究，并以扩展重力模式为基础，对中国对外直接投资的作用也进行了实证研究。在以经济规律为主导的战略下，公司的中层管理人员是影响公司利润的重要因素。通常，公司出售的大部分产品都会被添加到价值链的更高层次。在销售时，很多价值都是通过研发、生产和配送产生的。选择这一战略的行业主要包括汽车工业、化学制品、高压电气系统、摩托车和钢铁行业。由于其产品具有同一性，无须根据各国的需求而变化，所以公司采用了一种可持续发展的国际策略。这一策略同样适用于一般商品，而不需要依靠商标或服务支持。以经济规律为导向的全球采购，近年来越来越流行，已经被证明在制定和执行策略方面是非常有用的。利丰作为中国香港最大的出口商和全球供应链管理的先驱，一直致力于全程管理，这里指的是不仅是向一家公司采购面料的同时，使其尽可能地利用自己的技术降低成本。

（二）政治规则导向的战略选择

尹长海（2015）认为宪法是政治市场中最根本的政治规则，即“元规则”，政治规则是矫正政府失灵的治本之策，布坎南政治规则的伦理依据是人性善恶，政治规则层次分为立宪层次和后立宪层次，政治规则标准有一致同意、多数同意和普遍性原则，政治规则目标是有限政府与大社会。Cross，Jacobi 和 Tiller（2011）对跨国公司政治策略在国外生存机制的探讨中发现，企业的政治策略在其战略规划中起着举足轻重的作用，尤其是对跨国公司而言，更是一种寻求东道国合法性的重要途径。采用政治导向战略制定策略的跨国公司，其政治敏感度较高，方法就是要在本地市场保持自己的位置。跨国公司根据目标市场的业绩布局价值链环节。就拿保险业和包装业来说，它们主要依靠市场营销、销售和服务来获得成功。这些产业往往采用的是全国性的或跨国的策略。张建红和周朝鸿（2010）以国外并购为案例，对中国企业跨国经营的制度因素进行了理论探讨与实证分析，得出的结论是，制度因素不但可以直接影响公司的国际化策略，还可以通过其他因素来间接地影响公司的国际化策略。中国的政治策略在中国的战略计划中起着举足轻重的作用，在与东道国的合作中也有同样的作用。但是，与发达国家相比，中国对外直接投资起步较晚，语言文化、意识形态等方面的差异严重影响中国跨国公司国外经营策略的可行性，政治策略成功运用的案例不多。

（三）质量规则导向的战略选择

质量规则导向包含相互依存的两方面：一是态度的改变和对高质量的期望；二是推行不断提高质量的做法。质量规则导向这一战略一般叫做全面质量管理（TQM），它包含许多不同的方式，其中包括相互培训，以便让员工熟悉整个团队的工作；重组过程，识别和排除多余的工作，减少不必要的工作；还包含建立质量管理业绩的奖赏体系。全面质量管理涵盖了从战略制定到执行的所有方面。Hongbing Li 等（2020）研究发现质量竞争性进口在一般贸易中的增长对中国经济发展具有显著而稳定的促进作用，但在加工贸易中二者呈倒 U 形关系，具有较高竞争力的某出口商对中国出口的促进作用较大，创新驱动提高出口质量；此外，创新驱动对垄断和劳动密集型行业的出口影响较大，而对资本密集型行业的影响较小。施炳展（2014）首次测算了中国企业层面出口产品质量，并提炼了相关典型事实，结论发现：由于持续出口企业的产品质量升级，质量总体水平上升；质量升级主要发生在第二年；产品质量越高，出口持续时间越长、广度越大；由于生产低质量产品的企业大量进入，本土企业产品质量总体水平下降，与外资企业差距扩大。很多跨国公司将品质作为其整体策略的重要组成部分，它们深知品质是扩大市场占有率、增加利润的一种行之有效的方法。摩托罗拉就是未能预见产业朝着数字手机技术转变，为此付出了沉重的代价。摩托罗拉在 1998 年仍是美国移动电话市场的霸主，其 Star TAC 在全球范围内也是家喻户晓。五年之后，摩托罗拉在全球手机市场中份额从 22%跌至 10%，而且还在不断下滑。诺基亚、爱立信，尤其是三星，以更小、更轻、更多样化的产品占据了市场。与此同时，摩托罗拉公司的无线网络业务也遭受了巨大的打击，在 2010 年，它被诺基亚和西门子以 12 亿美元的价格卖掉。该案例的经验明显表明，以品质为主导的企业生生不息，摩托罗拉等跨国公司必须面对这些策略上的挑战，不然就要付出代价。

（四）行政协调导向的战略选择

王鑫和张再生（2012）通过统计研究发现：相对于市场协调制度下的企业高管，行政协调制度下的高管需要具备更良好的教育背景、更高的社会责任感；相对于行政协调制度下的企业高管，市场协调制度下的高管需要具有更强的开拓创新意识和更优良的政治素质。尤其是在金融发展和监管的实践中，强化行政协作在金融风险防控和金融稳定中的作用越来越重要。中国财政稳定措施面临的行政协调问题与挑战主要有政府间的协调权力不对称，行政协作的动态变化具有递减的特征，不同的行政协调对象以及行政协调的内容比较复杂。在战略计划的制订和实施过程中，企业需要依据市场环境作出战略决定和调整，而不是固守事先制定的策略。沃尔玛就是一个很好的例子，近年来，拉丁美洲市场快速发展。很多观点证明拉丁美洲是其在南半球经营的基石，沃尔玛迅速意识到，这是一个有着不同品味和竞争的市场。沃尔玛希望其国际市场的年增长率能达到25%～30%，拉丁美洲是实现这个目标的关键。虽然抱有这个目的，但是沃尔玛还是在拉丁美洲地区的一些市场上损失惨重。IBM公司（特别是在不发达地区）在具有很强的市场势力时，采取了经济战略；在有必要对市场（如欧洲各国）作出恰当反应时，采取了政治和质量战略；在作出快速、灵活的决策时，采取了行政协调的方式。

二、 国际企业战略的实施

制定良好的战略是企业战略成功的前提，高效实施战略则是企业目标顺利实现的保证。战略实施是实践既定战略的过程，在这一过程中，它通过一系列有组织、有领导的行动落实计划、完成战略任务，最终实现战略目的。在战略实施的过程中，匹配性是一个重要的议题，战略实施需要各要素协调匹配；只有在对各影响因素进行科学分析的基础上做好各部分的协调工作，才能使战略得到有效实施。在战略实施过程中，实施者须考虑以下三个方面的协调配合：跨国公司生产经营的地点；合适的进入模式；战略实施所选择的组织结构。

（一）战略实施的区位选择

企业实施战略时首要考虑的就是实施的地点，包括经营活动开展地点所在的国家和该国内的某个具体地区。针对具体国家选择的研究，主要讨论宏观因素对战略实施区位选择的影响。王永钦、杜巨澜和王凯（2014）通过对中国近年来842起海外并购案例进行分析，系统研究了制度、税收、自然资源三者对企业投资区位选择的影响，他们从话语权、政治稳定、社会法治水平、监管质量等六个维度比较不同国家制度上的差异。除了制度差异外，区域文化价值观的差异也会影响企业战略实施的区位选择，不同的文化背景将增加沟通的难度、降低亲和力参数，从而增加贸易或投资的成本。从要素环境竞争力视角出发，史瑞祯和桑百川（2022）通过零膨胀负二项回归模型探究影响中国企业选择东道国的因素，结果表明资本成本低、创新环境好的国家更受中国投资者青睐；企业通过追逐低资本成本来保持产品价格在国际市场中的竞争优势，同时，受各国科技水平差异的影响，这一结论在东盟、中亚、中东欧等区域之间存在异质性。

确定战略实施的东道国之后，就涉及对具体地区的选择，影响具体地区选择的因素众多，相关理论随全球经济变化而不断发展。新古典经济学认为企业战略实施具体地区的选择是企业追求利润最大化的结果，不同地区市场和技术条件的差异使得企业在该地区进行生产经营活动的收益和成本存在差异，对收益和成本进行比较分析后可以得到一个区位选择矩阵（孙海鸣和刘乃全，2000）（表7-1）。David J. Teece（2005）等将空间组织的社会结构融入分析模型中，认为产业集聚所产生的知识技术溢出是当代企业选址的重要影响因素。王硕和殷凤（2021）对国内21省进行实证分析证明企业选址与市场的需求状况、信息技术发展水平、产业集聚程度等多种因素相关，不同产业选址重点考虑的方向也不同。对于服务业而言，外资集聚效应和产业集聚效应对其区位选择均具有显著影响，且外资集聚效应大于产业集聚效应，产业内集聚效应大于产业间集聚效应。吕大国等（2019）比较市场规模差异和劳动成本差异对企业区位选择的影响，发现在市场一体化进程中，市场规模对不同生产率企业的吸引力没有太大差别，而各地区之间劳动力成本的差异则会导致不同生产率企业的集聚。

表 7-1 区位选择矩阵

区位选择矩阵的四种类型		收益	
		与区位无关	与区位有关
成本	与区位无关	自由定位	市场导向
	与区位有关	资源或劳动力导向	不以单项因素导向

资料来源：孙海鸣，刘乃全．区域经济理论的历史回顾及其在 20 世纪中叶的发展［J］．外国经济与管理，2000（8）：2-6.

（二）战略实施中进入模式的选择

企业可以选择非股权的合同模式或建立在股权基础上的合资、全资子公司等方式进入某一市场。有关战略实施中进入模式的选择涉及对多种影响因素的权衡，国际企业选择进入某一市场后，东道国的国家特定优势（country-specific advantages）（包括有形的自然资源、劳动力，无形的教育、知识产权保护制度等）和企业特定优势（即企业拥有的独特能力或所有权，包括知识技术、管理、企业文化等）共同决定企业战略实施的进入方式。

实物期权理论注重分析不确定环境下多种进入模式之间的权衡，李善民和李昶（2013）对全球 175 个国家和地区进行实证分析，构建了三阶段实物期权模型，证明东道国市场需求不确定性、工程建设速度等均会影响企业进入方式的选择；企业倾向于采用并购的方式进入建设速度慢、国家经济增长较慢、市场需求相对稳定的地区，采用绿地投资方式进入经济增长迅速、市场需求存在较大波动的地区。张宁宁和杜晓君（2020）从组织污名的角度切入，实证分析结果表明组织污名对企业选择独资的进入模式有明显负向影响，会使得企业倾向于与当地企业合资经营来获得当地利益相关者的信任，从而降低经营成本。

上述研究主要从国家竞争优势角度进行分析，探讨其对国际企业进入模式选择的影响，除此以外，不少学者也从企业自身经营状况和竞争优势的角度来分析其进入模式的选择问题。具有较大的企业规模和所有权优势的国有企业倾向于以并购或合资方式开拓新市场。国有企业身份的特殊性使其选择合资方式进入海外市场从而避免特殊规制的约束。Hendrik Klier 等（2017）证实了拥有大量知识资源的母公司倾向于采取绿地投资，以此更好地保护知识资源，防止其落入竞争对手手中。

（三）战略实施中组织结构的选择

企业组织结构的选择是企业战略实施的重要组成部分，决定了战略的执行方向和落地效果。因此，在战略实施过程中，企业不但要根据战略选择合适的组织结构，还需要根据外部环境的变化，及时核查分析，保证组织结构的科学性和合理性，确保战略的顺利执行。

关于企业战略与组织结构的关系，不同学者从不同角度对其进行了理论分析和实证研究，形成了三种主要观点。一种观点认为战略决定组织结构，组织结构是战略实施的一种方式，因此倾向于设计集权、控制严格的组织结构。早期影响力较大的是约翰·斯托普福德（John Stopford）和路易斯·韦尔斯（Louis T. Wells）提出的跨国企业战略与结构关系模型[①]，该模型从国外销售规模和产品多样性两个维度出发，确定了四个不同的战略领域及与之相对应的组织结构，包括国际分部结构、产品分部结构、区域结构和矩阵结构。另一种观点则认为结构决定功能，组织结构会影响战略信息的沟通和资源的流动渠道，从而制约战略选择，影响国际企业战略实施效果和战略的调整进程。颉茂华等（2022）针对网约车行业，探究了不同数据驱动能力下，组织结构对企业战略实施绩效的影响机制。企业数据驱动能力较弱时，科层制组织结构有利于企业对商业机会的识别，提高组织决策效率并激发内部创新，从而影响企业战略实施的绩效；相反，当企业数据驱动能力较强时，网格制组织结构能够更好地利用该能力，使其效用得到充分发挥。当代经济迅速发展，战略实施与组织结构之间的关系发生改变，二者相互依赖程度不断加强，学者们开始拓宽研究视角，从动态角度考虑，以适应现代国际企业组织结构与战略实施的复杂性。苏钟海，魏江和胡国栋（2021）对海尔及酷特智能两家企业的实践进行分析，进一步研究了企业战略更新与组织变革的两种协同演化机制，渐进式战略更新引领破坏性组织变革，而组织变革形成的经验反过来完善战略的细节；重构式战略更新与突破性组织变革的演化过程中，则是组织通过利用式学习，在已有战略能力上探索，引致突破性组织变革。

第四节　世界一流企业的国际战略

一、世界一流企业理论

（一）优秀企业理论

企业可以创造经济和社会价值。现代化经济强国离不开企业的繁荣，大国现代化经济体系离不开世界一流企业的支撑。近年来大量中国企业积极融入全球市场，在此过程中提高了全球影响力。

黄群慧（2017）构建了世界一流企业内在要素和持续动态发展的理论框架。相关研究主要围绕两个核心问题展开：一是在全球市场体系中，世界一流企业作为世界冠军应具备哪些标准和特征？二是世界一流企业的卓越运营水平需要怎样的实践经验或内在要素来维系？有关世界一流企业实践价值的研究，有助于为中国大型企业成为世界一流企业提供经验参考。黄群慧（2017）结合中国实际国情和经济发展的特点，思考了中国大企业的现状和未来，旨在研究中国大企业的发展应该如何借鉴世界一流企业的发展经验，并将其融入自身的管理实践，以加速自身发展，向世界一流水平迈进；还研究了对中国经济成功起过重要作用的大企业成长为世界一流企业的客观规律。

关于优秀企业的研究成果非常丰富，但是学术界对于优秀企业的定义却有不同的看法。部分学者从企业具体属性的角度进行研究。如 Michael E. Porter（1985）从竞争优势的角度进行分析后指出，优秀企业是指那些能够调整和优化内部价值链，并在激烈的

---

① Qiu J XJ, Donaldson L. Stopford and Wells Were Right! MNC Matrix Structures Do Fit a "High-High" Strategy [J]. *Management International Review*, 1972 (5): 671 - 689.

市场竞争中占据较大优势的企业。也有学者认为优秀企业是具有提供优质的产品与服务、实现国际化管理等属性的世界一流企业（William H. Newman，1999）。还有部分学者从企业实践的角度进行分析，提炼出了优秀企业的基本特征。例如，Thomas J. Peters 和 Robert H. Waterman（2006）通过分析 IBM、通用电气、宝洁等公司，总结出了优秀企业的八个基本属性。[①] David J. Collins（1994）比较了全球 20 多家优秀企业的发展历史，认为优秀企业可持续发展的关键是以价值理念和使命与愿景为核心，实现持续的变化与完善。一般来说，被定义为世界一流的优秀企业通常具有诸多优势，无论是在产品或服务设计、生产过程或质量控制，还是在经济效益、客户满意度、社会价值等多个维度上，都能形成其独特的市场竞争力、行业领导力和社会影响力。

（二）世界一流企业的国际竞争力理论

2010 年国务院国资委提出“十二五”时期中央企业改革发展的核心目标是“做强做优中央企业，培育具有国际竞争力的世界一流企业”[②]，此后有关世界一流企业定义的讨论已成为国内学术界的一个新课题。如张文魁（2012）提出了世界一流企业的八大特征。[③] 李泊溪（2012）认为，世界一流企业的竞争力处于全球顶尖水平，且此类企业均具备强大的全球资源配置能力、优秀的企业文化、强烈的社会责任和较高的创新意愿。国务院国资委（2013）提出了世界一流企业的十三个要素。[④] 此外，一些专业机构也结合全球企业的实践，从实际应用层面构建指标体系（或特征），阐述其对世界一流企业的理解。例如，《财富》通过创新能力、产品和服务质量、管理水平、社区和环境责任、吸引和留住人才、国际运营等指标来评估世界一流企业。麦肯锡认为，世界一流企业是战略导向、执行力和企业活力的结合，包括三个标准：进一步做大规模，进一步做强业绩、产品、品牌和价值，进一步巩固愿景、价值观、使命与文化、治理与管理体系的长期基础。德勤会计师事务所提出了世界一流企业的九要素评价标准体系。[⑤] 罗兰贝格（2017）归纳概括了世界一流企业的特点，即海外收入共享、跨区域经营利润分配、管理团队整合、全面独特的发展战略规划、全球品牌或形象影响力、全球技术影响力、国际化发展和治理模式、跨公司合作和加强伙伴关系等。波士顿咨询公司（2017）也对世界一流企业提出了要求：丰富的资本流通、跨行业的信息洞察力、适当的集团管理人才储备和足量的集团品牌价值。陈秋（2021）认为，世界一流企业一般具有较大的资产规模，长期稳定的销售和盈利能力、较强的创新能力，所提供的产品和服务具有核心竞争优势和较

---

① 八个基本属性分别为：倡导行动、贴近客户、自主创新、人类助力、价值驱动、专注主业、结构简单、从宽从严相结合。

② 王勇．坚持科学发展 着力做强做优 培育具有国际竞争力的世界一流企业：在中央企业负责人会议上的讲话（略有删节）[J]．中国总会计师，2011（2）：42-45.

③ 八大特征分别为：竞争、共享、价值、行业（事业和社会贡献）、品牌、人才、机制、文化。

④ 十三个要素分别是：建立规范健全的法人治理结构；主业突出，具有较强的核心竞争力；自主创新能力强，拥有自主知识产权的核心技术；发展战略性新兴产业具有明显优势；国际化经营能力与运作能力较强，跨国指数较高；拥有国际知名品牌；具有合理的规模经济与较强的盈利能力；内部改革适应国际竞争要求，激励约束机制健全；集中有效的集团管控模式；风险管理体系完善，拥有较强的风险管控能力；管理信息化处于较高水平；重视领导力建设，建立起学习型组织；具有先进独特的企业文化和较强的社会责任。

⑤ 九要素评价标准体系包括：战略决策、领导力建设、公司治理、运营控制、国际化、人才管理、品牌与客户、创新管理、经营绩效。

高的国际化程度。此外，企业成为世界一流企业的重要标准是企业业绩在全球市场上占据领先地位。王丹和刘泉红（2021）认为，世界一流企业具有较强的实力、全球运营能力和核心竞争力，它们在持续创新、持续盈利、品牌影响力、治理体系、企业文化、人力资源等方面处于世界领先地位，在国际市场竞争和全球资源配置中具有强大的话语权。具体来说，世界一流企业的产品和服务、规模、利润等硬实力较强，管理、内控制度、企业文化、研发等软实力较强，投资、技术水平等创新能力可持续，国际化程度显著。从语义的角度直接分析世界一流企业，如果一家企业处于难以被世界上其他企业超越的地位，则可以称之为世界一流企业。

世界一流企业未必是完美的企业，但这类企业在某些方面是具备过人之处的。相对于其他企业，世界一流企业更加具备竞争优势，它们能在许多方面，如国家经济、社会和产业发展以及技术创新等领域作出巨大贡献。在过往的众多研究中，学者们从不同角度探索了世界一流企业时刻保持竞争力的关键原因。

从世界一流企业价值观的角度分析，Collins（1994）认为，创造价值是企业从事生产、经营和管理活动的核心，也是企业存在的基础。何为价值，或是如何创造价值，同样是世界一流企业理论研究的重要内容（David P. Lepak and Ken G. Smith，2007；Xavier Castañer and Nikolaos Kavadis，2013；Marco Ceccagnoli and Lin Jiang，2013）。亚当·斯密的社会财富创造是可以追溯到的最早的价值活动思想。Porter（1985）指出，附加值是价值的核心所在，他运用价值链描述企业内部的价值活动。Anju Seth（1990）提出价值是通过整合不同的资源创造的，价值活动是企业面对环境约束和机会的战略行为。商业活动中的价值是决定竞争优势的基本因素，它通过经济行为者对人力的使用或是对有形无形资源的使用产生，帮助企业在满足市场需求的同时获得相应的多元化收益。从这个角度来看，价值是一个系统的概念，它发生在不同的层次上，并通过多层次的相互作用而产生（Lepak and Smith，2007）。世界一流企业之所以能够获得可持续的竞争优势，是因为它们能够根据发展的阶段性特征，对现有的价值活动进行持续有效的管理，并能够根据发展目标进行动态调整，最终形成支持企业发展的多价值要素的优化组合。其中，企业既获得了自己的利益，也为社会创造了多元化的价值，在多方面作出应有的贡献。价值导向存在于生产和提供满足目标客户需求的产品或服务的一系列经营活动及其成本结构中。价值导向驱动下的企业活动，既包括企业自身的独立经营，也包括外部相关客户的参与，以及其他相关群体的共同参与。它是涉及多个参与者的动态互动活动（Bo Edvardsson，Bard Tronvoll，and Thorsten Gruber，2011）。其最终目的是创造整合多个利益相关者（如经济、社会、股东等）的复合效益，使企业获得竞争优势。

从世界一流企业资源观的角度分析，资源是企业生产经营活动中必要的投入要素。其投入被企业所控制，可以在生产经营和战略活动中提高效率和效益，实现稳定发展，包括企业拥有（或控制）的资产、组织程序、公司属性、信息、知识等，可以用于生产经营管理和其他组织活动。由于某些特殊资源的作用，有的学者认为竞争优势的根源在于内部资源而不是外部环境（Birger Wernerfelt，1989）。资源作为企业成长的基础，最大的作用是为企业创造竞争地位，形成资源潜在壁垒，使其他企业和竞争对手难以进入市场（Wernerfelt，1984），它既难以替代，又极具价值（Jay B. Barney，1991）。企业需要有一些独特的核心资源，比如具有市场敏感认知的企业家。他们不但是企业创业的基础，而且会利用自己的社交网络、以往的工作经验、认知判断等为企业创造可持续的竞争优势。特定的资源库不仅可以使企业具备人无我有的优势，还可以为生产经营管理活动提供有效的支持。企业为获取持续竞争优势，不仅要从外部获得如知识、资产、技术等新资源，还要从内部挖掘并创造如人力、专利、品牌等新资源，这些新资源可作为企业运营和创新活动的投入品，用来产生收益与绩效。资源对于企业竞争优势的获取具有支持作用，但企业存在动态性，即企业是一个持续发展的经济体，需要结合当前发展阶段，获取相应资源以满足实际需求，并支持其当下的发展，从而达到持续提升绩效水平的目的。世界一流企业得以持续获得竞争优势的原因在于，它们能够综合驾驭自身所拥有的各类资源，善于根据企业发展的阶段性特征及时调整已有的资源基础，从而形成支持企业可持续发展的资源要素组合。

从世界一流企业能力观的角度分析，面对外界环境的变化以及自身发展目标的调整，企业要不断对其资源组合进行改动。除非企业能够建立一个非常便利的动态资源配置过程和机制，否则资源就很难为企业提供可持续的竞争优势。只有不断提高内部能力，企业才能不断改进其经营活动，以满足新的发展需求（Anoop Madhok and Stephen B. Tallman，1998）。企业要有效地面对未来的发展，需要根据外部环境和内部资源基础，不断探索新的业务领域，引领行业和产品的未来。Collins（1994）认为通过“黑箱”将物质投入转化为产出，体现了能力的重要性。能力可以帮助企业适应不断变化的环境。拥有其他企业所不具备的能力是一家企业比其他企业更优秀、更有竞争力的基础。能力是企业培育核心竞争力的关键要素，其主要任务是发掘企业的专有资产，培育竞争对手难以复制的混合竞争优势组合（Joseph T. Mahoney and J. Rajendran Pandian，1992）。能力不是自然形成的，而是在企业逐步发展的过程中发展起来的。同样，能力也不是固定不变的，而是需要通过不断地创新来更新和完善自己的内部内容，这样企业才能持续保持活力。为了满足企业对能力的需求，组织会进行一种变更活动，这种变更活动可能是对现有能力的修订，也可能是新能力的开发（Sarah Marsh and Gregory Neal Stock，2010）。在能力活动中，重点是为企业提供合适的制度体系建设、管理思想和方法，动态调整组织结构，帮助企业提高创新活动的效率，改进现有产品和服务，以满足市场需求等一系列复杂活动，使企业能够在不同情况下持续获得竞争优势。世界一流企业之所以能够获得可持续的竞争优势，是因为它们能够根据发展的阶段性特点，不断调整现有的能力体系，形成支持企业发展的多种能力的优化组合。

从世界一流企业战略观的角度分析，企业在成长过程中经常面临战略问题。它不仅关系到新产品、新市场的开发，还关系到现有企业组织结构、人力资源开发和管理体制的变革。战略可以理解为企业日常经营决策以及长期规划决策的有效结合，进而形成的经营管理业务（H. Igor Ansoff，Roger P. Declerck，and Robert L. Hayes，1976）。支撑企业发展的一些核心要素容易随着市场环境的变化而变化（Daniel J. Flint and Johan T. Mentzer，2000），这就需要企业根据内外部条件的变化进行判断和调整。战略将指导企业适应外部环境，塑造内部系统和流程，并决定企业采取何种战略来适应或改变环境，以符合更优配置的原则（Franklyn Manu and Ven Sriram，1996）。当企业有了明确的战略导向，就更容易制定合理的行动来参与不同的管理活动。比如企业进入新的业务领域，面临新的问题，需要新的战略决策来指导。该战略的核心原则是环境条件与组织能力的匹配，这对企业绩效至关重要。找到并创造这种匹配是一项战略工作。战略的形成一般基于两种方式：一是安排组织能够实现的战略，以进行适当的判断、选择和实施；二是企业的高层领导必须有很强的认知能力，能够有效地预测市场环境、产业前景和企业管理活动。在精准战略的指导下，企业可以更好地在特定区域拥有非常突出的竞争优势和市场领导地位，形成稳定的优秀业绩和典型的管理实践。企业只有以未来发展的战略思维制定战略规划，明确战略定位，识别、开发和保护资源，在产品市场中进行合理配置，建立与环境相匹配的核心竞争力，才能实现发展思路、企业经营、组织管理等的准确安排和实施，并获得竞争优势。战略是不稳定的，会因为市场竞争、政策调整、社会动荡而发生相应的变化，从而导致企业管理的不确定性，增加管理活动的难度和复杂性。因此，企业战略需要不断更新。比如，要根据国际环境、市场、任务目标的变化，随时调整战略方向。世界一流企业持续竞争优势的显著特征之一，是能够根据发展的阶段性特征不断更新现有战略，形成新的战略定位和战略规划，不断推进业务转型并坚定不移地实施国际化战略，最终形成能够支撑企业发展的多元战略要素的优化组合。

二、 世界典型一流企业标准

美国《商业词典》将世界一流企业定义为可作为其他企业标准和榜样的企业。竞争优势概念的提出者 Porter（1985）指出，拥有世界竞争优势的所有企业都是世界顶尖企业，它们不断调整和优化内部价值链，提高国际市场竞争力，最终成长为一家卓越企业。崔新健（2020）将世界一流企业定义为标杆企业，在特定领域中拥有全球竞争力。学者们对于世界一流企业的评价标准各不相同。学术界从各个视角对全球优秀企业展开深入研究，总结了不同的评价方式与尺度。总的来说可以分成三种，一是从企业的组织管理方面展开的，研究一流企业的经营管理方法；二是从企业外部角度分析一流企业所拥有的竞争力来源、表现及其对世界经济的影响力；三是综合以上两种角度，对世界一流企业的标准进行综合考虑。

（一）企业内部角度

这类研究主要是从企业内部的角度对世界级企业的经营管理所具有的特点进行研究，对探索一流企业的内在成长规律以及未来的培育方向都有一定的帮助。

1. 麦肯锡的标准。麦肯锡针对全球领先企业大、好和基业长青的基本特征，形成了业绩和健康兼顾的对标系统，以帮助企业对标全球领先企业。其中，业绩表现不仅包括价值的创造力、对全球经济的影响力、在市场中的领导力三个维度的外在表现，还包括对资源的运筹力、对产品的创新力以及在复杂环境中持续发展能力三个维度的内在表现。组织健康指标系统则涵盖了领导力、创新与学习、激励、方向、文化和氛围、协调与控制、能力、职责、外部导向，共九个元素。麦肯锡公司提出的标准中，业绩与健康同样重要，都被认为是企业长远发展所需。因此，该系统从以上两个角度出发，在找出差距的基础上，确立理想的组织模式，提升管理水平，推动企业核心竞争力的健康发展。该公司的洪晟等（2022）特别强调在高质量发展要求下，要想成为世界一流企业需拥有可持续发展的能力，帮助企业做长做远。

2. 李鹏飞（2017）的“GREAT”标准。[①] 立足国有企业改革角度，李鹏飞提出了“GREAT”分析框架。其中，G（governance）是指企业治理是否完善，各部门是否权责明确、运转高效；R（respected）代表着企业受到不同权益相关者尊重的程度；E（execution）则与企业执行力紧密相关；A（aggressive）指该企业是否锐意改革、不断进取；最后一个 T（tendency）与该企业是否能够引领发展趋势有关。

除了上述两种标准，其他资料中也出现了不同的标准。Jim Collins（2002）所著的《从优秀到卓越》这本书中详细分析了多家世界 500 强企业的完整历史，并揭示了企业从优异到杰出的内部机理和七种决定性要素：第五级经理人、先人后事、直面残酷的现实、刺猬理念、训练有素的企业文化、飞轮和厄运之轮、技术加速器。常青青和刘海兵（2022）详细论证了创新能力是世界一流企业成长背后的底层逻辑这一命题，Mle Augier 和 David J. Teece（2007）补充了企业的动态发展能力作为一流企业的重要标准。上述特征提供了衡量全球一流企业标准的依据，但通常无法直接转换为清晰的衡量标准。

（二）企业外部角度

一些学者从企业外部的角度比较研究了世界一流企业的竞争指标，并提出世界一流企业是企业的综合竞争力与国际影响力在人头脑主观意识中的具体反映（李泊溪，2012），但国际竞争力是一种十分复杂的观念，其内涵与外延无法清晰定义。竞争力测评是一个主观意识对客观现实的认识和分析过程（金碚，2003），理论上需要运用经济学、管理学、统计学的方法对其进行多方面、多角度分析。因此，不同学者在进行理论研究和实例探讨时采用的分析指标和体系各不相同。

1. 李泊溪（2012）。李泊溪认为世界一流企业的判断标准应当是世界公认的，包含国际竞争力（如：国际化指数达到 60%以上、产品的市场占有率较高、行业排名前几等）和世界级的公认度（如：世界 500 强企业排行、世界财富榜排名、世界最佳品牌排名等）。他从外部公认、代表性（盈利模式的独特程度、业务综合能力、企业管理模式）和可学习性（对其他企业具有借鉴价值）三个角度筛选出全球 1 000 家一流企业进行调查，最终得出世界一流企业的筛选标准。案例企业的共同特征为世界一流企业描绘了一张标准图像（如表 7－2）。

表 7－2　世界一流企业的判别标准

序号	主要内容
1	国际市场上的影响力：跨国化指数高低＋国际社会声誉
2	企业群“金字塔”控股＋“环形”财团＋一体化经营模式＋供应链关系网络
3	全球性品牌意味着企业的品牌价值能够达到世界领先水平
4	行业的领先地位＝企业在市场有较高占有率＋在行业中作为示范标兵
5	优秀的商业模式，能够颠覆与重构世界性的技术、产品、服务及组织方式

资料来源：李泊溪．世界一流企业发展思考［J］．经济研究参考，2012（10）：25－37．

① 李鹏飞．“GREAT”标准铺就世界一流企业之路［J］．国资报告，2017（12）：6－28．

2. 关于世界一流企业国际竞争力评价指标。金碚（2003）认为企业竞争力的指数包含体现结果和实力的测评指标以及反映竞争力背后因素的分析指标。他总结分析出十六种指数，以此构成企业在国际市场竞争力的综合评价体系。谢康（2004）建议将经济效率作为核心考核指标，其与经营管理、跨域国际经营、制度环境、资本市场这四项基础性考核指标整合后，构成企业国际竞争力的考核体系。胡鞍钢、魏星和高宇宁（2013）以世界500强企业作为评价标杆，建立了“五角星”竞争力模型，从规模、效益、创新、绿色、和谐五个角度进行综合评价。杨莲娜和冯德连（2020）则从企业效益（公司利润总额、净利率等）、企业规模的大小（企业营业收入、拥有资产总额）、企业国际化程度（跨国指数、海外资产规模）、创新能力和品牌价值四个维度对2018年《财富》世界500强企业进行比较评价。

（三）综合考虑

一些学者兼顾外部竞争力与内部组织管理优化提出了以下标准。

1. 陈占夺（2021）。陈占夺在深入分析国务院国有资产监督管理委员会2013年发布的《做强做优中央企业、培育具有国际竞争力的世界一流企业要素指引》等文件中做大做强做优概念的基础上，结合国内外相关前沿理论，构建了世界一流企业评价的通用指标（表7-3）。他认为企业做大做强需要具有能够提升企业竞争力的VRIN资源[①]，做优则需要企业培育一些独特的能力，基于此，作者从做大做强做优三个角度提出了若干项具体指标。

表7-3 世界一流企业评价通用指标

内涵	内容	测量指标
做强	经济实力	销售所获得的收入、净资产规模、成本率、净利润大小
	技术强度	行业内核心技术、行业标准的话语权
	质量水平	生产产品的品质及其功能
	人才质量	拥有专业技术知识、生产经营管理能力和其他优秀技能的人才
	品牌的影响力	品牌对国际市场和世界经济的影响力
做优	物质资源以及无形资源的配置能力	总资产的报酬率、全要素带来的生产率
	人力资源的配置能力	公司所有成员的劳动生产率和技术人员的生产率
	国际化资源的配置能力	跨国化指数
	战略管理的能力	围绕主营业务开展多产业协同合作、在产业链中的位置、企业所有者自身的领导能力、是否具有前瞻性的战略能力
	治理能力	对外部战略联盟的治理能力、党的领导作用是否有效发挥、是否为战略型董事会、集团整体管控程度
	企业管理的能力	运用信息和人工智能提升企业经营的水平、内部员工激励和约束的机制、公司管理体系和文化、党政建设与日常生产经营等活动结合深度、是否为利他型的企业文化

① VRIN指有价值的资源，稀缺的资源，无法仿制的资源和难以替代的资源。

续表

内涵	内容	测量指标
做大	市场所占份额	用数量来计量的企业所占市场份额、以价值计量的企业所占市场份额

资料来源：国务院国有资产监督管理委员会．做强做优中央企业、培育具有国际竞争力的世界一流企业要素指引（国资发改革〔2013〕17号）[R].（2021-08-13）.

2. 中共中央全面深化改革委员会的16字标准。在最新发布的《关于加快建设世界一流企业的指导意见》中，中央全面深化改革委员会公布了建设世界一流企业的16字标准，从产品卓越、品牌卓著、创新领先、治理现代四个方面给中国企业对标世界一流企业提出了详细而全面的指导。

3. 针对具体地区具体行业提出的其他标准。根据各个地区和不同行业的特性，学者构建的关于世界一流企业的评价标准和筛选标准也存在一定的差异。崔新健和欧阳慧敏（2020）从规模、效率、技术创新、全球化、品牌五个层面对中国培育具备世界竞争力的全球一流中小企业进行研究。姜迪等（2022）在借鉴以往模型的基础上，构建了"国际化、规模、效益、效率、创新"五维度评价模型，既包含世界级企业主要特质，又包含可量化计算指标，该模型在分析江苏企业发展过程中起到了举足轻重的作用。根据汽车产业的独特性质，李政、刘涛和敬然（2022）搭建了由企业规模和盈利能力、创新、可持续的竞争优势、国际化经营、品牌蕴含价值及其影响力组成的指标体系，并根据重要程度进行赋权，采用标杆分析法研究中国汽车企业成为世界一流企业的成长指标。

三、世界一流企业成长的关键要素

成为世界级企业需要具备多重要素，例如：战略管理、领导力、经营系统最大程度的协同、综合优势、有效的集团管控与资源配置、持续创新能力、企业文化等。2013年，国务院国资委列出了世界一流企业应具备的13个基本条件[①]，为明确世界一流企业的定位提供了良好的指导。同时，部分专业机构也从实际应用的角度，根据国际企业的实际情况，建立了一个指标体系（或特性），以说明它们对世界一流企业的了解。例如《财富》杂志以创新、产品与服务品质、管理水准、社会及环保责任、吸引及保留人才、国际化运作等作为衡量指标。麦肯锡（2012）认为，全球一流的企业是战略导向、执行能力和进取精神的结合体，其中包含三个标准：扩大（规模），加强（业绩、产品、品牌、价值），基业永续（愿景、价值观、使命和文化、治理和管理体制）。德勤华永会计师事务所（2013）提出了九要素评价标准体系，包括战略决策、领导力建设、公司治理、运营与控制、国际化、人才管理、品牌与客户、创新管理，以及经营绩效。罗兰贝格（2017）指出，世界顶级企业应具备以下特点：海外收益、区域利益分布、管理队伍的整合、具有完整而独特的发展策略、全球性的品牌或形象、全球技术影响力、全球化的治理模式、跨国公司间的合作与扩展。波士顿咨询公司（2017）还建议，全球顶级企业必

① 国务院国有资产监督管理委员会．做强做优中央企业、培育具有国际竞争力的世界一流企业要素指引（国资发改革〔2013〕17号）[R]．（2021-08-13）．

须有充足的资本流动，跨行业的信息洞察，集团的人才管理和集团的品牌价值。

关于世界一流企业的基本要素，Peters 和 Waterman（2006）还对世界一流企业的成功进行了总结，认为它们具备自主创新、崇尚行动等基本成功要素。Debra（2006）的世界一流企业的评估系统由六部分组成，即产品、服务、全面成本、市场反应、组织能力、企业责任。邓小虹（2013）认为，人才、管理和技术创新是影响企业发展的三大要素。蓝海林（2008）提出了国际竞争力因素。黄群慧、余菁和王涛（2017）认为，资源基础、动态能力、战略柔性和价值取向是四个维度的核心要素。董福贵（2018）强调了六个主要特点，即经济规模、科技创新、产品与服务、品牌影响力、国际化和稳步发展。张振刚和陈一华（2020）对全球一流制造业的五大要素进行了梳理和分析，总结出了先进理念基因、健全管理基因、卓越人才基因、创新基因、领导基因。

（一）国资委确立的 13 要素

国务院国资委 2013 年发布《做强做优中央企业、培育具有国际竞争力的世界一流企业要素指引》。表 7-4 简要描述了国资委确立的世界级企业的 13 要素。按照以上准则，许多中央企业已经制订了“时节”计划，以使其成为世界一流的企业。例如，中国海洋石油集团为打造具有中国特色的世界一流能源企业[①]，确立了两个阶段：第一个阶段（2020—2035 年），用 15 年的时间进入全球石油企业第一阵营；第二个阶段（2035—2050 年），再用 15 年左右的时间，全面建成中国特色国际一流能源企业。航天科工和中国石油等大型企业的进度也差不多，它们的目标都是立志做全球最好的企业。与国际上先进的企业相比，目前中国的国有企业在技术水平、管理水平和核心竞争力水平上还存在较大差距。国资委确定了世界级企业的 13 个构成要素（见表 7-4），但是没有一家企业的要素是一成不变的，而是随着实际情况的发展而改变。

表 7-4 国资委确立的 13 要素

序号	要素
1	规范健全的法人治理机构
2	突出的主业和强大的核心能力
3	具有较强的自主创新能力和核心技术
4	发展战略性新兴工业有显著的优势
5	国际运营能力越强，国际指数越高
6	拥有国际知名品牌
7	经济规模合理，盈利能力强
8	适应国际竞争需要的内部改革，完善的激励和制约机制
9	集中有效的集团管控模式
10	风险管理体系完善，拥有较强的风险管控能力
11	管理信息化处于较高水平
12	注重培养领导能力，构建学习型组织
13	企业文化先进，社会责任感强

资料来源：国务院国有资产监督管理委员会．做强做优中央企业、培育具有国际竞争力的世界一流企业要素指引（国资发改革〔2013〕17 号）[R].（2021-08-13）.

① 王璐．中国海油三十年发展路线图明确 [N]．经济参考报，2018-02-07（A04）．

（二）德勤华永会计师事务所确立的九要素

德勤华永研究结果表明，为了实现企业的运营绩效，世界一流企业将重点放在八大战略管理主题上。第一到第四个层面是经营管理的基本要素，这也是斯蒂芬·P. 罗宾斯（Stephen P. Robbins）① 在传统管理学中强调的四个方面，它们是战略决策、领导力建设、企业治理、运营与控制。第五到第八个层面是当今世界一流企业争夺的核心能力，分别是：国际化、人才管理、创意经营、品牌和客户。在当今复杂背景下，许多一流的企业都在考虑，如何将上述八大要素结合起来，既做到管理精简，又能保持高效、快捷、灵活。德勤华永概括经营业绩领先及上述八个战略性管理议题为世界一流企业九要素。这九要素是对“卓越表现，真正与众不同，价值非凡”的一流企业软实力的总结。

（三）其他观点

在不同的发展时期，一流企业所需的要素或显性优势也不尽相同。黄群慧、余菁和王涛（2017）从创业、高速发展、转型和超越预期四个方面对一流公司的发展进行了分析（见表 7-5）。

表 7-5　不同发展阶段的关键因素

序号	关键因素	因素归纳
1	企业家	资源基础：在创业阶段，资源基础是决定企业成功与否的关键。许多企业的成功，除了有一定的专利技术和特殊的财产外，还在于创业者本身。
2	核心产品	
3	财务资本	
4	人力资源	
5	技术创新	动态能力：在高速发展阶段，企业需要追求在更高层次上获得进一步发展，在这种情况下，企业必须具备动态的能力，具体表现为企业治理和管理创新。
6	管理创新	
7	组织创新	
8	企业治理	
9	战略定位	战略柔性：在企业转型的过程中，企业必须在不断变化的市场环境中，通过战略灵活性来引导结构调整和战略转变，从而达到可持续发展的目的。
10	战略规划	
11	业务转型	
12	国际化战略	
13	企业家精神	价值导向：处于超越阶段的企业，必须不断地进行自我提升，而作为一家有较强社会影响力的企业，其所肩负的社会责任与经济责任较大，因此，正确的价值观取向对于企业的可持续发展至关重要。
14	品牌价值	
15	组织文化	
16	社会责任	

资料来源：黄群慧，余菁，王涛．培育世界一流企业：国际经验与中国情境 [J]. 中国工业经济，2017 (11)：5-25.

与上述国资委和德勤华永的观点比较，黄群慧等的观点更能反映出一流企业发展的阶段性特点，也更具可操作性。在企业创业阶段，企业家、产品、资本、人力资源等都是决定其成长的关键。而在企业高速发展的过程中，企业治理、管理创新等的动力作用

① 斯蒂芬·P. 罗宾斯（Stephen P. Robbins）是美国著名的管理学教授。其代表性著作有《管理学》，该书第 13 版中译本由中国人民大学出版社于 2017 年出版。全书以管理过程为框架，按照计划、组织、领导和控制四种基本管理职能，对管理的各个方面进行了阐述。

也会越来越大。在转型阶段，企业更加重视发展战略决策与运行。而到了超越阶段，企业更加注重品牌影响力和社会价值。

四、 中国情景下世界一流企业的培育

基于上述对世界一流企业的研究，我们已经基本对世界一流企业的成长、发展过程有了较全面的了解。相比之下，中国各行业龙头企业和世界一流企业还存在各方面的差距。现阶段，中国经济整体逐步迈入高质量发展的阶段，而这也对中国龙头大企业提出了更高的发展要求。中国需要发展出一个或多个世界一流企业，在取得行业技术领先的同时，彰显国家实力。但是成功之路不是一蹴而就的，中国企业现阶段也面临诸多问题，接下来，我们将探索总结中国企业在发展过程中面临的问题，并在符合当前中国经济发展的情境下，提出适应龙头企业发展的解决方法，为中国企业迈向世界一流提出建议。

（一）中国世界一流企业的培育面临的问题

1. 规模增长与价值创造不同步。改革开放以来，中国不同行业的头部企业经过数年的发展，已经具备相当的规模和一定的实力，占据了足够的市场份额。但是，麦肯锡（2012）研究发现，中国头部企业的价值创造能力并不强，且其中有 91%都是来源于金融业。相比之下，美国头部企业的价值创造则更多来源于研发导向的制造业、消费品和基础设施建设。麦肯锡（2012）认为资源集中的金融类行业投资回报率和盈利潜力要低于科技产品和消费品。同样的问题，杨莲娜和冯德连（2020）通过对比中美两国头部企业的盈利能力和企业研发投入等指标发现，中国头部企业的利润来源主要集中于金融业，形式比较单一，同时经济支柱型行业（制造业）的盈利能力偏低。他们还发现，与美国世界一流企业相比，中国企业的盈利能力和价值创造水平有一定的差距。崔新健（2020）同样发现中国非金融企业的资产利润率远低于金融行业，且非金融行业利润率明显低于发达国家，盈利能力较差。可见中国头部企业表现出规模增长和价值创造不同步的问题。中国龙头企业，尤其是非金融行业的头部企业在未来应该大力提升自身的盈利能力，在保证不发生垄断行为的同时，积极推动产品和服务升级，业务去弱留强，加大力度向其他行业扩张，不能够局限于金融业的发展。

2. 企业的综合竞争力不强。企业的核心竞争力是企业成为世界一流企业最关键的因素。世界一流企业往往是能够在关键经济领域或者行业中长期保持全球领先的市场竞争力、综合实力和行业影响力，并获得全球业界一致认可的企业。纵观美国的世界一流企业，亚马逊是全球领先的电商龙头，苹果公司是世界领先的科技公司，谷歌、META 等是公认的互联网巨头，新晋的特斯拉则是全球领先的新能源科技公司。世界一流企业无不手握重点技术。通过分析世界一流企业的特质，我们可以发现世界一流企业的产品和服务通常具有核心竞争优势，且可替代性较弱。苏杰芹（2022）比较了近几年中国企业和外国头部企业的研发投入金额现状，发现虽然中国企业的研发投入表现为逐年增长的趋势，但是两者间存在较大差距。企业的创新能力在一定程度上代表了企业的技术水平，专利变现的能力也是企业盈利能力的表现。虽然近几年中国企业创新能力在不断上升（崔新健，2020），但是其研发投入还是与世界一流企业有较大差距。在创新专利方面，中国仍有较大的进步空间，从专利分布国家来看，美国申请专利数以 25%的占比位列第

一，德国、日本分别占比 14%、11%，而中国专利数占比仅为 9%。中国企业虽然经历了一段时间的飞速发展并且已经初具规模和竞争力，但是头部企业的创新能力、综合竞争力与世界一流企业相比仍有较大差距。

3. 品牌价值和国际化程度不够。比较中国企业和世界一流企业的发展水平，我们可以发现，中国头部企业存在自身品牌价值不够突出和国际化程度不深的问题。在成为世界一流企业的过程中，独立自主的强大品牌是至关重要的，同时企业整体的国际化水平、跨国业务的发展程度也是企业打响国际知名度的关键。

品牌是企业乃至国家竞争力的重要体现，也是赢得世界市场的重要资源（李锦，2022）。品牌价值的高低可以直接衡量一个企业的发展水平。在新发展格局的经济发展要求下，品牌知名度高、用户认可度高的企业往往具有更强的竞争优势。杨莲娜和冯德连（2020）通过对比不同国家全球最具品牌价值 100 强企业的市值，发现中国龙头企业的品牌价值还需要进一步提升。苏杰芹（2022）认为中国各行业头部企业的品牌影响力表现亮眼，但价值仍较小。中国企业除了需要进一步提高知名品牌自身价值、做大做强，还应向在不同行业形成国际知名品牌努力。崔新健（2020）认为中国企业存在品牌的行业较单一，表现为发达国家品牌主要集中于高科技制造业和服务业，而中国则集中于较为传统的能源业。

与国际品牌价值联系最大的因素是企业的国际化程度。随着中国进一步深化改革、扩大开放，企业也逐渐“走出去”，把自身的产品和品牌影响力带到世界，企业管理和战略发展方面也逐渐向国际化发展。中国企业在迈向国际化的进程中暴露出诸多的问题：杨莲娜和冯德连（2020）指出，中国头部企业的国际化进程加快但国际化程度偏低。中国一流企业的跨国产品贸易规模、国际直接投资、海外资产和营收占比等关键指标均显著低于世界一流企业的水平。苏杰芹（2022）通过不同指标的权重计算出中国企业的跨国指数，发现中国跨国公司的整体规模和发展水平要低于国际跨国公司。在中国高水平开放的政策背景下，企业在将来也必须更进一步关注国外市场，关注并加强跨国业务的盈利能力。

（二）中国培育世界一流企业的措施

1. 寻找企业破局新路径，提升盈利水平。2020 年以来，全球新冠疫情对世界经济产生了巨大的冲击，面对已经产生的经济下行压力和更激烈的国际同业竞争，中国头部企业应当尽力寻找企业生存发展的新路径，为企业注入新活力、新动能。麦肯锡研究表明，积极主动地调整业务组合和重新分配企业现有资源能够使每年的股东回报率平均提高 4%。因此，企业在将来的发展中，应当进行合理的选择和取舍，评估业务的发展能力，主动退出企业盈利较弱的行业和地区，将资源重新整合分配，探究可能的战略发展新途径。比如中国盈利水平相对落后的制造业企业，不仅仅是头部企业，整个行业都应该进行业务的审查与整合重组，在传统业务表现出利润增长受限的情况下，应该选择新路径，探索新方法。仅仅将目光放在金融行业是远远不够的，我们需要挖掘不同行业的盈利秘诀。比如，王丹（2019）通过分析世界一流制造业企业的业务转型升级，认为制造业服务化更能够带来盈利水平的提升。企业的转型升级不仅仅要依靠政府方面的导向性政策，更主要的还是要依靠企业本身在未来较长时间内的战略调整。

2. 提高企业核心竞争力。创新是发展的动力，也是企业高质量的发动机（李锦，2022）。常青青（2022）基于西门子公司的案例研究发现，实施使命驱动技术前摄的创新引领机制、技术导向和市场导向互动的创新协同机制，以及超越全面创新的创新激励机制是西门子公司成长为世界一流企业的基本经验。世界一流企业在手握重点技术的同时，还将资金大力投入关键技术开发。员工激励制度也是中国企业需要学习的内容，创新激励在很大程度上提高了部门和员工的积极性，惠及企业的同时也对人才进行了培养升级。超越全面创新的创新激励机制为一流企业创新能力提升提供了内外部人才动力（常青青，2022）。可见，创新是一个企业的生存之本，核心技术则是企业的竞争利器。中国头部企业必须更大程度地科技创新，学习国外的创新激励等方法，不断突破关键技术瓶颈，尽快掌握核心前沿技术，增强核心竞争力。

3. 大力推动企业的品牌建设和国际化竞争水平。党的十九大报告提出："深化国有企业改革，发展混合所有制经济，培育具有全球竞争力的世界一流企业"，这对中国国有企业通过深化改革发展成为世界一流企业提出了更高的要求。

中国企业必须有属于自己的品牌，这需要政府和企业的共同努力。政府方面，应该坚持资源的集聚发展，实施导向性的政策，在给中国一流企业提供政策支持的同时引导企业健康发展，从而助力企业打造具有全球竞争力的产品和服务（苏杰芹，2022）。企业则应该在立足产品质量的同时，多与世界一流企业进行合作，努力开拓国际市场，把自己的产品推广到世界。完善知识产权保护体系，确保自身产品的独特性和竞争性，为成为世界品牌不断努力。

企业要以全球化经营为目标，不断学习国外较先进的管理经验，强化国际化人才队伍和组织建设，提高企业跨国经营的适应能力。麦肯锡的研究表明，兼并收购对企业增长的贡献度达到30%；中国企业在未来可能面临传统业务增长乏力、专业化分工加速的情况，因此传统业务的更新换代也将成为企业发展面临的一大问题。并购或外延式发展必将扮演更重要的角色，从而成为企业利润的新增长点。在企业全球化进程中，做好传统业务和国内市场的同时，头部企业应该将眼光更多地投向国外市场，扩大企业规模，有效兼并收购，吸纳不同国家的人才，积极开展基于中国经济转型情境和中国巨大市场优势的国际化和全球化实践（张振刚，2020），扎实推进国际化经营。

本章参考文献

［1］常青青，刘海兵．世界一流企业的科技创新管理机制：基于德国西门子公司的案例研究［J］．中国科技论坛，2022（4）：47-57.

［2］陈秋．新发展格局下创建世界一流企业的发展战略［J］．现代国企研究，2021（12）：26-29.

［3］陈占夺．国有企业做强做优做大评价指标体系研究［J］．国有资产管理，2021（5）：56-62.

［4］程显宏，毕鹏，王蒙．汇率变动、OFDI与出口贸易：中国与欧亚经济联盟经贸关系的经验分析［J］．重庆大学学报，2022（8）：1-18.

［5］崔新健，欧阳慧敏．中国国际企业管理理论体系构架研究：基于演化、内容、

情境三维度分析［J］．中央财经大学学报，2022（2）：102－115.

［6］崔新健，欧阳慧敏．中国培育具有全球竞争力的世界一流企业：进展、差距和策略［J］．经济学动态，2020（5）：28－40.

［7］德勤华永会计师事务所．对标世界一流企业：做优做强，管理提升之路［M］．北京：经济管理出版社，2013：32－45.

［8］邓晓虹，黄满盈．世界级企业：国外相关研究综述［J］．经济问题探索，2013（11）：184－190.

［9］董福贵，吴南南，杨尚东，等．具有全球竞争力的世界一流企业的特征及培育路径：以电网企业为例［J］．现代经济探讨，2018（3）：97—104.

［10］何佳讯，葛佳烨，张凡．中国学者管理学研究的世界贡献：国际合作、前沿热点与贡献路径——基于世界千种管理学英文期刊论文（2013—2019年）的定量分析［J］．管理世界，2021（9）：36－67.

［11］洪晟，张海濛，孙俊信，等．破局“十四五”：高质量发展铸就世界一流的中国企业［J］．科技中国，2020（2）：31－36.

［12］胡鞍钢，魏星，高宇宁．中国国有企业竞争力评价（2003—2011）：世界500强的视角［J］．清华大学学报（哲学社会科学版），2013（1）：72－83，160.

［13］黄群慧，余菁，王涛．培育世界一流企业：国际经验与中国情境［J］．中国工业经济，2017（11）：5－25.

［14］姜迪，李向辉，徐寅，等．基于五维评价模型分析的世界一流企业培育路径研究：以江苏省为例［J］．现代管理科学，2022（3）：118－126.

［15］颉茂华，刘铁鑫，施诺，等．数据驱动能力、组织结构对企业战略绩效的影响：基于A网约车公司的纵向案例研究［J］．管理学报，2022（3）：317－325，432.

［16］金碚．企业竞争力测评的理论与方法［J］．中国工业经济，2003（3）：5－13.

［17］蓝海林．建立“世界级企业”：优势、路径与战略选择［J］．管理学报，2008（1）：9－13.

［18］李锦．世界一流企业16字标准解读［J］．国企管理，2022（11）：24－25.

［19］李善民，李昶．跨国并购还是绿地投资?：FDI进入模式选择的影响因素研究［J］．经济研究，2013（12）：134－147.

［20］李政，刘涛，敬然．培育世界一流中国汽车企业：差距、潜力与路径［J］．经济纵横，2022（3）：59－67.

［21］罗兰贝格．中国如何造就全球龙头企业［J］．中国工业评论，2017（7）：18－25.

［22］吕大国，耿强，简泽，等．市场规模、劳动力成本与异质性企业区位选择：中国地区经济差距与生产率差距之谜的一个解释［J］．经济研究，2019（2）：36－53.

［23］潘石，董经纬．中央企业改革发展目标：国际“一流”企业［J］．吉林大学社会科学学报，2013（2）：90－97，176

［24］钱学锋．企业异质性、贸易成本与中国出口增长的二元边际［J］．管理世界，2008（9）：48－56，66，187.

［25］施炳展．中国企业出口产品质量异质性：测度与事实［J］．经济学（季刊），2014（1）：263－284．

［26］史丹，余菁．全球价值链重构与跨国公司战略分化：基于全球化转向的探讨［J］．经济管理，2021（2）：5－22．

［27］史瑞祯，桑百川．中国对“一带一路”沿线国家OFDI的区位选择：要素环境竞争力视角［J］．国际经贸探索，2022（8）：85－100．

［28］苏杰芹．我国培育世界一流企业的现状及对策研究［J］．经营与管理，2022（12）：63－68．

［29］苏钟海，魏江，胡国栋．企业战略更新与组织结构变革协同演化机理研究［J］．南开管理评论，2021：1－16

［30］孙海鸣，刘乃全．区域经济理论的历史回顾及其在20世纪中叶的发展［J］．外国经济与管理，2000（8）：2－6

［31］汤谷良，夏怡斐．母公司文化控制力：中外合资企业文化陈述的差异与融合——基于中外合资汽车公司的多案例比较［J］．管理世界，2009（S1）：65－74，132．

［32］田晖，蒋辰春．国家文化距离对中国对外贸易的影响：基于31个国家和地区贸易数据的引力模型分析［J］．国际贸易问题，2012（3）：45－52．

［33］汪涛，贾煜，王康，等．中国企业的国际化战略：基于新兴经济体企业的视角［J］．中国工业经济，2018（5）：175－192．

［34］王丹，刘泉红．加快建设世界一流企业 促进形成新发展格局［J］．宏观经济管理，2021（5）：14－20，27．

［35］王硕，殷凤．集聚效应对服务业FDI区位选择的影响：基于产业维度的再分解与测度［J］．世界经济研究，2021（12）：103－115，134．

［36］王鑫，张再生．制度因素与高管胜任素质：基于招聘广告的内容分析［J］．经济管理，2012（7）：71－80．

［37］王艳，阚铄．企业文化与并购绩效［J］．管理世界，2014（11）：146－157，163．

［38］王永钦，杜巨澜，王凯．中国对外直接投资区位选择的决定因素：制度、税负和资源禀赋［J］．经济研究，2014（12）：126－142．

［39］谢康．经济效率：中国企业国际竞争力的核心和本质——兼论企业国际竞争力指标体系设计［J］．世界经济研究，2004（11）：4－10．

［40］杨娇辉，王伟，谭娜．破解中国对外直接投资区位分布的“制度风险偏好”之谜［J］．世界经济，2016（11）：3－27．

［41］杨莲娜，冯德连．中国企业迈向世界一流：多维度评价、差距与解决方案［J］．江淮论坛，2020（1）：90－97．

［42］杨全发，韩樱．知识产权保护与跨国公司对外直接投资策略［J］．经济研究，2006（4）：28－34，89．

［43］叶玉．新开发银行的本土化战略及其创新意义：基于与亚投行的比较视角［J］．国际政治研究，2019（1）：52－69，4．

［44］尹长海．詹姆斯·布坎南政治规则研究［J］．南通大学学报（社会科学版），2015（6）：31－35.

［45］张建红，周朝鸿．中国企业走出去的制度障碍研究：以海外收购为例［J］．经济研究，2010（6）：80－91，119.

［46］张丽，徐美竹，梁军．锚定世界一流企业的对标管理［J］．企业管理，2022（7）：13－16.

［47］张宁宁，杜晓君．组织污名与中国企业海外市场进入模式选择研究：基于上市公司的实证分析［J］．当代财经，2020（1）：77－88.

［48］张文魁．世界一流企业八个特征［J］．港口经济，2012（2）：26.

［49］张亚斌．"一带一路"投资便利化与中国对外直接投资选择：基于跨国面板数据及投资引力模型的实证研究［J］．国际贸易问题，2016（9）：165－176.

［50］张振刚，陈一华，肖丹．世界一流制造企业的特征、演进与启示［J］．中国科技论坛，2020（7）：99－110.

［51］赵威．混合所有制背景下世界一流企业建设路径分析［D］．北京：中国社会科学院研究生院，2020.

［52］宗芳宇，路江涌，武常岐．双边投资协定、制度环境和企业对外直接投资区位选择［J］．经济研究，2012（5）：71－82，146.

［53］波士顿咨询公司．打造全球一流的价值创造型企业集团：初露峥嵘，任重道远［R］．2017.

［54］查尔斯·希尔，托马斯·霍特．国际商务：11版［M］．郭羽诞，等，译．北京：中国人民大学出版社，2019：357－362.

［55］吉姆·柯林斯．从优秀到卓越［M］．北京：中信出版社，2002：65－68.

［56］Ansoff H I，Declerck R P，Hayes R L. *From Strategic Planning to Strategic Management*［M］. New York：John Wiley & Sons，1976：3－5.

［57］Augier M，Teece D J. Dynamic Capabilities and the Multinational Enterprise：Penrosean Insight and Omissions［J］. *Management International Review*，2007（2）：175－192.

［58］Barney J B. Firm Resources and Sustained Competitive Advantage［J］. *Journal of Management*，1991（17）：99－120.

［59］Bartlett C A，Ghoshal S. Managing Across Borders：New Organizational Responses［J］. *Sloan Management Review*，1987（1）：43－53.

［60］Bartlett C A，Ghoshal S. *Managing Across Borders：The Transnational Solution*［M］. Boston：Harvard Business School Press，1989.

［61］Cadestin C，Backer K D，Desnoyers-James I，et al. Multinational Enterprises and Global Value Chains：New Insights on the Trade-investment Nexus［R］. OECD，2018.

［62］Castañer X，Kavadis N. Does "Good" Governance Prevent "Bad" Strategy? A Study of Corporate Governance，Financial Diversification，and Value Creation by French

Corporations, 2000—2006 [J]. *Strategy Management Journal*, 2013 (34): 863 - 876.

[63] Ceccagnoli M, Jiang L. The Cost of Integrating External Technologies: Supply and Demand Drivers of Value Creation in the Markets for Technology [J]. *Strategy Management Journal*, 2013 (34): 404 - 425.

[64] Collins D J. Research Note: How Valuable Are Organizational Capabilities [J]. *Strategic Management Journal*, 1994 (S1): 143 - 152.

[65] Cross F B, Jacobi T, Tiller E H. A Positive Political Theory of Rules and Standards [J]. *University of Illinois Law Review*, 2012 (1): 1 - 42.

[66] Cui L, Aulakh P S. *Emerging Market Economy Multinationals in Advanced Economies* [A]. In: Robert Grosse R, Meyer K. (eds). *The Oxford Handbook of Managing in Emerging Markets* [C]. New York: Oxford University Press, 1988: 609 - 630.

[67] Debra H. Getting to World-class Supply Chain Measurement [J]. *Supply Chain Management Review*, 2006 (7): 18 - 24.

[68] Edvardsson B, Tronvoll B, Gruber T. Expanding Understanding of Service Exchange and Value Co-creation: A Social Construction Approach [J]. *Journal of the Academy of Marketing Science*, 2011 (2): 327 - 339.

[69] Flint D J, Mentzer J T. Logisticians as Marketers: Their Role When Customer Desired Value Changes [J]. *Journal of Business Logistics*, 2000 (2): 19 - 41.

[70] Gereffi G. *Global Value Chains and Development: Redefining the Contours of 21st Century Capitalism* [M]. Cambridge: Cambridge University Press, 2018.

[71] Klier H, Schwens C, Zapkau F B, et al. Which Resources Matter How and Where? Meta Analysis on Firms' Foreign Establishment Mode Choice [J/OL]. *Journal of Management Studies*, 2017 (3): 304 - 339.

[72] Kolstad I, Wiig A. What Determines Chinese Outward FDI? [J]. *Journal of World Business*, 2012 (1): 26 - 34.

[73] Lepak D P, Smith K G. Value Creation and Value Capture: A Multilevel Perspective [J]. *Academy of Management Review*, 2007 (1): 180 - 194.

[74] Li H, Cai H, Lin X, et al. Quality Imports and Quality Exports: Micro Evidence from China [J]. *Emerging Markets Finance and Trade*, 2020 (1): 106 - 125.

[75] Madhok A, Tallman S B. Resources, Transactions and Rents: Managing Value through Inter-firm Collaborative Relationships [J]. *Organization Science*, 1998 (3): 326 - 339.

[76] Mahoney J T, Pandian J R. The Resource-based View within the Conversation of Strategic Management [J]. *Strategic Management Journal*, 1992 (13): 363 - 380.

[77] Manu F A, Sriram V. Innovation, Marketing Strategy, Environment, and Performance [J]. *Journal of Business Research*, 1996 (1): 79 - 91.

[78] Marsh S J, Stock G N. Creating Dynamic Capability: The Role of Inter-tempo-

ral Integration, Knowledge Retention, and Interpretation [J]. *The Journal of Product Development & Management*, 2010 (23): 422-436.

[79] Newman W H. World-class Enterprises: Resource Conversion and Balanced Integration, Challenges for Global Enterprise in the 21st Century [R]. Academy of Management National Meetings, 1999.

[80] Peng M W, Sun S L, Pinkham B, et al. The Institution-based View as a Third Leg for a Strategy Tripod [J]. *Academy of Management Perspectives*, 2009 (3): 63-81.

[81] Peters T J, Waterman R H. *In Search of Excellence: Lessons from America's Best-run Companies* [M]. New York: Harper Collins US, 2006: 102-111.

[82] Porter M E. *Competitive Advantage: Creating and Sustaining Superior Performance* [M]. New York: Free Press, 1985.

[83] Prahalad C K, Doz Y L. *The Multinational Mission: Balancing Local Demands and Global Vision* [M]. New York: Free Press, 1987: 1-26.

[84] Prahalad C K, Hamel G. The Core Competence of the Corporation [J]. *Harvard Business Review*, 1990 (3): 79-91.

[85] Seth A. Value Creation in Acquisitions: A Re-examination of Performance Issues [J]. *Strategic Management Journal*, 1990 (2): 99-115.

[86] Tadesse B, White R. Cultural Distance as a Determinant of Bilateral Trade Flows: Do Immigrants Counter the Effect of Cultural Differences? [J]. *Applied Economics Letters*, 2010 (2): 147-152.

[87] Teece D J. Foreign Investment and Technological Development in Silicon Valley [J]. *California Management Review*, 2005 (2): 89-100.

[88] Varinder M, Sharma V M, Erramilli M K. Resource-based Explanation of Entry Mode Choice [J]. *Journal of Marketing Theory and Practice*, 2004 (1): 1-18.

[89] Wernerfelt B. A Resource-based View of the Firm [J]. *Strategic Management Journal*, 1984 (2): 171-180.

[90] Wernerfelt B. Tacit Collusion in Differentiated Cournot Games [J]. *Economics Letters*, 1989 (29): 303-306.

[91] Williamson P, Wan F. Emerging Market Multinationals and the Concept of Ownership Advantages [J]. *International Journal of Emerging Markets*, 2018 (3), 557-567.

第八章

跨国公司战略联盟的动因、理论解释与运营

第一节　引言与概念界定

一、引言

20世纪80年代中后期，跨国公司战略联盟初露端倪，90年代以后发展迅猛，在广度和深度上都有较大突破。缔结国际战略联盟的领域主要集中于国际竞争异常激烈的汽车、半导体、计算机、集成电路、信息技术、通信、机器人、飞机、生物技术等资本、技术密集型行业，战略合作覆盖研究和开发、生产、销售、服务的全过程。现在，跨国公司战略联盟已成为企业全球化发展的快捷方式之一，跨国公司日益深刻地认识到，在当今国际竞争中，一个公司的竞争地位不再完全取决于公司内部所拥有的能力和资源，而是在相当程度上取决于其与世界范围内其他公司结成的战略联盟网络的广度和深度。只有走公司间战略联盟与合作的道路，才能弥合不断扩大的战略缺口，才能增强公司在全球竞争中的生存与发展能力。

跨国公司战略联盟的迅猛发展以及由此产生的深刻、广泛的影响，引起了经济学家和管理学家们的关注。跨国公司战略联盟是一种复杂的企业战略决策，目前学者们对什么是战略联盟的看法还不一致。在对跨国公司战略联盟形成原因的解释上，不同的学者也有不同的观点。许多学者从交易成本、组织学习、价值链、公司结构及竞争战略等多方面、多视角对这一问题进行探讨和诠释。但是，无论哪一个理论学派都强调环境变化因素在战略联盟发展中的决定性作用，承认跨国公司战略联盟的发展是跨国公司对国际经济、技术及竞争环境变化做出的一种战略反应，是国际总体竞争环境变化的产物（邱立成，1997）。

中国正处在经济高速发展时期，在引进来和走出去的过程中，越来越多的国内公司开始与国外跨国公司结成战略联盟。因此，结合国情和公司的具体情况，合理地吸收和借鉴包括战略联盟在内的国外先进经验，提高国际化经营水平，具有重要的实践意义。

二、跨国公司战略联盟的概念

战略联盟（strategic alliance）的概念最早由美国数字设备公司总裁简·霍普兰德（J. Hopland）和管理学家罗杰·奈杰尔（R. Nigel）提出①，相似的表达还有战略伙伴（strategic partnering）、战略协作（strategic collaboration）、公司间协议（inter-firm agreement）等。对于战略联盟，不同的学者有不同的理解。

从联盟成员结合的紧密程度以及联盟与公司、市场的关系角度，K. J. Blois（1972）将稳定的联盟称为准一体化。交易成本经济学的代表人物 Oliver E. Williamson（1983）称之为非标准商业市场合同。Hans B. Thorelli（1986）从联盟组织多边性出发，称之为网络。Grahame Thompson 等（1991）将联盟描述为除市场和等级制之外的第三种社会活动协调。美国战略管理学家迈克尔·波特在《竞争优势》一书中将联盟称为“公司间达成的既超出正常交易，又达不到合并程度的长期协议”，是介于市场与公司之间的交易方式。卡瑟尔斯（Benjamin Gomes-Casseres）在《竞争的革命》一书中认为，联盟兼具公司和市场的特性；与市场一样，联盟各成员代表不同的利益团体，保持各自作为公司的独立性；与公司相同，联盟中成员相互协作、共同决策；为维护联盟关系，各成员会相互容让，会一定程度上放弃短期的机会主义行为。

从联盟成员之间竞争与合作以及资源互补的关系角度，Farok Contractor（1988）认为，战略联盟是由很强大而且原本是竞争关系的公司组成的公司伙伴关系，是竞争性联盟。David J. Teece（1992）认为，战略联盟是公司双边协议的集合，是两个或两个以上的伙伴公司为实现资源共享、优势互补等战略目标而进行以承诺和信任为特征的合作活动。这种联盟可以促进市场价格体系无法完成的复杂协调，同时避免有时与层级相关的功能失调。Refik Culpan（1993）认为，战略联盟是跨国公司之间为追求共同的战略目标而签订的多种合作安排协议。Ranjay Gulati（1995）认为，战略联盟就是独立的公司之间涉及交换、共享和共同发展的公司间关系。查尔斯·希尔和托马斯·霍特在《国际商务》中定义战略联盟为潜在的或实际的竞争对手之间的合作性协议。赵曙明（1994）认为，战略联盟是指两个或者两个以上的跨国公司为了达到某些共同的战略目标而结成的联盟，联盟成员之间相互合作、共担风险。在联盟中，成员仍然保持着本公司经营管理的自主权，彼此之间通过达成各种各样的协议结成一个松散的联合体。谢康（1999）认为，跨国公司战略联盟是两个或两个以上国家的两个或两个以上公司为实现某个战略目标，集合各自的资源和能力而建立的一种协作关系。林季红（2003）认为，战略联盟的实质是公司间的合作关系，这种合作关系通过互惠互利的资源（如技术、技能或经验等）交易，提高联盟公司的竞争战略有效性。张纪康（2004）在《跨国公司与直接投资》中认为，跨国公司战略联盟是指在国际上相互竞争的两个或两个以上的跨国公司为实现某

---

① 有类似观点的文献有：秦斌．企业战略联盟理论评述［J］．经济学动态，1998（9）：63－66；付春．国际战略联盟与我国企业跨国经营［J］．国际经贸探索，2001（2）：64－67；张延锋，刘益，李垣．国内外战略联盟理论研究评述［J］．南开管理评论，2002（2）：53－55；陈耀．企业战略联盟理论研究与评述［J］．江海学刊，2002（4）：196－201.

一战略目标而建立的合伙关系。鲁桐（2007）认为，战略联盟是指由两个或两个以上的公司（或特定事业和职能部门）为达到共同拥有市场、共同使用资源等战略目标，通过各种协议、契约而结成的优势相长、风险共担、要素水平式双向或多向流动的松散型网络组织。韩玉军（2002）在《国际商务》中把跨国公司战略联盟定义为：两家或两家以上的跨国公司，出于对整个世界市场的预期目标和各自总体经营目标的需要，以签订长期或短期契约的形式而建立的局部性的相互协作、彼此互补的合伙公司及合作公司的一种联合经营方式。

从是否涉及股权的角度，可以把为数众多的战略联盟定义大致分为狭义和广义两类。狭义的观点认为，战略联盟就是两个或两个以上的公司组织在某个时期内以相互合作的方式来实现某一特定目标。这种合作的形式很多，比如两家公司联合使用研发专家，共同开发一种能使双方获利的技术或产品；一家拥有优质产品的公司与另一家拥有完善销售渠道的公司进行合作等。但不管哪种情况，都不涉及股权参与，因此合资自然就不在联盟的范围之内。广义的观点认为，战略联盟包括合资等股权参与形式在内的任何形式的公司间正式和非正式的协议。John H. Dunning（1995）认为，战略联盟可以采取股权共享的方式，如公司合并、合资新建，同时也包括研发伙伴、合作生产、共同营销和分配等非股权形式。卡瑟尔斯（Casseres）在《竞争的革命》一书中认为，联盟的具体形态包括：合资公司、特许权关系、联合研发计划、联合市场营销策划和部分债券投资等，这些不同形态的组织结构影响了决策方式和资源控制模式。Culpan（1993）认为，战略联盟的合作安排协议包括许可证、合资、研发联盟、合作营销和双方贸易协议等。Porter（1985）认为，为组建联盟而签订的长期协议应包括合资、许可证、供应协议、营销协议和其他各种协议。Bernard L. Simonin（1999）根据双方合作的紧密程度和合作范围，指出了五种主要的战略联盟形式：非正式合作、契约性协议、合资、股权参与、国际联合。Richard N. Osborn 和 C. Christopher Baughn（1990）认为，基于结构选择联盟可以分为股权联盟和非股权联盟，股权联盟包括股权合资企业和少数股权联盟，而非股权联盟泛指其他所有不涉及股权交易的合作性安排。T. K. Das 和 Bing-sheng Teng（2000）则把联盟分为四种主要类型：股权合资公司、少数股权联盟、双边合约型联盟、单边合约型联盟。

综上所述，我们的观点是：战略联盟是多个跨国公司为实现各自的战略目标，通过签订涉及股权或非股权的长期协议，在形成资源共享和优势互补的协作关系基础上组建的介于公司与市场之间的一种组织形态。因此，正确理解跨国公司战略联盟这个概念需要把握以下几点：首先，战略联盟本质上是一种介于公司与市场之间的组织形态，这种组织形态既不同于完全一体化的公司，又不同于正常交易的市场；其次，组建战略联盟的跨国公司必须有要实现的战略目标，即跨国公司有组建战略联盟的动机；再次，通过联盟，成员间形成了资源共享和优势互补的协作关系，这种协作关系既可以是对彼此竞争的相互妥协，也可以是资源共享互补的合作；最后，在形式上，联盟成员之间是通过签订协议结合在一起的，协议既可以涉及股权，也可以不涉及股权。

三、跨国公司战略联盟的特征

跨国公司战略联盟在许多重要方面与传统的公司跨国合作存在显著的差别，具有独有的特征。这主要表现在以下几个方面：

第一，合作主体不同。传统跨国合作通常是跨国公司为了进入某国（地区）市场而与当地公司合作，合作公司间一般在竞争实力和资源方面相差悬殊；而战略联盟通常是两个跨国公司之间为服务全球或地区市场而结成的战略伙伴关系，参与联盟的跨国公司在全球竞争实力与资源方面旗鼓相当。

第二，合作方关系不同。在传统的公司跨国合作中，合作公司之间几乎不存在直接的竞争关系；而战略联盟改变了传统的竞争与合作对立的观念，结成战略联盟的跨国公司往往是国际竞争中的宿敌，并且在合作的同时仍存在直接的相互竞争。联盟成员在竞争中合作，在合作中竞争，因此联盟是一种柔性竞争。加盟的各方都有自己的目的，以彼之长补己之短，防御性地去分配市场和进攻性地去开拓市场。

第三，合作方贡献不同。在传统的合作关系中，跨国公司的贡献主要是资本、技术、管理技能和出口渠道等，当地公司的贡献主要局限于地方性资源，如当地市场知识、商业联系和分销渠道等；而结成战略联盟的跨国公司在技术、资本、生产和营销方面的贡献比较平衡。

第四，合作目的不同。传统跨国公司的合作动机主要是进入一国或地区市场，有时也是基于对规模经济和获取资源等经济因素的考虑，这些动机构成跨国公司结成战略联盟的部分原因；但是，跨国公司战略联盟主要是基于竞争与战略方面的考虑，是跨国公司寻求增强全球竞争力的一种战略选择，是在变化的国际经济环境下一种新的竞争武器（邱立成，1997）。

第五，合作方式不同。传统的合资经营公司是一个独立的经济实体，对于资金、资源投入、管理结构和利润分享均有法律上的约束性协议规定，是一种股权式的紧密性结合。但是，多数战略联盟不是依靠股权等法律机制来维系的，而是出于合作各方共同的目标自愿结合在一起的，联盟成员之间的合作关系松散，可以随时因外部技术和市场的变化进行调整。合作可以是长期的，也可以是短期的、过渡性的；合作伙伴公司可以是一家，也可以是多家；合作可以跨领域、跨行业，也可以只局限于具体产品或具体项目。跨国公司可以依据自身的经营战略需要加以选择，合作形式具有较大的灵活性。

第六，合作层次不同。战略联盟不只局限于合资公司的相互参股与资本流动，还拓展到技术、市场、资金、人才、信息等方面的全方位合作。合作的形式是交换技术、集聚资源或其他软方式，联盟成员拥有一个共同的长期战略，并围绕这一战略目标建立取长补短、优势叠加的合作（张志元，1997）。联盟也改变以往公司自行研究新技术、新工艺、新产品的传统做法，而采用技术、信息和知识共享等方式，使之更加适应研发产业化和国际化的需要。

四、跨国公司战略联盟的类型

（一）根据联盟公司价值链关系划分

1. 横向联盟和纵向联盟。Porter（1980）把战略联盟划分为横向联盟和纵向联盟两种形式。横向联盟指同属一个产业或行业部门，生产、销售同类产品的公司间联盟，或者在同一市场上产品或服务互相竞争的公司间联盟，这是公司扩大经济规模，实现经济扩张的一种有效方式。这种类型的战略联盟最常见的是在共同进行生产、产品联合营销之前从事合作研发。其目标是扩大规模经济、降低或分散风险、加快新技术的扩散、降低进入目标市场的壁垒、增加扩张的选择性、增强产品间的兼容性、改善质量、对买方需求更迅速地调整。纵向战略联盟指分属两个不同行业部门，但两者之间又有直接投入产出关系，处在从生产到流通不同环节上的跨国公司之间所建立的战略联盟。通过这种联盟实施的合作，能够减少或防止信息不对称造成的劣势，有助于产业政策的实施。纵向战略联盟能够作为纵向一体化的一种有效替代，减少依赖于相关资源所导致的一系列问题，降低纵向供货体系中的不确定性，降低因购入投入品价格波动而可能造成的损失。

2. 洛兰杰（Lorange）组合分类。美国 Peter Lorange（1992）教授对联盟提出了以下组合分类模型：第一类是上游活动与下游活动结成的国际战略联盟，一般是拥有独特技术的公司为了接近海外市场或利用对方的销售网络而结成的联盟。第二类是下游活动间结成的市场营销型国际战略联盟，重在互相利用各自价值体系中的下游环节，其目的在于提高市场营销的效率和市场控制的能力。第三类是上游活动间结成的联合研制型国际战略联盟，这类联盟的合作领域侧重于生产和研发，参与联盟的公司充分利用联盟的综合优势，共享经营资源，相互协调，共同开发新产品和新技术。这三种类型的战略联盟各有其利弊。第一类战略联盟在取得资源互补、风险共担、规模经济及协同经济等优势的同时，往往会忽视自身核心能力的提高。第二类战略联盟较适合于抢占市场，适应多样化的市场需求，但因为它的主要目的在于降低环境的不确定性，而非提高联盟各成员的核心能力，所以不能带来持久的竞争力。第三类战略联盟是通过现有的知识进行相互作用，实现新价值创造及核心能力的变革和强化，因此在大公司间以及中小风险型公司间常见这类联盟。洛兰杰跨国公司战略联盟分类如图 8-1。①

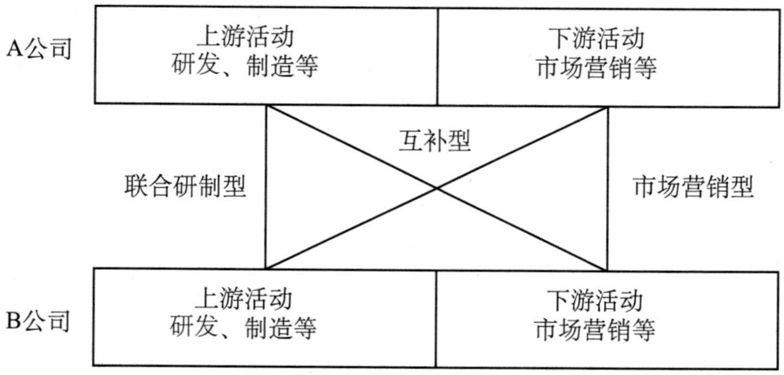

图 8-1　洛兰杰跨国公司战略联盟分类

（二）根据联盟的内容划分

1. 巴克利和卡森的九种类型。按共享内容的差异，跨国公司战略联盟可分为九种类

① 松崎和久，张明．当前企业间的国际战略合作［J］．中国工业经济，1995（4）：68-71.

型（Peter J. Buckley and Mark Casson，1996）。表 8－1 中左上部的四种类型为单一知识（技术或营销技能）的结合，而余下的五种类型中至少有一个公司投入了两类知识。研究与开发型的战略联盟（类型 1）最为常见，但其先天不足是当研发成果共享后，采用相同技术生产的产品之间将发生直接的竞争，而竞争降低了联盟成员的租金。而营销协作联盟（类型 4）也是一种被较广泛采用的形式。至于在研发和营销协作基础上的结合型联盟（类型 5），是最为典型的联盟形式。当一个控制着新技术的跨国公司来到由其他公司控制的特定市场时，为了适应当地生产环境和市场环境，便有了类型 6 和类型 7，这时，双方都投入技术，但只有一方投入营销技能。此外，当新技术带来的新产品需要独特的零售渠道，而当地消费者信息被合作对方独占时，将出现双方都投入营销技能、但只有一方投入技术的情形（类型 8、类型 9）。

表 8－1　国际战略联盟共享内容分类法

共享内容分类		B 国公司		
		技术	营销技能	技术和营销技能
A 国公司	技术	类型 1：研发协作	类型 2：A 国公司对 B 国市场的进入	类型 7：伴随进入 B 国市场的研发协作
	营销技能	类型 3：B 国公司对 A 国市场的进入	类型 4：在双方市场上进行协作	类型 9：B 国公司提供技术用于双方市场
	技术和营销技能	类型 6：伴随进入 A 国市场的研发协作	类型 8：A 国公司提供技术用于双方市场	类型 5：进入双方市场的研发协作

资料来源：Buckley P J，Casson M. An Economic Model of International Joint Venture Strategy [J]. *Journal of International Business Studies*，1996（5）：849－876.

2. 产品纽带和知识纽带的划分。Joseph L. Badaracco Jr.（1991）认为有两种不同的战略联盟关系：一是围绕零部件供应、从成本最小化出发发展起来的产品纽带关系；另一种联盟关系则是以知识纽带为基础，知识的学习和创造是知识纽带的主要特征，知识的创造、传播与利用是这一类联盟的主要内容。

3. 研究与开发、生产和营销的划分。谢康（1999）认为，按战略目标区分，公司间有三种类型的战略联盟：战略研究与开发联盟、战略生产联盟和战略营销联盟。

（三）根据联盟企业的合作形式划分

从股权参与、合作形式和联系紧密程度等方面综合考虑，战略联盟大体可以分为：公司契约式联盟、合作备忘录式联盟和国际协作式联盟。公司契约式联盟是通过契约规定各成员的权利和义务，而不是按资金实力决定它们在联盟中的地位，常见的形式有技术互换协议、生产合作协议、许可证协议及销售代理协议等。合作备忘录式联盟是指通过签订合作备忘录相互交流信息、提供技术咨询服务、交换特许权、介绍客户等，建立一种比契约形式更松散的合作关系。国际协作式联盟是通过合作各方有效的联系，迅速调动各方资源，分头开发高技术项目。它们的特点见表 8－2。

腾维藻和冼国明（1999）认为，跨国公司战略联盟的方式多种多样，包括建立合资企业、许可证经营、分包、特许权转让、市场营销、合作生产、研发、勘探协议等，其中研发、合作生产和销售是常见的形式。

表 8-2 三种国际战略联盟的特点

联盟类型	参与程度	解散难易	对竞争者的了解程度	合同	法律实体
国际协作式联盟	通常参与时间和范围有限，是一种便利的结合	容易，任何一方都可以轻易解散	通常对竞争对手不了解	否	否
合作备忘录式联盟	更深入的参与，要求交换知识和资源	在合同到期以前，由于公司的法律责任和作出的资源承诺，比较难解散	对竞争对手有一定了解，但细节是保密的	是	否
公司契约式联盟	深入的参与，要求投资、交换知识和管理资源	由于公司投入了大量资源并对独立的法律实体有所有权，因此很难解散	由于合资公司是一个独立法律实体，因此双方情况都很清楚	是	是

资料来源：高湘一．跨国公司经营与管理［M］．北京：中国商务出版社．2009：116.

第二节 跨国公司战略联盟的动因与风险

一、 跨国公司组建战略联盟的动因

（一）相关学者关于跨国公司战略联盟动因的观点

美国学者 P. 马里蒂（P. Maridy）和 R. H. 斯密里（R. H. Smily）曾对 1908 年欧洲新闻界报道的 70 项国际合作协议进行了追踪调查，得出来有关动因的结果是：技术转移占 29%，技术互补占 41%，市场销售占 21%，规模经济性占 16%，分散风险占 14%。另外，他们还特别指出：不同行业具有不同的动因，如汽车行业建立联盟主要是为了实现规模经济，进而降低成本；钢铁行业建立联盟主要是为了对过剩的生产能力加以控制；电脑行业建立联盟则主要是为了加快技术开发。乔斯·科拉佐（Jose A. Collazo）认为战略联盟的形成有八个原因，即填补市场的技术空白，处理多余的生产能力，降低风险和市场进入成本，加速产品开发，实现规模经济，克服法律的贸易壁垒，扩大现有业务范围，以及降低退出行业成本。

李国津（1994）把建立战略联盟的主要动因归纳为开拓市场、获取技术、有利竞争三个方面。赵曙明（1994）认为，跨国公司战略联盟发展的动因主要有：增强建立全球性市场的能力，适应世界经济区域集团化发展的需要，分担昂贵的研发费用，适应全球经济的绿色化发展需要，推动公司技术进步的需要，以及适应全球公司发展的需要。邱立成（1997）认为，跨国公司战略联盟主要是基于竞争与战略方面的考虑，是跨国公司寻求增强全球竞争力的一种战略选择。秦斌（1998）把公司战略联盟的动因分为中间动因和最终动因两种，其中最终动因是指获得预期的经济绩效，中间动因包括资源（技术、资本、人才等方面）的共享和风险与成本的共担。具体来说，他认为战略联盟的动因有：

提高竞争力，分担风险并获得规模和范围经济，防止过度竞争，避免“大企业病”。薛求知和杨飞（1999）指出，跨国公司建立战略联盟的原因包括：获得分销渠道，实现规模效益，分散投资风险，降低生产经营成本，获取知识、分享技术或者在组织、计划和控制方面的管理技能等。他们认为，虽然原因很多，但是从本质上看，追求技术进步和经营的规模效益是建立战略联盟最根本的动力。韩岫岚（2000）把国际战略联盟形成的内在动因归结为四个方面：提高公司各自的核心竞争力，开辟新的经营领域和进入新的产业，长期占领和开辟新市场，互通信息和规避风险。赵昌平和王方华（2001）从外部驱动因素与内部驱动因素两个方面对战略联盟的形成进行了探讨，外部驱动因素包括全球一体化、信息技术进步、贸易壁垒、区位优势，内部驱动因素包括价值链关联、优势互补与共享、协同效应、风险分散、社会资本、学习效应、市场创造力。付春（2001）归纳了国际战略联盟形成的五个内在动因，即提高公司各自的核心竞争力，长期占领和开辟新市场，开辟新的经营领域和进入新的产业，降低经营风险和投资风险，提高规模经济效益。

（二）跨国公司组建战略联盟的八个动因

概括起来，跨国公司组建战略联盟的动因主要有八个方面：

1. 提高核心竞争力。核心竞争力是公司独特的、竞争者难以模仿的开发关键核心新技术及应用技术的能力，它包括公司员工拥有的技能，公司的技术体系、管理体系和在公司中占主导地位的价值观念等。通过战略联盟，跨国公司可以更有效地获取和控制外部独特的或互补的战略要素，加快公司对技术、资源等各种竞争力要素的整合，增强公司的核心竞争力。公司核心竞争力是一种潜藏性的知识和能力，外部公司很难学到，而公司战略联盟可以提供许多近距离的学习机会。核心竞争力是公司在长期发展过程中基于经验积累形成的一种制度化的体系，具有相对的稳定性；当外部环境发生变化时，稳定性很容易表现为抗拒变化的惰性。而组建战略联盟会给公司原有能力系统带来某些变革，促使公司不断进行技术和组织上的创新，降低核心竞争力的惰性。

2. 开拓新市场。跨国公司的首要目标就是向国外市场渗透。建立战略联盟是开辟国际新市场、寻找新的市场机会、进入新的市场领域的有效方法之一。如跨国公司在产品未能进入某一东道国市场时，可以通过与东道国的某一公司结成战略联盟，利用联盟公司的销售网络来销售自己的产品，增强其市场开拓创造能力。通过联盟还可以突破贸易或非贸易的壁垒、满足东道国政府对本地所有权的要求而进入当地市场。

3. 获得学习效应。公司可以通过结成战略联盟的方式，从联盟伙伴处学到新的能力，包括管理能力、市场开拓能力、技术开发能力等。每个公司都有其优势与劣势，战略联盟的形成有利于跨国公司相互学习彼此的长处，避开劣势，提高其竞争能力。

4. 获得资源互补与共享。通过战略联盟，跨国公司可以进行资源的重新分配，形成有形资源的互补效应，增加竞争优势。一些无形资源，如知识、技术、诀窍和管理经验等，并不因为使用而耗费，具有共享性。跨国公司可通过战略联盟的方式来利用联盟伙伴的有形资源，共享其无形资源，增强竞争优势和提升竞争能力。

5. 降低经营风险。战略联盟是跨国公司降低其经营风险的有效手段之一。在全球化市场的经营条件下，公司面临着来自全球范围内的各种风险，既有政治、经济、技术等风险，也有公司经营所导致的经营风险、财务风险、市场风险。当政治、经济等原因引起的风险不可避免时，联盟各方能分摊这种风险。东道国在考虑没收、征用或国有化等极端措施时，必须考虑到本国公司以及联盟各公司母国的反应，从而在一定程度上降低这种风险。此外，联盟公司还能分担技术开发失败的风险。

6. 避免“大企业病”。由于公司规模的扩大、管理层次的增加，协调成本上升使得一些大公司的行政效率向着官僚式的低效率迈进，出现所谓的“大企业病”。战略联盟作为市场与公司之间的中间组织形式，兼具外部市场交易的灵活性和组织化市场的稳定性，既可防止大企业病，又可获得必需的具有互补性的外部资源，而且其组织的松散性可以使公司保持灵活的经营机制，以适应变化莫测的经济环境（林季红，2008）。战略联盟的经济性在于公司对自身生产效率的战略性革新，不涉及组织的膨胀，避免公司组织的规模过大及僵化，使公司保持灵活的经营机制和高效率的资源使用。

7. 获得规模经济。战略联盟可以很好地将同类产品的生产经营结合成一个整体，深化分工，强化技术进步，使不同公司之间的资本、技术、人力、信息资源得以有效、灵活组合，这样就可以充分利用环境变化所带来的市场机会，最大限度地降低产品成本，提高规模经济效益。

8. 获得范围经济。范围经济的实现必须具备一定的条件，因为产品多样化生产对公司的资源和管理水平提出了更高的要求，追求范围经济会受管理能力和资源的约束。然而，组建战略联盟可以帮助公司克服在多样化经营时资源和能力的限制。通过借助合作伙伴的资源和能力，公司就可以降低开发新产品和进入新领域的不确定性，有目的地向其他新产品和新领域迈进。合作伙伴可以为多样化经营公司提供管理上、资源上和技术上的支持，弥补它在范围经济经营中战略资产的不足。

二、 跨国公司战略联盟的风险

虽然战略联盟的优势非常明显，但还是有一些学者提出了相反的意见，他们认为战略联盟会为竞争者掌握新技术和市场降低门槛。批评者还认为，战略联盟的运作十分复杂，特别是在控制和执行方面，战略联盟会面临很多付出高于回报的问题和风险。

战略联盟在吸收市场优点和公司优点的同时，也继承了两者的缺点，给跨国公司运营带来风险。这表现在战略联盟虽然可以利用相对稳定的交易关系节省内部层级制所需的管理费用，但是它又必须为维持这种联盟关系付出额外的交易费用。此外，战略联盟虽然增强了公司在市场交易中的灵活性，但这种灵活性会因为联盟关系的松散性而丧失对交易伙伴的控制权，从而使公司承担一定的风险。由于公司之间非正式的联动关系，联盟往往比较脆弱，当发展不顺时公司容易退出，而在紧张时期各公司也较难同舟共济（林季红，2008）。

张小兰（2008）分析了公司战略联盟存在的风险。首先，在相互合作与相互学习的联盟过程中，即使成员一方十分注意对自有核心关键知识的保护，但仍然存在被另一方习得的可能，从而给前者带来核心知识泄露的风险。其次，联盟本身是一个动态的、开放的体系，是一种动态的组织形式。当机会来临时，联盟各方会聚兵而战；当机会丧失时，联盟各方可能各奔前程，这就给联盟的协调和控制带来很大的不确定性，使联盟面临机会主义风险。再次，公司结成联盟后，在合作领域之间资源共享，联盟公司对共享资源进行共同管理，对单个公司来说，它就丧失了对这部分资源的部分控制权，会面临丧失独立行动和独立决策的风险。最后，由于不同联盟伙伴所处的文化环境有着本质的差异，两种公司文化接触面的扩大和接触程度的加深，可能导致文化冲突的风险。公司必须重视和防范这些风险，通过联盟前认真分析、联盟中寻找合适的合作伙伴并签订尽可能完备的协议、联盟后完善管理等措施尽量避免其发生。

第三节　跨国公司战略联盟理论解释

一、交易成本理论解释

交易成本理论是较早解释战略联盟成因的理论。诺贝尔奖获得者罗纳德·科斯在1937年发表的《企业的性质》中提出交易成本（transaction cost）概念，认为市场运行中存在交易费用成本。在科斯看来，交易成本至少包括两项内容：（1）运用价格机制的成本，即在交易中发现相对价格的成本。其中包括获取和处理市场信息的费用。（2）为完成市场交易而进行的谈判和监督履约的成本，其中包括谈判、订立合约、执行合约并付诸法律规范而必须支付的有关成本，它是市场机制运行的摩擦力。此外，科斯认为，交易成本还包括由未来不确定性风险引致的成本，以及度量、界定和保护产权的成本。

交易成本在公司生产总费用中占有很大比例，且在不断增加。在交易成本经济学中，交易成本概念总是和市场失灵联系在一起，即市场中存在不完全竞争、信息不对称、不确定性和机会主义行为。这些因素导致公司试图以内部组织替代市场制度，以行政安排替代市场交易来配置资源，进而稳定交易各方的关系。Williamson（1975）把高比例交易成本的决定因素归纳为：（1）契约人的行为假设。即契约人面对外界不确定性、复杂性时的有限理性假设与机会主义行为倾向假设。（2）交易过程的三个维度的特性：资产专用性、交易的不确定性及交易频率。这两组因素造成交易活动的不确定性和复杂性，使交易成本增加，使某种制度安排和交易方式的选择成为必要。Williamson（1979）认为，在经济活动中存在三类和各类交易活动相匹配的治理结构，即公司、市场和混合模式，制度模式的选择与交易类型有关。

交易成本理论在解释战略联盟时的着眼点是公司之间力图以这种安排来减少交易成本，纠正市场缺陷，进而稳定交易关系和便于监督交易。联盟的优越性主要体现在它在减少公司交易成本方面比市场更有效。战略联盟被认为是这样一种新的制度安排，即顺应公司节约市场交易成本的需要，通过建立较为稳固的合作伙伴关系，稳定双方交易，减少签约成本并降低履约风险。从威廉姆森（Williamson）的交易成本决定因素来看：（1）战略联盟的建立将促进联盟伙伴之间的组织学习，从而提高双方对不确定性环境的认知能力，减少因交易主体的有限理性而产生的种种交易成本。同时，联盟公司之间的长期合作关系也在很大程度上抑制了交易双方之间的机会主义行为，把这一行为带来的交易成本控制在最低限度。（2）根据交易过程的三个维度的特性，资产的专用性越高，交易双方签约关系保持长期稳定越有意义，公司之间合作的意愿越强，尤其战略联盟对专用性资产的共同占有更是降低风险与成本的有效选择；从交易的不确定性特征看，建立战略联盟，可充分利用联盟组织的稳定性抵消外部市场环境中的不确定性，进而减少不确定性引致的交易成本；与交易发生的频率有关的联盟常常发生在有纵向联系的制造公司和经销商、供应商之间，这些处于上下游的公司之间由于存在较高的交易频率，乐于建立供销联盟来稳定交易关系，节约交易成本（陈耀，2002）。根据交易成本理论，Gianni Lorenzoni 和 Andrea Lipparini（1999）的实证研究得出，领导性的大公司能通过重复的、与主要供应商相互信任的关系来降低总的合作生产成本。

形成联盟最主要的目的是通过组织公司边界上的活动，减少总的交易成本和生产成本。公司边界上的活动特性是由联盟所在的行业决定的，所以，Keith W. Glaister 和 Peter J. Buckley（1996）认为，联盟相对重要的影响因素之一是它所在的行业。战略联盟的建立也加强了公司的自主能力，即当公司意识到交易成本很高时，建立联盟可以加强其控制能力，从而有效避免中间产品市场的不完全给公司带来过高的交易成本，同时还可满足公司对高技术保密性的要求（秦斌，1998）。

二、 战略缺口假说解释

20 世纪 80 年代以来，国际竞争环境的深刻变化给公司的绩效目标造成了巨大的压力。当公司扫描竞争环境和评估自身竞争力和资源时，它们经常发现，在竞争环境客观要求它们取得的战略绩效目标与它们依靠自身资源和能力所能达到的目标之间存在一个缺口，T. T. Tyebjee（1988）将这个缺口称为战略缺口（strategic gap）。战略缺口在不同程度上限制了公司走依靠自身资源和能力自我发展的道路，在客观上要求跨国公司走战略联盟与合作的道路。因此，战略缺口是推动跨国公司在全球竞争中结成战略联盟的重要动力。公司的战略缺口越大，参与战略联盟的动力越强烈。

邱立成（1997）归纳总结了国际竞争环境中导致跨国公司战略缺口扩大，促使跨国公司组建战略联盟的四个因素：

第一，技术因素。首先，随着科学技术发展日趋复杂，新技术研制成本日益增加，而且蕴含着极大的风险，任何单个公司，即使是资本雄厚的大公司也难以负担如此巨大的技术创新投资和风险；其次，成功的技术创新不仅要求创新公司具有投资与风险承受能力，而且要求公司加速新技术的研制与商业化应用过程；再次，当今科技发展呈现聚合趋势，新的科学突破通常是多种学科知识融合的产物，新兴技术产业往往也是不同行业技术的结晶，现代科学技术的发展要求创新公司建立广泛的合作关系；最后，技术创新竞争与目前世界技术创新多极化突出了在世界范围内建立产品统一的规格和技术标准的重要性，而统一的技术标准的建立需要同一行业或同一技术领域主要世界级创新公司之间的合作。

第二，经营范围和地区多样化。国际竞争要求参与竞争的公司必须实现经营范围和地区多样化。参与竞争的公司只有实现经营范围多样化，包括经营产品和行业的多样化，才能对变化莫测的技术创新做出迅速的反应，充分利用新的技术开发成果，获取范围经济。只有实现经营地区多样化、全球化，才能获取国际分工的利益，增强国际竞争力。同时，公司通过全球生产营销网络，在最短时间内，在最广泛的市场应用新的技术成果，也能加速技术创新成本的回收与获利。

第三，产业竞争结构。目前世界上大多数产业，特别是一些高技术产业，竞争结构以寡头垄断竞争为主导。这种寡头垄断竞争结构带有极大的不稳定性，一旦其中一家公司与其他公司结成战略联盟，就会造成原有竞争格局的变化，就会对其他竞争公司的竞争地位构成直接威胁，从而引发其他公司“追随领先者”的反应，导致更多的公司寻求战略伙伴。

第四，环境的不确定性。当今国际竞争环境变化迅速，而且许多环境因素的变化方向与变化速度都具有较大的不确定性，难以准确地预测。这种国际竞争环境要求跨国公司建立高度灵活的经营结构和组织结构。

上述国际竞争环境变化中的趋势和特点及其对跨国公司经营管理所提出的客观要求，都在不同程度上对跨国公司形成了巨大的竞争压力，扩大了公司的战略缺口，从而削弱了跨国公司完全依靠自身资源和能力在新的竞争环境中生存与发展的能力，促使其另辟蹊径，走公司间战略联盟与合作的道路。

三、网络理论解释

在解释联盟形成方面，网络理论（network theory）认为，公司所在的社会环境是一个关系网，公司和网络参与者之间直接和间接的联系以及它们之间的资源关系，都影响着公司各方面的能力，如创新能力、增长能力和可信度等。所以公司的社会关系、公司所在的社会网络特性和公司在网络中所处的地位，对公司绩效有着很大的影响，想要创建有利于公司竞争的社会环境，联盟是很好的选择。

根据网络理论，联盟的优越性主要体现在它是一种较为稳固的社会关系，是公司的一种社会资本，可以提供更多的发展新技术的资源储备。Baum，Calabrese 和 Sliverman（2000）通过分析新兴公司社会网络如何影响公司早期的业绩得出，新兴公司的业绩与它们创建的网络结构、原始联盟相关；有效地建立网络，与潜在的竞争对手合作，可以改善新兴公司早期的业绩。

网络理论为研究联盟参与者之间的双向关系、联盟内的一些复杂关系和结构，如知识的产生、转移和整合，学习网络的创建、实施、演化和网络的结构发展等，提供了有用的分析工具。Jeffrey H. Dyer 和 Kentaro Nobeoka（2000）指出，网络的演化是从较弱的二维联系到较强的网状结构，在产生、转移和整合知识方面，网络更有效。Powell，Koput 和 Smith（1996）的研究表明，随着研发型联盟的数量增加，或管理研发和其他合作形式的经验增加，形成非研发形式合作联盟的数目也将增加，公司在网络中的中心地位将增强，未来的关系组合更多样化。

战略联盟作为公司间的网络化系统，其最大着眼点是在经营活动中积极地利用外部经济。战略联盟的建立使公司使用资源的界限扩大了，一方面可以提高本公司资源的使用效率，减少沉没成本，另一方面又可节约公司在获取资源方面的新的投入，降低转置成本，从而降低公司的进入和退出壁垒，提高了公司战略调整的灵活性。战略联盟通过有效地组织联盟内的资源，实现要素的共享，保证了从投入到产出全过程的节约。

网络理论阐述了战略联盟这一机制在国际公司合作技术创新领域的经济性。技术商品与其他一般商品相比有明显差异：（1）技术是一种无形产品，购买者由于有限理性的存在，很难对其质量做出评价；（2）技术所带来的绩效存在高度不确定性；（3）技术交易是一种专用知识的交易，参加交易的人数有限；（4）技术交易过程中存在很强的机会主义倾向。上述特性决定了技术商品的交易费用很高，因此纯市场的方式并不是技术交易的最佳途径。但是若以组织内化的方式替代市场同样面临着较高的成本压力，甚至有可能还会高于市场交易费用。因为在迅速变化的技术和市场环境中，研发成本急剧上升，同时技术更新周期加快，技术创新所面临的成本上升压力和创新失败的风险将由一家公司单独承受，而创新成果则由相关公司共享。所以，以公司内化的方式进行技术创新也不是一条最优的途径。

John Hagel Ⅲ和 Arther G. Armstrong（1997）指出，技术交易最适合的方式既不是市场方式，也不是公司内化方式，而是相关公司通过战略联盟所形成的网络交易方式。这种组织形式要求建立一种特殊的公司间关系，它不同于市场机制中纯粹的买卖关系，也不同于公司内部的层级关系（见表 8-3）。

表 8-3　公司战略联盟与市场、公司科层组织之间的区别

	公司战略联盟	市场	公司科层组织
公司关系	适中	松散	紧密
调节机制	价格与科层混合调节	价格机制	科层组织调节
主要成本	交易成本与组织成本	交易成本	内部组织成本
交易成本	适中	最高	最低
稳定性	适中	低	强
灵活性	适中	强	低
解决冲突的主要方式	互惠共商的规范	法律解决	行政命令

资料来源：张小兰．论企业战略联盟［D］．成都：西南财经大学，2003.

战略联盟中公司之间的关系是一种以重复交易为前提，建立在信任基础之上的长期合作、相互沟通、彼此信任、共担风险、合理划分收益的特殊合作关系。基于此，Hagel Ⅲ 和 Armstrong（1997）认为，资源配置方式两分为市场或公司的方式是不确切的，还存在介于市场和公司之间的交易方式——网络化交易。战略联盟借助于关系网络来实现交易，既可以规避高额的市场交易费用，又可以避免较高的组织成本，弥补了部分市场失效和公司失效的不足，大大提高了公司资源的使用效率和战略灵活性。

四、组织学习理论解释

该理论从组织学习的角度出发，强调公司学习能力对动态竞争优势的重要性。公司作为一个学习型组织，其所需要的生产、经营和管理知识不仅可以通过内部的干中学、用中学的途径学习，而且可以通过战略联盟提供的相互作用、产业间外溢等基本途径学习，这是公司组建战略联盟的重要目的与动机之一；即使学习不是产生联盟的主要原因，它也是联盟获得成功的一个重要因素。

根据公司知识的多样性和复杂性以及在创新过程中重要性的不同，该理论引入编码化知识和经验性知识两个概念来区分知识的属性。编码化知识是指那些显性的、已成体系并可用正规系统语言传播的知识。因此，这种知识可以通过书本、技术规范、设计和机器附带的材料获得。相反，经验性知识是隐性的，根植于公司文化或人的大脑和身体中，很难系统地编辑和交流，只能通过某一特定情境中的行动、承诺和涉及程度来表达，并且也只能通过观察、模仿和实践才能获得（Linsu Kim，1997）。该理论认为，知识的属性可以影响知识的转移；显性知识转移比隐性知识转移容易得多；知识的隐含性、复杂性、文化差异和组织距离都会增加知识的模糊度，知识模糊度的增加使知识转移更困难（Simonin，1999）。不同类型的知识必须通过设计不同的组织结构来处理、加工，组织结构影响知识转移的程度。

组织学习理论认为，战略联盟是组织学习的一种重要方式，其核心在于学习联盟伙伴的经验性知识。公司在技术创新中持久的竞争优势更多地建立在其拥有的经验性知识基础之上，而经验性知识存在于组织程序与文化中，其转移是一个复杂的学习过程。联盟则是解决经验性知识转移的有效途径。通过缔结战略联盟，创造一个便于知识分享、移动的宽松环境，采取人员交流、技术分享、访问参观联盟伙伴的设施，以及增强联盟各方的联系频率等办法，可以使经验性知识有效地移植到联盟各方，进而扩充乃至更新公司的核心能力，真正达到公司间合作的目的。以组织学习为本质的公司合作动机并不是以资源互补为中心，而是以获取公司核心能力为重要内容；以学习为中心建立的战略联盟不是被动地适应环境，而是主动去创造环境，因而极具生命力（徐炜，2001）。

联盟的形成仅为公司提供了学习的条件，联盟双方的文化差异、先前的经验、公司的吸收能力、知识类型、学习的壁垒以及联盟双方的特性、关系会影响学习的效果。研究表明，联盟成员间文化差异越大，学习的难度越大；成员双方先前拥有的跨国合作经验有助于联盟的成功；成员间的关系资本越多，学习达到的程度越深，则双方保护自己核心资产的能力就越强。联盟公司的学习能力常常有差异，一个公司完成学习目标后，对联盟的需求可能会减弱，导致联盟的合作性降低，甚至解体（李再扬和杨少华，2003）。

在联盟目标实现的过程中，如何保护自己公司的专有知识不被竞争者获取又能学习到自己所需的知识是公司追求的目标，这对联盟的成功乃至公司长期战略目标的实现都具有重要意义（徐飞和徐立敏，2003）。

五、 资源理论解释

资源理论（resource-based theory）兴起于20世纪80年代，代表人物有沃纳菲尔特（Birger Wernerflet）、格兰特（Robert M. Grant）、巴尼（Jay Barney）等。[①] 该理论在探

① 三位学者的代表性文献是：Wernerfelt B. A Resource-based View of the Firm [J]. *Strategic Management Journal*, 1984 (2): 171 - 180; Grant R M. The Resource-based Theory of Competitive Advantage: Implication for Strategy Formulation [J]. *California Management Review*, 1991 (3): 114 - 135; Barney J. Firm Resources and Sustained Competitive Advantage [J]. *Journal of Management*, 1991 (1): 99 - 120.

索公司竞争优势的形成机制时聚焦于其拥有的资源，并试图用这些资源的构成和性质解释竞争中频繁出现的优胜劣汰现象（王迎军，1998）。格兰特等学者把公司资源分为财务资源、物化资源、技术资源、创新资源、商誉资源、人力资源和组织资源。除了资金和原材料等属于对所有公司有着同等意义的同质资源外，其他资源因含有活性因素如知识、经验、技能、判断力、适应力等，都富于变化而呈现不同形态，属于异质性资源。正是这些异质性资源造就了公司持久的竞争优势，构成了公司竞争优势的基础，也正是这种异质性使公司独占某些资源成为可能，从而形成了其他公司难以模仿的异质性资源障碍。然而异质性资源的动态性和维系持久竞争优势的要求使得公司必须不断利用外部渠道，扩充其所需的稀缺资源。战略联盟正是实现这一目标的有效途径。

资源理论提出，公司利用联盟来优化资源配置，使资源的价值最大化。可持续的不同种类的互补资源（complementary resources）不仅是公司竞争优势的来源，也是公司建立战略联盟的原因，尤其是那些隐性的和基于知识的互补资源成为关注的焦点，互补资源的识别、选择、获得和管理是联盟成败的关键。Glaister 和 Buckley（1996）发现，公司形成联盟的主要原因是获得互补资源，而不是互担风险或是规模经济。Michael A. Hitt 等（2000）发现，互补能力是选择战略联盟伙伴最重要的标准之一。无论是资源丰富的发达国家大公司，还是资源较为贫乏的新兴市场小公司，选择合作伙伴的标准都非常重要。新兴市场公司比发达市场公司更强调合作伙伴的金融资产、技术能力、无形资产，以及在选择合作伙伴时分享对方的专业知识。而发达市场公司重视利用合作伙伴的资源，在选择合作伙伴时比新兴市场公司更强调合作伙伴独特的能力、当地市场知识和机会。Gulati，Nohira 和 Zaheer（2000）提出，公司经常将拥有自己所缺资源的公司作为合作伙伴。Toby E. Stuart（2000）发现，享有领导性技术的大公司被认为是非常值得合作的，年轻和小型公司从大型创新战略联盟伙伴中受益更多。联盟既是资源交换的途径，也是传达社会地位和认可的信号。互补的资源不但可以使企业获得规模经济、创造协作，而且可以用来发展新资源、新技术和新的竞争优势。而互补资源具有不可流动性、不可模仿性和不可替代性，所以若想获得这些资源，形成联盟就是很好的选择。汪涛、李天林和徐金发（2000）从创造租金、资源使用的扩张、资源使用的多元化、资源的模仿和资源的配置五个方面揭示了战略联盟的形成动因，并就贮备层资源和使用层资源及各动因组合分析了战略联盟的最佳选择模式。

在对联盟形成后的管理方面，资源理论认为，联盟的优势关键在于如何有效地利用和整合获得的互补资源，如果公司能通过其他的方式更好地利用资源，战略联盟就不是最佳选择。如何整合这些资源直接影响战略联盟的顺利开展、联盟优势的发挥和联盟目标的实现。在资源整合中，因人力资源涉及权利分配、知识共享、知识学习转移以及公司文化等复杂问题，所以对它的整合直接关系到联盟的绩效。许树沛（2001）从联盟经理层的整合、联盟员工的整合、联盟联系渠道的整合和文化整合四个方面分析了战略联盟中的人力资源整合问题。

六、 价值链理论解释

Porter（1985）认为，公司是一个综合设计、生产、销售、运送和管理等活动的集合体，其创造价值的过程可以分解为一系列互不相同但又互相关联的经济活动，也称为增值活动，即构成公司的价值链。公司的每一项经营管理活动都是这一价值链上的一个环节。根据产品实体在价值链各环节的流转程序，其价值活动可分为上游环节和下游环节两大类。价值链各环节之间相互关联、相互影响，一个环节的运行质量直接影响其他环节的成本和效益。

一个公司不可能在价值链的各个环节上都具有比较优势，只要它在某一环节上具有比较优势，另一个公司在其他环节上具有比较优势，它们就可以在价值链的关键环节上展开合作。价值链是公司分析竞争优势的基石，有些活动是公司的优势所在，有些活动是公司的薄弱环节，公司既可以通过优化与协调内部活动获得竞争优势，也可以通过与其他公司的价值链整合获得竞争优势，其中就包括战略联盟。价值链理论认为，战略联盟是两个或多个公司通过在价值链某项或某几项活动的协调和共享达到扩展价值链和增强竞争力目的的活动。

一个公司可以与多个公司建立不同的合作关系，有人把这种相互交织的公司间复杂的结盟关系称为战略联盟网络或蛛网联盟。联盟网络是指联盟各方围绕在具有主导影响力的某一方（联盟中心）周围，根据各自的核心专长和所处研发或生产的不同环节而形成的距离不等、错综复杂的网络（薛求知和杨飞，1999）。从根本上说，战略联盟网络是一种包括供应商、客户和竞争对手的合作系统。众多公司价值链的两两合作就组成了一张价值网（见图 8-2）。

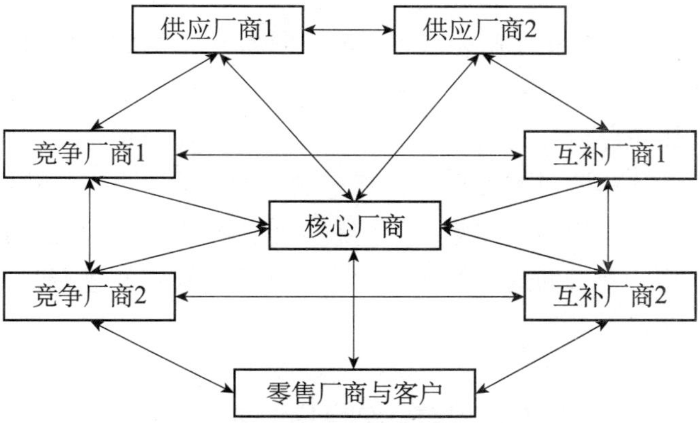

图 8-2 跨国公司战略联盟网络

联盟中每个公司的价值链都是价值网中的一个节点，联盟内部以合作、资源共享的方式创造一种整体优势，而联盟外部则是一种动态的竞争关系。任何公司都可以以自身价值链为核心，构筑一张包括相关团体和个人的价值网。它可以通过横向合作，把竞争对手和互补厂商纳入自己的价值网，通过纵向合作，把供应商和零售商、客户纳入价值网。描述这种合作关系的一个生动的词语叫作“命运共同体”，各公司为了共同的目标，把命运绑在了一起。通过考察价值网，公司可以清楚自己在战略联盟中所处的位置以及立足点（张小兰，2003）。

供应厂商—核心厂商—零售厂商与客户构成了供应链，体现了核心厂商与上下游公司及最终用户的关系。迈克尔·波特把这种联系称为纵向联系，他认为通过改善公司与供应商价值链的关系，与少数供应商建立亲密的伙伴关系，可以分享更多的信息，使签约的搜寻、谈判和监督费用大大降低；公司可根据下游公司对本公司的产品需求数量和供货时间来组织和调整生产，大大降低装卸、运输、存储等费用。公司与拥有互补技术的厂商合作可以增强其技术实力，有助于新产品的开发；与拥有互补资产的厂商合作，可以及时获得所需的诸如营销、售后服务等资产，使产品更具有竞争力；与竞争对手合作，有助于市场开发以及遏制其他公司进入，能增强自己持久的竞争优势。这种横向和纵向合作可以使公司充分利用网络中的各种优势，提高整个价值网的效率。分享信息、实现能力互补、提供战略柔性和促进知识的创造是联盟网络的特征。

七、 博弈论解释

鉴于战略联盟各方所形成的错综复杂的相互关系，跨国公司理论又引入了博弈分析方法来进一步说明其成因。古典博弈论假设参与人理性，拥有共同的知识，了解博弈规则。在战略联盟中，各联盟公司应具备理性的知识，对联盟有相应的了解与研究，能够判断自己与其他公司应采取什么策略，明白利益不仅与自己所作的决策有关，还与其他联盟者的决策有关，一旦对方策略有所改变，自己能作出相应调整，并在联盟博弈中获得预期收益。根据全体参与者的支付总和是否为零，博弈分为零和博弈和非零和博弈；根据参与者是否合作，博弈可分为合作博弈和非合作博弈。其中非零和博弈与合作博弈给跨国经营者以重大的启示，他们从零和博弈转向寻求非零和博弈与战略联盟，寄望在日趋激烈的国际竞争中，共同提高彼此的竞争力或分享市场份额。简汉权和李恒（1998）用非零和合作博弈的观点讨论了战略联盟的潜在驱动力量和战略联盟的形成机制。

在对联盟形成后的管理方面，博弈论提供了战略联盟中各成员之间相互依赖的决策理论基础，被广泛用于分析公司之间的合作效果。单汨源和彭忆（2000）将博弈论的运用从原来分析双方的战略博弈扩展到了分析多成员的合作，提出战略联盟的稳定性问题实质是虚拟成员组织之间的相互依赖决策问题。他们根据利益分配结构，分析了四种多组织成员的博弈模型，并借助这些模型，对战略联盟的稳定性进行讨论，指出需要注意的问题。

第四节 跨国公司战略联盟运营

一、 跨国公司战略联盟运营成功的前提条件

一旦建立了战略联盟，能否达到预期目的自然就成为公司关注的问题。据麦肯锡咨询公司对 49 家战略联盟追踪调查的结果，其中有三分之一因未达到合伙人预期目的而失败。一个成功的战略联盟应具备以下前提条件：

（一）双赢原则

联盟自始至终应贯彻双赢的经营原则，使每个合作伙伴在互利基础上达到各自的经营目标。联盟各方出于对全球市场发展的预期和实现各自公司的经营目标的考虑，为达到共担风险、共创市场、共享利益等战略目标，通过契约而达成优势相长，资源要素双

向或多向流动，以某些利益共同点为基础的一种合作形式，以产生全球竞争优势。①

（二）组织、文化与技术条件

1. 组织条件。组建战略联盟需要公司组织的支撑。从公司组织的要素水平和关系来看，公司组织要有精益化、智能化、敏捷化和弹性化的特征。每个公司按不同的联盟建立不同的合作部门，并采用创新的组织机构适应其联盟资源管理，实现最佳的资源配置，获取最大的经济效益。

2. 文化条件。联盟公司要树立与战略联盟相适应的新观念和企业道德准则，并使员工理解战略联盟的重要性和必要性；公司文化还要具有开放包容的特征，与外界公司的文化能够兼容共存。各合作伙伴能分享共同的价值观，在自主平等的基础上友好协商解决一切重大问题。

3. 技术条件。战略联盟需要各合作伙伴要素的相互作用和整合，其运作离不开公司技术条件的支撑。现代公司除了必备的生产和管理技术外，还要具备信息技术条件和创新技术条件等。

（三）决策体系与人员条件

1. 决策体系条件。建立不同的决策体系，科学地授予和有效地行使权利以推动各成员的共同参与。

2. 人员条件。联盟公司员工必须具有不断学习、创造和储存、积累知识的能力，具有把知识应用于生产的能力；员工之间能相互合作、能力互补，具备团队工作精神。

二、 跨国公司战略联盟运营的影响因素

一个联盟成功与否主要取决于三个因素：战略联盟合作伙伴的选择、联盟利益分配和风险防范以及联盟的有效管理。

（一）联盟合作伙伴的选择

一旦一个公司决定建立战略联盟，它首先应该决定的是如何选择合作伙伴，选择一个良好的合作伙伴是战略联盟成功的基础。1987 年《企业国际化》杂志提出合作伙伴选择的三 C 标准，即和谐一致（compatibility）、能力（capability）和承诺（commitment），这个标准后来被许多跨国公司战略联盟的管理者运用于实践（赵曙明，1994）。

1. 和谐一致。它是战略联盟存在的重要基础。这种跨国联盟的和谐一致性主要反映联盟成员之间在经营战略、合作的指导思想、员工的政策、公司的组织结构和管理方式等方面的和谐一致。

2. 能力。由于跨国公司的竞争越来越激烈，产品的更新换代不断加快，对某些跨国公司来说仅仅依靠自己的力量和资源很难应付激烈的竞争，因此必须依靠外部的力量来补充。一个好的合作伙伴有助于公司实现它的战略目标，或者获得市场准入，分担开发新产品的成本和风险，或者获得关键的核心竞争力。合作伙伴必须拥有公司所缺乏的有价值的能力。

3. 承诺。战略联盟成员之间要承诺建立一种长期、稳固的关系。当然，要建立起这

---

① 陈志宏．企业战略联盟的前提条件、运作形式和运营策略［J］．世界经济研究，2002（4）：79－83.

种长期的合作关系，仅仅通过承诺是不够的。最主要的是成员相互承担一定的义务和责任，彼此相互依赖，相互依存。一个好的合作伙伴不会采取机会主义行为，不会为了自身的目的而利用联盟，不会在获得其他公司的技术诀窍时却回报甚少。合作伙伴要具备“公平游戏”的信誉，以维系双方良好的联盟关系。

为了选择一个好的联盟合作伙伴，公司必须对可能的候选者进行综合研究。第一，公司应该尽可能从公共渠道多收集潜在联盟合作伙伴的相关公开信息；第二，公司应从消息来源可靠的第三方获取信息，比如曾与潜在伙伴建立过联盟的公司，与其有过业务往来的投资银行，以及潜在伙伴以前的雇员等；第三，公司在结盟前应尽可能地了解合作伙伴，包括高层管理人员（有可能也包括中层管理人员）之间面对面的洽谈，以确保选择的正确性。

（二）联盟利益分配和风险防范

利益分配和风险防范是关系战略联盟能否取得成功的关键问题。因结盟而产生的利益增加需要在成员中进行分配，若分配不当，则容易导致战略联盟的解体。合理的利益分配和风险防范与分担是联盟成功的保证，也是激发成员积极性的关键所在。利益分配和风险分担应体现公平与效率的原则，做到利益分配与风险分担相对称，利益分配与成本分担相联系，才能使战略联盟具有活力。

联盟公司在分配利益时应遵守四条原则：（1）互惠互利原则，即利益分配方案应保证每个成员公司的基本利益，不存在不公平现象，否则会影响成员公司的积极性，从而导致联盟破裂。（2）结构利益最优化原则，即从实际情况出发，全盘考虑各种影响因素，合理确定利益分配的最优结构，促使各成员公司实现最佳合作、协同发展。（3）风险与利益相对称原则，利益分配方案还应充分考虑各成员公司所承担的风险大小，对承担风险大的公司应给予相应的利益分配，以增强合作的积极性。（4）个体合理原则，即各成员公司参与战略联盟所获得的利益应大于单独行动所获得的利益，联盟能给合作者带来实实在在的利益，否则会出现中途背叛的现象。

公司为了把联盟所产生的风险降低到一个可接受的水平，可采取如下措施：（1）对不想转移的技术增加转移难度。对由联盟制造的产品的设计、开发、制造和服务都可以增加技术转移难度，防止敏感技术被泄露给参与联盟的对方。（2）将合约式防范措施写入联盟协议，以防范联盟合作伙伴可能采取投机行为的风险。（3）联盟双方可以事先同意交换另一方渴望得到的技能或技术，这样可以保证平等的获益机会。可以采取交叉授权合同来实现这一目标。（4）若能要求联盟合作伙伴作出极其可靠的承诺，也可以降低其采取机会主义行为的风险。

（三）战略联盟的有效管理

战略联盟的许多实践证明，联盟的失败往往是管理不善造成的，它的成功在一定程度上取决于对联盟进行管理的水平。由于战略联盟是介于市场和行政的中间组织，管理难度要比单一公司大。联盟各方的冲突可能来自很多方面，可以划分为利益冲突和运作冲突。当联盟各方有不同的利益时，他们合作的激励和意愿都会降低（Das and Teng，2000）；运作冲突可能来自不同和不协调的组织文化与运作实践，这些都降低了联盟的效率（Paul Olk and Candace Young，1997）。联盟各方的利益与冲突不能以行政命令解决，合作各方又要保持相对的独立性，所以一个科学有效的管理系统至关重要，它能创造出合伙公司的最高价值。战略联盟管理有四个主要的目标：促使联盟目标的实现；解决联盟成员之间的冲突；合理配置联盟的资源；保护联盟母公司的利益。具体来说，对战略联盟的管理主要集中在以下方面。

1. 联盟目标管理。战略联盟的目标是随着联盟的发展而不断变化的，双方高层管理者应经常讨论战略联盟的目标，不能在建立公司联盟之后，就忽略了彼此的交流。如果双方希望战略联盟能长期存在，就需要在完成初始战略目标之后找到一个新的共同战略目标。很多战略联盟就是因为找不到新的共同目标而解体，这就需要管理者进行有效沟通。应建立一个稳定的信息沟通渠道，许多联盟都有不同层级的定期会议或特定的理事会进行沟通交流。许多成功的联盟除了正式沟通之外，还应注意加强相互之间的非正式联系，如鼓励员工互访和交流，进行跨文化、跨公司培训等。

2. 联盟文化管理。联盟合作伙伴各有不同的公司文化，双方管理者和员工应该互相尊重对方的文化，积极了解对方的文化，碰到问题时以诚相待，才有助于联盟文化的整合。战略联盟实际上是以运作某一项目为目的的团队，因此应该培育目标一致的团队文化，并且平时加强沟通学习，这样才能营造出一个良好的合作环境。

3. 联盟信任管理。要成功地管理联盟，就需要在联盟公司的管理者之间建立良好的人际关系。朋友式的人际关系有助于联盟公司建立互信、和谐的关系。此外，私人的良好关系也会培育出公司间的正常管理网络，进而有助于解决联盟内部问题。

4. 联盟学习管理。从一定意义上讲，联盟的目的就是学习，通过学习加强公司竞争优势。因此公司应把握联盟中的学习机会，确定明确的学习目标。第一，在早期阶段，就要有人力资源部门的介入，通过对各工作岗位的分析、设立明确的有关价值增值的学习活动及控制方式等，支持和增强公司核心竞争力；第二，设法增强彼此间的信赖，除了必要的技术秘密外，双方应减少对知识的过度保护，创造一个互相信赖、信息共享的学习环境；第三，采取激励措施，如优化对管理者短期绩效的评价标准、重视联盟公司所用人员的提升等，不断提高公司的知识吸收能力。

本章参考文献

[1] 陈耀．企业战略联盟理论研究与评述 [J]. 江海学刊，2002 (4)：196 - 201，207.

[2] 单泪源，彭忆中．战略联盟的稳定性分析 [J]. 管理工程学报，2000 (3)：76 -79.

[3] 付春．国际战略联盟与我国企业跨国经营 [J]. 国际经贸探索，2001 (2)：64 -67.

[4] 高湘一．跨国公司经营与管理 [M]. 北京：中国商务出版社，2009：123 -128.

[5] 韩岫岚．企业国际战略联盟的形成与发展 [J]. 中国工业经济，2000 (4)：13 -18.

[6] 韩玉军．国际商务 [M]. 3 版．北京：中国人民大学出版社，2020：315 -324.

[7] 简兆权，李垣．战略联盟的形成机制：非零和合作博弈 [J]. 科学学与科学技

术管理，1998（9）：17－18.

［8］李国津．跨国公司的战略联盟及其对我国企业国际化经营的启示［J］．南开学报，1994（6）：31－36.

［9］李国津．战略联盟［M］．天津：天津人民出版社，1997：15－38.

［10］李再扬，杨少华．企业战略联盟理论的新发展：一个综述［J］．经济学家，2003（3）：99－103.

［11］林季红．跨国公司战略联盟研究［D］．厦门：厦门大学，2003.

［12］林季红．跨国公司战略联盟与并购的比较研究［J］．中国经济问题，2008（1）：44－49.

［13］鲁桐．高技术领域跨国公司战略调整的新特点及影响［J］．国际贸易，2007（3）：47－52.

［14］卢进勇，刘恩专．跨国公司理论与实务［M］．北京：首都经济贸易大学出版社，2008：97－100.

［15］秦斌．企业战略联盟理论评述［J］．经济学动态，1998（9）：63－66.

［16］秦斌．一体化国际经营：关于跨国公司行为的分析［M］．北京：中国发展出版社，1999：112－143.

［17］邱立成．国际竞争中的跨国公司战略联盟［J］．国际贸易问题，1997（9）：26－31.

［18］滕维藻，冼国明．90年代跨国公司的经营战略及影响［J］．南开学报，1999（5）：50－57.

［19］汪涛，李天林，徐金发．基于资源观的战略联盟动因综论［J］．科研管理，2000（6）：68－74.

［20］王迎军．企业资源与竞争优势［J］．南开管理评论，1998（1）：33－37，51.

［21］徐飞，徐立敏．战略联盟理论研究综述［J］．管理评论，2003（6）：12－18.

［22］徐炜．国际企业战略联盟形成的理论解释［J］．当代财经，2001（11）：65－67.

［23］许树沛．试论战略联盟中的人力资源整合［J］．南开管理评论，2001（4）：20－24.

［24］薛求知，杨飞．跨国公司战略联盟的新走向及其动因研究［J］．世界经济文汇，1999（5）：46－50.

［25］张纪康．跨国公司与直接投资［M］．上海：复旦大学出版社，2004：187－214.

［26］张小兰．论企业战略联盟［D］．成都：西南财经大学，2003.

［27］张小兰．企业战略联盟存在的风险及防范［J］．云南民族大学学报（哲学社会科学版），2008（3）：78－80.

［28］张延锋，刘益，李垣．国内外战略联盟理论研究评述［J］．南开管理评论，2002（2）：53－55.

［29］张志元．西方跨国公司战略联盟及其启示［J］．国际经贸探索，1997（6）：

28 -31.

[30] 赵昌平，王方华．跨国公司国际战略联盟的动因研究 [J]. 上海交通大学学报（社会科学版），2001（3）：41 - 44.

[31] 赵曙明．战略联盟：跨国公司发展的新趋势 [J]. 世界经济，1994（8）：42 -47.

[32] 查尔斯·希尔，托马斯·霍特．国际商务：11 版 [M]. 郭羽诞，等译．北京：中国人民大学出版社，2019：425 - 429.

[33] 卡瑟尔斯．竞争的革命 [M]. 中山：中山大学出版社，2000：131 -154.

[34] 迈克尔·波特．竞争优势 [M]. 陈小悦，译．北京：华夏出版社，1997：35 - 66.

[35] 约翰·哈格尔三世，阿瑟·阿姆斯特朗．网络利益 [M]. 北京：新华出版社，1998：45 -78.

[36] Badaracco J L Jr. *The Knowledge Link: How Firms Compete through Strategic Alliances* [M]. Boston: Harvard Business Review Press, 1991.

[37] Baum J A C, Calabrese T, Silverman B S. Don't Go It Alone: Alliance Network Composition and Startups Performance in Canadian Biotechnology [J]. *Strategic Management Journal*, 2000 (21): 267 - 294.

[38] Blois K J. Vertical Quasi-integration [J]. *Journal of Industrial Economics*, 1972 (3): 253 - 272.

[39] Buckley P J, Mark Casson. An Economic Model of International Joint Venture Strategy [J]. *Journal of International Business Studies*, 1996 (5): 849 - 876.

[40] Coase R H. The Nature of the Firm [J]. *Economica*, 1937: 386 - 405.

[41] Contractor F J, Lorange P. *Cooperative Strategies in International Business* [M]. Lexington: Lexington Books, 1988.

[42] Culpan R. *Multinational Strategic Alliances* [M]. New York: International Business Press, 1993.

[43] Das T K, Teng B-S. A Resource-based Theory of Strategic Alliances [J]. *Journal of Management*, 2000: 31 - 61.

[44] Dunning J H. Reappraising the Eclectic Paradigm in an Age of Alliance Capitalism [J]. *Journal of International Business Studies*, Academy of International Business, 1995 (3): 461 - 491.

[45] Dyer J H, Nobeoka K. Creating Managing a High-performance Knowledge-sharing Network: The Toyota Case [J]. *Strategic Management Journal*, 2000 (21): 345 - 367.

[46] Glaister K W, Buckley P J. Strategic Motives for International Alliance Formation [J]. *Journal of Management Studies*, 1996 (3): 301 - 332.

[47] Gulati R, Nohria N, Zaheer A. Strategic Networks [J]. *Strategic Management Journal*, 2000 (3): 199 - 201.

[48] Gulati R. Does Familiarity Breed Trust? The Implications of Repeated Ties for

Contractual Choice in Alliances [J]. *Academy of Management Journal*, 1995 (1): 85 -112.

[49] Hagel Ⅲ J, Armstrong A G. *Net Gain*: *Expanding Markets through Virtual Communities* [M]. Boston: Harvard Business Review Press, 1997.

[50] Hitt M A, Dacin T, Levitas E, et al. Partner Selection in Emerging and Developed Market Contexts: Resource-based and Organizational Learning Perspectives [J]. *Academy of Management Journal*, 2000 (43): 449 - 467.

[51] Ireland R D, Hitt M A, Vaidyanath D. Alliance Management as a Source of Competitive [J]. *Advantage Journal of Management*, 2002 (3): 413 - 446.

[52] Kim L. *Imitation to Innovation*: *The Dynamics of Korea's Technological Learning* [M]. Boston: Harvard Business School Press, 1997: 342 - 375.

[53] Lorange P, Ross J. *Strategic Alliances*, *Formation*, *Implementation and Evolution* [M]. Oxford: Basil Blackwell, 1992.

[54] Lorenzoni G, Lipparini A. The Leveraging of Interfirm Relationships as a Distinctive Organizational Capability: A Longitudinal Study [J]. *Strategic Management Journal*, 1999 (4): 317 - 338.

[55] Olk P, Young C. Why Members Stay in or Leave an R&D Consortium: Performance and Conditions of Membership as Determinants of Continuity [J]. *Strategic Management Journal*, 1997 (11): 855 - 877.

[56] Osborn R N, Baughn C C. Forms of Interorganizational Governance for Multinational Alliances [J]. *Academy of Management Journal*, 1990 (3): 503 - 519.

[57] Porter M E. *Competitive Strategy*: *Techniques for Analyzing Industries and Competitors* [M]. New York: Free Press, 1980.

[58] Powell W W, Koput K W, Smith-Doer L. Interorganizational Collaboration and the Locus of Innovation: Networks of Learning in Biotechnology [J]. *Administrative Science Quarterly*, 1996 (1): 116 - 145.

[59] Simonin B L. Ambiguity and the Process of Knowledge Transfer in Strategic Alliances [J]. *Strategic Management Journal*, 1999 (20): 595 - 623.

[60] Stuart T E. Interorganizational Alliances and the Performance of Firms: A Study of Growth and Innovation Rates in a High-technology Industry [J]. *Strategic Management Journal*, 2000 (21): 791 - 811.

[61] Teece D J. Competition, Cooperation, and Innovation Organizational Arrangements for Regimes of Rapid Technological Progress [J]. *Journal of Economic Behavior & Organization*, 2003 (1): 1 - 25.

[62] Thompson G, Frances J, Levacic R, et al. *Markets*, *Hierarchies and Networks*: *The Coordination of Social Life* [M]. London: Sage Publications, 1991.

[63] Thorelli H B. Networks: Between Markets and Hierarchies [J]. *Strategic Management Journal*, 1986 (1): 37 - 51.

[64] Tyebjee T T. Japan's Joint Venture in the United States [A]. In: Contractor F, Lorange P (eds). Cooperative Strategies in International Business [C]. Lexington: Lexington Books, 1988.

[65] Williamson O E. Credible Commitments: Using Hostages to Support Exchange [J]. *The American Economic Review*, 1983 (4): 519-540.

[66] Williamson O E. *Markets and Hierarchies: Analysis and Antitrust Implications: A Study in the Economics of Internal Organization* [M]. New York: Free Press, 1975.

[67] Williamson O E. Transaction Cost Economics: The Governance of Contractual Relations [J]. *Journal of Law and Economics*, 1979 (2): 233-261.

第九章

国际企业商务决策分析

第一节　引言与概念界定

一、引言

决策是人们工作和生活中普遍存在的一种活动，它在政治、经济、军事、文化等领域占有非常重要的地位，甚至与每个家庭、每个人都有着非常密切的关系。一个人的活动如果没有决策，那就是没有依据的、盲目的活动；一个组织如果没有决策，它的各种职能活动，就无法协调配合，也就无法合理解决发展过程中存在的各种问题，从而停滞不前（郭文强，孙世勋和郭立夫，2020）。

决策分析是一门年轻的学科，其产生和发展主要由两条主线展开，最后交叉融合。一条主线是统计决策。美国哥伦比亚大学教授瓦尔德（Abraham Wald）把关于假设检验和参数估计的经典统计理论加以概括，将不确定意义下的决策科学也包括在统计学范围之内，于1939年创立了统计决策理论。自此统计决策科学逐渐形成，并于20世纪60年代得到迅速发展和广泛应用。许多学者在决策理论方法领域做了大量的研究工作，如序贯决策、多目标决策、群决策等。决策理论逐渐形成一门新兴学科，并得到不断的充实完善和发展。

另一条主线是管理科学。第二次世界大战后随着现代生产和科学技术的高度分化和高度综合，企业的规模越来越大，特别是跨国企业日益发展，这种企业不仅经济规模庞大，而且管理十分复杂，同时它们的经营活动范围超越了国界，使得企业的外部环境发生了重大变化，面临着更加动荡不安和难以预料的政治、经济、文化和社会环境。在这种情况下，对企业整体的活动进行统一管理就显得非常重要，这促使管理科学进入深度发展的新阶段，美国学者巴纳德（Chester Barnard）[①] 在管理科学中首次提出了决策的概

---

① 巴纳德的代表性著作是《经理人员的职能》（1938）、《组织与管理》（1948）。他认为决策是管理的核心，提出了经理人员的三项基本职能，分别是：建立和维持信息交流系统、获取必要的服务、提出和制定目标。

念；诺依曼（John Von Neumann）和摩根斯坦（Oskar Morgenstern）提出了基于博弈论的决策理论；20世纪50年代美国卡内基大学教授西蒙（Herbert Simon）[①] 发表了一系列管理决策新科学方面的著作，突出了决策在管理中的核心地位。

在决策理论方法的发展过程中，两条主线相互交叉和促进，使该学科无论是在理论方法还是应用方面的研究均取得了长足进步，许多学者充分吸收系统科学、行为科学、运筹学、统计学和计算机科学的内容和方法，使决策科学在深度和广度方面都得到了充分发展，逐渐形成了现代决策理论的框架和基础，发展起来各种类型的决策方法。本章重点研究国际企业商务决策的概念、类型与方法。[②]

二、 决策与商务决策

决策是指人们为实现特定的目标，根据客观的可能性，在占有一定信息和经验的基础上，借助一定方法、工具和技巧，对影响目标实现的诸多因素进行准确计算和判断，优选后对未来行动作出决定并对方案的实施效果进行修正，直至目标实现的整个系统过程。决策者作出决策之前，常常面临多种方案和选择，以及有关其决定后果的某种程度上的不确定性，决策者需要对各种选择的利弊风险作出权衡，以期达到最优的决策结果。

商务决策是决策在商务活动中的具体化，指的是人们在提供商品与服务的商业领域中所进行的决策。

作为人类的一种有目的的思维活动，决策的本质含义就是作出决定或决定对策。美国著名管理学家西蒙认为“管理就是决策”，从而突出了决策在管理中的核心地位。事实上，决策是管理工作的基本要素，它贯穿于管理过程的始终，计划、组织、领导和控制等各项管理职能的开展都与决策活动密切相关，决策的质量关乎各项管理工作的效率和效果。

现代管理科学对决策有着广义和狭义两种理解。广义的决策是指人们为了实现某一特定目标，在占有一定信息和经验的基础上，根据主客观条件的可能性提出各种可行方案，采用一定的科学方法和手段进行比较、分析和评价，按照决策准则从中筛选出最满意的方案，并根据方案实施的反馈情况对方案进行修正、控制直至目标实现的整个系统过程，也称为决策分析。狭义的决策仅包括选择方案这一环节，指人们从不同的行动方案中作出最佳选择，也就是作出决定或“拍板”。决策是一个发现问题、提出问题、分析问题和解决问题的过程，人们对行动方案的确定要经过诊断问题、确定目标、探索方案等一系列准备活动，否则选择方案及拍板就成了主观武断的行为，难免造成决策的失误；同时，如果不注意检查、监督拍板方案的实施活动，就无法了解方案执行后的情况，无

---

① 西蒙的主要著作有《管理行为》(1947)、《理性决策的行为模型》(1955)、《理性决策与环境结构》(1956)、《管理决策新科学》(1960)、《有限理性模型》(1982) 等。西蒙是决策学派的主要代表人物。他认为，决策是管理的中心，决策贯穿管理的全过程，在决策准则上用满意性准则代替最优化准则，强调人工智能促进决策自动化。

② 本章主要参考：郭文强，孙世勋，郭立夫．决策理论与方法［M］．3版．北京：高等教育出版社，2020；李永立，樊治平，姜艳萍．大数据与商务决策［M］．沈阳：东北大学出版社，2020；刘思峰，菅利荣，米传民．管理预测与决策方法［M］．3版．北京：科学出版社，2017；洪金珠，诸葛斌，袁非牛．统计决策方法与应用［M］．北京：清华大学出版社，2021.

法对出现的偏差予以纠正，更无法检验决策的是非优劣，难以保证决策目的与执行效果的统一，那么决策就失去了实际的意义，因此广义角度的理解，即决策分析更为重要。

三、 商务决策分析的要素

决策分析通常包括决策者、决策目标、决策对象、自然状态、备选方案、决策结果和决策准则等基本要素。

（一）决策者

决策者，即决策主体，是决策目标的制定者、决策行动的发起者和决策结果的承担者。决策者既可以是个人（如生产经理），也可以是由多人组成的群体或机构（如公司的董事会）。决策者的素质与能力对决策的正确与否有着至关重要的影响。决策者需要以自身良好的操守和素质，营造积极向上和开拓进取的组织文化氛围，调动下属的积极性、主动性和创造性。由此可见，决策者是进行科学决策的基本要素和核心要素，是决策成败的关键。

（二）决策目标

决策目标是指决策者期望达成的效果，是决策的出发点和归宿。一般而言，决策者的目标是设法使其管理的实体，按照预先设定的程序运行，以达到预期的结果，譬如，商务决策中厂商期望自己的收益最大化，或消费者追求自身效用的最大化，或期望风险最小化等。作为决策问题的目标，应当是可以通过一定方法转化为能够直接或间接量化的可测量指标，并能获得足够多的观测数据。决策分析可以有单个目标，也可以有多个目标，有时不同目标间还具有负相关性，如何解决这种多目标决策问题是决策分析中的难点问题。

（三）决策对象

决策对象是指处于决策者意志指导下的、可以控制的、能够对其施加影响的、有明确边界的事物。所谓处于决策者意志指导下的事物，就是指决策者管辖范围内的事物，超出范围就谈不上控制和影响，也不可能成为决策对象；所谓有明确边界的事物是指具有明确的内涵和外延，无边无际、性质不清的事物不能成为决策对象。比如董事长或总经理的决策对象就是他所经营的企业，财务总监的决策对象则是该企业的财务部门人财物的安排。

（四）自然状态

自然状态是指环境中可能出现的与决策问题相关的各种状态，它是不依赖决策者主观意志而存在的客观条件或外部环境，是决策的环境变量。对同一个决策问题，几种自然状态不能并存，只能出现其中一种。如商业活动中空调的销售问题，天气炎热时，销售得多，天气凉爽时，则销售得少。天气状况就是自然状态，天气炎热与天气凉爽为天气状况的两种具体的自然状态，两者不可能同时出现。与人的行为可以影响的决策对象不同，自然状态是决策者无法控制的、但可以预见的决策环境中客观存在的各种状态。自然状态可能是确定的，也可能是不确定的，其中不确定的自然状态又可分为离散的和连续的两种情况。一般而言，掌握的自然状态（环境变量）的信息越多，越有利于决策者作出科学和最优的决策。在某些情形下，最优的行动可能独立于外生的自然状态，但通常不同的自然状态（环境变量）下会有不同的最优行动方案，特别是在随机决策中环境变量的讨论往往是必要的步骤。

（五）备选方案

备选方案，又称为行动集，指决策者可能采取的行动方案的集合，通常也称为策略空间。在明确了决策目标和自然状态后，拟定多个备选方案是决策的关键，如果只有一个备选方案就无法比较，也难以分辨其优劣，所以在决策过程中可供选择的行动方案至少要有两种，为了避免决策失误，决策者必须对每个备选方案进行全面的评价。评价内容主要有：方案目标的合理性，决策所依据价值准则的正确性，备选方案的技术可行性、社会可行性，制定备选方案所采用的理论和方法的科学性，备选方案与资源及能力的适配性。评价的方法主要有：经验判断法、数学分析法和试验法。备选方案有明确和不明确两种，前者是只有有限个明确的方案；后者一般只是对产生方案可能的约束条件加以描述，而方案本身可能是无限的，要找出合理或最优的方案，需要借助运筹学的线性规划等方法。最终的行动方案由决策者来决定。

（六）决策结果

决策结果，也称为后果集，是决策者采取的不同决策方案，在不同的自然状态（环境变量）下所产生的不同决策结果。决策结果是衡量决策措施对决策者价值的量化指标，一般以货币价值表示，如收益值、损失值，有时也可以用效用值表示结果，可以是离散的，也可以是连续的。

（七）决策准则

决策准则是评价决策方案是否达到决策目标的价值标准和行为准则，也是选择具体方案的依据。通常，决策准则依赖于决策者的价值倾向和态度偏好。

四、 商务决策分析的特征

（一）不确定性

复杂的决策问题大多具有一定程度的不确定性。从范围来看，包括决策方案结果的不确定性（即一个备选方案对应多个可能的结果）、约束条件的不确定性和技术参数的不确定性等；从性质上看，包括概率意义下的不确定性和模糊、粗糙与灰色等不确定性。由于决策是对未来行动作出的决定，因此决策者所持的态度不同，或是对未来不确定性的把握程度不同，决策的效果通常也存在较大的差异。

（二）动态性

很多问题由于其本身具有的阶段性，往往需要进行多次决策，且后面的决策依赖于前面决策的结果。

（三）多目的性

复杂问题往往有许多不同度量单位的决策目标，且这些目标通常具有冲突性，即一个目标值的改进会导致其他目标值的下降。因此决策者必须考虑如何在这些目标间进行权衡，从而达到一个满意的结果。

（四）模糊性

模糊性指人们对客观事物概念描述上的不确定性。这种不确定性一般是由事物无法或不必要进行精确定义和度量造成的。譬如，社会效益、满意程度等概念，在不同具体问题中均具有一定的模糊性。

（五）群体性

群体性包含两方面含义，一是某个决策方案的选择可能会对其他群体的决策行为产生影响，特别地，如政府决策会对各层次的行为主体产生影响，企业一级的决策也会对其他企业产生影响，因此决策者若能预测自身决策对其他群体的影响，将有益于自身的决策。二是决策是由一个集体共同制定的，这一集体中的每一个成员都是决策者，他们的利益观点偏好有所不同，这就产生了如何建立有效的群决策体制和实施方法的问题。

五、 商务决策的种类

（一）按决策主体的数量划分

根据参与决策主体的数量，可将决策分为个人决策与群体决策。

个人决策是指决策机构的主要领导者，通过个人决定的方式，按照个人的判断力、知识、经验和意志所作出的决策。个人决策一般适用于日常工作中的程序化决策和管理者职责范围内的事务性决策。个人决策的合理性在于它具有简便快捷、责任明确的特点。科学意义上的个人决策，是决策者在集中多数人的正确意见与建议的基础上，经过反复思考之后作出的，它并不意味着不负责任或独断专行。个人决策的局限性，一方面表现在个人决策难以充分具备所需的社会条件，其具体表现是社会难以找到杰出的个人决策者，那些具备条件的个人又不一定能成为掌握权力的个人决策者；另一方面表现在决策者受到个人经验知识和能力的限制，容易鲁莽武断。

群体决策是指由若干人组成的群体共同作出的决策。对于复杂的决策问题，不仅涉及多目标不确定性、时间动态性和竞争性，而且个人的能力也有可能远远达不到要求，因此需要发挥集体的智慧，由多人参与决策分析，这些参与决策的人称为决策群体，群体成员制定决策的整个过程就是群体决策。群体决策的优点是能够汇总更多的信息，拟定更多的备选方案，有利于提高决策的质量，组织成员之间能够更好地沟通，有利于决策方案被接受，各部门之间的相互协调，有利于决策的更好执行。群体决策的缺点主要是花费的时间较长，费用较高，并且可能导致责任不清和从众现象。

群体决策和个人决策，在决策的速度、质量、责任性、认可程序、心理压力等方面各有利弊，在实际处理问题时采取哪种决策类型更好，取决于问题的类型、信息掌握程度、决策成员的个人经验和技能及知识差别等因素。

（二）按决策的层次划分

按照决策的层次不同，可以将决策分为战略决策、管理决策和业务决策。

战略决策是指组织机构为了谋求与经常变化的市场环境相适应，取得动态平衡的一种决策，这种决策是为了解决全局性、长远性和根本性的问题。对于企业而言，其战略决策涉及企业生存与发展的一些重大问题，譬如企业经营方向与目标的确定、产品结构的调整、新产品的开发、新市场的开拓等。只有在这些重大战略上决策正确，企业才能达到与外界环境（如国家的政策法律、社会政治经济情况、科学技术的发展以及竞争对手的状况等）之间的动态平衡，以求不断发展壮大。由于战略决策关系到组织生存与发展的全局性、长期性的目标和远景等方面的重大问题，因此它主要由组织内最高管理层负责。

管理决策是指为了实现既定战略而进行的计划、组织、指挥与控制的决策，例如企业的管理决策是为了实施企业战略决策，对企业内具体的生产经营目标、机构设置、销售计划的制定、设备的更新、新产品的定价、人员配备、资源调配、故障排除等问题进行的决策，一般由企业或组织的中间管理层负责。

业务决策，又称战术决策，是指具体业务部门在一定的经营管理水平上，为了提高工作质量及日常生产效率而进行的一种决策，包括日常生产安排和监督、存货控制及材料采购、财务支出管理等一般日常性决策，一般由初级管理层负责。

（三）按照决策的自然状态（环境）分类

根据决策问题所处的自然状态不同，可将决策划分为确定型决策、风险型决策和不确定型决策三种。

确定型决策是指只存在唯一一种自然状态的决策，决策者对这类决策的自然状态掌握充分、完全的信息，所以在决策开始之前就能确定决策的结果，由于这种决策的自然状态只有一种，因此各种备选方案只有一种结果，只要通过比较各方案的结果，即可挑选出最佳方案。例如某企业用两种原料生产两种产品，当每种产品的原料消耗是固定的，而且每种产品所获得的利润也是已知的，由一定数量的原料组织生产时有多种可供选择的方案，要从中选出获利最大的方案就是一种确定型决策。确定型决策可采用单纯的优选法，根据已掌握的数据直接进行比较，选取所需方案需要建立与实际情况尽可能相符的数学模型，经过运算，优选出满意的行动方案。相对而言，这是一种比较简单直观的决策。

风险型决策指存在两个或两个以上可能的自然状态，而何种状态终将发生是不确定的，但决策者能够预测各种可能的自然状态出现概率的决策。风险型决策中决策者难以获得充分可靠的信息，不能准确预测未来状态和相应后果，但可以通过各种手段获得各状态发生的概率。风险型决策通常具有以下特征：决策者拥有希望得到的明确目标（如收益大或损失小）；存在两个或两个以上不以决策者主观意志为转移的自然状态，但决策者和分析人员根据过去的经验和科学理论等，可预先估算出自然状态的概率值；存在两个或两个以上可供决策者选择的行动方案，不同行动方案在确定状态下的损益值可以计算出来。风险型决策是以概率或概率密度函数为基础的，具有随机性，因而也称为随机型决策，例如空调销售问题，当各种天气出现的概率已知时，空调是否畅销的问题就是风险型决策。

不确定型决策是指存在两个或两个以上可能的自然状态，而何种状态最终会发生不确定且各种可能自然状态出现的概率也无法预测时的决策。由于不确定型决策的自然状态发生的概率无法预测，所以这种决策主要取决于决策者个人的喜好及价值取向，如新技术的研发、分析新产品的市场需求等。再比如对于想要发展海外业务的国有企业而言，它想选择一种进入海外市场的方式（间接出口、直接出口或直接投资），由于环境不确定性，目标国可能存在政治风险（如政变、法律条款改变）、汇率波动、文化习惯等对产品的影响，使得每个备选方案可能成功，也可能失败，存在较大的不确定性。不确定型决策的关键在于尽量掌握有关信息资料，根据决策者的直觉经验和主观判断行事。不确定型决策通常具有以下特征：有决策者希望达到的明确目标（如收益大或损失小）；自然状态不确定，且其出现的概率不可知；存在两个或两个以上可供决策者选择的行动方案，且不同行动方案在确定状态下的损益值可以计算出来。

（四）按决策问题的性质划分

根据决策问题出现的重复性及决策程序的规范性，可以将决策分为程序化决策与非程序化决策两大类。

程序化决策，又称常规性决策或规范性决策，是对重复出现的日常管理问题所作的决策。对于这类决策问题，人们已经有了处理经验或者业已制定处理程序、规则和标准，可以按常规的办法解决。程序化决策多属日常的业务决策和可以规范化的技术决策，一般有正确的客观答案，可以用简单的规则策略或数字计算来建立数学模型，把决策目标和约束条件统一起来，从而对决策方案进行优化。譬如企业选址、企业物流、生产操作流程、常见故障排除、日常财务处理方式等。由于程序化决策涉及的变量比较稳定，决策所需信息可以通过计量和统计调查获得，其约束条件也是明确、具体且可量化的，因此可以通过建立数学模型，由计算机进行运算，找出最优的方案。在管理工作中，大约有80%的决策属于程序化决策，这类决策在中层和基层居多。

非程序化决策，也称非常规决策或非规范性决策，是指一些不经常发生的、无先例可循或者无法可依的决策，它针对的是一些突发性事件或者未曾出现过的、一次性的、没有固定程序可循的决策问题，即管理中出现的新颖性问题。这种决策也许可以参照过去类似情况的做法，但更多需要对新的情况重新进行研究。非程序化决策大多属于战略决策和一些新的战术决策，譬如新技术的引用、新产品的开发、新市场的进入等。这种决策在很大程度上依赖于决策者的经验智慧、洞察力和创造力，优秀的专家智囊团队，以及高效能的决策机制。非程序化决策也无法通过建立数学模型来提供优化方案，其决策变量多为人的主观意志因素。非程序化决策一般都由高层管理者作出，是针对那些不常发生的或例外的、非结构化问题进行决策。随着管理者地位的提高，其面临的不确定性增大，决策的难度加大，非程序化决策的数量和重要性也在逐步提高，进行非程序化决策的能力也变得越来越重要。如面对2019年突发的中美贸易摩擦，中国与美国有贸易往来的企业如何采取有效应对措施就是非程序化决策问题。

越是符合理性原则的决策，越有可能应用程序化决策技术；完全依靠直觉判断的决策，则必然是非程序化决策。而在现实世界中，上述两种极端的情况都很少见，绝大多数决策问题都处在两者之间。

（五）按决策目标的数量划分

根据决策所要达到的目标多寡，可以将决策分为单目标决策和多目标决策两类。

单目标决策是指要达到的目标只有一个的决策。这种决策目标单一，比如，是否经销彩电的决策就只需要考虑能否获利。单目标决策的制定和实施较为容易，但大多带有片面性，如企业可能单纯地追求利润的最大化，但社会所倡导的往往是企业在追求利润最大化的同时，还应考虑社会责任等目标。

多目标决策是指要达到的目标不止一个的决策。在商务实践中，一个企业或组织的目标往往不是单一的，如上所述，企业不能单纯地追求利润目标，还要追求企业文化、企业社会形象、员工利益等目标。因此决策者在制定决策时，通常就要考虑多个目标，且诸目标常常又是相互消长或者矛盾的，这就使得多目标决策分析在商务决策分析中具有日益重要的地位，譬如投资的回报率与风险之间的关系，通常情况下回报率越高风险也会越大，而决策者一般都期望高回报低风险；又如消费者总希望购买的产品和服务是物美价廉的，但现实经常是物美却价不廉，或者是价廉而物不美。由于这些目标既相互联系，又相互制约，决策者就需要全面考虑各个目标之间的综合平衡，以求作出总体最优决策。实际中多目标决策比单目标决策更具有实用价值，决策目标向多目标发展，是决策发展的趋势。

（六）按是否有竞争对手划分

根据企业是否有竞争对手，可以将决策分为独立决策和互动决策两类。

独立决策是指本企业的决策对其他企业没有影响，其他企业的决策对本企业也没有影响。在独立决策分析过程中，决策者不受其他个体决策行为的影响，或者说其他决策者的行动及其产生的后果被视为外生于决策模型，仅作为其环境变量的一部分。比如，通用汽车公司决定 2020 年钢材的采购量，这就是一个独立决策问题，它只有一个决策主体（通用汽车公司）。虽然其钢材的采购量受制于许多其他因素的影响，但这些因素都是决策要素中的环境变量。由于独立决策只有一个决策主体，决策者只需考虑可能出现的不同自然状态，而不必考虑其他企业可能采取的策略。

互动决策，也称竞争型决策、对抗型决策、博弈决策。决策对方的决策就是本方的未来客观条件，反之本方的决策也是对方的未来客观条件，也就是说决策问题的自然状态之一是决策者不能控制的竞争对手，因而需要将其他决策者的行为视为内生模型。齐王与田忌赛马就是一个典型的竞争型决策案例。再比如企业营销策略的选择通常是在存在竞争对手的情况下作出的，决策者必须根据竞争对手的策略，选择其应对策略，或者相应改变其原有的策略，以求在竞争中处于优势。以上面的例子来说，如果研究的问题是通用汽车公司在 2020 年决定从宝钢采购的钢材量，这就是一个竞争型决策问题。因为这里涉及两家企业，这两家企业之间就存在博弈问题。通用汽车公司的采购会影响宝钢的生产及钢材的报价，而宝钢的生产与报价也会影响通用汽车公司的采购决策，这时两者之间的决策行为是相互作用的，所有决策者的行为都是模型内生的变量。

（七）按决策过程的连续性划分

根据决策过程的连续性，可将决策分为单项决赛和序贯决策两类。

单项决策，亦称静态决策，它所解决的是某个时点或某段时期的决策问题，只需作一次决策便可得到结果。例如要计划某种产品的年产量，则决策只有一次。

序贯决策，也称为动态决策、序列决策，是指一系列在时间上有先后顺序的决策，这些决策相互关联，前一项决策直接影响后一项决策。决策者关注的不是其中某一项决策的效益，而是这一系列决策的整体合理性，譬如企业计划要在未来五年内实现市场份额达到 30%的目标，则它一般会将总目标细化成每一年应达到的具体目标，并制定相应的行动措施；根据前一年目标的实现情况，对后一年的计划作出调整，直至总目标实现。经济活动中的决策大多属于序贯决策，在这些决策中往往有几个关键环节，可以把这些关键环节的决策分别看成单项决策。

（八）按决策过程是否运用数学模型来辅助划分

根据决策过程是否应用数学模型来辅助，可将决策分为定性决策和定量决策两类。

定性决策是指决策问题的诸多因素不能用确切的数量表示，只能进行定性分析的决策，如组织机构的设置、调整产品质量、环境污染对人体健康的影响等都属于定性决策问题。由于这类问题不能转化为数学模型，通常只能进行定性分析，所以解决这类问题，主要依靠决策者自身的素质，如逻辑思维能力和判断推理能力等。决策者可定性分析、推理判断，进而作出决策，重在对决策问题质的把握。

定量决策是指决策者能够利用统计学模型等数学方法进行定量分析的决策，重在对决策问题量的刻画。比如计划年产量、成本预算、资源配置等均属于这种决策。由于可以进行定量分析，这种决策能够比较容易地找出最优方案。现实中的许多决策问题常常介于定性决策与定量决策之间，定性中有定量，定量中有定性；并且定量分析往往是建立在定性分析的基础之上的，而定性问题也经常会转化成定量问题进行分析。

第二节　商务决策的原则、步骤与基本方法

一、商务决策的基本原则

决策分析的原则是指决策必须遵循的指导原理和行为准则，它是科学决策指导思想的反映，也是决策实践经验的概括。商务决策过程中需要遵循的具体原则多种多样，如悲观原则、乐观原则和最小后悔值原则等，而以下十一条基本原则是作出正确决策的重要保证。

（一）信息准全原则

准确、完备的信息是决策的基础，信息的质量决定着决策的质量，科学决策所要求的信息必须是准确、及时、适用的。决策者进行决策时，必须广泛收集与之相关的全面系统的信息资料，然后进行归纳、整理、分析加工，从而为正确的决策提供保障。决策者具有的有关决策对象规律性的知识和具体的情况、数据是决策的前提和必要条件。决策者首先应具有与决策对象相关的科学知识。如某从事商品销售的零售商，只有懂得价值规律和供求规律，才知道应选择销售供不应求的商品，以及合理确定所售商品的销售价格。其次，决策者还应了解有关决策对象本身的信息，及决策对象所处的外部环境的信息。零售商只有掌握了商品的市场销售情况、消费者偏好等外部因素，才能在基本规律的指导下作出销售哪些商品的决策；同时，为了促进对其所销售商品的宣传，它还应详细了解其所售商品的性能、规格功能用途等，此外它还应根据商品销售的反馈情况及时调整销售策略以应付不断变化的市场。可见科学的决策需要大量的信息，决策者必须具备收集、处理信息，以及筛选重要信息的能力，并对决策环境保持高度的警惕性和敏感性，以便及时掌握充足而可靠的信息，为正确决策提供有力的保障。

（二）科学性原则

决策应运用决策科学的理论，采用科学的决策方法和先进的决策手段。决策问题的

日益复杂化，使决策者仅凭自己的经验、直觉和智慧作决策变得越来越困难。决策科学化就是要求决策者在作出决策时必须以决策科学为依据，按照一定的科学程序和方法，排除个人的猜测、偏见或武断，通过决策科学我们可以掌握各种决策的一般原理、方法及基本规律，以达到提高决策质量的目的。决策科学性的基本要求表现在决策思想科学化、决策程序科学化、决策方法科学化和决策体制科学化。决策者必须善于运用各学科的知识，尤其是运用运筹学、计算技术、概率统计等方面的知识作出定量决策，并善于采用基于数学与自然科学的技术与方法选择方案（比如模拟、最优化、决策论、博弈论等），以提高决策的科学性。

（三）系统性原则

也称为整体性原则，它要求把决策对象视为一个系统，以系统整体目标的优化为主，协调系统中各分系统的相互关系。因此在决策时应该将各个小系统的特性放到大系统的整体中去权衡，以整体系统的总目标来协调各子系统的目标；坚持局部效果服从整体效果，当前利益服从长远利益；谋求决策目标与内部条件及外部环境之间的动态平衡，使决策在整体上最优或令人满意。就决策系统内部而言，决策主体必须紧密配合协调决策对象内部各个要素之间的关系及各决策环节之间的关系，统筹规划以满足系统优化为目标，强调系统的完整与平衡；就决策系统与外部环境的关系而言，决策主体必须使自己的决策目标与其所从属的更大的系统的要求、目标和规划相适应，以达到两者相互促进、共同发展的动态平衡，如企业的发展目标应符合社会的发展方向，有利于国家与社会的整体利益和公共利益。

（四）民主性原则

民主性原则是指决策机构集体决策之前应充分发扬民主调动决策参与者，甚至包括决策执行者的积极性和创造性，广泛听取各方面的意见，集思广益，共同参与决策活动，并善于集中和依靠集体的智慧与力量进行决策，尤其要注意听取不同的甚至反对的意见，从中吸取合理的内容。在当今社会一项重大决策涉及的领域之广，所包含的不确定性因素之多，结构形态之复杂，使得传统的权威个人决策体制逐渐被淘汰，取而代之的是一个充分发挥集体智慧，重视智能和信息作用的、现代化的民主决策体制。现代化的民主决策体制包括四个系统。一是信息系统，它收集、存储、处理和传递信息，为智能系统和决策系统提供综合的、及时可靠的信息，为正确决策奠定坚实的基础；二是智囊系统，它是一种由不同专家组成的、专门为决策服务的参谋咨询机构，它以大量可靠的信息为依据，充分利用经验和科学知识，分析、论证、制定和评估方案；三是决策系统，它对智囊系统提供的各种备选方案进行综合评价对比，择优作出决断；四是执行反馈系统，它协调方案的贯彻执行，并对方案的实施情况进行监督，将出现的问题及时反馈给以上各系统，再由各系统同心合力对方案作出修正，不断完善决策，并最终实现决策目标。这几个系统之间互不干涉又密切配合的关系，为及时地作出正确的决策并顺利地执行决策提供了可靠的保障。在这种新型民主决策体制下，所作出的决策是集体智慧的结晶，是科学的，因而也是符合实际的。因此，企业应坚持民主原则，实行民主决策，充分调动各系统、各类人员的积极性、主动性和创造性，以求高效率、高效益地解决决策问题，实现决策目标。

（五）方向性原则

也称为目标性原则。决策是在特定的环境条件下寻求优化目标和达到目标的手段。在商务决策中，决策的目标就是追求利益最大化或者损失最小化，即用最小的物质消耗取得最大的经济效益；或者以最低的成本取得最高的产量，获取最大的利润；或者占据最大的市场份额等。可见，如果没有目标也就无从决策。决策必须具有清晰、实际的具体方向和目标，并且这个方向目标应该具有相对的稳定性，一经确定下来，不宜轻易改动。

（六）未来性原则

也称为预测性原则。决策必然产生并存在于行动之前，其关心的是用什么样的方式去实现未来的目标，对已经发生的和正在发生的行动是不需要作出决策的，即便作决策也不会产生效果。因此，有效的决策必须面向未来。由于未来是不确定的，这就导致了决策必然具有风险。学习决策方法和技术的目的就是让我们在作决策时眼光更长远，更有洞察力；尽可能降低决策风险，以实现决策目标。简而言之，决策就是立足现在，把握未来。这就要求预测为决策提供有关发展方向和趋势的信息。预测是决策的前提和依据，科学决策必须用科学的预见来克服没有科学根据的主观臆测，防止盲目决策。决策的正确与否取决于对未来结果判断的正确程度。

（七）效益性原则

也称为经济性原则，指决策所花的代价和取得的收益之间的关系、投入与产出的关系。商务决策必须以经济效益为中心，并且要把经济效益同社会效益结合起来，以较少的劳动和物资消耗取得最大的成果，如果一项决策所花的代价大于所得，那么这项决策就是不科学的。具体而言，这里的效益包括两层意思。一是指决策所要取得的效益。决策的最终目的是合理地组织人财物等资源，以取得最佳的效益，只有成本耗费少，经济效益高，社会效益好的方案才是值得追求的方案。二是指决策过程本身的效益，决策者在进行决策时应尽量减少决策的时间，保证决策方案实施的及时性，同时降低决策的费用，提高决策过程的经济性。

（八）可行性原则

指任何决策方案在政策、资源、技术、经济等方面要合理可行，必须有客观条件作为保证，而不能单凭主观愿望。这是因为，比较选择后得到的最优方案尚处于思维阶段，只有将其付诸实践才能产生效果，而实践结果也会使决策者在认识上有所提升，进而修正决策，使得决策目标更有机会实现，所以决策必须进行可行性研究，且付诸实践，才有可能达到预期的效果。为此，决策者必须充分考虑人才、资金、设备、原料、技术等方面的限制，决策方案在技术、经济、社会等方面均应是可行的，这样才有现实意义。可行性分析是可行性原则的外在表现，是决策活动的重要环节，只有经过可行性分析论证后，选定的决策方案才是有较大把握实现的方案。可行性原则的具体要求就是在考虑制约因素的基础上进行全面性、选优性、合法性的研究分析。可行性研究需要从技术、经济及社会效益等各方面进行全面考虑，综合考虑决策方案实施的可行性。在决策中强调可行性，有助于降低出现决策失误而造成重大损失的概率。

（九）选优性原则

如果可供选择的决策方案只有一个，那么只需执行该方案即可，不需要进行决策。之所以要进行决策是因为有若干个可供选择的方案。从这个角度来讲，我们可以认为决策的过程就是选择最佳方案的过程。因此，决策离不开选择，没有选择也就没有决策。决策总是在一定的条件下寻求最优化的目标，以及达到目标的最佳行动方案。决策者应根据一定的价值准则，对决策目标和方案进行权衡和判断，以选出最优决策方案。但由于环境的不断变化，以及客观世界的复杂性，许多决策问题只能定性分析，或者以定性与定量相结合的分析方法确定决策方案，这样的方案可能只是满意的方案，而未必是经济最优的方案。

（十）行动性原则

在选定最优或满意方案之后，还必须通过制定策略、确定职能、配备人员、组织作业、安排日程等一系列具体的实施细则，把方案落实到具体的行动规划上，并付诸实施。落实不到行动上的决策是毫无价值的，只有把方案付诸实施才能检验决策的有效性及方案的可行性，必要时还需对原方案作出适当调整，才能实现决策目标。

（十一）反馈性原则

反馈性原则指将实际情况变化和决策付诸行动后的效果及时反馈给决策者，以便对方案及时调整。由于影响决策的主要因素是复杂多变的，而决策时又往往难以预料到一切可能的变化情况，因此在决策实施过程中，难免会出现一些意想不到的情况或新的问题，为了不断完善决策，始终保持决策目标的动态平衡，并最终真正解决决策问题、达到决策目标，就必须根据决策执行过程中反馈回来的信息，对决策进行补充修改和调整，必要时作出各种应变对策。所以在决策执行中信息反馈是非常必要的，如果决策付诸实施，但对执行情况既不检查也不汇报，那么决策就很难达到预期的效果。

二、 商务决策的步骤

决策分析是一个系统的过程，它是由科学的决策步骤组成的，科学的决策步骤又称决策程序，它反映了决策分析过程的客观规律，使决策过程更结构化、系统化和合理化，为进行科学决策提供了重要保证。由于决策问题的性质不同，具体的决策步骤也会有所差别，但一般来说，一个合理、科学的决策过程必须包括五个步骤：发现与分析问题，确定决策目标，拟定各种可行的备选方案，分析比较各备选方案、从中选出最优方案，以及决策的实施、反馈与调整。

（一）发现与分析问题

决策是为了解决组织所面临的特定问题，人们只有发现问题后才会去想办法解决问题，即为什么决策和决策什么。因此，问题的存在是决策分析的前提，决策者首先要研究组织的现状，发现存在的问题。这里所说的问题是指决策对象的现实状态与期望状态之间存在的、需要缩小或排除的差距。通常情况下发现问题有两种途径。一是在被动情况下出现的问题，这是一种人们事先没有预料到、但客观事物本身发展暴露出的迫使人们承认的问题；二是人们对现实进行主动检查而发现的现实状态与期望状态之间存在的差距，这是一种主动发现问题的情形。积极地发现并提出问题，可以使决策者以及决策者所在的团队摆脱被动，并不断开辟出新的发展道路和途径。

发现问题后应准确而具体地界定问题的性质、范围、程度、影响因素、后果、起因等各个方面。准确界定问题是分析问题的前提，能够将问题清楚地表述出来，特别是将其转化为数学形式，有助于问题被更加明确地分析和解决。此外，还必须根据已经界定的问题，设定问题的可能原因，并根据实际掌握的或进一步收集的事实资料，对假设的可能原因进行验证，以便查清问题的真相，抓住其本质去解决问题。在这个步骤中，应特别注意四个要点：一是主动地寻找和发现问题；二是全力抓住并解决主要问题，同时又不忽视次要问题；三是运用辩证逻辑思维，灵活全面地分析和把握问题，避免片面性；四是在原因分析中切忌凭个人好恶来选择资料或事实，那样容易得出符合个人意愿、却不符合客观事实的结论。

（二）确定决策目标

目标是在一定环境和条件下，决策系统所希望达到的某种结果，它为决策方案的拟定、评估和选择，决策的实施和控制，组织资源的分配和各种力量的协调等提供了标准，也是衡量问题是否得到解决的指标。首先，只有目标明确，方案的拟定才有依据；其次，目标决定着方案的选择，对方案的评估主要看其是否有助于实现目标，被选择的方案往往是最大限度地实现目标的方案，方案被证实或证伪也是以目标是否得以实现为依据。可见目标贯穿了决策过程的各个环节，在决策分析中具有至关重要的作用。

确定目标的一般步骤包括：首先，问题原因的发现是确定目标的重要途径，问题总有一定的原因，要解决问题就要消除造成问题的原因，因此就要把问题原因消除后决策系统可能达到的状态作为目标设想，但是决策目标的设立并不完全来自问题的分析和发现，如下级单位将上级单位指派的任务确定或具体化为自己的目标，决策者不满足于现状而提出的更高的目标等。其次，对从上级组织的要求、社会的利益、主观条件是否具备、客观条件是否允许等方面提出的目标设想，进行分析评价，根据评价结果确定具体可达目标。最后，区分目标的主次，确定其实现的优先顺序。

确定合理的决策目标应注意以下几点。第一，目标具有针对性。目标是拟定和选择方案的依据，也是衡量问题是否得以解决的标准，所以目标不能泛泛提出，必须针对所要解决的特定问题的关键症结。第二，目标的需要和可能性。决策分析的系统原则决定了决策目标的提出不仅是决策者或决策者所在组织的需要，还要与上级的要求相一致，并符合社会的需要；但并非需要的目标都有可能实现，决策者还必须考虑是否有条件实现目标，没有条件实现的目标，即使需要也只是空想而已。因此要确定合理的决策目标，必须把目标的需要和可能性结合起来。第三，目标必须具体明确。目标作为一个判断行动方案优劣的标准，其表述必须具体明确，一个目标只能有一种理解；目标要尽可能数量化，有些目标本身就是数量指标（如生产成本、销售额、利润率等），有些目标不是数量指标，但可以采用间接测定法，如产品质量可以由合格率、废品率等数量指标来表示。第四，明确目标的约束条件。确定目标时必须同时规定它的约束条件，如各类资源条件、时间限制、制度和法律政策的限制性规定等，约束条件说明得越清楚、决策的有效性和实现目标的可能性就越大，只有在满足约束条件的情况下达到目标的决策才算是真正成功的决策。第五，目标的体系性。目标不仅有层次之分，还有主次之分；在多层次目标体系中既有上一级目标，又有下一级目标，其中下一级目标必须服从上一级目标，不能与上一级目标相违背、相矛盾。不同级别的目标应分级落实，协调执行；同层次的目标也有主要目标和次要目标之分，主要目标是必须达成的目标，对于这类目标应明确约束条件，如将产品的产量作为决策目标应限定其最低产出量，并明确为实现目标所耗费资源的最高投入量等；次要目标是希望达成的目标，对于这类目标不必建立绝对的限制，只要表示出相对的要求即可。

（三）拟定备选方案

拟定方案就是寻找解决问题，实现目标的方法和途径。拟定备选方案是决策重要的一步，也是一个创新过程。决策者必须广泛收集与决策对象及环境有关的各种信息，拓展思路从多角度预测各种可能达到目标的途径，拟定出尽可能多的、可行的备选方案。拟定方案大致可包括三个步骤：一是寻找方案，在这个阶段应大胆创新，通过创造性思考和丰富的想象力去探求解决问题的各种可能方法和途径；二是设计方案，对寻找的方案进一步加工，填充实施细节以形成具有实际价值的具体方案；三是估测方案的结果，也就是预测各种方案在各种可能的自然状态下所产生的结果。

为了做好拟定方案的工作，应注意以下几点：一是保证备选方案的可行性，避免拟定、分析、评价不可行的方案，这样可以降低决策的成本，减少决策的时间，提高决策的效率；二要勇于创新，大胆探索，充分利用智囊系统及群众的力量，集思广益，善于倾听不同的意见，大胆地提出和采纳解决问题的新思路、新见解和新方法，拟定尽可能多的备选方案，增加选择最有价值方案的可能性。

（四）选出最优方案

根据预定的决策目标和评价标准对各个备选方案进行比较，从中选出最优行动方案，是决策分析过程中最为关键的一个步骤。从狭义上讲，选择方案就是作出决定，即通常意义上的“拍板”；从广义上讲，选择方案还包括对方案的分析与评价，因为只有在对各种方案进行科学而严密的分析与评价之后，方案的选择才有科学的依据，从而避免选择方案的盲目性。分析评价方案就是指根据决策目标和评价标准，对拟定的多个备选方案进行比较分析和评价，得出备选方案的优劣顺序，从中选出几个较为满意的方案供最后抉择。所谓评价标准，就是衡量备选方案是否达到目标的尺度，它通常体现为一组与决策目标相一致的数量化指标。评价标准有最优标准和满意标准之分，由于主客观条件的限制，满意标准更符合实际情况，是一种较为现实的决策标准。

选择方案是根据决策准则，在对各个备选方案进行分析评价的基础上，综合考虑它们的利弊得失，趋利避害，从中选出最优或某一方案的修正方案和综合几个备选方案得出的新方案。对方案的抉择在很大程度上取决于决策者自身的素质，如知识、能力、心理、偏好等。对于同样的决策问题，不同的决策者会因其自身能力及风险偏好的不同而倾向于选择不同的决策方案，而不同方案的执行效果可能有天壤之别，因此这一阶段要求决策者具备敏锐的洞察力和良好的分析判断能力，以确保方案抉择成功。

需要注意的是，最优决策方案不仅必须在技术上和经济上可行，而且应当考虑社会、政治、文化等方面的因素；还应考虑当环境发生预料中的变化时可以启用的备用方案，以避免临时仓促应变而造成混乱。

（五）决策方案的实施、反馈与调整

最优决策方案被选定后，决策分析过程还未结束，因为客观事物的发展变化特性及人们对客观事物认识的局限性决定了理论与实践之间总是存在差距，理论上的可行与否最终要经受实践的检验。要保证方案在实践上可行，必须将其付诸实施，在实践中检验其效果。

在方案实施过程中，最重要的是要对方案的实施进行追踪控制，针对实施过程中出现的新情况、新问题以及先前未曾考虑到的因素，对决策方案进行反馈、修正。[①] 对方案进行追踪控制并适时修正的目的是使决策分析过程接近实际，提高决策分析结果的科学性，增强决策方案的实用价值，以更好地指导人们的行动，避免错误决策造成的损失。对于重大决策，由于其实施往往需要投入大量人力和物力，如果出现决策方案或目标错误，全面实施决策就会造成巨大损失，因此应该在普遍实施之前对重大决策进行局部试验，以验证其可行性，通过试点证明确实可行再进行推广；对于那些不宜或无法进行试验的决策方案，则应在实施过程中加强管理与控制，发现问题及时反馈，以便在必要时尽快采取补救措施。

三、 决策失误与追踪决策

（一）决策失误

决策失误会造成巨大的浪费，给企业带来重创，甚至导致其破产倒闭。为从源头上避免决策失误，需要找出导致决策失误的可能原因。

1. 决策失误产生的原因。第一，决策权过分集中，不够民主。决策权集中于个人或少数人手里，多数办事的人无决策权；少数有权的人负担过重，其权利又不受限制，其他人都要对他们唯命是从，甚至形成对他们的人身依附；决策人滥用权力，脱离实际，脱离群众，在权力运行中必然导致下情难以准确及时地上达，上情也难以准确及时地下达，其结果是决策信息系统的失灵，决策失误就难以避免。第二，对决策权缺乏有效的监督和制约。决策过程也是权力运用的过程，对这一过程缺乏有效的监督和制约，就难免使权力脱离正确的运行轨道，导致决策者因私利而决策，为了使个人或小团体得到好处，不顾大局和企业未来，不考虑社会影响而擅自决策。第三，企业管理机制存在不科学、不合理的因素。管理机制对决策失误的影响主要体现在三个方面：一是企业单纯追求眼前利益，忽视长远发展；二是一些决策者的能力和职位不匹配，又急功近利；三是企业在选人用人上存在潜规则和腐败现象，导致庸人当政，压制了人才，致使人才无所用其力。第四，决策者素质不高，仅凭经验、感情决策。决策者的素质对决策科学与否具有直接的影响。决策者素质不高主要体现在以下几个方面：一是决策者缺乏责任意识，只求保位升官，主要心思在于搞好与上级的关系，对工作则是消极应付，或者作表面文章，不讲原则，不顾大局，不思进取，不负责任。二是决策者缺乏忧患意识，决策时优柔寡断，易错失良机；或者虽然作了方案选择，但没有落实或实施中未进行监督反馈，执行效果大打折扣。三是决策科学化程度不高。决策者缺乏现代管理科学的基本知识和基本理论，科学决策能力不强，凭经验、

---

① 如果主客观条件发生了重大变化，必须对决策目标和方案作出根本性修正，就要进行追踪决策。

凭感情办事。决策者需要学习决策科学与技术，制定规范的决策程序，以防止少数人仅通过阅览资料、档案等方式简单进行决策；防止决策者不进行实地调查，不询问各方意见，靠想象推论，靠猜测论证，武断地进行决策；防止决策者对获取的信息缺乏冷静的思考，不找出实质性的重要信息就作出决策。

2. 避免决策失误的措施。第一，不轻率拍板。西蒙认为，决策必须有严谨缜密的流程。因此，不可以轻视决策的程序问题，心血来潮轻率拍板。第二，重视反馈。决策付诸实施后，要监测其实施效果，根据反馈随时调整，确保决策目标的实现。正确的决策过程是不断调整、修正的过程。第三，坚持实践验证。重大决策应先在小范围内试行，以避免普遍推广时造成全局性重大损失。决策试验也可通过模拟试验（又称计算机仿真）进行。

（二）追踪决策

追踪决策是在方案实施过程中，当主客观条件发生重大变化或原决策方案存在重大失误时进行的一种补救性的新决策。表 9－1 列出了需要进行追踪决策的各种可能情况。

表 9－1　需要进行追踪决策的可能情况

	主客观情况均基本未变	主观或客观条件发生了重大变化
原决策正确	实施	追踪决策
原决策错误	追踪决策	追踪决策

资料来源：郭文强，孙世勋，郭立夫．决策理论与方法［M］．3 版．北京：高等教育出版社，2020：12.

追踪决策不同于一般性的决策修正，它是一种对原有决策的根本性修正；它也不同于正常决策，因为它具有一些独特的基本特征，如回溯分析、非零起点、双重优化、心理效应等。要作好追踪决策，必须抓住这些基本特征，具体如下：

1. 回溯分析。从原决策的起点开始，按照决策程序对原有决策的产生环境、主客观条件等逐步地进行客观分析，查找失误点及失误的原因，以便及时作出修正，使追踪决策建立在原有决策的基础之上。

2. 非零起点。追踪决策是在原有决策实施的过程中发生的，由于原有决策的实施对人财物的消耗，实施结果对决策条件及决策环境的影响，以及客观环境本身在不断地发展变化，追踪决策产生的时点，已不再是原有决策产生的那个时点。因此，追踪决策时应充分注意各种变化对决策过程的影响。

3. 双重优化。表现为：一是要在各个新方案中进一步择优，新方案应优于原决策方案；二是新决策优于原决策，追踪决策的预期执行效果应优于原有决策可能的执行效果。

4. 心理效应。尽量消除原有决策失误对内部造成的心理压力，使决策者在原有决策失误的情况下，能够再次以客观公正的、积极的心态进行追踪决策；同时应注意不要对外泄露有关决策失误及追踪决策的信息，以避免引起连锁的社会心理反应。强调心理效应的目的在于克服心理效应产生的负面影响，保证追踪决策的顺利进行。

四、 商务决策基本方法

从数学模型的运用程度来看，商务决策方法主要包括定性方法、定量方法、综合决策方法三大类。

（一）决策分析的定性方法

决策分析的定性方法是指决策者在占有一定的事实资料、实践经验、理论知识的基础上，利用其直观判断能力和逻辑推理能力，对决策问题进行定性分析的方法。当决策者掌握的数据不多，决策问题及其主要影响因素比较复杂，并且难以用确切的数量或数学模型表示时，决策者通常只能采用定性方法，凭借其个人的主观经验和分析能力，运用系统的、逻辑的思维方法把有关资料加以综合，进行定性分析、判断和推理。

决策分析过程中无法用数量表述的信息有很多，譬如产品的功效、广告的效果、管理的效率等概念，交通拥挤、生态平衡、环境污染等问题，都很难从量上加以界定或考虑其量的变化情况，只能作出性质上的判断。

决策分析的定性方法所需数据少，能考虑无法定量的因素，可利用决策者的丰富经验、专业知识及掌握的实际情况，综合考虑定性因素的影响，进行比较切合实际的分析和判断，简便易行，是一种不可缺少的、灵活的决策分析方法。不过，这种方法的准确程度主要取决于决策者的经验、理论水平、业务水平、信息掌握情况及其自身的分析判断能力，不同的决策者由于其理论水平及实践经验等不同，对同样的决策问题会作出不同的判断，得出不同的结论，取得不同的效果，所以这种方法不同于科学的定量计算，易受决策者自身素质的影响，准确程度难以把握。

（二）决策分析的定量方法

决策分析的定量方法是指决策者在占有历史数据和统计资料的基础上，运用数学和其他分析技术建立起可以表示数量关系的数学模型，并利用它进行决策的方法。现实中的很多问题都可借助这种方法进行分析，如企业生产中的配料下料问题，以及涉及总产值、利润额、产品生命周期的计算等。

决策分析的定量方法以调查统计资料和信息为依据，建立数学模型，可以对决策问题进行科学的定量分析，能从数量上找出符合决策者目标的最优决策。决策分析的定量方法是运筹学研究的主要内容，运筹学是为决策者提供定量的决策分析方法的工具；同时，电子计算机对复杂模型的处理，大大地减少了人们的计算工作量，更为决策分析的定量方法的广泛应用奠定了基础。但是这种方法不能充分考虑定性因素的影响，而且要求外界环境和各种主要因素相对稳定，当外界环境和某种主要因素发生变化时，定量分析的结果就会出现较大误差。

（三）综合决策方法

由于决策分析的定性和定量方法在使用上都有一定的局限性，为了使决策结果比较切合实际，并提高决策的质量，在实际工作中通常会把这两种方法结合起来应用，形成综合决策。

综合决策的必要性在于：一是在复杂的社会、政治、经济和军事等领域的问题中存在大量的非数量性指标，如社会和谐程度、政治倾向、经济发展水平、军事力量等，这些指标很难量化，通常只能进行定性分析；二是只有在对决策问题的内在规律性及其诸要素之间的因果关系进行大量透彻的定性分析的基础上，才能建立起数学模型进行定量分析；三是现实问题是复杂的，受多种因素的影响，通常我们得到的模型只是一个理想化的模型，因此按这个模型求得的最优解在实际中并不一定是最优的，必须加上定性的分析和实践，才能使决策符合实际，取得良好的决策效果。

因此定量分析必须与定性分析相结合，定性分析是定量分析的基础，定量分析可以使定性分析更加深入和具体化，两者应相互补充，取长补短，使决策分析过程逐步优化。

第三节 确定型决策分析

一、 确定型决策分析概述

（一）确定型决策的特点与步骤

确定型决策，也称为标准决策或结构化决策，是指决策环境完全确定、按照既定目标和决策准则选定方案的决策。确定型决策可采用单纯的选优法，根据已掌握的数据直接进行比较，选取所需方案；也可以根据问题需要建立与实际情形尽可能相符的数学模型，经过运算选出满意的行动方案。在确定型决策分析中，决策者对所决策问题的未来情况有着清晰的把握，决策过程的结果完全由决策者所采取的行动决定；决策的相关条件均能准确地列举，只有一种确定的自然状态，每种决策只可能有一种后果。确定型决策一般用于程序化的管理性和业务性决策，常见的例子包括企业在确定状态下的生产规模确定、库存管理、投资计划等。

确定型决策的特点是，决策问题只存在一种完全确定的自然状态。确定型决策分析需要满足以下四个条件：一是存在决策者期望达到的明确的决策目标，譬如收益最大、成本最小等；二是只存在一个确定的自然状态；三是存在两个或两个以上可供选择的行动方案；四是可以计算出各种方案在确定自然状态下的损益值。

由于确定型决策的自然状态只有一种，决策环境完全确定，问题的未来发展只有一种确定的结果，决策者只需通过分析、比较各备选方案的损益值，即可选出最优方案。例如，某跨国公司经过国际市场调查发现，其产品在欧洲市场供不应求，并且预计其需求量在今后五年内仍将维持上升趋势。那么在这种确定的自然状态下，公司只需拟定多个可行的备选扩产方案，然后通过分析、比较、评价，从中选出盈利最大或成本最小的方案并加以实施即可。

确定型决策分析通常包括以下步骤：第一步，明确决策目标，收集与决策问题相关的信息；第二步，确定存在的自然状态；第三步，列出可供选择的不同备选方案；第四步，确定损益函数；第五步，建立决策数学模型，通常给出决策表；第六步，确定决策准则，搜寻最优方案。

（二）确定型决策的方法

对于比较简单的确定型决策分析，只需列出决策表加以比较，无需进行复杂计算就可以直接选出最优方案。当备选方案很多时，由于运算量大，往往需要借助计算机进行处理。确定型决策方法主要有单纯选优决策法和模型选优决策法两大类。

1. 单纯选优决策法。是指决策问题的备选行动方案个数少，且所掌握的数据资料无需加工计算时，只要通过逐个比较就可以选出最优行动方案的决策方法。譬如，企业在考虑不同融资渠道的选择问题时，如果决策目标是融资成本最小化，那么只需简单比较不同融资渠道的利率，就可以选定利率最低的渠道进行融资。

2. 模型选优决策法。是指当决策对象的自然状态完全确定时，通过构建经济数学模型进行运算，选择出最优行动方案。该方法适用于很多领域的决策问题，并且可供选择的具体分析方法和模型也很多，从而构成了许多具体的模型决策方法，其中最为常用的有盈亏平衡分析决策法、线性规划决策法和价值效益评价决策法等。

二、 盈亏平衡分析决策法

（一）盈亏平衡分析决策法的概念与功能

盈亏平衡分析决策法，又称为量本利分析法，是指利用投资项目生产中的产量、成本和利润三者间的关系，通过测算项目达到正常生产能力后的盈亏平衡点，得到盈利区间和亏损区间，借以考察、分析项目承担风险的能力。所谓盈亏平衡点，指的是项目在正常生产条件下利润为零的产（销）量。此时，项目收入等于项目成本，企业处于不盈不亏的临界状态。盈亏平衡分析方法就是对企业总成本和总收益的变化进行分析，找出其盈亏平衡产量，据以作出合理的决策，使企业获得最大的经济利益。盈亏平衡分析决策法具有如下功能：一是研究产量变化、成本变化和利润变化之间的关系；二是确定盈亏分界点的产量；三是确定企业的安全边际。所谓安全边际就是指企业预期销售量与盈亏平衡点销售量之间的差额，差额越大，企业越能经得起市场需求波动的冲击，企业经营风险也就越小。

（二）线性盈亏平衡分析决策法

线性盈亏平衡分析决策法源自管理会计中企业的市场决策问题。短期来看，企业决策者要经常面临生产多少的决策问题，这就需要对总收益与总成本进行对比分析；长期来看，企业决策者要设法确定企业生产的临界产量，从而发挥企业的资源优势，提高要素的生产效率。线性盈亏平衡分析法就是指，在假设产品的生产量等于销售量、单位产品的可变成本不变、单位产品的销售价格不变以及企业生产的不同产品可以换算为单一产品计算等前提下，对企业总成本和总收益的变化作线性分析的一种方法。其目的是掌握企业经营的盈亏界限，确定企业的最优生产规模和最佳生产经营方案，以使其获得最大的经济效益。

1. 线性盈亏平衡分析决策法的假设条件。线性盈亏平衡分析决策法建立在以下假设条件的基础上：第一，假定企业或者项目的总收益和总成本都是产量的线性函数。生产总成本按其性质不同可区分为固定成本和变动成本，其中固定成本是指在一定产销量范围内生产总成本中不随产品产销量增减变动而变化的那部分成本（譬如线性法计提的折旧等）；变动成本则指在一定产销量范围内生产总成本中随着产品产销量变化而成正比例变动的那部分成本（如直接材料费、计件工资等）。在一定产量范围内，单位产品固定成本是可变的，且与产品产量呈反向变化；单位产品变动成本则不随产品产销量的变化而变化，是一个常数。生产总成本、变动成本均表现为产销量的线性函数，即总成本等于固定成本加变动成本，也等于固定成本加单位变动成本和产销量的乘积。第二，假定在决策时间段内，产品销售量与生产量相等，即市场出清。第三，假定产品或服务的固定成本和单位售价在企业决策时间段内保持不变，因而销售收入等于产品销售单价与产销量的乘积。第四，假定企业生产或提供的是单一产品，如果同时生产多种类似产品，则需要把几种产品组合折算为同一种产品。第五，应取正常生产年度的数据，即达到设计生产能力水平的年份的数据。

2. 线性盈亏平衡分析决策法的实施。采用线性盈亏平衡分析决策法需要建立公式，通过在各个分析指标之间建立某种线性关系，来分析项目的经济价值。

若 TR 表示企业总收益，TC 为总成本，P 为产品销售价格，Q 表示产品的产量，F 为固定成本，v 表示单位变动成本。根据上述假定，企业总收益和总成本可分别表示为：

$$TR(Q) = PQ$$

$$TC(Q) = F + vQ$$

设 Q^* 为企业盈亏平衡产量，则 $PQ^* = F + vQ^*$，可解得：

$$Q^* = \frac{F}{P - v}$$

因此，若产量 Q 大于 Q^*，企业获得正利润；反之，若 Q 小于 Q^*，企业亏损。

（三）非线性盈亏平衡分析决策法

现实经济活动中，很多决策问题研究的变量之间并非线性关系，譬如总收益和总成本不一定是产量的线性函数，产品销售价格可能随着产量的变化而改变。成本也可能不是产量的线性函数。这时就需要使用非线性盈亏平衡分析决策法。非线性盈亏平衡分析决策法是指通过非线性模型、盈亏平衡图、盈亏平衡表等，分析总成本和总收益的变化情况，确定企业经营的盈亏界限，以便作出合理的决策。

例如，假设企业总收益、总成本与产量之间具有如下非线性关系：

$$TR(Q) = P_1Q + P_2Q^2$$

$$TC(Q) = F + v_1Q + v_2Q^2$$

根据上述关系，可以绘制出非线性盈亏平衡分析图 9-1。显然，当 $Q_1 < Q < Q_2$ 时，企业获得正的利润；当 $Q < Q_1$ 或 $Q > Q_2$ 时，企业亏损。

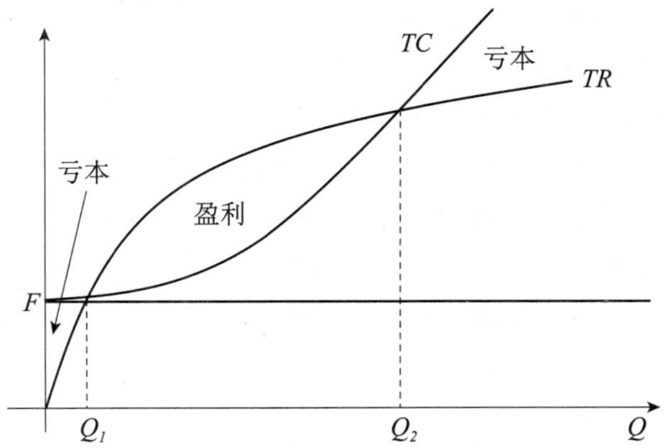

图 9-1 非线性盈亏平衡分析

三、线性规划决策法

（一）线性规划决策法的思路

线性规划模型旨在研究一定的线性约束条件下，使决策者拟定的某个线性目标最优化的问题。该方法的应用始于20世纪30年代末。近年来，随着电子计算机技术的发展和新兴技术的应用日益广泛，线性规划已成为解决商务管理问题必不可少的手段之一。

线性规划决策法通过寻找一个能使目标达到最大或最小值，并能满足一组约束条件的决策变量值，以达到最优决策效果。应用该方法时的思路如下：首先，识别决策问题是否为线性规划问题。这主要看决策目标是否是线性函数，即决策目标是否可以表示为未知变量的线性函数，该线性函数被称为决策问题的目标函数。根据具体问题来决定该目标函数是达到最大值或是最小值。其次，确定约束条件。此类问题会存在一定的限制条件（约束条件），而且这些限制条件通常可以用一组未知数的线性等式或不等式来表达。最后，建立线性规划的数学模型。建立数学模型，就是把实际决策问题定量地表示成数学方程的过程。

（二）线性规划模型的基本结构

1. 决策变量。是指决策者对决策问题需要加以考虑和控制的因素，也是需要求解的未知因素。这类因素越多，决策者对问题的控制程度就越高，模型也就越能够反映实际情况。

2. 约束条件。是指实现企业决策目标的限制性因素或条件，它对实现目标起到约束作用，如企业生产能力、资源数量等。根据限制性因素对企业生产能力和资金管理的约束要求与影响不同，约束条件的数学表达形式一般有三种：大于或等于、小于或等于、等于。其中，大于或等于、等于两种多用来表达效益性指标或经济合同的需求约束要求，而小于等于多用来表达资源供应约束要求。同时，需求值或供应值与决策变量之间的关系是简单的线性不等式或等式关系。此外，决策变量为非负值也是约束条件之一。

3. 决策目标。是单目标的最优值，如客货运周转量、利润等指标的极大值，燃料和材料消耗、成本、费用、时间、距离等的极小值，且目标值与决策变量之间的关系也是线性关系，称为线性目标函数。

（三）线性规划模型的特点和基本步骤

线性规划模型的主要特点可以归结为四点：其一，有确定的单一决策目标和明确的约束条件；其二，决策的约束条件用线性不等式或等式表达；其三，决策目标函数是目标值与决策变量之间的线性函数；其四，所有决策变量均为非负。

建立线性规划模型的基本步骤包括：第一步，明确管理问题，确定决策目标，分析约束因素；第二步，根据资料建立包含一组线性约束条件的等式或不等式，以及最优线性目标函数表达式的数学模型；第三步，对数学模型进行求解和验证；第四步，进行优化后的分析。

四、价值效益评价决策法

价值效益评价决策法，也称为计分模型决策法。为实现某个选定的目标，拟定了m种方案，n为评价每个方案的所有性能的个数。w_j表示第j种性能所占权重，r_{ij}为第i个方案、第j种性能的计分数。T_i为第i个方案的总价值，则有：

$$T_i = \sum_{j=1}^{n} w_j r_{ij}\ ,\ i = 1,2,\cdots,m$$

通常，将价值效益的大小作为决策准则，并据此选出最佳方案。由于价值效益评价决策法只有一个确定的自然状态，所以也属于确定型决策问题。

第四节　风险型决策分析

一、风险型决策的特征与条件

风险型决策是指未来各种自然状态的发生具有不确定性，但根据以往的经验可以确定每种自然状态发生的概率，决策者可以据此进行决策。由于决策者无论选择哪个方案都要承担一定的风险，所以这种决策被称为风险型决策。

风险型决策就是利用不同方案在不同可能自然状态下的概率值，乘以相应的方案在可能自然状态下的损益值，计算出不同备选方案的期望效益值并进行比较，从而选出最优方案。风险型决策所依据的准则主要是期望损益准则；处理风险型决策的常用方法是期望值法，即选择期望收益最大或期望损失最小的方案。风险型决策一般应具备以下条件：一是具有决策者期望达到的明确决策目标；二是存在可供决策者选择的两个或两个以上可行的备选方案；三是存在决策者无法控制的两种或两种以上的自然状态，如气候变化、市场行情、经济发展动向等；四是能够确定不同行动方案在不同自然状态下的损益值；五是决策者能估计出不同自然状态发生的概率。通常风险型决策中利用的概率有客观概率和主观概率两种。其中，客观概率是一般意义上的概率，可来源于频率估计，通常是由自然状态的历史资料推算或按照随机试验的结果计算出来的，例如每条生产线上的次品率。主观概率则是决策者基于自身的学识、经验作出的对某一事件发生的可能性的主观判断。在很多场合下，人们缺乏有关自然状态的历史资料，也无法通过大量独立的随机试验去取得资料，难以用频率或一定的理论分布来估计客观概率，因此有必要引入主观概率。决策者必须具备相关的知识和经验，才能给出主观概率的合理估计。

二、风险型决策的准则

(一) 最大可能性准则决策

最大可能性准则决策是指在决策中选择概率最大的自然状态，忽略其他概率较小的自然状态，然后比较各备选方案在这种概率最大的自然状态下的收益值或损失值，选取收益最大或损失最小的方案作为行动方案。需要注意的是，如果在一组自然状态下，某一自然状态出现的概率比其他自然状态显著更大，而损益值差别又不是很大时，采用最大可能性准则决策的效果较好。但如果自然状态较多且各自出现的概率相差不大，不同方案损益值的差别又较大时，采用这一准则的效果则未必好，有时甚至会导致严重失误。

(二) 期望值准则决策

由于各种方案在不同的自然状态下收益情况不同，决策者就必须考虑各种结果对决策的影响。期望值准则决策就是在考虑各种结果对决策的综合影响的情况下，选择其中期望值最大的方案作为最优方案的一种决策方法。其决策步骤是：首先，列出决策收益表，以决策收益表为基础，根据各种自然状态的概率计算出不同方案的期望损益值；然后，从期望损益值中选择最大的值所对应的方案作为最优方案。决策时只要各种自然状态出现的概率是已知的，无论是根据资料计算，还是根据主观估计获得，若决策者认为这些概率是可以利用的，那么就可以运用期望值准则进行决策。

期望损益决策方法只适合解决单级决策问题，即只有一个决策点的问题。从统计学的角度来看，以期望值作为选择最佳决策方案的依据具有一定的科学性和合理性，然而并不能防止在个别偶然情况下出现较大的偏差。这种方法掩盖了偶然情况下的损失值，因此具有一定的风险性。此外，由于状态概率的预测会受到许多不可控因素的影响，因而基于状态概率预测结果的期望损益值可能同实际情况不一致，即产生一定的误差。

三、 决策树分析方法

期望损益决策方法只适合解决单级决策（即只有一个决策点，只需决策一次即可完成）的问题，决策树分析方法既适合单级决策问题，也适合多级决策（即有两个或两个以上决策点，需多次决策才能完成）问题。决策树是功能强大且相当受欢迎的一种分类和决策工具，决策树法以树状图形作为决策模型，在此模型上进行计算，决策过程十分形象和直观，可以使决策者按照科学的推理步骤，周密思考各种相关因素，将决策问题演绎为树形图方式加以展示，可以让更多人了解决策过程和决策依据，便于集体讨论，有利于决策过程中集思广益。对于复杂的风险型决策问题，用决策树法进行决策效果比较好，特别是对于多级决策问题尤为方便。

不过，决策树法在本质上仍然是一种期望值决策方法，决策树法的决策依据依然是各个方案的期望损益值，只是表达形式有所不同，它利用树状图形来表达决策分析问题，在决策树上进行计算和决策分析，选择最优决策方案。

（一）决策树的概念

决策树是对决策过程的一种图解，它是在已知各种自然状态发生概率的基础上，把各种备选方案可能出现的自然状态及损益值绘制成树状图，即决策树。

决策树法是一种典型的分类方法，首先需要对数据进行处理，并利用归纳算法生成包含可读规则的决策树，然后使用决策树对新数据进行分类，以建立选择最优方案的过程。

（二）决策树的绘制

按问题所给信息，从左至右绘制决策树。决策树一般包含决策节点和方案枝、状态节点和概率枝、结果节点，具体常用以下符号表示：

“□”表示决策节点，从这里引出的分枝为方案枝，在分枝上要标明方案名称；对几种可能方案进行分析，选择最佳方案。如果决策属于多级决策，则决策树的中间可以有多个决策节点，决策树根部的决策节点为最终决策方案。

“○”表示状态节点，从这里引出的分枝为状态分枝或概率枝，在每一分枝上应标明状态名称及其发生的概率，概率枝的概率表示可能的相应自然状态发生的概率；状态节点代表备选方案的经济效果（期望值），通过各状态节点的经济效果对比，按照一定的决策标准就可以选出最佳方案。

“△”表示结果节点，指各种自然状态下所取得的结果（如损益值），在有些决策树中该符号可以省略。

（三）决策树的绘制步骤

第一步，绘出决策节点和方案枝，在方案枝上标出对应的备选方案；第二步，绘出状态节点和概率枝，在概率枝上标出对应自然状态出现的概率值；第三步，计算方案的损益期望值，在概率枝的末端标出对应的损益值，这样就是一个完整的决策树；第四步，对损益期望值进行比较并且选优，选取最优期望值，填在决策节点上，相应方案即为最优方案。

决策树的基本图形如图 9－2 所示。

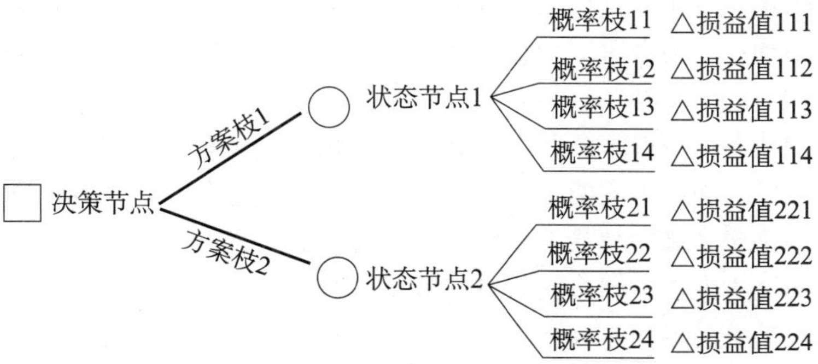

图 9－2 决策树的基本图形

（四）决策树的剪枝

运用决策树来作决策的过程是从右向左逐步进行分析，根据右端的损益值和概率枝上的概率值，计算出期望值的大小，确定方案的期望结果，再根据不同方案的期望结果，选择最佳决策方案。计算完成后开始对决策树进行剪枝。剪枝就是给决策树瘦身，在每个决策节点删去除最高期望值以外的其他所有分支，最后逐步推进到第一个决策节点，这时也就找到了问题的最佳方案。方案的舍弃称为修枝，最后的决策节点留下一条树枝，即最佳方案。

1. 预剪枝。在构造决策树时，需要根据具体情况进行预剪枝。方法是在构造的过程中对节点进行评估，如果某个节点的划分不能带来准确性的提升，那么对这个节点进行划分就没有意义，这时就应把当前节点作为结果节点而不对其进行划分。

2. 后剪枝。在生成决策树之后，根据具体情况再进行剪枝。通常会从决策树的结果节点开始，逐层向上对每个节点进行评估，如果剪掉某个节点子树，与保留该节点子树在分类准确上差别不大，或者剪掉该节点子树能够带来准确性的提升，那么就可以对其进行剪枝。

第五节 不确定型决策分析

一、不确定型决策的特征与条件

不确定型决策，又称为非标准化决策或非结构化决策，是指决策者在各种自然状态出现的概率无法预测的条件下所作的决策。在进行不确定型决策时，决策者的主观意志和经验判断具有主导地位，同一个决策问题可以有完全不同的选择方法。

不确定型决策不同于确定型决策。确定型决策中每个备选方案都有唯一的确定结果，因而只要目标明确，决策者就可以作出精确的决策；不确定型决策中某一事件或活动在未来可能发生，也可能不发生，且发生状况、时间及其结果的概率均未知，也就是其发生概率无法预测。由于无法预先估计和预测各种可能状态发生的概率，决策者只能根据其经验和态度进行决策。

不确定型决策也不同于风险型决策。风险型决策中的风险是概率分布已知情况下的后果随机型，而不确定型决策中自然状态的概率分布是未知的，甚至有无随机规律都不清楚，因而其后果具有难以预测性。风险型决策与不确定型决策都面临两种或两种以上的自然状态，不同在于前者对每种自然状态的出现概率已知，后者则对即将出现的自然状态概率未知。

不确定型决策问题一般需具备以下条件：一是有一个希望达到的目标，如收益最大或损失最小；二是存在两个或两个以上的行动方案；三是存在两种或两种以上的自然状态，然而既不能确定未来哪种状态必然发生，又无法获得各种自然状态在未来发生的概率；四是每个行动方案在不同自然状态下的损益值可以计算出来。对于不确定型决策问题，根据不同决策者的不同心理状态、风险偏好可以归纳出一些常用的不确定型决策准则，主要包括乐观决策准则、悲观决策准则、折衷决策准则、等可能性决策准则和后悔决策准则等。

二、 不确定型决策的准则

（一）乐观决策准则

乐观决策准则，也称为最大最大收益准则，是指决策者在决策时对客观情况持有一种乐观态度的准则。它假定决策对象未来的情形是最理想的状态占优势，因此先计算出在未来各种自然状态下每种方案的最大收益，再从这些最大收益值中选出最大值。与这个最后选中的最大值相对应的方案就是决策者选定的方案，即“好中求好”决策准则。这种决策准则的指导思想是，决策者不放过任何一个可能获得最好结果的机会，反映了决策者喜欢冒险、乐观的态度。乐观决策准则的一般步骤如下：第一步，确定决策问题的各种可行方案及面临的各种客观情况及自然状态；第二步，确定决策问题的备选方案；第三步，计算、比较各备选方案在不同自然状态下的收益值；第四步，选出每个备选方案的最大收益值；第五步，取最大收益值中最大值对应的备选方案作为最优方案。

（二）悲观决策准则

与乐观决策准则相反，悲观决策准则是决策者在决策时对未来状况持悲观态度的决策准则，也称为最大最小收益准则。这种决策的主要特点是对现实方案的选择持有保守原则。决策者唯恐决策失误造成较大的经济损失，在进行决策时比较小心谨慎，总是假定未来是最不理想的状态占优势，因此从最不理想的结果中选择最理想的结果，即“坏中求好”准则。悲观决策准则表现了决策者的一种谨慎态度：决策者对客观情况持悲观态度，总认为不会万事如意，所以为安全起见，总是把结果估计得很不利，在各种最坏的条件下又试图从中找到最好的方案。决策者以最不理想状态下的最好收益为依据进行决策，通常要放弃最大利益，但由于决策者是从每一方案的最坏处着眼，因而其风险也较小。悲观决策准则的一般步骤如下：第一步，确定决策问题的各种可行方案及面临的各种客观情况及自然状态；第二步，确定决策问题的备选方案；第三步，计算比较各行动方案在不同自然状态下的收益值；第四步，计算每一行动方案的最小收益值；第五步，选取最小收益值中收益最大的方案作为最优方案。悲观决策准则只考虑了最不利的情况，因此是一种比较保守和稳妥的办法。一般情况下在外部环境变化莫测，各种方案损失差别较大而获利差别较小，或者决策者无法承受较大亏损时，选择使用这一准则比较合适。

（三）折衷决策准则

折衷决策准则，又称乐观系数准则，是介于悲观决策准则与乐观决策准则之间的一个准则，即决策者对未来前景既不抱悲观保守的态度，也不冒风险持过于乐观的态度，而是采取折衷的态度，用一个乐观系数对每一方案的最大收益值和最小收益值进行加权平均，求得一个折衷的收益值。折衷决策准则步骤为：首先，确定乐观系数；然后选出每一方案的最大收益值和最小收益值；继而求出折衷收益值；最后选出折衷收益值中的最大值，这个最大值所对应的备选方案即为最优方案。

（四）等可能性决策准则

等可能性决策准则是指决策者在决策时对客观情况持有同等态度的一种准则。该准则认为，决策者面对一个决策问题时，在没有原始资料和数据来估计各种自然状态发生概率的情况下，就只能认为它们发生的机会是相等的。因此，决策者应当不偏不倚地对待所有可能发生的自然状态。如果有 N 种自然状态，则每种自然状态发生的概率均应被视为 1/N。据此可以计算出每种方案的平均收益值并进行比较，选择与最大平均收益值对应的备选方案为最佳方案。等可能性准则考虑了所有状态下的各种可能结果，意味着决策者比较重视全局，追求最大的平均收益。

等可能性决策准则的实质在于应用了期望值概念，假设未来各自然状态的概率是相等的，在等概率条件下期望收益值最大的方案即优选方案。因此等可能性决策准则的决策目标同风险型决策问题一样，都是期望收益值最大。

等可能性决策准则的等概率假设并不完全是一种人为假设，它对不确定型决策问题采用了一种反证求解的思维方法。当某一种状态呈现明显的优势和劣势时，这种状态存在的可能性是容易确定的；若各种自然状态发生的可能性不容易或不能确定，那么全部自然状态中就没有明显的优势或劣势状态，即各种自然状态发生的可能性相差不大或近似相等。

（五）后悔决策准则

后悔决策准则是指通过计算各种方案的后悔值来选择决策方案的一种决策准则。该准则以避免决策者将来对自己的选择感到后悔为原则。在决策时，当某种自然状态可能出现时，决策者必然首先选择收益最大的方案，如果决策者由于决策失误，没有选择这一方案而是选择了其他方案，就会感到后悔，两个方案的收益值之差就是后悔值。实际出现的状态可能达到的最大值和决策者得到的收益值之差越大，决策者的后悔程度也就越大。于是，可以用每种状态所能达到的最大值（称为该状态的理想值）和其他方案在同一状态下的收益值之差定义该状态的后悔值向量，对每种状态求得后悔值向量后可构成后悔值矩阵。对后悔值矩阵的每一行及对应的每个方案求出其最大值，然后在这些最大值中选出最小值所对应的方案即最优方案。后悔决策准则的一般步骤如下：第一步，将每种自然状态下的最大收益值指定为该状态的理想目标值，将此最大收益值与该列各个元素的差值作为达到理想目标的后悔值；第二步，从各种自然状态下各种方案的后悔值中找出最大后悔值；第三步，从最大后悔值中选出最小值，与该最小值相对应的方案就是所选择的决策方案。

本章参考文献

［1］郭文强，孙世勋，郭立夫．决策理论与方法［M］．3 版．北京：高等教育出版社，2020：1－109.

［2］李永立，樊治平，姜艳萍．大数据与商务决策［M］．沈阳：东北大学出版社，2020：1－7.

［3］刘思峰，菅利荣，米传民．管理预测与决策方法［M］．3 版．北京：科学出版社，2017：146－236.

［4］洪金珠，诸葛斌，袁非牛．统计决策方法与应用［M］．北京：清华大学出版社，2021：1－141.

［5］Abraham W. Contributions to the Theory of Statistical Estimation and Testing Hypotheses［J］. *Annals of Mathematical Statistics*，1939（4）：299－326.

［6］Barnard C I. *The Functions of the Executive*［M］. Cambridge，Massachusetts：Harvard University Press，1938.

［7］Neumann J V，Morgenstern O. *Theory of Games and Economic Behavior*［M］. Princeton：Princeton University Press，1944.

第十章

国际企业营销的产品、渠道与网络营销

第一节　引言与概念界定

一、引言

营销不仅仅是一个概念，更是一个业务过程，它涉及一系列行动。Jerome McCarthy (1960)[①] 提出了一个新的营销概念，将营销行为称为 4P：产品（product）、价格（price）、地点（place）和促销（promotion）。1981 年布姆斯（Booms）和比特纳（Bitner）在 4P 的基础上增加三个“服务性的 P”，即人（people）、过程（process）、有形展示（physical evidence）。1984 年菲利普·科特勒（Philip Kotler）提出大市场营销理论，把 4P 扩展为 6P，加上两个 P：权力（power）和公共关系（public relations），他认为两者可作为企业开展营销活动的可控因素加以运用，为企业创造良好的国际市场营销环境。1986 年科特勒在 6P 的基础上增加到 11P，增加的五个 P 是调研（probe）、分割（partition）、优先（priority）、定位（position）、员工（people）。在 11P 中，科特勒把产品、价格、渠道、促销称为战略 4P，把调研、分割、优先、定位称为战术 4P，权力和公共关系两个 P 有利于突破通往目标市场的障碍，而最后一个 P 即员工贯穿于企业营销活动的全过程，是实施前 10 个 P 的保证。

20 世纪 90 年代以来，营销理论和方法有了新的发展。Robert. F. Lauterbon（1990）在《4P 退休，4C 登场》[②] 一文中提出 4C 理论，以消费者需求为导向，设定了市场营销组合的四个基本要素：即消费者（consumer）、成本（cost）、便利（convenience）和沟通（communication）。21 世纪初，Don E. Schuhz（2001）在 4C 营销理论的基础上提出 4R 营销理论，4R 是指关联（relevance）、反应（reaction）、关系（relationship）和回报（reward）。菲利普·科特勒指出，营销理念的形成基于四大要素，即目标市场、客户需

---

① 麦卡锡（McCarthy）于 1960 年在《基础营销》第 1 版中，第一次提出了著名的 4P 营销组合模型。

② Lauterbon R F. 4P Retirement，4C Debut [J]. *Advertising Age*，1990（5）.

求、整合营销和盈利能力。这种以需求中心理论为指导的营销理念的形成，标志着市场营销的成熟，也孕育了营销管理理念的萌芽。

营销管理究竟是管理什么呢？有学者说是终端客户管理，所有的营销管理都应该围绕终端进行，没有终端购买，就什么都没有。Leonard L. Berry（1983）首次提出了关系营销的概念，并将其定义为“吸引、维持和加强客户关系的营销理念”。客户关系管理的兴起推动了企业营销战略重点从产品生命周期向客户关系生命周期的转变（Neeli Bendapudi and Robert P. Leone，2003）。齐佳音、韩新民和李怀组（2003）认为，客户关系管理可以有效降低企业的经营风险，从而提升企业的盈利能力。

也有学者说营销管理就是管理产品和定价，因为营销的最终目的是销售产品，获得高额利润。品牌建设是产品管理中非常重要的一部分。Clive Helm 和 Richard Jones（2010）指出品牌价值依赖于企业、客户和其他利益相关者之间的互动，而品牌管理会直接影响他们互动的效果。产品价格不仅影响销量，而且直接影响企业的收入。动态产品定价是最优定价与最优产能或库存决策之间的权衡，最终提高企业的经营绩效（Zuo-Jun Max Shen and Xuanming Su，2007）。

还有人说营销管理就是对经销商的管理，经销商被认为是企业生存和发展的基础。营销渠道决策是企业管理面临的最重要的决策，企业选择的渠道将直接影响其他所有营销决策。只有对经销商（代理人）进行适当的激励，他们才会为生产企业（委托人）的利益服务。激励机制将大大提高代理人为委托人利益行事的可能性（Kathleen M. Eisenhardt，1989）。

然而，随着营销的大众化逐渐被个性化所取代，营销载体更加多样化，层出不穷的新营销模式正逐渐成为理论研究的焦点。其中最具代表性的概念是网络营销。学者们从不同角度研究了网络营销的各种载体和形式。Cheng，Dale 和 Liu（2013）以 YouTube 为例指出，短视频具有用户基数大、流量范围大、社交灵活等特点，可以更好地帮助商家变现。Holliman 和 Rowley（2014）认为，社交内容营销是一种及时创造并分享能引起人们注意的相关信息，促进社会消费者在正确的时间购买产品或服务，从而促进其商业行为的营销方式。

因此，营销管理是一项系统工程，非常复杂。本章将从国际企业市场调研和细分入手，重点介绍国际企业产品管理、国际企业分销渠道管理、国际网络营销等核心内容。

二、 国际营销与营销管理

营销是企业识别尚未被满足的需求和愿望，通过评估需求、选择企业可服务的目标市场并决定服务于目标市场的合适的产品、服务和计划的活动。Philip Kotler（1971）从社会营销角度出发，将营销定义为一种使个人或群体通过创造和交换产品和价值来满足其欲望和需求的社会过程和管理过程。Warren J. Keegan（1995）指出：国际营销是一个组织将其资源（人力、物力和财力）和目标集中在全球市场的机遇和挑战上的过程。营销管理是指为实现企业或组织的目标，与目标市场建立和保持一种互利的交换关系，对设计项目进行分析、策划、实施和控制。营销管理的本质是需求管理，即对需求的程度、时间和性质进行有效调控。在营销管理的实践中，企业通常需要事先设定市场需求的预期水平，但实际的市场需求水平可能与预期水平不一致。这就需要企业营销管理者根据不同的需求情况采取不同的营销管理对策，进而有效地满足市场需求，保证企业目标的实现。

三、分销渠道

分销渠道又称营销渠道或贸易渠道。Philip Kotler（1984）对营销渠道的定义为：某种货物或劳务从生产者向消费者移动时取得这种货物或劳务的所有权或帮助转移其所有权的所有企业和个人，包括中间商、生产者和消费者。简而言之，分销渠道是一种相互依赖的组织，它促进产品或服务的顺利使用或消费。Bert Rosenbloom（1995）认为分销渠道是由外部的合同组织组成的，这些组织不能通过渠道管理来实现分销目标。在生产者和消费者之间，一个具有营销能力的独立组织与生产者或独立组织达成协议，在预定的市场上向消费者销售产品和服务，就可以说建立了营销渠道。Berry Berman（1996）提出，分销渠道是一个有组织的网络系统，由代理商和机构组成，它们通过执行连接生产者和消费者的所有活动来完成营销任务。Louis W. Stern（1996）将分销渠道解释为一系列相互合作的独立组织，以确保产品或服务的顺利使用或消费。Coughlan 和 Ansary（2001）研究发现，分销渠道是由相互依赖的组织组成的，这些组织致力于推广产品或服务，以供使用或消费。Stern（2001）研究发现，渠道是由一群分工广泛的专业组织组成的，每个成员都在一定程度上依赖于其他成员。如果一个成员更依赖其他成员，后者就有更大的权力。这导致了大量关于渠道权力、控制、合作等问题的研究。渠道关系的本质是上下游企业为了保持持续的竞争优势和超额利润而建立的联盟。

虽然上述对分销渠道的定义各不相同，但总的来说，它们有三个共同点：

第一，分销渠道由一系列相互依赖的独立组织组成。按照 Berry Berman（1996）的说法，这些独立组织包括消费者、制造商、批发商与零售商，以及营销研究企业、仓储公司、运输公司、保险公司、银行、广告公司和咨询公司等等。多个主体并存的结构，决定了营销渠道的效率并不只取决于渠道中某一个组织或机构，而是取决于所有成员的相互配合。

第二，分销渠道的运作是一个过程而不是一个事件，这一过程包括从产品、服务提供商到最终消费者之间的所有活动，这些活动具有多样性、继起性。

第三，分销渠道中相互独立的成员通过契约联结在一起而共同运作一个过程的目的，是促使一个产品或服务能够被使用和消费。

四、网络营销

国外对网络营销的研究起步较早。Ward Hanson（2000）第一次系统地介绍了互联网给营销带来的深刻变化，揭示了网络营销的基本原理，阐述了网络营销的框架和具体实施策略。Thomas Malone（2003）首先提出了网络营销的概念，并将其分为狭义和广义。狭义网络营销是指利用电子销售过程，卖方寻找潜在买方并了解其需求，而买方寻找潜在卖方并了解其产品的销售情况。从广义上讲，网络营销是指在信息技术的支持下进行的各个方面的商业活动，这些活动不仅包括购买和销售，还包括设计、制造和管理。Robert Fisher（2005）将网络营销定义为“通过在线活动建立和维护消费者关系，协调和满足企业与消费者交换概念、产品和服务的需求的活动”。彭纯宪（2010）将网络营销定义为“以互联网为媒介，以新的方式、方法和理念实施营销活动，更有效地促进个人和组织交易活动的实现的一种新的营销模式”，网络营销是企业整体营销战略的重要组成部分。

网络营销的概念主要有三个基础：整合营销、直复营销和软营销。整合营销是一种将各种营销工具和手段系统化结合的营销理念与方法；直复营销是一种互动营销系统；软营销强调企业在开展营销活动时必须重视消费者的感受和体验，使消费者主动接受企业的营销活动。可以看出，网络营销是数字经济时代的一种新的营销理念和营销模式，是传统营销在网络时代的延伸和发展。网络营销以消费者为导向，具有便捷性、虚拟性、服务性、成本低、速度快、无时空限制等特点，强调个性化服务，能够更有效地促进个人和组织交易活动的实现。

第二节　国际目标市场选择

目标市场是企业打算进入的市场。目标市场的选择是企业制定相关营销策略的基础。国际目标市场的选择是在国际目标市场细分的基础上，对各个细分市场进行比较和评价，并从中选择合适的市场和目标客户群体的过程。

一、国际市场环境因素

国际市场环境是指在国际市场中影响企业国际化经营活动的各种相互依存、相互补充、又相互制约的外部条件或因素的组合。国际市场环境主要分为六个方面，即自然环境、经济环境、政治环境、法律环境、社会环境和文化环境。这些环境因素及其内涵如表 10 - 1 所示。

表 10 - 1　国际市场环境因素及其内涵表

环境因素	主要内容	具体内涵及表现
自然	地理位置	与本国的距离，与重要原材料产地的距离，与重要交通运输线路的距离，与市场的距离等
	资源禀赋	能源、土地等各种生产要素的拥有量
经济	经济发展阶段	人均国内生产总值，研发状况
	经济体制	政府参与经济运行的程度
	产业状况	主导产业，产业布局，产业结构
	市场发育程度	对外贸易水平，利率水平，主要货币及汇率水平，国际收支状况等
	基础设施	交通系统，通信系统，生活服务系统等
政治	政府效率	相关政府部门的工作效率，政局稳定性，政策连续性，目标国与其他国家的国际关系
	政治体制	目标国的政权组织形式，选举制度等

续表

环境因素	主要内容	具体内涵及表现
法律	法律的完备性	相关的法律、法规是否健全等
	法律的保障性	法律的执行效率，司法机构的组成，法律法规的连续性等
社会	教育水平	文盲率，初级教育普及程度，高等教育普及程度，师生比等
	人口	人口数量，人口的性别比例，人口的种族分布，人口的地理分布，人口的年龄分布等
	社会稳定性	刑事案件发生率，离婚率等
文化	语言与文字	目标国使用的语言与文字系统，与母国语言文字系统的接近程度
	社会习俗	传统节日，当地的禁忌，其他的风俗习惯等
	宗教	目标国内的宗教数量、种类、信仰人数，宗教信仰人数的地区分布、职业分布等
	价值观	目标国社会对重大事件的观点和评价

二、 国际目标市场细分

市场细分是指企业营销部通过市场调研，根据消费者需求欲望、购买行为和购买习惯的不同，将某一产品的市场划分为若干个消费群体市场的分类过程。每一个消费群体都是一个细分市场。国际市场细分主要按照宏观和微观两个层面进行。

（一）国际市场宏观细分

国际市场宏观细分是指将整个国际市场按照一定的标准划分为若干个子市场，每个子市场都具有一定的共同特征。

1. 地理条件。这种细分方法是基于同一个地区的国家有着相似的文化背景，所以在消费行为和购买动机上有很大的相似性。例如，国际市场分为北美洲、西欧、东欧、中东、南亚、东南亚、东亚、拉丁美洲、非洲等市场。

2. 经济标准。国家或地区的经济发展水平直接决定消费者的购买力。常用的经济标准包括人均国民生产总值、人均国内生产总值、进出口贸易额、对外贸易依存度等，按照这些标准，国际市场可以分为发达国家市场、欠发达国家市场和发展中国家市场，或工业化国家、中低收入国家等子市场。

3. 社会和文化标准。居民的消费习惯受文化的影响很大。根据文化对国际市场进行细分，有利于企业的营销决策和国际市场的拓展。诸如语言、教育、宗教、审美、价值观和人生观等文化成分可以构成国际市场的细分标准。但是，由于世界上文化类型众多且不同文化之间的关系复杂，很难对世界上所有不同文化类型的市场进行分类，更难以针对所有文化类型制定相应的市场进入策略。而且，有时仅仅用文化作为市场细分的标准是不可行的。以宗教为例，巴基斯坦和沙特阿拉伯都坚持伊斯兰教义，但两国经济差异导致很难对它们采用共同的营销策略。因此，在运用文化标准对国际市场进行宏观分割时，还应综合考虑一些其他细分变量，如经济、地理等，以避免单一文化变量造成的国际市场细分误区。

4. 组合标准。采用组合标准进行市场细分是企业根据市场潜力、竞争力和风险对每个目标市场进行分析，每个市场可以分为18类。具体指标见表10-2。

表10-2 市场细分组合标准

细分标准	影响因素	指标
市场潜力	企业产品或服务在目标市场的潜在销量	人口规模、经济增长率、实际国民生产总值、人均国民收入、人口分布、消费模式等
竞争力	内部因素	国内市场占有率、拥有的资源、拥有的技术和设施、经营能力、管理水平等
	外部因素	主要竞争对手竞争力、替代产品产业竞争力、国内外产业结构等
风险	政治风险，财务风险，经营风险，影响利润、资金流等经营成果的各种因素	东道国政治环境以及与其他国家之间的政治关系、投资风险、收汇风险、流动性风险、市场风险、法律风险、政策风险、消费者偏好的变化等

采用组合标准进行国际市场细分有许多优点。第一，该方法比较全面地反映了多个目标市场的环境。第二，该方法侧重于产品营销，有利于扩大目标市场。第三，这种方法会单独调查风险，更符合实际情况。第四，这种方法比较全面，每一个维度都是由多个因素组成的，所以每一个方面都是多个因素的综合衡量。例如，国民生产总值和收入水平本身都不足以代表整个国家的市场潜力。组合标准也存在不易操作、营销成本高等固有缺陷。因而这种方法只适用于个别产品的市场层面，而不是整个企业层面。

（二）国际市场微观细分

在对国际市场进行宏观细分后，企业选择某一国家作为目标市场，进入市场之前，需要基于消费者的需求差异对该国市场进行微观细分，使企业最终的目标市场更具体、更精确。国际市场微观细分可分为消费品市场微观细分和工业品市场微观细分两类。

1. 消费品市场微观细分标准。主要有四个因素。（1）地理因素：根据消费者所处地理位置的市场潜力、竞争程度、消费者特征等进行细分。（2）人口因素：根据消费者的家庭结构、性别、年龄、婚姻状况、教育水平、职业、收入水平、种族、宗教等进行细分。（3）心理因素：企业根据消费者的心理特征，如理性或感性、强制性或任意性、独立性或依赖性、内向型或外向型、保守性或激进性、成就欲望等造成的个性特征以及价值观和生活方式等进行细分，例如女鞋市场可分为现代型、简约型、大众型、特殊型等子市场。（4）行为细分：根据消费者的购买习惯、消费模式等特点进行细分。如根据消费者所追求的效用，将洗发水市场细分为去屑止痒、控油防脱、柔顺水润等子市场。根据使用频次，将香水市场划分为非用户、前用户、潜在用户、首次用户和经常用户五个子市场。

2. 工业品市场微观细分标准。有四种划分方法。（1）消费者所在的行业和部门，如生产制造、公用事业或政府机构。不同行业的需求不同，根据行业的特点进行细分可以使企业更好地满足目标市场的特殊需求。（2）消费者的规模。消费者的规模决定其购买力和购买方式，如根据规模将市场细分为大客户、小客户等子市场。（3）购买机构及产品的特性。工业品市场的购买属于团购，大企业参与购买决策的人更多，小企业参与购买决策的人较少；参与大型设备采购决策的人更多，而参与低价值原材料采购决策的人较少。（4）消费者的地理位置，如气候、交通条件、水电设施等。

（三）国际市场细分的注意事项

需要指出的是，要使市场细分合理有效，必须注意以下几个方面：第一，国际市场细分中变量的数量取决于消费者需求特征差异的大小。对于消费者需求特征差异较小的产品或服务，可以使用单一变量进行细分。如果消费者需求特征差异较大，应采用双变量或多变量进行细分。第二，国际市场细分的变量并非越多越好。使用过多变量来细分一个市场，每个子市场就会太小，企业的营销活动效率会相对低下。第三，及时对市场细分进行动态调整。国际市场上的消费者需求和竞争对手状况一直在变化，企业应随时关注收集消费者需求及竞争者动态变化信息，必要时调整市场细分。

三、国际目标市场营销策略

（一）无差异营销策略

企业以同一种商品适应市场细分后各个子市场的共同需要。采用这一策略，要求企业采取规模化的生产方式和标准化的经营方式，建立广泛的销售渠道，制定统一的广告内容，提供统一的标准化产品，从而在消费者心目中树立企业所提供产品或服务的清晰形象。由于这一策略只关注消费者需求的同质化，因而可以支付较低的经济成本，但其缺陷也随之而来，即忽略了不同消费者之间的需求差异，因此可能失去很多市场机会。一旦多家企业在同一行业内采用这一策略，竞争将日趋激烈。在现实中，只有少数企业采用这种策略。

（二）差异化营销策略

为了满足消费者的差异化需求，在市场细分的基础上，企业针对不同的目标市场生产不同的产品，实施不同的营销策略组合，以提高市场占有率。这种策略的优势在于能够塑造差异化的产品形象，满足不同类型消费者的需求，赢得更多的客户。同时，差异化策略能够摊薄企业的经营风险，提高企业的危机应变能力。如通用汽车根据不同的国际消费者的目的和性格，生产不同类型和型号的汽车，以满足其不同的需求。但是这种策略会造成企业生产、营销和管理成本大大增加，企业的营业收入会受到影响。一般来说，只有少数管理高度分散的大型企业才有能力采用这种策略。

（三）集中营销策略

集中营销策略是企业选择最多的策略。在前两种营销策略中，企业面向的市场是整个市场或大部分子市场，而采取集中营销策略的企业则在市场细分后，选择一个或几个细分市场作为目标市场，集中进行市场营销，以获得竞争优势，领先市场。这种策略在深刻了解特定细分市场需求的基础上，实行针对性管理，向特定的子市场提供最好的产品和服务，产销集中可以有效降低经营成本。其不足之处在于目标高度集中，经营风险较大。因此，采用这一策略的企业需要仔细分析，找到正确的方向。许多国际企业倾向于瞄准国际市场的几个部分，实行多样化策略以降低风险。

四、国际目标市场定位策略

国际目标市场定位是根据竞争对手在目标市场的市场地位以及消费者的需求偏好，塑造企业在国际目标市场的整体形象并传递给目标消费群体。这里的整体形象是指产品形象、品牌形象、服务形象、信用形象等方面的综合形象。

（一）回避定位

回避定位策略是指企业实力相对较弱，不足以挑战竞争对手，因而将产品定位于某处市场空隙，避开直接对抗，开拓新的领域。它要求企业以产品不同于竞争对手产品的特点来进行推广，从而形成消费者对产品的特殊认识。美国生产的汽车车型大、油耗高，而日本则更多地将产能集中于生产体积小、油耗低的汽车。在石油价格持续飙升的情形下，省油的日本小轿车出口量剧增，日本超过美国成为世界最大的汽车生产国和出口国。

（二）竞争定位

如果企业自身实力较强，与竞争对手实力相当，就可将产品定位在靠近竞争者或与其重合的位置。这种竞争定位策略要求企业通过将产品与竞争对手产品的相似特性进行比较，建立消费者对产品的感知和印象，如百事可乐针对可口可乐的定位。

（三）重新定位

企业根据调查消费者偏好的变化或竞争对手的策略，采取特定的市场营销组合，改变目标消费者对其的原有形象。问世于1924年的万宝路（Marlboro）香烟初创定位是女性烟民的知己，表示对女性烟民的关怀，菲利普·莫里斯公司把万宝路香烟的过滤嘴染成红色，以期广大爱美女士为这种无微不至的关怀所感动，从而打开销路。但是市场并没有企业预想的那样热情。它温柔气质的广告形象没有给女性烟民带来多少吸引力，反而“像五月的天气一样温和”显得过于文雅，而且对女性气质的附和使得广大男性烟民望而却步。万宝路重塑市场定位，不再以女性为需求对象，而是转变为男性，在广告中强调万宝路的男子气概，最后聚焦美国牛仔的形象。这种产品市场的重新定位，为万宝路带来了巨大的财富。现在，万宝路每年在世界上销售香烟3 000亿支，每抽掉四支烟，就有一支是万宝路。

（四）逆向定位

在竞争激烈的国际市场上，如果企业的竞争对手比自己更有实力，就可以考虑逆向定位。这种定位是利用有较高知名度和声誉的竞争对手来引起消费者对自己的关注、同情和支持，以达到在市场竞争中占有一席之地的效果。逆向定位的核心是出奇制胜，抢占反向存在的空白市场。泰宁诺止痛片当时面临的困境是阿司匹林的“一统天下”，如果正面竞争肯定“死无葬身之地”，于是泰宁诺定位于“非阿司匹林的止痛药”，显示其药物成分与以往的止痛药有本质差异，结果异军突起，迅速占据一席之地。

第三节　国际企业产品管理

一、全球品牌管理

美国市场营销协会将品牌定义为：“一种名称、术语、标志、符号或设计，或它们的组合，用以标识一个或多个卖方的产品或服务，并将其与竞争对手的产品或服务区别开来。”① 品牌价值对企业的影响经久不衰，而产品由于较易被对手模仿，可能很快进入衰退期。

品牌管理的目标是在消费者心中建立起个性鲜明的、清晰的品牌联想。其主要职责为：制定以品牌核心价值为中心的品牌识别系统；以品牌识别系统统领和整合企业的一切价值活动；优选高效的品牌化战略，不断推进品牌资产的增值并且最大限度地合理利用品牌资产。

（一）全球化品牌管理的优势

1. 提高品牌价值。对于走出去的品牌来说，最明显的优势是能在全球市场上接触到更多的潜在消费者，从而提升品牌影响力。随着一家企业向全球扩张，品牌本身成为其最大的资产。品牌享誉全球，吸引更多的消费者和爱好者，销量和品牌价值自然上升。

2. 获得更多的市场机会。全球品牌价值越高，消费者越愿意消费。因此，全球化的品牌管理有助于企业战胜当地的竞争对手，获得更多的市场机会。

3. 取得更好的投资收益。全球品牌也倾向于为营销和品牌投资创造更多空间。国际品牌不必针对不同的市场发起多个单独的营销活动，而是可以针对每个地区发起一个单独的营销活动。企业通常把所有广告预算都集中在雇用国际机构上，以汇集全球最优秀的人才，力求成本更低、效率更高、投资收益更好。

4. 建立品牌意识。国际品牌也常常成为企业地位和产品质量的象征。此外，全球品牌战略加强了身份认同。通过适应每个地区，品牌在不失其本质的情况下赢得了消费者的信任，并加强其在各地区的影响力。

5. 提高议价能力。随着一个国际品牌在市场上声望提高，它的议价能力也随之提高。这有助于该企业在与供应商、消费者和合作伙伴的谈判中获得一个强有力的地位。

（二）实施全球品牌管理的步骤

1. 勾勒出品牌的精髓。首先，可以将品牌现有的有形和无形的人力、物力和财力用事实和数字表示出来。然后，根据目标描述需要增加哪些人力、物力和财力来丰富品牌的本质，挖掘包括消费群体信息、员工结构、投资者与战略合作伙伴关系、企业性质、市场特征、竞争结构等在内的品牌的理性因素。

2. 掌握品牌的核心。全球品牌管理放眼全球，因而，在理解现有品牌的核心时，还要细致刻画品牌的感性因素。包括了解其文化渊源、社会责任、消费者的心理和情感因素。

3. 寻找品牌的灵魂。消费者喜欢去星巴克并不仅仅因为它是一个咖啡厅，而且因为他们可以在那里享受除工作场所和生活居所之外温馨舒适的第三空间。消费者追捧星巴克，青睐的不仅是咖啡，更是情调。所以品牌不是产品或服务本身，而是它留给人们的想象和感受。因此，有必要升华品牌的灵魂，为品牌找到与众不同的策略。

4. 培育和维护品牌。品牌的形成很容易，但维护品牌是一个非常困难的过程。没有

---

① 美国市场营销协会（American Marketing Association）在1960年出版的《营销术语词典》中首次对品牌作出定义。

好的维护策略，品牌就无法成长。很多品牌只靠广告投入大量资金来增加消费者资源，但由于不知道品牌管理的科学流程，成名之后不再关注消费者需求的变化，所以无法提供一流的服务，失望的消费者只能转而选择其他品牌。

二、 国际企业产品标准化和本地化

（一）国际产品标准化的竞争优势

国际企业的产品标准化是指将一种产品提供给世界不同国家或地区的所有市场。国际企业产品标准化的竞争优势主要体现在：

1. 实现规模经济。大幅减少研发、产品设计、生产及包装各方面的重复成本，从而提高销售利润率。

2. 树立产品在世界的统一形象。提高产品风格的一致性，包括功能、设计、品牌名称和包装，创造具有全球共同印象的产品，可以帮助消费者识别企业产品，从而提高整体销量。

3. 保证企业对全球营销进行有效控制。国际营销范围广，市场多。如果产品种类较多，每种产品可获得的营销资源都比较少，难以对营销活动进行有效控制。实施产品标准化，企业可以在少数产品上投入相对丰富的资源，保证其对营销活动的控制力。

（二）国际产品本地化调整的竞争优势

产品本地化是指企业根据不同国家或地区的市场需求的差异，提供略有不同的产品。国际企业产品本地化调整的竞争优势主要体现在：

1. 准确满足当地消费者的需求。国际企业在按国家细分市场时，应该意识到不同国家的经济和文化差异，这将导致不同国家的消费者对产品的需求不同。只有融入目标市场国家的文化，才能准确地满足当地消费者的需求。

2. 形成强大的行业进入壁垒。如果新进入者要参与行业竞争，就必须扭转消费者对品牌的信任，克服原有产品独特性的影响，这增加了新进入者进入行业的难度。

3. 降低消费者对价格的敏感性。国际企业对产品进行本地化调整，导致消费者缺少可比产品，降低了消费者对价格的敏感性。

4. 减弱消费者的议价能力。如果实施产品差异化策略，消费者需要支付更高的转换成本，这使其依赖于原来的企业从而议价能力被削弱。

（三）产品标准化和本地化策略的选择

企业在制定产品标准化和本地化战略决策时，需要考虑以下因素：

1. 市场需求特征。如果国际企业目标市场的需求表现出同质化的特征，那么选择产品标准化战略不仅可以满足消费者的需求，还可以节省生产、销售和管理成本。相反，企业应采取本地化战略，以满足不同国家或地区消费者的不同需求。

2. 行业特点和产品特点。信息技术等新兴产业，以及钢铁、散装化工、半导体芯片等行业的国际企业，往往通过产品标准化进入全球主要市场，以规模经济降低成本，获得丰厚利润。然而，在快餐、娱乐休闲等传统服务行业，国际企业需要运用产品本地化策略对全球市场进行细分，并根据不同国家消费者的不同偏好对不同国家的产品进行调整。

3. 文化差异。在产品设计中要注意文化心理特征，以适应不同文化所在国消费群体的偏好。

4. 企业国际营销推广阶段。当企业进入国际市场时，通常首先采取产品标准化营销策略开拓国际市场，然后在适应东道国环境的基础上逐步实现本地化。采用标准化的营销策略可以有效降低国际市场的进入壁垒，以较低的产品成本及时进入国际市场，扩大市场份额。如果初期就实施本地化会使产品成本和进入成本过高，难以启动国际市场。

5. 企业的能力。这里的企业能力是指国际企业实施产品标准化和本地化营销策略的能力，它直接决定了企业在国际市场上的活动范围和营销能力。此外，企业能力与其消除文化壁垒的能力也有一定的关系。当企业具有有效消除跨文化差异的能力时，它就有足够的能力满足当地消费者对产品的本地化需求，从而提高本地化程度。

6. 企业实施的竞争战略。一般来说，以成本领先战略为竞争战略的企业应该以产品标准化策略进入国际市场，以差异化策略为竞争战略的企业应该实施产品本地化策略，否则就会产生战略转换成本，增加国际营销的风险。

7. 企业本身的组织结构。标准化意味着运营控制更加集中，通常在企业总部，而在本地化策略指导下，总部的决策更多地下放给地区经理。因此，中心化的企业更有可能采用标准化的国际营销策略，而分散化的企业更有可能采用本地化营销策略。

在条件允许的情况下，国际营销者应该全球化思考，本地化行动，既不完全标准化，也不完全本地化。例如，许多企业会将它们的产品设计标准化，以实现规模经济的生产，但在不同的市场调整它们的广告活动和营销渠道，以满足当地市场的需求。

三、 国际产品市场定价

在国际贸易中，定价也更加困难，因为各国货币不同，贸易壁垒众多，成本考虑进一步增加，分销渠道往往更长。要想在国际市场上取得成功，价格起关键作用。

（一）影响国际产品市场定价的因素

1. 产品或工业的性质。对于专业产品或具有技术优势的产品，企业在定价上有更大的灵活性。当企业对某一产品（如微软的操作系统软件）拥有相对垄断的权力时，它们往往能够要价较高。

2. 生产机构所在地。将生产环节设在劳动力成本低的国家，可以降低价格；将工厂设在主要市场或附近，可以降低运输成本，有效规避汇率波动带来的风险。

3. 分销体系类型。如果一家企业依靠外国独立经销商出口，一旦经销商为了达到自己的目标大幅提高价格，就会损害制造商的市场形象及其定价策略。相比之下，如果企业的国际化依赖于通过国际直接投资建立的企业控制的海外营销分支机构，则管理层可以保持对定价策略的控制。如果一家企业直接向终端用户销售产品，那么它不仅可以控制价格，还能根据市场条件的变化迅速调整价格。

4. 国外市场情况。国外的各种市场因素（如气候等自然条件）可能导致企业投入更多的资金，如运输鲜活食品到气候炎热地区需要制冷，势必增加企业的运输成本，因而企业必须设定更高的价格。此外，东道国政府的干预如征收关税也会推动价格走高。

（二）国际企业产品的价格调整策略

1. 产品提价策略。由于国际市场供求和竞争关系的变化，产品的价格也在不断发生变化。除了追求更高利润外，还有一些其他因素导致企业不断提高产品价格。（1）通货膨胀。世界范围内持续的通货膨胀使企业的成本不断增加。成本的增长与生产的增长不对称，使出口企业的外汇收入减少，迫使许多企业定期提高价格。为了应对世界上普遍存在的通货膨胀趋势，企业调整价格的方法有很多：待定价格，合同签订时企业暂不制定价格，而是在产品生产或交付时确定最终价格。这种定价策略在工业建筑、重型机械设备制造等行业中普遍采用；签订短期合同，或者在长期合同中增加价格调整条款，即企业在合同中规定，在一定的时间内（通常到交货时为止），可以根据一定的价格指数（如原材料和劳动力价格指数）进行调价；将产品供货和定价分开处理，在通货膨胀和物价上涨的情况下，企业不改变产品的原价，而是把以前免费提供的一些服务单独定价，不计入原价范围，这实际上提高了产品的价格；提高起订量标准，降低价格折扣，削减正常的现金和数量折扣，并限制销售人员以低于标价的价格签订合同；淘汰那些实际利润较低的产品；对于成套出口的系列产品，中间可以增加一些高利润种类；降低产品质量或降低产品功能和服务，企业采用这种策略可以在短期内获得一定的利润，但可能会影响其声誉和形象，降低消费者的忠诚度。（2）供不应求。企业的产品不能满足所有消费者的需求。公司必须提高价格或限制供应，或同时采取两种措施。（3）市场竞争。在国际营销的实践中，企业会考虑竞争对手的价格或产品而提高价格。企业产品在竞争过程中，一旦在消费者心理上建立了某种差异化优势，企业就可以考虑提高价格。但是此时涨价一定要在消费者能够承受的范围内，并且能够保持消费者的忠诚度。如果价格提高过多，企业可能会失去差别优势，消费者会根据价格转向竞争对手的产品。

2. 产品降价策略。基于市场情况的多变性，企业有时会提高产品的价格，有时也需要适当降低产品的价格。以下情况可能导致产品降价：（1）供过于求。当国际市场上的产品供过于求时，企业可以通过各种手段改进产品、增加促销活动或者采取其他措施来增加出口。当其他方法都失败时，可以考虑降低价格。（2）竞争加剧。国际市场竞争瞬息万变，一旦市场上出现强大的竞争对手，企业的市场份额势必下滑。在这种情况下，企业应适时调低价格，以具有竞争力的价格销售，从而保证市场占有率。（3）成本优势。当进入国际市场的成本低于竞争对手的成本时，企业一般会考虑通过降低价格来扩大市场或提高市场占有率，从而增加销量，淘汰竞争对手。要特别指出的是，企业在采取降价策略之前，必须考虑到降价对整个产品线的影响以及对企业利润的影响。由于价格往往被视为产品质量的象征，产品价格降低可能会导致消费者对其的认可度下降，继而影响该产品线其他产品的销售。

第四节　国际企业分销渠道管理

一、国际企业分销渠道结构

分销渠道是指企业通过一定的方式或手段将其产品或服务转移给国际市场最终消费

者的各个环节和渠道，即生产者与消费者之间的基本联系。理想的分销体系应该是灵活的，能够随市场环境的变化在短期和长期市场中进行调整。

一个国际分销系统至少有三个基本要件：制造商（服务提供者）、中间商和最终消费者。制造商和消费者分别位于分销系统的起点和终点。当企业采用不同的分销策略进入国际市场时，产品或服务从制造商向消费者的转移会经过不同的中间商，从而形成不同类型的国际分销结构。

（一）国际分销渠道的长度

分销渠道的长度由商品在整个流通过程中所经过的流通环节或中间层次的数量决定。商品通过的流通环节或中间层次越多，分销渠道就越长。可分为直接渠道模式、短渠道模式和长渠道模式。

1. 直接渠道模式。直接渠道也称零级渠道，是指产品不经中间商转手，由制造商直接销售给消费者的渠道类型。零级渠道适用于大型或高值产品，以及技术复杂、服务高度专业化产品的销售。如飞机、高铁产品及服务。

2. 短渠道模式。短渠道是指产品从制造商到消费者的过程中只经过一个环节的分销渠道，一般有产需直接见面和中间经过零售商两种形式。短渠道模式有利于加快商品流通，缩短产品生产周期，增加产品竞争力；有利于减少货物的损耗，从而有效降低流通成本。短渠道更适合在小范围内销售产品（服务）。短渠道适用于专业产品、生鲜商品和大件商品。

3. 长渠道模式。长渠道是指产品通过两个及两个以上的中间环节到达消费者的渠道。长渠道模式可以有效覆盖市场，从而扩大产品销售，有利于产品的异地购销，调节过剩和短缺，在全社会范围内沟通供需。但由于环节多，销售成本增加，不利于制造商及时获取市场信息，迅速抢占市场。长渠道模式适合在更大范围、更多细分市场销售产品（服务），适用于不易腐烂、不易磨损、价格较低、技术要求不高的产品。

（二）国际分销渠道的宽度

分销渠道的宽度是指在渠道的各个层次（或某一区域）中使用的同一类型的中间商的数量。制造商选择更多的同类型中间商在同一层次销售其产品的策略称为宽渠道策略，否则称为窄渠道策略。

1. 广泛分销渠道策略（密集分销）。指在某一市场中尽可能多地选择中间商从事产品分销，尽可能拓宽分销渠道。适用于价格低、购买频率高、一次性购买数量较少的产品，如日用品、食品等标准化程度高的产品。

2. 选择性分销渠道策略。指在市场上选择部分优秀中间商经营本企业产品。适用于消费品中的选购品、特殊品以及工业品中专业性较强、用户较固定的设备和零配件等。

3. 独家分销渠道策略。指企业在一定地区、一段时间内只选择一个中间商经销或代理，并授予其独家代理权。适用于消费品中的特殊产品，尤其是名牌产品。

消费品、工业品和服务的总体渠道结构如图 10 - 1 所示。渠道可以是从制造商到消费者的直接渠道，也可以是由几个中间商组成的多层次渠道，每个中间商负责一个特定的目标。

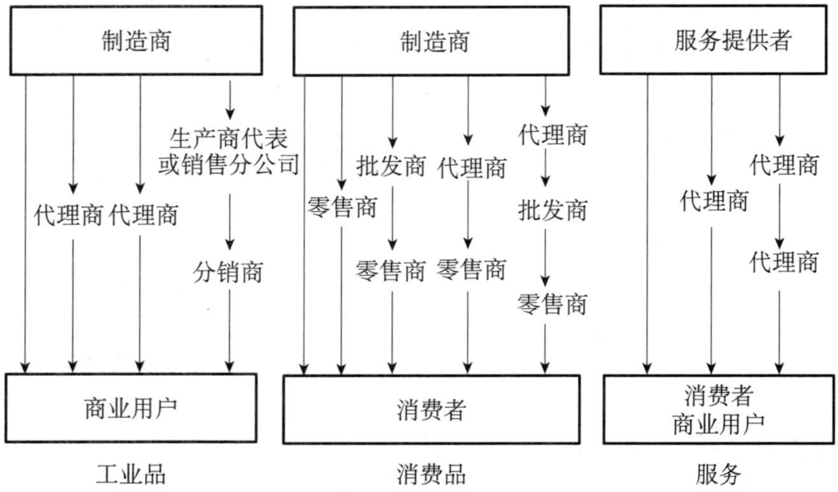

图 10－1　分销渠道结构

二、 国际企业分销渠道设计的影响因素

渠道设计是指设计渠道的长度和宽度。国际企业的分销渠道有 11 个影响因素。

（一）消费者的特点

目标消费者的人口统计学和心理统计学特征将成为渠道设计的决策依据。消费者需要什么，为什么需要，什么时候需要，如何购买等问题决定了产品的销售方式。合适的销售方式会给企业带来竞争优势。

（二）竞争

企业分销渠道设计，还受到竞争者所使用的渠道的影响，因为某些行业的制造商希望在与竞争者相同或相近的经销地点与竞争者的产品抗衡。例如，食品制造商就希望其品牌和竞争品牌摆在一起销售。然而，有时企业也可能采用与竞争对手完全不同的分销策略。

（三）企业的特点

企业的特点涉及企业的规模、产品组合、营销策略等。一般来说，企业的规模越大，越容易获得中间商的合作，因此，可以选择的渠道越多；企业产品组合的宽度越大，则与客户直接交易的能力越大；产品组合的深度越大，则使用独家专售或选择性代理商就越有利；产品组合的关联性越强，则越应使用性质相同或相似的市场营销渠道。企业的营销政策也会对分销渠道的选择产生影响。如对最终消费者提供快速交货服务的政策，要求企业必须选择尽可能短的分销渠道。

（四）产品特性

产品的标准化程度、易腐性、价值、技术或服务要求等特征对渠道的战略决策和设计有重要影响。对于生鲜易腐产品，应尽量采用较短的分销渠道。对于单位价值较低、产品标准化的产品，分销渠道相应较长；单位价值高的产品则应由企业推销人员而不通过中间商销售；对于非标准化、技术要求高、需要提供更多客户服务的产品，如汽车、机电产品，直销更适合。

（五）资本

这是指建立分销渠道的资金要求。企业的财务状况越好，就越有能力建立自己所有或控制的渠道。如果采用独家中间商，虽然可以减少现金投入，但是中间商的各种要求，如计划的初始库存、支持销售、优惠贷款和专业培训都会对渠道类型产生影响。

（六）成本

主要包括开发渠道的投资成本和维护渠道的持续成本。其中，维护成本是主要的经常性支出。企业维持自身销售队伍的直接费用，支付给中间商的佣金，物流过程中发生的运输、仓储、装卸费用，各种单据、票据的费用，向中间商提供的信贷，广告宣传、促销等方面的维护费用，以及商务谈判、沟通等方面的费用都属于维护成本。分销渠道成本对于任何企业来说都是不可避免的，营销决策者必须在成本与收益之间作出权衡与选择。如果增加的收益能够补偿增加的成本，那么渠道策略的选择在经济上就是合理的。

（七）东道国的环境特征

就经济环境而言，当一个国家的经济处于衰退状态时，企业一般可以利用短渠道，以较低的价格尽快将产品销售给最终消费者。在法律环境方面，东道国的法律法规可能会对某些销售渠道进行限制，如美国的克莱顿法（Clayton laws）禁止大幅减少竞争或造成垄断的渠道安排。而一些发展中国家要求某些进出口业务由特许经营企业办理。

（八）市场覆盖率

渠道的市场覆盖是指企业通过一定的分销渠道所能到达或影响的市场。一般认为高市场覆盖率有利于企业扩大生产规模，提高销售业绩，但往往伴随着成本的增加。企业需要在扩大市场覆盖面和控制成本之间作出权衡。因此，市场覆盖面并非越广越好，主要取决于它是否合理、有效，能否给企业带来良好的利润。营销人员在评估市场覆盖时有三个标准：一是市场覆盖能否获得最大可能的销量；二是市场覆盖能否保证既定的市场份额；三是市场覆盖能否达到令人满意的市场渗透率。

（九）控制能力

有利于渠道控制的方式是企业自己投资建立国际分销渠道，但是这种方式会带来高昂的分销成本。如果使用中间商，企业对渠道的控制会相对减弱。一般来说，渠道越长、越宽，企业对价格、促销、消费者服务等方面的控制就越弱。对于工业品来说，由于使用它的消费者相对较少，分销渠道较短，因此制造商对分销渠道的控制能力较强。而对于消费品，由于消费者数量多，市场分散，分销渠道也更长更宽，制造商对分销渠道的控制能力较弱。

（十）连续性

分销渠道的连续性可能会由于中间商的退出、激烈的市场竞争以及新的分销渠道模式的出现被打破。企业可以从以下几个方面入手来保证分销渠道的连续性：谨慎选择中间商，为其提供多方支持和优质服务，培养中间商的忠诚度；对于已经加入分销体系的中间商，只要它们愿意继续经营企业的产品，并且符合企业的要求，就不会轻易被替代，企业应该努力与之保持良好的长期关系；对于可能退出的中间商，企业应提前作出预判，及时安排可能的替代者，以保持分销渠道的连续性；企业应时刻关注竞争对手的渠道策略、消费者购买习惯以及购买模式的变化，动态优化分销渠道。

（十一）沟通

适当的沟通对于国际营销者向经销商传达商业目标，解决纠纷，促进产品的整体营销非常重要。沟通是一个双向的过程，仅仅是营销人员给中间商下命令并不是正确的沟通方式。有时候，营销计划甚至因为缺乏沟通而无法顺利执行。例如，商品的定价可能不具有竞争力，促销方案过时、不合适或没有准确落实。

三、 控制国际分销渠道

国际分销渠道一般比国内分销渠道长，增加了企业对渠道的控制难度。对国际分销渠道的控制具体包括以下几个方面：

（一）选择中间商

中间商的选择也是风险的选择。慎重选择国内外中间商，需要考虑以下因素：中间商的地理位置和市场覆盖面，经济实力，经营能力和管理水平，声誉，合作意愿，与公众、政府和消费者的关系。

（二）评价中间商

企业可以建立一些标准来衡量和评价中间商的业绩、信用状况、销售能力、合作态度、经营效率等。通过对这些指标的分析发现问题、进行诊断和改进。

（三）激励中间商

为了提高中间商的忠诚度，保证分销渠道的连续性，企业会给予中间商适当的激励，如给予中间商独家特许经营权；与中间商共同开展促销活动；向中间商提供必要的资金支持或给予优惠的支付方式；向中间商提供信息和相关服务；培训维修人员、指导销售工作等。当然，如果这样做不起作用，可以选择惩罚甚至暂停合作的方式。

（四）调整渠道成员

销售渠道成员之间既有合作，又有矛盾和竞争。企业也要协调平衡各成员之间的关系。国际市场分销渠道的调整方法主要包括：增加或减少渠道成员或中间商，以及改变整个渠道体系。

四、 小米智能家居渠道案例

在国家政策的引导和推动下，目前已经有许多中国企业开始关注国外市场。其中，小米科技有限公司迅速抓住机遇进入海外智能家居市场，迅速成为技术和市场布局的行业领导者。小米主营智能手机、物联网（IoT）与生活消费产品（智能电视、智能音响、智能可穿戴设备等）、互联网服务等业务，其中小米智能手机为其主要收入来源。2015—2019 年，小米年收入呈逐年上升态势，在 2017 年实现了跨越式的发展，并于 2019 年突破了 2 000 亿元的关卡。小米自 2014 年进入海外市场以来，增速强劲，全球布局取得了显著的成果。到 2019 年底，小米已经成功进入全球 90 多个国家或地区的市场，实现了 912 亿人民币的海外收入，小米已然成为一个全球化企业。智能家居是小米公司的主要经营业务，对海外现状进行分析也是小米在设计分销渠道时需要关注的首要因素。小米渠道设计经历了市场分析及设计两个过程。

（一）市场分析

1. 竞争。从竞争角度来看，全球智能家居产品主要涵盖的六大类中，控制连接、智能家电、家庭安全这三类均占比 22%以上。智能家居的最终目标是实现系统智能化。然而，从目前的产品类别来看，全球智能家居布局仅处在组件智能化阶段，亚马逊和谷歌暂时占据了全球智能家居市场的一半，这意味着该市场尚未完全开发，竞争对手也相对较少，而亚马逊和谷歌在这一领域仍处于寡头垄断地位。

2. 企业特性。从企业特性来看，小米 2014 年进入国外市场以来，海外业务能力增长强劲，全球布局成绩显著。2015—2019 年，小米的国外市场收入及其在年度总收入中所占的份额同比增长，这表明小米品牌在国外市场逐渐得到认可，国外市场对小米产品的需求增长逐年加大，海外市场在企业的战略定位中也占据着越来越重要的地位。

3. 消费者特点。从消费者特点的角度出发，小米公司通过市场调研，将自己的目标消费者群体定为经济水平相对较高的发展中国家中受教育程度较高、紧跟时尚潮流、愿意尝试新鲜事物且对价格敏感的消费者。主要原因是小米公司选择海外市场时，首先根据全球各国不同的政治、经济和文化状况优先选择发展中国家，发展中国家拥有和中国相似的巨大的潜在市场，并且外国企业能够提供比本土企业更好的产品和服务，本地消费者收入相对于发达国家消费者低，消费能力较弱，而小米公司无论在技术服务还是在价格上都能领先于竞争对手，还在一定程度上享受当地政府招商引资的优惠政策，所以能够成功打开当地的市场；其次，根据消费者的年龄因素，小米选择中青年作为目标群体，在收入水平相对较高的国家中选择青年群体较多的国家作为目标国家；然后根据生活方式的特点，选择对价格相对敏感、消费行为趋于谨慎、生活意识趋于紧跟潮流、愿意体验科技生活等经济时尚型、消费节省型、个性表现型的消费群体。

4. 产品特性。在产品特性方面，企业在研发、加工、生产等过程中需要根据目标市场消费者的需求偏好不断地对产品进行升级和优化。小米智能家居的产品主要通过众多的生态链企业研发生产，生态链的核心产品包括四大类，分别是智能手机、小米电视、小米路由器以及人工智能音箱，它们扮演的角色是生态链的控制入口，生态链内的其他智能产品以这四大产品为核心向外扩展和延伸。随着技术水平的提升和互联网的普及，智能类产品开始进入家庭并发挥重要作用。因此，小米智能家居的产品策略在营销的过程中也在不断地丰富。

5. 成本。在成本方面，由于国际市场纷繁复杂，企业需要考虑不同国家经济水平以及未来发展的态势，所以国际定价的复杂程度远远高于国内定价。影响国际定价的因素主要有企业目标、定价目标、营销组合、成本等。小米智能家居应该正确分析成熟市场和新兴市场的市场需求，在参照市场竞争者价格的基础上谨慎定价。

（二）分销渠道设计

1. 渠道层级结构方面。小米公司在销售层级结构方面选择的是直接销售和间接销售相结合，通过线下专卖店、线上官网及第三方平台旗舰店的方式售卖产品，拓展了产品市场，且这样的层级结构大大减少了产品从制造商到消费者手中所花费的成本。价格一直是小米旗下智能家居产品能够风靡全球的一项重要因素，而这种零阶渠道节省下来的成本最大限度地通过降低销售价格返利消费者，实现共赢，同时也避免了小米初期人、财、物方面的不足。

2. 渠道长短方面。分销渠道的长度由商品在整个流通过程中经历的流通环节或中间层次的多少来决定。传统的“厂家—总经销—地域总经销—二级经销—三级经销—小批发—零售”模式，在商品由卖方市场转入买方市场之后，已经不能适应市场竞争。同时，中间环节越多，越容易削减整体营销方案的到达率和执行率。另外，商品的类别丰富，渠道拉伸相当于增加了空白点，很容易被竞争对手横插到整体的销售链中，造成整个网络的损失。因此，小米采用的短渠道销售方式不仅削减了流转环节、缩短了流通时间、降低了成本，也提高了销售方案的到达率和执行率，且最大程度地避免了竞争对手的打压。

3. 渠道宽窄方面。小米智能家居分销渠道不同于传统家居分销渠道。在传统家居中，渠道的深度和广度都非常大，其覆盖密度也非常高。然而，这种渠道制度下企业不仅必须支付雇员的薪资，还必须支付商店的租金、造价和管理费用。而且由于中间商太多，渠道运营商很容易产生渠道冲突，这就要求制造商加强渠道控制，无形当中也增加了制造商的成本。智能家居是一种科技价值高且耐用的消费产品，这种产品在窄渠道模式下更容易把控分销，因而小米最终选择了窄渠道销售。除了运营商的定制机器外，小米产品仅通过电子商务平台和作为中国联通、中国电信的合同机器销售。这样，它们之间的连接就实现了最小化。网络直销多采用效果付费模式，有利于小米显著降低运营成本，最终降低终端销售价格。

第五节　国际网络营销

一、 搜索引擎营销

搜索引擎营销（search engine marketing，SEM）。利用人们在检索信息时对搜索引擎的依赖和使用习惯，将信息传递给目标用户。简而言之，搜索引擎营销所做的就是用最少的投资获得最大的页面浏览量，在搜索引擎中产生商业价值。

搜索引擎推广追求最高的性价比，以最小的投入，获取来自搜索引擎的最大访问量，并产生商业价值。

（一）搜索引擎营销层次目标

1. 搜索引擎营销的存在层。第一层是搜索引擎的存在层，其目标是在主要的搜索引擎或分类目录中获得被收录的机会，这是搜索引擎营销的基础，脱离这个层次，搜索引擎营销的其他目标也就不可能实现。搜索引擎登录包括免费登录、付费登录、搜索引擎关键词广告等形式。存在层的含义就是让网站中尽可能多的网页被搜索引擎收录（而不仅仅是网站首页），也就是增加网页的搜索引擎可见性。

2. 搜索引擎营销的表现层。第二层的目标则是在被搜索引擎收录的基础上尽可能获得好的排名，即在搜索结果中有良好的表现，因而可称为表现层。因为用户关心的一般只是搜索结果中靠前的少量内容，如果利用关键词检索时网站在搜索结果中排名靠后，那么就有必要利用关键词广告、竞价广告等形式作为补充手段来实现这一目标。同样，如果网站在分类目录中的位置不理想，则需要同时考虑在分类目录中利用付费等方式获得靠前的排名。

3. 搜索引擎营销的关注层。第三层目标体现在网站访问量指标方面，即通过搜索结果点击率的增加来达到提高网站访问量的目的。由于只有受到用户关注，经过用户选择后的信息才可能被点击，因此可称之为关注层。从搜索引擎的实际情况来看，仅仅做到被搜索引擎收录并且在搜索结果中排名靠前是不够的，这样并不一定能增加用户的点击率，更不能保证将访问者转化为消费者。要通过搜索引擎营销实现访问量增加的目标，则需要从整体上进行网站优化设计，并充分利用关键词广告等有价值的搜索引擎营销专业服务。

4. 搜索引擎营销的转化层。搜索引擎推广的第四个目标，即将访问量的增加转化为企业最终收益的提高，可称为转化层。转化层是前面三个目标层次的进一步提升，是各种搜索引擎方法所实现效果的集中体现，但并不是搜索引擎营销的直接效果。从各种搜索引擎策略到产生收益，中间效果表现为网站访问量的增加，网站的收益是由访问量转化而成的，从访问量转化为收益则是由网站的功能、服务、产品等多种因素共同作用而决定的。因此，第四个目标在搜索引擎营销中属于战略层次的目标。其他三个层次的目标则属于策略范畴，具有可操作性和可控制性的特征，实现这些基本目标是搜索引擎营销的主要任务。

（二）搜索引擎营销的方式

1. 竞价排名。竞价排名又称作竞价推广，是由用户为自己的网页购买关键词排名，按点击收费的一项服务。用户对关键词出价，付费越高者，越能获得较前的排名。用户可以通过调整每次点击价格来控制特定关键词在搜索结果中的排名；通过设置不同的关键词，可以捕获不同类型的目标访客。中国最受欢迎的付费点击搜索引擎是百度、雅虎和谷歌。

2. 搜索引擎优化。搜索引擎优化（search engine optimization，SEO），即通过对网站结构、网站内容、关键词、外部链接、内部链接、代码、图片、关键词选择、网站内容规划进行调整和优化，使网站在搜索结果中处于前列。

3. 点击付费广告。点击付费广告（pay per click，PPC），亦被称作按业绩付费。点击付费广告是大企业最常用的网络广告形式。虽然这种方法费用昂贵，但效果非常显著。比如 Google AdWords、百度竞价，以及搜狐和新浪首页上的横幅广告。这种形式的广告的收费标准为：起价＋点击数×每次点击的价格。越是著名的搜索引擎，起价就越高，最高可达数万甚至数十万，而每次点击的价格在 0.30 元左右。提供点击付费的网站非常多，如搜狐、新浪等各大门户网站，谷歌、百度等搜索引擎，以及华军软件园等一些浏览量较大的网站。

二、短视频营销

短视频营销就是将品牌或者产品融入到视频中，借助短视频来选择目标受众人群。在用户观看的过程中，向其传播有价值的内容，使其了解企业的产品和服务，激起共鸣并使用户主动下单和分享，从而达到裂变引流的目的。

（一）短视频营销的核心价值

1. 用户基础好、黏性高。抖音、快手等短视频平台流量基数庞大，用户黏性强，使用时长、活跃度和留存率较高。中国互联网络信息中心（CNNIC）第50次《中国互联网络发展状况统计报告》显示，截至2022年6月，中国短视频用户规模达9.62亿，占网民总规模的91.5%。

2. 营销方式多样化。短视频内容、产品和广告形式更具吸引力，品牌爆炸能力强，信息传递效率更高。同时短视频能够为品牌提供多元化的营销形式，一方面通过短平快的短视频内容结合魔性旋律、视觉冲击、精彩创意或搞笑情节等元素对用户形成较强的吸引力，另一方面基于丰富的平台营销玩法、成熟的内容分发算法和关键意见领袖（KOL）及普通用户的自发二次创作和扩散，在短视频平台形成病毒式的裂变传播，从而实现引爆品牌热度的效果。

3. 投放精度高。通过标签和算法按照地域、年龄、学历、职业、收入、兴趣、行为等形成精准的用户画像，实现目标群体精准投放，从而提升广告转化率。例如抖音信息流广告系统拥有220万个人群标签，DMP（数据管理平台）云图人群包，支持达人粉丝定向投放，高活跃度用户筛选等九大精准定向。

（二）短视频营销的主要方式

1. 情感共鸣定制式营销。企业借助社会热点和痛点，通过制作短视频来进行传播，引发用户情感共鸣与反思，多角度、深层次向大众传递企业价值观，提高大众对企业的认同感。这种方式是短视频营销最常见的一种形式。

2. 场景沉浸体验式营销。通过产品的特性去塑造特定的场景，增加产品的趣味体验，激发用户的购买欲。这种模式的优势在于可以让用户提前感受产品带来的效应，传递产品的理念和优势，然后实现产品重要特性的趣味传递。

3. 网红广告植入式营销。网红的营销效应早已凸显。流量明星和一些网红的流量大，粉丝多，他们只要随意发布几个视频口播、贴片广告就可以使粉丝们为之疯狂并主动宣传，能够迅速吸引消费，提升订单转化率。

4. 品牌商家入驻式营销。品牌官微入驻短视频平台已十分普遍。目前抖音已有超过千万商家入驻企业号，享受着抖音平台带给企业号的流量红利，商家能直接发布带有产品信息的视频，无需担心限流问题，内容流量也会得到扶持，可使用购物车直接跳转官网等等一系列权益。

三、直播营销

直播营销是指在现场随着事件的发生、发展进程同步制作和播出节目的营销方式，它以直播平台、短视频平台、电商平台、电视频道等为载体，达到企业获得品牌提升或销量增长的目的。

直播营销的步骤如下：

1. 准确定位用户。首先要明确产品的直播观众画像，是面向大众还是特定的推广群体，是面向亚洲国家还是欧洲国家。营销的前提是深刻理解客户需求、自身所能提供的产品、所能争取的最大化优惠、平台的引流规则。明确直播的观众画像、提供优质的产品与服务、争取到最具有竞争力的价格、通过平台推流将内容精准送达目标用户，才能真正达到宣传企业形象的目的。

2. 选择合适的直播平台。当前，世界上提供直播服务的互联网平台丰富多样，瓜分着巨大的互联网流量池。直播平台主要分为娱乐品类、游戏品类、购物品类、专业领域类、体育类。各大类目下又有着多个直播主阵营，如 TikTok、推特、YouTube、Facebook、Instagram、抖音、阿里巴巴、速卖通等。企业应根据其提供的产品及服务做好定位，选择合适的平台进行直播。

3. 设计有效的直播方案。想要让一场直播收获百万点击，获得大量关注，企业需要提供一份完善的直播策划案。从选品、脚本、福利、话术、主播多方面都要进行严格的筛选。企业在进行策划的过程中应综合考虑文化、时差、宗教信仰、支付方式等诸多差异。比如，企业既要知道中国的“双十一”，也要知道美国的“黑色星期五”。直播策划也要体现出个性化，每一份策划都应该是基于不同的产品而单独设计的。一份好的策划方案需要多个部门的参与，如产品部门、营销部门、技术部门等，多方联动并保持高效协作，才能确保一场高质量的直播顺利进行。

4. 有效地直播反馈。企业直播营销的成败最终取决于实际转化率，无论是直播前还是直播后，及时反馈和实时分析评价都是非常重要的，因而在参与直播的过程中，需要注意直播所涉及的各项指标。其中，主要的指标为：观众停留时长、互动率、转粉率、转发分享率、独立访客（UV）价值、千次展现成交（GPM）等。当前，各大国际跨境平台都在不断布局直播板块，所能呈现的数据也更为丰富多样。通过对各项数据指标的观察分析，可以帮助企业找到直播营销过程中存在的不足，方便对症下药，在不断优化直播效果的同时，也可以为今后的直播营销积累更加宝贵的经验。

四、 跨境直播营销

（一）跨境直播营销的基本要素

1. 流量。同国内直播逻辑相同，跨境直播也需要积累流量，流量是一切生意的本质。不同于国内直播，跨境直播需要在国际市场开发客户，在国际市场上通过各种手段解决流量问题。直播界有句玩笑话：流量在手，天下我有！拥有粉丝，就拥有劳斯莱斯！这句话着实有些夸张，但如果没有流量，绝大部分的生意都会失去最强有力的支撑。

2. 短视频、直播封面。在确认不违规的前提下，优质的封面可以获得更多的流量和播放。封面的选择，首先要有明确的主题，只有让观众在最短的时间内了解直播的内容，他们才会点击进入观看；其次要表里如一，封面的主题设计要以直播内容为主，如果封面的主题和直播内容存在很大的出入，观众的观看体验便会受到很大影响；再次要体现个性，短视频与直播都是展现个性的平台，个性化的直播封面，才会对观众产生吸引力；最后，封面要适时调整，如果视频或直播的主题有变化，封面也要随之改变，否则观众很可能会审美疲劳，丧失兴趣。

3. 直播间及短视频的标题。好标题大致可以归结为以下几种类型：

痛点型：通过挖掘观众的需求点，了解观众真正想解决的问题，再与产品的功效或直播内容联系在一起。如服饰类直播可以参考“炸街美衣，稳占 C 位：不知道逛街怎么穿的女孩一定要看”，这类标题对想研究穿搭的女孩会产生吸引力。

逆向表达型：以逆向思维为基础来制造一些让人意想不到的反差，引起观众的好奇心。如“别点，点进来你的‘三连’就没了”，这个标题就是先引起反差，再传达“视频或直播的质量很高，点进来以后你一定会‘三连’”的意思。

悬疑型：利用人们的猎奇心理来制造悬念，有利于抓住用户的心理，提升观众的兴趣，吸引他们点击观看。如“大学专科，逆袭读博，我怎么逆天改命从学渣修炼为大学教授的”，这类标题通过描绘巨大的落差，传递一种莫名的兴奋感，引起用户的充分关注。

热点型：在标题中结合各项时事热点，充分利用大部分人都对热门事物感兴趣的心理，获得关注度，俗称蹭热点。有热点的地方就有流量，可以充分利用热点来进行预热和引流。

除了以上类型外，还有其他类型的标题需要根据直播内容灵活构思。在进行跨境直播销售的时候，要综合考虑各个国家的时事热点，结合目标国家或地区的语言及文化，制作相应的封面、标题，最大程度吸引关注。

4. 标签分类。许多视频或直播平台都有不同的分区，分区下包含不同的频道，每个频道又对应不同的流量群体，因而为了识别一个直播或视频，就需要标签。如果发布内容的平台有标签的选项，一定要添加适合内容主题的标签。很多用户没有意识到标签的作用，这样一方面会导致流量不精准，增大后续变现的难度，另一方面平台算法无法判定账号属性，会造成直播或视频引流困难。常见的带有标签功能的跨境平台主要有：YouTube、推特、速卖通、阿里巴巴、虾皮等。

5. 产品。俗话说，酒香不怕巷子深。过硬的产品质量，是成功进行跨境直播营销的强力支撑。在进行跨境直播营销的时候，需要考虑跨境平台对产品质量把控的监察力度。有的平台监管十分严格，有的平台则不然。亚马逊在过去的几年中封禁了大量来自中国的卖家，并不断提高平台入驻门槛。主要的原因就是一些中国卖家出售假冒伪劣产品。亚马逊将保障用户权益、提升用户平台使用体验视为企业发展的一个极其重要的目标，对产品的质量严格把控，对不规范的营销行为重拳出击。因而，企业在进行跨境直播营销时，不仅要学会控制成本，还要确保产品来源正当、可查可控、具备所需的一切资质，否则便会砸了自己的招牌，得不偿失。

6. 直播场地。纵观各大跨境平台，不同文化背景的观众在观看直播的同时，也产生了诸多在偏好上的共性。如 3C 类电子产品的直播间往往都是简洁、炫酷的；家居类的直播间往往都还原了卧室、客厅、厨房的样子，显得十分温馨；工业类产品的直播间往往都会深入工厂，展示良好的车间环境。当然，在进行跨境直播时，也要注意到文化差异，避免在营销的过程中“踩雷”。

（二）跨境直播带货营销的关键要素

一场跨境直播只要具备最基本的要素便能够顺利开启。若要获得经济效益，则需要把握住跨境直播营销的关键要素。

1. 主播。不同于面向国内观众群的主播，跨境主播需要更加多元、全面的素质，这是跨境直播营销的关键一环。第一，一个好的跨境主播，需要对从具体的最小存货单位

(SKU)到产品、品牌甚至行业有着完整的认识。第二,一个好的跨境主播,需要熟练掌握至少两门语言,并且对不同文化的差异有着较为清晰的认识。第三,一个好的跨境主播需要具备良好的表现力与亲和力,要能够做到每一个观众进入直播间的时候,都能看到精神饱满的主播在讲述产品或者品牌故事,或是和观众亲切互动。热闹的直播间才能留住观众,才有可能创造出良好的效益。

2. 专业的直播策划。一场专业的直播策划应至少包括但不限于直播主题、前期准备、直播福利、产品介绍等环节。不论是国内直播还是跨境直播,主要环节大抵如此。专业的直播策划需要多部门的高效协同,考验一个团队的凝聚力与执行力,因而,专业的直播策划也体现着企业的执行力。在进行跨境直播营销之前,企业应明确本次直播的主角,针对主角来确定直播主题和目的,应明确直播是为了吸引流量,提高知名度还是为了营销某几种产品获得营业收入。之后再针对具体的产品、节日、信仰来制定个性化的营销主题。前期准备主要是明确各部门应承担的职责,做好分工工作,保障直播的稳定进行。

3. 复盘。在直播结束以后,需要及时对直播进行复盘总结,直播结束时的感受永远是最直观的。应梳理出直播过程中遇到的问题,并提出应对方案记在备忘录上,从而避免在下次直播中出现同样的问题。而在复盘总结的过程中,以下数据指标需要格外注意:观众停留时长、互动率、转粉率、转发分享率、UV 价值、千次展现成交(GPM)等。

五、社交媒体营销

社交媒体营销又称社交媒体整合营销、大众弱关系营销,它利用社交网络、在线社区、博客、百科全书等互联网协作平台和媒体,以病毒式传播的方式发布和传播信息,形成广告、公关、促销相结合的营销手段。主流社交媒体包括 Facebook、YouTube、推特、Instagram、TikTok 等。

(一)社交媒体营销的优势

1. 准确定位用户。大数据时代,社交网络为营销提供了海量有价值的信息。除了年龄、性别、职业等表面的内容,用户的偏好、消费习惯、购买能力等信息也可以通过分析得出。此外,移动互联网基于位置的特点也能给营销带来巨大支持。

2. 社交媒体的交互性可以拉近企业与用户之间的距离。交互性是网络媒体相对于传统媒体的一个明显优势。在传统媒体投放的广告中看不到用户的反馈,网络上官方的反馈往往是单向的且不及时,互动的延续性较差。社交网络帮助企业和用户更好地互动沟通反馈,有利于树立良好的企业品牌形象。此外,社交媒体也是一种天然的用户关系管理系统,通过关注用户对企业品牌或产品的讨论或投诉,可以快速反馈并解决用户的问题。如果一个企业的公众号能与用户或潜在用户形成良好的关系,让用户把企业号当成朋友号,那么企业所获得的价值是不可估量的。

3. 社交媒体的大数据特性可以帮助企业进行低成本的舆情监测和市场调研。如果企业能够做好对社交网络数据的分析和处理,它就能获得巨大的利益。首先,企业可以通过社交媒体以较低的成本监测舆情,从而有效降低企业品牌危机的发生和蔓延的可能性。其次,基于对社交平台的数据分析,企业可以有效挖掘用户需求,为产品的设计和开发提供良好的市场基础。最后，社交媒体让企业获得了低成本组织的收益。通过社交网络，企业可以以极低的成本组织庞大的粉丝宣传团队，每当企业有活动或者有新品推出时，这些粉丝就会奔走相告。与传统营销宣传相比，这种宣传成本几乎为零。

（二）社交媒体营销的过程和方法

1. 社交网络服务平台选择。社交网络服务（social networking services，SNS）。企业利用 SNS 平台进行网络营销的前提是选择目标用户加入的 SNS 平台注册账号，获得使用该平台的资格，熟悉 SNS 平台的基本功能。如在 Facebook、新浪微博、微信公共平台等网站注册自己的账号，设置用户名的基本信息，有利于获得其他用户的关注和信任。

2. 建立人际关系网。SNS 营销是以社会关系网络为基础的营销。每个用户都是网络中的一个节点，与“我”有直接或间接的接触。“我”的每一条信息都是通过这些关系传播的，每一个用户都是信息传播的通道。因此，在个人拥有自己的 SNS 平台账号后，下一步就是建立个人社会关系网络，将个人节点融入网络，形成以个人为中心的关系网络。

3. 营销资源的积累。用户资源的积累是构建社交网络关系的重要组成部分。用户资源的数量和传播能力也是社会化网络营销的评价标准之一。在用户资源的三种关系（强关系、弱关系、临时关系）中，强关系占少数，用户相互沟通密切，有信任感，通常可以通过直接接触等方式建立；而弱关系和临时关系是在 SNS 运营过程中逐渐建立起来的，有些是通过强关系的引导建立起来的，还有一些是通过有效运营 SNS 内容或活动来获得用户关注而建立起来的。获取尽可能多的弱关系、临时关系是拓展关系网络资源的一项重要任务，而这项任务往往决定了如何制定有效的内容和互动策略。

4. 内容与营销。社交媒体营销通常也具有内容营销的一般特征，因而可以借鉴成熟内容营销的一般规律。社交网络营销的一般原则是利用 SNS 工具向用户传递有价值的信息。因此，社交网络营销的内容策略非常重要。在 SNS 平台上，获得更多长期关注的用户的基本要求之一就是能够活跃用户，为用户提供有价值的信息，因此需要制定系统的 SNS 内容策略，结合当前实施过程中的热点问题和用户反馈的信息不断调整和优化内容。

5. SNS 账号运营。和网站运营一样，社交网络也需要有明确的目标和运营计划，其中信息发布和传播是社交网络运营的基础工作。在社交营销活动中，仅仅完成信息的发布是远远不够的，还需要依靠各种社交网络关系，通过多种互动传播来扩大信息传播的范围。换句话说，SNS 营销是运营的结果，而不是被动等待的结果。同时，信息发布的时间和方式也会对信息传播的效果产生重大影响，因此也有必要对平台内用户的浏览习惯和参与偏好进行系统的研究。

6. 效果分析与管理。社交媒体营销的效果评价比较复杂，就现有研究来看，现阶段对 SNS 营销效果的评价还比较肤浅，通常以用户和信息的集中程度为量化数据的主要指标，如信息阅读量、新增粉丝和用户数、参与某一活动的次数等，类似于网络营销展示活动的能力。

六、 亚马逊社交媒体营销案例

美国亚马逊公司成立于 1994 年，总部位于美国西雅图。它是世界上最早开始经营电子商务的企业之一，从最开始的只从事书籍销售业务，到后来逐步发展和扩张自身的业务范围，亚马逊现在已成为全球商品品种最多的网上零售商和全球第二大互联网企业。亚马逊在社交媒体上的布局极为成功，使得自身的用户数和销售额持续增长。截至 2020 年，亚马逊在全球拥有 6 亿多活跃的用户账户，其中 2 亿是亚马逊 Prime 会员。同时，入驻亚马逊的商家数量达到了惊人的 450 万家，其中月销售额超过 100 万美元的商家超过 20 000 家，月销售额超过 10 万美元的超过 140 000 家。这些用户和商家构成了迄今为止美国乃至全世界最受欢迎和最有价值的在线商店，并且亚马逊销售额连续 4 年保持 25%～30%的惊人增长速度。而在 2020 年，亚马逊第三方卖家售出了价值 2 950 亿美元的产品，自营销售额为 1 800 亿美元。也就是说，2020 年亚马逊的商品总销售额为 4 750 亿美元。这些数字看起来确实令人瞠目结舌，但是通过分析它背后的做法和布局，亚马逊能取得这样的成绩也就在情理之中了。

（一）亚马逊社交媒体营销经验

1. 对于自身平台，亚马逊致力于从各个层面推动用户参与平台的交流，一直将获得消费者评论作为自己的战略基础。评论贯穿整个消费过程。亚马逊上列出的每件商品都有星级评分，以及先前消费者自愿留下的大量评论供用户参考。用户还可以看到自己喜欢的评论者所提出的意见、星级和推荐并与他们进行互动。同时，为了让产品评论对用户更有用，亚马逊还鼓励用户对每条评论的有用性和相关性进行投票，消费者也可以直接向评论者发布后续问题。这种特有评论机制能够产生消费者在平台上真正的互动，在各个层面创造与用户的对话。在亚马逊上高度活跃的用户评论专栏可以被描述为一个以消费者为导向的社交网络。可以说亚马逊不仅仅是一个在线零售网站，它还是一个供用户交流的社区。因此，当各种各样的社交媒体刚刚兴起时，亚马逊就能确切地知道如何发挥不同社交媒体的优势也就不足为奇了。

2. 对于 Facebook、推特和 Pinterest 等第三方社交媒体，在它们兴起后亚马逊也迅速开始在其上进行推广和布局。

对于 Facebook，亚马逊在其账号上发布产品促销活动，这些促销活动几乎只会发布在不同社交媒体上，很少发布于其他渠道。亚马逊使用 Facebook 来突出产品，并提供与日期相关的优惠券和折扣以鼓励销售。例如当母亲节即将来临时，Facebook 页面上充斥着母亲节礼物创意和折扣券，这既是对用户的提醒，同时又方便了用户点击，使其能够方便地进入亚马逊网站进行购买，并且还享受了优惠。同时，亚马逊还积极回复其帖子的大量评论，既迅速又有针对性。亚马逊有时候还会提供有用的信息和链接，帮助用户解决问题，极大地提高了用户的黏性和忠诚度。亚马逊这样的做法主动创造了与用户的交流，这对于社交媒体上的品牌成功至关重要。与亚马逊的社交媒体相关联，拥有 Facebook 账户的用户可以在订阅源中看到他们的 Facebook 联系人撰写的产品评论，以及联系人放在亚马逊愿望清单中的产品。这有助于用户参考可以为联系人准备的礼品，并直接从亚马逊购买，方便而快捷。

对于推特，亚马逊主要将其作为一种提供附加服务的工具，例如 Prime Video 和亚马逊音乐。同时，亚马逊的推特账户还用于推广公司的博客内容，包括为在亚马逊上销售的小型企业提供建议，以及有关企业参与各种事务和创新的新闻。与 Facebook 不同的是，推特本质上是一个内容营销平台，而不是直接推动销售，因此亚马逊在推特上的促销活动等广告内容较少，目的是要将其打造和培养成一个用户社区，并鼓励尽可能多的粉丝加入亚马逊 Prime 会员。

对于 Pinterest，它其实是图片形式的推特，用户将自己感兴趣的图片发布到 Pinterest 供其他用户查看、评论和转发。因此亚马逊很好地利用了 Pinterest 这一特性来推广定制服务，例如亚马逊手工制作、亚马逊家居服务和亚马逊女性时尚等等。同时，亚马逊将 Pinterest 的图片链接到亚马逊的商店，当 Pinterest 用户在浏览时产生了购买的想法，只需单击链接就可以进入亚马逊页面，直接购买产品。可以说亚马逊的 Pinterest 账户本质上是其主要在线商店的延伸。

3. 创建类似 Instagram、Pinterest 的购物社交网络：Amazon Spark。Spark 位于亚马逊应用程序中，它的目的在于创建直接导致产品购买活动的社交互动。当用户注册 Spark 时，他们被要求从一个广泛的菜单中选择感兴趣的主题，其中包括产品类别以及旅游、艺术与设计、健身等生活方式领域。然后，用户会不定期收到他们感兴趣的产品和其他项目的图片或者活动消息，他们可以在其中发表评论、提出建议，还可以点击购买。除了作为亚马逊的另一个社交渠道之外，Spark 还可以生成数据，并为企业提供一套全新的用户定位方案，使得企业可以进一步使用这些方案。通过 Spark，企业可以了解更多用户的兴趣和愿望，为未来有针对性的广告活动提供信息。

（二）亚马逊社交媒体营销渠道的独特优势

通过上述对亚马逊在自身平台和不同社交媒体上采用的独特的社交媒体营销模式的分析，我们可以看出亚马逊充分发挥了社交媒体营销这一渠道的独特优势，具体体现在以下方面：

1. 社交媒体的互动特性可以拉近企业与用户的距离。互动性曾经是网络媒体相较于传统媒体的一个明显优势，但是直到社交媒体的崛起，我们才真正体验到互动的巨大魔力。在传统媒体上商家无法及时地看到用户的反馈，也不能很好地与用户进行沟通，而社交媒体打破了这些限制，具备即时交互优势。亚马逊就是通过自身特有的评论机制，在各个层面创造与用户对话，推动买家和卖家、买家和买家之间的互动，将自己打造成一个可供不同身份的用户之间互动交流的平台，这样可以拉近用户与平台之间、买家与卖家之间的距离。

2. 大数据收集和分析优势。社交网络掌握了大量的用户信息，这是社交媒体营销不同于其他营销方式的大数据收集和分析优势。亚马逊很好地利用这个优势，自建了类似 Instagram、Pinterest 的购物社交网络：Amazon Spark。通过 Spark 对用户发布和分享的内容的分析，亚马逊可以有效地判断出用户的喜好、消费习惯及购买能力等信息，针对性地向用户推送他们可能需要的产品信息，促进其消费。

3. 社交媒体还具有极低的广告推广成本和无时空限制的优势。在社交媒体上进行广告推广，不用局限在某一个地方或者某一个时间段，它可以将信息随时传达给全世界的用户，从而大大提高了推广的效果，同时只需要花费比传统广告等推广方式少很多的成本就能完成。亚马逊熟练运用了社交媒体这一优势，在 Facebook、推特和 Pinterest 等新兴社交媒体上进行推广。例如在 Facebook 上发布促销活动信息，并附上优惠券。而由于推特是一个内容营销平台，亚马逊主要用其提供一些附加服务，提升用户的购买体验感。

对于 Pinterest 来说，亚马逊利用其图片浏览的特性，向用户提供定制服务。亚马逊真正做到将自己的在线商店与众多社交媒体相互联通，充分发挥每一种类型社交媒体的独特优势。

亚马逊的成功归结为多种因素，但是不可否认的是它对社交媒体的运用至关重要。甚至可以说，亚马逊在这些社交媒体真正存在之前就已经掌握了这一点，它通过“创造与用户对话”的社交媒体营销方式，将自己打造成一个用户沟通和交流的社区，获得了数以百万计的追随者，造就了今天这样一个庞大的电子商务帝国。

本章参考文献

[1] 彭纯宪．网络营销 [M]. 2 版. 北京：高等教育出版社，2010：23-31.

[2] 齐佳音，韩新民，李怀组．我国客户关系管理研究的紧迫性和方向分析 [J]. 管理科学学报，2002 (4)：88-94.

[3] 菲利普·科特勒，凯文·莱恩·凯勒．营销管理：15 版 [M]. 何佳讯，于洪彦，牛永革，等译．上海：格致出版社，2016：268-285.

[4] 罗伯特·费舍尔．网络营销：2 版 [M]. 北京：中国财经经济出版社，2004：45-56.

[5] 斯特恩等．营销渠道 [M]. 赵平，等译．北京：清华大学出版社，2001：213-224.

[6] Bendapudi N, Leone R P. Psychological Implications of Customer Participation in Co-production [J]. *Journal of Marketing*, 2003 (1): 14-28.

[7] Berman B. *Marketing Channels* [M]. Upper Saddle River, New Jersey: Prentice Hall, 1996: 158-173.

[8] Berry L L. Relationship Marketing [A]. In: Berry L L, Shostack G L, Upah G D. (eds). *Emerging Perspectives of Services Marketing* [C]. American Marketing Association. Chicago, IL, 1983: 25-80.

[9] Booms B H, Bitner M J. Marketing Strategies and Organization Structures for Service Firms [A]. In Donnelly J H, George W R (eds). *Marketing of Services* [M]. Chicago, IL. American Marketing Association, 1981: 47-51.

[10] Cheng X, Dale C, Liu J C. Understanding the Characteristics of Internet Short Video Sharing: A YouTube-based Measurement Study [J]. *IEEE Transactions on Multimedia*, 2013 (5): 1184-1194.

[11] Coughlan A T, Ansary E L. *Marketing Channels* [M]. Upper Saddle River, New Jersey: Prentice Hall, 2001: 168-179.

[12] Eisenhardt K M. Making Fast Strategic Decisions in High Velocity Environments [J]. *Academy of Management Journal*, 1989 (3), 543 - 576.

[13] Hanson W. *Principles of Internet Marketing* [M]. Cincinnati: South-Western College Pub., 2000: 165-172.

[14] Helm C, Jones R. Brand Governance: The New Agenda in Brand Management

［J］. *Journal of Brand Management*，2010（8）：545－547.

［15］ Holliman G，Rowley J. Business to Business Digital Content Marketing：Marketers' Perceptions of Best Practice［J］. *Journal of Research in Interactive Marketing*，2014（4）：269－293.

［16］ Keegan W J. *Global Marketing Management*［M］. Upper Saddle River，New Jersey：Prentice Hall，1995：246－279.

［17］ Kotler P，Zaltman G. Social Marketing：An Approach to Planned Social Change［J］. *Journal of Marketing*，1971（35）：3－12.

［18］ Kotler P. *Marketing Essentials*［M］. Upper Saddle River，New Jersey：Prentice Hall，1984：87－102.

［19］ Malone T W，Crowston K，Herman G A.（eds）. *Organizing Business Knowledge：The MIT Process Handbook*［M］. Cambridge，Massachusetts：The MIT Press. 2003：35－46.

［20］ Rosenbloom B. *Marketing Channels Management*［M］. Chicago：The Dryden Press，1995：157－192.

［21］ Shen Z-J M，Su X. Customer Behavior Modeling in Revenue Management and Auctions：A Review and New Research Opportunities［J］. *Production and Operations Management*，2007（6）：713－728.

［22］ Stern L W，L-Ansary E. *Marketing Channels*［M］. Upper Saddle River，New Jersey：Prentice Hall，1996：114－135.

第十一章

国际企业人力资源激励与管理模式

第一节　引言与概念界定

一、引言

党的十八大以来，中国对外投资合作稳步健康发展，规模不断扩大、结构不断优化、效益不断提升，国际化程度不断提高。联合国贸易和发展会议（UNCTAD）《2021世界投资报告》显示，2020年全球国际直接投资流量0.74万亿美元，年末存量39.25万亿美元。以此为基数计算，2020年中国国际直接投资流量（1 537亿美元）、存量（2.58万亿美元）分别占全球当年流量、存量的20.8%和6.6%，流量位列全球国家（地区）第一，存量位列第三。截至2020年底，中国2.8万家境内投资者在国（境）外共设立国际直接投资企业（境外企业）4.5万家，分布在全球189个国家（地区），年末境外企业资产总额7.9万亿美元。2020年末境外企业从业员工总数达361.3万人，其中雇用外方员工218.8万人，占60.6%。① 随着企业国际化程度的提高，企业人力资源管理越来越重要。人力资源管理是一种激励过程，是企业从满足人的多层次、多元化的需要出发，强化与组织目标相契合的个人行为，引导个人行为最大限度地开发和运用其人力资源去实现组织目标的管理活动。如何激励国际企业员工"想干事、真干事、干成事"是国际企业人力资源管理的重要内容。本章主要阐述人力资源的激励理论、企业薪酬设计、国际企业人力资源管理模式、战略性国际人力资源管理，以及国际企业外派人员管理。

二、人力资源管理的概念与内容

（一）人力资源的概念

人力资源（human resources，HR），又称劳动力资源或劳动力，是指具有劳动能力

---

① 中华人民共和国商务部，国家统计局，国家外汇管理局．2020年度中国对外直接投资统计公报［M］．北京：中国商务出版社，2021：1-4.

的人口总和。人力资源管理又称人力资源开发与管理，是企业运用现代管理方法对人力资源的获取（选人）、开发（育人）、保持（留人）和利用（用人）等方面进行计划、组织、指挥、控制和协调等一系列活动，最终达到实现企业发展目标的一种管理行为。

（二）人力资源管理的内容

主要包括：人力资源计划、岗位分析、招聘与选择、职业管理与开发、绩效考核、激励体系与薪酬系统等，见图 11－1。

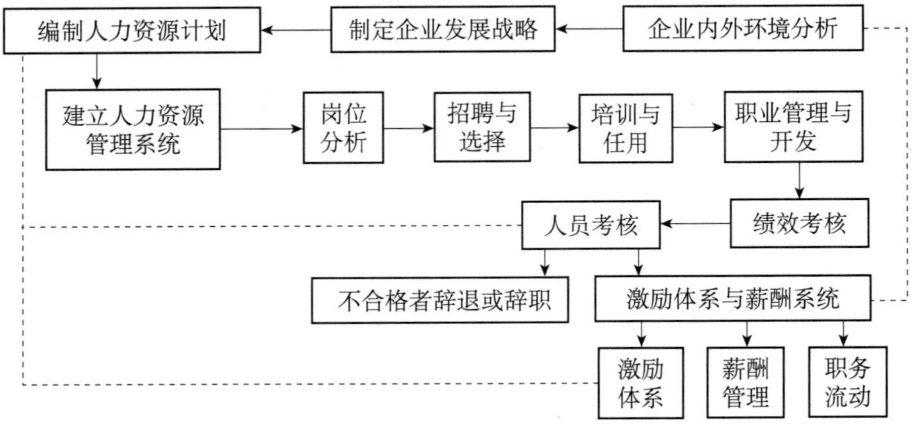

图 11－1 企业人力资源管理的内容

（三）人力资源管理的核心内容

1. 人力资源管理 3P 模型。林泽炎（2001）认为，3P 模式是现代人力资源管理的核心技术。3P 是指岗位分析（position evaluation）、绩效考核（performance appraisal）和薪酬管理（pay administration）。该模型以岗位分析为起点，绩效考核为中心，工资分配为结果。

2. 人力资源管理 5P 模型。廖建桥（2004）对林泽炎的 3P 模型进行补充，提出 5P 模型，即职务设计（position）、人员选拔（people）、绩效评估（performance）、薪酬设计（payment）、工作积极性（positive attitude）。

3. 人力资源管理 4P 模型。赵珠徽和郭建（2005）在林泽炎 3P 模型的基础上提出 4P 模型，即素质管理（personality management）、岗位管理（position management）、绩效管理（performance management）和薪酬管理（payment management）。强调一个中心、两个立足点、四大匹配。一个中心是以企业发展战略为中心，两个立足点是企业中的人和岗位，四大匹配是实现人与人、人与岗位、岗位与岗位、人与企业的匹配。4P 模型把战略性人力资源管理和以人为本的思想落实到人力资源管理中，要求人力资源管理从素质测评向素质管理、岗位分析向岗位管理、绩效考核向绩效管理、工资分配向战略薪酬管理转变。

三、国际企业人力资源管理的概念

国际企业人力资源管理是国际企业对母国、东道国、第三国的人力资源进行获取、配置运用、考核激励以实现管理目标的过程。与国内企业人力资源管理相比，国际企业人力资源管理具有更大的复杂性，体现在更多的管理活动、更广的视野、对员工更大程度的干预、管理重点的改变、更大的风险，以及更多的外部影响。

国际企业的子公司在配置人力资源时，一是使用东道国员工，即人力资源本地化；二是由母国派遣员工到东道国子公司，即母公司外派人力资源；三是使用第三国的员工，即人力资源国际化。国际企业的员工类型与人力资源活动如图 11 - 2 所示。

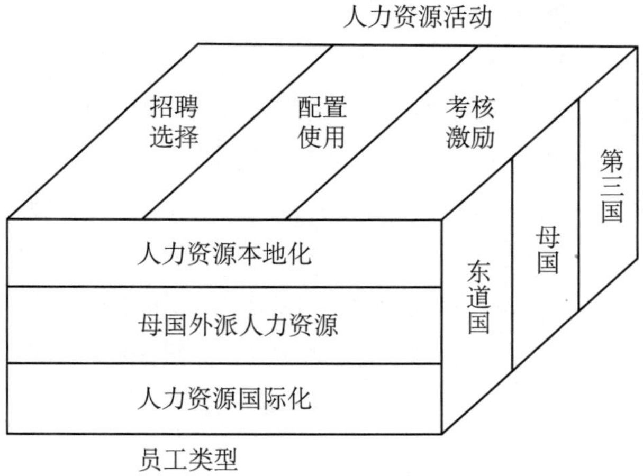

图 11 - 2　国际企业的员工类型与人力资源活动

第二节　激励理论、薪酬设计与绩效考核

一、 人力资源激励理论

（一）需求层次论

1. 马斯洛需求层次论。马斯洛（Abraham Harold Maslow）在 1943 年发表的《人类动机的理论》中提出需求层次论。马斯洛把需求划分为五个层次，即生理需求、安全需求、归属和爱需求、尊重需求和自我实现需求，依次由较低层次到较高层次。后来，马斯洛把五层次模型扩大为八层次，加入认知需求、审美需求和超越需求，如图 11 - 3。

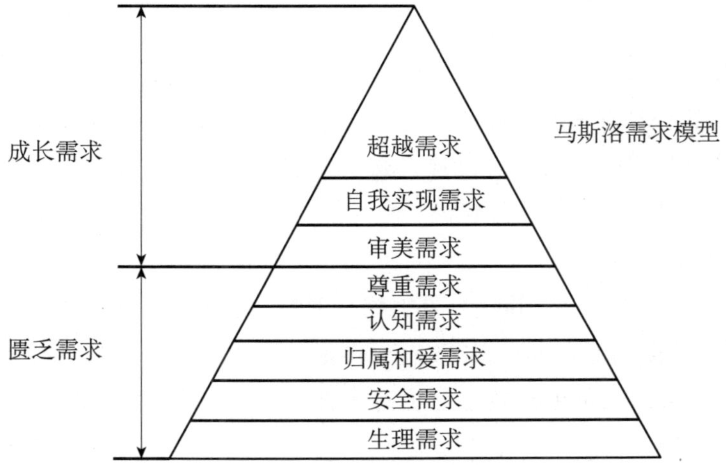

图 11 - 3　马斯洛需求层次论

马斯洛认为，就全人类而言，五个层次需求的实现呈现宝塔形。最底层的需求，如生理需求，通过外部条件可以满足，几乎影响所有人的日常生活，而最顶端的自我实现需求则通过人的内部因素实现，只有很少的人能真正达成。当然，也有例外的情况。人的天性中总是存在一种趋向，期盼成为自己期望的样子，不断地寻求一个更加充实的自我，追求更加完美的自我实现。

马斯洛揭示的五个层次需求之间的递升关系，不仅合乎部分人的实际，而且具有普遍意义。人类生存之所以渐次地向更高层次的需求递升，在于自我实现需求的潜在引领。这里所谓的自我，在西方文化中一般理解为上帝般完美的可能性，在中国文化中一般理解为天地之道所凝聚的人之志（理想与自由意志），其基本内涵是既自强不息又厚德载物（胡家祥，2015）。

2. 麦克利兰成就动机理论。麦克利兰（David McClelland）是美国社会心理学家，1987 年美国心理学会杰出科学贡献奖得主。他从 20 世纪 40—50 年代起就开始对人的需求和动机进行研究，发展了马斯洛的需求层次理论，提出了著名的三种需要理论（three-needs theory）。

（1）三种需要理论。麦克利兰认为，个体在工作情境中有三种高层次需要。一是权力需要，即影响、控制或指挥他人的需要。权力需要高的人看重争取社会地位和提升影响力，喜欢在组织中管理和支配他人。权力有个人权力和社会权力之分，一个人在个人权力发展到一定阶段后会自我隐退而为全社会追求权力。二是亲和需要，即和谐友好人际关系的需要。亲和需要高的人喜欢合作，善于与他人交往，注重人际关系的培养与维护。三是成就需要，即争取事业成功、把工作做到完美的需要。具有强烈成就需要的人拥有奋斗精神，喜欢挑战性工作，追求奋斗的快乐和实现奋斗目标的荣誉感，更看重精神激励而不是物质激励。

麦克利兰认为，成就需要高的人往往具有完成艰巨工作任务的潜质。他们喜欢承担有挑战性的工作并有一定的自主权，拥有独立解决问题的工作环境；往往对工作及其需要的条件作恰当的安排；需要有明确的、不间断的关于自己工作成就的反馈。

（2）“A 型动机”及其性格特征。世界上的人一般可从心理上划分为两类：小部分人愿意寻求机遇和挑战，愿意努力工作以取得令自己满意的成就；大部分人则对此抱无所谓态度。这一小部分具有强烈成就动机的人就是 A 型动机的人。A 型动机的人喜欢有挑战性的目标，这些目标往往由自己设计；喜欢通过自己的奋斗克服困难和解决问题；要求立即得到工作反馈，弄清工作结果。

（二）保健-激励双因素论

赫茨伯格（Frederick Herzberg）是美国心理学家、管理理论家。主要著作有《工作的激励因素》（与莫斯纳等合著）（1959）、《再论如何激励员工》（1968）、《工作与人性》（1966）、《管理的选择：是更有效还是更有人性》（1976）。他提出了“保健-激励双因素”论。

1. 赫茨伯格的保健-激励双因素论的内容。

（1）保健因素（hygiene）。指与工作环境、人际关系相关的能够带来保健作用的因素，主要有企业政策、行政管理、工作保障、监督、人际关系、薪酬等。保健因素对员工产生的效果类似于卫生保健对身体健康所起的作用。使员工感到不满意的因素都属于保健因素。保健因素恶化到企业员工可以接受的水平之下时，就会引发或增加员工对工作的不满意。但是，当员工认为保健因素达到较好的水平时，它只是消除了员工的不满意，并不能引发员工对工作的积极态度。保健因素只能消除员工的不满，但不会带来满意感。保健因素好比一日三餐，只是保证人的基本生存需要。

（2）激励因素（motivators）。指与工作本身、工作内容有关的能够带来积极态度、满意和激励作用的因素，主要有成就、赏识、有挑战性的工作、增加的工作责任、职位、晋升以及成长和成就机会。这些因素能对人们产生更大的激励。使员工感到满意的因素都属于激励因素，或者说只有激励因素才能够给员工带来满意感。激励因素好比水果，不是必需品，但是会使人更健康，能够使员工有更好的表现。

2. 保健-激励双因素论与马斯洛需求层次论的比较。赫茨伯格的双因素论与马斯洛的需求层次论有重叠之处。保健因素中的薪酬相当于马斯洛提出的生理需求，企业政策、行政管理、工作保障相当于马斯洛提出的安全需求，监督、人际关系相当于马斯洛提出的归属和爱需求；激励因素中的职位、晋升相当于马斯洛提出的尊重需求，成长机会、成就机会相当于马斯洛提出的自我实现需求。如表 11－1。

表 11－1　保健-激励双因素论与马斯洛需求层次论的比较

马斯洛需求层次论	保健-激励双因素论	
生理需求	薪酬	保健因素
安全需求	公司政策、行政管理、工作保障	
归属和爱需求	监督、人际关系	
尊重需求	职位、晋升	激励因素
自我实现需求	成长机会、成就机会	

二、企业薪酬设计

（一）薪酬的概念与分类

1. 薪酬（compensation）的概念。薪酬的概念有狭义和广义之分。狭义的薪酬是指员工从企业获得的货币和可以转化为货币的报酬，如工资、奖金、股权收益、住房公积金等；广义的薪酬是指员工因向所在的企业提供劳务而获得的各种形式的收益，除了狭义的薪酬以外，还包括各种非货币形式的收益。通常讲的薪酬是指狭义的薪酬。

2. 薪酬的分类。广义的薪酬可以分为两类：外在薪酬和内在薪酬，见表 11－2。

表 11-2 薪酬的分类

薪酬的类型		薪酬的内容
外在薪酬	直接薪酬	企业以货币形式支付给员工本人的报酬，如基本薪酬（基本工资和绩效工资）、短期奖酬（奖金或奖励）、股权收益等。直接薪酬是狭义的薪酬。
	间接薪酬	不支付给员工本人的具有一定公益性的报酬，是企业员工身份所享受的相关待遇，如"五险一金"①、个人福利、带薪休假、生活服务福利等。
内在薪酬	直接薪酬	富有意义的工作性质带来的好处。如富有挑战性、趣味性、成就感、责任感的工作岗位，能够参与决策管理，个人成长与发展机会。
	间接薪酬	优越便利的工作条件带来的好处。如优越的办公室、便利的交通通信条件、受人尊重的头衔和社会地位。

资料来源：李宝元．BCC：战略性薪酬管理新尝试［J］．北大商业评论，2015（10）：24－33．

（二）薪酬政策原则和薪酬水平-结构线

1．薪酬政策原则。一是战略性，薪酬政策与企业发展战略相匹配。二是文化性，薪酬政策与企业文化对员工行为的影响同频共振。三是成本性，考虑到薪酬政策对企业成本的影响。四是外在竞争性，企业员工的收入水平依据企业薪酬战略水平（竞争性薪酬水平或稳定性薪酬水平）而定。五是内在公平性，各类岗位之间薪酬收入高低相对公平。

2．薪酬水平-结构线。确定工作职位评价相对分值，与企业已有的或现行的薪酬水平（如月薪），以及外部市场调查的薪酬水平（月薪）进行比较，并用散点图直观地加以描述。根据散点图，我们可以拟合一条回归线，就是薪酬水平-结构线，如图 11－4 所示。②

从图 11－4 可以看出，该企业内部现行薪酬水平与外部市场薪酬水平有较大差距，外部市场薪酬水平明显高于内部现行薪酬水平。两条回归线的斜率有明显差异，外部市场薪酬回归线斜率较大，而内部现行薪酬水平回归线的斜率较小，说明外部市场月薪等级间的薪酬水平差距大于内部市场。例如，在月薪第 3 等级中值（150 分）处，市场月薪为9 000 元，而企业内部现行薪酬只有 6 000 元，相差 3 000 元；在月薪第 5 等级中值（250 分）处，市场月薪为 60 000 元，而企业内部现行薪酬只有 7 000 元，差距扩大到53 000元。

企业薪酬决策部门应调查原因，进行分析，确定适合本企业情况而又具有竞争力的薪酬水平-结构线，作为定薪基准。薪酬水平-结构线还可以设计成非线性或折线形状。根据已确定的薪酬水平-结构线，须进一步确定企业不同薪酬等级的具体薪酬幅度，如图 11－5。

薪酬范围的下限一般称为等级起薪点，上限即顶薪点，例如图 11－5 中，在月薪第 3

① "五险一金"：五种社会保险以及公积金，"五险"包括养老保险、医疗保险、失业保险、工伤保险和生育保险；"一金"指的是住房公积金。其中养老保险、医疗保险和失业保险，这三种险是由企业和个人共同缴纳的保费；工伤保险和生育保险是完全由企业承担的，个人不需要缴纳。"五险"是法定的，而"一金"不是法定的。

② 李宝元．战略性激励：现代企业人力资源管理精要［M］．北京：经济科学出版社，2002：223－225．

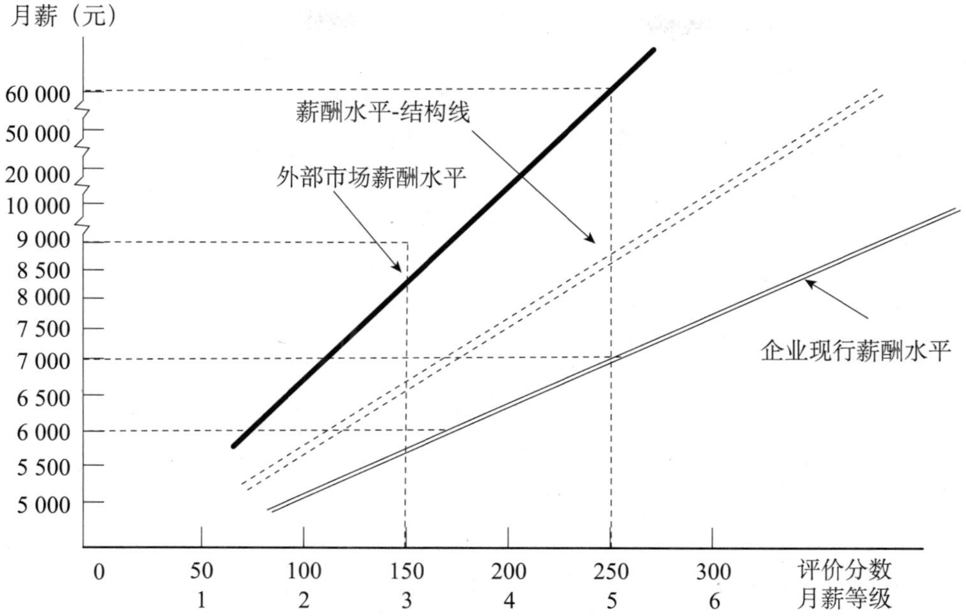

图 11－4　薪酬水平-结构线

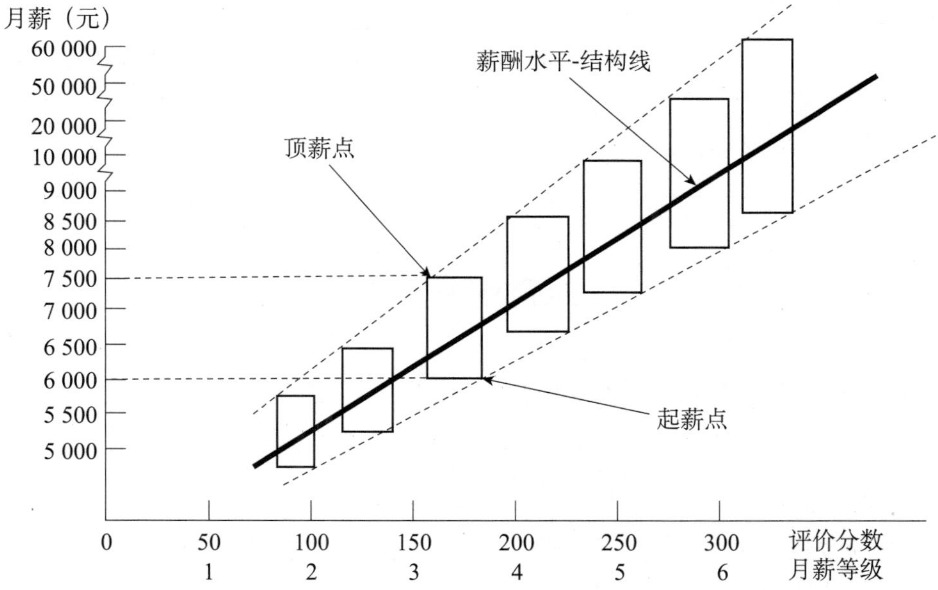

图 11－5　企业薪酬等级与薪酬范围

等级，起薪点为 6 000 元，顶薪点为 7 500 元。相邻等级的薪幅在大多数情况下是有一定重叠的。重叠程度与薪酬水平-结构线的斜率有关。薪酬水平结构线的斜率越平坦，则相邻等级的重叠程度越大。薪幅重叠程度应该适中，重叠程度过大，会出现提职不增薪、平均主义等不合理状况；重叠程度过小也不可取，如果升职机会有限，则会影响薪酬灵活性和薪酬激励作用。

三、 绩效考核方法

企业对员工或二级单位绩效考核的方法主要有定性描述考核法、量表考核法、目标管理考核法、关键绩效指标法、平衡计分法，见表 11-3。

表 11-3 绩效考核方法一览表

绩效考核方法	主要做法
定性描述考核法	评语法、关键事件法、考核清单或对照表法。
量表考核法	量化考评，考评人根据规定绩效考评指标（如完成工作量、工作质量、合作精神、工作纪律、客户满意度等）打分，分值范围为 0～100 分，便于横向比较。
目标管理考核法	考核期初协商议定部门或员工考核周期的目标任务，期末考核目标任务完成情况。
关键绩效指标法	对企业运营过程中的关键因素进行提炼，确定对部门或员工工作目标起导向作用的关键指标体系。确定关键绩效指标需坚持 SMART 原则：具体（specific）、可度量（measurable）、可实现（attainable）、关联性（relevant）、时效性（time-bound）。
平衡计分法	由 Robert S. Kaplan 和 David P. Norton（1992）提出。平衡计分法（balanced score card，BSC）是从财务、客户、内部运营、学习与成长四个角度，将组织的使命与战略转变为具体的目标和评测指标的一种绩效管理体系。将每一个指标的实际值与目标值相比较得到个体指数，各项指标的个体指数加权平均后得出综合指数。

第三节 国际企业人力资源管理模式

一、 国际企业人力资源管理模式的类型

国际企业人力资源面临的战略管理困境主要表现在：国家的文化和结构对当地人力资源实践的影响、在全球范围使用标准化的决策还是适应性的人力资源实践、人力资源运行中集权与分权之间的平衡问题（张明，2012）。为了解决这些困境，出现了多种类型的国际企业人力资源管理模式。

（一）EPRG 模型

David A. Heenan 和 Howard V. Perlmutter（1979）提出了 EPRG 模型。他们以管理导向的观念，将跨国企业人力资源管理分为四种模式：一是母国中心模式（ethnocentric）：使用母国员工，将母国员工外派到全球各地担任主要职位，母公司考核标准适用于所有员工；二是多国中心模式（polycentric）：使用东道国员工，东道国员工担任当地子公司主要职位，采用本地化策略，子公司考核标准因东道国不同而异；三是区域中心模式（regioncentric）：使用区域内相关国家的优秀员工担任子公司主要职位，子公司考

核标准随区域总部而定；四是全球中心模式（geocentric）：使用全球最优秀员工，考核标准适用于全球各地又具有东道国特点。

四种模式的全球整合和地区差异化响应程度可以用图 11－6[①] 表示。

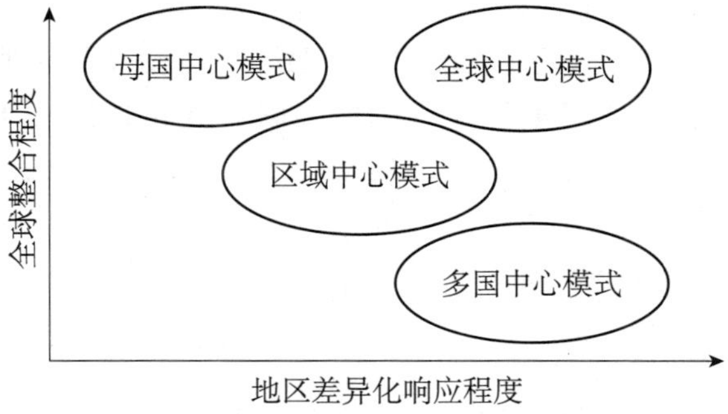

图 11－6　EPRG 模型的全球整合与地区差异化响应

（二）集权与分权模式

集权与分权的程度取决于：海外人力资源部门的地位，母公司对海外子公司的控制标准的设定情况，母公司对子公司的正式控制与非正式控制方式的采用情况，以及母公司对子公司偏离目标时调控的及时程度、宽严程度。

Jagdish N. Sheth 和 Golpira S. Eshghi（1989）以一致性与本地化两个维度划分人力资源战略，并提出各种战略的适用情况。一是专特性人力资源战略，人力资源一致性需求和本地化需求都低；二是分权性人力资源战略，人力资源一致性需求低而本地化需求高，人力资源管理分权化；三是全球性人力资源战略，人力资源一致性需求高，本地化需求低，人力资源管理集权化；四是伞状性人力资源战略，人力资源一致性需求和本地化需求都高，强调人力资源管理集权化和分权化的协调，见图 11－7。[②]

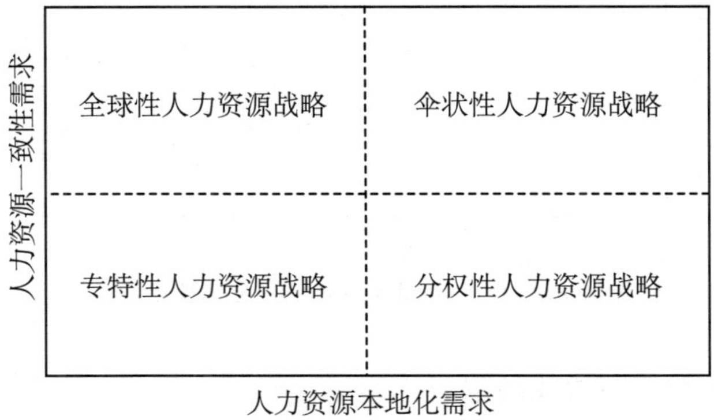

图 11－7　国际人力资源管理的一致性与本地化分类

---

① Heenan D A，Perlmutter H V. *Multinational Organization Development*［M］. Boston：Addison-Wesley Pub. Co.，1979：18－19.

② Sheth J N，Eshghi G S. *Global Human Resources Perspective*［M］. Cincinnati：South-Western Pub. Co.，1989.

（三）整合-差异化模式

Ken Kamoche（1996）提出人力资源整合-差异化（IN-DI）模式。从资源能力的角度出发，认为跨国公司人力资源管理一方面应注意总部对子公司或下级部门的整合要求，即协调与控制的要求；另一方面应注意子公司或单位层面对差异化日益增加的压力，即弹性与灵敏度的要求。根据整合与差异化的维度，跨国公司人力资源管理分为四个象限，分别是高 IN 低 DI 模式、高 IN 高 DI 模式、低 IN 高 DI 模式和低 IN 低 DI 模式，见图 11－8。

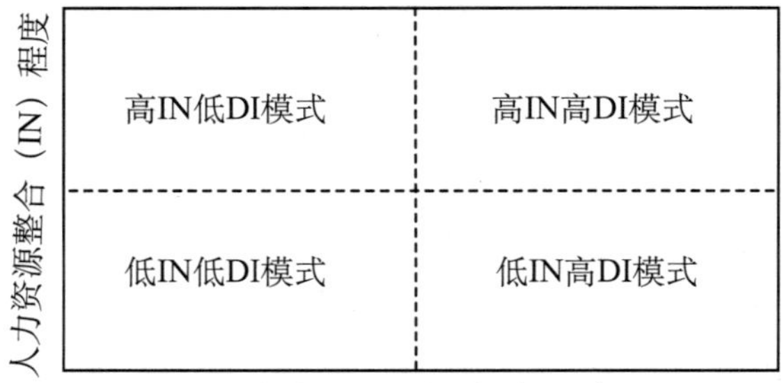

图 11－8 Kamoche（1996）的国际人力资源 IN－DI 模式

（四）全球整合-当地响应模式

Hannon，Huang 和 Jaw（1995）构建了全球整合-当地响应（global integration-local responsiveness，GI-LR）的模型，作为解决全球标准化-本地适应性困境的战略响应，以缓解全球化与本地化的困惑。整合-响应模式有三种类型：一是自主型，表现为低全球整合和高当地响应；接受型，表现为高全球整合和低当地响应；三是主动型，表现为高全球整合和高当地响应，如图 11－9 所示。[①]

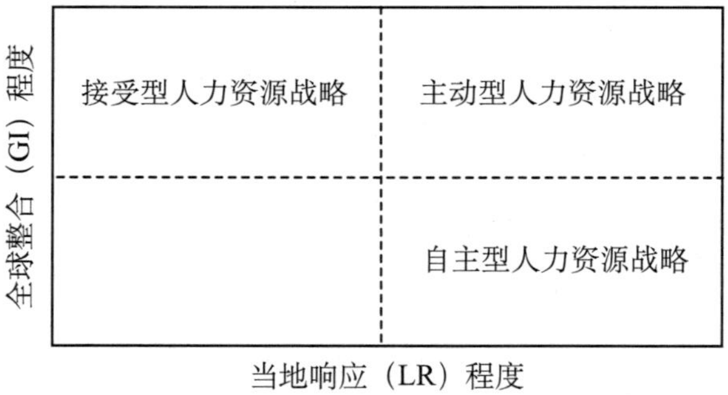

图 11－9 Hannon，Huang 和 Jaw（1995）全球整合与当地响应模型

二、 战略性国际人力资源管理模型

战略性国际人力资源管理（strategic international human resource management，SI-HRM）是从战略的、宏观的视角研究有效的人力资源政策组合，主要研究人力资源政策与企业发展战略、国际经营环境相协调。具有代表性的战略性国际人力资源管理模型有

---

① Hannon J M，Huang I C，Jaw B S. International Human Resource Strategy and Its Determinants：The Case of Subsidiaries in Taiwan [J]. *Journal of International Business Studies*，1995（3）：531－554.

舒勒模型、泰勒模型等。

（一）战略性人力资源管理的概念

Wright（1998）认为，人力资源配置及其活动必须与企业的总体战略相匹配，即纵向匹配；人力资源配置应与企业各种活动相匹配，即横向匹配。而衡量各种匹配效果的方法则是考察企业人力资源管理政策及其实践能否有效、明显地促进企业绩效的提高。战略性人力资源管理的基础涉及诸多理论。资源观的企业理论主要分析企业战略、人力资本蓄水池、企业人力资源管理政策三者之间的相互关系；行为科学理论主要分析企业战略、组织及其成员行为、企业人力资源管理政策的相互影响关系；控制理论、代理和交易成本理论主要分析企业战略、人力资本、组织及其成员行为以及企业人力资源管理政策的相互关系；资源依赖和制度理论主要检验企业政治和体制因素对企业人力资源管理政策和实践的影响（陶向南和赵曙明，2005）。Patrick M. Wright 和 Gary C. McMahan（1992）提出战略性人力资源管理的概念模型，认为战略性人力资源管理是一种面向宏观的人力资源管理方法，是一种满足企业需求的人力资源使用模式。理论基础有基于资源的企业观、行为视角、控制论、代理或交易成本理论、资源依赖或权力模型和制度理论等，见图 11－10。[1]

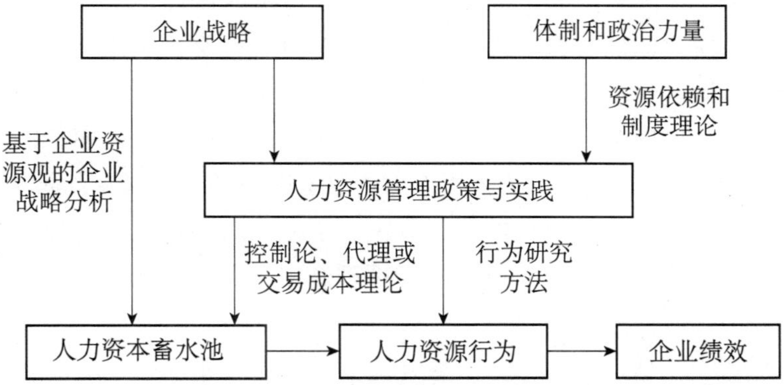

图 11－10 战略性人力资源理论框架的概念模型

（二）舒勒模型

由舒勒（Randall S. Schuler）等学者提出。该模型认为战略性国际人力资源管理受单位间连接和内部运作的影响，同时还受外生因素和内生因素的影响。外生因素有商业与技术的变化、竞争者的特征等产业特征，以及政治条件、经济条件、法律要求、社会文化等国家或地区特征。内生因素有跨国公司国际运行结构、总部国际取向、实行的竞争战略，以及跨国公司国际经营的经验。该模型还分析了国际人力资源管理的问题、功能、政策与实施和实践。跨国公司的关注点和目标有全球竞争力、效率、当地响应力（灵敏度）、弹性、组织学习和信息转移，如图 11－11 所示。[2]

---

① Wright P M, McMahan G C. Theoretical Perspective for Strategic Human Resource Management [J]. *Journal of Management*, 1992 (2): 295－320.

② Schuler R S, Dowling P J, Cieri H D. An Integrative Framework or Strategic International Human Resource Management [J]. *Journal of Management*, 1993 (2): 419－459.

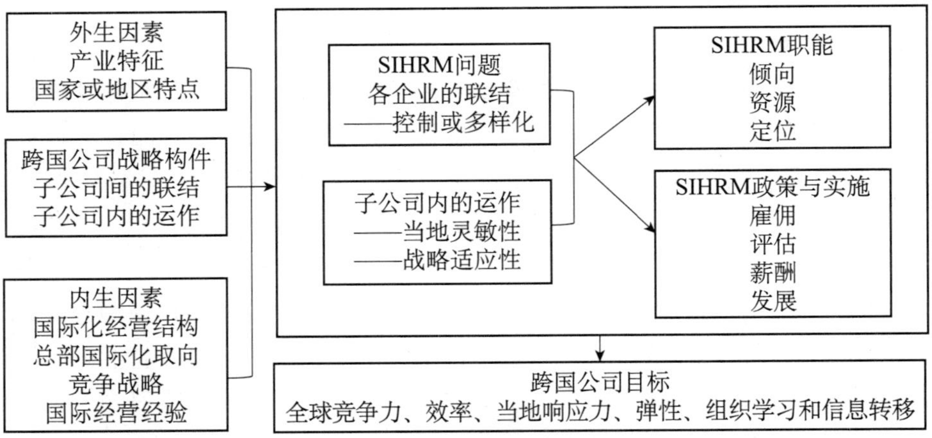

图 11－11　舒勒模型图示

（三）泰勒模型

泰勒（Sully Taylor）等人在资源的企业观和资源依赖理论的基础上构建了跨国公司战略性国际人力资源管理系统决定因素的理论模型。模型阐述了一些关键决定因素与跨国公司的整体 SIHRM 方法、子公司人力资源管理系统的设计、子公司内关键员工群体的人力资源管理系统之间的关系。模型把人力资源分为两类：一是有形资源，例如人力资源规划系统、国际销售培训计划、选拔测试；二是无形资源，例如共同的愿景、吸引合格员工为公司工作的能力、子公司经理与当地政府谈判的经验。模型认为，跨国公司 SIHRM 要正确处理母公司战略、子公司人力资源系统和员工集体人力资源决策之间的管理，母子公司人力资源系统的一致性程度取决于子公司战略角色、子公司建立方式、母子公司文化距离和法律距离，母公司高层管理理念对公司 SIHRM 具有重要影响，见图 11－12。①

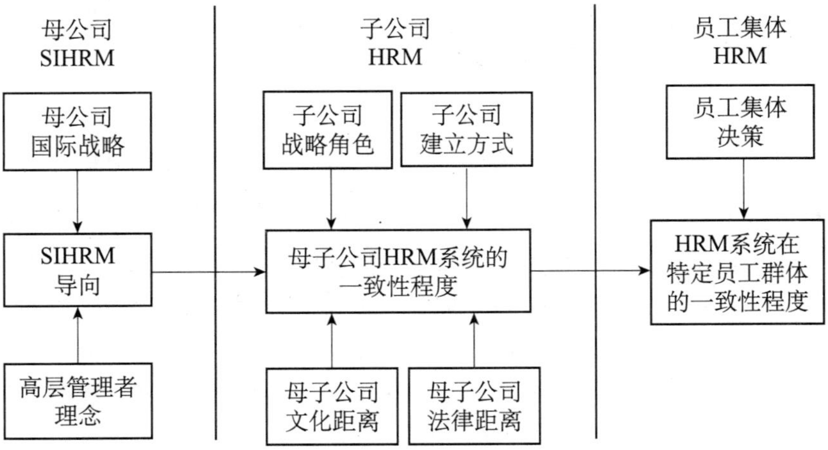

图 11－12　泰勒模型图示

① Taylor S, Beechler S, Napier N K. Toward an Integrative Model of Strategic International Human Resource Management [J]. *Academy of Management Review*, 1996: 959－985.

三、 国际企业人力资源管理模式的选择

（一）影响模式选择的因素

可以把影响模式选择的因素分为外生因素和内生因素（朱晋伟，2010）。外生因素是宏观要素，主要包括子公司所在的东道国、所属行业、在东道国与其他组织间的网络关系等。内生因素是企业内部条件要素，主要包括母公司所有制性质、母公司跨国程度、母公司的规模、母公司跨国经营的经验、股权经营方式、母公司的经营战略、海外子公司的规模、公司的组建模式、目标市场、人力资源管理部门的规模、海外子公司的成立时间等。

（二）影响因素与绩效的关系

影响因素与绩效的关系可以用图 11 - 13 表示（朱晋伟，2010）。衡量经营绩效的指标有市场占有率、利润率、劳动生产率、产品质量、服务质量等。影响因素与绩效的关系可能是正的，也可能是负的；可能是线性的，也可能是非线性的。

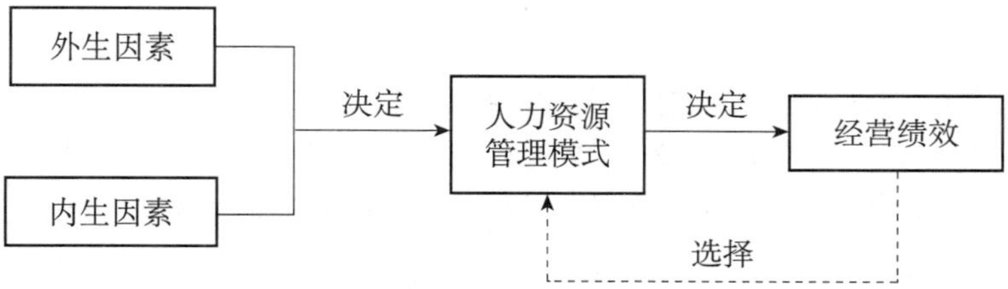

图 11 - 13　国际企业人力资源管理模式选择的分析框架

第四节　国际企业外派人员管理

外派人员是指由母国公司总部派遣的在国外机构工作的员工。如果这些国际员工是母国的本地人，就被称为母国公民。如果他们是被派往母国之外任职的外国员工，就被称为第三国国民。因此，国际企业外派人员是指由母公司任命的派往东道国工作的母国公民和第三国公民，主要为管理者、专家和技术人员，其中母公司派往东道国工作的母国公民最为普遍。

一、 国际企业使用外派人员的影响因素

邱立成和成泽宇（1999）总结了跨国公司外派人员的两个层面的影响因素。

（一）国际企业和东道国层面的因素

1. 跨国公司的战略导向。国际战略、本地化战略、全球标准化战略和跨国战略决定了使用不同来源的管理人员。人员配备模式与公司发展战略具有密切的关系，如表 11 - 4 所示。

2. 母公司人力资源管理能力。如果跨国公司的人力资源政策和实践是公司的专有资产，母公司就会更多地使用外派人员（陶凤鸣，孟卫东和杨涛，2009）。

表 11－4　国际企业人员配备模式的战略适应性

人员配备模式	战略适应性	优势	劣势
母国中心模式	国际战略	克服东道国管理者的不足，统一的文化有利于转移核心竞争力	在东道国产生文化短视
以多国为中心	本地化战略	避免文化短视，实施成本低	限制职业流动性，隔离总部与国外子公司
全球中心模式	全球标准化和跨国战略	有效利用人力资源，有利于构建企业文化和非正式的管理网络	可能受到国家移民政策的限制，实施成本高

资料来源：查尔斯·希尔，托马斯·霍特．国际商务：11 版［M］．郭羽诞，等译．北京：中国人民大学出版社，2019：530－533.

3. 国外分支机构所处的阶段。对于新建的国外经营分支机构，跨国公司通常采用母国中心模式，招聘掌握母公司文化和战略的母国公民参与管理。随着东道国公民技术与管理水平的提高，和对母公司文化的不断熟悉，跨国公司的人力资源政策随之从母国中心模式向多国中心模式过渡。同时，跨国公司的国际化经营时间越短，就会越多地使用外派人员。

4. 外派人员的成本。外派人员培训与安置的成本比较大。

5. 东道国文化因素。各国的文化特征对国际人力资源管理模式具有直接影响。例如，日本跨国公司强调集体主义文化，倾向人力资源管理的集权模式或母国中心模式；而美国跨国公司强调个人主义文化，倾向人力资源管理的分权模式或多国中心模式；欧洲跨国公司处于二者之间。母国与东道国之间的文化距离增加了海外经营的不确定性、信息不对称程度。

6. 东道国的相关政策。东道国的公司制度、税收、管理人员当地化规定、工会等政策会影响跨国公司的人力资源政策。

7. 合格员工的东道国公民来源。如果东道国具有合格的人才，投资国母公司外派人员的可能性会降低。

（二）雇员层面的因素

1. 雇员动机。个人发展需要、展示自己才能、获得国际经验、高报酬、国外旅行或生活。

2. 文化冲击。东道国和母国的文化差异越大，跨国公司就会越多地使用外派人员。公司外派人员在管理东道国子公司时需要适应子公司与母公司人力资源管理的文化差异。例如美国、日本、德国企业在员工绩效管理上具有较大的差异，见 11－5。

表 11－5　美国、日本、德国企业的员工绩效管理差异

国别企业	员工绩效管理特征
美国企业	职位分析，能力主义；快速评价，晋升迅速；现实回报，优胜劣汰
日本企业	年功序列，福利型管理；注重能力、资历和适应性的平衡；晋升缓慢
德国企业	科学的评价标准和奖惩措施；注重工作结果；小幅度定期加薪和晋升

资料来源：林新奇．国际人力资源管理［M］．北京：中国人民大学出版社，2004：282.

3. 配偶与子女问题。配偶的工作与生活、子女教育与就业等问题。

4. 职业发展问题。公司外派人员因为远离总部，容易被母公司领导遗忘。

5. 归国问题。归国后报酬减少，归国人员难以重新适应母国的工作环境和组织文化（逆文化冲击）。

二、 国际企业外派人员的薪酬设计

（一）外派人员薪酬基准

外派人员薪酬结构是“基本薪酬＋奖励薪酬＋福利”。基本薪酬确定方法有母国基准、东道国基准和折衷基准，三种基准的比较见表 11－6。

表 11－6　三种国际企业外派人员基本薪酬基准比较

	母国基准	东道国基准	折衷基准
概念	以公司总部的薪酬水平为基准确定外派人员薪酬	以东道国薪酬水平为基准确定外派人员薪酬	缩小母国外派人员与东道国员工薪酬差距
优点	外派人员报酬公平；促进外派人员国际流动	东道国子公司同工同酬；有利于外派人员融入当地文化	有利于员工国际流动
缺点	当母国薪酬水平低时外派人员缺乏积极性	当东道国子公司薪酬待遇低时外派人员缺乏积极性	薪酬设计难度大
管理	管理简单，适用于短期外派人员	管理简单，适用于长期外派人员	管理复杂，考虑因素多

资料来源：姜秀珍．国际企业人力资源管理［M］．上海：上海交通大学出版社，2008：189－193.

（二）外派人员薪酬平衡表法

外派人员薪酬平衡表法是外派人员薪酬支付的常见计算方法。该方法是支付在国外工作的员工和国内工作的员工同等购买力的薪酬。基本做法是：保留员工在母国的薪酬结构；如果外派地的生活成本高于母国，则给予其一定的生活补贴，如通过直接或间接方法支付住房补贴；弥补个人所得税差距；支付外派工作奖励；给予外派人员子女的教育费用补贴。这种方法的限制条件是：母国和东道国可以做经济比较；公司外派人员保持母国文化和心理体系；外派期限短，员工外派结束后回母国工作。适用平衡表法时，公司对母国和东道国的税收、住房、商品和服务、服务津贴进行比较，同时考虑汇率的变化。如果东道国支出多，外派人员的相应补贴就多。平衡表的修正有三个方面：一是本地化，外派人员的薪酬随东道国的不同而变化；二是对津贴的削减，外派人员外派时间越长，薪酬越接近东道国基准；三是自助式薪酬体系，给予外派人员更多的薪酬选择。

三、 国际企业外派人员选拔与招聘

John B. Cullen（1999）总结了 Rosalie L. Tung（1981）、Mark Mendenhall 和 Gary Oddou（1985）的研究，提出了选拔与招聘的五个标准：专业或技术技能、交际能力、国际动机、家庭状况及语言技巧。赵曙明、彼得和丹尼斯（2001）把甄选驻外人员的因素分为个人因素和环境因素，个人因素有专业能力、跨文化适应能力和家庭因素，环境因素有国家和文化因素、跨国企业因素和语言。

国际企业外派人员有高阶主管（chief executive officer）、职能部门主管（functional head）、问题解决者（trouble shooter）、操作人员（operatives），各种外派人员的素质要求有较大的差异。跨国公司在招聘和选拔中广泛使用面谈、标准化测试、评估中心、简历、工作试用、推荐等方法，其中面谈是最广泛使用的有效方法。国际企业外派管理者选择过程如 Tung（1981）的流程图所示，见图 11-14。

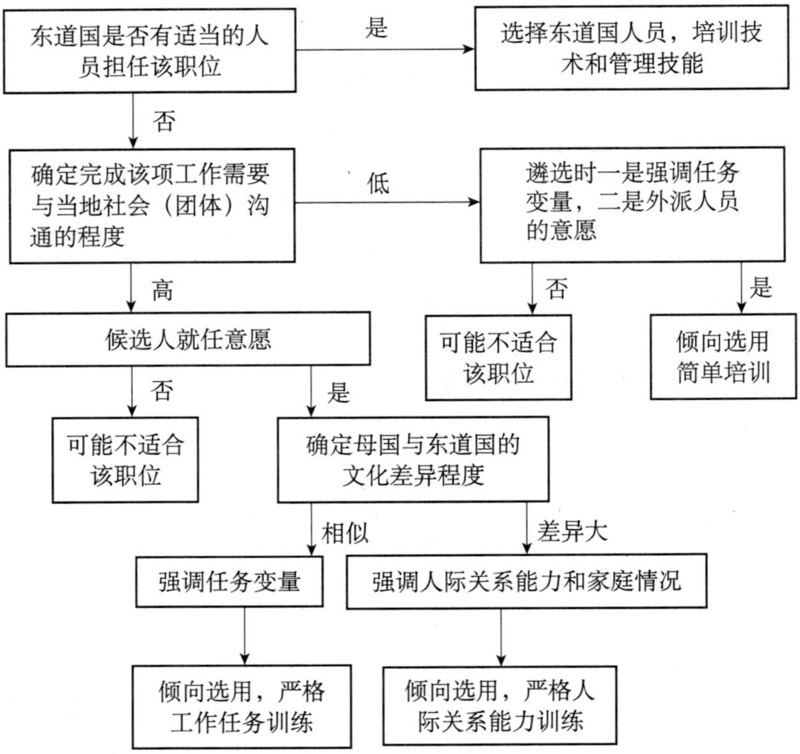

图 11-14　Tung（1981）海外子公司管理者选择流程图

本章参考文献

[1] 胡家祥．马斯洛需要层次论的多维解读 [J]. 哲学研究，2015（8）：104-108.

[2] 李宝元．BCC：战略性薪酬管理新尝试 [J]. 北大商业评论，2015（10）：24-33.

[3] 廖建桥．5P 模型：一种新的人力资源管理分类方法 [J]. 管理学报，2004（1）：71-75，4.

[4] 林泽炎．适合中国企业特点的人力资源管理 3P 模式 [J]. 中外企业文化，2001（5）：53-54.

[5] 邱立成，成泽宇．跨国公司外派人员管理 [J]. 南开管理评论，1999（5）：9-13.

[6] 陶凤鸣，孟卫东，杨涛．跨国公司海外子公司管理层人员选择的影响因素研究 [J]. 管理工程学报，2009（3）：30-34，11.

[7] 陶向南，赵曙明．国际企业人力资源管理研究述评 [J]. 外国经济与管理，

2005 (2): 10-17.

[8] 张明. 国际人力资源管理的差异性及其战略 [J]. 当代经济管理, 2012 (11): 73-77.

[9] 赵曙明, 彼得·J. 道林, 丹尼斯·E. 韦尔奇. 跨国企业人力资源管理 [M]. 2001: 68-73.

[10] 赵琛徽, 郭建. 人力资源管理模式: 从 3P 到 4P [J]. 中国人力资源开发, 2005 (2): 10-14.

[11] 朱晋伟. 跨国经营人力资源管理模式的选择 [J]. 商业经济与管理, 2010 (9): 27-32.

[12] Cullen J B. *Multinational Management: A Strategic Approach* [M]. London: International Thomson Publishing, 1999.

[13] Kamoche K. The Integration-differentiation Puzzle: A Resource-capability Perspective in International Human Resource Management [J]. *International Journal of Human Resource Management*, 1996 (1): 230-244.

[14] Kaplan R S, Norton D P. Balanced Scorecard: Measures that Drive Performance [J]. *Harvard Business Review*, 1992, January-Febuary: 71-77.

[15] Maslow A H. A Theory of Human Motivation [J]. *Psychological Review*, 1943: 370-396.

[16] Mendenhall M, Oddou G. The Dimensions of Expatriate Acculturation: A Review [J]. *Academy of Management Review*, 1985: 39-47.

[17] Tung R L. Selection and Training of Personnel for Overseas Assignments [J]. *Columbia Journal of World Business*, 1981 (1): 68-78.

[18] Wright P M. Introduction: Strategic Human Resource Management Research in the 21st Century [J]. *Human Resource Management Review*, 1998 (3): 187-192.

第十二章

国际企业跨文化管理的策略与实践

第一节 引言与概念界定

一、引言

《电子世界》杂志在20世纪90年代初曾以“在全球市场开展业务的最大障碍是什么”为题，对多家跨国公司进行了调查。结果显示，在法律法规、价格竞争、信息、语言、交付、外汇、时差、文化差异等项目的列表中，文化差异被列在了首位。跨文化管理是指企业在全球化的过程中，对子公司所在国家的文化采取包容性的管理方式，即企业在跨文化条件下克服异质文化之间的差异，在此基础上塑造独特的文化，最终创造出一种绩效突出的管理方式。也就是说，在全球化经营中，企业要克服任何异质文化的冲突，并在此基础上创造其独特文化，从而形成卓有成效的管理过程。其目的是在不同形式的文化氛围中设计出可行的组织结构和管理机制，在管理的过程中制定超越文化冲突的企业目标，对不同文化背景的员工制定一种共同的行为准则，从而最大限度地控制和利用企业的潜力和价值。全球化企业只有通过成功的跨文化管理，才能顺利运作、增强竞争力和扩大市场份额。最早提出跨文化理论的是 Florence R. Kluckhohn 和 Fred L. Strodtbeck（1961）。他们提出价值取向理论，认为不同民族、不同国家的人对人性、对自身与外部自然环境关系、对自身与他人关系、对自己的活动取向、对自己的空间概念和时间概念等问题的看法有较大的区别。而对这些问题的不同看法，显著地影响人们在生活和工作中的态度和行为。迄今为止，在跨文化理论中影响最大的是荷兰管理学者 Geert Hofstede（1980，1991）提出的文化维度理论。霍夫斯塔德（Hofstede）通过统计因素分析，发现了有助于我们认识民族文化影响员工价值观和工作态度的五个因素，即个人主义与集体主义、权力距离、不确定性规避、职业成功与生活质量、长期利益导向与短期利益导向。Triandis，Chen 和 Chan（1998）完全不同意霍夫斯塔德的观点。他们认为个人主义和集体主义既不是一维的概念，也不是二维的概念，而是一种文化综合体。

荷兰学者琼潘纳斯（Trompenaars）将民族文化划分为七个维度[①]，填补了以往理论未触及的方面。但该研究方法被认为缺乏严谨性，所以只有参考价值。Shalom H. Schwartz（1992）的十大价值需要理论[②]是在批判前人研究的基础上提出的。他认为以前的研究或多或少都存在缺陷。陈晓萍（2016）认为上述理论属于对文化的一般认知，具有很强的实践指导意义，可以作为帮助我们理解其他文化人群行为的工具。国内跨文化管理的研究起步较晚，在理论上基本继承了西方学者的认知。但在跨文化管理的实际应用方面，马春光（2004）、唐宁玉（2016）、晏雄（2016）、郑兴山（2019）等都肯定了中国企业在海外实施跨文化管理战略的有效性，并建议重视跨文化人才的培养。在全球化时代，跨国公司作为实现国际投资、经营和管理的组织，是国际市场行为的主体。如何在跨文化管理中形成认知和行动的向心力，是本章的主要研究分析内容。

二、 文化的概念

对文化的广义定义来自 Melville J. Herskovits（1955），他认为，文化是人所创造的一切环境，也就是说，除了原始的自然之外，人所添加的一切东西都可以被称为文化。人创造的环境包括两类：一类是客观文化，也就是环境中的硬件。硬件是指有形的物体，如房屋、建筑物、道路、电视、电脑以及各种机器和工具。另一类是主观文化，即环境中的软件。软件是无形但又无处不在的东西，比如信仰、理想、价值观和社会规范。这个定义过于宽泛，无法被后来的大多数学者所接受。目前，人们广泛使用赫斯科维茨（Herskovits）的主观文化来定义文化，即“一群人共享的共同价值体系”。霍夫斯塔德对文化的定义就是一个典型的例子。他将文化比作人的心智的集体程序，指出文化会影响人们的注意力、行为方式以及对人和事的判断。同样，文化也被其他学者定义为智慧群族的一切群族社会现象与群族既有的内在精神及其传承、创造、发展的总和，文化为人们聚集、思考自己和面对外界提供了有意义的环境。另一位将文化定义为主观维度的学者是心理学家 Harry C. Triandis（1994）。在他看来，文化就是对事物的未言明的假设、标准的操作程序和做事的方式，这个定义已经被人们接受并内化了。在这个定义中，文化包括显性的行为方式以及隐性的价值观。与许多学者将文化定义为价值观不同，人类学家 Edward T. Hall（1976）认为，一个社会的文化是通过人与人之间的交流表现出来的。因此，他提出了“交流即文化”的观点。

综上所述，广义的文化可以被定义为人类创造的、经过历史检验而沉淀下来的物质财富和精神财富。文化有以下四个特点：第一，文化是一个群体共有的东西；第二，这些东西既可以是客观的、显性的，也可以是主观的、隐性的；第三，无论是客观的、显性的文化，还是主观的、隐性的文化，都对生活在群体中的人们产生各种各样的影响；

---

① 琼潘纳斯认为，国家与民族文化差异主要体现在七个维度：普遍主义—特殊主义，个体主义—集体主义，中性—情绪化，关系特定—关系散漫，注重个人成就—注重社会等级，长期—短期导向，人与自然的关系。

② 施瓦茨（Schwartz）根据人们的十大价值需要的不同对文化加以区分，即权利、成就、享乐主义、刺激、自主导向、普遍主义、仁慈、传统、遵从和安全。他认为，这十种价值导向可以从两个维度来看：开放—保守的维度和自我强化—自我超越的维度。开放包括刺激、自主导向和享乐主义，保守包括安全、传统和遵从；自我强化包括成就、权力和享乐主义，自我超越包括普遍主义和仁慈。

第四，文化代代相传，随着时代的变化动态调整，但调整的速度极其缓慢。

企业文化是企业的价值观、群体意识、道德规范等，也可以被称为以人为本的管理理念。企业文化的主要内容是企业价值观，所以完善企业文化可以有效提高企业竞争力。企业文化是企业的重要基石，是企业员工价值观的主要体现。企业文化在企业中的作用，就像一种有效的黏合剂，可以把所有员工凝聚在一起，使他们共同努力，朝着预期的方向前进。要推动企业快速发展，就必须充分发挥企业文化的作用，增强企业的凝聚力，增强企业发展的动力。一个企业内的员工有几千人，甚至上万人，并不是所有人都能理解企业的经营理念、经营战略和发展方向。要充分发挥企业文化的引导作用，促使所有员工齐心协力，朝着一个方向前进。企业文化可以通过哲学的、概括的语言来更加明确地展示企业的发展方向。

三、 跨文化管理的概念与演变

随着企业全球化的推进，跨文化管理越来越受到企业的重视。成功的跨文化管理能使企业在全球化进程中顺利运行，增强企业的竞争力，扩大企业的市场份额。跨文化管理包括跨国家、跨种族的文化管理。缩小文化差异是跨文化管理的核心问题。文化差异可能来自许多方面，比如对沟通和语言的不同理解、不同的宗教信仰和习俗、僵化的企业文化壁垒等。

跨文化管理的演变可以分为三个阶段：第一个阶段是 1970 年以前，是跨文化管理研究的初始阶段。在这一时期，文化差异和多元文化得到了跨国公司的认可，但在跨国经营中却很少被考虑。只有人类学家研究过多元文化和文化差异，一个广为人知的研究成果是价值取向理论。第二个阶段是 1970—1980 年初，是跨文化管理研究的出现和兴起阶段。到了 20 世纪 70 年代，跨文化管理的研究进入了一个新的阶段。学者们开始对跨文化管理问题进行深入研究。霍尔（Hall）就是一个典型的例子，他提出了高情境文化语言和低情境文化语言的分析框架。霍夫斯塔德第一次将文化分解为分析和应用两个维度。第三个阶段是 1980 年至今，是跨文化管理研究的发展阶段。在这一阶段，对文化差异维度的研究不断深化。学者们要么对原有的研究成果进行补充和完善，要么借鉴其他相关学科的研究成果，要么从新的视角对跨文化管理问题进行更深入的研究。例如，Charles Hampden-Turner 和 Fons Trompenaars（1993）将民族文化划分为七个基本维度：普遍性与具体性、个人主义与社群主义、中性与情感、特异性与扩散、成就文化与归因文化、时间导向和环境。Nicole F. Richter 等（2016）提出了文化原型在跨文化管理研究中的应用，并认为文化原型比传统方法更适合分析跨文化管理。

四、 跨文化管理与文化自信

跨文化管理是 20 世纪 70 年代开始在美国形成和发展起来，并随着跨国经营活动在全球范围内发展。该研究的应用在中国的起步较晚，其原因一是跨国公司在中国的经营活动较西方国家晚；二是在文化、交流、管理等学科的研究上，中国较西方国家晚。即使是现在，该研究在中国的主要内容、理论和案例也基本来自欧美国家。

2016 年 7 月 1 日，习近平总书记在庆祝中国共产党成立 95 周年大会上明确提出：中国共产党人“坚持不忘初心、继续前进”，坚持“四个自信”即“中国特色社会主义道路自信、理论自信、制度自信、文化自信”。跨文化管理，无论是课堂教学还是企业实践，都有必要、也应该探讨和引进中国元素。例如，首先，辩证看待东西方的文化力。了解西方国家在文化上的双标，明确双标实际上就是明确西方文化的傲慢性本质上是建立在经济利益和文化歧视上的，特别典型的就是美国的文化霸权行为。其次，把霍夫斯塔德等的西方跨文化管理理论与中国实践相结合。跨文化管理中应该增加中国特色社会主义文化元素，中国特色社会主义文化，源自于中华民族五千多年文明历史所孕育的中华优秀传统文化，熔铸于党领导人民在革命、建设、改革中创造的革命文化和社会主义先进文化，植根于中国特色社会主义伟大实践。① 最后，总结跨文化管理实践中的中国方案。根据西方国家的国际企业跨文化管理的实践经验，总结出国际企业解决跨文化管理问题的有效方法，但是这些方法和实践都是基于西方国家国际企业的经验，中国企业遇到问题不能照搬西方国家企业的经验，需要我们找出中国方案。

第二节　文化与企业经营管理的关系

一、 文化与企业经营管理关系的文献梳理

管理是指组织中的管理者通过实施计划、组织、领导、协调、控制等职能，协调他人的活动，使他人和自己共同实现既定目标的过程。它是人类各种组织活动中最常见、最重要的活动。科学管理原则的代表人物泰勒（Frederick Winslow Taylor）② 认为，从本质上讲，管理可以概括为一种管理方法，因为人的科学工作与合作，以及对人的激励与效率关系的研究，实际上是相应管理方法的发展过程。决策理论学派代表、1978 年诺贝尔经济学奖得主西蒙认为，决策贯穿了管理的全过程，管理就是决策，组织就是决策，组织是由作为决策者的个体组成的系统。然而，全面回顾他的著作可以发现，除了上述关于组织的观点外，其余内容主要是发展了一套科学的决策方法体系。行为科学学派的代表人物有梅奥（George Elton Mayo）③、马斯洛（Abraham H. Maslow）④、麦格雷戈（Douglas McGregor）⑤、卢因（Kurt Lewin）⑥ 以及布莱克（Robert R. Blake）和简·莫

---

① 决胜全面建成小康社会　夺取新时代中国特色社会主义伟大胜利：在中国共产党第十九次全国代表大会上的报告．人民日报，2017-10-28.

② 泰勒的主要著作有《科学管理原理》（1911）。20 世纪以来，科学管理在美国和欧洲大受欢迎。100 多年来，科学管理思想仍然发挥着重要作用。他的核心思想有管理标准化、劳资双方利益一致、工作定额、计件工资、管理和劳动分开等。

③ 梅奥的主要著作有《工业文明的人类问题》，他是人际关系学说的创始人。

④ 马斯洛的主要著作有《动机和人格》（1954）、《人性能达到的境界》（1970）等。马斯洛提出人本主义心理学和马斯洛需求层次论。

⑤ 麦格雷戈的主要著作有《企业中人的方面》（1957）等，他提出了 X 理论和 Y 理论（theory X and theory Y），即人性假设与管理方式理论。

⑥ 卢因的主要著作有《人格的动力理论》（1935）、《社会科学中的场论》（1951）等。他提出了群体动力学思想和领导风格类型理论。

顿（Jane S. Mouton）[①] 等。他们有的研究人际关系，有的研究人的需求与行为的关系，有的讨论人性和相应的管理，有的研究非正式组织的问题和正式组织中的管理方法。

1938 年，巴纳德写了一本名为《经理人员的职能》的书。在书中，他研究了旨在让人发挥最大作用的思想，认为经营好企业的关键在于价值观，即人的主动性。管理者必须做好员工的工作，同时确保组织实现其经济目标。1957 年美国学者塞尔茨尼克（Philip Selznick）在《管理中的领导力》一书中指出，组织的领导者主要是促进和保护价值观的专家。1971 年波士顿大学组织行为学教授戴维斯（Stanley M. Davis）在其著作《比较管理：组织文化的视角》中，从民族文化、社会文化和组织文化的角度对企业管理进行了清晰而系统的研究。1971 年美国著名管理学家德鲁克（Peter F. Drucker）将管理与文化直接联系起来，他说："管理是一种社会功能，隐藏在价值观、习俗、信仰的传统中，也隐藏在政府的政治制度中。"[②] 然而，这一论断并没有得到当时美国商业界和管理界应有的重视。20 世纪 70 年代末，日本企业在国际市场竞争中表现出惊人的适应能力和强大的竞争力，这迫使管理学者深入研究日本企业管理的特点。学者们认为，日本企业管理中文化和价值观的作用超越了管理组织体系和管理理论。自此，管理差异的文化背景和根本原因开始引起人们的关注。1979 年傅高义（Ezra F. Vogel）出版了《日本第一：给美国的教训》一书。在书中，有大量无可辩驳的证据表明，日本的经济发展和工业成功源于其独特的管理模式。作者提出，日美两国管理模式的差异源于两国不同的文化传统和价值观。1981 年斯坦福大学教授帕斯卡尔（Richard Tanner Pascale）和哈佛大学教授阿索斯（Anthony G. Athos）合著的《日本管理的艺术》一书出版。作者对日本松下电器公司和美国电话电报公司这两家最具代表性的日美企业进行了全面细致的比较，证明了两国在管理制度、结构和战略的"硬件"上并无差异，只是在人员、技能、风格和文化的"软件"上存在差异。因此，作者认为，"美国人的敌人不是日本人，也不是德国人，而是我们企业管理文化的局限性。"同年，日裔美国学者大内（William Ouchi）出版了《Z 理论：美国商业如何应对日本的挑战》一书。这本书分析了企业治理与文化的关系，不仅证明了以无形的信任、情感的细微差别和集体价值观为特征的日本企业的管理风格更适应现代生活，可以带来更高的生产力，也进一步揭示了形成日美管理风格差异的文化原因。他指出，日本的管理模式根植于日本人长期同质的文化，而美国则是一个文化异质的国家。1982 年哈佛大学教授迪尔（Terrence E. Deal）和麦肯锡咨询师肯尼迪（Allan Kennedy）共同出版了《企业文化——现代企业家精神的支柱》一书。在对美国近 80 家企业进行调查的基础上，两位作者得出了一个重要的结论："强大的文化几乎一直是美国企业持续成功背后的驱动力"[③]。因此，企业领导者应该对自己的企业文化进行识别和诊断，把大部分时间花在思考公司的价值观上，把调和不同价值观的冲突作为自己的首要责任。企业的管理首先是企业文化的管理，企业领导者只有全力以赴，重视企

---

① 布莱克和莫顿的著作有《管理方格》(1964)，他们提出了管理方格理论（managerial grid theory），指出在对生产关心和对人关心的两种领导方式之间进行不同程度的互相结合。

② 彼得·F. 德鲁克．卓有成效的组织管理 [M]. 齐思贤，译．北京：东方出版社，2012：44.

③ 特雷斯·E. 迪尔，阿伦·A. 肯尼迪．企业文化：现代企业的精神支柱 [M]. 唐铁军．叶永青，陈旭，译．上海：上海科学技术文献出版社，1989：15.

业文化建设，才能取得成功。一个总经理的最终成功，很大程度上取决于其对企业文化的正确认识，以及对企业文化的雕琢，从而形成适应市场需求变化的能力。

二、 文化与企业经营战略的关系

企业文化内涵丰富，是企业生存和发展的灵魂。企业文化帮助员工适应企业的内外部环境，无形中影响员工的思想，从而实现企业思想与其行为的融合。国际环境加快了经济全球化的步伐。在这样的背景下，受到形势的影响，企业间的竞争由原来的价格和质量的竞争，转变为文化、精神和人才的竞争。企业要形成特色鲜明的管理理念，完善管理模式，使之更加科学合理。企业要认识到企业文化的重要性，重视企业文化事业。企业战略与企业文化的关系就像人的行为与精神的关系一样。精神决定人的行为、支持人的行为，行为影响人的精神。

（一）企业文化决定企业战略的成功

1. 企业文化决定企业的战略。优秀的企业文化是制定企业战略的重要条件。企业文化就是企业哲学，是解决在外部如何生存，在内部如何共存问题的一系列企业哲学。它明确了企业生存的价值，企业发展的目标，企业如何生存等问题。它是企业全体成员的共同价值观，具有鲜明的企业特征。基于企业成员共同价值观的企业战略是企业集体意志的表现，它有自己鲜明的特点。企业战略基于这样的共同价值观，能够最大限度地发挥企业成员的集体力量，容易取得成功。文化为战略的成功提供动力，企业行为深受企业文化的影响。因此，企业战略的制定和实施要考虑到企业文化的作用。企业本身明显的文化特征体现为企业成员共同的价值观，为企业的成功奠定文化基础，并为企业发展提供动力。

2. 企业文化是实施战略的支柱。优秀的企业文化是企业战略成功的重要条件。企业文化不仅影响战略的制定，还能通过调动全体员工的积极性来保障战略的实施。企业要实现战略目标，必须要有优秀企业文化的支持和引导，用文化树立企业声誉，用文化传播企业形象，用文化打造企业品牌，最终达到增强企业竞争力的目的。文化是战略实施的关键。企业战略需要所有成员来积极有效地实施，企业文化用其厚重、统一、普遍和权威的特性来调动员工的积极性，是统一集团成员意志的重要手段，企业文化的特点也会影响企业战略的实施效果。

3. 企业战略的调整需要企业文化跟上时代的脚步。企业经营总是有节减成本的余地，有提高利润的空间，有调整战略的必要，有精简经营的可能。不断超越，就是根据市场和时代发展的需要，不断开辟新领域、新事业，走在前面。文化要与战略相适应与协调。随着经济的发展，企业的组织规模逐渐扩大，也增加了新的成员。这些新成员将给企业带来新文化。

（二）企业文化与企业管理决策、制度实施和战略制定密切相关

从企业管理决策的角度来看，文化从各个方面深刻影响企业管理者，从而影响企业管理决策，进而联动影响企业管理战略。企业文化是员工培养的共同规范、共同信念、共同追求。它具有强大的心理动力、强烈的精神诉求和能量诱惑，弥漫在企业集团中，维护、引领、启迪企业全体成员，引导成员朝着既定目标努力奋斗。企业文化是企业持

续发展的动力。经济企业只追求经济目标，而文化企业不仅追求经济目标，而且追求社会目标，强调人本管理，从而获得可持续的优势。决策是组织管理中非常重要的一部分。在管理的过程中，决策者必须不断作出各种决策。决策的质量与组织的绩效密切相关，尤其是战略决策。决策过程越理性，决策的质量和效果就会越好。企业文化是企业成员共同的价值观，它影响着企业经营过程的每一个环节，也必然影响着企业的战略决策。

从企业制度实施的角度来看，企业文化给予决策者主要外部表现的信号，这种信号传递的方式有很多，比如制度、规则、管理理念、会议发言等。对企业员工最有效的引导，无非是两点：一是领导行为传递的原则信号，二是绩效管理和绩效考核。因此，要想通过制度营造文化氛围，就必须完善这两个方面的管理。以领导行为为示范，以绩效考核标准为导向，达到实现企业战略目标的目的。要推动隐性文化认同显性文化，或将隐性文化限制在一定范围内，大力推动显性文化，使显性文化尽可能地渗透和支配隐性文化，克服“两张皮”现象。这既是企业文化建设的难点，也是一项系统工程，需要全面推进。企业文化的有效建设，就是不断发挥显性规则的积极作用，限制潜规则的消极作用的过程。它是不断推进显性规则的理解和实施，逐步弱化潜规则的负面影响的过程，也是潜规则逐渐收敛到显性规则的过程。其成功的决定因素在于决策者及其行为的理念，且必须依靠一套与企业价值链运作过程相结合的绩效管理体系，在有效运作的过程中自然形成一种机制和制度的引导，真正把这种文化落地，并融入到员工的思想中。文化氛围影响着制度的内容，影响着制度的顺利实施。当企业所倡导的文化环境真正形成时，制度的有效性才能凸显，制度的执行力才能更强。

从企业战略制定的角度来看，一个企业的战略发展思想可以从企业文化中理解。企业文化是企业信念的集中表达。企业文化和企业战略要从整体的角度来看待。首先，优秀的企业文化是企业战略发展和成功的重要条件。优秀的企业文化可以帮助企业管理者制定企业经营战略，可以帮助企业在发展过程中形成鲜明的特色，提高其竞争力，彰显实力。优秀的企业文化能得到社会广大群众的关注，使企业的独特性得以展现，有利于抢占大众市场。优秀的企业文化是一个企业的精髓，有助于加强员工的团结意识，形成共同的价值观，提高企业的凝聚力和向心力。企业文化是企业管理者从内部出发，主动发展的表现。它可以打破原有的格局，实现自我的突破和升华，有利于企业在日益激烈的市场竞争中发挥作用。其次，企业文化是企业实施战略管理的重要手段。企业战略的实施离不开企业文化。企业战略可以为企业未来的发展指明方向，对企业的发展具有重要意义。而企业文化是企业战略实施的前提，是企业战略管理的手段。优秀的企业文化可以随时激发员工的工作积极性，使员工产生统一意志。只有统一员工意志，为企业发展创造良好的内部环境，企业才能放心地进行业务拓展。在企业文化的激励下，全体员工贡献自己的力量，推动企业的发展。最后，企业文化要与企业战略管理融合推进。企业文化与企业战略管理的相互融合，是指员工的价值观、日常工作和行为准则与企业制定的战略目标相协调，企业整体文化与制定的战略目标相协调。企业文化与企业战略管理的融合，可以帮助企业在短时间内找到自己的方向，实现快速良性发展。企业文化和企业战略缺一不可，任何一方的缺位都会使企业的发展像断了线的风筝，失去控制，造成无法挽回的局面。企业要走可持续发展之路和提高竞争力，就要把握好企业文化与企业战略之间的关系，将两者有效结合起来，只有这样才能充分发挥企业文化的功能，体现两者的价值。企业文化和企业战略是相辅相成、不可分割的。企业的本土文化和自身文化都依赖于企业战略的发展。任何没有企业战略的文化都是空谈。

（三）企业文化需要企业战略的指导

没有企业战略，企业文化就像散沙一样无法支撑企业的发展。企业文化与企业战略的有效结合，能够为企业的发展提供方向，为企业的快速发展奠定坚实的基础，实现企业良好、快速、健康地发展。企业管理者必须进行具体研究，切实分析企业文化和企业战略的重要组成部分。把握企业文化与企业战略的关系，提高企业文化与企业战略的重要性，最终形成优秀的企业文化，推动企业战略的发展，不断丰富其具体内容。

三、 文化与企业组织建设的关系

企业文化可以更好地推动组织建设。要在更大程度上激励员工，企业就要完善企业文化，而且要对员工提供一定的物质激励，如高管的股票期权、国资委提倡的员工股票投资计划等。在企业发展中文化管理对满足员工的精神需求起着重要的作用，因此需要重视精神文化建设，在组织建设中通过对员工的情绪管理和团队建设来实现企业价值，这样可以激励员工为企业的发展作出自己的贡献。

（一）构建企业组织文化的重要性

在决定组织结构的选择和变化时，要考虑不同文化因素的影响，因为不同的文化取向会影响人们对组织结构的态度和行为。企业的组织文化已成为促进企业发展和成果增长的有效手段和精神动力，是企业在激烈的经济竞争中争取优势的法宝。构建企业组织文化的重要性有三个方面：

1. 组织文化是企业和谐环境的无形指挥。企业追求和谐的外部环境和内部条件，提高企业管理水平，获得更好的效益的有效手段是组织文化建设。过去，在组织文化理念的指导下，企业探索从物本管理向人文管理转变，注重满足员工需求，培养情感观念，实现人的价值。企业不再依靠简单的数字化控制、制度管理，更多的是鼓励创新和关注员工的思想，通过对组织文化的引导，在企业组织成员中形成强大的凝聚力和向心力，营造友好和谐的工作环境。同时，企业发展也成为大家奋斗的共同目标，企业是员工共同支持的对象。组织文化是企业环境建设的保障和引导，只有在组织文化建设的指挥下，企业才能在和谐氛围中实现正常经营和创新发展。

2. 组织文化是保障企业业绩的条件。组织文化作为一种影响组织成果的柔性因素，其文化力量是惊人的。组织文化可以引导组织成员形成生活价值观与企业文化价值观的统一，可以促进组织成员用这种价值观来引导行为，形成强大的组织凝聚力和整合力，使组织成员从内心产生一种高度的情感和进取精神效应，最大限度地调动员工的积极性和主动性，从而促进组织绩效的提高。同时，我们必须认识到，组织文化和组织成果是相互作用的。一方面，组织文化影响着组织成果，良好的组织文化可以促进组织成果的发展，而不良的组织文化则可能成为组织发展的障碍；另一方面，组织成果会影响组织文化的发展。

3. 组织文化是企业成功的根本因素。成功的企业，即持续创造利润，收益率明显高于其他企业的企业，具有一些共同的特征。例如，行业进入壁垒高、产品不可替代、市场份额高、客户讨价还价的空间非常有限等。推动国际企业成功的因素往往是无形的，但无形中作用巨大的、最重要的因素就是组织文化。组织文化是一个组织重要的无形资源，可以带来持续的竞争优势。

（二）发挥企业文化在组织建设中的作用

企业文化与企业的组织建设及企业的可持续发展密切相关。制定发展战略时，我们有必要了解企业文化的重要性和企业文化的主要作用。要充分发挥企业文化的凝聚力，激发企业前进的动力，充分发挥企业文化的引导作用，有效提高企业员工的综合能力，明确企业文化的制约作用，完善企业的人才招聘系统。在企业发展过程中，要用企业文化完善组织结构、招聘教育制度、业绩管理及工资制度，建立企业自身的管理模式，使企业提高市场竞争力，获得更大的经济效益和社会效益。充分发挥企业文化在组织建设中的作用，是提升企业核心能力的重要内容之一。这一内容包括四个方面：

1. 利用企业文化改善企业的组织结构。衡量一个企业成功与否的标准，主要包括产品是否受到市场的欢迎，是否有分工合作。如果企业的员工不能协作分工，就无法达到预期的目标。同时，如果企业不能获得更大的经济效益，产品和服务不能满足市场的需要，就无法实现预期的增值目标。因此，在构建企业的组织结构时，要考虑组织结构是否能满足企业发展的需要。在企业发展过程中，员工的价值观发挥着重要作用。要降低企业的管理成本，就必须以企业的价值观和文化为指导，使企业的管理获得最大的效果。

2. 把企业文化应用到培训招聘制度中。企业文化对人才的合理利用有着重要作用，而人力资源是企业文化的主要支柱。在运用人才管理新理念的同时，改革的目的也应该是提高企业的经济效益。这就需要充分发挥人力资源的作用，并最终更新企业的优秀文化。同时，企业文化也可以在招聘中发挥作用，比如用自己的文化考察面试者，使企业的价值观和新员工的价值观保持一致，从而提高团队合作能力，促进日常工作的顺利进行。

3. 把企业文化引入绩效管理和薪酬体系中。绩效管理制度是对具体的管理过程和结果进行管理，既能突出企业的工作成果，又能提高企业文化的影响力。企业文化与绩效管理有着密切的关系。要想促进企业的发展，就必须加强战略管理和文化管理，使其发挥为企业服务的作用。同时，员工的薪酬、奖励、培训、晋升等方面都与企业的绩效管理体系密切相关。因此，绩效管理与文化管理的有机结合，既能使企业实现战略统一，又能促进员工工作效率的提高，使企业在市场竞争中得以生存。

4. 通过企业文化提高企业的核心竞争力。优秀的管理模式对于提升企业的核心竞争力具有重要作用。企业要根据自身特点，选择合理的管理模式。企业文化也能有效促进管理模式的优化。企业需要优秀、完整的企业文化，通过发挥企业文化的引导作用，促进企业的快速发展。另外，企业管理要与自身特有的企业文化相融合，从而确定符合市场要求和企业发展的管理模式，为企业提供明确的发展方向，并通过自身的改革，增强核心竞争力。

四、 文化与人力资源管理的关系

（一）企业文化与人力资源管理相互促进

人力资源管理是指根据企业发展战略的要求，以系统的方式合理安排企业员工的招聘，通过教育和培训、考核、激励、调整等一系列过程调动员工的积极性，发挥员工的潜能，为企业创造更高价值。确保企业战略目标的实现，是企业一系列人力资源政策和相应管理活动的基础和方向。这些活动包括企业人才战略、招聘、选拔、培养和发展、绩效管理、健康管理、退休管理、员工关系管理等。

人力资源管理系统是企业完善企业文化的手段，企业文化的实施是企业文化建设的中心环节。虽然任何一个企业都有自己的文化，但如果这些文化不能落实到位，就可能无法有效激励员工，也无法帮助企业绩效持续提升。人力资源管理是以人为本的管理，其措施和方法都是针对员工的，即与员工密切相关，具有一定程度的强制性。所以，如果把企业文化核心内容中抽象的价值观运用在人力资源管理活动、实践中，如把企业文化融入员工的绩效考核，员工就会逐渐受到企业文化的熏陶和影响，使原本不认同企业文化的员工修改自己的价值观和思维方式，转而认同企业文化，这也会增强员工自身的认同感。因此，人力资源管理制度是提升和完善企业文化的重要手段之一。

人力资源管理与开发的出发点和落脚点是突出以人为本的管理，使人力资源管理的发展系统化、层次化，形成新型的管理机制、高品位的文化氛围和协调的分配体系，全面完善人力资源投资的战略方向，提高人力资源的运行效率。人力资源管理是一种新的管理机制，企业人才选拔要坚持任人唯贤的用人理念，坚持按劳分配、效率第一、公平考虑的理念，反对裙带关系的分配，反对平均主义，建立在制度文化基础上的人力资源管理体系平台，努力打造学习型组织和培养优秀员工，推动人力资源向人才资源转化，形成有利于促进人才成长、人才创新、人才工作与企业和谐发展的工作格局。建立一套科学连接企业文化的人力资源管理和开发体系，将传统的僵化管理彻底转变为灵活管理，最大限度地激发员工的积极性和创造力，成为企业加快发展的必然选择。不难看出，企业文化主要是通过价值观的塑造来激励员工，使员工有共同的价值标准和思维方式。人力资源管理主要是通过具体的措施和方法作用于员工。当这些措施和方法与员工基于企业文化所形成的价值观和思维方式一致时，这些措施和方法就是有效的且容易实施，从而促进企业发展和人力资源管理。反之，就会受到员工的抵制，效果就会降低。同样，当企业文化的价值观融入人力资源管理的具体措施和方法中时，它会与员工自身的价值观相互磨合甚至融合，从而巩固和加强原有的企业文化，完善新建的企业文化。企业文化一旦内化到员工身上，企业就处于一个稳定的环境中，人力资源管理就应该以企业文化为导向。因此，两者通过员工这一环节相互促进。

（二）企业文化融入人力资源管理的重要性

在某种程度上，文化关系到所有员工的行为和思维标准，员工的行为也会影响企业的文化和员工的价值。企业在一定的发展时期，可以形成符合自身发展标准的企业文化。将企业文化融入人力资源管理，会带来金钱无法衡量的结果。企业内员工的发展会相互促进，给企业带来凝聚力。同时，企业精英也会充分发挥自己的才能，为企业的发展作出贡献。企业文化还可以帮助企业获得更多的人力资源，提高员工的主人翁意识。因此，企业文化在选择、教育和雇佣员工方面起着特殊的作用。

（三）企业文化融入人力资源招聘环节

在招聘过程中，建立雇主品牌和品牌生态系统非常重要。企业通过研讨会、论坛、峰会等方式宣传形成企业的经营理念、企业文化和品牌文化，并将企业文化作为吸引人才的重要因素。另外，笔试和面试并行，加强对候选人的工作能力、专业素质、相关价值观的验证，对个人和组织之间的技能匹配、文化匹配等进行正确的分析和判断。通过教育和观察，可以了解员工对企业文化的适应能力和价值取向是否与企业文化一致。只有员工的价值观和企业的价值观一致，企业才能实现中长期发展。

（四）企业文化融入人力资源培训和成长环节

企业在培养人才的过程中，为了进一步提高战略性人力资源的价值，必须注重企业文化，营造人才培养和发展的环境和氛围。在人才培养和发展过程中，要把企业文化作为发展战略的理念，根据企业未来发展方向采取有针对性的方法和手段，使员工对企业文化有更高的认同感。在人才培养和发展中，技术和能力的提升相对容易，最难的是营造持续提升和发展的氛围和环境。今天，很多企业都在创建学习型组织，或者说是学习型氛围。员工如果能在大的学习环境和氛围中找到学习的感觉，随着技能的提高，就可以事半功倍。从人才提升和发展的角度来看，管理者的风格和价值观可以直接影响团队的发展。因此，只有选择与企业价值观非常契合的管理者，才能建立起与企业目标和价值观契合的人才渠道，确保企业战略目标的实现。

（五）企业文化融入员工激励环节

薪酬设计要围绕企业文化，体现企业核心发展理念，考虑整体分配比例，增强员工的归属感。在激励方案的设计上，不仅要实现层级激励，还要根据激励的具体情况及时给予员工适当的精神补偿或物质激励，不能忽视基本需求，为员工自我价值的实现创造更有利的条件。所有的激励都必须达到企业文化的层面，因为员工只有与组织的核心价值观保持一致，才能为组织发展作出持续贡献。从绩效的角度来看，绩效导向必须与企业文化和战略目标非常一致，以确保员工的努力方向与组织的发展方向一致。在绩效考核中，除了工作成果和产出外，企业文化价值标准的确定也非常重要。考虑到员工业绩与企业价值观的一致性，企业文化为评价人才提供了更多的方法和依据。在此基础上，要鼓励表现突出的员工，将企业文化的力量传递下去，巩固员工的积极性和创造力。

第三节 国际企业跨文化管理的策略

一、端正对待企业文化差异的基本态度

随着时代的发展和科技的进步，企业文化的作用越来越明显，越来越受到人们的广泛关注。可以说，企业文化是一个企业的灵魂，也是企业可持续发展的重要支柱。企业文化差异主要体现在价值观、传统文化、宗教信仰、语言差异等方面。不同企业的文化元素可能对立或排斥。因为员工的文化背景不同，文化差异不仅可能存在于合并企业与

被合并企业之间，还可能存在于国际企业与东道国之间。在国际企业快速发展的背景下，正确对待企业文化差异是非常重要的。企业之间的文化差异在一定程度上是稳定的，并在一定时间内会长期存在。所以国际企业没有必要改变自身内部的本土文化。相反，对文化差异的合理利用，会起到意想不到的积极作用。这是因为在全球化的背景下，跨国企业内部需要通过不同文化的冲击产生新的动力，从而通过文化差异来激发企业的业务活力，促进企业的可持续发展。因此，在跨文化管理过程中，有效地利用和控制文化差异，避免轻微的文化差异演变为严重的文化冲突，有利于提高管理效率，增强业务实力，促进企业的进一步发展。

（一）有效利用文化差异

不同文化体系下的企业文化模型有很多，很难确定一种企业文化的绝对优势和劣势。应该说，不同文化体系下的企业文化各有优势，企业文化也贯穿于国际化进程。随着世界经济朝着国际化方向快速发展，尤其是跨国企业推行的全球经营战略，其在世界市场上的营销活动越来越多，文化的碰撞、冲突和磨合是不可避免的。无论是跨国营销，还是海外企业在其他国家设立合资企业，都将面临外来文化与本土文化的差异问题。因此，认真研究不同文化之间的细微差异，避免文化差异带来的不必要麻烦，充分发挥原有特色文化的潜在优势，利用好企业之间的文化差异，是任何企业集团或跨国企业经营战略的核心。

（二）注重把文化差异有效纳入跨国公司经营战略

企业在拓展经营版图时，应注意识别自身与其他企业文化差异的积极因素，潜移默化地调整自己的认知和实施措施。企业需要逐步整合和重塑两种不同的文化，因为它们可以相互补充和激励。在这个阶段，企业管理者首先要开始整合和发展不同的经营目标。此时，整合的经营目标体现了新企业未来的发展方向和企业近期的业务轨迹，以及企业长期的业务追求。其次，要注意不同价值观的融合。价值观是文化融合的核心，也是最难的话题。在不同的文化背景下，劳动者的价值取向不一样，人生哲学也不一样。在这个问题上，企业要给予员工适当的心理约束和行为规范，重新建立全面的价值体系，减少不同价值观造成的行为矛盾。之后，企业就可以进行道德行为观念的整合，这其实是企业扩张中的一种意识立法和行为立法。在国际企业中，管理者需要在原有的经营管理制度和规范的基础上，根据东道国文化的特点调整或修订标准，从而形成新的、统一的员工行为准则。

（三）注重对不同企业文化的融合和重塑

在尊重文化差异的基础上进行文化融合，寻求双方发展的共同路径。创造更大的经济效益是所有企业的内在目标。因此，企业在兼并扩张的过程中，通过对原有文化的考察和分析，探索本土文化的长处和弱点，使其最终在与异质文化的逐渐磨合中趋于统一。企业要避免将自己优秀的文化立即嫁接到国外企业的做法，这是不现实的，也是不可取的。企业应该意识到，当自己的文化与不同的文化融合时，文化冲突是不可避免的。冲突主要包括扩张初期的文化冲突、双方的投资动机冲突、建制时期的技术冲突、建设完成后运营中的管理冲突等。当发现冲突时，企业应采取相应的措施，并进行必要的文化隔离，以便在追求共同目标和其他企业进行文化交流时能够保持一定的文化独立性。当生产逐渐发展、效益逐渐提高时，弱势企业的员工才能真正了解优势企业文化的强大生命力，然后迅速进行文化整合。

（四）有效应对文化差异对企业跨国管理的挑战

如何处理文化差异带来的各种矛盾，是企业国际化面临的最大挑战。如何有效利用文化差异，提升企业竞争力，是企业跨文化管理领域经久不衰的课题。在海外开展企业文化管理时，子公司与母国的公司存在的沟通障碍，是一个难以解决的管理问题。企业的本土文化对于外籍员工和国外合作企业或合作伙伴来讲没有统一语言的凝聚力，再加上两国风俗习惯、思维方式的差异，容易产生文化矛盾。解决这一问题的根本途径，就是尽可能多地聘用当地员工，培养当地员工对企业的忠诚度。最重要的是聘请能胜任工作的本土管理者，这样才能解决外国管理者成本高、文化冲突的问题。与此同时，鼓励子公司淡化母公司的国家文化背景，甚至完全按照当地企业在东道国的做法来运营。这不仅能使企业在国际市场上提高品牌美誉度，还能增强企业的文化变革能力。同时，企业要注重社交网络的建设，由于各种组织和个人之间的关系复杂，社交网络对跨国公司的成功非常重要。

二、 树立以人为本的跨文化管理理念

当今世界，国与国之间的经济贸易依存度和联系度日益提高。跨国公司逐渐成为全球经济的主导角色。在不同的文化背景下，必然会有价值观、态度和行为上的差异，这是每个跨国公司必须面对的跨文化话题。

（一）树立以人为本跨文化管理理念的重要性

之所以要树立以人为本的跨文化管理理念，是因为：一方面，跨文化管理的对象是人，即企业的所有员工；另一方面，跨文化管理实施的主体也是人，即企业管理人员，文化差异体现在人们的思想、价值观、行为等方面。同时，在知识经济时代，个体所进行的信息加工和知识创造是个体的创造性思维活动，难以观察且不可控。只有从员工的需求和发展出发，在对员工高度关注的基础上，营造和谐、友好、亲切的氛围，才能使员工不再被动地在束缚下工作，而是自觉地、主动地完成自己的工作，才会极大地激发员工的创造力和想象力，调动员工的积极性。只有树立以人为本的跨文化管理理念，企业才能激发员工的潜能，获得足够的智力资源，从而实现员工与企业的双赢。因此，要想充分发挥文化差异的潜在优势，并将其转化为跨文化管理的竞争优势，就必须树立人本管理理念，实施全员跨文化管理，加强文化融合，将文化差异带来的挑战转化为发展机遇。坚持以人为本，就是顺应人性的本质，进行管理理论创新和实践创新。树立以人为本的跨文化管理理念，是保障员工权益、保证员工管理公平、提高员工能力的手段。

（二）以人为本跨文化管理的措施

随着经济全球化趋势的加剧，跨国公司在国民经济和对外贸易的发展中发挥着越来越重要的作用。跨国公司只有在满足员工需求的前提下，实施基于以人为本理念的跨文化管理，才能充分利用异质文化的优势，消除文化冲突，促进文化融合，从而形成一种适合企业生存和发展的新型企业文化，轻松驰骋国际竞争舞台，实现宏伟目标。以人为本的跨文化管理的措施主要有：

1. 尊重和善待员工，给予员工足够的个人尊严和隐私。在当前不断变化的环境下，任何一家国际企业想要成功，都必须把员工放在第一位，把尊重和善待员工融入整个经营管理过程，对员工不同的文化背景进行深入的了解，逐步实现文化融合。与此同时，要给予员工充分的隐私。员工的保密记录，包括医疗病历、心理咨询记录、公安调查名单等，与员工一般档案分开保管。企业内部对所有员工档案的查阅仅限于必要的相关人员。员工的私人信息只有在征得员工同意后才能对外公布。

2. 建立以人为本的管理制度。加强民主管理，确立员工主体地位。无论跨国企业的性质如何变化，员工的地位都不会改变。为适应新形势，在完善企业治理结构的同时，坚持和完善员工代表大会制度；定期召开民主管理会议，让每一位员工都能为企业的发展作出贡献，这是应对市场竞争的变动性和复杂性的有效手段。员工参与和监督企业的重大事项可以增强员工的认同感，使员工为实现决策目标而努力工作。

3. 实行岗位轮换制度。只要员工有能力和需求，企业就应给予每一位员工机会和权利，尽可能让员工能上能下，民主决策，让更多的人得到培训，也方便员工找到最适合的工作岗位。人力、行政、培训等非生产部门的领导拥有生产管理经验，既有利于他们更好地服务各个部门，又有利于企业管理层全面地把握形势。

4. 实行以业绩为基础的薪酬。让员工有机会通过不断提高绩效获得加薪。在评级提升过程中要做到真正公平、公开和公正。比如对于直接从事生产的员工，其产量、质量、效率、出勤率每个月都必须进行记录和公布，并以此为依据进行评分，年度薪酬调整主要依据此评分来决定是否加薪和加薪幅度；对于非生产性员工，应根据其工作计划的完成情况，对其工作绩效进行考核和评分，这充分体现了公平、公正、公开竞争的原则。

5. 重视对员工的跨文化教育等培训。企业可以建立学习型组织，重点开展跨文化培训。学习型组织是一种能够不断学习、创造未来的组织。其成员具有持续学习的能力，具有全新的、前瞻性的、开放的思维方式，能够主动、快速地适应变化的环境。成员之间相互合作，强调团队力量。可见，学习型组织可以使企业在创新、竞争、快速发展的经济社会中具有更强的生命力。通过建立学习型组织，不同文化背景的员工可以培养共识，从而弱化文化差异。教育和培训不仅是企业的责任，也是员工个体的权利和发展机会。要提供多种类型的职业培训，鼓励员工参与。每个新员工都必须接受入职培训。企业在教育和培训方面的持续投入，使员工的技能、知识和能力不断提高，使企业在行业竞争中保持领先地位。

6. 创新多元化激励机制。国际企业可以结合员工的文化背景差异，构建多元化的激励机制，满足不同员工的精神文化需求，调动员工的积极性，鼓励员工为企业创造更多的价值，增加员工对企业的认同感。一是民主激励。通过建立公平、协调、尊重、平等的人际关系，维护员工的合法权益，鼓励员工主动参与企业的生产经营管理。二是精神动力。通过思想教育、企业文化建设、先进典型事迹，向员工灌输企业价值观和企业精神，提高员工的思想意识、道德水平、业务意识和工作热情。三是关爱和激励。全面实施人文关怀，既要关注员工的学习和工作，又要关注员工的家庭和业余生活；既要满足员工一般的生理、安全、社交、知识需求，又要满足员工自我实现的需求。四是物质激励。用适当的物质激励来激发员工的生产工作积极性和学习创新活力。同时，企业要重视员工的亮点和优势，以身作则，激发员工的自豪感和创造力。

7. 为员工营造良好的物质文化和制度文化环境。例如，企业为员工提供带薪休假等政策，为员工及其家属提供心理健康咨询和健康教育，确保员工身心健康和有良好的工作状态；员工享受一定的医疗、养老、失业等保障；企业随时了解和关注不同文化背景下的员工存在的各种问题。企业领导认真听取员工的改进意见。员工可通过各种渠道了解企业的相关政策和生产经营、管理、教育培训情况。员工可以根据个人情况选择不同的沟通方式。还可以召开一些座谈会，让员工畅所欲言和有渠道反映个人意见或提出合理建议，有助于企业及时了解具有不同文化背景的员工的感受，从而协调利益，避免冲突。

8. 开展文化融合，实现文化创新。跨文化管理的目的是将不同的企业文化整合为适合企业发展的新文化。要充分考虑文化差异程度。如果差异较大，则应在整合初期采用文化整合的保留方法，以减少文化冲突；如果差异不大，则要考察市场经济中哪些文化特征代表着更高效的管理模式，并根据文化特征进行整合。整合和创新使各方原有的企业文化失去一些自身的特色，并从异质文化中吸收一些新的特色，从而形成新的企业文化。这个新的文化体系会在价值目标、行为规范、人际关系等方面表现出一些新的特点，以适应企业的发展。

三、 选拔与培养优秀的跨文化管理者

（一）解决跨文化冲突需要优秀的跨文化管理者

跨文化管理是指领导、组织、协调和控制企业跨文化经营活动的行为，即对涉及不同文化背景的人、事、物的管理。在企业跨文化管理中，如果管理者懂得尊重不同文化，理解不同文化的差异，掌握与不同文化的人沟通的技巧，就能取得良好的效果。反之，会在跨文化管理中造成跨文化冲突，导致跨文化管理的失败。

跨文化管理的学者认为，在一种特定文化中有效的管理方法，在另一种文化中未必有效。因此国际企业的竞争优势，在很大程度上取决于其跨文化管理的能力。越来越多的国际企业参与跨国经营和投资，不同文化背景的人之间的跨国交流也越来越频繁，这就为企业带来了一个新的课题——跨文化冲突与管理。因此，在跨文化管理中探索跨文化冲突的解决方法，培养懂文化管理知识的人才，是非常必要的。

在经济全球化的背景下，国际合作的空间越来越大，国际企业对跨文化管理者的需求越来越迫切。培养为崇高理想奋斗、为事业奋斗，具有国际视野、跨文化知识和技能，以及具有诚信品德、良好道德素质的跨文化管理人才，需要企业、社会、学校相互合作，科学规划，目标长远，精心设计。

（二）跨文化管理者的选择与培养

在跨文化管理人才的选择和跨文化适应人才的培养中应注意以下方面：

1. 选择企业中具有跨文化潜力的人才。跨国企业在对员工进行培训时，需要选择具有较强学习能力、良好语言沟通能力、良好社交能力和较强跨文化适应能力的员工。在此基础上，企业需要了解员工的行为模式、道德情操，以及工作之余的性格和爱好。企

业可以通过笔试或笔试加面试的方式选拔员工。这样做的好处有：可以了解员工是否对职位有深入的了解，以便选择最适合的人才进行培训；可以在相对较短的时间内了解并聘用员工，为企业节省时间成本和经济费用。

2. 人才流动是调整人才队伍结构、优化人才资源配置的需要。通过外部招聘增加人才流动，可以为企业注入新鲜血液，带来新的技术和知识，同时减少企业内部员工之间的竞争。因此，企业可以敞开大门招聘人才，招聘对国际化理解较深入的专业人才，以及具备良好沟通能力、跨文化管理能力、道德文化素质较高、精通跨国文化、善于解决贸易冲突和文化冲突的人才。

3. 发挥和调动跨文化管理人才的潜力和积极性。跨文化管理人才是企业在国际化过程中培养出来的高端人才。他们具有与其他文化背景的人交流的能力，能够完成全球化的要求和跨文化管理的任务。企业应最大限度地发挥他们的潜力，调动他们的积极性，为他们提供施展才华的舞台，让他们在轻松的环境和和谐的人际关系氛围中愉快地工作。

4. 加强跨文化管理人才的培养。国际企业在全球化经营和跨文化合作的过程中，要高度重视跨文化管理人才的培养，不断提高跨文化管理水平。培训方案可以包括意识、知识、技术等方面的培训。意识层面的培训主要是帮助跨文化管理者树立正确的跨文化意识，对不同的文化持积极的态度。知识层面的培训包括社会文化、风俗、礼仪、生活习惯等方面，技术层面的培训主要针对能够正确、熟练地使用跨文化管理工具的跨文化管理者，提高其跨文化管理技能、海外战略制定能力、全球领导能力等。符合条件的国际企业也可以有意识地将人才派往国外培训。

5. 招聘本地化的管理人才。大多数企业采用就地选拔人才的方式获得企业中层管理者。本地化人才的成长环境影响其行为和思维模式，在了解当地的法律法规体系的基础上能更好地与地方当局协调，可以有效管理。一些留学生从国外吸取了大量的当地文化知识。比如工商管理专业的留学生具备双语能力，了解国内外国情、经济、政治、贸易政策、消费水平、市场需求等，这是非常宝贵的知识财富。

6. 委托国内外高校培养人才。为培养跨文化管理人才，还可以在国内外高校建立培训基地，通过委托培训的方式，充分利用高校现有的教育资源。高校要与时俱进，从实际出发，优化师资结构，提高师资综合水平，调整课程体系，突出应用能力培养，满足企业对管理人才的需求，提升学生文化分析管理能力，使学生善于从不同文化的角度切入自身文化，实现跨文化的相互理解，促进跨文化管理的有效实施。

第四节 跨文化管理在国际企业中的实践

一、跨文化管理在企业跨国管理方式上的实践

跨文化企业不仅要包容文化多样性，而且要能够利用文化多样性的价值。虽然文化差异会成为企业进入国际市场的障碍，但文化多样性对跨国企业来说并不是完全的劣势，适当利用文化多样性可以为跨国经营提供新的竞争优势。但是，文化多样性的合理利用需要采用科学的跨文化管理方法。企业通常采用四种跨文化管理方法：文化适应法、文

化兼容法、文化变迁法和文化回避法。

（一）文化适应法

文化适应法是跨文化管理中最基本的方法，也是企业在进入国际市场、开展国际商务活动时通常采用的模式。所谓文化适应，是指企业通过对目标市场文化环境的了解和把握，在制定战略和决策时充分考虑目标市场的文化特征。在管理活动中，绝对尊重和适应当地的风俗习惯、文化传统和宗教信仰，避免文化冲突，同时满足目标市场客户、产品、服务、管理手段、管理者等因素的需求，是最大限度的本地化管理模式，即入乡随俗。当目标市场所在国家的文化开放性和可变性较差，企业文化与目标国家文化差异较大，企业自身较弱时，就应采用这种方法。一方面，跨国企业的文化适应战略有利于在新的国际市场上站稳脚跟，巩固自己的地位，扩大市场。另一方面，也有利于与当地文化的融合，增强当地社会对外商投资的信任，减少敌意和摩擦。

（二）文化兼容法

文化兼容法根据其程度可细分为两个层次，即文化平行兼容和文化和平兼容。文化平行兼容是文化兼容的最高形式，也被称为文化互补，即跨国企业的海外子公司不以母国或东道国的文化为主流文化，而是使两种文化相辅相成，并共同应用于企业经营中。这样一来，虽然母国文化和东道国文化之间存在着巨大的差异，但它们并不相互排斥。文化差异带来的劣势会转化为优势，既可以用一个国家的文化弥补另一国文化的不足，也可以改变文化单调性。文化和平兼容是指在跨国企业的日常管理中，管理者忽略或模糊母国与东道国之间巨大的文化差异，尽量把最容易引起两国文化冲突的文化主体舍去，而保留一些比较平淡和微不足道的部分，使不同文化背景的人不再受其文化主体的影响。不同国籍的人可以在同一家企业工作。即使有意见分歧，也可以通过双方的共同努力轻松解决。

（三）文化变迁法

在本土文化具有强大优势的前提下，企业要抓住东道国文化变迁的契机，把东道国的文化与自身的需要一起发展和变迁，使本土文化成为新环境下的主导文化，为发展新的国际市场扫清文化壁垒。由于文化变迁的力量，可口可乐、麦当劳、必胜客等美国企业可以对一些国家的快餐市场产生巨大的影响。更开放、亚文化类型更多或处于文化变革阶段的国家，更适合采用文化变迁管理方法。这种做法的前提是母国的文化有很大的优势，企业本身有较强的经济实力。

（四）文化回避法

企业采用文化回避法，是因为国际企业中母国的文化氛围非常浓厚，在整个企业中占据主导地位。母国和东道国文化之间存在巨大的差异，企业既不能改变自己的母国文化，又不能忽视东道国文化的存在。母公司管理层要特别注意避免重大的文化冲突，或者由第三方文化作为沟通的桥梁。这种方法适用于母国文化与东道国文化差异太大，导致东道国在短时间内无法接受母国文化的情况。采用这种策略，企业可以避免母国文化与东道国文化的正面冲突。特别是在宗教影响力较大的国家，要注意尊重东道国的宗教信仰。

二、 跨文化管理在企业跨国经营行为上的实践

跨国并购是国际企业为了维护自身的生存和发展，根据全球经济环境和内部组织结构的变化，对自身的制度、结构、功能和规模进行重组和调整的一种组织变革或制度创新行为，也是企业国际直接投资的一种重要方式。跨国并购是国内并购的延伸，即跨国并购涉及两个或两个以上国家的企业、两个或两个以上国家的市场、两个或两个以上政府控制的法律制度。跨国并购需要面对不同国家的人的不同行为，关键是要了解其中的差异。在跨国并购中，各种有形资源、无形资源和人力资源的整合基本完成，并不意味着并购活动已经成功。跨国并购成功的一个重要标志，是母公司和东道国投入要素的有效结合，并在共同核心团队或共同文化的协调下有能力开展新的生产经营活动。但是，不同的企业有着不同的成长经历和外部环境，在信仰和价值观、行为准则和经营风格等方面存在着很大的差异。在跨国并购中，两国的文化差异会进一步拉大双方的文化距离。因此，跨国并购不同于母国相同文化背景下的企业整合，还面临着企业文化的融合以及民族文化的巨大差异所带来的障碍。从企业文化差异来看，国家、行业、企业规模和发展历史的差异决定了企业之间企业文化的明显差异。我们可以从企业文化的隐性和显性两个方面来分析不同国家的企业文化差异。

（一）从隐性层面来看，文化差异主要体现为企业信仰和价值观的差异

例如，不同企业的经营者对经营风险的理解和态度有很大的不同。在一些国有企业中，受产权不完整、所有者缺位等因素的影响，一些管理者对企业风险表现出两种极端形式的态度和管理理念：一种是极度厌恶风险，另一种是极度偏好风险。这两种极端的风险态度和管理理念，与西方市场经济中企业所强调的风险与收益匹配的理念是不相容的。因此，在跨国并购的情况下，企业必然会面临强烈的冲突。

（二）从显性层面来看，文化差异主要体现为企业行为规范和管理方法的差异

这一层面的差异通常较为明显。通过比较发现，东西方文化的差异往往导致了东西方企业文化的差异。例如，东方的企业文化强调集体主义和中庸，而西方的企业文化则强调个性和创新。因此，对于跨国并购企业来说，了解目标企业所在国的文化背景和文化传统是非常必要的。这有助于跨国企业更有效地将自身文化的精髓与当地的文化背景结合起来，建立具有当地特色的优秀企业文化，最终提高跨国并购的绩效。

（三）跨国并购的文化整合

显性层面的文化差异更容易被跨国并购双方所承认，也相对容易改变。而隐性层面的文化差异则很难被察觉和改变。只有通过显性层面的行为规范和经营风格的改变，并购后高层和关键管理者的模仿和主导作用，以及并购后经营活动的真正改进，才能逐渐形成共同的信念和价值观。国家层面的文化内核基本保持不变。双方必须理解和尊重他国的传统文化，努力吸收其他国家传统文化的优点。跨国并购后企业整合的目的是使并购双方合二为一，充分发挥协同效应，实现企业目标。因此，作为并购整合中最重要的部分，文化整合应该体现这一原则。这就要求在合理的跨国并购中，要根据并购双方企业文化的发展程度来构建新的企业文化，而不是简单的实力对比。因为新文化只有建立在更先进文化的基础上，或者是两种文化融合的基础上，才能更好地促进新企业的发展。

总之，跨国并购企业的文化整合没有捷径可走。只有充分理解和尊重不同国家、不同企业的文化差异，尽量避免可能发生的文化冲突，吸收不同文化内涵的精华，真正达到多元化融合的境界，才能构建跨文化优势，实现跨国并购的战略目标。

三、 采埃孚并购天合集团后文化冲突案例

（一）案例背景

采埃孚集团成立于1915年，总部位于德国弗里德里希港。在收购之前，采埃孚集团在26个国家拥有122个办事处，员工超过7.2万人。采埃孚集团是全球汽车动力总成和底盘技术的领导者，专门生产底盘系统、转向系统和传动系统等汽车零部件，最著名的是其变速箱。2014年，采埃孚在全球汽车零部件行业排名第9。被收购企业天合汽车集团成立于1904年，总部位于美国密歇根州，2004年在纽约证券交易所上市。合并前天合汽车集团是《财富》世界500强企业，在全球25个国家或地区的200多个地点共拥有超过6.6万名员工。天合汽车集团是全球领先的汽车安全系统供应商，全球有超过250个汽车品牌在使用其产品。[①] 2014年，天合汽车在全球汽车零部件行业排名第11。

（二）并购过程

2015年5月15日，采埃孚集团以135亿美元完成对天合汽车的收购。合并后的新企业在全球约40个国家拥有约230家分支机构，员工约13.8万人。新成立的采埃孚集团是变速箱和底盘技术以及主动和被动安全技术解决方案的全球领导者，也是全球汽车行业的合作伙伴。原天合汽车独立成为采埃孚的主动和被动安全部门，并在被收购两年后逐渐与采埃孚的其他部门整合。由于收购了天合集团，采埃孚集团的销量也相应增加。自2015年5月15日合并交易完成以来，天合已成为采埃孚集团的第五大业务部门，贡献了约89亿欧元的销售额。此外，集团销售的区域分布也更加均衡：北美的销售份额从20%上升到28%，而欧洲的份额从56%下降到47%，亚太地区占采埃孚总销售额的22%。

但是，与并购的积极效果一起出现的，还有并购后的问题。双方不同的历史文化，及采埃孚坚持可持续发展的长期利益与天合看重现金流优先的短期利益之间的矛盾日益激化，导致在整合后的实际工作中双方的冲突层出不穷。至今，双方的薪酬架构仍然未能统一，以同样的年薪计算，天合汽车的基本工资比例较高，现金福利部分较少。以同在上海的研发中心为例，天合汽车提供住所和公司点到点的免费班车。而采埃孚在上海研发中心的基本工资占比较低，福利部分较高，且大部分福利在年底一次性发放，福利中包括现金车贴但不提供班车。为避免相互抢夺人才，双方鼓励员工轮岗，但约定如有员工申请换岗，必须保持原有的年薪，不可给予任何薪资上的提升。

整合过程中，许多员工对自己在新架构下的位置及发展机会感到迷茫和不确定，种种不确定性给员工带来了较大的困扰，加上2015—2018年汽车产业的较高活跃度，市场上的同行看准时机大规模挖走采埃孚的人才，造成企业的离职率直线上升。同时，中层经理也面临相同的处境，并购后近三年的时间内，中层管理者流失频率较高且流失量不

---

① 周凤．采埃孚集团并购天合汽车集团的文化整合研究［D］．上海：上海财经大学，2020．

断攀升。而在人才市场中，既精通业务又懂得管理的人才一直紧缺，这类人才的流失对集团来说无疑是重大的损失。

（三）案例分析

采埃孚和天合并购后出现的问题可归为六个方面。

1. 物质层文化整合不够及时。企业并购后，产品的内容、包装、广告、企业标识及企业名称等的变化可以直观地呈现给所有的员工、市场、客户、供应商，让大家对企业下一步的整合有心理预期。然而采埃孚公司因为担心快速整合可能会打击天合公司员工的士气，害怕在并购初期对天合的文化了解不足而作出错误的决策，同时顾及仓促的整合方案可能会对市场和公众造成不利影响，最终选择了渐进式的整合，且整合的进度非常缓慢。采埃孚并购后迟迟未在天合的企业面貌上作出调整，导致员工、市场、客户及供应商等都误以为天合加入采埃孚之后将仍然沿用自己原来的运作模式和执行标准等。但事实上，这样反而使一切事物长期处于一种不稳定且模糊的状态，让员工没有安全感。

2. 行为层文化冲突。当员工不能对企业并购整合后形成的新企业精神、价值观、管理制度以及经营理念达成共识，员工行为的不协调就会从企业的经营、教育宣传、文体活动以及人际关系中体现出来。不同的文化背景决定不同的行为模式，不同的行为模式则可能导致企业运营方式的差异以及业务运营中的文化冲突。作为采埃孚的子公司，天合集团必须遵循采埃孚的管理方式，但天合的员工内心并不一定服从这种管理方式。此外，并购过程中的不确定性迅速增加，增强了员工之间的防御心理并使他们充满敌意。部门之间的分歧恶化，各自为政，争执和冲突被不断放大，员工逐渐失去归属感和安全感，忠诚度急剧下降，团队的凝聚力严重削弱。

3. 制度层文化长期未得到有效整合。采埃孚并购天合后，双方的某些管理制度与企业文化不兼容甚至相互矛盾，然而采埃孚在并购后的很长时间内都未能完成有效的整合。在漫长的过渡期中，这表面上是为了体现公平原则，实际上在员工转岗的操作中忽视了部分员工的个人利益。无形的文化只有通过有形的制度载体才能得以表现并发挥作用，若缺乏统一的制度载体，则文化作用的发挥会受到很大限制。

4. 精神层文化无法得到有效的传播。精神层文化是企业文化的核心，并购时，双方企业的核心价值观被整合成一个共同价值观，并调整成新的战略与愿景。每一位企业员工是否了解并认同企业的新愿景，决定了他们是否会为了实现新目标而作出相应的改变。共同的愿景可以让员工们清楚自己以及组织应该朝着什么方向努力。而采埃孚并购后没有及时建立管理层与员工之间的有效沟通方式，缺乏员工把建议和意见传达给企业管理层的渠道。员工没有及时获得企业并购的相关信息，也并不清楚企业的战略目标和未来愿景，从而陷入迷茫。

5. 构造层文化无法达到协调。多方面的企业文化对冲，往往有着难以调和的构造上的矛盾，即双方企业在福利等方面因为合并过程中非协调的增长或退步，导致企业整体上出现差异化的发展体系。控制企业初期合并过程中构造的协动变化，是一个重要的过程，整体与整体的整合，个体与个体的协作，个体与整体的共生，直接影响着双方企业最终的有效整合，以及建成一个构造完备、协作高效的新体系。

6. 文化与经济的纠缠增加了文化融合的难度。企业文化的融合是在企业管理的过程中进行的。追求经济目标与企业文化目标的协调在理论上并不矛盾，但在实践中，协调始终是一个难题。很多人认为企业文化的整合是空谈，而追求企业利润最大化才是真实的。因此，企业在实施并购战略时，片面地将可以看得见增长的经济效益作为唯一追求的目标。然而，并购后的整合管理过程是一个复杂的系统过程，涉及大量的内外部因素、有形因素和无形因素，以及心理因素、政治因素和权力因素等。这些因素的复杂性、无形性和交叉性增加了整合管理的难度。并购应以构建和提升企业核心竞争力为最终目标，利用企业文化的凝聚力，围绕核心竞争力构建企业战略资源，寻求规模经济、分散经营风险、发现价值。

本章参考文献

[1] 陈晓萍．跨文化管理 [M]. 3 版. 北京：清华大学出版社，2016：97.

[2] 马春光．国际企业跨文化管理 [M]. 北京：对外经济贸易大学出版社，2004：51.

[3] 唐宁玉，王玉梅．跨文化管理：理论和实践 [M]. 北京：科学出版社，2015：119.

[4] 晏雄．跨文化管理 [M]. 2 版. 北京：北京大学出版社，2016：38.

[5] 郑兴山．跨文化管理 [M]. 2 版. 北京：中国人民大学出版社，2019：178.

[6] 彼得·F. 德鲁克．卓有成效的组织管理 [M]. 齐思贤，译．北京：东方出版社，2012：44.

[7] 傅高义．日本第一：对美国的启示 [M]. 谷英，张柯，丹柳，译．上海：上海译文出版社，2016：67－68.

[8] 帕斯卡尔．日本的管理艺术 [M]. 张宏，译．北京：科学技术文献出版社，1987：24－26.

[9] 特雷斯·E. 迪尔，阿伦·A. 肯尼迪．企业文化：现代企业的精神支柱 [M]. 唐铁军，叶永青，陈旭，译．上海：上海科学技术文献出版社，1989：15.

[10] 威廉·大内．Z 理论 [M]. 朱雁斌，译．北京：机械工业出版社，2013：79.

[11] Barnard C I. *The Functions of the Executive* [M]. Cambridge，Massachusetts：Harvard University Press，1938：13.

[12] Davis S M. *Comparative Management：Organizational and Cultural Perspectives* [M]. Upper Saddle River，New Jersey：Prentice Hall，1971：78.

[13] Hall E T. *Beyond Culture* [M]. New York：Anchor Books，1976：23.

[14] Herskovits M J. *Cultural Anthropology* [M]. New York：Knopf，1955：32－33.

[15] Hofstede G. *Culture's Consequences* [M]. Beverly Hills，California：Sage Publications，1980：20.

[16] Hofstede G. *Cultures and Organizations* [M]. New York：McGraw-Hill，1991：31.

[17] Kluckhohn F R，Strodtbeck F. *Variations in Value Orientations* [M]. New

York：Row，Peterson and Company，1961：61－62.

[18] Ouchi W. *Theory Z：How American Business Can Meet the Japanese Challenge* [M]. New York：Basic Books，1981：82－83.

[19] Pascale R T，Athos A G. *The Art of Japanese Management* [M]. New York：Simon & Schuster，1981：83－85.

[20] Richter N F，Hauff S，Schlaegel C，et al. Using Cultural Archetypes in Cross-cultural Management Studies [J]. *Journal of International Management*，2016 (1)：63－83.

[21] Schwartz S H. Universals in the Content and Structure of Values：Theoretical Advances and Empirical Tests in 20 Countries [R]. In：Berkowitz L，Zanna M P. (eds). *Advances in Experimental Social Psychology* [C]. San Diego：Academic Press，1992：20－22.

[22] Selznick P. *Leadership in Administration：A Sociological Interpretation* [M]. New York：Row，Peterson and Company，1957.

[23] Triandis H C. *Culture and Social Behavior* [M]. New York：McGraw-Hill，1994.

[24] Triandis H C，Chen X P，Chan D K-S. Scenarios for the Measurement of Collectivism and Individualism [J]. *Journal of Cross-cultural Psychology*，1998 (2)：275－289.

[25] Trompenaars F，Hampden-Turner C. *Riding the Waves of Culture* [M]. New York：McGraw-Hill，1997：50.

[26] Turner C H，Trompenaars F. *The Seven Cultures of Capitalism* [M]. New York：Currency-Doubleday，1993：134.

[27] Vogel E F. *Japan as Number One：Lessons for America* [M]. Cambridge，Massachusetts：Harvard University Press，1979：134.

第十三章

国际企业跨国并购与整合创新

第一节　引言与概念界定

一、引言

随着技术变革与知识更新速度的日益加快，全球化竞争使得企业在瞬息万变的竞争环境中不断转变。企业不得不重塑自身的价值需求。跨国并购成为实现这一目标的策略（Matteo Rossi et al.，2021）。例如，复杂的全球技术产业正在为实现更多的国际研发外包、合作伙伴关系、松散联盟和网络等战略目标而努力。

并购的研究领域多种多样，数量庞大。过去的大多数研究探索了国内并购，而目前的研究人员正在把目标更多地放在跨国并购上。并购研究的主要困难在于众多分析单元会影响并购的前提和并购决策过程中的许多方面（如战略制定、目标识别、尽职调查、收购定价、收购后整合和随后的绩效），最终预期的结果也各不相同。例如，最近对技术并购（technology M&A）的研究主要集中在企业的市场占有和技术地位上，分析单位聚焦于技术产业（Lin，Chen，and Chu，2015）。从联合国贸易和发展会议跨国并购数据库（UNCTAD cross-border M&A database）统计信息来看，2021 年，全球初次产业（农业和采掘业）、制造业和服务业的跨国并购交易额分别为 281.1 亿美元、2 389.1 亿美元和 4 608.7亿美元。科技产业再次推动全球并购，安永调查指出：2022 年 1—6 月，科技业并购金额达到 6 270 亿美元，同比下降 20%，但依然占全球并购的 31%，信息安全、云服务、企业软件等技术类跨国并购的全球市场需求并未减少。

跨国并购具有周期性。自 19 世纪末以来，全球经历了五次跨国并购浪潮，随后跨国并购的数量急剧增加。跨国家（包括发达国家和发展中国家）和跨行业的并购变得越来越流行，现在已成为国际直接投资的主要组成部分（Emma Qianying Xu，2017）。互联网+、人工智能、大数据、区块链等技术成为新一轮并购的“新引擎”。随着新兴市场国家的快速崛起，逆向并购（reverse cross-border M&A）日益显现，中国无疑是其中的主力军和佼佼者（Yaprak，Demirbag，and Wood，2018；陈小梅等，2021）。在“一带一路”倡议的背景下，更多的企业通过跨国并购融入全球价值链竞争，越来越多的“一带一路”沿线国家国有控股目标被中国企业收购（Julan Du and Yifei Zhang，2018）。

值得注意的是，跨国并购在成熟市场中的失败与中立比率占60%～70%，而成功率仅占30%～40%。跨国并购过程是科学和艺术的结合体，它既离不开科学严谨的法律和财务尽职调查，也少不了基于估值报告的谈判艺术，更关键的则是企业家的决断能力。并购后整合更是错综复杂。每一次并购交易完成后，又是一个从零开始的过程。实际上，跨国并购整合关乎跨国交易的真正成败。

二、 企业并购

企业并购（mergers and acquisitions，M&A）是指企业为了获得其他企业的控制权或者资产而进行的所有权交易活动，包括兼并和收购。兼并是指企业通过产权交易获得目标企业的产权，并使这些目标企业丧失法人资格，从而获得其控制权，即公司法中的吸收合并。兼并还包含合并，即两个或两个以上的企业共同放弃其原有的法人结构而在此基础上成立新的企业。收购是指企业购买目标企业的资产或者股份，而不一定使这些企业丧失法人资格。兼并与收购的共同点是企业产权的转让，其标志是对目标企业施加控制和影响，两者的区别在于目标企业的法人资格是否会消失。

三、 跨国并购

跨国并购（cross-border mergers and acquisitions，cross-border M&A）是指一个国家的企业通过购买另一个国家的企业的股份或资产来获得后者控制权的产权交易活动。实际上，当企业并购涉及不同国家时就构成了跨国并购（李蕊，2003）。跨国并购跨越国界，有两个或以上国家的企业参与。其中并购方称为母国企业（home country enterprise），被并购方称为东道国企业（host country enterprise）。跨国并购是国内企业并购的延伸，是一种常用的资本输出模式。

考虑国际直接投资时，多数企业更偏好跨国并购而非绿地投资（greenfield investment，也称新设投资），其主要原因有三方面（查尔斯·希尔和托马斯·霍特，2019）。一是并购比绿地投资更快速。在快节奏的现代商务里企业必须与时间赛跑，争得先机，规避竞争对手并购获取资源的风险。二是获取海外企业的战略资产。这些战略资产包括商标、专利、品牌忠诚度、客户关系、生产资源及分销渠道等。购买这些资产要比绿地投资容易实现，风险也更小。三是提高被收购企业的效率。并购方通过资产转移、管理和技术技能迁移提升海外公司的投资效率。20世纪90年代初，西麦克斯（Cemex）在应用信息技术使生产和消费者需求相匹配方面居于领先地位。相较于绿地投资，国际直接投资者更多通过跨国并购扩大目标企业的数量和规模（李善民和李昶，2013）。有证据表明，许多跨国并购未达到预期目标，尤其是并购后整合成功率更低。

与国内企业并购不同，跨国并购呈现出“四高”特征。第一，并购过程不确定性更高。并购竞买过程中，受信息披露及市场反应的影响，可能出现意想不到的竞争对手突然介入其中，导致原先有条不紊的并购过程受挫甚至失败。第二，并购风险更高。在跨国并购中，跨国投资既涉及东道国文化、法律、市场、财务和商业环境等方面的额外风险，例如收购方和目标国家之间法律制度和会计标准的差异可能会增加识别增值收购目标的难度，又涉及文化差异、汇率及潜在的民族主义等不确定性风险（Ahern，Daminelli，and Fracassi，2015）。第三，并购前期审批及后期整合难度更高。并购审批涉及的国家和部门众多，流程复杂、周期长而且难度大。即使审批通过、并购成功，受不同国家文化、法律、习俗、语言、宗教等多维因素影响，其后期整合过程的难度依然不减，同时并购后公司内部治理同样是一个巨大挑战。第四，并购失败率更高。据不完全估算，跨国并购在全球范围内的成功率约为四分之一，其中不乏并购策略不当、并购战略选择失误等诸多原因，最终导致跨国并购失败。即使在成功完成并购的企业中，仍有六成以上处于亏损状态，并购初衷难以实现。

四、 跨国并购方式

按照企业双方所处的价值链环节，跨国并购可分为横向并购（horizontal M&A）、纵向并购（vertical M&A）和混合并购（conglomerate M&A）。横向并购是处于相同或相似行业的企业之间进行的并购，目的是增强垄断地位和国际竞争力，扩大市场份额，以攫取高额垄断利润。横向并购的双方企业同处一个行业部门，更加了解并购信息，这有利于并购实施以及并购后的整合管理。纵向并购是生产和经营互为上下游关系的企业之间进行的并购。纵向并购的目的通常是获取稳定的原材料来源和扩大产品营销渠道，降低与供应商、分销商之间的交易成本，减少来自竞争对手的原材料及渠道压力，同时还可以提高行业的进入壁垒。并购双方一般是原材料供应方和产品销售方，具有一定的业务互补性。混合并购是没有直接关联、处于不同行业的企业之间进行的并购。这类跨国并购的目的在于实施企业多元化战略或全球发展战略，从而减少单一产品的全球经营风险，增强和提升企业国际竞争力和国际地位。

值得注意的是，随着行业交叉和产品创新，产业边界呈现模糊化趋势，跨国并购类型模糊化，许多并购难以被彻底划分为横向、纵向或混合并购，但这并不妨碍我们思考被并购企业对于并购企业而言，究竟可以在价值链的哪一环节起重要作用。作为企业国际化扩张的一种重要战略行为，跨国并购要同企业战略规划相一致，能够补足企业稀缺的关键资源，或助力企业优势更好地发挥。一桩成功的跨国并购，能够帮助企业增加产品价值（如通过并购获得更先进的技术，改良产品），减少成本，获取规模经济。

第二节　跨国并购演进、战略目标与核心要素

一、 跨国并购演进的五次浪潮

并购市场的一个显著特征是具有周期性（Scott C. Whitaker，2016）。跨国并购按行业和时间聚集（Emma Qianying Xu，2017）。19 世纪末至 21 世纪初，全球一体化推进跨国并购持续发展，形成五次比较明显的并购浪潮（Patrick A. Gaughan，2002），见表 13－1。这些并购的发生有其经济、社会、技术和市场环境背景，帮助企业迅速接近市场，获取

资源和技术。

表 13-1　跨国并购的五次浪潮

时间	1897—1904 年	1916—1929 年	1965—1969 年	1981—1989 年	1993—2000 年
背景	1883 年萧条之后，股票市场繁荣，铁路交通大发展	第一次世界大战后的增长期，汽车、广播（广告）大发展，投资银行地位上升，容易获得融资	经济蓬勃发展；工商管理硕士（MBA）的兴起；不断兴起的私募股权基金（PE）导致股票融资兴起	航空、药品和医疗设备去监管趋势；金融创新；投资银行或律师在激进并购交易中的角色强化；美国证券交易委员会对自由市场竞争的支持	银行、保险、通信、高科技等去监管化扩大；互联网兴起；股权融资增多；对美国的跨国并购交易增加
结束时间	1904 年股市崩盘	1929 年金融危机（黑色星期二）	越南战争和 1973 年石油危机	1990—1991 年经济衰退	2001 年互联网泡沫破裂，公司负债率升高
交易数量	2 943 笔	4 600 笔	18 016 笔	22 810 笔	50 000 笔
目标	生产和销售的规模化	通过兼并形成寡头垄断；产品扩展、市场扩张	增长和盈利；功能优化	股东价值	全球化
影响	集中度提高；反垄断更严厉，如《克莱顿法》①	《塞勒-凯弗维尔法》②	针对账面收益会计处理的《税收改革法》③	反兼并技巧兴起（黄金降落伞、毒丸计划等）	寡头局面形成；估值方法和尽职调查兴起
影响产业	采矿、制造、烟草	冶金、石油产品、食品、化学品、交通设备	航空业、自然资源	油气、药品、医疗设备、钢铁、银行	银行、通信
交易类型与示例	78% 为横向并购；大量企业参与；1868 年出现首例恶意并购。示例：通用电气、杜邦、美国烟草、卡内基钢铁、标准石油、伊士曼柯达	示例：美国联合化学、IBM、通用汽车、联合碳化	80% 为巨型企业；小型交易。示例：美国电话电报、利顿工业、ITT	大型交易；公司掠夺者敌意并购；高债务杠杆（LBO/MBO）。示例：KKR—纳贝斯克	大型交易，但对集中度影响不显著；更多为战略型交易，较少为廉价抛售。示例：戴姆勒-克莱斯勒

资料来源：Gaughan P A. *Mergers, Acquisitions and Corporate Restructurings* [M]. 3nd ed. New York: John Wiley & Sons, 2002: 23-55.

---

① 美国 1914 年《克莱顿法》(Clayton Act) 是对《谢尔曼法》(Sherman Act) 的补充，主要起预防垄断的作用。凡是那些可以合理地预见会对竞争产生损害的行为，即使其实际上未产生损害，也是违法的。

② 美国 1950 年《塞勒-凯弗维尔法》(Celler-Kefauver Act) 与《克莱顿法》相比，填补了财产漏洞，法案禁止通过购买资产而进行的也许会从根本上削弱竞争、限制贸易或趋向产生垄断的兼并。

③ 美国 1969 年《税收改革法》(Tax Reform Act) 限制使用可转债为收购融资。法案规定，必须在全面稀释的基础上计算股票的每股收益 (EPS)，如同债务已经转换成普通股。这项规定降低了混合性公司的股票价格。

二、 跨国并购的战略目标

虽然跨国并购发生的原因有很多理论基础，如资源基础观、知识基础观、交易成本理论、网络理论、效率理论等，而且研究人员通常使用理论组合，但至今仍很难定义一个统一的理论框架（Kiessling，Vlacic，and Dabic，2021）。企业全球化的首要目标是获取资源与能力，通过全球化过程弥补自身不足，建立其核心竞争力（陈威如等，2017）。企业可以通过跨国并购实现多重战略目标，获取资源、技术，占领市场，定位多种有形和无形资产。每笔并购想要达到的目标并不一样，或是为了获取单一目标如市场渠道，或是为了获取无形资产如品牌价值，或是同时获取两个或两个以上目标。不同的并购交易，产生的结果、所需的并购整合程度以及整合流程和期限也各有差异。

（一）获取资源

这类并购交易的目的在于获取东道国当地生产的特定资源，如石油、矿产、稀有金属、铀等天然产品以及小麦、木材、咖啡豆、牲畜等农产品。这类交易要求关注与所有权、采集、分发相关的合同以及对相关产品的生产、销售和出口限制。并购过程中，对资源规模、产能、生产成本及市场价格等存货评估，环境要求及运输，出口管理机构等销售环节的相关规定进行收集与评估很重要。同时，对东道国的政治干预、经济金融、营商环境（税收体系、法律体系、行政效率、投资环境）等国别风险和地缘政治风险进行评估也相当重要。例如，中国是全球锂电池市场50%以上占有率的最大制造商。世界一流的锂资源多集中在南美洲和澳大利亚。随着全球新能源汽车市场的快速发展，处于产业链上游的金属锂材料需求量不断攀升，近年来价格涨幅已超过一倍。天齐锂业是锂电池核心材料的行业巨头，2014年和2016年分别斥资5亿美元和2.09亿美元控股澳大利亚泰利森锂业（Talison）和智利锂盐生产企业 Sailing Stone Capital Partners（SCP）。2018年5月，天齐锂业耗资约人民币259亿元收购智利矿业化工（Sociedad Qulmicay Minerade Chile S. A，SQM）23.77%的股权。这些并购行为都是围绕获取锂资源展开的。

（二）获取市场

并购方的目标是在本地客户基础上拓展产品和服务范围，获得目标企业的市场渠道及客户。实际上，获取市场目标的达成需要对产品边际利润、全球市场条件、竞争环境等做出准确评估，并对目标企业做到卓有成效的尽职调查。尽管这种评估和调查相当有难度，但整合的协同效应仍是整合成败的关键。例如，山东如意集团（Ruyi）通过控股进入全球服饰类奢侈品百强行列，如意集团旗下品牌包括瑞士奢侈品牌巴丽（2018）、中国香港利邦（2017）、美国英威达（2017）、日本瑞纳（2010）、德国 Peine Gruppe（2014）、英国雅格狮丹（2017）、印度GWA毛纺公司（2012）等。2016年，如意集团以13亿欧元收购法国时尚集团 SMCP（其品牌包括 Maje、Sandro 和 Claudie Pierlot）84%的股份。如意集团通过并购不同国家的知名时尚品牌，获取市场渠道和客户资源。

（三）获取技术

为了获取研发资产和知识产权，并购方通常设法获取目标企业的无形资产和研发团队。一些国家研发和创新环境良好，这与其教育体系和基础设施建设有着直接联系。通过并购交易，并购方可以更好地获取被并购企业和国家的工程师、数学生物等专业领域的专家、知名大学或研究机构的研发资源、公开集资机制等，这当然都与并购前期的尽职调查密切相关。并购企业必须选定具有良好基础的全球商业领域和行业，比如人工智能（深度学习、虚拟大脑）、无人机、可再生能源、3D 打印与增强现实（人机界面、图像识别）、太空运输、机器人、航空运输（轻型材料、电气引擎）、智能轿车及远程医疗（手术、预防）等，获取先进技术和无形资源。同时，并购方还可以利用东道国比企业现有条件更好的本地生产资源，融入本地供应链体系，获取当地供应商，减少运输距离，实现有限的供应风险，也可以聚焦在生产成本节约上，获取低劳动成本、有利的法律法规和更好的运输与后勤服务，还可以建立本地分公司。例如，2016 年，中信产业基金以折合 10.5 亿美元成功收购柏盛国际（Biosensors International），就是中资私募基金获取海外高端医疗器械制造技术的经典案例，通过并购中国企业成功跻身世界心脏支架医疗器械行业前列。

三、 跨国并购的核心要素

跨国并购的影响因素是多方面的。随着全球经济的日益一体化，更多的并购可能会涉及来自不同国家的企业。毫无疑问，跨国并购同国内企业并购具有相同的协同效应预期。然而不同的是，从国家层面因素来看，地理因素、货币升值、各国宏观经济表现等都在一定程度上影响着跨国并购的实施。

地理因素很重要。这里主要指国家或地区间的相对距离。对于任何一个国家来说，国内并购的数量都远多于与其他国家的并购交易。经验表明，在跨国并购中，收购邻近国家公司的可能性更大。在其他条件不变的情况下，两国之间的距离越短，就越有可能观察到两国间的并购现象（Erel，Liao，and Weisbach，2012）。例如，1990—2007 年期间，新西兰企业的 226 起跨国并购中约有三分之二（145 起）来自澳大利亚企业。香港企业的并购企业中也有约三分之一来自中国企业。除美国以外德国企业的多数并购来自其他欧洲国家。

国界与许多决定企业边界的摩擦有关，也与影响并购成本和收益的因素有关。一般而言，当并购企业经理人认为并购后企业的价值大于分离企业价值的总和时，就可能发生并购行为。造成这种价值变化的原因很多。企业内部的合同成本低于企业之间的合同成本，从而提高并购企业的生产效率。并购也可以创造市场力量，因为并购后企业收取利润最大化的价格是合法的。如果允许一家企业使用另一家企业拥有但不能使用的税盾（tax shields），并购可以进一步降低两家企业的综合纳税费用。另外，代理考虑也会增加经理人的个人效用。国界影响并购成本-收益的因素体现在：一是每个国家都有自己的语言、宗教信仰等文化特征，这些都会增加企业的合同成本（Ahern，Daminelli，and Fracassi，2015）。二是类似于国际贸易中的引力模型，物理距离同样会增加并购企业的成本（Andrew K. Rose，2000）。在其他因素不变的情况下，文化差异和地理距离都会降低不同国家企业选择并购的可能性。三是基于企业治理的权衡。如果并购可通过为目标企业的少数股东提供收购企业股东的一些权利来增加对他们的法律保护，那么就可以通过并购创造价值。另外，市场发展水平也是影响两国企业并购的重要因素。发达市场的并购方可能会从新兴市场较弱的合同环境中获取更多收益。

估值是跨国并购另一个潜在的重要因素。估值在促进并购上发挥着很大作用。股票市场价值增加、货币近期升值、通货膨胀率相对较高国家的企业往往是并购的购买者，而来自表现较弱经济体的企业往往成为并购目标（Erel et al.，2012）。鉴于不同国家的市场并未完全整合，不同市场的估值差异可能会激发跨国并购。例如，假设一家企业使用的货币因某种与企业盈利能力无关的外生原因而升值，这家企业会在其他国家找到相对便宜的潜在目标，从而导致一些潜在的并购是有利可图的，而这些并购在原有汇率下是无利可图的。因此，会有更多来自该国的企业进行收购，因为它们将以膨胀的货币支付这些并购费用。估值差异导致跨境收购的逻辑取决于参与者认为这些变动是暂时的还是永久的。如果估值差异是暂时的，那么跨国并购有效地套利了这些差异，从而为收购方带来预期利润。因此，被高估的收购方的经理有动机以高价发行股票，以购买被低估的目标的资产（Andrei Shleifer and Robert W. Vishny，2003）。

货币变动也是决定跨国并购的一个重要因素。货币升值的国家更有可能拥有并购企业，而货币贬值的国家更可能出现被并购的目标企业。货币变动和股票市场表现对并购倾向的影响表明一种更为普遍的估值效应，即估值较高的企业倾向于并购估值较低的企业。两国货币之间的短期变动，增加了货币升值企业购买货币贬值企业的可能性。两国相对的股票市场表现也会影响并购倾向，两国股市表现差异越大，表现优异国家的企业越有可能并购表现较差国家的企业。

双边贸易影响并购双方的信息对称性，因而也成为影响跨国并购发生的一个重要因素。跨国并购很可能发生在相互贸易更加频繁的国家的企业之间，因为它们更可能具有协同效应和共同的文化或业务背景。被并购方并不总是来自发达国家，因为并购方更倾向于在会计标准较低的国家并购企业。这些发现与公司治理观点也是一致的。

四、奥特佳并购空调国际案例

（一）并购背景

并购方：奥特佳新能源科技股份有限公司。目标企业：空调国际。所在行业：汽车。

奥特佳（Aotecar）是中国专注于汽车热管理技术开发的头部企业，也是全球最大的涡旋式汽车空调压缩机生产企业。空调国际（Air International Thermal Systems，AITS L. P.）1967 年始建于澳大利亚，是全球领先的暖通空调系统生产商，为通用汽车、克莱斯勒、大众汽车等知名汽车厂商提供暖通空调系统、动力总成冷却系统等产品。此次并购标的包括空调国际热能美国有限公司的 100%股权、空调国际热能（卢森堡）有限公司的 100%股权和空调国际热能（比利时）有限公司 0.69%股权。

（二）并购过程

2015 年 5 月 31 日，奥特佳、南京奥特佳与目标企业签署《股权收购协议》。空调国际合伙人 AITS Cayman Limited 出具董事决议，授权空调国际进行并购交易。

2015 年 6 月 4 日，奥特佳香港投资公司正式成立。

2015 年 7 月 8 日，奥特佳、南京奥特佳和奥特佳香港与目标企业签署《股权收购协议之转让协议》。

2015 年 9 月 24 日，南京奥特佳全资子公司上海圣游向奥特佳香港增资 10.49 亿元港币。

2015 年 9 月 30 日，奥特佳香港向目标企业支付 1.347 35 亿美元，办理股权交割手续。

2015 年 10 月 1 日，完成股权交割，标的企业股权登记在奥特佳香港名下。

（三）案例分析

本笔并购交易以占领市场和获取技术为目标。在产品和技术提升上，并购实施后奥特佳仍专注于空调压缩机业务，同空调国际的汽车空调系统业务形成产品互补与技术合作。空调国际与奥特佳产品的有效组合，大大提升了奥特佳为其整车供应商合作伙伴提供优质汽车暖通空调系统与空调压缩机的能力。在客户渠道上，奥特佳与空调国际可以实现共享，奥特佳可利用空调国际全球化客户资源和渠道网络，搜寻海外业务机会，并在空调国际的协助下打入全球高端市场，成为国际一流整车企业的供应商。对于空调国际来说，与奥特佳的并购合作进一步提升了其投资能力和技术水平，可以更好地服务客户；通过改进技术、开拓市场、优化全球布局等策略，持续拓展包括中国市场在内的全球市场份额。

第三节　跨国并购战略兼容性与整合

一、跨国并购战略兼容性

战略兼容性（strategic compatibility）是发生并购关系的企业之间所具有的战略相似性或战略互补性。整合过程涉及被并购企业的企业文化、组织结构、人力资源、生产经营等要素的打破与再配置，使之与并购企业的核心要素实现融合、战略匹配，达到双方战略目标一致性，实现企业核心能力转移。战略兼容性既是促进企业并购的动力，又是决定企业并购成败的关键因素，关乎协同效应的实现。

跨国并购战略兼容性的构建需要综合权衡并购目标及并购后愿景，厘清并购后的经营思路，形成核心竞争力。一是明确战略目标。并购企业首先必须明确跨国并购的战略目标，无论是扩大市场规模、节约并购成本，还是获取国外企业的技术、市场、品牌以及国际化营销渠道，战略目标是建立在企业战略需求基础之上的。有些企业急于求成，为了迅速进入东道国市场或提高规模，常常不惜成本并购“问题企业”，导致战略兼容性受损甚至并购失败。二是制定并购后愿景。并购企业与被并购企业在并购前都会设定自身愿景和战略目标，因此并购成功后的新企业需要综合评判资源情况、优劣势、竞争能力以及面临的机遇与挑战等，并提出自身发展的愿景和路线图。实际上，被并购企业的员工大多会因并购后的各种不确定性而焦虑或感到不安，由此加剧对整合的抵触。只有新企业的愿景被员工接纳时，才有助于并购整合的顺利实施。三是厘清经营思路。并购企业进入新的市场环境应破除固化的经营运作方式，明晰中外经营的差异，做好沟通、调整与构思，以战略协同性为导向制定跨国并购后的企业经营思路和战略选择，促进经营方式的融合与协同效应的产生，达到双赢目标。四是剥离非核心业务。并购后整合的目标是发挥双方优势，形成协同效应。因此，并购后整合过程中，并购方往往会对被并购方的核心资源、技术、市场进行优化整合，剥离非主营业务，保留与战略目标密切相关的核心业务，凸显战略实效。

二、 跨国并购整合的框架与内容

跨国并购整合（post-merger integration，PMI）是并购完成后实现企业新价值的过程。考察全球并购案例不难发现，有效的并购后整合能够增加股东价值；而整合中出现的疏漏和错误可能导致前期并购预想和工作功亏一篑，甚至给企业声誉、效益及海外战略带来难以估量的不良影响。很多并购企业花费了大量时间和精力制定符合公司未来发展需要、切实可行的并购战略，选择适合的并购标的并付出代价，但并购后如果不能成功地整合目标企业，则很难实现并购价值。从这个意义上说，跨国并购的投后整合（post-acquisition integration）比投资决策本身更为重要。从并购实践看，组织分化、客户关注度降低、人才流失、文化冲突等是并购失败的通常表现，究其原因是对东道国法律法规、当地习俗和宗教文化的了解不够，企业社会责任承担不足等，导致并购过度追求短期利益，而忽略了长期的战略合作（冯斌等，2020）。

国际并购整合联盟构建了一个跨国并购整合框架。该框架为整个复杂的跨国并购项目提供一个流程化结构（斯科特·惠特克，2018）。框架包含跨国并购生命周期的各个阶段，特别强调尽职调查与整合；虚线箭头的雇员改变曲线指示了雇员变动规律，通常会在交易结束阶段达到最低点；在每个特定整合节点都要注重细节，做到务实行动和文化适应（见图 13－1）。

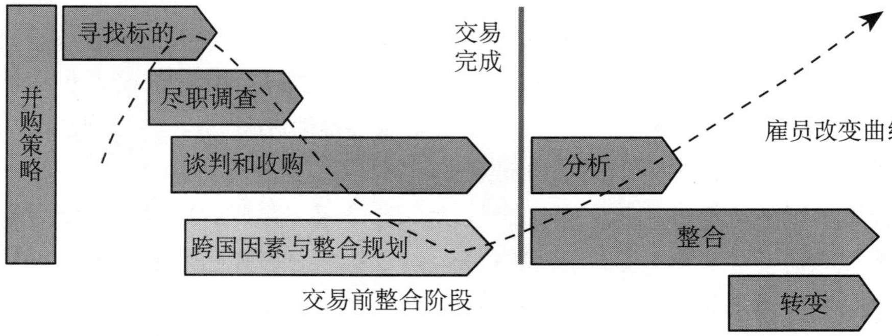

图 13－1　跨国并购整合框架

跨国并购整合的内容包括文化整合、战略整合、人力资源整合、经营整合、财务资源整合、无形资产整合及税收安排等。作为跨国并购整合的软指标，文化因素的重要性在某种意义上超过了并购市场、技术、财务等要素指标，80％的并购整合失败都源自文化因素。因此，文化整合成为跨国并购整合的最大挑战。

文化整合（culture integration）。文化整合占据了跨国并购投后管理与整合的核心地位，其风险点多、涉及面广。被兼并企业内部固有的文化沉淀遭受外来文化冲击时会产生本能排斥反应。并购企业应主动遵循求同存异原则，理解并尊重企业间的文化差异，通过双方渗透式融合，构建新的企业文化或文化适应。根据并购双方文化的强弱关系，文化整合可分为同化、隔离、融合及改良四种模式。同化模式一般是并购方处于文化高势能，用其文化取代被并购方的企业文化，实现文化整合。隔离模式是双方并购后保持原有文化独立的模式，这一模式通常适用于优秀企业间的横向或纵向并购。融合模式是并购双方企业的文化相互融合渗透，汲取双方文化精华，形成并购后的混合文化，这种模式适用于并购双方均为强势企业或没有任何一方具有明显优势时在新企业中推行融合性文化整合战略。改良模式是并购方在基本保持原有企业文化的基础上适当吸收被并购方文化的合理成分，形成适应性强的新企业文化。不同模式的文化整合对投后管理的影响也各不相同。企业文化战略是决定企业文化整合效果的关键，因此企业应考虑并购双方文化的强弱关系，选择适宜的文化整合战略。

战略整合（strategy integration）。整合过程的基础是并购双方企业的战略匹配，即构建战略兼容性，否则就难以发挥协同效应。战略能力的转移在很大程度上决定着并购后整合的成败，它取决于两者战略能力的相互依赖性。并购完成后，新企业面临不同的外部环境和内部资源调整，需按照新的内外部环境制定新的战略规划，涉及公司发展战略、产品战略、市场战略、资本战略等方面的重构。企业要从市场、技术、资金、经营等方面重新配置资源，对企业成本、销售和利润进行持续的跟踪和评估，规避战略整合风险。TCL 收购汤姆逊（Thomson）之后忽略了液晶电视对传统电视销售的冲击，而未能做出适时的战略调整，给公司造成了巨大损失。

人力资源整合（human resources integration）。并购后的人力资源整合是跨国并购成败的关键所在，挽留被并购企业的关键人才（如公司高管）是其关键任务。并购企业需要尽早制定一个周密的员工重聘计划，并做人事结构调整，重新确定管理层级职责权限。核心人才的流失会导致企业生产效率下降，客户流失，甚至造成业务萎缩。实际上，对于一些轻资产企业并购而言，核心员工和市场的流失在某种意义上就意味着并购的失败。并购企业通过目标企业的员工诉求调研与分析，提出富有吸引力的目标和承诺，可以增强其对并购方的信任和依赖感。并购方可适当留用原企业主管，并通过企业报表等信息实时掌握企业经营动态，实施间接控制。劳工保护已成为跨国并购最常见的整合风险，也是并购后管理与整合的重要内容。因此，重视东道国劳工政策、构建积极的企业社会责任意识及工会关系、建立应对劳资争端的快速反应机制和吸收劳资管理专家参与并购战略等，都是规避人力资源整合风险的有效策略。

经营整合（business integration）。跨国并购完成后，被并购企业原有的供应商和客户通常处于谨慎的观望状态，甚至会产生怀疑和不信任，导致市场认可度和销售额的迅速下降，影响新企业业务的持续稳定运营。早期并购中，中国企业因跨国运营经验不足、国际化管理人才缺乏以及对目标国家和市场熟悉程度不够等，就出现过并购后经营决策上的失误，使经营管理陷入困境。企业的组织结构也要根据并购后的经营战略及管理风格综合权衡。

财务资源整合（financial resources integration）。通常，财务人员在并购中会通过购买法和权益结合法进行财务报表合并。购买法仅将合并日后被并企业实现的利润纳入利润表，而权益结合法将被并企业整个年度的利润并入并购企业的利润表。

无形资产整合（intangible asset integration）。无形资产整合是并购完成后通过评估无形资产的现实价值，决定其保留与转让。无形资产整合包括企业名称、专有技术、商标专利、特许经营权等整合内容。这些无形资产包括经营性、生产性和市场性三种类别。一般而言，当被并购企业拥有著名商标时，并购企业会保留其原有商标。事实上，一般消费者只关心品牌本身，而对商标的持有者并不过于关注。并购后整合过程中，要对无形资产做出全面系统的分析和研判，避免无形资产价值流失。

税收安排（tax arrangements）。跨国并购后企业不可避免地会遇到税收安排问题。国际避税是跨国纳税义务人为实现其最大经济利益，利用不同国家税收差异及其特殊税收分配关系，减少税负和躲避国际税收义务的经济活动。并购企业要严格区分逃税（tax evasion）与国际避税（tax avoidance）的法理区别，充分了解目标国的税收制度与规定、税收条约和企业经营目标等影响税收的主要因素，利用东道国的税法税规、避税港、合理的并购支付方式等达成合法避税，也可利用向子公司收取总部功能费用、研发费用等生产经营活动费用，实现合法避税。

三、 跨国并购整合的程序

在跨国并购启动交易时并购企业应构建整合项目管理的组织架构，成立三类并购组——整合指导委员会，并购管理小组，人力资源、技术、法律、财务等并购职能工作小组，精选小组领导，设定明确的路线图、时间表和止损点，强化流程再造，实现协同效应最大化（冯斌等，2020）。

（一）制定整合战略与路线图

战略动机取决于并购方及其战略愿景（Whitaker，2016）。跨国并购项目成功整合的前提和基础是明晰并购愿景并制定清晰的整合战略。针对不同的并购目标，如获取自然资源、获取新市场与客户、获取生产资产、获取研发资产及知识产权等，对并购标的提出明确的发展目标。筛选投资目标时，通常要考虑被并购企业在企业战略中的地位和作用，保留还是改造原有企业的管理体系，确定并购后整合的方向和工作的阶段性目标，形成清晰的整合战略和实施路线图。

（二）设立专职整合团队

并购交易与整合联系紧密，但团队构成存在较大差异。交易团队主要由战略、财务、法律、技术等专业人员组成，而整合团队需要大量生产运营管理、人力资源管理、技术研发管理及组织变革等专家。在实施并购时，经验丰富的企业通常会分设专职的交易团队和整合团队，两者相互配合、平行推进。特别地，经验丰富的并购团队会从始至终保持整合团队的参与，确保交易与整合的有效对接，在并购之初就最大限度地降低整合冲突与风险。整合团队负责开发整合方法论，设计整合流程，开展整合工作，积累和传播整合经验。具体地，在并购实施过程中，整合团队的主要职责体现在：评估整合风险，确定整合目标；挖掘整合风险点，为交易谈判提供支持；作为交易双方沟通的桥梁，管理和指导实际整合过程，协调各业务团队工作。

（三）建立管控体系

业务管控是很多企业跨国项目运营的薄弱环节。根据业务协作度的不同，并购企业可以选择战略设计、战略运营、直接运营及财务控制四种管控模式。在做业务管控模式选择时，需要综合考虑股权架构、协同效应和潜在风险等各方面因素。针对每种管控模式，企业需要对核心员工、治理结构、业绩追踪、运营能力提升等提出具体管理原则。

（四）实现交易协同

并购项目的预期是实现交易双方的协同效应。在筛选投资目标、并购项目可行性分析及尽职调查阶段，并购方要深入调查，研判双方协同效应来源，确定目标资产是否与企业战略需求具有合理的战略配称。整合阶段要切实落实交易双方的协同效应。协同效应的来源包括产业链协同、规模经济效益、客户资源整合、新技能或研发团队形成合力等。协同计划订立后，并购方要积极监管、跟踪计划执行，根据环境变化及时总结经验和教训，及时做出动态调整。

（五）实施文化融合

跨国并购涉及并购企业和被并购企业的文化融合。受不同文化背景下工作方式、价值观念、领导风格和行为规范差异的影响，企业运营很容易引起文化冲突，造成员工整合困难。在充分考虑被并购企业员工深切关注问题的前提下，企业通过全方位沟通提升员工的归属感和认同感。文化融合强调国家和企业文化的二重差异性。新企业文化以“文化宽容、差异融合”为基点，强调高管与雇员间关系、冲突治理、管理协同等方面的融合演进。

（六）建立高效沟通机制

并购中不同利益相关者的诉求存在差异性。合作伙伴关注企业战略、业务方向及商业模式的调整，并基于自身判断形成未来合作决策；客户关注产品质量保证及客户体验的满足度；员工更关注并购后的岗位设置、薪资福利、工作职责等是否发生变化；政府机构、媒体等相关者则更关注就业、未来投资计划、企业社会责任等问题。并购企业在明确不同利益相关者群体的诉求后，确定攻关策略，建立高效的沟通协调机制，及时传递企业投资战略与品牌信息、未来定位和规划、并购后的协同实施计划、带来的就业岗位与发展机会等信息，为并购整合创造有利条件。

第四节　跨国并购创新与未来议题

一、跨国并购创新

创新是跨国并购的重要决定因素（Po-Hsuan Hsu et al.，2021）。获取创新是跨国并购的重要驱动力，有利于提高并购方的技术地位。与高创新国家的创新企业相比，低创新国家的创新企业更有可能进行跨国交易，并倾向于选择与创新水平相对较高的目标国家企业进行交易。这是因为低创新国家的创新并购者在国内缺乏可供选择的创新目标（只有一部分可能具有协同效应），从而不得不选择海外创新目标。

创新驱动的跨国并购可以获得更高的回报。与国内并购相比，低创新国家的创新企业更有可能进行跨国交易，获得更高的公告股票收益（announcement stock returns）。由创新机会驱动的跨国并购交易的价值影响一直是一个重要但未被充分探索的问题（Seth，Song，and Pettit，2002）。以往的研究探索了创新投资时检查研发和创新收益的重要性

(Hirshleifer, Hsn, and Li, 2018)。企业资源观表明，获取与创新相关的资源对于企业成长、未来盈利能力和长期生存至关重要（Hsu et al.，2015）。创新驱动的并购可以产生更大的股东财富增长（Panos Desyllas and Alan Hughes，2010）。鉴于低创新国家的企业可能面临有限的增长机会，它们通过跨国交易获得的创新会比国内交易产生更多的股东财富。

对于创新型并购方来说，跨国并购的价值创造比国内并购更强。创新的收购者会利用跨国并购来扩展它们的知识和技能，或者在研发成本方面产生规模经济，这两者都有利于企业的价值创造。此外，当这些并购是由创新机会驱动时，创新并购者获取和利用目标创新能力的能力更强，并且不太可能在整合两个组织的知识时失败（Wolfgang Keller，2004）。值得注意的是，低创新国家的创新企业在获得高创新国家的目标企业后会产生更多专利，并在研发上投入更多。

伴随数字技术创新和市场对数字产品与服务需求的大幅攀升，数字型跨国并购（digital cross-border M&A）日益成为新一轮跨国并购的热潮。数字驱动经济中的数据隐私与相关的竞争和消费者保护成为新的挑战。蒋殿春和唐浩丹（2021）基于2009—2018年中国数字型跨国并购数据分析了该类并购的特征与驱动因素。与传统并购不同，地理距离和东道国市场规模已不再是数字并购考量的首要因素，而获得东道国数字技术（digital technology）和研发资源成为核心并购动因，显然技术寻求动机才是这类并购关注的焦点。尽管如此，文化距离、制度距离等无形距离因素仍是数字性并购不可逾越的重要障碍。

二、 跨国并购的未来议题

跨国并购被认为是一个跨学科的研究领域，为研究人员提供了多种机会。过去跨国并购研究是碎片化的，没有统一的理论基础，探索这一现象的分析单元亦有多重变化。跨国并购是企业在高速全球化中保持竞争优势和竞争力的主要策略。考虑到跨学科研究对跨国并购研究日益增长的兴趣，诸多方面仍未得到充分探索，这一主题的研究前景依然广阔。经验分析表明，并购与战略联盟或合资、部分收购、新兴市场企业境外收购、微型跨国公司、与上层研究和知识管理以及特定隐性知识转移相关的跨境收购人力资源方面等六个领域将成为未来研究的重要课题（Kiessling，Vlacic，and Dabic，2021）。

（一）从国外进入模式来看值得探讨的领域

并购与战略联盟或合资。战略联盟、合资、绿地直接投资、出口，都是外国资本或产品进入模式。产业、国外市场的复杂性、风险、灵活性、控制需要、知识产权保护、速度和成本影响整合类型的决定。

部分并购（partial purchase）。部分并购企业也将成为一个重要课题。部分并购以控制董事会、控制子公司、获取知识产权等方式进行。

微型跨国公司（micro-multinationals）。跨国公司并不总是拥有跨境资源，而是控制和管理国外市场的资源。目前微型跨国公司在积极参与和控制跨国活动方面表现尤为出色。

新兴市场企业的境外收购（outbound acquisitions from emerging-market firm）。理

论上，新兴市场企业的境外进入模式缺乏合理性。不仅新兴市场企业跨国并购的原因需要研究，而且其并购绩效的影响因素更值得关注，因为许多新兴市场企业要么是政府控制的，要么是私有的，因此关于其目标和后续绩效的决策亟待探索。

（二）从并购后整合看值得探讨的领域

跨国并购的行为方面。受其复杂性的影响，对跨国并购人力资源的关注仍需更加有力的推动，从企业高层管理人员到目标市场的外籍员工，再到作为一个整体在全球并购组织中涉及的所有并购人员都值得关注。人力资源因素影响着跨国并购的整个过程，从战略决策到潜在目标企业的识别、评估，再到并购后整合。

知识管理与转移。研究表明，有价值的知识通常是隐性的，而不是编纂的，它依赖于社会背景，因此难以理解和转移。尽管整个研究将继续探索从当地子公司到总部（headquarters，简称 HQ）的对外知识转移（如信息系统开发、知识转移的组织结构、外国知识的探索或利用等），但受难以衡量的性质和各种形式的制约，很少有研究侧重于国外知识最重要的方面，即嵌入员工内部的隐性知识（tacit knowledge）。总之，与上层建筑、知识管理及特定隐性知识转移等相关的人力资源方面都是值得进一步关注的新课题。

三、 欢聚时代并购 BIGO 案例

（一）并购背景

并购方：中国欢聚时代。目标公司：BIGO Inc. Singapore。所在行业：数字传媒。

欢聚时代成立于 2005 年 4 月，是中国领先的直播流媒体平台。平台用户通过创造、分享和享受广泛的娱乐内容和活动，为充满活力的社区作出贡献。欢聚时代用户能通过在线直播媒体实时互动，并为使用者提供独特的身临其境的娱乐体验。2012 年 11 月，欢聚时代在美国纳斯达克上市（欢聚时代）。2021 年欢聚时代全年净营收总额达 26.19 亿美元，同比增长 36.5%。

BIGO 成立于 2014 年，旗下拥有直播平台 BIGO LIVE、短视频社交平台 Like、游戏直播 APP Cube TV 和多款社交 APP。BIGO 是基于视频的、以 18～25 岁年轻人为主要客户群体的全球社交媒体平台。BIGO 业务指向东南亚，涵盖南亚、中东和美洲。2021 年，BIGO LIVE 在全球社交应用用户支出榜排名第一。

（二）并购过程

2014 年，中国欢聚时代已持有 BIGO 27.8%的股份。在欢聚时代支持下，BIGO 在 2017 年营业收入超过 3 亿美元。

2018 年 6 月 5 日，欢聚时代耗资 2.72 亿美元认购 BIGO D 轮优先股，成为 BIGO 最大的股东。

2019 年 3 月 5 日，欢聚时代以 14.5 亿美元完成对 BIGO 的全资收购。

（三）案例分析

本笔交易属于数字型跨国并购。鉴于中国直播业务日趋稳定，欢聚时代借助 BIGO 进行全球扩张具有重要的战略意义。欢聚时代对 BIGO 的成功并购是欢聚时代集团全球化战略的一个里程碑。二者在国内外的强势业务结合，提升了直播内容质量和用户体验，

扩大了欢聚时代的国际影响力，将其打造为全球领先的视频社交平台。欢聚时代成功并购 BIGO 在很大程度上改变了中国互联网公司的模式，实现了从 C2C（copy to China）向 CFC（copy from China）的转变，并能够不断引入海外互联网产品。

本章参考文献

[1] 陈威如，丁远，王高，等．全球化之路：中国企业跨国并购与整合［M］．北京：中信出版社，2017：19－36.

[2] 陈小梅，吴小节，汪秀琼，等．中国企业逆向跨国并购整合过程的质性元分析研究［J］．管理世界，2021（11）：159－183，11－15.

[3] 冯斌，李洪亮，Gvantsa Dzneladze，等．“一带一路”国家投资并购指南［M］．北京：中国海关出版社，2020：165－183.

[4] 蒋殿春，唐浩丹．数字型跨国并购：特征及驱动力［J］．财贸经济，2021（9）：129－144.

[5] 李蕊．跨国并购的技术寻求动因解析［J］．世界经济，2003（2）：19－24，79.

[6] 李善民，李昶．跨国并购还是绿地投资?：FDI 进入模式选择的影响因素研究［J］．经济研究，2013（12）：134－147.

[7] 商务部跨国经营管理人才培训教材编写组．中外企业跨国并购与整合比较［M］．北京：中国商务出版社，2018：7－11，27－29.

[8] 查尔斯·希尔，托马斯·霍特．国际商务：11 版［M］．郭羽诞，等译．北京：中国人民大学出版社，2019：213，422－423.

[9] 斯科特·惠特克．跨境并购与整合：实操指南与案例分析［M］．郑磊，石慧琳，译．北京：机械工业出版社，2018：241－245.

[10] Ahern K R，Daminelli D，Fracassi C. Lost in Translation? The Effect of Culture Values on Mergers around the World［J］. *Journal of Financial Economics*，2015（1）：165－189.

[11] DesyllasP，Hughes A. Do High Technology Acquirers Become More Innovative?［J］. *Research Policy*，2010（8）：1105－1121.

[12] Du J，Zhang Y. Does One Belt One Road Initiative Promote Chinese Overseas Direct Investment?［J］. *China Economic Review*，2018：189－205.

[13] Erel I，Liao R C，Weisbach M S. Determinants of Cross-border Mergers and Acquisitions［J］. *The Journal of Finance*，2012（3）：1045－1082.

[14] Gaughan P A. *Mergers，Acquisitions and Corporate Restructurings*［M］. 3nd ed. New York：John Wiley & Sons，2002：23－55.

[15] HirshleiferD A，Hsu P，Li D. Innovative Originality，Profitability，and Stock Returns［J］. *Review of Financial Studies*，2018（7）：2553－2605.

[16] Hsu P-H，Huang P，Humphery-Jenner M，et al. Cross-border Mergers and Acquisitions for Innovation［J］. *Journal of International Money and Finance*，2021：1－26.

[17] Keller W. International Technology Diffusion [J]. *Journal of Economic Literature*, 2004 (3): 752-782.

[18] Kiessling T, Vlacic B, Dabic M. Mapping the Future of Cross-border Mergers and Acquisitions: A Review and Research Agenda [J]. *IEEE Transactions on Engineering Management*, 2021 (1): 212-222.

[19] Lin B W, Chen W C, Chu P Y. Mergers and Acquisitions Strategies for Industry Leaders, Challengers, and Niche Players: Interaction Effects of Technology Positioning and Industrial Environment [J]. *IEEE Transactions on Engineering Management*, 2015 (1): 80-88.

[20] Rose A K. One Money, One Market: Estimating the Effect of Common Currencies on Trade [J]. *Economic Policy*, 2000 (30): 7-45.

[21] Rossi M, Festa G, Papa A, et al. Corporate Venture Capitalists' Ambidexterity: Myth or Truth? [J]. *IEEE Transactions on Engineering Management*, 2021 (2): 430-441.

[22] Seth A, Song K P, Pettit R. Value Creation and Destruction in Cross-border Acquisitions: An Empirical Analysis of Foreign Acquisitions of U. S. Firms [J]. *Strategic Management Journal*, 2002 (10): 921-940.

[23] Shleifer A, Vishny R W. Stock Market Driven Acquisitions [J]. *Journal of Financial Economics*, 2003 (3): 295-311.

[24] Whitaker S C. *Cross-border Mergers and Acquisitions* [M]. New York: John Wiley & Sons, 2016: 8-19.

[25] Xu E Q. Cross-border Merger Waves [J]. *Journal of Corporate Finance*, 2017: 207-231.

[26] Yaprak A, Demirbag M, Wood G. Post-acquisition Strategies of Emerging Market Internationalizing Enterprises: The State of the Art in Research and Future Research Directions [J]. *Journal of Business Research*, 2018: 90-97.

图书在版编目（CIP）数据

国际商务：前沿问题 / 冯德连等著．-- 北京：中国人民大学出版社，2023.6

新编 21 世纪研究生系列教材

ISBN 978-7-300-31755-7

Ⅰ．①国… Ⅱ．①冯… Ⅲ．①国际商务-研究生-教材 Ⅳ．①F740

中国国家版本馆 CIP 数据核字（2023）第 096846 号

新编 21 世纪研究生系列教材

国际商务：前沿问题

冯德连　张如庆 等　著

Guoji Shangwu：Qianyan Wenti

出版发行	中国人民大学出版社		
社　　址	北京中关村大街 31 号	**邮政编码**	100080
电　　话	010－62511242（总编室）		010－62511770（质管部）
	010－82501766（邮购部）		010－62514148（门市部）
	010－62515195（发行公司）		010－62515275（盗版举报）
网　　址	http://www.crup.com.cn		
经　　销	新华书店		
印　　刷	北京密兴印刷有限公司		
开　　本	787 mm×1092 mm　1/16	**版　　次**	2023 年 6 月第 1 版
印　　张	22.75 插页 1	**印　　次**	2023 年 6 月第 1 次印刷
字　　数	518 000	**定　　价**	69.00 元

教学支持说明

1. 教辅资源获取方式

为秉承中国人民大学出版社对教材类产品一贯的教学支持，我们将向采纳本书作为教材的教师免费提供丰富的教辅资源。您可直接到中国人民大学出版社官网的教师服务中心注册下载——http://www.crup.com.cn/Teacher。

如遇到注册、搜索等技术问题，可咨询网页右下角在线 QQ 客服，周一到周五工作时间有专人负责处理。

注册成为我社教师会员后，您可长期根据您所属的课程类别申请纸质样书、电子样书和教辅资源，自行完成免费下载。您也可登录我社官网的“教师服务中心”，我们经常举办赠送纸质样书、赠送电子样书、线上直播、资源下载、全国各专业培训及会议信息共享等网上教材进校园活动，期待您的积极参与！

2. 高校教师可加入下述学科教师 QQ 交流群，获取更多教学服务

经济类教师交流群：781029042

财政金融教师交流群：182073309

国际贸易教师交流群：162921240

税收教师交流群：119667851

3. 购书联系方式

网上书店咨询电话：010－82501766

邮购咨询电话：010－62515351

团购咨询电话：010－62513136

中国人民大学出版社经济分社

地址：北京市海淀区中关村大街甲 59 号文化大厦 1506 室　100872

电话：010－62513572　010－62515803

传真：010－62514775

E-mail：jjfs@crup.com.cn